"十二五"职业教育国家规划教材

经全国职业教育教材审定委员会审定

高等职业教育药学类与食品药品类专业第四轮教材

医药商品学 第**3**版

（供药学类、药品经营与管理专业用）

主　编　王雁群

副主编　相会欣　刘丽莉　谭小燕

编　者　（以姓氏笔画为序）

王雁群（山东药品食品职业学院）

王耀霞（青岛大学附属医院）

刘丽莉（中国药科大学）

李　琼（江西中医药大学）

杨　雪（山东药品食品职业学院）

范春水（山西药科职业学院）

单雪梅（山东药品食品职业学院）

相会欣（河北化工医药职业技术学院）

夏　瀛（重庆医药高等专科学校）

高慧丰（山东医药技师学院）

蒋大圆（安徽医学高等专科学校）

谭小燕（重庆三峡医药高等专科学校）

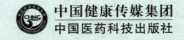

中国健康传媒集团

中国医药科技出版社

内容提要

本教材是"高等职业教育药学类与食品药品类专业第四轮教材"之一，根据药学专业和药品经营与管理专业医药商品学教学大纲的基本要求和课程特点编写而成，是药学类专业、药品经营与管理专业的职业能力核心课程。内容上涵盖我国现阶段临床常用的医药商品以及上市的新药，围绕"提供合格药品、提供药学服务"的目标，通过阐述医药商品的质量和品种等商品属性，全面评价医药商品，并将"守药德、明药规、知药性、精药技"的思政内容融人教学，具有药品对接临床、实训对接岗位、思政润物无声的特点。本教材为书网融合教材，配套有 PPT 课件、微课、题库、知识回顾等数字资源，使教学资源更多样化、立体化，方便师生开展线上线下混合式教学。

本教材供药学类、药品经营与管理等相关专业使用，亦可作为医药行业从业人员继续教育和培训教材。

图书在版编目（CIP）数据

医药商品学/王雁群主编 . — 3 版 . —北京：中国医药科技出版社，2021.12（2025.1 重印）.

高等职业教育药学类与食品药品类专业第四轮教材

ISBN 978 - 7 - 5214 - 2541 - 3

Ⅰ. ①医… Ⅱ. ①王… Ⅲ. ①药品 - 商品学 - 高等职业教育 - 教材 Ⅳ. ①F763

中国版本图书馆 CIP 数据核字（2021）第 146916 号

美术编辑 陈君杞

版式设计 友全图文

出版 **中国健康传媒集团** | 中国医药科技出版社

地址 北京市海淀区文慧园北路甲 22 号

邮编 100082

电话 发行：010 - 62227427 邮购：010 - 62236938

网址 www.cmstp.com

规格 $889 \times 1194mm \frac{1}{16}$

印张 $28 \frac{3}{4}$

字数 802 千字

初版 2013 年 1 月第 1 版

版次 2021 年 12 月第 3 版

印次 2025 年 1 月第 5 次印刷

印刷 北京印刷集团有限责任公司

经销 全国各地新华书店

书号 ISBN 978 - 7 - 5214 - 2541 - 3

定价 **79.00 元**

获取新书信息、投稿、为图书纠错，请扫码联系我们。

出 版 说 明

"全国高职高专院校药学类与食品药品类专业'十三五'规划教材"于 2017 年初由中国医药科技出版社出版，是针对全国高等职业教育药学类、食品药品类专业教学需求和人才培养目标要求而编写的第三轮教材，自出版以来得到了广大教师和学生的好评。为了贯彻党的十九大精神，落实国务院《国家职业教育改革实施方案》，将"落实立德树人根本任务，发展素质教育"的战略部署要求贯穿教材编写全过程，中国医药科技出版社在院校调研的基础上，广泛征求各有关院校及专家的意见，于 2020 年 9 月正式启动第四轮教材的修订编写工作。

党的二十大报告指出，要办好人民满意的教育，全面贯彻党的教育方针，落实立德树人根本任务，培养德智体美劳全面发展的社会主义建设者和接班人。教材是教学的载体，高质量教材在传播知识和技能的同时，对于践行社会主义核心价值观，深化爱国主义、集体主义、社会主义教育，着力培养担当民族复兴大任的时代新人发挥巨大作用。在教育部、国家药品监督管理局的领导和指导下，在本套教材建设指导委员会专家的指导和顶层设计下，依据教育部《职业教育专业目录（2021年）》要求，中国医药科技出版社组织全国高职高专院校及相关单位和企业具有丰富教学与实践经验的专家、教师进行了精心编撰。

本套教材共计66种，全部配套"医药大学堂"在线学习平台，主要供高职高专院校药学类、药品与医疗器械类、食品类及相关专业（即药学、中药学、中药制药、中药材生产与加工、制药设备应用技术、药品生产技术、化学制药、药品质量与安全、药品经营与管理、生物制药专业等）师生教学使用，也可供医药卫生行业从业人员继续教育和培训使用。

本套教材定位清晰，特点鲜明，主要体现在如下几个方面。

1. 落实立德树人，体现课程思政

教材内容将价值塑造、知识传授和能力培养三者融为一体，在教材专业内容中渗透我国药学事业人才必备的职业素养要求，潜移默化，让学生能够在学习知识同时养成优秀的职业素养。进一步优化"实例分析/岗位情景模拟"内容，同时保持"学习引导""知识链接""目标检测"或"思考题"模块的先进性，体现课程思政。

2. 坚持职教精神，明确教材定位

坚持现代职教改革方向，体现高职教育特点，根据《高等职业学校专业教学标准》要求，以岗位需求为目标，以就业为导向，以能力培养为核心，培养满足岗位需求、教学需求和社会需求的高素质技能型人才，做到科学规划、有序衔接、准确定位。

3. 体现行业发展，更新教材内容

紧密结合《中国药典》（2020年版）和我国《药品管理法》（2019年修订）、《疫苗管理法》（2019

年）、《药品生产监督管理办法》（2020年版）、《药品注册管理办法》（2020年版）以及现行相关法规与标准，根据行业发展要求调整结构、更新内容。构建教材内容紧密结合当前国家药品监督管理法规、标准要求，体现全国卫生类（药学）专业技术资格考试、国家执业药师职业资格考试的有关新精神、新动向和新要求，保证教育教学适应医药卫生事业发展要求。

4.体现工学结合，强化技能培养

专业核心课程吸纳具有丰富经验的医疗机构、药品监管部门、药品生产企业、经营企业人员参与编写，保证教材内容能体现行业的新技术、新方法，体现岗位用人的素质要求，与岗位紧密衔接。

5. 建设立体教材，丰富教学资源

搭建与教材配套的"医药大学堂"（包括数字教材、教学课件、图片、视频、动画及习题库等），丰富多样化、立体化教学资源，并提升教学手段，促进师生互动，满足教学管理需要，为提高教育教学水平和质量提供支撑。

6.体现教材创新，鼓励活页教材

新型活页式、工作手册式教材全流程体现产教融合、校企合作，实现理论知识与企业岗位标准、技能要求的高度融合，为培养技术技能型人才提供支撑。本套教材部分建设为活页式、工作手册式教材。

编写出版本套高质量教材，得到了全国药品职业教育教学指导委员会和全国卫生职业教育教学指导委员会有关专家以及全国各相关院校领导与编者的大力支持，在此一并表示衷心感谢。出版发行本套教材，希望得到广大师生的欢迎，对促进我国高等职业教育药学类与食品药品类相关专业教学改革和人才培养作出积极贡献。希望广大师生在教学中积极使用本套教材并提出宝贵意见，以便修订完善，共同打造精品教材。

数字化教材编委会

主　编　王雁群
副主编　相会欣　刘丽莉　谭小燕
编　者　（以姓氏笔画为序）
　　　　王雁群（山东药品食品职业学院）
　　　　王耀霞（青岛大学附属医院）
　　　　巩海涛（山东药品食品职业学院）
　　　　刘丽莉（中国药科大学）
　　　　孙如宁（中国药科大学继续教育学院）
　　　　李　琼（江西中医药大学）
　　　　杨　雪（山东药品食品职业学院）
　　　　范春水（山西药科职业学院）
　　　　单雪梅（山东药品食品职业学院）
　　　　相会欣（河北化工医药职业技术学院）
　　　　夏　瀛（重庆医药高等专科学校）
　　　　高　飞（山东药品食品职业学院）
　　　　高慧丰（山东医药技师学院）
　　　　蒋大圆（安徽医学高等专科学校）
　　　　谭小燕（重庆三峡医药高等专科学校）

》前言

　　本教材是"高等职业教育药学类与食品药品类专业第四轮教材"之一，根据药学专业和药品经营与管理专业医药商品学教学大纲的基本要求和课程特点编写而成，可供药品经营与管理、药学类等医药相关专业使用，也可作为医药行业员工继续教育和培训教材。

　　本版教材是在国家对职业教育"三教改革"大力推进之时，紧密结合《中华人民共和国药品管理法》（2019年修订）和《高等职业学校专业教学标准》相关要求的指导下修订的。教材编写体现了医药现代职业教育改革方向和高职教育特点，以培养满足岗位需求、社会需求的高素质技能人才为宗旨，更新教学内容、增加新药品种，梳理知识链接、强化能力培养、体现工学结合，增加实训项目、开发数字资源，具有药品对接临床、实训对接岗位、思政润物无声的特点。

　　本教材对接药品营销和药学服务岗位，分为24个项目，项目1~3为医药商品质量管理，项目4~23为各类药品知识，项目24为家用医疗器械简介，并于各项目后设置了相应的实训。全书采用"项目－任务"的体例来编写，围绕"提供合格药品、提供药学服务"的目标，以药品为载体，以安全、合理用药为主线，介绍医药商品的作用、适应证、制剂规格、用法用量、药物评价及商品信息、贮藏等内容，将"守药德、明药规、知药性、精药技"的思政体系以"知识链接"等模块呈现，通过"教学做评"的一体化实施，培养学生具备药品质量甄别、分类管理、处方调剂、用药指导和药学咨询等核心技能和职业素养，能够全面评价医药商品，完成药品购销、药品保管养护、药品推介、用药指导、处方调配等岗位工作，顺利顶岗实习和就业。

　　为方便学习，本教材编写时在药品名称的右上角，对药物做了标注。如上标为【药典（二）；基；医保（甲）】，其中"药典（二）"是指药品收载在2020年版《中华人民共和国药典》二部，"基"是指药品属于《国家基本药物》，"医保（甲）"是指药品是《国家基本医疗保险、工伤保险和生育保险药品目录》的甲类品种，供学习时参考。为了节省篇幅，药品的"用法用量""不良反应""注意事项"等内容，做了部分删减，在数字资源配备了药品说明书供查阅。

　　本教材为书网融合教材，配套有PPT课件、微课、知识回顾、题库等数字资源，教材中的"实例分析""即学即练""目标检测"相关的答案解析，读者可通过扫描二维码的方式获取，使教学资源更多样化、立体化，方便师生开展线上线下混合式教学。

　　本教材的编写人员尽职尽责，圆满完成了编写任务，编写分工为：王雁群（项目1任务1、项目2），刘丽莉（项目1任务2~3、项目24），蒋大圆（项目1任务4），王耀霞（项目3），范春水（项目4~5），李琼（项目6~7，项目18~19），杨雪（项目8~9），相会欣（项目10），夏瀛（项目11），谭小燕（项目12~15），高慧丰（项目16~17），单雪梅（项目20~23）；编者负责制作相关章节内容的数字资源。此外，孙如宁（项目1任务2~3、项目24）、巩海涛（项目10）、高飞（项目6~9，项目18~19）协助制作了相关内容的数字资源。

　　在教材编写以及数字资源的制作中，得到了许多专家的指导及编者所在单位的支持和帮助，在此表示诚挚的感谢。由于受编者学识水平所限，编写中难免有不足之处，恳请各位读者批评指正，以便日臻完善。

编　者

2021年8月

目录
CONTENTS

任务1　医药商品学概述

PPT

中国古代有"神农尝百草"的传说，说的是神农氏"尝百草、定药性"，甚至"一日而遇七十毒"，为老百姓寻找防病治病的良药。这个传说反映了药物最早来源于生活和劳动实践，是劳动人民在与疾病做斗争的过程中，通过劳动实践而发现，又在实践中不断使用和验证的防病治病的物质。当然，随着人类社会的进步和现代医药学的发展，医药工业也发展壮大，更多的药物是通过现代科技手段研发、合成和生产，并成为商品进入流通领域。医药商品的质量是否合格，人们能否正确使用，将直接影响医药商品的使用效果、影响人们的健康状况。那么，医药商品包括哪些种类？医药商品有哪些特殊性？医药商品经营和使用岗位有哪些？

本单元主要介绍医药商品的概念、种类、特殊性及药品经营和使用单位岗位认知等内容。

学习目标

1. **掌握**　医药商品的概念及种类；药品的特殊性。
2. **熟悉**　医药商品学的研究对象、任务和主要内容。
3. **了解**　医药商品学的发展、药品经营和使用岗位。

任务1-1　医药商品和医药商品学认知

商品是用来交换的劳动产品。医药商品是一类特殊的商品，与人类健康密切相关。从研发到生产，人们通过劳动创造医药产品，再将医药产品投入市场，通过流通、交换而形成医药商品。

一、医药商品 🅔 微课1

医药商品，泛指医药商业所经营的药品、医疗器械等与人类健康相关的商品，其主要作用是维护和促进人类健康。药品在医药商品中品种最多，需要具备相关的专业知识才能够正确经营和使用。

1. 药品　药品是指用于预防、治疗、诊断人的疾病，有目的地调节人的生理机能并规定有适应证或者功能主治、用法和用量的物质，包括中药、化学药和生物制品等。药品供临床直接使用，应具备合法和合格两个基本条件。合法，是指药品的生产要经过药品监督管理部门批准，即具有药品注册证书。合格，即符合法定药品标准，有规定的适应证或者功能主治，有明确的剂型、剂量、用法、用量。只有合法、合格的药品，才能进入流通领域，供消费者购买和使用。

2. 医疗器械　医疗器械是指单独或者组合使用于人体的，包括所需要的软件在内的仪器、设备、器具、材料或者其他物品，其使用旨在达到下列预期目的：对疾病的预防、诊断、治疗、监护、缓解；对损伤或者残疾的诊断、治疗、监护、缓解、补偿；对解剖或者生理过程的研究、替代、调节；妊娠控制。医疗器械同药品一样，是防病治病的武器，是关系到人民群众身体健康和生命安全的特殊商品，其安全性和有效性必须严格加以控制。

3. 特殊食品　保健食品、特殊医学用途配方食品、婴幼儿配方食品都属于特殊食品。保健食品是指表明具有特定保健功能或者以补充维生素、矿物质为目的的食品，即适于特定人群食用，具有调节机体功能、不以治疗疾病为目的并且对人体不产生任何急性、亚急性或者慢性危害的食品。保健食品经注册或者备案后才可生产，有法定的备案号或注册号，要注意与药品的区分。特殊医学用途配方食品应当经国务院食品安全监督管理部门注册，其中的特定全营养配方食品应当通过医疗机构或者药品零售企业向消费者销售。婴幼儿配方食品生产应当向省级食品安全监督管理部门备案，其中，婴幼儿配方乳粉应当经国务院食品安全监督管理部门注册。特殊食品不得与普通食品和药品混放销售。

4. 化妆品　化妆品是指以涂擦、喷洒或者其他类似方法，施用于皮肤、毛发、指甲、口唇等人体表面，以清洁、保护、美化、修饰为目的的日用化学工业产品。化妆品分为特殊化妆品和普通化妆品。国家对特殊化妆品实行注册管理，对普通化妆品实行备案管理。

 实例分析 1-1

　　实例　某女，60岁，医生诊断为骨质疏松，建议补钙，到药店后发现有很多品牌的补钙产品，有的产品在包装上有OTC非处方药的标识，有的标注保健食品，难以选择。

　　问题　1. 说出你所知道的补钙类药品有哪些？
　　　　　　2. 怎么区分补钙类的非处方药和保健食品？

答案解析

二、药品的特殊性

药品是防病治病的物质，与人的生命健康息息相关，是一类特殊的商品。药品有以下特殊性。

1. 药品质量的特殊性　药品必须质量合格才能使用并发挥药效。药品要确保安全有效、成分均一稳定。药品要有合法的注册证书、符合法定的药品标准，才能生产、经营和使用，不合格的药品不能上市。

2. 药品管理方式的特殊性　国家对药品的生产、经营和使用管理严格，目的是杜绝不合格的药品进入流通领域，保证人民群众的用药安全。国家颁布了《中华人民共和国药品管理法》等法律法规，明确了"四个最严"的监管要求，对药品的研发、生产、经营和使用全生命周期进行严格管理。

知识链接

食药监管的"四个最严"

《药品管理法》（2019 年修订）全面贯彻落实党中央有关药品安全"四个最严"（最严谨的标准、最严格的监管、最严厉的处罚、最严肃的问责）要求，明确了保护和促进公众健康的药品管理工作使命，确立了以人民健康为中心，坚持风险管理、全程管控、社会共治的基本原则，要求建立科学、严格的监督管理制度，全面提升药品质量，保障药品的安全、有效、可及的性质。

作为药品从业人员，要严格遵守药品管理法，遵守行业规范，维护药品安全，维护人民健康，服务"健康中国"战略。

3. 药品的专属性　药品的使用具有专属性，每种药品都有自己特定的适应证或功能主治，"对症下药"是亘古不变的真理。国家药品监督管理部门批准的药品说明书，是用药的法律依据。合理用药，才能达到防病、治病和保护健康的目的。药学从业人员要具备药学专业知识，为患者提供药学服务，帮助患者合理用药、安全用药。

4. 药品的两重性　药品的两重性是指药品在发挥治疗作用的同时，也可能发生某些不良反应，导致药源性疾病，甚至危及生命。许多药品，特别是新药，还需要通过上市后的再评价，才能进一步确定其安全性。国家通过药品不良反应报告监测和药物警戒等制度和措施，保障药品安全性。

即学即练 1－1

药物作用的两重性是（　　）

A. 适应证和功能主治　　　　B. 合格和不合格

答案解析　　C. 价值和使用价值　　　　D. 治疗作用和不良反应

5. 药品的时效性　人类一旦生病，就立刻对药品产生强烈的需求。因此，药品的供应必须及时、有效、品种规格齐全，药品的生产、经营和使用单位要有必要的储备以适应这种需要。国家实行药品储备制度，保证满足特殊情况下的药品供应。药品的时效性还体现在药品有规定的效期，超过有效期的药品为劣药，不可流通使用。

6. 药品的地域性　某些疾病的发生与地理环境和地域气候有关，在药品经营时要注意地区疾病的特殊性及地区的用药习惯，保证地方性药品的储备和供应，满足疾病的需要。

三、医药商品学

医药商品学是研究医药商品的使用价值及医药商品使用价值的实现与提高的一门学科。由商品学、临床药学、临床医学、经济学、市场营销学、消费心理学、社会学、药事管理学等多学科有机结合、相互渗透而形成。在医药行业从事医药商品研发、生产、流通、使用和监管的从业者，在工作中均会用到医药商品知识。

医药商品的使用价值，即医药商品知识，是医药商品的自然属性及由自然属性所决定的其他因素来体现的。

1. 医药商品的自然属性　医药商品的自然属性，即医药商品基本知识，包括医药商品的成分、外观、性状、理化性质等自然质量属性，医药商品的质量，医药商品的药理作用与适应证，制剂、用法及合理使用等药学相关内容。

2. 决定自然属性的其他因素　决定医药商品的自然属性的其他因素，主要指医药商品质量管理相关内容，包括医药商品的分类及编码，医药商品的质量标准及检验，医药商品的包装，医药商品的陈列、保管和养护，医药商品的经营管理等。

四、学习医药商品学的意义

药物经过研发、审评后才能获准生产，才可以上市流通和使用，才能成为药品。医药商品学课程的学习，对于药学从业者有以下意义。

（1）掌握药品知识，学会合理用药技能，提高药学服务能力，实现药物治疗的有效性、安全性、经济性、合理性。

（2）具备医药商品质量管理能力，掌握医药商品在生产和流通中可能引起质变的各种因素，规范医药商品经营，保证医药商品的质量，为人们提供质量合格、安全有效的药品，实现医药商品的使用价值。

（3）及时掌握新药信息，为患者提供更好的药品，满足人民群众的医药健康需求，推动医药经济的健康发展，服务健康中国战略。

（4）药学从业人员掌握药品营销、药品质量管理和药学服务技能，为实现自身职业发展、提升人生价值、获得职业满足感，打好基础、做好铺垫。

任务 1-2　药品经营和使用单位岗位认知

医药商品流通到药店或者医疗机构才能到达消费者，从而发挥防病治病的作用。药品流通主要由药品批发企业承担，药品零售企业（社会药房）和医疗机构药房承担患者的药品供应和药学服务工作。

一、药品经营企业认知

1. 药品经营企业　药品经营是在市场条件下，以货币为媒介，经过药品监督管理部门批准，按照《药品经营质量管理规范》要求，从事的药品流通活动。药品经营，包括批发和零售。药品经营企业，是指经营药品的专营企业或兼营企业。药品经营企业分为药品批发企业和药品零售企业。药品批发企业是指将购进的药品销售给药品生产企业、药品经营企业、医疗机构的药品经营企业。药品零售企业是指将购进的药品直接销售给消费者的药品经营企业。国家鼓励、引导药品零售连锁经营。从事药品零售连锁经营活动的企业总部，应当建立统一的质量管理制度，对所属零售企业的经营活动履行管理责任。

2. 药品经营的合法性　国家实施药品经营许可制度，具备药品经营许可证，才是合法的药品经营企业。从事药品批发活动，应当经所在地省、自治区、直辖市人民政府药品监督管理部门批准，取得药品经营许可证。从事药品零售活动，应当经所在地县级以上地方人民政府药品监督管理部门批准，取得药品经营许可证。无药品经营许可证的，不得经营药品。

即学即练 1-2

判断一个药品经营企业是否合法的依据是，是否具备（　　）

A. 药品经营许可证　　　　　　　　　B. 药品生产许可证

C. 医疗机构执业许可证　　　　　　　D. 医疗机构制剂许可证

答案解析

药品经营许可证标明了有效期和经营范围，有效期 5 年，到期重新审查发证。药品经营要符合核准的经营范围，不可超范围经营，尤其是国家有特殊管理要求的药品，未经许可，不得经营。例如麻醉药品、精神药品、胰岛素制剂、含麻黄碱类复方制剂等，有不同的经营许可和管理要求，要严格遵守。

 知识链接 ....

遵守法律　合规经营

药品管理法规定：从事药品经营活动应当具备以下条件，并遵循方便群众购药的原则。

（1）有依法经过资格认定的药师或者其他药学技术人员。

（2）有与所经营药品相适应的营业场所、设备、仓储设施和卫生环境。

（3）有与所经营药品相适应的质量管理机构或者人员。

（4）有保证药品质量的规章制度，并符合国家药品监督管理部门依据本法制定的药品经营质量管理规范要求。

从事药品经营活动要依法经营、遵守行业规范，遵守药品经营质量管理规范，建立健全药品经营质量管理体系，保证药品经营全过程持续符合法定要求。

....

3. 药品经营岗位药学技术人员要求　《药品管理法》规定，开办药品经营企业必须有依法经过资格认定的药师或者其他药学技术人员，药师指的是执业药师。依法经过资格认定的药师或者其他药学技术人员负责本企业的药品管理、处方审核和调配、合理用药指导等工作。

二、医疗机构药房认知

1. 医疗机构药房　医疗机构是指以救死扶伤、防病治病、为公民的健康服务为宗旨，依照法定程序设定的从事疾病诊断、治疗活动的社会组织。我国医疗机构的主要类别包括医院、卫生院、疗养院、门诊部、诊所、卫生所（室）以及急救站等。国家扶持医疗机构的发展，鼓励多种形式兴办医疗机构。

医疗机构根据功能、任务、规模设置相应的药学部门，配备和提供与药学部门工作任务相适应的专业技术人员、设备和设施。三级医院设置药学部，并可根据实际情况设置二级科室；二级医院设置药剂科；其他医疗机构设置药房。

医疗机构药事活动，是指医疗机构中一切与药学相关的活动。核心是在保障药品供应的基础上，以重点加强药学专业技术服务、参与临床用药为中心的药事活动。包括药品的采购供应、储存保管、医疗机构制剂、处方审核、药品调剂、药学咨询、合理用药、处方点评、临床药学、药学信息服务、教学科研、经济核算、药品监督管理等。

2. 医疗机构药学岗位技术人员要求　随着医疗机构药事活动逐渐过渡到以药学服务为中心，以及药学服务模式的转变，医疗机构药学专业技术人员进一步履行药师职责，提升服务能力，促进了药学服务贴近患者、贴近临床、贴近社会，有利于推进实施健康中国战略，满足人民群众日益增长的医疗卫生健康需要。

二级以上医院药学部门负责人应当具有高等学校药学专业或者临床药学专业本科以上学历，及本专业高级技术职务任职资格；除诊所、卫生所、医务室、卫生保健所、卫生站以外的其他医疗机构药学部门负责人应当具有高等学校药学专业专科以上或者中等学校药学专业毕业学历，及药师以上专业技术职务任职资格。

医疗机构应当配备依法经过资格认定的药师或者其他药学技术人员，负责本单位的药品管理、处方审核和调配、合理用药指导等工作。具有药师以上专业技术职务任职资格的人员负责处方审核、评估、核对、发药以及安全用药指导；药士从事处方调配工作。非药学技术人员不得直接从事药剂技术工作。

三、药学技术人员能力要求

随着人们健康意识的增强，对生命质量也有了更高的要求，治未病、预防为主、提高免疫力等理念越来越得到重视，医药商品的品种也在发生变化。除了发病率高的心脑血管疾病用药、呼吸系统疾病用药、抗肿瘤药的市场份额增加外，其他的慢性病防治药物、营养补充剂等的市场份额将持续增加。

药品经营企业和医疗机构要适应新的管理要求和市场需求，改进设备设施，完善经营品种，按规定配齐药师和药学专业技术人员，提高药品质量管理和药学服务水平。药学从业人员要建立以消费者为中心的服务理念，不断更新医药商品知识，具有良好的职业素养，具备药品采购供应、药品保管养护、问病荐药、用药指导、处方审核、药品调剂等专业能力，提高药学服务水平，才能更好地指导消费者安全用药、合理用药，成为适应岗位需求、学以致用的技能型人才。

✍ 实践实训

实训 1　医药商品分类和医药岗位认知

【实训目的】

1. 能按照管理要求将药品、医疗器械、特殊食品、化妆品分开。
2. 查阅资料，了解中国医药企业相关信息。

【实训准备】

1. 模拟药房实训室　处方药、非处方药、特殊食品等，包括包装盒、药品卡片等。

2. 一体化教室　电脑网络系统、会议厅（或课室）、多媒体投影设备。

【实训内容】

1. 医药商品分类　收集医药商品及包装盒，将包装盒、药品卡片等按照药品、非药品分开。

2. 查询鉴定　登录国家药品监督管理局及国家市场监督管理总局网站，查询并鉴定药品批准文号、保健食品注册/备案号是否合法。

3. 医药商业企业认知　检索中国医药企业百强榜、药品零售企业百强榜等，找出你所熟悉的一家国内、省内知名企业，制作PPT，对企业和其产品做重点介绍。

4. 课堂评价　小组互评、教师评价、自评并改进。

【实训评价】

评价内容	评分标准	得分
课前准备（10 分）	准备充分	
药品分类（30）	准确分类陈列药品、特殊食品、医疗器械等	
品种鉴定（20）	正确查询并记录，鉴定合法性	
医药企业认知（30 分）	图文并茂、介绍准确	
团队合作（10 分）	分工协作、参与积极性高	
合计		

 目标检测

答案解析

单项选择题

1. 医药商品的商品属性是（　　）
 A. 价值　　　　　　　　　　　　　　B. 价格
 C. 价值和使用价值　　　　　　　　　D. 治疗作用和不良反应

2. 药品质量的特殊性是指（　　）
 A. 药品必须符合法定药品标准　　　　B. 中药材、化学药均有不同等次
 C. 药品符合内控标准即可　　　　　　D. 药品允许有次品降价销售

3. 按照药品管理法，从事药品经营活动，必须符合（　　）
 A. GSP　　　　B. GMP　　　　C. GLP　　　　D. GCP

4. 下列不属于医药商品的是（　　）
 A. 云南白药粉　　　　　　　　　　　B. 云南白药气雾剂
 C. 云南白药酊　　　　　　　　　　　D. 云南白药牙膏

5. 下列不属于药品的是（　　）
 A. 化学药　　　　B. 化学试剂　　　　C. 中药　　　　D. 生物制品

6. 不属于医药商品的自然属性的是（　　）
 A. 成分　　　　B. 理化性质　　　　C. 包装　　　　D. 作用

7. 《药品经营质量管理规范》规定，新开办药品经营企业必须配备（　　）
 A. 执业药师　　　　B. 执业医师　　　　C. 执业护士　　　　D. 药师

多项选择题

8. 关于药品和保健食品，正确的是（　　）
 A. 药品生产必须注册　　　　　　　　B. 保健食品生产必须注册
 C. 保健食品生产要注册或者备案　　　D. 药品生产不必注册

9. 属于医疗机构的是（　　）
 A. 医院　　　　B. 卫生院　　　　C. 门诊部
 D. 诊所　　　　E. 急救站

10. 药品经营企业包括（　　）
 A. 批发企业　　　　B. 零售企业　　　　C. 医院药房
 D. 社区卫生服务中心　　　E. 超市

11. 医疗机构从事药剂技术工作的人员应当是（　　）
 A. 依法经过资格认定的药师　　　　　B. 执业药师
 C. 医师、护师或药师　　　　　　　　D. 其他药学技术人员
 E. 药士

12. 医疗机构药事活动有（　　）
 A. 采购供应　　　　B. 处方审核　　　　C. 药品调剂
 D. 药学咨询　　　　E. 处方点评

PPT

任务2 药品包装、标签、说明书认知

医药商品具有特殊性，安全性和质量方面有非常严格的要求，只有经过包装，才算完成生产过程，才能进入流通和消费领域。医药商品包装也是实现和增加商品价值和使用价值的一种手段，包装不足、包装不当、过度包装都有碍于医药商品价值和使用价值的实现。说明书与标签是药品包装的重要内容，是介绍药品特性、指导合理用药和普及医药知识的媒介，也是药品信息的重要来源之一。医师处方用药和药师用药指导的主要依据是药品说明书，说明书具有法律效力，正确解读药品说明书是合理用药的前提。那么医药商品包装应该符合什么要求？药品标签和说明书的书写要注意哪些问题？

本单元主要介绍药品包装、标签和说明书的有关知识。

学习目标

1. **掌握** 药品包装的概念；不同药品包装材料的特点；药品标签和说明书的内容和要求。
2. **熟悉** 药品包装的功能、药品标签的分类。
3. **了解** 药品包装的分类、药品包装材料的管理、药品包装的合理化问题。

任务2-1 医药商品包装认知

一、医药商品包装的概念和分类

（一）医药商品包装的概念

医药商品包装是指在商品流通过程中为保护医药商品，方便医药商品储运和销售，按一定技术方法而采用的容器、材料及辅助物的总称。也指在使用药用容器、材料及辅助物的过程中施加一定技术方法的操作活动。

药品包装是药品生产的重要环节，是药品进入流通领域的必要条件，能够提供各种药学信息。药品包装从一个侧面反映了一个国家的生产、科学技术和文化艺术的发展水平，提高我国的药品包装技术与管理水平，改进和提高药品包装的质量，实现药品包装的科学化、标准化和现代化，有利于促进医药贸易事业和医药经济的发展。

（二）医药商品包装的分类

药品的种类繁多，它们的理化性质、形状、储存要求各有差异，在生产、流通和消费领域中的作用不同，药品包装分类也不同，药品包装的分类方法各异。

1. 按照包装的形态分类

（1）内包装　内包装是指直接接触药品的包装，如安瓿瓶、输液瓶（袋）、药用铝箔等。直接接触药品的包装材料和容器，称作"药包材"。"药包材"是药品不可分割的一部分，伴随药品生产、流通及使用的全过程，药包材的质量和安全性，会直接影响药物制剂的质量。直接接触药品的包装材料和容器要随着药品审批时一并审批后才可使用，不得擅自更改或替换。内包装应标示药品的名称、规格、容量或剂量、批号和有效期等信息，防止因混淆出现差错、事故等。有些内包装也是销售包装。

（2）外包装　是指内包装以外的包装，按由里向外分为中包装和大包装。中包装多为销售包装，大包装又称储运包装。外包装应根据药品的特性，选用不易破损、防潮、防冻、防虫鼠的包装，以保证药品在运输、贮藏、使用过程中的质量，促进药品的销售和合理指导消费者安全使用药品。

2. 按包装在流通领域中的作用来分类

（1）销售包装　销售包装是以一个商品作为一个销售单元的包装形式（小包装），或以若干个单位商品组成一个小的整体包装（中包装）。销售包装包括盛装药品的盒、袋、瓶、盖等容器以及药品标签和说明书。销售包装随商品直接销售给顾客，起着保护药品、传递药品信息、宣传和促进销售的作用，同时也起着保护优质名牌商品以防假冒的作用。

销售包装的特点是：一般包装件小，美观、安全、卫生、新颖、易于携带，印刷装潢要求较高。企业对销售包装的造型结构、装潢设计、文字说明和印刷质量等，都会有独特的要求，通常根据药品特性和形状及剂型，设计独特、新颖的包装，申请包装专利，以区别于其他药品。

（2）储运包装　储运包装指用于安全储存、运输，保护商品的较大单元的包装形式，又称大包装。一般体积较大、外形尺寸标准化程度要求较高，坚固、耐用。例如纸箱、木箱等，其主要功能是保护商品、方便运输、装卸和贮存。

药品储运包装要采用相应的防护措施（防震动、防受潮、防霉变、防光照、防污染等），保证储运过程安全。储运包装上还应当印刷明显、清楚的运输标志和专有标识，以便提示装卸、搬运、堆码、保管作业。

即学即练 1-3

按照包装的形态分类，泡罩包装属于_____包装。按照包装在流通领域中的作用分类，药店柜台上所摆放的药品包装属于_____包装。

答案解析

二、医药商品包装的功能和合理化 微课2

（一）医药商品包装的功能

医药商品包装在药品从生产领域转入流通和消费领域的过程中起着非常重要的作用，是医药产品不能缺少的一部分，其主要功能如下。

1. 容纳功能　许多医药商品本身没有一定的组合形态，如液体、气体、粉状商品。这类医药商品只有依靠包装的容纳才具有特定的商品形态，没有包装就无法运输和销售。

包装的容纳不仅增加了商品的保护层，有利于商品质量稳定，还能保证商品卫生，有利于医药商品的流通和销售。对于质地疏松的商品，包装的容纳结合合理的压缩可以充分节约包装费用和储运空间。

成组化、配套等功能是容纳的延伸。成组化是指包装能把许多个体或个别包装物统一组合起来，化零为整、化分散为集中，可大大方便运输，同时减少流通费用；配套功能是指将数种有关联的产品配套包装在一起成套供应，便于消费者购买、使用和携带，同时还可降低包装成本，例如将粉针剂和其溶媒配套包装。

2. 保护功能 药品在运输、储存和销售过程中，会受到各种因素的影响，可能发生物理、机械、化学、生物等变化，造成损失、损耗，甚至影响药品质量，因此，保护医药商品是医药商品包装最重要的作用。

例如：在运输装卸过程中的颠簸、冲击、震动、碰撞、跌落以及储运过程中的堆码承重，可能造成包装破损和商品变形、损伤、失散等。有异物混入，可能造成污染；运输中可能丢失、散失；流通和贮运过程中外界温度和湿度、光线、气体等条件的变化，可能造成商品干裂、脱水、潮解、融化、腐烂、氧化、变色、老化、锈蚀等；微生物、害虫侵入会导致商品的霉烂、变质、虫蛀等。

因此，必须依据医药商品的特性、运输和储存条件，选择适当的包装材料、包装容器和包装方法，以保护商品质量，使合格的医药商品能够完好无损地送达消费者手中，最大限度地减少商品劣变损耗。

3. 传达功能 药品包装内包含了大量的药品信息，如商品名称、规格、适应证、使用方法、生产厂家等。药品销售包装在生产厂家与消费者之间充当了信息传达的使者。包装还传达了物流管理中所需的信息，以实现物流的有效管理。

装潢设计恰到好处的包装也能够提高产品的吸引力，提高消费者的兴趣，起到方便消费者再次购买和促进销售的作用。

4. 方便功能 合理的药品包装可为药品从生产领域向流通、消费领域转移，以及在消费者使用中提供很多方便。比如便于运输、装卸，方便储存、销售，方便识别、携带，方便开启关闭、方便保存、使用，方便回收、处理等。良好的包装所带来的便利功能与物流各环节具有广泛的适应性，使物流过程快捷、准确、可靠、便利。例如泡罩包装，方便使用、便于携带；某些幼儿使用的液态药品配有带刻度的吸药器，有利于准确方便给幼儿喂药。

5. 促销功能 商品采用包装以后，首先进入消费者视线的往往不是商品本身而是商品的包装。独具个性、精制美观的包装可以增强商品的美感，刺激消费者的购买欲望，起到无声推销员的作用，也增强了产品的吸引力，促进销售，尤其是 OTC 药品，包装显得更为重要。

6. 增加利润 商品的内在质量是商品市场竞争能力的基础，好的包装则可提高产品的附加值。如中国传统的名贵药材人参，改用精致的小包装，便于保存和使用，间接提高了药品的品质，销量也会增加。另外，包装的合理与装潢的美感可使商品的损耗降低，运输、储运、销售各环节的劳动效率提高，从而为企业增加了利润。

医药商品与人的生命健康密切相关，药品质量安全可靠是进入市场的通行证。医药商品的包装质量应与产品内在质量匹配，才能增强其吸引力与竞争力。

7. 社会适用功能 社会适用功能主要是指药品包装在满足全社会整体需要上所具有的种种功能，包括卫生安全功能、节省资源功能、环境保护功能等，包装要遵守目标市场的保护法规。

（二）医药商品包装的合理化

药品包装合理化是其作用正常发挥的前提条件。合理的商品包装是随商品流通环境的变化、包装技术的进步而不断改进和发展的。合理的药品包装既要符合国情，又要满足消费者需要并取得最佳的经济和社会效益。使用材料、容器、技术等不合理，追求奢华的过分包装、愚弄消费者的虚假包装等现象都是不可取的。一般而言，合理的药品包装应符合以下要求。

1. 药品包装要适应药品特性　药品包装必须根据相应药品的特性采用相应的材料与技术，使包装完全符合药品理化性质的要求，容器所使用的材料不能与所装药品发生反应。例如硝酸甘油，光线照射易变性，应采用遮光容器。

2. 药品包装要适应不同的流通条件的要求　要确保药品在流通过程中的安全，药品包装应该具有一定的强度，坚实、牢固、耐用。对于不同运输工具和不同运输方式而言，还应有选择的利用相应的包装容器和进行技术处理。例如药品包装措施应按相对湿度最大的情况考虑；要考虑到气候、温度、湿度差异。在涉及进出口药品时，要特别注意运输条件（以海运居多），以及药品输出地和输入地的具体情况，将可能由包装带来的质量损失降到最小。总之，整个药品包装要适应不同的流通条件的要求。

3. 药品包装要适量、适度　对于销售包装而言，包装容器大小应与内装商品相宜，包装费用应与内装商品相吻合。例如，阿奇霉素分散片，多数厂家以一个疗程的数量（0.25g×6）为一个最小包装，也是最小销售单元，方便销售也避免造成浪费。预留空间过大、包装费用占商品总价值比例过高，都是有损消费者利益、误导消费者的过度包装。

4. 药品包装应当标准化、通用化、系列化　药品包装必须推行标准化，即对包装容（重）量、包装材料、结构造型、规格尺寸、印刷标志、名词术语、封装方法等加以统一规定，逐步形成系列化和通用化。便于包装容器的生产，提高包装生产效率，简化包装容器的规格，节约原材料，降低成本，易于识别和计量，有利于保证包装质量和药品安全，便于药品生产、运输、装卸与储存。

5. 药品包装要做到绿色环保　首先，材料、容器、技术本身应是安全卫生的；其次，包装的技法、材料、容器等对环境而言，是绿色安全的；在选取材料和制作上，遵循可持续发展原则，做到节能、低耗、高功能、防污染，可回收，可降解。

三、医药商品常用的包装材料及管理

（一）医药商品包装常用的包装材料

1. 玻璃　玻璃具有不透气，不透湿，化学稳定性高，透明性好，易于回收利用，可再生；原材料资源丰富且便宜，价格较稳定等优点。玻璃容器配上塞子或盖子与盖衬，可以免受外界物质的入侵，盛装遇光易变质的药品时，应选用棕色玻璃容器。

主要的药用玻璃包装有玻璃输液瓶、抗菌药物用西林瓶、水针剂用安瓿瓶、普通玻璃瓶等。

2. 塑料　塑料作为包装材料具有强度高、阻隔性好、质轻携带方便、透明性好等许多优良特性，从而成为现代医用包装中的主要材料。主要的塑料包装有塑料袋（包括输血袋），塑料瓶（包括输液用塑瓶）等，还有片剂和胶囊剂用的泡罩包装。输液用软袋采用聚氯乙烯软袋（PVC 软袋）和多层复合共挤膜（非 PVC 软袋）等技术，适合无菌产品。

塑料具有透光、易吸附等缺点，这些缺点均可加速药品氧化变质的速度，引起药品变质。选择塑料包装时要考虑药品的性质、塑料的品种，还要考虑塑料中的附加剂如增塑剂、稳定剂等的影响。还有一些塑料的复合材料如纸塑和铝塑包装，也用在药品包装中，有效提高了药品包装质量。

3. 纸制品　纸制品的来源广泛、易于达到卫生要求，成本较低、成型性和折叠性优良，可高速连续生产、有最佳的可印刷性，重量轻，可降低运输成本，可回收复用和再生、易于进一步深加工，以适应不同包装需要、刷上防潮涂料后具有一定的防潮性能，是当今使用最广泛的包装材料之一。缺点是强度低、受潮后牢度下降、难于封口、易变形、气密性，防潮性，透明性差。常见的有瓦楞纸箱、各种药袋、药盒、装潢、标签、吊牌等，也可与塑料、铝箔等做成复合包装。

4. 金属 金属具有牢固、不透气、防潮、防光、易加工成型、有特殊光泽、增加包装的美观性、易再生利用等优点。常用的是铁皮、镀锌铁皮、马口铁、锡、铝等。该类包装成本比较高，主要用于盛装需要密封的软膏、液体药物或用做盖子、气雾剂容器等。使用时要注意，不能与内容物发生反应。

除以上四类常用包装材料以外，还有橡胶制品、木材、复合材料、可服用药包材等。从发展趋势来看，包装材料在向以纸代木、以塑代纸或以纸、塑料、铝箔等组成各种复合材料的方向发展。特种包装材料，如聚四氟乙烯、有机硅树脂、聚酯复合板或发泡聚氨酯等应用处于上升趋势。

（二）药品包装材料的管理

1. 药包材注册管理 国家对药包材实行产品注册制度。药品生产企业应根据药品的特性选择能保证药品质量的包装材料。直接接触药品的包装材料和容器，必须符合药用要求，符合保障人体健康、安全的标准，并由药品监督管理部门在审批药品时一并审评审批。

2. 药品包装及标识管理 药品包装必须适合药品质量的要求、方便储存、运输和医疗使用。运输中药材必须有包装。在每件包装上，必须注明品名、产地、日期、调出单位，并附有质量合格的标志。

药品外包装要有符合要求的运输标识或专有标识，内包装要按照规定印有或者贴有标签并附有说明书。

 知识链接

医药商品常用包装容器

1. 密闭容器 能防止尘埃、异物等混入的容器，如玻璃瓶、纸袋、纸盒、塑料袋、木桶及纸桶等，凡受空气中氧、二氧化碳、湿度等因素影响不大，仅需防止损失或尘埃等杂质混入的药品均可使用此类容器。

2. 密封容器 能防止药品风化、吸湿、挥发或异物污染的容器，如带紧密玻塞或木塞的玻璃瓶、软膏管、铁听等，用适宜的封口材料辅助密封。适用于盛装易挥发的液体药品及易挥发、潮解、氧化的固体药品，如云南白药酊。

3. 熔封和严封容器 将容器融封或以适宜的材料严封，能防止空气、水分进入及细菌污染的容器，如玻璃安瓿或输液瓶等。用于注射剂、血浆及各种输液，如注射用青霉素钠。

4. 遮光容器 能阻止紫外光的透入，保护药品不受光线影响的容器，如棕色玻璃瓶。普通无色玻璃瓶外面裹以黑纸或装于不透明的纸盒内也可达到遮光的目的。遮光容器主要用于盛装遇光易变质的药品，如硝酸甘油片。

任务2-2 药品标签、说明书认知

药品包装必须按照规定印有或者贴有标签，不得夹带其他任何介绍或者宣传产品、企业的文字、音像及其他资料。药品生产企业生产供上市销售的最小包装必须附有说明书。

药品管理法规定，药品上市许可持有人申请药品注册时，要同时报送其说明书，经国家药品监督管理部门核准，上市许可持有人对说明书内容符合要求与否及内容的真实性负责。药品批准上市后，应当持续开展药品安全性和有效性研究，根据有关数据及时备案或者提出修订说明书的补充申请，不断更新完善说明书和标签。药品监督管理部门依职责可以根据药品不良反应监测和药品上市后评价结果等，要求持有人对说明书和标签进行修订。

药品的标签应当以说明书为依据，其内容不得超出说明书的范围，不得印有暗示疗效、误导使用和不适当宣传产品的文字和标识。药品包装标签内容需要变更的，药品上市许可持有人应当在变更实施前，报所在地省、自治区、直辖市药品监督管理部门备案。

药品说明书和标签的文字表述应当科学、规范、准确。使用国家语言文字工作委员会公布的规范化汉字，增加其他文字对照的，应当以汉字表述为准。非处方药说明书还应当使用容易理解的文字表述，以便患者自行判断、选择和使用。药品说明书和标签中的文字应当清晰易辨，标识应当清楚醒目，不得有印字脱落或者粘贴不牢等现象，不得以粘贴、剪切、涂改等方式进行修改或者补充。

出于保护公众健康和指导正确合理用药的目的，药品生产企业可以主动提出在药品说明书或者标签上加注警示语，国家药品监督管理局也可以要求药品生产企业在说明书或者标签上加注警示语。

一、药品标签

药品的标签是指药品包装上印有或者贴有的内容，一般用纸张印刷粘贴在容器上或直接记载在容器上。标签主要向消费者说明介绍药品的特性和作用，所以文字要清晰简洁，同时也是帮助我们从外观识别假、劣药的依据之一。药品标签分为内标签和外标签。

即学即练1-4
药品标签分为_____和_____。
答案解析

（一）内标签

药品内标签是指直接接触药品的包装的标签。药品的内标签应当包含药品通用名称、适应证或者功能主治、规格、用法用量、生产日期、产品批号、有效期、生产企业等内容。包装尺寸过小无法全部标明上述内容的，至少应当标注药品通用名称、规格、产品批号、有效期等内容。

（二）外标签

1. 药品的外标签　是指内标签以外的其他包装的标签，药品外标签应当注明药品通用名称、成分、性状、适应证或者功能主治、规格、用法用量、不良反应、禁忌、注意事项、贮藏、生产日期、产品批号、有效期、批准文号、生产企业等内容。适应证或者功能主治、用法用量、不良反应、禁忌、注意事项不能全部注明的，应当标出主要内容并注明"详见说明书"字样。

2. 用于运输、储藏的包装的标签　至少应当注明药品通用名称、规格、贮藏、生产日期、产品批号、有效期、批准文号、生产企业，也可以根据需要注明包装数量、运输注意事项或者其他标记等必要内容。

3. 原料药的标签　应当注明药品名称、贮藏、生产日期、产品批号、有效期、执行标准、批准文号、生产企业，同时还需注明包装数量以及运输注意事项等必要内容。

同一药品生产企业生产的同一药品，药品规格和包装规格均相同的，其标签的内容、格式及颜色必须一致；药品规格或者包装规格不同的，其标签应当明显区别或者规格项明显标注。同一药品生产企业生产的同一药品，分别按处方药与非处方药管理的，两者的包装颜色应当明显区别。对贮藏有特殊要求的药品，应当在标签的醒目位置注明。

 知识链接 ··

药品通用名、商品名与注册商标

　　药品名称有化学名、通用名、商品名、专利名、非专利名、常用名、缩略名等，但在药品标签、包装上出现的药品名称则是通用名、商品名。药品的商品名经商标局注册，可成为注册商标。

　　药品通用名称是指列入国家药品标准的药品名称，药品说明书和标签中标注的商品名和通用名称，必须与国家药品标准、药品注册证书及附件的相应内容一致。禁止使用未经注册的商标以及其他未经国家药品监督管理部门批准的药品名称。

　　商标是商品的生产者和经营者用来标明其商品的特殊标志，即用于标明自己所生产、加工或经营的商品，并使其商品区别于他人制造或销售的商品所采用的文字、图案、颜色或把上述各种因素结合起来的标记。经过商标局注册的商标为注册商标，注册商标受我国商标法的保护。商标注册可使药品更有效地获得法律保护，增强其市场竞争力，也有助于消费者认牌购物，正确地选择安全有效的药品。药品商标主要存在于药品包装上。

二、药品说明书认知

　　1. 药品说明书的内容要求　药品说明书应包含安全有效使用药品所必需的科学信息，内容必须详实，具有知识性、真实性和准确性，在任何项目中不得使用宣传性语言，不可包含虚假和误导性信息。不可夸大有效性，也不能回避不利信息。药品说明书对疾病名称、药学专业名词、药品名称、临床检验名称和结果的表述，应当采用国家统一颁布或规范的专用词汇，度量衡单位应当符合国家标准的规定。应当列出全部活性成分或者组方中的全部中药药味。注射剂和非处方药还应当列出所用的全部辅料名称。药品处方中含有可能引起严重不良反应的成分或者辅料的，应当予以说明。

　　2. 药品说明书的修订要求　上市许可持有人负责药品说明书修订和维护。在药品上市后的全生命周期内，上市许可持有人应主动收集药品的安全性、有效性信息，包括个例不良反应报告、药品定期安全性修订报告、有关药物不良反应的文献，以及上市后研究数据等，对新药的安全性、有效性信息进行汇总分析，及时（定期）进行获益/风险评估。当明确新药存在新的安全性风险，或已有数据提示现行版说明书不准确、虚假或有误导性时，及时修订说明书安全性和有效性信息，并报国家药品监督管理局药品审评机构审核确认。药品说明书获准修改后，药品上市许可持有人应当将修改的内容立即通知相关药品经营企业、使用单位及其他部门，并按要求及时使用修改后的说明书。

　　药品说明书应当充分包含药品不良反应信息，详细注明药品不良反应。药品生产企业未根据药品上市后的安全性、有效性情况及时修改说明书或者未将药品不良反应在说明书中充分说明的，由此引起的不良后果由该生产企业承担。

　　药品说明书核准日期和修改日期应当在说明书中醒目标示。

实例分析 1-2

实例　美国佛蒙特州吉他手戴安娜·莱文因严重头痛合并恶心、脱水症状到社区卫生诊所求治，医生认为静脉注射异丙嗪对改善她严重的偏头痛效果较佳，而未采取药品标签建议的肌内注射。由于医生注射不当造成部分药液注入动脉，导致莱文右手和右前臂坏死被迫截肢。莱文起诉了诊所和惠氏制药公司。

问题　1. 患者受到伤害的原因是什么？
　　　　2. 诊所和制药企业各承担什么责任？
　　　　3. 药品说明书的法律责任是什么？

答案解析

3. 说明书格式及内容　以化学药品和生物制品说明书为例。

核准和修改日期
（左上角）

特殊药品、外用药品标识
（右上角）

×××说明书（包含通用名和剂型）

处方药在此标注"请仔细阅读说明书并在医生指导下使用"。

非处方在此标注"请仔细阅读说明书并按说明书使用或在药师指导下购买使用。"

> **警示语：**
> 　是指对药品严重不良反应及其潜在的安全性问题的警告，还可以包括药品禁忌、注意事项及剂量过量等需提示用药人群特别注意的事项。
> 　如有该方面内容，应当在说明书标题下以醒目的黑体字注明，并以黑框圈示。

【药品名称】

按下列顺序列出。

通用名称：通用名称系指列入国家药品标准的中文名称。

商品名称：是指经国家药品监督管理部门批准的特定企业使用的药品名称，不使用商品名称的药品不列该项。

英文名称：无英文名称的不列该项。

汉语拼音：按药品标准描述。

拉丁名称：按药品标准描述。

【成分】

1. 列出活性成分的化学名称、化学结构式、分子式、分子量。并按下列方式书写：

化学名称：

化学结构式：

分子式：

分子量：

2. 复方制剂可以不列出每个活性成分化学名称、化学结构式、分子式、分子量内容。本项可以表达为"本品为复方制剂，其组分为："。组分按一个制剂单位（如每片、粒、支、瓶等）分别列出所含的全部活性成分及其量。

3. 多组分或者化学结构尚不明确的化学药品或者治疗用生物制品，应当列出主要成分名称，简述活性成分来源。

4. 处方中含有可能引起严重不良反应的辅料的，该项下应当列出该辅料名称。

5. 注射剂应当列出全部辅料名称。

【性状】包括药品的外观、臭、味、溶解度以及物理常数等。

【适应证】应当根据该药品的用途，采用准确的表述方式，明确用于预防、治疗、诊断、缓解或者辅助治疗某种疾病（状态）或者症状。

【规格】指每支、每片或其他每一单位制剂中含有主药（或效价）的重量或含量或装量。生物制品应标明每支（瓶）有效成分的效价（或含量及效价）及装量（或冻干制剂的复溶后体积）。

表示方法一般按照《中国药典》要求规范书写，有两种以上规格的应当分别列出。

【用法用量】应当包括用法和用量两部分。需按疗程用药或者规定用药期限的，必须注明疗程、期限。

应当详细列出该药品的用药方法，准确列出用药的剂量、计量方法、用药次数以及疗程期限，并应当特别注意与规格的关系。

用法上有特殊要求的，应当按实际情况详细说明。

【不良反应】应当实事求是地详细列出该药品不良反应。并按不良反应的严重程度、发生的频率或症状的系统性列出。

【禁忌】应当列出禁止应用该药品的人群或者疾病情况。

【警告及注意事项】必须包括对整个说明书中最有临床意义安全性问题的简要总结，这些信息会影响是否处方给药的决定、为确保安全使用药物对患者进行监测的建议，以及可采取的预防或减轻损害有效的措施。

应列出使用时必须注意的问题，包括需要慎用的情况（如肝、肾功能的问题），影响药物疗效的因素（如食物、烟、酒），用药过程中需要观察的情况（如过敏反应，定期检查血象、肝功、肾功）及用药对于临床检验的影响等。

滥用或者药物依赖性内容可在该项目下列出。

【孕妇及哺乳期妇女用药】着重说明该药品对妊娠、分娩及哺乳期母婴的影响，并写明可否应用本品及用药注意事项。

未进行该项实验且无可靠参考文献的，应当在该项下予以说明。

【儿童用药】主要包括儿童由于生长发育的关系而对于该药品在药理、毒理或药代动力学方面与成人的差异，并写明可否应用本品及用药注意事项。

未进行该项实验且无可靠参考文献的，应当在该项下予以说明。

【老年用药】主要包括老年人由于机体各种功能衰退的关系而对于该药品在药理、毒理或药代动力学方面与成人的差异，并写明可否应用本品及用药注意事项。

未进行该项实验且无可靠参考文献的，应当在该项下予以说明。

【药物相互作用】列出与该药产生相互作用的药品或者药品类别，并说明相互作用的结果及合并用药的注意事项。

未进行该项实验且无可靠参考文献的，应当在该项下予以说明。

【药物过量】详细列出过量应用该药品可能发生的毒性反应、剂量及处理方法。

未进行该项实验且无可靠参考文献的，应当在该项下予以说明。

【临床试验】为本品临床试验概述，应当准确、客观地进行描述。包括临床试验的给药方法、研究对象、主要观察指标、临床试验的结果包括不良反应等。

没有进行临床试验的药品不书写该项内容。

【药理毒理】包括药理作用和毒理研究两部分内容。

药理作用为临床药理中药物对人体作用的有关信息，也可列出与临床适应证有关或有助于阐述临床药理作用的体外试验和（或）动物实验的结果。复方制剂的药理作用可以为每一组成分的药理作用。

毒理研究所涉及的内容是指与临床应用相关，有助于判断药物临床安全性的非临床毒理研究结果。应当描述动物种属类型，给药方法（剂量、给药周期、给药途径）和主要毒性表现等重要信息。复方制剂的毒理研究内容应当尽量包括复方给药的毒理研究结果，若无该信息，应当写入单药的相关毒理内容。

未进行该项实验且无可靠参考文献的，应当在该项下予以说明。

【药代动力学】应当包括药物在体内吸收、分布、代谢和排泄的全过程及其主要的药代动力学参数，以及特殊人群的药代动力学参数或特征。说明药物是否通过乳汁分泌、是否通过胎盘屏障及血 - 脑屏障等。应以人体临床试验结果为主，如缺乏人体临床试验结果，可列出非临床试验的结果，并加以说明。

未进行该项实验且无可靠参考文献的，应当在该项下予以说明。

【贮藏】具体条件的表示方法按《中国药典》要求书写，并注明具体温度。如：阴凉处（不超过20℃）保存。

生物制品应当同时注明制品保存和运输的环境条件，特别应明确具体温度。

【包装】包括直接接触药品的包装材料和容器及包装规格，并按该顺序表述。

【有效期】以月为单位表述。

【执行标准】列出执行标准的名称、版本，如《中国药典》2020 年版（二部）。或者药品标准编号，如 WS - 10001(HD - 0001) - 2002。

【批准文号】指该药品的药品批准文号，进口药品注册证号或者医药产品注册证号。

麻醉药品、精神药品、蛋白同化制剂和肽类激素还需注明药品准许证号。

【生产企业】国产药品该项内容应当与《药品生产许可证》载明的内容一致，进口药品应当与提供的政府证明文件一致。并按下列方式列出：

企业名称：

生产地址：

邮政编码：

电话和传真号码：须标明区号。

网址：如无网址可不写，此项不保留。

✎ 实践实训

实训2 药品的包装认识及真伪鉴别

【实训目的】

1. 检验和拓展学生对医药商品包装的认识和综合评价能力。
2. 锻炼学生知识收集、整理的能力。
3. 根据包装进行药品真伪鉴别。

【实训要求】

电脑网络系统、会议厅（或课室）、多媒体投影设备。

【实训内容】

1. 任务布置 教师提前安排学生准备部分常见的药品包装。包装种类按材质分有玻璃、塑料、纸、金属等；按剂型分有片剂、胶囊剂、注射剂、喷雾剂、糖浆剂等。每个小组准备2~3种不同药品包装，同时教师布置学生利用课余时间查阅和学习药品真伪鉴别的知识。

2. 信息搜索 学生利用课余时间准备材料、收集相关信息。

3. 确定发言稿 各组需根据分配的任务，对拟介绍的药品包装从材料、功能、技法、类别、标识、文字、图案等不同角度分析写出讲稿，并将自己搜集来的药品真伪鉴别知识和同学分享。

4. 情景模拟 根据拟介绍内容制作幻灯片，采用不同的方式完成情景模拟。

【实训评价】

评价要素	评价要素细则	得分
仪表仪态（10分）	仪表大方、谈吐自如、条理分明	
语言表达（10分）	声音清晰、言简意赅、突出重点	
包装材料准备、分析（30分）	包装材料准备充分，分析准确、到位	
真伪鉴别知识分享（30分）	药品真伪鉴别知识准备是否充分	
PPT 设计（10分）	图文并茂、布局合理	
团队合作（10分）	分工协作、参与积极性高	
合计（100分）		

实训3 正确解读药品说明书

【实训目的】

1. 明确药品说明书的格式、各项目的含义及要求。
2. 正确解读药品说明书，指导合理用药。

【实训要求】

电脑网络系统、会议厅（或课室）、多媒体投影设备。

【实训内容】

1. 任务布置　教师将学生分成若干组，提前安排每组学生准备一种格式的药品说明书，同时教师布置学生利用课余时间查阅和学习药品说明书的有关知识。

药品说明书按格式可以分为：

处方药化学药品说明书、非处方药化学药品说明书、治疗用生物制品药品说明书、处方药中成药说明书、非处方药中成药说明书。

2. 信息搜索　学生利用课余时间准备材料、收集相关信息。

3. 确定发言稿　各组需根据分配的任务，以准备的药品说明书为例，详细介绍一类药品说明书的格式、内容、各项内容的含义、各项内容的表述要求，写出讲稿。

4. 根据拟介绍内容制作幻灯片。

5. 采用角色扮演、情景模拟等不同的方式，解读药品说明书的主要信息。

【实训评价】

评价要素	评价要素细则	得分
仪表仪态（10分）	仪表大方、谈吐自如、条理分明	
语言表达（10分）	声音清晰、言简意赅、突出重点	
药品说明书准备（20分）	药品说明书准备充分	
说明书格式内容解析（40分）	说明书各项内容的含义、各项内容的表述要求分析到位	
PPT设计（10分）	图文并茂、布局合理	
团队合作（10分）	分工协作、参与积极性高	
合计（100分）		

目标检测

答案解析

单项选择题

1. 药品包装的主要目的（　　）

　　A. 保护药品从生产领域经流通领域到消费领域在有限期内质量完好和数量准确

　　B. 促使消费者赏心悦目、心情愉快、乐意购买药品

　　C. 保证经销商分销方便

　　D. 保证制药企业获取更大的利润

2. 药品的瓶签属于（　　）

　　A. 内标签　　　　　　B. 外标签　　　　　　C. 内包装　　　　　　D. 外包装

3. 药品的包装按包装在流通领域中的作用分为（　　）

　　A. 销售包装与储运包装　　　　　　　　B. 内包装与外包装

　　C. 大包装与小包装　　　　　　　　　　D. 通用包装与专用包装

4. 药品的包装按照包装的形态分为（　　）

A. 销售包装与储运包装　　　　　　　B. 内包装与外包装

C. 大包装与小包装　　　　　　　　　D. 通用包装与专用包装

5. 能防止尘埃、异物等混入的容器，如玻璃瓶、纸袋、纸盒、塑料袋、木桶及纸桶等，属于（　　　）

A. 熔封和严封容器　　B. 密封容器　　　C. 密闭容器　　　　D. 遮光容器

6. 塑料包装材料的缺点是（　　　）

A. 强度较低　　　　　B. 易污染环境　　C. 耐腐蚀性差　　　D. 质脆易碎

7. 下面哪项不是医药商品包装的作用（　　　）

A. 保护商品　　　　　B. 方便消费　　　C. 促进销售　　　　D. 经济便宜

8. （　　　）有利于商品质量稳定，还能保证商品卫生，有利于医药商品的流通和销售。

A. 容纳功能　　　　　B. 保护功能　　　C. 方便功能　　　　D. 传递功能

9. 下列哪一项可以作为商标使用（　　　）

A. 药品名称　　　　　B. 药品商品名　　C. 药品通用名称　　D. 地理标志

10. 必须在包装上印有规定的专有标示的是（　　　）

A. 麻醉药品、精神药品、医疗用毒性药品、放射性药品、妇儿药品和非处方药

B. 麻醉药品、精神药品、医疗用毒性药品、放射性药品、外用药品和处方药

C. 麻醉药品、精神药品、医疗用毒性药品、放射性药品、口服药品和非处方药

D. 麻醉药品、精神药品、医疗用毒性药品、放射性药品、外用药品和非处方药

PPT

任务 3　医药商品分类及编码

学习引导

医药商品是一个集合概念，它是由数以万计的具体医药商品品种集合而成的总体。我国的医药商品品种繁多，门类齐全，其生产、销售和消费的特点各不相同。随着医药科学技术的发展，各类药品之间在理论、配伍、组方、加工技术等方面相互渗透的现象越来越普遍。那么医药商品应该如何分类管理？通过什么样的方式和手段对分类进行管理？如何进行药品追溯管理？

本单元主要介绍医药商品分类、分类管理、药品编码和药品追溯体系的有关知识。

📖 学习目标

1. **掌握**　常见的医药商品分类；医药条形码的种类；药品追溯码的构成。
2. **熟悉**　零售药店药品陈列要求；条形码、医药产品条码的知识，药品追溯体系。
3. **了解**　医药商品分类的概念和原则；医药商品分类标志；医药商品编码的概念和原则。

任务 3-1　药品分类认知

当前经济全球化的格局已经基本形成，围绕医药产品的生产、流通、销售、服务等环节，组成了顾

客、经销商、运输商、生产商、物流公司和供应商的完整产业链。产品与服务统一代码是该产业链的基础和重要环节。对医药商品进行科学系统的分类，编制出适合使用的医药商品目录，以满足各方面的需要，是医药商品学研究的重要内容之一。

一、医药商品分类的概念和原则 🅴 微课3

（一）医药商品分类的概念

医药商品分类是指根据一定目的，为满足某种需要，选择适当的分类标志或特征，将医药商品集合总体逐级划分为不同类别，并在此系统上进行系统编排，形成一个有层次、逐级展开的医药商品分类体系的过程。

医药商品分类一般将集合总体划分为大类、品类、品种或大类、中类、小类、品种、细目等，范围逐渐缩小，特征更趋一致。大类一般根据生产和流通中的行业来划分，如化学原料药及化学制剂、中药材及中药饮片、中成药、生物制品、医疗器械等。商品品类或者中类是指若干具有共同特性和特征的医药商品总称。如性激素及内分泌类药品，可分肾上腺皮质激素类药、甲状腺激素及抗甲状腺药、胰岛素及口服降糖药、脑垂体激素及有关药品等，他们各自又包含若干商品品种。医药商品品种是指医药商品的具体名称，是按照商品特性、成分等特征进一步划分得到的商品类组。如肾上腺皮质激素类药包括糖皮质激素类和盐皮质激素类等。商品细目是对商品品种的详细区分，包括商品名、规格、剂型等。如糖皮质激素类包括氢化可的松、地塞米松、泼尼松龙等。

在应用层面上，随着医药商业零售业的发展以及电子商务的展开，医药商品分类与普通老百姓的距离越来越近，得到企业界的高度关注；在科研层面上，随着医药商品管理与国际接轨和标准化的进程，医药商品统一分类和编码的应用研究硕果累累。

（二）医药商品分类的原则

商品分类的原则是建立科学分类体系的重要依据，为了使商品分类能满足特定的目的和需要，在商品分类时需遵循三个原则。

1. 要明确分类的商品集合所包括的范围 不同国家、不同历史阶段，商品所包括的范围并不完全相同。各行各业各部门所管理的商品范围也不相同，因此医药商品分类时首先要明确分类的商品集合体所包括的范围，医药商品分类才有意义。

2. 必须提出医药商品分类的明确目的 由于各部门对医药商品进行分类的目的要求不同，因此医药商品分类体系也是多种多样的；例如，特殊药品与一般药品的分类，处方药与非处方药的分类，按照剂型的分类，按照储存条件的分类、医药商品的教学分类等。每一种医药商品分类体系只有根据一定的分类目的来制定，才能科学实用，因此对医药商品进行分类时必须提出明确的分类目的。

3. 必须选择适当的分类标志 对商品进行分类时，分类标志的选择至关重要，既要达到分类目的的要求，又能明显的把分类对象区分开。由于医药商品本身的多样性和复杂性，要使医药商品分类具有科学性和系统性，保证分类清楚，切实可行，能达到预期的目的和要求，必须选择适当的分类标志。在选择时，应遵循如下原则。

（1）目的性 分类标志的选择必须保证在此分类标志基础上建立的分类体系能满足分类的目的和要求。例：按照储存保管的需要把药品分为针剂、片剂、水剂、粉剂等。

（2）包容性 分类标志的选择必须保证在此分类基础上建立的分类体系能包容拟分类的全部商品，

并为不断纳入的新商品留有余地；一种分类方式不能只适用于目前的商品，再有新商品出现就不被包含其中，否则每出现一种新产品就要重新建一套分类体系，是人财物力的极大浪费。

（3）区分性　分类标志本身的含义明确，必须保证能从本质上把不同类别的商品明显分开。否则，不能成为分类标志。

（4）唯一性　分类标志的选择必须保证每个商品只能在体系内的一个类别中出现，不得在不同类别中反复出现，体系中同一个层级范围只能采用同一种分类标志，不得同时采用几种分类标志。

如果大型药店分类标志选择不好，一个医药商品在不同种类中都有出现，那么会出现同一种药品分别摆放在不同区域中，对药店的货柜占用和营业面积及品种都会产生影响，同时也会给顾客留下杂乱无章的感觉。

（5）逻辑性　分类体系中，下一层级分类标志成为上一层级分类标志的合乎逻辑的继续和具体的自然延伸，从而使体系中不同商品类目间或并列或隶属的逻辑关系明晰了然。

（6）简便性　分类标志的选择要保证建立起来的分类体系在应用中要便于操作，易于使用，与计算机技术相接轨，有利于采用数字编码和运用电子计算机进行处理。

（三）医药商品分类标志

医药商品分类标志按其适用性分为普遍适用和局部适用两类。

普遍适用的分类标志是指所有医药商品种类共存的特征、性质、关系和功能等。商品都有一定的物态，都可按一定大小比例划分，都有地理产地，都要运输，大多还要进行贮存等，这些都是普遍适用性分类。这类分类标志多数用于作为高层次类目的分类标志。

局部适用的分类标志是指部分商品共有特性，也称为特殊分类标志，例如：化学组成、包装形式、动植物的部位、颜色、外形、加工特点，保藏方法、播种和收获季节等，这些分类标志，概念清楚，特征具体，容易区分，常用于某些商品种类，具体商品品种以及规格，花色，质量等级细目划分。

任何一种分类标志都有一定的局限性，都只能满足特定的或部分的需求，实际工作中往往是一个分类目录采用多种分类标志相结合进行分类。常用的分类标志有：以原材料作为医药商品分类标志、以医药商品的化学成分作为分类标志、以医药商品加工方法作为分类标志、以医药商品用途作为分类标志。

即学即练 1-5

常用的分类标志有：以＿＿＿＿作为医药商品分类标志、以＿＿＿＿作为分类标志、以＿＿＿＿作为分类标志、以＿＿＿＿作为分类标志。

答案解析

二、常见的医药商品分类

分类是为了更好的管理，医药商品种类繁多，为了科学合理的管理和使用这些医药产品，必须对医药产品进行合理分类。现将目前国内外使用比较多的医药产品分类方法论述如下。

（一）按照医药商品的来源分类

1. 来源于动物的药　利用动物的部分脏器或分泌物制成的药。如甲状腺片主要成分来源为动物的脏器。

2. 来源于植物的药　利用植物合成的药。如吗啡、盐酸小檗碱、高三尖杉酯碱等。许多药已经可以人工合成，如盐酸小檗碱等。

3. 来源于矿物的药   直接利用矿物或矿物经过加工而制成的药，如硫黄、硼砂等。

4. 生物制品   用微生物及其代谢物、动物毒素、人或动物的血液或组织等，经加工制成，作为预防、诊断、治疗疾病的药品。如牛痘疫苗、破伤风抗毒素、人血白蛋白等。近年来，由于基因工程的进展，生物制品的来源有了变化，如生物合成人胰岛素、单克隆抗体诊断试剂等。

5. 人工合成药   人工合成药指用化学方法合成的药。该类药可分为全人工合成品，如对乙酰氨基酚、苯海拉明等；半合成品，如氨苄西林钠、头孢拉定等。

（二）按照医药商品的剂型分类

1. 片剂   片剂系指原料药物或与适宜的辅料制成的圆形或异形的片状固体制剂。片剂应用方便，产量大，成本低，便于携带和储运，适应性强，是目前使用最广泛，销量最大的类别。中药还有浸膏片、半浸膏片和全粉片等。片剂以口服普通片为主，另有含片、舌下片、口腔贴片、咀嚼片、分散片、缓释片、控释片、泡腾片、肠溶片、口崩片等。

2. 注射剂   注射剂系指原料药物或与适宜的辅料制成的供注入体内的无菌制剂。注射剂可分为注射液、注射用无菌粉末与注射用浓溶液等。如地西泮注射液、注射用青霉素钠、50% 葡萄糖注射液等。

3. 胶囊剂   胶囊剂系指原料药物或与适宜辅料充填于空心胶囊或密封于软质囊材中制成的固体制剂。胶囊剂可分为硬胶囊和软胶囊。根据释放特性不同还有缓释胶囊、控释胶囊、肠溶胶囊等，主要供口服用。如复方氨酚烷胺胶囊、维生素 AD 胶丸、布洛芬缓释胶囊、奥美拉唑肠溶胶囊等。

4. 颗粒剂   颗粒剂系指原料药物与适宜的辅料混合制成具有一定粒度的干燥颗粒状制剂。颗粒剂可分为可溶颗粒（通称为颗粒）、混悬颗粒、泡腾颗粒、肠溶颗粒，根据释放特性不同还有缓释颗粒等，供口服用。如复方锌布颗粒、阿莫西林颗粒。

5. 眼用制剂   眼用制剂系指直接用于眼部发挥治疗作用的无菌制剂。眼用制剂可分为眼用液体制剂（滴眼剂、洗眼剂、眼内注射液等）、眼用半固体制剂（眼膏剂、眼用乳膏剂、眼用凝胶剂等）、眼用固体制剂（眼膜剂、眼丸剂、眼内插入剂等）。眼用液体制剂也可以固态形式包装，另备溶剂，在临用前配成溶液或混悬液。

6. 鼻用制剂   鼻用制剂系指直接用于鼻腔，发挥局部或全身治疗作用的制剂。鼻用制剂应尽可能无刺激性，并不可影响鼻黏膜和鼻纤毛的功能。鼻用制剂可分为鼻用液体制剂、鼻用半固体制剂、鼻用固体制剂等。如盐酸麻黄碱滴鼻剂。

7. 栓剂   栓剂系指原料药物与适宜基质制成供腔道给药的固体制剂。栓剂因施用腔道的不同，分为直肠栓、阴道栓和尿道栓。如小儿解热栓、甲硝唑栓等。

8. 丸剂   丸剂系指原料药物与适宜的辅料制成的球形或类球形固体制剂。丸剂包括蜜丸、水蜜丸、水丸、糊丸、蜡丸、浓缩丸滴丸和糖丸等。如六味地黄丸等。化学药丸剂包括滴丸、糖丸等。如联苯双酯滴丸、脊髓灰质炎疫苗糖丸。

9. 软膏剂和乳膏剂   软膏剂系指原料药物与油脂性或水溶性基质混合制成的均匀的半固体外用制剂。因原料药物在基质中分散状态不同，分为溶液型软膏剂和混悬型软膏剂。如地塞米松软膏等。

乳膏剂系指原料药物溶解或分散于乳状液型基质中形成的均匀半固体制剂。乳膏剂由于基质不同，可分为水包油型乳膏剂和油包水型乳膏剂。

10. 糊剂   糊剂系指大量的原料药物固体粉末（一般 25% 以上）均匀地分散在适宜的基质中所组成的半固体外用制剂。可分为含水凝胶性糊剂和脂肪糊剂。如复方锌糊等。

11. 吸入制剂 吸入制剂系指原料药物溶解或分散于合适介质中，以气溶胶或蒸气形式递送至肺部发挥局部或全身作用的液体或固体制剂。包括吸入气雾剂、吸入粉雾剂、吸入喷雾剂、吸入液体制剂和可转变成蒸气的制剂。如异丙肾上腺素吸入气雾剂。

除以上几类以外还有喷雾剂、气雾剂、凝胶剂、散剂、糖浆剂、搽剂、涂剂、涂膜剂、酊剂、贴剂、贴膏剂、口服溶液剂、植入剂、膜剂、耳用制剂、洗剂、冲洗剂、灌肠剂、合剂、锭剂、煎膏剂（膏滋）、胶剂、酒剂、膏药、露剂、茶剂和流浸膏剂与浸膏剂等，共38种剂型。

（三）按照商业保管习惯分类

在药品剂型分类的基础上，根据医药商品的仓储保管及店堂商品的陈列习惯，将品种繁多的医药商品简单地分为片、针、水、粉四大类。这种方法虽然不够严谨，但是每一类商品都有很多共同点，所以为包装、运输、保管与销售等方面提供了许多便利，因而在医药商业中被普遍采用。

1. 针剂类 针剂类包括注射剂、注射用粉针、输液剂。

2. 片剂类 片剂类包括片剂、丸剂及胶囊剂。

3. 水剂类 水剂类包括液体制剂、半固体制剂、栓剂、气雾剂。

4. 粉剂类 粉剂类包括原料药、颗粒剂、散剂等。

（四）按照传统药和现代药分类

《中华人民共和国药品管理法》规定"国家发展现代药和传统药，充分发挥其在预防、医疗和保健中的作用。"

1. 传统药 传统药又称民族药，是指按照传统医药学理论指导用于疾病预防、治疗的物质，包括中药、蒙药、藏药、维药、傣药等。其主要来源是天然药物及其加工品。包括植物药、动物药、矿物药等。

2. 现代药 一般指在现代医学理论指导下用于预防、治疗、诊断疾病的物质，也称为西药。是19世纪以来发展起来的，用现代药学理论方法和化学技术、生物技术等现代科学技术手段发现或获得。根据来源不同，现代药通常分为化学药品、抗菌药物、生物制品和生化药品，如：阿司匹林、青霉素、尿激酶、干扰素等。

（五）按照处方药和非处方药分类

药物在研制、生产、销售、使用的各个环节都受到相应法规的严格控制，20世纪50~60年代，美国、德国等发达国家相继建立了处方药和非处方药的分类管理制度。20世纪80年代，世界卫生组织（WHO）开始向全世界推广这一模式，目前有100多个国家和地区实行了药品分类管理制度。我国《处方药与非处方药分类管理办法（试行)》于2000年1月1日起施行。

1. 处方药 处方药简称Rx药，是指必须凭执业医师或执业助理医师开具的处方，才可调配、购买和使用的药品。

即学即练 1-6

处方药简称（　　）

答案解析　　A. OTC　　B. Rx　　C. WTO　　D. WHO

2. 非处方药 非处方药简称OTC药品，是指不需要凭执业医师或执业助理医师开具的处方，消费者可自行判断、购买和使用的药品，消费者按照药品标签和说明书就可自行使用。根据药品的安全性，非处方药分为甲、乙两类。

我国遴选非处方药的原则是应用安全、疗效确切、质量稳定、使用方便。目前，公开发售的非处方药绝大多数是从原有的处方药转变而来的。许多药物既有处方药身份，又有非处方药身份。例如，氢化可的松软膏剂为非处方药，外用治疗皮肤过敏等；而氢化可的松片剂和注射剂是处方药，用于急性炎症、风湿性心肌炎、类风湿关节炎以及支气管哮喘等，必须凭医师处方才能销售和使用。

为了保证人民健康，我国非处方药目录中明确规定药物的剂型、使用时间、疗程，并强调指出"如症状未缓解或消失应向医师咨询"。

 实例分析 1-3

实例　患者，男，42岁，因中耳炎复发到药店购买阿莫西林，店员推荐了阿奇霉素，店员说："这是非常普遍的消炎药，广谱消炎药，不会过敏，使用安全"，"一般是要处方的，现在为了方便顾客，使用安全的药品我们就直接卖给你。"

问题　1. 案例中店员的做法存在什么问题？
　　　　2. 我国为什么要实行药品分类管理制度？

答案解析

（六）按照国家基本药物和非国家基本药物分类

1975年，WHO在第28届世界卫生大会首次提出国家基本药物，随后又出版了《制定国家药物政策的指导原则》及《国家基本药物目录》（现行最新为2018版）。在WHO的积极倡导和推动下，基本药物正在越来越广泛用于医疗保险费用的支付、合理用药的指导、药品的生产和供应、初级医疗保健的建立等领域。我国自1992年起结合医疗保险制度的改革，开展制定国家基本药物的工作。

1. 国家基本药物　国家基本药物是适应基本医疗卫生需求，剂型适宜，价格合理，能够保障供应，公众可公平获得的药品。国家基本药物是从我国临床应用的各类药物中通过科学评价，筛选出来的具有代表性的药物。

国家基本药物的遴选原则是：防治必需、安全有效、价格合理、使用方便、中西药并重、基本保障、临床首选和基层能够配备。国家基本药物目录按照遴选原则结合我国用药特点，参照国际经验，合理确定品种（剂型）和数量，目的是既满足广大人民群众防病治病的需要，又使国家有限的卫生资源得到有效的利用，达到最佳的社会效益和经济效益，促进人人享有基本卫生保健。基本药物不一定是最便宜的药品，但能满足临床基本和必要的需求。由于疗效好，使得治疗总成本最低，即具有临床最大治疗效益的同时又兼顾保证大多数人整体保健的最佳选择。《国家基本药物》目录原则上每三年调整一次，现行版本是2018年版。

 知识链接

国家基本药物目录（2018年版）

调整后的2018年版国家基本药物目录总品种由原来的520种增至685种，包括西药417种、中成药268种（含民族药）。在覆盖主要临床主要病种的基础上，重点聚焦癌症、儿童疾病、慢性病等病种，新增品种包括了抗肿瘤用药12种、临床急需儿童用药22种以及世卫组织推荐的全球首个也是国内唯一一个全口服、泛基因型、单一片剂的丙肝治疗新药——索磷布韦维帕他韦。

基本药物目录不仅仅是一个目录，它的使用将引发医疗服务、医保报销的变化。与上一版目录不同，原则上，各地不能在 2018 年版国家基本目录基础上再增补药品。原因是基本药物制度已经在政府办基层医疗机构实现全覆盖，允许地方增补药品是制度建设初期的过渡性措施。基本药物是适应基本医疗卫生需求，剂型适宜，价格合理，能够保障供应，公众可公平获得的药品。

2. 非国家基本药物　非国家基本药物指未列入"国家基本药物目录"的品种，国家仍允许继续发展，继续生产使用，国家鼓励创制新药，并实时将符合条件的新药纳入基本药物目录。

（七）按照药品管理的特殊性分类

药品按特殊性一般可分为普通药品、特殊管理的药品和有专门管理要求的药品。

1. 特殊管理的药品　国家对麻醉药品、精神药品、医疗用毒性药品和放射性药品实行特殊管理，制定了专门的管理办法，药品类易制毒化学品、戒毒药品也有专门管理规定。

2. 有专门管理要求的药品　除麻醉药品、精神药品、医疗用毒性药品、放射性药品及药品类易制毒化学品等须实行特殊管理外，疫苗、血液制品、含兴奋剂类药品、含特殊药品复方制剂等品种，国家也实行特殊管制。要按照疫苗管理法、反兴奋剂条例、药品经营质量管理规范等法律法规的要求，实施相应的管理措施。

即学即练 1-7

　　国家实行特殊管理,制定了专门的管理要求的药品是 _____、_____、_____和_____。

答案解析

（八）按照临床用途分类

按临床用途分类，即通常的药理学分类方法。优点是根据疾病的治疗药物归类，不同疾病的药品名目清晰；便于学习医药商品学知识；缺点是每类药品剂型复杂，给储存与保管带来不便，医药仓储一般不采用这种方法，是零售药店采用的药品陈列方法之一。

（九）按照医疗保险用药和非医疗保险用药分类

基本医疗保险药品是国家基本医疗保险、工伤保险和生育保险药品的简称，是指在医保给予报销支付的药品。《国家基本医疗保险、工伤保险和生育保险药品目录》简称《药品目录》，是基本医疗保险、工伤保险和生育保险基金支付药品费用的标准。《药品目录》内的药品涵盖西药、中成药、协议期内谈判药品、中药饮片，药品按照支付比例分为甲类和乙类两种，甲类品种覆盖所有国家基本药物，由医保全额支付，乙类品种按比例支付。

三、零售药店药品陈列要求

根据《药品经营质量管理规范》（2016 年版）第三章第六节第一百六十一条的规定，零售药品的陈列应当符合以下要求。

（1）按剂型、用途以及储存要求分类陈列，并设置醒目标志，类别标签字迹清晰、放置准确。

（2）药品放置于货架（柜），摆放整齐有序，避免阳光直射。

（3）处方药、非处方药分区陈列，并有处方药、非处方药专用标识。

（4）处方药不得采用开架自选的方式陈列和销售。

（5）外用药与其他药品分开摆放。

（6）拆零销售的药品集中存放于拆零专柜或者专区。

（7）第二类精神药品、毒性中药品种和罂粟壳不得陈列。

（8）冷藏药品放置在冷藏设备中，按规定对温度进行监测和记录，并保证存放温度符合要求。

（9）中药饮片柜斗谱的书写应当正名正字；装斗前应当复核，防止错斗、串斗；应当定期清斗，防止饮片生虫、发霉、变质；不同批号的饮片装斗前应当清斗并记录。

（10）经营非药品应当设置专区，与药品区域明显隔离，并有醒目标志。

任务3-2 医药商品编码认知

医药商品分类和编码是密切相关的，分类是编制医药商品目录的基础，是商品编码的前提，而编码是医药商品分类体系和目录的一个重要组成部分。医药商品编码是否科学得当直接影响其分类体系的实用价值。医药商品编码可使名目繁多的医药商品便于识别和记忆，有利于医药商品分类体系的通用化和标准化，为建立统一的医药商品产供销存系统以及应用计算机网络进行商流、物流的现代化科学管理创造了条件。

一、医药商品编码的概念

医药商品编码是指用一组有序的代表符号来标识分类体系中不同的医药商品，编码中所使用的标识性代表符号即商品代码。赋予医药商品代码的编码工作是商品科学分类工作的重要组成部分。

二、医药商品编码的原则

为保证医药商品编码的科学性、系统性，医药商品编码时应遵循以下原则。

1. 唯一性原则 必须实行一品一码，一码一品的唯一性原则，即每种医药商品代码只能有唯一的一个，每一个代码也只能对应唯一的一种医药商品。

2. 稳定性原则 代码必须稳定，不宜频繁变动，否则将造成人力、物力、财力的浪费。编码时，应考虑其最少变化的可能性，一旦确定后就不要变更，这样才能保持编码体系的稳定性。

3. 可识别性原则 编码时必须确定明显的识别标志，即按类别、属性进行分项编码，便于识别查询。

4. 可扩性原则 在编制代码结构设计、分配代码时，要充分考虑到产品的更新换代和新产品开发，为新旧类目的增删留有余地。

5. 简明性原则 编码时应尽可能简明，代码长度应最短，以利于阅读、操作，减少计算机处理时间和储存空间，以减少差错、提高工作效率。

6. 层次性原则 编码时层次要清楚，要准确地反映商品分类体系的并列和从属关系和商品目录的层次性，使代码具有一定的规律性。

7. 统一协调性原则 编码时要与国际通用商品编码制度协调一致，要同国家商品分类编码标准相一致，从而实现商品经营业务管理和信息交流的统一性。

8. 自检能力原则 编码是一项复杂而又十分精细的工作，要求必须做到代码校验、校正的方便性，做到计算机有自动检测差错的性能。

三、医药商品编码的种类和方法

医药商品编码按其所用的符号类型可分为数字型编码、字母型编码、数字和字母混合型编码三种。

1. 数字型编码 数字型编码是用一个或若干个阿拉伯数字表示分类对象的代码，其特点为结构简单、使用方便、易于推广、便于利用计算机进行处理，是目前各国普遍采用的一种代码。数字型编码通常有顺序编码法、层次编码法、平行编码法、混合编码法等几种方式。

2. 字母型编码 字母型编码是用一个或若干个字母表示分列对象的代码。按字母顺序对商品进行分类编码时，一般用大写字母表示商品大类，用小写字母表示其他类目。字母型代码便于记忆，当分类对象数目较多时，常常会出现重复现象。因此，字母型代码常用于分类对象较少的情况，在商品分类编码中很少使用。

3. 数字字母混合型编码 采用数字和字母混合编排的代码，它兼有数字型编码和字母型编码的优点，结构严谨，具有良好的直观性和表达式。由于代码组成复杂，给使用带来不便，计算机输入效率低，错码率高，在商品分类编码中很少使用。

4. 条形码 简称条码，将表示一定信息的字符式代码转换成用一组黑白（或彩色）相间的平行线条，按一定的规则排列组合而成的特殊图形符号，目前使用最广泛。

四、条形码简介

在国家标准中商品条码被定义为用于标识国际通用的商品代码的一种模块组合型条码。

1. 条形码的起源与发展 条形码始于 20 世纪 50 年代，60 年代美国开始在食品零售业使用条码，1973 年美国统一代码委员会选了 IBM 公司提出的条码系统，并将它作为北美地区的通用产品代码，简称 UPC 条码。其后英国等欧洲 12 国开发出与 UPC 条码兼容的欧洲物品编码系统，简称 EAN 码，又称国际物品编码，所以，一般来说，EAN 系统的扫描设备可识读 UPC 条码序号。

我国 20 世纪 70 年代末引进条码技术，80 年代末开始推行标准化，1988 年成立中国物品编码中心，1991 年加入国际物品编码协会（EAN）。目前我国在商品、外包装和图书刊物上已广泛印有条码标记，在生产、物流、零售等领域，条码技术和条码的应用广泛。

2. 常见的条形码种类 条形码的种类很多，全世界正在使用的就有 250 多种，有一维条码和二维条码，见图 1-1。

（1）一维条码 一维条码是利用条码的粗细和黑白线条来代表信息，一维条码只有条宽的粗细及黑白线条有意义，条高没有意义。一维条码通常是对物品的标识，而不是对物品的描述。

目前国际广泛使用的条码种类有 EAN、UPC 码（商品条码，在世界范围内唯一标识一种商品，超市中最常见）。EAN 码是当今世界上广为使用的商品条码，已成为电子数据交换（EDI）的基础；UPC 码主要为美国、加拿大使用。

（2）二维条码 二维条码除了条宽的粗细及黑白线条有意义外，上下的条高也有意义。二维条码根据构成原理、结构形状的差异，可分为两大类型：一类是行排式二维条码；另一类是矩阵式二维条码。见图 1-1。

（a)一维条码

（b)二维条码

图 1-1 条形码

3. 条码技术的特点　条码是迄今为止最经济、实用的一种自动识别技术。条码技术的特点有识别方便、可靠准确，数据输入速度快，灵活、实用，易于制作，对印刷技术设备和材料无特殊要求，可以和有关设备组成识别系统实现自动化识别。

五、医药商品条形码种类

医药产品商品条码是医药产品流通过程中全国统一的代码（或称编码）与条码符号表示的总称，是中国物品编码中心按照国际通用规则（即EAN/UCC系统）推行的、与之相统一的、全球通用的标准化医药产品标识系统，包括医药产品代码和可自动识别的条码符号两部分内容。

医药产品的商品条形码主要包括零售医药产品的代码、非零售医药产品的代码两类。

（一）零售医药产品的代码

通常，零售的医药产品只需标识代码及相应的条码符号，即可满足零售扫描结算的要求。当零售端有特殊要求时，也可编制附加属性代码。

1. 零售医药产品的标识代码　零售医药产品的标识代码只可采用EAN/UCC-13或EAN/UCC-8两种结构。见图1-2。

图1-2　EAN/UCC-13和EAN/UCC-8两种结构

（1）EAN/UCC-13码代码结构　EAN/UCC-13条码是国际商品编码协会制定的一种条码，通用于全世界，我国的通用商品条码就是这种类型。代码是13位定长全数字结构，由厂商识别代码、医药产品项目代码和校验码三部分构成，见表1-1。

表1-1　ENA-13码代码结构

结构种类	厂商识别代码	医药产品项目代码	校验码
结构一	$X_{13}X_{12}X_{11}X_{10}X_9X_8X_7$	$X_6X_5X_4X_3X_2$	X_1
结构二	$X_{13}X_{12}X_{11}X_{10}X_9X_8X_7X_6$	$X_5X_4X_3X_2$	X_1
结构三	$X_{13}X_{12}X_{11}X_{10}X_9X_8X_7X_6X_5$	$X_4X_3X_2$	X_1
结构四	$X_{13}X_{12}X_{11}X_{10}X_9X_8X_7X_6X_5X_4$	X_3X_2	X_1

厂商识别代码由前缀码和企业代码共同组成，共7~10位数字，由中国物品编码中心负责分配和管理。前3位代码为前缀码，国际物品编码协会已分配给中国物品编码中心的前缀码为690~699，中国物品编码中心已经分配的前缀码为690~697，以690和691为前缀码的EAN码采用的是结构一，以692~697为前缀码的EAN码采用的是结构二。

医药商品项目代码由5-2位数字组成，一般由医药厂商依据具体商品种类自行编制，也可由中国物品编码中心负责编制。

校验码用于计算机自动校验整个代码录入是否正确，通过一定计算得来。详见GB12904《商品条码》或GB/T16986《EAN/UCC系统应用标识符》。

（2）EAN/UCC-8码代码结构　EAN/UCC-8代码是8位定长全数字结构，是缩短版代码，与

EAN/UCC - 13 相比，取消了企业代码，医药产品项目代码减少为 4 位，见图 1 - 3。

图 1 - 3　EAN - 8 码代码结构图

EAN/UCC - 8 代码由中国物品编码中心统一注册分配。该代码前缀码、校验码含义与 EAN/UCC - 13 代码相同。只有在以下情况下，中国物品编码中心的系统成员才有权根据缩短版代码使用原则向中国物品编码中心提出申请使用该种代码。

① EAN - 13 条码超过印刷标签最大面积的 25% 或全部可印刷面积的 12.5% 时。

②印制标签的最大面的面积小于 40cm² 或全部可印刷面积小于 80cm²。

③医药产品本身是直径小于 3cm 的圆柱体。

2. 零售医药产品的附加属性代码　当零售医药产品需要表示附加属性信息时，应表示为"应用标识符 + 附加属性代码"形式。通常附加属性信息包括医药产品有效期、批号等。具体代码结构见表 1 - 2。

表 1 - 2　零售医药产品的附加属性代码结构

应用标识符（AI）	数据含义	格式			备注
	医药产品标识代码	EAN/UCC - 13 编码			
17	有效期	年	月	日	以 6 位数字表示为必备要素
		$N_1 N_2$	$N_3 N_4$	$N_5 N_6$	
10	批号	批号			长度可变，最长 20 位。为必备要素
		$X_1 \cdots \cdots X_{20}$			
11	生产日期	年	月	日	以 6 位数字表示为必备要素
		$N_1 N_2$	$N_3 N_4$	$N_5 N_6$	

其中：应用标识符 17，指示其后数据表示有效期，如果不需要明确注明具体日期，则 N_5、N_6 用"00"表示。应用标识符 10，指示其后数据表示生产批号。应用标识符 11，指示其后数据表示生产日期。

当需要明示零售医药产品的附加属性信息时，由 UCC/EAN - 128 条码表示附加属性代码，并置于 EAN/UCC - 13 条码之下，附加属性代码必须与标识代码共同使用，见图 1 - 4。

EAN/UCC-13条码
表示标识代码

UCC/EAN-128条码
表示附加属性代码

附加属性数据说明：
（17）应用标识符，指示有效期到2021年1月1日
（10）应用标识符，指示生产批号为ABC

图 1 - 4　零售医药产品的附加属性代码

（二）非零售医药产品的代码

非零售医药产品的代码由医药产品标识代码和医药产品附加属性代码通过应用标识符连接而成。非零售医药产品的标识代码采用 EAN/UCC - 14 代码结构。EAN/UCC - 14 代码是定长全数字型代码，其数据结构见表 1 - 3。

表 1 - 3　EAN/UCC - 14 的数据结构

EAN/UCC - 14 结构	指示符	内装零售医药产品标识代码（不含校验位）	校验位
	N_1	N_2 N_3 N_4 N_5 N_6 N_7 N_8 N_9 N_{10} N_{11} N_{12} N_{13}	N_{14}

指示符的赋值区间为 1 ~ 9，其中 1 ~ 8 用于医药产品的定量贸易项目，如配送用医药产品大包装；9 用于可变量贸易项目。最简单的方法是按顺序分配指示符的数字，即将 1，2，3…分别分配给医药产品贸易项目的每个组合。

当非零售医药产品包装内装单件产品时，该非零售医药产品的标识代码采用内装医药产品标识代码前补"0"形成的 14 位代码。

医药产品附加属性一般包括有效期、总量、生产日期及批号等，见表 1 - 4。

表 1 - 4　医药产品附加属性代码

标识代码		附加属性代码			
01	标识代码	AI_1	附加属性数据 1	···	AI_N	附加属性数据 N

其中：AI 表示应用标识符。

附加属性代码通过应用标识符指示。将确定的有效期、生产日期、批号和数量等医药产品附加属性代码按照所示格式连接在标识代码后，构成完整的非零售医药产品代码，见表 1 - 5。

表 1 - 5　非零售医药产品的附加属性代码结构

应用标识符（AI）	数据含义	格式			备注
17	有效期	年	月	日	以 6 位数字表示为必备要素
		N_1 N_2	N_3 N_4	N_5 N_6	
30	总量（包装内的）	总量			只用于变量贸易项目长度可变，最长 8 位
		N_1·····N_8			
10	批号	批号			长度可变最长 20 位
		X_1·······X_{20}			
11	生产日期	年	月	日	以 6 位数字表示为必备要素
		N_1 N_2	N_3 N_4	N_5 N_6	
13	包装日期	年	月	日	以 6 位数字表示为必备要素
		N_1 N_2	N_3 N_4	N_5 N_6	
15	保质期	年	月	日	以 6 位数字表示为必备要素
		N_1 N_2	N_3 N_4	N_5 N_6	

例如，一个包装固定的非零售医药产品包装，内装医药产品的标识代码为 690123400004，生产批号为 ABC，有效期至 2021 年 1 月 1 日，该非零售医药产品的代码可表示为图 1 - 5 所示。

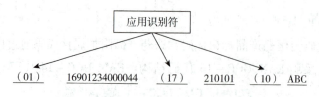

图1-5 包装固定的非零售医药产品标识代码

图中，（01）——应用标识符，表示其后的14位代码为医药产品标识代码

1——包装指示符，表明该医药产品是非零售的固定包装

690123400004——内装医药产品的标识代码（不含校验位）

4——校验位

（17）——应用标识符，表示其后数据为有效期

210101——有效期截止到2021年1月1日

（10）——应用标识符，表示其后数据为该医药产品的批号

ABC——批号为ABC

六、药品追溯码

（一）药品追溯及药品追溯体系

1. 药品追溯 是指通过记录和标识，正向追踪和逆向溯源药品的生产、流通和使用情况，获取药品全生命周期追溯信息的活动。随着信息化技术的高度发展和普及，以及药品管理法的修订，我国逐渐建立了覆盖所有药品的三级信息化追溯体系，并制定了药品追溯标准规范，逐步实现智慧监管。

2. 药品信息化追溯体系 是指药品上市许可持有人、生产企业、经营企业、使用单位、监管部门和社会参与方等，通过信息化手段，对药品生产、流通、使用等各环节的信息进行追踪、溯源的有机整体。药品信息化追溯体系基本构成包含药品追溯系统、药品追溯协同服务平台和药品追溯监管系统（见图1-6），由药品信息化追溯体系参与方分别负责，按照药品追溯标准规范共同建设。

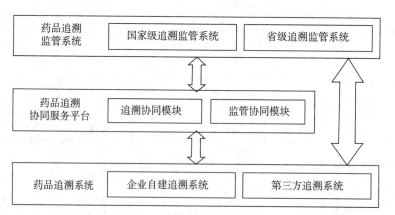

图1-6 药品信息化追溯体系

（1）药品追溯系统 药品信息化追溯体系参与方按照质量管理规范要求，采集和存储药品生产、流通及使用等全过程的追溯信息的信息系统，用于实现追溯信息采集、存储和交换。药品信息化追溯体系参与方必须配备的追溯系统，参与方可以自建追溯系统或者使用第三方追溯系统，要符合药品追溯标准规范，能够与药品追溯协同服务平台、药品追溯监管系统对接，并根据要求提供数据共享。

（2）药品追溯协同服务平台　药品信息化追溯体系中的"桥梁"和"枢纽"，通过提供不同药品追溯系统的访问地址解析、药品追溯码编码规则的备案和管理，以及药品、企业基础数据分发等服务，辅助实现药品追溯相关信息系统的数据共享和业务协同。

（3）药品追溯监管系统　药品监督管理部门根据自身的药品追溯监管需求而建设的信息系统，包括国家和省级药品追溯监管系统，具有追溯数据获取、数据统计、数据分析、智能预警、召回管理、信息发布等功能，可辅助相关部门开展日常检查、协同监管等工作，加强风险研判和预测预警，实现智慧监管。

（二）药品追溯标准规范

在《中华人民共和国疫苗管理法》和新修订的《中华人民共和国药品管理法》背景之下，国家药监局组织编制了《药品信息化追溯体系建设导则》等药品追溯标准规范，已发布的 10 个药品追溯标准可分为药品追溯基础通用标准、疫苗追溯数据及交换标准、药品（不含疫苗）追溯数据及交换标准三大类（见图 1-7）。三大类标准既相互协调，又各有侧重。

第一类，基础通用标准，从药品追溯统筹指导、夯实基础角度出发，提出了药品信息化追溯体系建设总体要求、药品追溯码编码要求和药品追溯系统基本技术要求，包括《药品信息化追溯体系建设导则》《药品追溯码编码要求》《药品追溯系统基本技术要求》等 3 个标准。

第二类，疫苗追溯数据及交换标准，考虑到疫苗单独立法的情况及其管理的特殊性，从疫苗生产、流通到接种等环节，提出了追溯数据采集、存储及交换的具体要求，包括《疫苗追溯基本数据集》《疫苗追溯数据交换基本技术要求》等 2 个标准。

第三类，药品（不含疫苗）追溯数据及交换标准，从药品（不含疫苗）生产、经营、使用和消费者查询等环节，提出了追溯数据采集、存储和交换的具体要求，包括《药品上市许可持有人和生产企业追溯基本数据集》《药品经营企业追溯基本数据集》《药品使用单位追溯基本数据集》《药品追溯消费者查询基本数据集》《药品追溯数据交换基本技术要求》等 5 个标准。

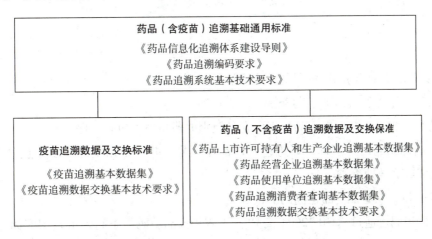

图 1-7　已发布 10 个药品追溯标准规范分类

 知识链接

药品追溯标准规范的编制背景和依据

建设药品信息化追溯体系是党中央、国务院做出的重大决策部署，药品追溯标准规范是药品信息化追溯体系建设的重要组成部分，是强化追溯信息互通共享的重要基础。新制定的《中华人民共和国疫苗管理法》明确提出"国务院药品监督管理部门会同国务院卫生健康主管部门制定统一的疫苗追溯标准和规范"，新修订的《中华人民共和国药品管理法》明确要求"国务院药品监督管理部门应当制定统一的药品追溯标准和规范"。

通过制定药品追溯标准规范，明确药品信息化追溯体系建设总体要求，统一药品追溯码编码要求，规范药品追溯系统基本技术要求，提出追溯过程中需要企业记录信息的内容和格式，以及数据交换要求等，指导相关方共同建设药品信息化追溯体系。统一的药品追溯标准规范有助于打通各环节、企业独立系统之间的壁垒，有利于构建药品追溯数据链条，有利于实现全品种、全过程药品追溯。

为此，根据"急用先行"的原则，国家药监局组织编制了《药品信息化追溯体系建设导则》等10个药品追溯标准规范，现已全部发布实施。

（三）药品追溯码

1. 药品追溯码　药品追溯码是用于唯一标识药品各级销售包装单元的代码，由一系列数字、字母和（或）符号组成。药品追溯码应保证其科学合理，满足药品追溯业务实际需求和监管要求，包含药品标识码和生产标识码，通过一定的载体（如一维码、二维码、电子标签等）附着在药品产品上，应可被设备和人眼识读。药品追溯码如同药品的电子身份证号码，是解锁药品对应追溯数据的钥匙，是实现"一物一码，物码同追"的必要前提和重要基础。

药品标识码是用于标识特定于某种与药品上市许可持有人、生产企业、药品通用名、剂型、制剂规格和包装规格对应的药品的唯一性代码。

生产标识码是用于识别药品在生产过程中相关数据的代码。生产标识码应至少包含药品单品序列号，根据监管和实际应用需求，还可包含药品生产批次号、生产日期、有效期等。

即学即练 1-8

药品追溯码包含＿＿＿＿代码段和＿＿＿＿代码段。

答案解析

2. 药品追溯码的构成　药品追溯码的构成应满足以下要求。

（1）可由数字、字母和（或）符号组成。

（2）包含药品标识码，并确保药品标识码在各级别的药品销售包装上保持唯一。

（3）包含生产标识码，生产标识码应包含单品序列号，并可根据实际需求，包含药品生产批号、生产日期、有效期或失效期等。

（4）包含校验位，以验证药品追溯码的正确性。

其中，药品标识码可通过《GB 12904 商品条码 零售商品编码与条码表示》国家标准进行编制，生产标识码可通过《GB/T 16986 商品条码 应用标识符》国家标准进行编制。药品标识码最后一位为校验位，可根据标准中的固定算法得出，也可通过中国物品编码中心网站计算校验码工具在线生成。

3. 药品追溯码的载体　根据实际需要，药品追溯码的载体可以选择一维条码、二维条码或 RFID 标签等，应符合以下两项要求中的一项：①代码长度为 20 个字符，前 7 位为药品标识码；②符合 ISO 相关国际标准（如，ISO/IEC 15459 系列标准）的编码规则。

为了确保药品标识码唯一并被准确识读，赋码机构或上市许可持有人、生产企业要根据相关指南为药品赋码，在赋码前，应向协同平台进行备案，服从协同平台统筹，保证药品追溯码的唯一性。20 个字符的一维条码是目前主要的药品追溯码载体，见图 1 - 8。

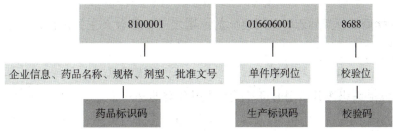

图 1 - 8　药品追溯码

📝 实践实训

实训 4　药品编码

【实训目的】

1. 能认识各类标识代码构成，从而便于记忆各类医药商品，提高工作效率。
2. 通过熟练掌握药品追溯体系从而能在药品发生质量安全问题时，及时召回并查询原因。

【实训准备】

1. 将全班同学分成若干组，每组整理准备一个类型编码的 PPT 介绍。
2. 收集大量医药商品包装上的标识代码和追溯码。
3. 选出一位裁判。

【实训内容】

1. 各小组分组阐述一个类型的编码结构、使用方法等知识。
2. 将收集到的标识代码或追溯码逐一投屏到大屏幕上，在裁判指出其中的数字后，为先答出代码名称和构成的队伍记分。
3. 课堂评价：小组互评、教师评价、自评并改进。

【实训评价】

评价内容	评分标准	得分
课前准备（20 分）	准备充分	
PPT 及介绍（30）	图文并茂、布局合理、内容正确、适当拓展	
课上比赛（40 分）	内容准确、条理分明	
团队合作（10 分）	分工协作、参与积极性高	
总分（100 分）		

目标检测

答案解析

单项选择题

1．唯一性原则是选择商品分类标志时必须遵循的原则之一，其含义主要是指在体系中的哪个范围内只能用一种分类标志（ 　　 ）

    A．同一层级 　　　　　　 B．不同层级 　　　　　　 C．所有层级 　　　　　　 D．大类和种类

2．下列不属于医药商品编码按其所用的符号类型进行分类的是（ 　　 ）

    A．数字型编码 　　　　　　　　　　　　　　 B．字母型编码

    C．符号型编码 　　　　　　　　　　　　　　 D．数字和字母混合型编码

3．植物性药品、动物性药品和矿物性药品的分类标志是（ 　　 ）

    A．原材料 　　　　　 B．化学成分 　　　　　 C．加工方法 　　　　　 D．商品用途

4．商品分类和商品编码的关系是（ 　　 ）

    A．分类在前 　　　　　 B．编码在前 　　　　　 C．同时进行 　　　　　 D．不分先后

5．下面不属于根据来源不同进行分类的是（ 　　 ）

    A．化学药 　　　　　 B．生物制品 　　　　　 C．毒性药品 　　　　　 D．中药

6．关于国家基本药物目录，正确的是（ 　　 ）

    A．全部纳入医保乙类目录中，医保全额支付

    B．全部纳入医保甲类目录中，医保全额支付

    C．全部纳入医保乙类目录中，按比例支付

    D．全部纳入医保甲类目录中，按比例支付

7．下面不属于精神类药品的是（ 　　 ）

    A．兴奋剂 　　　　　 B．抑制剂 　　　　　 C．致幻剂 　　　　　 D．镇静催眠剂

8．条码的研究开始于（ 　　 ）

    A．20 世纪 40 年代 　　 B．20 世纪 50 年代 　　 C．20 世纪 60 年代 　　 D．20 世纪 70 年代

9．一维条码中没有意义的是（ 　　 ）

    A．黑色线条 　　　　　 B．白色线条 　　　　　 C．条高 　　　　　 D．条宽的粗细

10．下列 EAN 码的前缀码中不属于中国的是（ 　　 ）

    A．689 　　　　　 B．690 　　　　　 C．691 　　　　　 D．692

11．零售医药产品的标识代码采用的（ 　　 ）

    A．UCC/EAN – 128 条码 　　　　　　　　 B．EAN/UCC – 13 和 EAN/UCC – 8 条码

    C．EAN/UCC – 14 条码 　　　　　　　　　 D．CODE16K 条码

12．零售医药产品的附加属性代码结构使用（ 　　 ）

    A．UCC/EAN – 128 条码 　　　　　　　　 B．EAN/UCC – 13 和 EAN/UCC – 8 条码

    C．EAN/UCC – 14 条码 　　　　　　　　　 D．CODE16K 条码

13．非零售医药产品的标识代码采用（ 　　 ）

    A．UCC/EAN – 128 条码 　　　　　　　　 B．EAN/UCC – 13 和 EAN/UCC – 8 条码

　　　　C. EAN/UCC – 14 条码　　　　　　　　　　　D. CODE16K 条码

14. 非零售医药产品的附加属性代码中的应用标识符 17 代表（　　　）

　　　A. 批号　　　　　　　B. 生产日期　　　　　C. 有效期　　　　　　D. 保质期

15. 非零售医药产品的附加属性代码中的应用标识符 10 代表（　　　）

　　　A. 批号　　　　　　　B. 生产日期　　　　　C. 有效期　　　　　　D. 保质期

16. 药品追溯码代码长度共几个字符（　　　）

　　　A. 10　　　　　　　　B. 20　　　　　　　　C. 30　　　　　　　　D. 40

PPT

任务 4　药品质量管理

学习引导

　　药品质量合格才能进入流通领域，才能用于防病治病。药品进入流通领域，也要制定和遵循一系列质量管理规范和制度，防止假劣药品的出现，维护药品质量，才能保障用药安全，维护人的身体健康。这是药品质量管理工作在药品流通领域内的体现，是维护医药商品使用价值的一项重要工作。那么，怎样判断药品是否合法？药品质量是否合格？药品批准文号是怎样查询的？怎样做好药品流通的质量管理？

　　本单元的主要内容是药品批准文号的查询，药品质量标准和检验的认知，在此基础上，再学习医药商品的收货验收、保管养护以及出库售卖，把握药品流通的质量管理要点。

学习目标

　　1. **掌握**　药品批准文号的意义及查询方法；影响药品质量的因素。

　　2. **熟悉**　药品现行质量标准和检验的认知；收货验收工作流程；不同性质、剂型药品保管养护的注意事项。

　　3. **了解**　药品的出库售卖流程。

任务 4-1　药品批准文号管理

　　药品批准文号是国家食品药品监督管理部门授予药品生产企业（公司）生产、销售药品的法律文件的编号，是药品进入市场流通和使用必不可少的标志，是药品合法的标志。

一、药品批准文号的格式 ⓔ 微课4

　　2002 年起，国家药品监督管理局对全国药品生产企业已合法生产的药品统一换发新的药品批准文号。统一后药品批准文号格式为："国药准字" +1 位字母 +8 位数字。其中字母 "H" 代表化学药品；字母 "Z" 代表中成药；字母 "S" 代表生物制品；字母 "J" 代表进口分包装药品；字母 "B" 代表通过国家药品监督管理局整顿的保健药品；字母 "T" 代表体外化学诊断试剂，字母 "F" 代表药用辅料。

在我国药品监管的历程中，曾经药品批准文号不仅由国家药品监督管理局授予；也可以卫生部审评颁发药品的批准文号；还有药品经由各省、自治区、直辖市组织执行，并授予地方药品批准文号。这些批准文号在换发为统一标准的批准文号后，其来源在8位数字中有所体现。

即学即练 1-9

以下药品批准文号中正确的是（　　）

A. 京卫药准字（1995）第 0123 号　　　　B. 国药准字 X19990221

答案解析　C. 国药准字 H11020123　　　　D. 国药准字 Z2005001

原卫生部核发的药品批准文号，统一换发为国药准（试）字相应类别，数字前两位为"10"，3、4位为原批准文号年份的后两位数字，5至8位为顺序号。如："卫药准字（1997）X-01（1）号"换发为"国药准字 H10970001"

2002年1月1日以前由国家药品监督管理局核发的药品批准文号，凡不同于新的批准文号格式的，也按新格式进行统一换发。原年份为"1998""1999"的，换发后第1、2位为"19"；原年份为"2000""2001"的，换发后第1、2位为"20"，第3、4位仍为原批准文号年份后两位，第5~8位为顺序号。如"国药准字 H19980001"

原省级药品监督管理部门核发的药品批准文号，换发时，应根据其原批准文号中的省份简称，数字1、2位中使用相应省份代码，第3、4位为换发年份的后两位，5至8位为顺序号。例如，原化学药品"京卫药准字（1996）第00001号"换发为"国药准字 H11020001"，字母和数字含义依次是："H"为化学药品，"11"为北京市的行政区划代码前两位，"02"为换发之年 2002 年的后两位数字，"0001"为新的顺序号。

中国香港、澳门地区和台湾省生产药品批准文号格式为：国药准字 H（Z、S）C+四位年号+四位顺序号。境外生产药品批准文号格式为：国药准字 H（Z、S）J+四位年号+四位顺序号。

 知识链接 ————

部分原装进口的药品没有药品批准文号，但必须持有进口药品注册证。进口药品注册证是经国务院药品监督管理部门组织审查，以审查确认符合质量标准、安全有效的，从而批准进口，并发给进口药品的注册证书。

《进口药品注册证》证号的格式为："H（Z、S）+4位年号+4位顺序号"，其中 H 代表化学药品，Z 代表中药，S 代表生物制品。对于境内分包装用大包装规格的注册证，其证号在原注册证号前加字母 B，即"BH（Z、S）+4位年号+4位顺序号"

二、药品批准文号的查询

进入国家药品监督管理局网站的数据查询、输入药品通用名称或者批准文号等基本信息点击查询。就能查出包括原有的药品名称、批准文号、剂型、规格、生产单位、批准日期、生产地址、产品类别、原批准文号等信息，如输入药品批准文号后，查询不到相关信息或者查询信息与药品外包装不相符，可初步怀疑为假药，请与当地药品监督管理部门联系进一步核实。

知识链接

认清批准文号，正确区别药品和保健品

药品批准文号可以区分药品与非药品，购药须看清药品批准文号，防止非药品冒充药品，为保障人民用药安全起到了重要作用。目前大部分公众对产品是否为药品往往只是通过包装、品名、适应证等现象判断，结果经常把非药品当成药品购买。比如一些妆字号、健字号等非药品，这些产品名称与药品相近或相似，其包装与同类药品的包装也很相似，如某制药有限公司生产的健字号"银杏叶软胶囊"与药字号"银杏叶软胶囊"，外包装、成分标示和适用范围均十分类似。用药品的批准文号就可以很好的区分。药品"银杏叶软胶囊"的批准文号是"国药准字Ｚ＊＊＊＊＊＊＊＊"，健字号产品的批准文号是"国食健字Ｇ＊＊＊＊＊＊＊＊"。

任务4-2　药品质量标准及检验认知

一、药品质量标准

药品必须符合国家药品标准。国家药品标准是国家对药品的质量、规格及检验方法等的技术规定，是药品生产、流通、使用、检验及监督管理部门共同遵循的法定依据。药品质量标准内容包括药品的名称、处方；含量及其检查、检验方法；制剂的辅料；允许的杂质及其限量的要求、药品的类别、制剂规格及贮藏等。

国家药品标准属于强制性标准。药品标准是药品质量的衡量尺度和药品质量问题的处理依据，对维持药品质量的稳定性、均一性、一致性，保证用药安全至关重要，也有利于促进国际医药技术交流和推动医药进出口贸易的发展。

国家药品标准主要由《中国药典》、部（局）颁标准、注册标准等组成。

1. 中华人民共和国药典（简称《中国药典》）　由中华人民共和国国家药典委员会编写，国家药品监督管理部门颁布，是国家的药品法典。收载的品种为疗效确切、被广泛应用、能批量生产、质量水平较高并有合理的质量监控手段的药品。现行版为 2020 年版。

2. 局（部）颁标准　是指未列入《中国药典》而由国家药品监督管理局颁布的药品标准，以及与药品质量指标、生产工艺和检验方法相关的技术指导原则和规范。其性质与《中国药典》相似，亦具有法律约束力。列入局（部）颁标准的品种有国家批准的新药和上版药典收载而现行版药典未列入的、疗效确切、国内部分省仍生产、使用且需要统一标准的品种。

3. 药品注册标准　是指国家食品药品监督管理总局批准给申请人特定药品的标准，生产该药品的生产企业必须执行该注册标准。新药审批时，要同时审批注册标准，药品注册标准不得低于《中国药典》的规定。根据《中华人民共和国标准化法》规定和国际惯例，国家标准是市场准入的最低标准，原则上行业标准高于国家标准，企业标准应高于行业标准。

4. 中药材标准和中药饮片炮制规范　中药材和中药饮片必须符合国家药品标准；国家药品标准没有规定的，各省、自治区、直辖市可以根据当地的医疗需要制定省级中药材标准和中药饮片炮制规范。

二、药品检验认知

医药商品检验是指在生产、流通、使用等各环节中，在一定条件下，采用某种检验方法和技术，依据医药商品标准或法律、法规、规章制度、各项政策等，对医药商品的各方面特征和特性进行检查，并做出合格与否、验收与否判定的业务活动。按照检验的主体不同可以大概分为药品生产检验、药品验收检验和药品监督检验。

药品生产检验指生产企业依据国家质量标准制定内控质量标准，在药品出厂前依据内控质量标准进行全项检验，所有项目符合标准规定后，在内包装内附有合格检验报告方可出厂；不符合标准的，不得出厂。

药品验收检验指药品进入流通领域后，在药品经营企业进行的验收检验，以外在质量检验为主。

即学即练 1-10

药品经营企业进行的药品检验主要是（　　　）

答案解析

A. 生产检验　　B. 验收检验　　C. 监督检验　　D. 注册检验

药品监督检验与生产检验、验收检验的性质不同，指各级药品检验机构承担依法实施药品审批和药品质量监督检查所需的药品检验工作，代表国家对研制、生产、经营、使用的药品质量进行的检验，其检验结果具有比生产或验收检验更高的法定性、权威性和仲裁性。

知识链接

《药品管理法》中规定，药品生产企业应当对药品进行质量检验。不符合国家药品标准的，不得出厂。在某一批次药品的质量检验过程完成后，药品生产企业会出具同批次药品的检验报告书，其中详细列出检验项目、检验数据、标准规定和项目结论，并对供试品质量做出明确的技术鉴定结论。药品检验报告书具有法律效力，必须有检验人员、复核人员及部门负责人签名或盖章，并由检验单位盖章。

为了保障药品流通过程中的内在质量，验收药品入库时应当查验由药品生产企业出具的同批号的检验报告书。

任务 4-3　药品收货与验收

医药商品在进入流通渠道后主要的保管和养护工作都是在药品仓库进行的，主要的工作内容是按照 GSP 的要求，完成入库收货验收、在库的保管与养护、出库验发与售卖，并如实填写相应记录，做好风险控制，保证药品在整个流通领域的质量是合格的，避免不合格药品进入医疗机构和患者手中。

一、药品收货

医药商品的收货是药品仓库业务的开始，外搬运工根据货物数量进行卸货，将货物卸入待验区，等待收货员前来验收。收货员根据医药商品入库凭证（随货同行联或发票），逐批逐件清点收货。随货同行单（票）应当包括供货单位、生产厂商、药品的通用名称、剂型、规格、批号、数量、收货单位、收货地址、发货日期等内容，并加盖供货单位药品出库专用章原印章。要求做到及时、准确、有序。收货作业的程序如下。

（一）核实运输方式

收货人员应当核实运输方式是否符合要求，并对照随货同行单（票）和采购记录核对药品，做到票、账、货相符。检查运输工具是否密闭，有无雨淋、腐蚀、污染等可能影响药品质量的现象。根据运输单据所载明的启运日期，检查是否符合协议约定的在途时限。此外，收货员对冷藏、冷冻药品的运输方式、过程的温湿度记录、运输时间等进行重点检查及记录，温湿度调控设备、冷藏车、保温箱要与温湿度自动监测系统联网，保证实时采集、记录、传送运输过程中的温度数据，不符合温湿度要求的应当拒收。

（二）安排卸货场地

收货员应当检查药品外包装是否完好，对出现破损、污染、标识不清的药品，应当拒收，有运输防护包装的应予以拆除；对符合收货要求的药品，应当按品种特性要求指导运输人员卸货并放于相应待验区域，或者设置状态标志，通知验收。冷藏、冷冻药品应当在冷库内待验。

（三）清点收货件数

1. 逐件点收　对散件的货包，应理清货包件数后，逐件清点累计总数。

2. 堆码点收　对品种单一、包装一致的可集中统一堆码，方便计数。

（四）办理交接手续

收货作业完成后，要及时办理交接手续。

1. 收货人员在送货单上签收　若发现货物数量不符，以及有破损、污染、水湿等现象时，应在送货单上注明情况做好记录，以便查询，并及时向有关部门联系处理。

2. 通知检验员验收　收货完毕，及时向检验员交代现场收货情况。对贵重医药商品、特殊管理的药品、危险品等应向仓库保卫部门联系，派相关人员到现场监察、督促及时入库，以保证安全。

3. 夜运或节假日收货　应第二天向有关班组联系交接，防止延误或差错。

保管人员依据"药品购进记录"和"随货同行单"对照实物核对无误后收货，并在"药品购进记录"和供货单位收货单上签章。

注意所收药品为进口药品时，应同时对照实物收取加盖有供货单位质量管理部门原印章的该批号药品的《进口药品检验报告书》《进口药品注册证》（或《生物制品进口批件》《进口药材批件》）的复印件和《进口药品通关单》复印件。

若为退货药品，保管人员根据销售部门所开具的"药品退货通知单"，对照实物对销后退回药品，进行核对后收货，并在退货单位的退货单上签章。

二、药品验收

商品入库必须"先验收、后入库"。通过规范药品验收过程，来保证入库药品的数量准确、质量良好、防止不合格药品入库。药品质量检查验收流程见图 1-9。

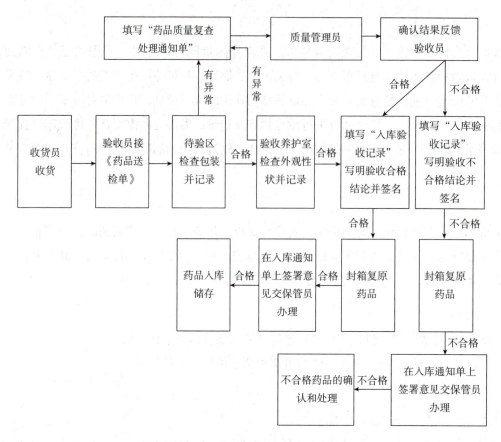

图 1 – 9　药品质量检查验收流程

（一）验收程序

1. 抽样检查　验收人员依据入库质量验收通知单或到货药品随货同行凭证，对药品进行抽样检查验收，抽样必须具有代表性。

（1）抽样的数量　每批到货小于 2 件（含 2 件）要全部抽样检查；在 2 件以上 50 件以下（含 50 件）的抽 3 件；50 件以上的，每增加 50 件多抽 1 件，不足 50 件以 50 件计。在每件中以上、中、下 3 个不同部位进行抽样检查，如发现异常现象需复验时，应加倍抽样复查。验收人员在入库凭证上注明验收结论并签章。

（2）抽样的要求　同一批号的药品应当至少检查一个最小包装，但生产企业有特殊质量控制要求或者打开最小包装可能影响药品质量的，可不打开最小包装；破损、污染、渗液、封条损坏等包装异常以及零货、拼箱的，应当开箱检查至最小包装；外包装及封签完整的原料药、实施批签发管理的生物制品，可不开箱检查。

2. 药品入库　验收合格的药品应当及时入库或者上架，验收不合格的，不得入库或者上架，并报告质量管理人员处理。验收人员将验收合格的药品连同入库凭证交仓库保管员，保管员对药品进行核实后，同验收员办理入库手续。

3. 填写验收记录　验收人员根据药品验收实际情况，做好质量验收记录。

（二）验收内容

在具体的药品验收工作中，按照验收程序一般有数量点收、检验报告书检查、包装检查、标签和说明书检查以及外观质量验收等步骤。

1. 数量点收　根据随货单据或入库通知单所列药品的名称、单位、规格、剂型、厂牌、数量进行核对清点。如有不相符或破损应及时做好记录，查明原因。

特殊管理药品，必须有两人以上同时在场，逐箱验点到最小包装，如发现原箱短少，由验收员及时写出详细验收报告，经有关负责人签名，加盖印章，附装箱单作为向供货单位索赔的依据。

2. 检验报告书检查　必须按照药品批号查验同批号的检验报告书。若为批发企业供货，检验报告书应加盖其质量管理专用章原印章。检验报告书的传递和保存可以采用电子数据形式，但应当保证其合法性和有效性。

3. 包装检查

（1）外包装检查　包装箱是否牢固、干燥；封签、封条有无破损；包装箱有无渗液、污损及破损。外包装上应清晰注明药品名称、规格、产品批号、生产日期、有效期、注册商标、批准文号及运输注意事项或其他标记。其中对批准文号一要查有无批准文号，二要核对所用批准文号是否为国家药品监督管理局统一规定的格式；生产批号不仅要检查有无生产批号，而且要核对内外包装批号是否一致；特殊管理的药品、外用药品和非处方药印有符合规定的标识；首营品种应有该批号的药品出厂检验合格报告书；进口药品的标签应以中文注明药品的名称、主要成分、进口药品注册证号、药品生产企业名称等，并有中文说明书。

（2）内包装检查　容器应端正、统一，并且内外清洁、干燥、无裂痕或破损。容器内有附加填充物的，填充物应干净、干燥、充实。需遮光的药品应采用棕色容器、黑纸包裹的无色容器或其他不透光的容器。

4. 标签和说明书检查　药品包装必须按照规定印有或者贴有标签并附有说明书。标签或者说明书上必须注明药品的通用名称、注册商标、成分、规格、生产企业、批准文号、产品批号、生产日期、有效期、适应证或者功能主治、用法、用量、禁忌、不良反应和注意事项。对安瓿、注射剂瓶、滴眼剂瓶等因标签尺寸限制无法全部注明上述内容的，至少应标明药品名称、规格及生产批号三项；中药蜜丸蜡壳至少须注明药品名称，如安宫牛黄丸。

5. 外观质量验收　由验收员根据药品质量标准（说明书）中规定的性状与自己的业务知识和实践经验，来检验药品的性状、颜色、嗅味等外观质量，应根据药品说明书检查药品性状是否与说明书相符。常见药品剂型的外观质量验收要点如下。

（1）片剂　检查性状是否与说明书相符，有无明显裂片、暗斑、麻面、黑点、花斑、霉变、吸潮等。

（2）胶囊剂　检查性状是否与说明书相符，硬胶囊剂检查是否有囊壳破裂、漏粉、变色、空胶囊等情况，软胶囊剂检查是否有粘连、漏油、畸形丸、破裂等情况，若有上述情况均属不合格，应特别注意漏粉、空胶囊及囊壳破裂的情况，这几种情况比较容易发生。

（3）注射剂　注射用粉针需检查是否有粘瓶、吸潮、结块、色点、色块、铝盖松动等现象，注射液需检查性状、色泽是否符合要求，是否有瓶盖松动、裂纹等情况，注射液的可见异物检查每批根据实际需要开展，不得有白块、玻屑、纤维等异物。

（4）颗粒剂　检查是否有结块、潮解、软化、破漏、胀气等现象，比较常见的有吸潮软化、漏粉等现象。

（5）软膏剂　检查是否有酸败、霉变、漏药等现象。

（6）丸剂　检查是否大小均匀、软硬适中，异物、裂开等现象，如果对大小均匀度无把握判断，可抽样做"丸重差异"检测，即可得出结论。

（7）栓剂 检查是否有霉变、酸败、干裂、软化、"走油出汗"等情况，一般情况下"走油出汗"的情况较易发生，在夏季，若说明书上注明软化通过低温保存后使用，则可根据软化的具体情况验收合格入库。

（8）滴眼液 检查是否有色点、色块、纤维、沉淀、异物、漏液等现象，一般漏液情况较易发生，应着重检查。

（9）糖浆剂 根据说明书的性状检查其澄清度，检查是否有沉淀、结晶析出、酸败、霉变、渗漏等情况。一般霉变情况较易发生，特别是瓶盖附近，此项也是重点养护。

（10）酊水剂 检查是否有混浊、异物、异臭、霉变、渗漏等现象，注意检查其澄清度，一般漏液现象比较容易碰到，应特别注意检查。

以上是几种常规剂型的外观质量检查项目和检查时容易发生的问题，如果验收员对以上项目检查有怀疑，无法直接下结论，如怀疑口服液、注射液装量不符合要求，怀疑丸剂大小均匀度不符合要求，怀疑颗粒剂水分含量超标，怀疑软膏剂装量不够等，均可抽样送药品检验机构检验，根据检验结果下验收结论。

验收结束后，应当将抽取的完好样品放回原包装箱，加封并标示。注意特殊药品的验收，必须有两人同时在场，验收到最小包装。

（三）验收记录

1. 药品验收记录 药品验收记录的内容应至少包括药品通用名称、剂型、规格、产品批号、有效期、批准文号、生产企业、生产日期、供货日期、到货日期、质量状况、验收结论和验收人员签章。药品验收记录应按日或月顺序装订，保存至超过药品有效期1年，但不得少于3年。药品入库验收记录表见表1-6。

表 1-6 药品入库验收记录表

到货日期：

验收结论	名称	剂型	规格	批号	有效期	批准文号	生产厂家	生产日期	单位	应收数量	实收数量	供货单位	质量状况

验收员： 制单人： 保管员： 总页码：

2. 中药材验收记录 应当包括品名、产地、供货单位、到货数量、验收合格数量等内容。中药饮片验收记录应当包括品名、规格、批号、产地、生产日期、生产厂商、供货单位、到货数量、验收合格数量等内容，实施批准文号管理的中药饮片还应当记录批准文号。

验收合格的药品应当及时入库或者上架，验收不合格的，不得入库或者上架，并报告质量管理人员处理。

即学即练 1-11

药品验收记录应（　　　）

A. 保存1年　　　　B. 保存3年

答案解析　C. 保存2年　　　　D. 保存至超过药品有效期1年，但不得少于3年

（四）不合格药品的处理

1. 判断不合格药品　无批准文号（国家另有规定的除外），未经药品监督管理部门批准生产的药品；整件包装中无出厂检验合格证的药品；标签和说明书的内容不符合药品监督管理部门批准范围、不符合规定、没有规定标志的药品；购自不具有法定资格（无"证照"或"证照"不全）的药品经营企业或非法药品市场的药品；生产企业不合法的药品；性状外观与合格品有明显差异的药品；内外包装有明显破损、封口不严的药品。

2. 不合格药品处理　验收不合格的药品，不得入库或者上架，并报告质量管理人员处理。

（1）拒收，填写《药品拒收报告单》，见表1-7。

（2）填写"药品复查通知单"，报质量管理部门确认。

（3）质量管理部门确认为不合格的药品应存于不合格品库（区），挂红牌标志。

（4）及时通知供货方，并按国家有关的规定进行处理。

表1-7　药品拒收报告单

编号：　　　　　时间：　　　年　　月　　日

通用名称		商品名称		检查验收人	
剂型		单位		数量	
规格		批号		有效期至	
生产企业		供货企业		验收时间	
质量问题				验收员：　年　月　日	
业务部意见				负责人：　年　月　日	
质量组意见				负责人：　年　月　日	

任务4-4　药品保管与养护

医药商品在储存过程中，需要通过运用现代科学技术与方法对其进行养护，这样能达到防止药品变质，保证药品质量，确保用药安全、有效的目的，所以药品的保管与养护是维护药品使用价值的一项重要工作。

一、影响药品质量的因素

影响药品质量的因素主要是药品本身的内在因素和储存环境的外在因素，且各种因素间对药物商品质量的变化是相互促进、相互影响的。因此必须根据药品的特性，全面考虑可能引起变质的各种因素，选择适当的储存条件和保管方法，以防止药品变质或减缓变质速度。

（一）内在因素

1. 药品的化学特性

（1）药品的水解性　当药品的化学结构中含有酯、酰胺、酰肼、醚、苷键时，易发生水解反应。如青霉素的分子中含有 β-内酰胺环，在酸性、中性或碱性溶液中易发生分解反应和分子重排反应，其分解产物与分子重排物均无抗菌作用，甚至导致过敏反应、增加杂质含量。故青霉素只能制成粉末，严封贮藏。

（2）药品的氧化性　当药品的化学结构中含有酚羟基、巯基、芳香胺、不饱和碳键、醇、醚、醛、吡唑酮、吩噻嗪等基团时，易发生氧化反应。如氯丙嗪属于吩噻嗪类化合物，在日光、空气、湿气的作用下易变质失效，故应遮光，密封。

2. 药品的物理特性

（1）挥发性　指液态药品能变为气态扩散到空气中的性质。具有挥发性的药品如果包装不严或贮存时的温度过高，可造成挥发减量，如乙醇、薄荷等在常温下即有强烈的挥发性，还可以引起燃烧和爆炸。

（2）吸湿性　系指药品自外界空气中不同程度地吸附水蒸气的性质。药物吸湿后可以引起结块、胶黏（如蛋白质）、潮解（如山梨醇）、稀释（如甘油），甚至发霉（如胃蛋白酶）、分解变质（如青霉素）。

（3）吸附性　药品能够吸收空气中的有害气体或特殊臭气的性质被称为药品的吸附性。例如淀粉、药用碳、滑石粉等因表面积大而具有显著的吸附作用从而使本身具有被吸附气体的气味，亦称"串味"。

（4）冻结性　以水或乙醇作溶剂的一些液体药品遇冷可凝结成固体，甚至引起药品的体积膨胀而导致容器破裂。

（5）风化性　有些含结晶水的药品在干燥空气中易失去全部或部分结晶水，变成白色不透明的晶体或粉末，称为"风化"。风化后的药品的药效虽然未变，但影响使用的准确性，尤其是一些毒性较大的药品可因此而超过剂量，造成医疗事故。

（6）色、嗅、味　是药品重要的外观性状，也是药品的物理性质之一，当色、嗅、味发生变化时，经常意味着药品性质发生了变化，所以它们是保管人员实施感官检查的重要根据。如维生素C片由白变黄，是由于发生了氧化反应；阿司匹林片出现针状结晶或浓厚的醋酸味，是由于因吸湿而发生水解反应，产生了水杨酸和乙酸；某些药品的异臭、异味可能是微生物所引起发酵、腐败等。

此外，药品的熔化性、溶解性、升华性等均是影响药品质量的内在因素。

（二）外在因素

1. 光线　光线中的紫外线能量很大，是药品发生化学变化的催化剂，能加速药品的氧化分解，使药品变质，长时间的日光照射能直接引起或促进药品发生氧化、还原、分解、聚合等光化反应。例如：肾上腺素受光的作用变为肾上腺素红，含碘制剂可析出游离碘而呈棕黄色；吗啡阿托品注射液遇光后变质生成双吗啡毒性增大。对光十分敏感的药品，在储存过程中，应注意避光。所有药品都应避免阳光直接照射。

2. 空气　空气是不同气体的混合物，主要成分是氮、氧、二氧化碳以及其他惰性气体，同时还含有少量固体杂质，微生物及水蒸气。在这些空气成分中，氮和惰性气体对药品不起作用，其他成分或多或少地对药品质量产生一定的影响，其中对药品质量影响较大的为氧气和二氧化碳，这些成分参与到某些化学反应中，导致某些药品化学结构发生变化。氧气能使许多具有还原性的药物发生分解、变质、变色。如维生素C氧化生成去氢维生素C；肾上腺素溶液在空气中遇光被氧化后即失效等。而部分药物在吸收空气中二氧化碳后能发生碳酸化。如：某些氢氧化物吸收二氧化碳而成为碳酸盐。

3. 温度　温度对药品质量的影响与储存有很大关系，任何药品都有其所适宜的温度条件，温度过高或过低度可促使药品发生质量变化。尤其是对生物制品、抗生素、维生素等药品影响更大。温度的升高，可促使药品发生氧化、分解等化学反应速度加快，使药物挥发、风化等物理变化速度加快，而使其变质，如青霉素加水溶解后，在25℃放置24小时，即大部分失效。过氧化氢溶液温度过高可加速分解以至爆破容器。疫苗等生物制品，温度过高，能很快分解失效。而在温度较低时，有些药品易产生沉淀、冻结、凝固、甚至变质失效等现象，甚至有时会使容器破裂而造成损失。如生物制品，可因冻结而失去活性；乳剂型软膏基质可因温度过低而产生油水分离分层；注射剂、水剂等在零下5℃时，即易冻裂；部分贴膏剂在低温下容易失去黏性从而不能发挥药效。

4. 湿度　水蒸气在空气中的含量称之为湿度，湿度随地区及温度高低而变化，它是空气中最易变动的部分。湿度对药品的质量影响很大，一般药品库房的相对湿度应保持在35%～75%，湿度低于35%过于干燥，高于75%则过于潮湿。湿度过高，能使某些药品发生水解反应而药效降低或产生毒副作用，如阿司匹林吸湿后渐渐水解，使其疗效降低；潮湿的环境也有利于微生物的生长，某些中药材在湿度过大的环境中易虫蛀、霉烂而不能使用。

湿度太低时容易使某些药品发生风化或失去水分后变硬、易碎。风化后的药品在使用剂量上难以掌握，尤其是毒性药品，会发生超剂量用药的事故。此外，胶囊剂在湿度低时会因为失水而脆裂；栓剂在过于干燥的环境中会开裂。

5. 微生物和昆虫　许多药品剂型如：水剂、糖浆剂、片剂及某些中药类药品等都含有淀粉、油质、蛋白质、糖类等，这些物质往往是微生物的良好培养基和昆虫的饵料。细菌、霉菌、酵母菌和昆虫、螨等极易混入包装不严密的药品内，在空气湿度过高、温度适宜的条件下，微生物及昆虫便迅速在药品中生长繁殖，使药物腐败、发酵或霉变、虫蛀。例如一旦药物发生霉变、虫蛀，注射剂受微生物污染，口服药品染有大肠埃希菌、活螨，外用药品染有铜绿假单胞菌、金黄色葡萄球菌等都按不合格药品处理，不可使用。

6. 时间　时间也是影响药品质量的因素之一，药品储存时间的长短可以使上述诸因素的作用发生变化，尤其在不利因素存在的情况下，储存时间越长，对药品质量不利的变化越大。超过有效期的药品按不合格药品处理，有效期在六个月内的药品为近效期药品，在药品仓库养护时应填写"近效期药品催销表"并按月催销，所有近效期药品应列为重点养护品种，应缩短养护周期。

除上述因素外，药品的包装容器及材料也可能会影响药品的质量，尤其是直接接触药品的容器和材料。因此，为了减少药物受外界的影响，也要注意包装容器材料选择是否得当。

二、不同性质的药品养护

医药商品入库后，一般会有一段时间的在库贮存期，受外界环境的影响，可能会发生各种质量的变化，因此药品在仓库时，必须采取适当的保管养护措施，这样不仅能调节医药商品生产和销售在时间和地域上的差异，而且还能保护医药商品质量，防止医药商品变质，减少其损耗。在整个养护过程中应贯彻"以防为主、防重于治、防治结合"的方针，达到最大限度地保护医药商品质量，减少医药商品损失的目的。

1. 易受光线影响的药品

（1）药品的包装可采用棕色瓶或用黑色纸包裹的玻璃器，如银盐、过氧化氢等，能避免光线对药品的影响，以防止紫外线的透入。

（2）药品可存放在阴凉干燥光线不易直射到的地方，门、窗悬挂遮光用的黑布帘、黑纸，以防阳光照射。

（3）不常用的怕光药品，可贮存于严密的药箱内，存放于不透光的布帘遮蔽的药架。

（4）见光容易氧化、分解的药品如：肾上腺素、乙醚等，不仅必须保存于密闭的避光容器中，还尽量采用小包装。

实例分析 1-4

实例 某市药品监督管理局曾接到一位王大妈的投诉，她患有冠心病，前几天外出时突发心绞痛，服用了随身携带的硝酸甘油片，但症状并未缓解，所幸当天医院急救及时到达并对王大妈进行了治疗，经过这件事后，王大妈怀疑自己购买的硝酸甘油有质量问题。经过药监人员仔细询问了解，原来王大妈随身携带的硝酸甘油片是用透明食品袋包裹，放在外衣的小口袋中。在夏季温度光线较强的情况下，硝酸甘油极不稳定，遇热见光易分解易失效，故而会发生药效降低的情况。

问题 易受光线影响而变质的药品在保管养护时可以采取哪些措施？

答案解析

2. 易受温度影响的药品 药品要按照规定的贮藏条件存放。如说明书中载明"阴凉处"或"凉暗处""2~8℃"等，要按照载明的贮藏温度存放。一般来说，多数药品贮藏温度在2℃以上时，温度越低，对保管越有利。

（1）对怕热药品，可根据其不同性质要求，分别存放于"阴凉处"或"冷处"。常用的电冰箱可调节至2~10℃左右，基本能满足低温存储的需要。

（2）对挥发性大的药品如浓氨溶液、乙醚等，由于在温度高时容器内压力大，故保存时不应剧烈震动。开启前应充分降温，以免药液冲出（尤其是氨溶液）造成伤害事故。

（3）对易冻和怕冻的药品，必须保温贮藏。保暖措施可以采用保暖箱或者建造保暖库。

3. 易受湿度影响的药品

（1）对易吸潮的药品，可用玻璃瓶软木塞塞紧、蜡封、外加螺旋盖紧。对少量极易受潮的药品，可采用石灰干燥器储存。

（2）控制药库内的湿度，以保持相对湿度数35%~75%，现代医药物流仓库配备了中央空调系统或者排风系统，可以根据药品库的温湿度要求调控。当药库内湿度过高时，还可采用除湿机、排风扇或通风器，辅用吸湿剂如石灰、木炭等，有条件者，尤其在梅雨季节，更要采取有效的防霉措施。除上述防潮设备外，在药品仓库中应根据天气条件，分别采取下列措施：即在晴朗干燥的天气，可打开门窗，加强自然通风；当雾天、下雨或湿度高于室内时，应紧闭门窗，以防室外潮气侵入。当药库内湿度过低时，可以采取增湿措施，如地面喷壶洒水；设置盛水容器盛水自然蒸发；仓库内挂湿纱布，铺湿草垫等方法。

 知识链接

药品贮藏的常用术语

《中国药典》规定，药品均应按照"贮藏"项下规定的条件存放，与药典规定不符的，以《中国药典》为准。

遮光：用不透光的容器包装，例如棕色容器或黑色包装材料包裹的无色透明、半透明容器。

避光：避免日光直射。

密闭：将容器密闭，以防止尘土及异物进入。

密封：将容器密封，以防止风化、吸潮、挥发或异物进入。

熔封或严封：将容器熔封或用适宜的材料严封，以防止空气与水分的侵入并防止污染。

阴凉处：不超过20℃。

凉暗处：避光并不超过 20℃。

冷处：2 ～ 10℃。

常温：10 ～ 30℃（贮藏中未注明温度的，系指常温）。

4. 麻醉药品、精神药品和放射性药品

（1）麻醉药品、一类精神药品和放射性药品应严格执行专库（柜）存放、双人双锁保管，专人、专账记录制度。

（2）放射性药品的储存应具有与放射剂量相适应的防护装置；放射性药品置放的铅容器应避免拖拉或撞击。

（3）入库、出库均应执行双人验收或双人复核制度。

（4）由于破损、变质、过期失效而不可供药用的药品，应清点登记，列表上报当地药品监督管理部门处理。

5. 医疗用毒性药品

（1）必须储存在设有必要安全设施的单独仓库房间内（如门窗加铁栅、铁门）或专柜加锁并由专人保管，专账记录。

（2）毒性药品的验收、收货、发货，均应由第二人复核并共同在单据上签名盖章。严防收假、发错，严禁与其他药品混杂。

（3）对不可供药用的毒性药品，经单位领导审核，报当地有关主管部门批准后，按毒性药品的理化性质，采取不同方法，由熟知药品性质和毒性的人员指导销毁，并建立销毁档案。

6. 易燃、易爆危险品

（1）此类药品应贮存于危险品库内，不得与其他药品同库贮存，并远离电源，专人负责保管。

（2）危险品应分类堆放，特别是性质相抵触的物品（如浓酸与强碱）。灭火方法不同的物品，应该隔离贮存。

（3）危险品库应严禁烟火，不准进行明火操作，并应有消防安全设备（如灭火机、沙箱等）。

（4）危险品的包装和封口必须坚实、牢固、密封，并应经常检查是否完整无损和渗漏，出现情况必须立即进行安全处理。

（5）如少量危险品必须与其他药品同库短期贮存时，亦应保持一定的安全距离，隔离存放。

（6）氧化剂保管应防高热、日晒，与酸类、还原剂隔离，防止冲击摩擦。钾、钠等金属应存放于煤油中；易燃品、自燃品应与热隔绝，并远离火源，存放于避光阴凉处。

 **知识链接**

易燃、易爆危险品的主要特征及性状

①易爆炸品：指受到高热、摩擦、冲击后能产生剧烈反应而产生大量气体和热量，引起爆炸的化学药品，如苦味酸、硝化纤维、硝酸铵、高锰酸钾等。

②自燃及易燃烧的药品：如黄磷在空气中能自燃；金属钾、钠遇水后，以及碳粉、锌粉及浸油的纤维药品等极易燃烧。

③易燃液体：指引燃点低，易于挥发和燃烧的液体，如汽油、乙醚、石油醚、乙醇、甲醇、松节油等。

④极毒品及杀害性药品：氰化物（钾、钠）、亚砷酸及其盐类、汞制剂、可溶性钡制剂等。

⑤腐蚀性药品：如硫酸、硝酸、盐酸、甲酸、冰醋酸、苯酚、氢氧化钾、氢氧化钠等。

7. 近效期药品　药品保管时应注意期限，特别是快到有效期的药品，如大多数抗生素及生物制品等，稳定性较差，在贮存期间，因受外界因素的影响，当贮存超过效期后，可能引起药效降低，毒性增高，不能再供药用。因此，要严格按照规定的条件贮存，为确保所销售或使用药品的质量，避免造成浪费，应关注有效期，随时检查。药品出库更应该做到"先产先出、先进先出、近期先出和按批号发货"。过期的药品，不可再销售和使用。

三、不同剂型的药品养护

1. 注射剂的养护　注射剂包括水针剂和粉针剂，根据其理化性质及包装容器的特点，采取相应的保管方法。其中水针剂应注意防冻（温度低于0℃以下时容易冻裂受损），如抗生素、生物制品和酶制剂，最适宜的温度是2～10℃；粉针剂应注意防潮（当空气中水蒸气含量过高时，易吸潮、黏饼、结块），不宜放置于冰箱中。

大部分注射剂都怕日光照射，日光中的紫外线加速药品的氧化分解，因此贮存注射剂的仓库，门窗应采取遮光措施。此外，注射剂在储存中，澄明度会起变化，如中草药注射剂，久贮会发生氧化、聚合等反应，逐渐变混浊或产生沉淀；西药制剂中的某些含盐类注射剂久贮会侵蚀玻璃，造成脱片，影响澄明度。因此储存养护还应加强澄明度检查。

2. 片剂的养护　片剂一般均储存于常温库（2～30℃），但糖衣片最好贮存阴凉库（不高于20℃）。片剂的保管与养护要点主要是防潮。因片剂淀粉等辅料易吸湿，而使片剂发生质量变化，产生碎片、潮解、粘连等现象，其中糖衣片吸潮后易产生花斑变色，无光泽，严重的产生粘连、膨胀、霉变等现象。其次某些片剂的有效成分对光线敏感，受光照射而变质，因此应采取避光保存。

3. 胶囊剂的养护　胶囊在受热、吸潮以后容易粘连、变形或破裂，过于干燥时胶囊也会因失水而脆裂。因此胶囊剂的储存保管与养护要点主要是控制温湿度，最佳贮存条件是不高于20℃的阴凉库，相对湿度35%～75%。部分有色胶囊剂应避光保存，以免出现变色、色泽不均匀等变质现象。

4. 糖浆剂的养护　糖浆剂受热、光照等因素，均易产生发酵、酸败、产气，最好贮存于20℃以下的阴凉库，并注意避免日光照射，相对湿度亦按35%～75%进行控制。

5. 软膏剂的养护　乳剂基质和水溶性基质制成的软膏制剂，一般保存于30℃以下的常温库，相对湿度35%～75%，冬季应注意防冻，以免水分和基质分离而造成变质，此外还要防止重压，以免包装变形。

四、药品合理储存

（一）药品的分类储存

1. 色标管理　为了有效控制药品储存质量，应对药品按其质量状态分库（区）管理，为杜绝库存药品的存放差错，对在库药品实行色标管理。

药品质量状态的色标区分标准为：合格药品——绿色；不合格药品——红色；质量状态不明确药品——黄色。

按照库房管理的实际需要，库房管理区域色标划分的统一标准是：待验药品库（区）、退货药品库（区）为黄色；合格药品库（区）、中药饮片零货称取库（区）、待发药品库（区）为绿色；不合格药品库（区）为红色。三色标牌以底色为准，文字可以白色或黑色表示，防止出现色标混乱。

2. 温湿度管理　药品按照温湿度要求存放于相应的库中。对每种药品，应根据药品标示的贮藏条件要求，分别储存于冷库、阴凉库或常温库内（冷库，2～8℃；阴凉库，2～20℃；常温库，2～30℃），各库房的相对湿度均应保持在35%～75%之间。部分药品标明了存放环境的具体温、湿度，保管储存此类药品就应当设置相应温湿度范围的库房。如经营标识为 15～25℃储存的药品，就应当存放于 15～25℃恒温库。若标识有两种以上不同温湿度储存条件的药品，一般应存放于相对低温的库中，如某一药品标识的储存条件为：20℃以下有效期 3 年，20～30℃有效期 1 年，则应将该药品存放于阴凉库中。

3. 库（区）药品分类存放　按照药品的类别存放，一般分为化学药品库、中成药库、中药饮片库、中药材库、生物制品库等。

按照药品的剂型分类存放，一般分为针剂库（注射用粉针、水针、大输液、混悬针剂）、片剂库（片剂、丸剂、胶囊剂）、粉剂库（原料药、粉散剂）、水剂（酊水类、油膏类）等。

 知识链接

储存、运输冷藏、冷冻药品配备设备设施的要求

1. 与药品企业经营规模和品种相适应的冷库，储存疫苗的应配备两个以上独立冷库。
2. 用于冷库温度自动监测、显示、记录、调控、报警的设备。
3. 冷库制冷设备的备用发电机组或者双回路供电系统。
4. 对有特殊低温要求的药品，应当配备符合其储存要求的设施设备。
5. 冷藏车及车载冷藏箱或者保温箱等设备。

（二）药品的合理堆放

合理的堆放应该满足安全稳固、便于清点和搬运、美观整齐又有利于药品质量的稳定、养护、检查等操作的要求。堆垛时要考虑到药品的种类、特性、包装、体积、重量、库房的高度、设备条件、地面负荷，并考虑到清点、检查、标识、搬运等操作的方便性，选择相应的堆垛方式。

药品要按批号堆码，严禁混堆。药品堆垛在实际操作应严格遵守外包装图式标志的要求，规范操作。怕压药品应控制堆放高度，防止造成包装箱挤压变形。此外，药品堆垛与仓间地面、墙壁、顶棚、散热器之间应有相应的间距或隔离措施，设置足够宽度的货物通道，防止库内设施对药品质量产生影响，保证仓储和养护管理工作的有效开展。药品堆垛的距离要求，简称"五距"，规定为：药品与墙、药品与屋顶（房梁）的间距不小于30cm，与库房散热器或供暖管道的间距不小于30cm，与地面的间距不小于10cm，垛间距不小于5cm。药品堆垛"五距"见图 1-10。

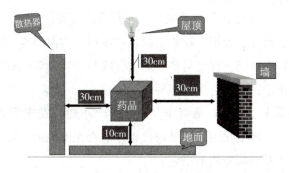

图 1-10　药品堆垛"五距"

五、药品在库养护和检查

（一）药品的日常养护措施

1. 每天监测和记录仓库温、湿度，一天 2 次，上、下午各 1 次。如库房温、湿度超出规定范围，应及时采取调控措施，也可安装温湿度自动检测设备及传感器，通过计算机系统进行报警、记录等。

2. 根据季节气候变化，采取不同养护方法，以适应药品对储存条件的特殊需求。如南方春季、北方夏季多雨潮湿，要注意库内湿度；夏季炎热，要特别注意库内温度，特别是冷库的温度，注意通风。冬季寒冷，要注意针剂、水剂和生物制品等怕冻商品的库温。

3. 勤翻垛、勤移垛，保持药品包装干燥，减低负重，保护药品储存。

4. 对中药材和中药饮片，应按其特性，采取干燥、通风、降氧、熏蒸等方法进行养护，防止虫蛀、发霉、变质。

5. 发现有问题的药品应当及时在计算机系统中锁定和记录，并通知质量管理部门处理。

6. 采用计算机系统对库存药品的有效期进行自动跟踪和控制，采取近效期预警及超过有效期自动锁定等措施，防止过期药品销售。

 实例分析 1-5

实例　某医药公司仓库养护员在做药品养护记录时实测，药品常温库温度25℃，湿度79%，外面正在下雨。根据 GSP 的要求，库房内温度适合，湿度过高。

问题　1. GSP 对于库房温湿度的具体要求是什么？

　　　　2. 该如何调节药品仓库的湿度？

答案解析

（二）药品的在库检查

药品在库检查主要对药品的外观性状进行检查，必要时进行内在质量检查。

1. 检查的时间和方法　应根据药品的性质及其变化规律，结合气候、储存环境和储存时间长短等因素，掌握检查的时间和方法，大致有以下三种。

（1）循环检查（"三三四"药品养护检查法）　仓库管理人员对库存在三个月以上的药品质量每季度循环检查一次，即每季度（3 个月）时间巡查完 1 次在库药品。

具体做法为根据库房区域位置及放置药品的数量，将库房分为 A、B、C 三个区域，A、B、C 三个区域位置存放药品分别占总库存的30%、30%、40%左右。第 1 个月巡查 A 区域位置的药品，第 2 个月巡查 B 区域位置的药品，第 3 个月巡查完 C 区域位置的药品，周而复始，每年循查 4 次。检查的重点是药品的包装质量、外观质量、批号、效期。检查的内容：库房内的温湿度，药品储存条件及药品是否按库、区、排、号分类存放，货垛堆码、垛底衬垫、通道、墙距、货距等是否符合规定要求，药品有无倒置侧放现象，外观性状是否正常，包装有无损坏等。

（2）突击检查　一般在汛期、雨季、梅雨季、高温、严寒期或发现质量有发生变化的苗头时，即逢台风、暴雨、洪汛期等突发气候变化前后，及时检查库房有无渗漏等不安全因素，包括露天货垛是否遮盖严密，商品有无损耗，并及时研究防治措施。

（3）重点商品检查　重点品种每周一次，一般每半月一次，每月全面检查一次。重点养护品种范围一般包括：主营品种、首营品种、质量性状不稳定的品种、有特殊储存要求的品种、储存时间较长的品种、近期内发生过质量问题的品种及药监部门重点控制的品种。

2. 药品在库检查项目

（1）固体制剂及固体原料药检查　检查颜色是否均匀，药品有无臭味，易吸湿、风化的药品有无吸湿、风化现象，检查药品有无霉变、虫蛀、鼠咬、包装破损现象。

（2）液体制剂的检查　主要是澄明度和外观性状（色、味方法同固体制剂）及包装的严密性检查。液体制剂的外观性状检查尤其重要，要特别强调检查有无微生物污染、有无结晶析出、沉淀产生、混浊现象发生，有无异臭、异味、霉变、发酵、酸败、产气等现象。

即学即练 1 –12

答案解析

下列品种不属于重点养护的是（　　　）

A. 首营品种　　　　　　　　　B. 质量性状不稳定的品种

C. 销售量大的品种　　　　　　D. 储存时间长的品种

任务 4 –5　药品出库与售卖

医药药品在库养护储存一段时间后，根据市场流通规律，一般会进入出库售卖环节，即药品仓库的发货业务，具体是根据业务部门的提货凭证，按其所列的药品编号、名称、数量等项目，组织药品出库、配货、复核、包装、分发等作业，正确及时地完成药品出库售卖任务。

由于库存的药品种类多，性质各有不同，储存和运输时容易受到外界条件影响，因此，加强药品的出库管理，保证药品出库的准确、快速、安全，是防止不合格药品流入市场的重要环节。

一、药品出库的原则

1. 坚持"三查六对"制度　药品出库时的"三查六对"是必须环节，其中"三查"是指查发票购货单位、发票印签、开票日期，"六对"是指对货号、品名、规格、单位、数量、包装。

2. 遵循"四先出"原则　"四先出"原则是指先进先出、先产先出、易变先出和近期先出。在药品的出库过程中，按照购进较早，生产日期较早，保管要求较高，容易变质，以及临近有效期等条件来选择发货的顺序。随着药品经营管理软件的普及，计算机系统在开具购销发票时也遵循相应原则。

3. 按批号发货的原则　在遵循药品发货"四先出"原则之外，也要按药品批号发货，即同一批生产批号的一起发货，这样不仅有利于库存药品的更新，方便仓库管理，也便于日后药品质量的追踪。

二、药品出库的基本程序

药品应按以上出库的原则进行出库验发，一般程序是查对、配货、复核、出库、记录。

1. 查对　也称核单，即审核药品提货凭证查对购货单位名称、发票印鉴、开票日期、货号、药品名称、规格等级、单位、数量、包装等项目。

2. 配货　仓库管理人员根据提货凭证所列项目内容及相关批注，核实后进行配货。配货作业包括原件药品包装整理，计重药品逐件过磅称准，零星药品可以拼件装箱，刷写标志收货单位、收货地点、发货单位、指示标志等，要做到数量准确、质量完好、包装完整、堆放有序。

3. 复核 出库时应当对照销售记录进行复核。药品出库复核应当建立记录，包括购货单位、药品的通用名称、剂型、规格、数量、批号、有效期、生产厂商、出库日期、质量状况和复核人员等内容，见表1−6。

表1−6 药品出库复核记录表

发货日期	购货单位	通用名	规格	批号	有效期	生产企业	数量	质量状况	发货人	复核人员
说明	<td colspan="10">1. 有效期栏内应填写有效期至××年××月。 2. 发出药品复核时，若无质量问题，在质量状况栏内填写"正常"字样。 3. 特殊管理药品复核时，要双人复核，在复核栏内两人均要签字</td>

发现以下情况不得出库，并报告质量管理部门处理：①药品包装出现破损、污染、封口不牢、衬垫不实、封条损坏等问题；②包装内有异常响动或者液体渗漏；③标签脱落、字迹模糊不清或者标识内容与实物不符；④药品已超过有效期；⑤其他异常情况的药品。

4. 出库 集中清点药品后，及时办理出库手续。要注意以下事项。

（1）拆零拼箱 应选择合适的包装物料，包扎牢固，外包装应当有醒目的拼箱标志；尽量将同一品种的不同批号或规格的药品拼装于同一箱内；若为多个品种，应尽量分剂型进行拼箱；若为多个剂型，应尽量按剂型的物理状态进行拼箱；液体制剂不得与固体制剂拼装在同一箱内；发货后及时清理现场和包装物料，拆零工具定置存放。

（2）冷藏、冷冻药品的出库 冷藏、冷冻药品的装箱、装车等作业，应当由专人负责，车载冷藏箱或者保温箱在使用前应当达到相应的温度要求；应当在冷藏环境下完成冷藏、冷冻药品的装箱、封箱工作；装车前应当检查冷藏车辆的启动、运行状态，达到规定温度后方可装车；启运时应当做好运输记录，内容包括运输工具和启运时间等。

5. 记录 药品出库时应当填写打印随货同行单（票），并附加盖企业药品出库专用章原印章的随货同行单（票）。

即学即练1−13

下列关于药品出库的原则错误的是（　　　）

答案解析　A. 先进先出　　B. 先产先出　　C. 近期先出　　D. 易卖先出

✏️ **实践实训**

实训5 药品真伪鉴别、药品批准文号查询

【实训目的】

1. 根据包装进行部分常见药品的真伪鉴别。

2. 能够通过相关网站进行药品批准文号查询。

【实训要求】

药品包装、说明书、多媒体投影设备、计算机网络系统。

【实训内容】

1. 任务布置　教师提前安排学生准备部分常见药品的包装、说明书，根据包装材质和剂型分为不同类别；利用课余时间提前查阅药品真伪鉴别的知识；复习药品批准文号相关内容。

2. 包装鉴别　抽取不同药品包装，分组讨论记录，把本组药品可能存在的真伪差异记录下来。

3. 查询批准文号　教师给出不同的药品批准文号，学生利用上课学习的知识，在限定时间内进入国家药品监督管理局网站进行查询并记录；教师给出药品基本信息，学生进入国家药品监督管理局网站查询出该药品的批准文号并记录查询时间。

4. 填写记录表　填写记录表，分组进行展示、汇报，教师进行总结。

【实训评价】

评价内容	评分标准	得分
包装材料准备、分析（20 分）	包装材料准备充分；分析准确到位	
药品批准文号查询（20 分）	查询准确，记录完整	
分组汇报（20 分）	分组展示、汇报完整，条理清晰	
团队合作（20 分）	分工协作，参与积极性高	
课堂纪律（20 分）	能积极参与讨论，耐心听取其他成员组汇报	
合计（100 分）		

实训 6　药品验收、药品保管养护

【实训目的】

1. 掌握药品验收程序，学会药品的内、外包装检查，药品外观性状检查。
2. 熟悉不同剂型药品保管与养护的注意事项。
3. 培养团队合作能力、实施能力、应变能力、判断能力。

【实训准备】

模拟药品仓库（或课室）、药品实物（或者内外包装）、空白验收记录表格。

【实训内容】

1. 任务布置　复习巩固药品验收程序及验收入库的注意事项等知识。对于不同类的药品验收的内容不同，如下给出若干验收任务，分组抽取不同工作任务，并设计操作计划。

（1）验收抗感冒药（不同剂型）。

（2）验收从首营企业采购回的首营品种。

（3）验收生物制品。

（4）验收进口药品。

（5）验收特殊管理药品。

（6）验收危险品。

注意不同类别的药品可以根据实际能够收集到的药品设计，尽量选取常见药品。

2. 确定依据　根据项目任务确定验收的方式、验收的依据。

3. 进行外观质量检查　先看本组验收的药品是哪种剂型，该剂型应进行哪些项目检查，该产品应进行哪些检查，正确选择验收的场所与环境。

4. 检查报告书　检查药品检验报告书。

5. 药品包装的检查　①外包装：包装箱应牢固、干燥；封签封条无破损；外包装的内容应清晰注明药品的通用名称、规格、生产厂商、批号、批准文号、注册商标、有效期、有关规定的储运图示标识及相应的专有标识。②内包装：产品的合格证，容器应清洁、干燥、无破损、封口严密、合格，包装印字清晰，瓶签粘贴牢固。③标签说明书的内容应全面、符合要求。

6. 相关证明文件的验收　进口药品应有中文说明书、《进口药品注册证》或《医药产品注册证》《进口药品通关单》《进口药品检验报告书》。生物制品应有《生物制品批签发合格证》。进口药材要有《进口药材批件》《进口药材通关单》《进口药材检验报告书》。

7. 药品的数量验收　进行数量验收时，应根据所购进药品的原始凭证逐一核对实物。

8. 可疑药品的质量确认　对药品内在质量有怀疑时，应送检验。

9. 填写药品验收记录　认真填写药品验收记录单。

10. 讨论　挑出抗感冒药组药品，按常见剂型（片剂、胶囊剂、颗粒剂、糖浆剂）分组讨论其保管养护注意事项。

【实训评价】

评价内容	评分标准	得分
程序规范（10分）	按相应类别的药物制订不同的验收程序进行验收，判断正确无误	
验收方式、依据的选择（10分）	根据供应商所在的地点、购进的品种等能正确选择，是否按照验收的依据验收，验收的场所与环境与药品的要求相符合	
产品的数量、质量（10分）	验收品种名称、数量与原始凭证核对仔细、正确；根据《中国药典》各剂型项下的规定正确验收药品的外观性状，包装内容符合法规要求，能正确识别包装的标识、警示说明	
证明文件（20分）	需要提供证明文件的产品证明文件齐全，真实	
不同剂型保管养护要点（20分）	根据不同剂型的具体药品，能快速、准确的表述出其保管与养护要点	
知识性与创造性（20分）	相应知识了解全面，包括药品质量标准和GSP、药品管理法等知识。能做出合理正确的判定，对有质量可疑药品能按程序处理	
全面质量管理（10分）	责任明确，每一小程序符合药品验收入库要求，树立全员参与质量管理的意识，小组协作精神强	
合计		

目标检测

答案解析

单项选择题

1. 某药品批准文号为国药准字S1096＊＊＊＊，其中字母S表示的含义正确的为（　　　）

　　A. 化学药品　　　　　　B. 生物制品　　　　　　C. 中成药　　　　　　D. 进口分包装药品

2. 以下哪项不属于按检验主体不同药品检验的分类（　　　）

A. 药品生产检验　　　　B. 药品验收检验　　　　C. 药品监督检验　　　　D．药品销售检验

3. 验收药品的抽样原则中，最重要的是样品要有（　　　）

    A. 稳定性　　　　　　　B. 代表性　　　　　　　C. 安全性　　　　　　　D. 有效性

4. 药品堆垛要求药品与地面间距不少于（　　　）

    A. 10cm　　　　　　　　B. 20cm　　　　　　　　C. 30cm　　　　　　　　D. 40cm

5. 在药品养护过程中发现药品质量异常时，应暂停发货并挂上（　　　）

    A. 绿色标识　　　　　　B. 红色标识　　　　　　C. 白色标识　　　　　　D. 黄色标识

6. 在汛期、霉季、雨季或发现质量变化苗头时，临时组织力量进行全面或局部的检查为（　　　）

    A. "三三四" 检查　　　B. 定期检查　　　　　　C. 突击检查　　　　　　D. 上级检查

7. 药品在库检查的内容不包括（　　　）

    A. 药品的外观质量　　　　　　　　　　　　　B. 库房温湿度

    C. 药品的价格　　　　　　　　　　　　　　　D. 养护设备的运行状况

8. 药品养护的基本原则是（　　　）

    A. 分区分类　　　　　　B. 正确堆垛　　　　　　C. 以防为主　　　　　　D. 安全消防

9. 药品批发企业阴凉库的湿度要求是（　　　）

    A. 30%～50%　　　　　B. 35%～75%　　　　　C. 45%～75%　　　　　D. 50%～80%

10. 下列属于药品储存阶段的作业程序是（　　　）

    A. 堆垛、养护　　　　　B. 配货、复核　　　　　C. 发货、运输　　　　　D. 验收、入库

11. 药品验收记录应（　　　）

    A. 保存 1 年

    B. 保存 3 年

    C. 保存至超过药品有效期 1 年，但不得少于 3 年

    D. 保存至超过药品有效期 1 年，但不得少于 2 年

12. 除特殊情况外，一般药品的验收不包括（　　　）

    A. 内外包装检查　　　　　　　　　　　　　　B. 药品标签和说明书检查

    C. 药品外观性状检查　　　　　　　　　　　　D. 药品内在质量检查

13. 验收药品应当按照药品批号查验同批号的（　　　）

    A. 药品购进票据　　　　　　　　　　　　　　B. 随货同行单

    C. 检验报告书　　　　　　　　　　　　　　　D. 条形码

14. 湿度过大，甘油吸湿后直接引起的质量变化是（　　　）

    A. 潮湿　　　　　　　　B. 溶化　　　　　　　　C. 稀释　　　　　　　　D. 水解

15. 影响药品质量的内在因素是（　　　）

    A. 日光、空气、温度，时间、风化性、吸湿性

    B. 光线、色、嗅、味、温度、湿度、时间、吸附性

    C. 色、嗅、味、风化性、吸湿性、冻结性、挥发性、吸附性

    D. 日光、空气、温度、挥发性、风化性、冻结性

多项选择题

16. 片剂保管养护包括（　　　）

　　A. 避光　　　　　　　　B. 防潮　　　　　　　　C. 防热

　　D. 防冻　　　　　　　　E. 防漏粉

17. 关于药品储存与养护叙述正确的是（　　　）

　　A. 药品要按温湿度要求储存于相应的库中

　　B. 在库药品需要实行色标管理

　　C. 待检药品库区应为红色

　　D. 对近效期的药品要积极填报效期报表

　　E. 药品堆垛时可以直接放于地面

18. 药品的堆垛存放应符合要求，需分开存放的有（　　　）

　　A. 处方药与非处方药　　B. 内服药与外用药　　　C. 易串味药品与一般药品

　　D. 胶囊剂与片剂　　　　E. 药品与非药品

19. 药品库区绿色标志表示（　　　）

　　A. 合格药品库区　　　　B. 零货称取库区　　　　C. 待发药品库区

　　D. 待验药品库区　　　　E. 退货药品库区

20. 药品出库的原则是（　　　）

　　A. 先进先出　　　　　　B. 按质量发货　　　　　C. 近期先出

　　D. 按批号发货　　　　　E. 易变先出

21. 有关药品批准文号，以下说法正确的是（　　　）

　　A. 可以区分药品与非药品

　　B. 可以看出药品的生产日期

　　C. 确保产品的追踪性

　　D. 同一厂家生产的同种药品，规格不同，批准文号也不同

　　E. 药品必须要有药品批准文号

判断题

1. 色标管理要求待验药品库（区）和不合格药品库（区）为红色。（　　　）

2. 药品在库养护是指药品在生产过程中要进行的保管和维护工作。（　　　）

3. 在验收医药商品的过程中如发现质量问题，凡属不合格产品，不能流入市场。（　　　）

4. 所有的胶囊剂保管时都要防冻。（　　　）

5. 药品在库养护的原则是"以防为主"。（　　　）

书网融合……

　　知识回顾　　　　微课1　　　　微课2　　　　微课3　　　　微课4　　　　习题

项目 2　药效评价与药品安全认知

PPT

任务 1　药品评价

学习引导

　　药物有自身的药理作用，合理用药才能充分发挥药物的治疗作用，减少不良反应的发生。有很多因素会直接或间接影响药物疗效，甚至发生质的变化。例如，同样服用降压药硝苯地平缓释片，有的患者有很好的降压效果，有的效果不好；有的患者有踝部水肿的不良反应，有的没有此类不良反应。临床上还存在疾病并存、多种药物并用的情况，使用药更加复杂。那么，怎样评价药品的有效性和安全性？哪些因素会影响到疗效？临床用药时，该怎样选择合适药物，怎样设计给药方案，才能做到安全合理的用药呢？

　　本单元主要内容是从药效评价的方法、药物疗效的影响因素分析，合理设计给药方案，从而合理用药、安全用药。

📖 学习目标

　　1. **掌握**　药物的药效评价、安全性评价方法及参数；药物的剂型、剂量、给药途径、给药方法、合并用药等对药效的影响。

　　2. **熟悉**　机体的年龄、性别、遗传、心理因素对药效的影响。

　　3. **了解**　给药方案的设计和优化方法；合理用药的基本原则。

任务 1–1　药效评价与给药方案设计

　　药品评价是对药物的有效性和安全性的综合评价，主要包括药效学评价、药物代谢动力学评价、安全性评价等方面。目的在于阐明药物的疗效、药物在人体内的转运和转化规律、药物的不良反应及其监测方法。有效性主要是指效能和效价药效学指标，以及显效快慢、维持时间长短等药动学指标；安全性主要是药品的不良反应多少以及损伤程度。通过药物评价，可以全面认识药物的治疗作用和不良反应，准确设计治疗方案，有效预防或减少不良反应的发生，防止严重不良反应和药品不良事件，最大程度的做到安全用药、合理用药。

一、药物的效能与效价

　　效能是指药物产生最大效应的能力。在治疗量范围内，增加药物剂量，其效应随之增加，效能反映了药物的内在活性，最大效能（E_{max}）为100%。效能，用于评价一个药物的药效强弱，药物效能大，说明药物本身的药理作用强。例如，吗啡镇痛作用强大，其他镇痛药的镇痛作用强弱，通过与吗啡比较来评价。哌替啶的镇痛作用为吗啡的1/10~1/8，芬太尼的镇痛作用强度为吗啡的60~80倍，说明他们的效能不同。效能直接影响疗效，是选择用药的主要依据。

效价是指引起同等效应的相对剂量，又称效应强度，用于作用性质相同的药物之间等效剂量的比较，一般用引起50%效应的给药量表示，其值越小说明达到同等效应的给药量越小。效能相同的情况下，效价越高，说明给药剂量越小，可能的不良反应也会小一些。

药物的效能与效价反映药物的不同性质，有不同的临床意义。常用于评价同类药物中不同品种的作用特点。例如利尿药，以每日排钠量为效应指标进行比较，呋塞米的最大效能大于氢氯噻嗪，呋塞米用作强效利尿药；而氢氯噻嗪、吲达帕胺，增加剂量也不能达到呋塞米的利尿效果，反而使不良反应增多，因此用作中效利尿药，也作为利尿降压药使用。

二、药物的安全性评价

临床常用治疗指数来评价药物的安全性。半数致死量与半数有效量的比值，称作治疗指数（TI），TI = 半数致死量（LD_{50}）/半数有效量（ED_{50}），此数值越大越安全。但是，治疗指数相同的药物，其安全性不一定相同，还要考虑药物在最大有效量时的毒性。对于量效曲线斜率不同的药物而言，虽然治疗指数较大，但是量效曲线与毒性曲线的首尾可能重叠，即ED_{95}可能大于LD_5，说明在最大治疗量时，已经有少数患者中毒，因此不能单凭治疗指数评价药物的安全性。

药物的安全性与药物剂量（或浓度）有关，较好的药物安全性评价指标是ED_{95} ~ LD_5之间的距离，称为安全范围（safety range），其值越大越安全。如果将量效曲线与毒性曲线同时画出并加以比较则更加清楚，见图2-1。从治疗指数看A药 > B药，A药 = C药；但从安全范围看A药 > B药，A药 > C药，而B药和C药的量效曲线与毒性曲线的首尾重叠，安全范围小。

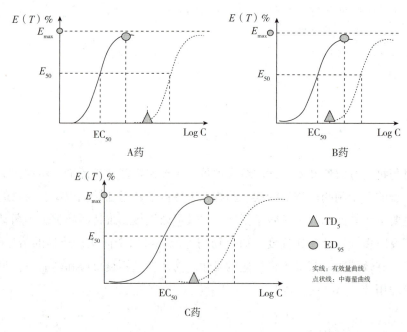

图2-1　药物的安全性评价

还有安全指数、安全界限，能更精确的评价药物的安全性。安全指数 = LD_5/ED_{95}，安全界限 = （$LD_1 - ED_{99}$）/ED_{99} 等指标，其值越大越安全。

即学即练 2 – 1

治疗指数是指（　　　）

A. 治疗量/中毒量　　B. LD_{50}/ED_{50}　　C. ED_{50}/LD_{50}　　D. LD_{95}/ED_5

答案解析

三、给药方案的设计和优化 📱微课1

同一药物、给药剂量相同，患者血药浓度有差异，药效也有明显的个体差异。临床上还有多种疾病并存、多种药物并用的情况，用药更加复杂。设计给药方案时，要根据临床实验结果，结合药时曲线下面积（AUC）、血浆半衰期（$t_{1/2}$）、生物利用度（F）、表观分布容积（V_d）、清除率（CL）、消除速率常数（K_e）等药动学参数，计算给药剂量和给药时间间隔，以达到并维持有效血药浓度。主要的给药方案有以下几种：

1. 维持量给药　等量多次用药是临床常用的给药方法，一般每间隔一个半衰期给药一次，要经过4～5个半衰期达到稳态血药浓度，达到稳定的治疗效果。

即学即练 2 – 2

某心衰患者，口服地高辛（$t_{1/2}$ 为36小时）0.25mg/d，达到稳态浓度的时间约为（　　　）

A. 3天　　　　　　B. 4天　　　　　　C. 7天　　　　　　D. 11天

答案解析

2. 负荷量 – 维持量给药　为了迅速达到疗效，采用负荷量的方法，首次剂量加倍，一个半衰期可达稳态血药浓度，然后再给予维持量。静脉滴注时，首次给予滴注量的1.44倍，可以较快达稳态。

3. 间歇疗法　给药剂量不变，采用的给药时间间隔大于一个半衰期，药物的药时曲线呈脉冲式变化，药物的蓄积较少，称作间歇疗法，多采用隔日给药。例如糖皮质激素采用隔日疗法，可减少不良反应。

4. 大剂量冲击疗法　可短期大剂量用药，迅速控制症状，减少长期用药的蓄积作用，例如，肿瘤化疗药物常用此法。

5. 个体化治疗　不同的患者存在个体差异，生物利用度差异大的药品，在用药时要根据不同的个体的体重、年龄、人种、肝功能、肾功能、患者的合并症和联合用药等情况，确定药物剂量，以保证药效，减少不良反应。

6. 体内活化的药物　有些药物在体内转化为活性产物，则要考虑患者体内药物代谢酶的活性，以及体内药物代谢的快慢，必要时先进行基因检测，做到精准用药。如果活性产物的活化和消除是限速因素，则应按该活性产物的药动学参数计算剂量及设计给药方案。

任务 1 – 2　影响药效的因素分析

药物的显效快慢、作用强弱、维持时间长短、不良反应的危害等，是评价药品的主要内容。影响药物作用的因素有很多，下面主要从药物方面的因素、机体方面的因素以及合并用药等进行分析。

一、药物方面的因素

1. 药物剂型和给药途径 药物的剂型不同，其崩解、溶解不同，吸收快慢和生物利用度也不同，会影响药效。一般来说，注射剂比口服制剂吸收快，疗效显著，水溶型注射剂比油溶型、混悬型吸收快。有些药物，不适合口服给药，要做成注射剂；对于急症患者或者无法口服给药的患者，可以选择注射剂。口服制剂安全、方便、经济，临床应优先选择。近年来，缓控释制剂、透皮贴剂等新剂型发展迅速，可以减少给药次数和剂量，能够维持稳定、缓慢、持久的血药浓度，是长期用药、慢性病患者适合的药物剂型。

药物的不同给药途径，会影响到药物的吸收，进而影响血药浓度和生物利用度。

（1）口服给药 是最常用的给药途径。吸收部位主要在小肠，多数药物按脂溶扩散的方式吸收，还有部分药物通过易化扩散、主动转运、滤过等方式吸收。环境 pH、吸收面积、局部血流量、药物的崩解度、胃排空的速度、食物等会影响吸收。弱酸性药物主要在胃及小肠上段吸收，弱碱性药物主要在小肠下段吸收。口服药物在胃肠道吸收时，要先通过门静脉进入肝脏，有些药物经过胃肠及肝脏时被代谢灭活，使进入体循环的有效药量减少，药效降低，叫作首过效应，也称首关消除。例如硝酸甘油、哌替啶、普萘洛尔、氯丙嗪等。通过改变给药途径或增加给药剂量可以克服首过效应，例如，硝酸甘油改为舌下含服，能迅速缓解心绞痛。

（2）舌下给药 舌下给药虽然吸收面积小，但血流丰富，吸收也较迅速，可避免首过效应，例如硝酸甘油、异丙肾上腺素等采用舌下含服，起效迅速。

（3）直肠给药 对少数刺激性大或者不能口服药物的患者，也可直肠给药，尤其适合小儿、老人采用，如小儿解热栓等。

（4）注射给药 一般来说，显效最快的是静脉注射，其次是肌内注射、皮下注射，皮内注射。

静脉注射将药液直接输送到静脉血管，药物迅速进入体循环，不经过吸收过程，起效快。静脉点滴是一种持续的静脉输注给药，显效快，可维持较高的血药浓度。

肌内注射将药液注入了肌肉组织，其吸收速度取决于注射部位的血流量和药物的剂型，局部热敷或按摩可加速吸收。肌肉组织的血流量明显多于皮下，故肌内注射吸收快而全，是最常用的注射方式。

皮下注射将药液注入了皮下和脂肪之间，较肌内注射吸收慢，吸收均匀。药物也可做成长效制剂皮下注射，在注射部位形成小型储库，缓慢吸收，作用持久。

皮内注射将小量药液注入表皮与真皮之间，空间小，药物容量少，用于皮试、预防接种等。

即学即练 2-3

甘精胰岛素长效制剂的给药方式是（　　　）

答案解析　　A. 静脉注射　　B. 口服　　C. 肌内注射　　D. 皮下注射

（5）呼吸道给药 肺泡表面积大，血流丰富，气体及挥发性药物（如全身麻醉药）通过吸入给药可直接进入肺泡，吸收迅速。使用气雾剂时要注意手部按压动作和吸入动作的高度配合，药物完全吸入才能较快显效。例如，硫酸沙丁胺醇气雾剂。

（6）经皮和黏膜给药 脂溶性药物可以缓慢透过皮肤和黏膜，发挥局部作用。加入透皮吸收剂如氮酮等，吸收能力增强，可产生局部或全身作用。如硝酸甘油缓释贴皮剂，用于预防心绞痛发作。黏膜的吸收能力远胜于皮肤，口腔黏膜、支气管黏膜、鼻黏膜和阴道黏膜均可吸收药物。

不同给药途径药物的吸收速度和吸收程度不同，一般规律是静脉注射 >（快于）吸入给药 > 肌内注射 > 皮下注射 > 口服给药 > 直肠给药 > 经皮给药。

给药途径不同，有些药物的作用也不同。如硫酸镁，口服产生导泻、利胆作用，肌内注射产生镇静、抗惊厥和降压作用。

 实例分析 2-1

实例　某患者有冠心病，医生建议要随身携带硝酸甘油片，当心绞痛发作时要立即舌下含服，不可吞服。

问题　1. 硝酸甘油的作用是什么？
　　　　2. 为什么不能吞服？

答案解析

2. 药物剂量　在治疗量的范围内，随剂量增加药物的作用增强。超过极量，可能导致中毒和死亡。如镇静催眠药，小剂量为镇静作用，随剂量增加，依次出现催眠、抗惊厥和抗癫痫作用，过量服用，则产生深度中枢抑制。不同个体的给药剂量，要根据剂型、年龄、体重、病理状态以及个体差异等因素综合考虑。尤其是安全范围小、毒性大的药物，如地高辛，应注意做到个体化用药。

同一药物的不同剂型，给药剂量相差较大，有不同的制剂规格。如硝酸甘油，舌下含服每次 0.25 ~ 0.6mg；贴皮剂每剂 25mg；注射剂要静脉滴注，无固定适合剂量，一般开始剂量为 5μg/min，最好用输液泵恒速输入，并根据病情随时调整每分钟的给药量。

3. 给药时间及时间间隔　选择给药时间要根据药物的性质、对胃肠道的刺激性、患者的耐受力、人体的生物节律等因素。一般饭前用药吸收好，作用快，如助消化药、降血糖药、胃黏膜保护药等宜饭前服。饭后用药可减少药物对胃黏膜的刺激、损伤，如阿司匹林、硫酸亚铁、抗酸药宜饭后服。有些药物的服用要顺应人体的生物节律，例如糖皮质激素宜在上午，他汀类调血脂药宜在晚餐时，催眠药宜在睡前等。

给药次数和时间间隔根据药物的消除速率和病情而定。等量多次用药，一般间隔一个半衰期给药，由此确定每日给药次数，以维持药效。对于消除较慢或毒性大的药物，应规定每日总量和疗程，以防蓄积。肝肾功能不全者，应适当减少给药次数和给药剂量，以防蓄积中毒。连续用药，要防止耐受性、耐药性、依赖性等不良反应的产生。

4. 用药方法　正确的服药有利于药物发挥作用，减少不良反应。口服药宜取上半身立位，多饮水送服，稍事活动后再卧床休息，以防食管反流或溃疡，尤其是口服抗菌药物、抗肿瘤药应注意。肠溶制剂和缓控释制剂应吞服，不宜嚼碎或研碎后服用，否则，肠溶制剂可能在胃内被破坏而影响药效，缓控释制剂也可能影响其缓释、控释效果。此外，哮喘患者的气雾吸入、胰岛素的皮下注射等，要注意正确的给药方法，以免影响疗效。

二、机体方面的因素

1. 年龄

（1）儿童　儿童处于生长发育期，组织器官尚未发育成熟，代谢功能尚未完善，若药物使用不当，易发生不良反应，甚至影响发育。特别是新生儿与早产儿，各种生理功能和自身调节功能尚不完善，对药物的反应一般比较敏感。新生儿体液占体重比例较大，水盐转换率较快，水盐调节能力差，用解热镇痛药过量可能导致虚脱；血浆蛋白总量较少，药物血浆蛋白结合率较低，用磺胺药、阿司匹林易过量导致黄疸；新生儿肝脏葡萄糖醛酸结合能力尚未发育，应用氯霉素会导致灰婴综合征，要特别注意；新生儿肾功能只有成人的20%，要禁用能产生肾毒性的药物，如氨基糖苷类药物。

儿童肝功能尚未充分发育，药物清除率低，易蓄积中毒。儿童肾功能发育不全，一些经肾排泄的药物，如巴比妥类、氨苄西林等排泄慢，宜减量用药。儿童的体力与智力都处于迅速发育阶段，中枢神经系统易受药物影响，如阿片类的使用易导致呼吸抑制；氨茶碱、尼可刹米等会引起中枢兴奋、惊厥。儿童的骨骼、牙齿处于生长发育期，有些药物可使儿童生长出现异常或障碍。如四环素，影响儿童骨骼和牙齿发育，禁用于儿童及孕妇；蛋白同化激素影响长骨发育，氟喹诺酮类药物会影响软骨发育，禁用于18岁以下的患者。

（2）老年人　老年人的生理功能和代偿能力逐渐减退，肝、肾功能随年龄增长而自然衰退，故药物清除率逐年下降，各种药物血浆半衰期都有不同程度地延长。例如，在肝脏灭活的地西泮的半衰期可延长4倍，自肾脏排泄的氨基糖苷类抗菌药物的半衰期可延长2倍以上。因此老年人给药剂量应适当减少，一般为成人剂量的3/4左右，而80岁以上老年人给药剂量为成人剂量的1/2。

在药效方面，老年人对许多药物反应特别敏感，对某些神经系统抑制药反应增加，老年人用三环类抗抑郁药，易出现精神错乱；用苯二氮䓬类和氯丙嗪时，中枢抑制增强；用阿托品时，易出现兴奋、甚至精神失常。

老年人的身体机能发生变化，也会影响药效或导致不良反应。由于心血管功能的变化，老年人舌下含服硝酸甘油后应采取坐位或卧位，以防血流灌注不足而晕厥；应用利尿剂时，要调整剂量，以防血容量减少和电解质紊乱。老年人消化功能减弱，胃肠平滑肌张力低，非甾体抗炎药易致胃肠出血，M胆碱受体阻断药易致尿潴留、大便秘结及青光眼发作等。

 实例分析2-2

实例　患者，女，70岁，因急性心肌梗死、冠脉狭窄，做了冠脉支架手术。术后，遵医嘱进行双联抗血小板治疗，服用阿司匹林肠溶片和硫酸氢氯吡格雷片，同时服用阿托伐他汀钙片和琥珀酸美托洛尔缓释片。晨起，经常流鼻血，观察其手背也有皮下淤斑。

问题　1. 为什么会有出血现象？
　　　　2. 老年患者用药应注意什么？

答案解析

2. 性别　药物反应的性别差异不大，但性别的不同也会影响药效。男性对阿司匹林和对乙酰氨基酚的清除率分别高于女性60%及40%。口服相同剂量的普萘洛尔，女性的血药浓度明显高于男性。女性还有不同的生理特点，成年女性有月经、妊娠、分娩、哺乳等不同时期，尤其是妊娠期，用药应特别谨慎，因为胎盘屏障的通透性较大，多数药物都能够透过胎盘屏障，可能影响胎儿发育。因此，孕期要使用安全性更高的药物。

3. 遗传因素

（1）种族差异　遗传异常主要表现在对药物体内转化的异常，许多药物代谢酶的遗传多态性反映在种族之间。例如，乙酰基转移酶为磺胺类、异烟肼、普鲁卡因等的体内代谢酶，在人群中分为快代谢型及慢代谢型。黄种人快代谢型多，药物快速灭活；白种人慢代谢型多，药物灭活较缓慢，半衰期相差较大，因此给药时要做到个体化，必要时做基因检测，做到精准用药。不同人种对药物的不良反应也有不同，如服用异烟肼，黄种人易导致肝损伤，白种人易导致多发性神经炎。

（2）特异体质　某些个体存在先天性的遗传缺陷，会出现与常人不同的反应。如先天性葡萄糖 - 6 - 磷酸脱氢酶（G - 6 - PD）、遗传性血浆胆碱酯酶活性低下、高铁血红蛋白还原酶缺乏等。

（3）种属差异　人类和动物之间在生理、代谢等方面有差异，不能把动物实验的结果直接用于人类。例如，沙利度胺（反应停）致畸事件后，研究发现其在大鼠和人体的代谢有很大差异，导致了悲剧的发生。其后，各国也相继制定药物临床实验质量管理规范，要完成足够的临床实验后，才可进入审评程序。

4. 病理因素　疾病本身能使机体对药物的敏感性或药物的体内过程发生变化，从而影响药效。很多药物只对病理状态的机体有效，例如，解热镇痛药对正常人体温无影响，对发热者有解热作用；强心苷对正常人和心衰患者都能够加强心肌收缩力，对衰竭心脏能够增加心输出量，而不增加甚至降低心肌耗氧量，但是使正常人的心肌耗氧量增加。再如有机磷中毒时能够耐受大剂量的阿托品，而正常人用此剂量会中毒。因此，药物的作用强度是相对于不同的病理状态而表现出来的。

机体同时存在的其他疾病也会影响药物的疗效。如心功能不全时，由于循环不畅会影响药物吸收，使普鲁卡因生物利用度减少 50%。心衰、营养不良等导致的低蛋白血症，会导致双香豆素、苯妥英钠、地高辛等的血浆蛋白结合率降低，游离型药物浓度增加，药效增强，易中毒。中枢有炎症时，血 - 脑屏障的通透性增强，青霉素可进入中枢，作为流行性脑脊髓膜炎的治疗药物。肝硬化导致血浆蛋白过少或尿毒症导致血浆蛋白变质时，药物血浆蛋白结合率下降，也容易导致游离型药物增多，发生毒性反应。

肝功能不全时，需要在肝脏代谢活化的可的松、泼尼松等，不能够及时活化，导致作用减弱，应直接使用氢化可的松、泼尼松龙等不需要活化的药物；对于慢性肝病患者，生物转化受阻，药物的清除率会降低，容易蓄积，要减量慎用或禁用，如阿托伐他汀等药物更容易发生横纹肌溶解。

肾功能不全时，对于主要经过肾脏排泄的药物，半衰期会显著延长，氨基糖苷类、头孢唑林等药物应减量，对于有严重肾病的患者，应禁用。

5. 心理因素　患者的精神状态与药物疗效关系密切，患者的情绪乐观，对医护人员信任，用药的依从性好，有利于疾病的恢复；反之，将不利于疾病的治疗。安慰剂对于受心理因素控制的自主神经系统功能影响较大，如头痛、心绞痛、手术后痛、感冒咳嗽、神经官能症等使用安慰剂常能获得 30%～50%的改善。

临床用药时应鼓励患者以乐观的态度，积极的心态，正确对待疾病，可以减轻疾病痛苦的主观感受，激发机体自身的抗病能力，有利于治疗疾病，提高生命质量。对于情绪不佳的患者，在应用氯丙嗪、肾上腺皮质激素及一些中枢抑制性药物时，可能引发精神异常，出现抑郁，甚至自杀，用药时应慎重。

三、合并用药

合并用药是指患者同时使用了两种或两种以上药物，包括一种疾病同时使用多种药物，或者多种疾病使用多种药物。合并用药可能产生协同作用或者拮抗作用，影响到药物疗效，也可能影响药物的吸收、分布、生物转化和排泄，从而改变药物的显效快慢、作用强弱、体内维持时间长短等，从而影响药效和导致药物不良反应。

1. 合并用药对药效的影响　联合用药的主要目的是发挥协同作用，增加疗效或减少药物的不良反应。例如，抗结核药的联合用药、抗消化性溃疡药的四联用药、抗高血压药的联合用药、降糖药的联合用药等，有些联合用药的复方制剂，经过了国家药品监管部门的药品审评审批，其临床疗效是确定的，如复方氨酚烷胺。

联合应用多种治疗药物，要注意防止出现疗效过强、毒性增加等现象。抗感冒药的复方制剂较多，还有一些是中西药物的复方制剂，比如都含有解热镇痛药、抗过敏药等成分，合并用药时要注意复方制剂的处方组成，防止重复用药、防止发生药物相互作用，导致影响疗效或增加毒副作用。

临床上，还经常会出现多种疾病并存，从而多种药物合用的现象。例如，患者同时有高血压、糖尿病、冠心病、高血脂等，用药种类和数量会增加，其中硝苯地平与缬沙坦合用，容易出现体位性低血压。

合并用药越多，用药越复杂，可能带来的用药风险越大。有报道指出，合用药物 10 种以上时，不良反应发生率为 20% 以上；合用药物 20 种以上时，不良反应发生率可达 40% 以上。所以，应该主动抵制不合理的合并用药，避免有害的协同作用，防止不良反应。

 实例分析2-3

> **实例**　患者，男，27 岁，因感冒发热到药店买感冒药，因为自己体重较大，就多买了几种，加倍剂量服用。高热 7 天并伴腹泻 5 天后到医院就诊，血常规报告单上白细胞和血小板过低，血液检查提示，患者出现肌溶解、肾功能衰竭、肝功能衰竭、严重凝血功能障碍、呼吸衰竭、室性期前收缩、血压下降、休克……，患者终因抢救无效而死亡。经询问，患者服用的感冒药中都含有对乙酰氨基酚，过量服用是导致死亡的主要原因。
>
> **问题**　1. 患者所用对乙酰氨基酚的主要作用是什么？
>
> 　　　　2. 过量服用的后果是什么？
>
> 答案解析

2. 合并用药对药动学的影响　合并用药可能影响到药物的吸收、分布、生物转化和排泄，进而影响药物疗效，要注意避免不合理的合并用药。

（1）**影响吸收**　改变胃肠道 pH，可影响弱酸性或弱碱性药物的解离度，服用抗酸药可减少弱酸性药物如阿司匹林、氨苄西林等的吸收。药物间相互作用也会影响吸收，如四环素与含 Al^{3+}、Fe^{2+}、Ca^{2+} 等金属离子的药物或食物会形成络合物，影响吸收。

（2）**影响分布**　血浆蛋白结合率是影响药物分布的重要因素。如香豆素类抗凝药、易被阿司匹林、苯妥英钠等血浆蛋白结合率高的药物置换，导致游离型药物浓度增加，药物作用增强导致出血。新生儿或早产儿服用磺胺类药物或水杨酸等，会因竞争与血浆蛋白的结合，导致胆红素被从血浆蛋白置换下来，出现蓄积，导致新生儿脑核黄疸。

（3）**影响生物转化**　有些药物本身是药酶诱导剂或抑制剂。如药酶诱导剂苯巴比妥使口服抗凝药代谢加快而失效；利福平导致口服避孕药代谢加速而避孕失败。肝药酶抑制药如氯霉素、异烟肼等，导致双香豆素代谢减慢，抗凝作用过强而引起出血。

（4）**影响排泄**　如青霉素和丙磺舒合用，其竞争泌酸机制延缓青霉素排泄、延长青霉素药效。碱化尿液可促进酸性药物排泄，解救巴比妥类等酸性药物中毒；而磺胺类药物与碳酸氢钠合用，可以碱化尿液，防止尿路析晶，减轻磺胺类药物的肾脏损伤。

3. 配伍禁忌　药物在体外配伍直接发生物理的或化学的相互作用而影响药物疗效或引起毒性反应

称为配伍禁忌。在静脉滴注时尤应注意配伍禁忌，医疗机构通过建立静脉用药集中配置中心，增加药师审核，开展静脉用药集中配置，保证静脉用药的调配质量和用药安全，提升合理用药水平。静脉用药集中调配还可改善职业暴露，减少药物对周围环境的污染，有效减少医疗资源浪费。

答案解析

单项选择题

1. 药物的最大效能反映药物的（　　）

　　A. 效价　　　　　　　　B. 量效关系　　　　　　C. 阈值　　　　　　　D. 内在活性

2. 每日尿排钠 100mmol 时，氢氯噻嗪所需的剂量小于呋塞米，说明（　　）

　　A. 氢氯噻嗪效能高　　　　　　　　　　　B. 氢氯噻嗪效价高

　　C. 呋塞米效能高　　　　　　　　　　　　D. 呋塞米效价高

3. 舌下给药的特点不包括（　　）

　　A. 可避免胃酸破坏　　　　　　　　　　　B. 吸收比口服快

　　C. 吸收极慢　　　　　　　　　　　　　　D. 可避免首关消除

4. 表示药物安全性的参数是（　　）

　　A. 半数有效量　　　　　　　　　　　　　B. 治疗指数

　　C. 极量　　　　　　　　　　　　　　　　D. 半数致死量

5. 某药的半衰期是 8 小时，每次 0.25g，每日 3 次给药，达到稳态血药浓度的时间是（　　）

　　A. 24 ~ 32 小时　　　　　　　　　　　　B. 16 ~ 24 小时

　　C. 8 ~ 40 小时　　　　　　　　　　　　 D. 32 ~ 40 小时

6. 下列给药途径中起效最快的是（　　）

　　A. 口服　　　　　　　　　　　　　　　　B. 直肠

　　C. 吸入　　　　　　　　　　　　　　　　D. 肌内注射

7. 老年人用药剂量一般为成人剂量的（　　）

　　A. 1/2　　　　　　　　B. 1/3　　　　　　　　C. 3/4　　　　　　　D. 1/4

8. 合理用药时要关注对特殊人群的用药，下列选项中，不属于特殊人群的是（　　）

　　A. 认知能力下降的老年人　　　　　　　　B. 肾功能不全患者

　　C. 成年人　　　　　　　　　　　　　　　D. 哺乳期妇女

9. 药物首过效应可能发生于（　　）

　　A. 舌下给药后　　　　　　　　　　　　　B. 口服给药后

　　C. 吸入给药后　　　　　　　　　　　　　D. 静脉注射后

10. 关于药品剂量，错误的是（　　）

　　A. 一般药品的常用量是适用于成年人的平均剂量

　　B. 临床上采用比最小有效量大、比中毒量小的剂量作为“常用量”

　　C. 正常情况下年龄不同用药剂量差别不大

　　D. 治疗量范围内，剂量增加，药物的效应会增强。

任务 2　药品安全认知

PPT

学习引导

　　人们常说"是药三分毒"，药物具有两重性，既具有治疗作用，也有不良反应。严重的不良反应可能导致药源性疾病、甚至危及患者生命。20 世纪 60 年代发生"反应停"事件后，世界各国高度重视药品安全，建立了从药品研发、生产、使用等环节的质量管理规范，随着药品管理法的修订，药品安全越来越受到重视，我国在继续对药品不良反应进行报告和监测之外，制定了药物警戒质量管理规范，来加强药品研发和生产阶段的风险管理。那么，什么是药品不良反应/不良事件？怎样进行药品不良反应的监测和报告？药物警戒的主要内容有哪些？

　　本单元主要学习药品不良反应的类型、关联性评价、药品不良反应/事件的报告流程、药物警戒的主要内容，增强药品安全意识。

学习目标

　　1. **掌握**　药品不良反应的定义、类型及特点；药品不良事件的定义；关联性评价；药物警戒的定义及内容。
　　2. **熟悉**　不良反应/不良事件报告的流程，药品关联性评价的方法。
　　3. **了解**　药物警戒的职责。

任务 2 -1　辨析药品不良反应与药品不良事件

一、药品不良反应

　　1. 药品不良反应的定义　药品不良反应是指合格药品在正常用法、用量下出现的与用药目的无关的有害反应。一般来说，所有药品都会存在或多或少、或轻或重的不良反应。药品不良反应是为了预防、诊断、治疗人类疾病或改善生理功能，在正常用量下出现的有害和非预期的反应，包括副作用，毒性反应，变态反应等。多数不良反应是药物固有效应的延伸，有些是可以预知的，但不一定能避免；少数不良反应是无法预知的；有些较严重或者较难恢复的，称为药源性疾病。

　　2. 药品不良反应的原因分析　药物种类繁多，用药途径不同，患者体质因人而异，因此，药物不良反应发生的原因是复杂的。药物方面的原因有药理作用、药物剂量、剂型的影响、药物的杂质、药物的污染、药物的质量等。机体方面的原因有种族差别、性别、年龄、个体差异、营养状态、病理状态、血型等。此外，给药方法的影响，如误用或滥用药物、用药途径、用药时间、药物相互作用、减药或停药等，都会影响药物作用，也可能导致不良反应，或者导致药品不良事件发生。安全用药、合理用药的最终目的就是发挥治疗作用、减少不良反应。

实例分析 2-4

案例　患者，男，50岁，因血脂高，服用阿托伐他汀片，每次20mg，每日一次，服用两周后，出现严重时上楼困难。换用氟伐他汀后，肌肉疼痛减轻，关节承重好转。肌肉疼痛、关节承重能力下降。

问题　1. 阿托伐他汀的不良反应有哪些？

　　　　2. 本例不良反应是否与服用阿托伐他汀有关？

答案解析

3. 药品不良反应的程度判断

（1）**严重药品不良反应**　是指因使用药品引起以下损害情形之一的反应：①导致死亡；②危及生命；③致癌、致畸、致出生缺陷；④导致显著的或者永久的人体伤残或者器官功能的损伤；⑤导致住院或者住院时间延长；⑥导致其他重要医学事件，如不进行治疗可能出现上述所列情况的。

（2）**新的药品不良反应**　是指药品说明书中未载明的不良反应。说明书中已有描述，但不良反应发生的性质、程度、后果或者频率与说明书描述不一致或者更严重的，按照新的药品不良反应处理。

（3）**药品不良反应聚集性事件**　是指同一批号（或相邻批号）的同一药品在短期内集中出现多例临床表现相似的药品不良反应，呈现聚集性特点，且怀疑与质量相关或可能存在其他安全风险的事件。

 即学即练 2-4

新的药品不良反应是指（　　　）

A. 药品说明书中未载明的不良反应　　　B. 医药期刊未载明的不良反应

C. 新药的不良反应　　　　　　　　　　D. 境外报道而国内没有报道的不良反应

答案解析

二、药品不良事件

药品不良事件（ADE）是指药物治疗过程中所发生的任何不幸的医疗卫生事件，而这种事件不一定与药物治疗有因果关系。药品不良事件涵盖范围广，包括药品标准缺陷、药品质量问题、用药失误以及药品滥用等。

药品不良事件多与差错、事故有关，要追究相关当事人的责任。而药品不良反应是伴随药品合理使用产生的，虽然与责任事故无关，但是有些不良反应是可以通过安全用药使之减轻或者规避的，二者有本质的区别。

需要注意的是，发生药品不良事件后，先按照药品不良反应监测和药物警戒的规定流程报告，经药品监管部门的分析、评价，才能确定是否为药品不良事件。

三、辨析药品不良反应

1. 副作用　治疗量时出现的与治疗目的无关的作用，称作副作用。由于药物的选择性低、作用广泛，当发挥某一治疗作用时，其他就成为副作用。例如阿托品用于解除胃肠痉挛时，引起口干、心悸、便秘等副作用；用于麻醉前给药，抑制腺体分泌以减少呼吸道腺体分泌阻塞气道及吸入性肺炎成为治疗作用，而术后的腹气胀、尿潴留成为副作用。治疗作用和副作用根据治疗目的不同，可以相互转变。副作用一般比较轻微，多数在停药后可以恢复。

2. 毒性反应　用药剂量过大或体内蓄积过多时发生的机体损害性反应，称作毒性反应。用药剂量过大所导致的称为急性毒性，多损害循环、呼吸及神经系统功能；用药时间过长体内蓄积导致的称为慢性毒性，多损害肝、肾、骨髓、内分泌等功能。致癌、致畸胎、致突变，称作"三致"作用，属于慢性毒性中的特殊毒性。临床上通过增加剂量或延长疗程以达到治疗目的时，应考虑到用药过量而中毒的风险，要注意掌握给药剂量和时间间隔，做到个体化用药。

3. 变态反应　变态反应是机体受药物刺激后所发生的异常的病理性免疫反应，可引起机体生理功能障碍或组织损伤，又称过敏反应。主要表现为皮炎、皮疹、药热、血管神经性水肿、哮喘、过敏性休克、血清病、溶血性贫血等。致敏物质可以是药物本身或其代谢物，也可能是药物中的杂质。过敏反应与剂量无关或关系甚小，与药物固有的药理作用无关，用药理拮抗药解救无效。对易致过敏的药物或过敏体质者，要注意先询问过敏史，谨慎用药；有些药物如青霉素，使用前要先皮试，阳性反应者禁用；有些药物可先脱敏后再用。

4. 后遗效应　停药后血药浓度已降至阈浓度以下时残存的药理效应，称作后遗效应。如服用巴比妥类催眠药后次晨仍有乏力、困倦等"宿醉"现象。少数药物可以导致永久性器质性损害，如氨基糖苷类药物导致的听力下降甚至耳聋等。

即学即练 2－5

下列不良反应，属于毒性反应的是（　　　）

A. 服用阿托品出现口干　　　　　　B. 服用阿司匹林，出现恶心呕吐

C. 服用地西泮出现宿醉　　　　　　D. 服用阿莫西林出现皮疹

答案解析

---

5. 继发反应　继发反应是药物治疗作用引起的不良后果。如长期应用广谱抗菌药物导致二重感染；噻嗪类利尿药引起的低血钾，可导致患者对强心药地高辛的敏感化等。

6. 停药反应　停药反应是长期用药后突然停药原有疾病的加剧现象，又称反跳现象，例如长期服用普萘洛尔降血压，停药次日血压回升明显。临床在使用有明显反跳现象的药物时，要逐渐减量停药，以免发生危险。

7. 特异质反应　某些药物可使少数特异体质患者出现特异性的不良反应，称作特异质反应。特异质反应大多是由于机体遗传性生化缺陷，使药物在体内代谢受阻所致，与药理作用无关。例如，葡萄糖－6－磷酸脱氢酶（G－6－PD）缺乏的患者，服用伯氨喹、磺胺、呋喃妥因等药物可引起溶血性贫血等。

8. 药物依赖　作用于中枢神经系统的药物，连续使用后，机体对药物产生一种生理或心理上的依赖和需求，称作药物依赖。包括躯体依赖和精神依赖。

躯体依赖又称生理依赖、成瘾性，是指反复用药所产生的一种适应状态，中断用药后会产生强烈的戒断症状，表现为流涕、流泪、哈欠、腹痛、腹泻、周身疼痛等，重复给药后，戒断症状消失。用药者往往难以忍受戒断症状，会用药成瘾，造成滥用。例如吗啡、哌替啶及其同类药等的滥用，不仅对用药者危害极大，也有社会危害，按照麻醉药品管理。

精神依赖又称心理依赖、习惯性，是指用药者从心理上产生周期性连续用药的欲望，产生主观的强

迫性用药行为，以满足渴求或避免不适感。例如苯丙胺类、巴比妥类、苯二氮䓬类等，根据产生药物依赖的程度，多数列入精神药品来管理。

药物依赖是造成药物滥用的重要原因，必须控制和慎用。对于慢性疼痛或癌症患者，要合理使用控释、缓释或透皮制剂，避免滥用。

任务2-2 监测和报告不良反应/事件

一、药品不良反应监测

药品不良反应报告和监测，是指药品不良反应的发现、报告、评价和控制的过程。建立药品不良反应报告制度的主要目的就是了解药品的不良反应发生情况，及时发现新的、严重的药品不良反应。由于药品的特殊性，上市前研究非常局限，需要通过广泛的临床应用方能发现其固有的风险。因此，通过加强药品不良反应报告和监测工作，及时发现药品潜在固有风险，评价其风险效益比，不断完善药品的安全性信息，保护公众的用药安全。例如，2006年，国家不良反应监测中心分析、评价了针对鱼腥草注射液发生不良反应的报告，采取了暂停使用的控制措施，并在2007年做出了修改药品说明书的决定，将注射液的给药途径修改为"肌内注射，取消静脉给药"，方才恢复了鱼腥草注射液的使用。

据国家药品监督管理局药品评价中心（国家药品不良反应监测中心）发布的"国家药品不良反应监测年度报告（2020年）"的统计，2020年我国的药品不良反应病例报告数量167.7万份，其中，严重不良反应16.7万份，占10%，呈现同比增长的趋势，一方面表明中国药品不良反应监测和预警能力有了较大提高，另一方面也说明我国的合理用药还存在较多的问题。其中抗感染药、心血管用药报告比例较高，而维生素和营养药的报告呈上升趋势。

 知识链接

做好不良反应监测，维护药品安全

我国药品不良反应年度报告显示，我国的药品不良反应/事件的报告呈上升趋势，总数多，新的、严重的不良反应/事件报告比例高。

药品不良反应/事件报告是获得的药品临床使用安全性方面的重要数据和评价基础。其中新的不良反应和严重不良反应是影响公众用药安全的两类最重要的信息，通过不良反应监测，发现安全性信息，并通过安全性评估后及时采取风险控制措施，对保障公众用药安全具有重要意义。药品不良反应/事件的报告总数多或新的和严重不良反应/事件报告比例高，并不意味着药品安全性水平下降，而是意味着我们掌握的信息越来越全面，对药品的风险更了解，对药品的评价依据更充分，监管决策更准确，风险也更可控，对药品的评价更加有依据，监管决策更加准确。

国家已经逐步建立了药品不良反应监测哨点，医药工作者按照流程报告药品不良反应，有利于监管部门及时分析、评价和控制药品风险，也是保证患者用药安全的重要措施。

二、药品不良反应的关联性评价

关联性是指用药与不良反应的因果关系。用药后出现药品不良反应/事件后，要根据收集到的信息进行分析、判断，并根据因果关系分析，做出关联性评价，再根据程序报告不良反应监测系统。

1. 因果关系分析　就是从激发、去激发、再激发等方面，分析用药与不良反应之间的关联性。主要从用药情况、患者情况、不良反应/事件情况，分析该药是否会引起该不良反应？在具体患者身上，该药是否确实引起了该不良反应？按照以下五条原则来分析判断，并将结果填入关联性评价表，做出关联性等级见表2-1。

（1）开始用药的时间与不良反应出现的时间有无合理的先后关系？（是/否）

（2）所怀疑的不良反应是否符合该药品已知不良反应的类型？（是/否）

（3）停药或减量后，反应是否减轻或消失？（是/否）

（4）再次接触可疑药品是否再次出现同样的反应？（是/否）

（5）所怀疑的不良反应是否可用合用药的作用、患者的临床状态或其他疗法的影响来解释？（是/否）。

表2-1　药品不良反应关联性评价表

原则／结论	1 是否激发	2 已知反应	3 去激发	4 再激发	5 其他解释
肯定	+	+	+	+	−
很可能	+	+	+	?	−
可能	+	+	±	?	±
可能无关	−	−	±	?	±
待评价	需要补充材料才能评价				
无法评价	评价的必须材料无法获得				

+,肯定选项；−,否定选项；±,难以肯定或否定;?,不明。

2. 做出关联性评价　关联性评价是药品不良反应监测中心分析和评价不良反应信息的重要内容，一定要全面分析，科学评价。WHO国际药品不良反应监测合作中心目前使用的评价标准，分为肯定、很可能、可能、不可能、未评价、无法评价六个等级。各个等级的评价标准如下。

（1）肯定　前四个选项都选择"是"，说明用药及反应发生时间顺序合理；停药以后反应停止，或迅速减轻或好转；再次使用，反应再现，并可能加重（即激发试验阳性），同时有文献资料佐证，并已排除原患疾病等其他混杂因素影响。说明不良反应与药品有关。

（2）很可能　前四个选项中有3个选择"是"。无重复用药史，余同"肯定"，或虽然有合并用药，但基本可排除合并用药导致反应发生的可能性。说明不良反应很可能是用药导致。

（3）可能　前四个选项中有2个选择"是"。用药与反应发生时间关系密切，同时有文献资料佐证；但引发ADR/ADE的药品不止一种，或原患疾病病情进展因素不能排除。

（4）可能无关　ADR/ADE 与用药时间相关性不密切，反应表现与已知该药的 ADR/ADE 不吻合，原患疾病发展同样可能有类似的临床表现。

（5）待评价　报表内容填写不齐全，等待补充后再评价，或因果关系难以定论，缺乏文献佐证。

（6）无法评价　报表缺项太多，因果关系难以定论，资料又无法补充。

 实例分析 2 - 5

　　实例　患者，男，60 岁，因胸膜炎静脉滴注左氧氟沙星氯化钠注射液；滴注开始 30 分钟后出现沿静脉走行皮肤发红、瘙痒难忍的现象，立即停药，2 个小时后不良反应减轻。患者曾有喹诺酮类药物过敏史。

　　问题　请根据以上病例，进行关联性评价，判定其关联性等级。

答案解析

三、药品不良反应的报告和监测

　　1. 不良反应监测系统　我国实行药品不良反应报告制度，药品上市许可持有人（包括进口药品的境外制药厂商）、药品经营企业、医疗机构应当按照规定报告所发现的药品不良反应。药品上市许可持有人、经营企业和医疗机构获知或者发现可能与用药有关的不良反应，应当通过国家药品不良反应监测信息网络报告。不具备在线报告条件的，应当通过纸质报表报所在地药品不良反应监测机构，由所在地药品不良反应监测机构代为在线报告。监管部门、药品经营企业、医疗机构在原有的国家药品不良反应监测系统报告见图 2 - 2（a），药品上市许可持有人在新建立的上市许可持有人直报系统报告，见图 2 - 2（b）。

（a）国家药品不良反应监测系统　　　　　　（b）上市许可持有人直报系统

图 2 - 2　药品不良反应监测系统

　　2. 不良反应报告表　药品不良反应实行逐级、定期报告制度，必要时可以越级报告。药品不良反应报告的内容和统计资料是加强药品监督管理、指导合理用药的依据，不作为医疗纠纷、医疗诉讼和处理药品质量事故的依据。

　　各级不良反应监测机构根据收集到的不良反应信息，进行关联性评价，登录不良反应监测系统，按程序逐项填写不良反应报告表，是重要的不良反应监测信息来源。不良反应报告的主要内容见图 2 - 3。

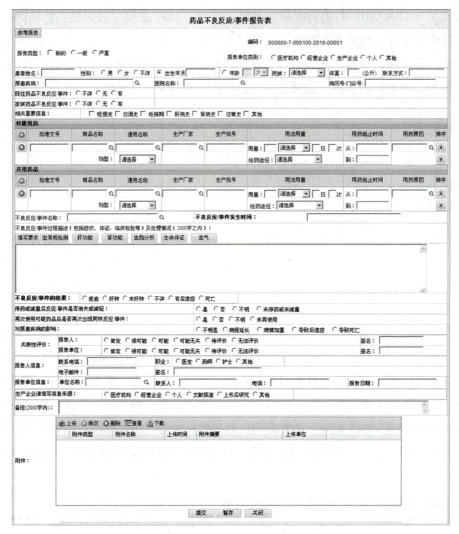

图2-3 不良反应报告表

四、药品不良反应的评价与控制

药品上市许可持有人和药品监管部门要科学分析和评价药品不良反应信息，并及时告知医务人员、患者和公众，采取修改标签、说明书、暂停销售、药品召回、撤销批准证明文件等控制措施，尽可能减小药品不良反应对患者的危害。

1. 上市许可持有人的职责 药品上市许可持有人应当对收集到的药品不良反应报告和监测资料进行分析、评价，并主动开展药品安全性研究。对已确认发生严重不良反应的药品，应当通过各种有效途径将药品不良反应、合理用药信息及时告知医务人员、患者和公众；采取修改标签和说明书，暂停生产、销售、使用和召回等措施，减少和防止药品不良反应的重复发生。对不良反应大的药品，应当主动申请注销其批准证明文件。

2. 药品使用单位职责 药品经营企业和医疗机构应当对收集到的药品不良反应报告和监测资料进行分析和评价，并采取有效措施减少和防止药品不良反应的重复发生。

3. 监管部门的职责 省级药品不良反应监测机构应当每季度对收到的药品不良反应报告进行综合分析，提取需要关注的安全性信息，提出关联性评价意见，并将分析评价意见上报国家药品不良反应监测中心，由国家药品不良反应监测中心作进一步的分析评价。

根据分析评价结果，国家药品监督管理局可以采取责令修改药品说明书，暂停生产、销售和使用的措施；对不良反应大或者其他原因危害人体健康的药品，应当撤销该药品批准证明文件，并予以公布。

国家药品不良反应监测中心应当根据对药品不良反应报告和监测资料的综合分析和评价结果，及时发布药品不良反应警示信息。省级以上药品监督管理部门应当定期发布药品不良反应报告和监测情况。

任务 2-3　药物警戒与药品安全认知

一、药物警戒认知

1. 药物警戒　药物警戒（pharmacovigilance，PV）的概念在 1974 年开始提出，可以理解为监视、守卫，时刻准备应付可能来自药物的危害。世界卫生组织于 2003 年将药物警戒定义为"发现、评估、理解和预防药品不良反应或其他任何与药品相关问题的科学和活动"。药物警戒扩展了 ADR 监测的范围，不仅是药品不良反应（ADR），还包括药物不良事件（ADE），并通过对药品安全性监测，综合评价药物的风险/效益比，进而对风险因素加以控制和干预，提高安全用药、合理用药水平，保障用药安全、有效。

随着国际人用药品注册技术协调会（ICH）的成立，药物警诫的理念和方法被引入国家药品管理的制度层面。实施药物警戒是国内药品安全监管的需要，也是我国医药行业与国际接轨的需要。2018 年国家药品监督管理局加入了 ICH 管理委员会，开始逐步转化实施 ICH 的指导原则，其中包括 6 个 E2 系列的药物警诫指导原则。这些指导原则对持有人报告药品不良反应、开展风险评估和风险管理等提出了要求，我国不良反应监测工作开始对标国际，建立与国际接轨的药物警戒质量管理体系，提高药物警戒的能力和水平。

即学即练 2-6

药物警戒的最终目的是（　　）

A. 合理用药、安全用药　　　　　B. 保护患者和公众健康

答案解析　C. 降低企业生产成本　　　　　D. 改善医患关系

2. 药物警戒活动　2019 年修订的药品管理法明确国家建立药物警戒制度，对药品不良反应及其他与用药有关的有害反应进行监测、识别、评估和控制。2021 年 5 月 13 日，国家药监局发布《药物警戒质量管理规范》（简称 GVP），是新修订《药品管理法》后首个关于药物警戒的配套文件，对构建药物警戒制度体系、规范药物警戒活动、引导企业建立与国际接轨的药物警戒质量管理体系等具有重要意义，自 2021 年 12 月 1 日起施行。

按照 GVP 的规定，药品上市许可持有人应当制定药品上市后风险管理计划，药品上市许可持有人（以下简称"持有人"）和获准开展药物临床试验的药品注册申请人（以下简称"申办者"）必须依据《药物警戒质量管理规范》开展药物警戒活动。药物警戒活动是指对药品不良反应及其他与用药有关的有害反应的监测、识别、评估和控制的所有活动。持有人和申办者应当建立药物警戒体系，通过体系的有效运行和维护，监测、识别、评估和控制药品不良反应及其他与用药有关的有害反应。

持有人和申办者应当基于药品安全性特征开展药物警戒活动，最大限度地降低药品安全风险，保护和促进公众健康。持有人和申办者应当与医疗机构、药品生产企业、药品经营企业、药物临床试验机构

等协同开展药物警戒活动。鼓励持有人和申办者与科研院所、行业协会等相关方合作，推动药物警戒活动深入开展。

3. 上市许可持有人的药物警戒职责 考虑到我国的法律法规体系的特点，《药物警戒质量管理规范》与GMP、GSP等管理规范定位保持一致。GVP主要适用于药品上市许可持有人和临床试验的申办者，侧重于技术标准和技术指导，重点是药品上市许可持有人和申办者应当根据药品安全性特征开展药物警戒活动，包括药品不良反应监测与报告、安全风险识别与评估、药品安全风险控制等，最大限度地降低药品安全风险，保护和促进公众健康。药品上市许可持有人应当设置专门的药物警戒部门，履行以下职责：①疑似药品不良反应信息的收集、处置与报告；②识别和评估药品风险，提出风险管理建议，组织或参与开展风险控制、风险沟通等活动；③组织撰写药物警戒体系主文件、定期更新安全性报告、药物警戒计划等；④组织或参与开展药品上市后安全性研究；⑤组织或协助开展药物警戒相关的交流、教育和培训；⑥其他与药物警戒相关的工作。

4. 监管部门实施的药物警戒 对于监管部门实施的药物警戒，国家药品监督管理局拟通过修订《药品不良反应报告和监测管理办法》（卫生部第81号令）来规范。此外，医疗机构和药品经营企业虽也是药物警戒的主体，医疗机构和药品经营企业与持有人在药物警戒活动中的工作内容不尽相同，其相关要求也拟在修订过程中予以明确。

二、药品安全认知

党的十九大提出实施健康中国战略，体现了党和国家对人民健康的重视。实施健康中国战略，增进人民健康福祉，事关人的全面发展、社会的全面进步，事关国民体质和中华民族的伟大复兴。药品安全是健康中国战略的重要组成部分，药品安全最终体现在药品质量合格、安全用药和合理用药。药品质量涉及药物研发、生产、经营、使用以及监管等环节，我国在2019年修订了药品管理法，建立了一系列质量管理规范，也建立了药品不良反应报告监测和药物警诚制度，建立了药品不良反应监测系统。

 知识链接

"健康中国2030"规划纲要

"共建共享、全民健康"是建设健康中国的战略主题。核心是以人民健康为中心，坚持以基层为重点，以改革创新为动力，预防为主，中西医并重，把健康融入所有政策，人民共建共享的卫生与健康工作方针，针对生活行为方式、生产生活环境以及医疗卫生服务等健康影响因素，坚持政府主导与调动社会、个人的积极性相结合，推动人人参与、人人尽力、人人享有，落实预防为主，推行健康生活方式，减少疾病发生，强化早诊断、早治疗、早康复，实现全民健康。

《纲要》第十五章第二节内容是强化药品安全监管，提到要"全面加强药品监管，形成全品种、全过程的监管链条"。国家药品监督管理局已经颁布了从研发到经营、使用环节的质量管理规范，又颁布了《药物警戒质量管理规范》，加强药品风险管理，保障药品安全。

确保人民群众用药安全、有效，是新时代药学从业人员的职责所在。在药品使用领域，药师要具备扎实的专业知识、良好的药学服务技能，为公众提供合格药品、帮助患者合理用药、安全用药，减少不良反应，保障药品安全，才能为健康中国保驾护航。重点做好以下工作。

1. 指导患者合理用药、正确对待药品不良反应 药师要指导患者仔细阅读药品说明书，了解药的不良反应。药师应指导患者合理用药，提高患者用药的依从性，与患者建立联系，及时了解患者用药情况，指导患者用药。

2. 做好药品不良反应的收集、报告　药师要加强与医生、患者的交流，协助监管部门和上市许可持有人做好药品不良反应的收集及药物警戒工作，并按照程序及时沟通、报告。

3. 做好药品不良反应信息服务　及时把监管部门和上市许可持有人发布的药品不良反应信息和说明书修订信息向医护人员通报，为合理用药提供依据。要通过各种途径向公众普及合理用药、安全用药信息，提高公众对不良反应的认识及警惕性，最大限度地降低不良反应造成的危害，保障药品使用安全。

答案解析

单项选择题

1. 药品不良反应的缩写是（　　　）

　A. ADR　　　　　　　　B. ADE　　　　　　　　C. ADG　　　　　　　　D. AE

2. 药品不良事件的缩写是（　　　）

　A. ADE　　　　　　　　B. AE　　　　　　　　C. ADR　　　　　　　　D. ICH

3. 长期用普萘洛尔的患者，出现反跳现象，属于（　　　）

　A. 超敏反应　　　　　　B. 停药综合征　　　　　C. 药物依赖　　　　　　D. 首剂现象

4. 主要表现为用药后欣快感和停药后的戒断症状的是（　　　）

　A. 停药综合征　　　　　B. 首剂现象　　　　　　C. 药物依赖　　　　　　D. 超敏反应

5. 以下不良反应与剂量不相关的是（　　　）

　A. 青霉素过敏　　　　　　　　　　　　　　　B. 氨基糖苷类耳毒性

　C. 抗凝药引起的出血　　　　　　　　　　　　D. 吗啡成瘾

6. 不属于药学技术人员在不良反应处理和登记中的处理原则的是（　　　）

　A. 立即停用所有可疑致病药物　　　　　　　　B. 加强对高危药品的管理

　C. 严格遵守国家规定的报告时限　　　　　　　D. 主动公开不良反应统计资料

7. 药物作用的两重性是治疗作用和（　　　）

　A. 吸收　　　　　　　B. 不良反应　　　　　　C. 后遗效应　　　　　　D. 药物消除

8. GVP 的全称是（　　　）

　A. 药品经营质量管理规范　　　　　　　　　　B. 药物临床实验质量管理规范

　C. 药品生产质量管理规范　　　　　　　　　　D. 药物警戒质量管理规范

9. ICH 是指（　　　）

　A. 世界卫生组织　　　　　　　　　　　　　　B. 国家不良反应监测中心

　C. 国际人用药品注册技术协调会　　　　　　　D. 国家药品监督管理局

10. 药品上市许可持有人开展的药物警戒活动不包括（　　　）

　A. 疑似药品不良反应信息的收集、处置与报告

　B. 识别和评估药品风险

C. 定期安全性更新报告

D. 药品临床前研究

✍ 实践实训

实训 7　药品不良反应的收集和上报

【实训目的】

1. 根据药品不良反应的信息，进行关联性评价，判断不良反应的类型。

2. 及时报告与处置不良反应，填写不良反应药品不良反应/事件报告表。

【实训准备】

1. 准备药品：头孢菌素类、氨基糖苷类、糖皮质激素类、解热镇痛药、镇静催眠药等。

2. 登录国家药品监督管理局网站，收集部分案例，进行关联性评价。

3. 学习药品不良反应/事件报告表的填写要求。

【实训内容】

1. 任务布置　学生分组，每组选定一种药物，并查阅其不良反应，编写案例。

2. 关联性评价　对收集的案例进行关联性评价。

3. 填写报告　网络直报或填写不良反应/事件报告表，见附录1。

【实训评价】

评价内容包括基本知识、方案设计能力、技能（任务）完成情况、团队合作、工作态度等。见下表。

评价内容	评分标准	得分
基本知识的掌握（20 分）	准确判定不良反应的表现	
分析不良反应，进行关联性评价（40 分）	正确分析不良反应的类型	
填写不良反应报表（30 分）	正确填写不良反应报表	
团队合作（10 分）	分工协作，态度积极	
合计		

书网融合……

知识回顾　　　　微课 1　　　　微课 2　　　　习题

PPT

任务 1　非处方药问病荐药

学习引导

　　非处方药在美国又称为柜台发售药品（over the counter drug），简称 OTC 药，是指为方便公众用药，在保证用药安全的前提下，经国家卫生行政部门规定或审定后，不需要医师或其他医疗专业人员开具处方即可购买的药品，一般公众凭自我判断，按照药品标签及说明书就可自行使用。非处方药可分为甲类和乙类，在药品的管理和使用上有什么不同呢？

　　本任务我们来学习非处方药的管理、问病荐药和用药指导。

学习目标

1. **掌握**　非处方药的分类。
2. **熟悉**　问病荐药的内容和技巧。
3. **了解**　非处方药的分类管理制度。

一、非处方药的分类

　　OTC 药可分为甲、乙两类，在药品包装上印有非处方药的专有标示，其中红底白字的是甲类，绿底白字的是乙类。这些药物大都用于多发病常见病的自行诊疗，如感冒、咳嗽、消化不良、头痛、发热等。为了保证人民健康，我国非处方药的包装标签、使用说明书中都标注了警示语，明确规定药物的使用时间、疗程，并强调指出"如症状未缓解或消失应向医师咨询"。

　　两类 OTC 药虽然都可以在药店购买，乙类 OTC 药安全性相对更高，所以乙类 OTC 药除可在药店出售外，还可在超市、宾馆、百货商店等处销售。甲类非处方药，只能在药店和医疗机构销售，药店购买甲类非处方药，患者可以要求在执业药师或药师的指导下进行购买和使用。

二、非处方药的管理

　　非处方药是根据"应用安全，疗效确切，质量稳定，使用方便"的原则遴选出来的。与处方药相比，OTC 药一般都具有作用温和、疗效可靠的特点；在规定的使用条件下比较安全、可靠；购买、使用、携带、贮存均较方便；药物本身性能比较稳定；使用说明书详细具体，价格较适宜，大众可以承受，包装适应消费者自选要求。

那么这是不是意味着OTC药是一种不需要管理，消费者可以随意使用的药品呢？事实上，非处方药是由处方药转变而来，并非一成不变，每3~5年还要进行一次再评价，推陈出新，由国家药品监管部门根据药品管理法审批通过，使用过程中须严格遵循《处方药与非处方药分类管理办法》。

即学即练 3-1

根据药物的（　　），非处方药分为甲、乙两类。
A. 有效性　　B. 安全性　　C. 经济性　　D. 方便性

答案解析

三、问病荐药的含义

目前我国存在消费者基本医药常识匮乏和医药行业过于专业、执业药师短缺之间的矛盾。要解决这个矛盾，就要求药店店员能够在准确判断患者疾病情况的基础上，为消费者提供专业精准的用药指导服务，即具备非处方药的问病荐药技能。

问病荐药是药店销售人员通过向患者及其家属全面而系统地问询，获取患者基本疾病资料，做出准确判断，从而合理推荐治疗药物并进行用药指导的过程。有专家指出，非处方药的问病荐药将成为药学服务的一项重要技能发挥作用，是新一轮药店竞争的资本，也是消费者自我安全药疗的重要指导和保证。

 实例分析 3-1

实例　张某，因其女儿（8个月）发烧，急于到药店购买退烧药。进店后她咨询药店销售人员李某该选用哪种退烧药？李某向张某推荐了对乙酰氨基酚片，然后告知张某回家后给孩子碾碎冲服就可以了。

答案解析

问题　李某向张某推荐的退烧药是否合理？请说明理由。

四、问病荐药的内容

1. 病情问询　主动询问患者的疾病情况，包括主要症状、持续时间、用药情况和基本诉求等。

2. 病情评估　结合患者主诉描述，初步判断疾病类型和缓急轻重。

3. 药品推介　熟悉常见病的临床药物治疗，结合患者的具体情况，推介合适的治疗药物品类。

4. 用药指导　向患者详细交代药品的用法用量、注意事项及不良反应等内容。

5. 健康教育　引导患者树立健康养生意识，注重培养良好的生活和行为习惯，强调"防重于治"和"治未病"的理念，进行健康宣教。

五、问病荐药的技巧

1. 主动询问　询问患者病情时，要能够主动热情，态度诚恳，面带微笑，语言通俗，逐层有序地进行。

2. 学会倾听 尊重患者，耐心倾听，抓取患者的中心诉求，避免自己的主观臆断，造成患者的不信任。

3. 准确推介 平时注重医药知识的学习和积累，在熟练掌握药品的适应证和用法用量基础上，了解药物的不良反应和禁忌证，以便向患者准确推介相应的药物，做到"对症介绍，科学用药"。

4. 宣教意识 将"以患者为中心"的药学服务意识理念贯穿工作始终，推介药品后还需耐心专业地对患者进行用药指导和健康宣教，提高患者用药的依从性，而不只是简单地完成药品销售。

任务 2 处方管理认知

学习引导

为规范处方管理，提高处方质量，促进合理用药，保障医疗安全，根据《执业医师法》《药品管理法》《医疗机构管理条例》《麻醉药品和精神药品管理条例》等有关法律法规，2006 年 11 月 27 日中华人民共和国卫生部部务会议讨论通过《处方管理办法》，共 8 章 63 条，于 2007 年 5 月 1 日起正式施行。

处方管理都有哪些具体内容呢？本任务我们就来学习处方管理的相关知识。

学习目标

1. **掌握** 处方的概念、结构和类型。
2. **熟悉** 处方的书写规范。
3. **了解** 处方的管理制度。

一、处方的概念

处方是指由注册的执业医师和执业助理医师在诊疗活动中为患者开具的、由取得药学专业技术职务任职资格的药学专业技术人员审核、调配、核对，并作为患者用药凭证的医疗文书。处方具有如下三大意义。

1. 法律意义 处方反映了医疗工作中，医、药、护各方分别应承担的权利与义务，因处方开具或调配造成的医疗差错或事故，处方可以作为追查责任的证据，具有一定的法律意义。

2. 技术意义 开具或调配处方者都必须是经过医药院校系统专业学习，并经资格认定的医药卫生技术人员担任。

3. 经济意义 处方是药品消耗和药品经济收入结账的凭证和原始依据，也是患者在治疗疾病全过程中用药的真实凭证。

知识链接 --

电子处方

电子处方（electronic prescription）是指依托网络传输，采用信息技术编程，在诊疗活动中填写药物治疗信息、开具处方，并通过网络传输至药房，经药学专业技术人员审核、调配、核对和计费；并作为药房发药和医疗用药的医疗电子文书。

电子处方和纸质处方相比具有以下优势。一是，节省时间，提高效率。患者无需凭医师处方到交费处缴费，而是由电子计算机扣费，另外患者也无需再持处方等待药品调配。二是，节省资源，避免纸张的浪费，同时省去打印书写的繁琐步骤。三是，可以实现处方的前置审核，实现与全自动配方系统的对接，提高调配效率，减少用药错误，改善患者用药依从性。

二、处方的结构

处方的结构分为前记、正文和后记三部分。

1. 前记　包括医疗机构名称、费别、科别或病区和床号、患者姓名、性别、年龄、门诊或住院病例号、疾病诊断、开具日期等，也可添加特殊要求的项目。

麻醉药品和第一类精神药品处方应含有患者身份证号，或代办人姓名及身份证号。

2. 正文　正文以 Rp 或 R（拉丁文 Recipe "请取" 的缩写）标示，依次列出药品的名称、剂型、规格、数量、用法用量。

3. 后记　医师签名或者加盖专用签章，药品金额以及审核、调配、核对、发药的药师签名或加盖专用签章。

三、处方的类型

（一）处方按性质可分为

1. 法定处方　指按照《中华人民共和国药典》、国家药品监督管理部门颁布的药品标准中收载的处方，具有法律约束力。

2. 医师处方　是医师为患者诊断、治疗和预防用药所开具的书面文件。

3. 协定处方　是医院药剂科与临床医师根据该院日常医疗用药的需要，共同协商制定的处方，也称作医疗机构制剂，仅限在本单位使用。

（二）处方按部门可分为

门诊处方、急诊处方和病房处方。

（三）处方按药物管理性质可分为

普通处方、麻醉药品和第一类精神药品处方、第二类精神药品处方、毒性药品处方、放射性药品处方。

四、处方的书写规范

1. 开具处方须用专用处方签，用钢笔或签字笔书写，也可开具电子处方打印后再予以签名。

2. 每张处方仅限于一名患者的用药。

3. 处方开具当日有效,特殊情况下需延长有效期的,由开具处方的医师注明有效期限,但有效期最长不得超过 3 天。

4. 患者一般情况、临床诊断填写清晰、完整,并与病历记载相一致。

5. 字迹清楚,不得涂改,如需修改,应当在修改处签名并注明修改日期。

6. 西药和中成药可以分别开具处方,也可以开具一张处方,但中药饮片应当单独开具处方。

7. 开具西药或中成药处方时,每一种药品应当另起一行,且每张处方药品不得超过 5 种。

8. 书写中药饮片处方时,一般应按"君、臣、佐、使"的顺序排列,调剂、煎煮的特殊要求注明在药品右上方,并加括号,如布包、先煎、后下等,对饮片的产地、炮制有特殊要求的,应当在药品名称之前写明。

9. 患者年龄应当填写实足年龄,新生儿、婴幼儿写日、月龄,必要时要注明体重。

10. 药品名称应当使用规范的中文名称书写,没有中文名称的可以使用规范的英文名称书写;也可使用由卫生部公布的药品习惯名称开具处方,但不得自行编制药品缩写名称或使用代号;开具本院制剂时应使用经省级卫生行政部门审核、药品监督管理部门批准的名称。

11. 药品用法用量应当按照药品说明书规定的常规用法用量使用,特殊情况需要超剂量使用时,应当注明原因并再次签名。

12. 药品剂量与数量一律用阿拉伯数字书写。剂量应当使用法定剂量单位;重量以克(g)、毫克(mg)、微克(μg)、纳克(ng)为单位;容量以升(L)、毫升(ml)为单位;国际单位(IU)、单位(U)计算。当单位为 g 或 ml 时可以省略,如果单位较小而使用 mg 或 μg 则应当写明,千万不能漏写。

片剂、丸剂、胶囊剂、散剂、颗粒剂分别以片、丸、粒、袋为单位;溶液剂以支、瓶为单位;软膏及乳膏剂以支、盒为单位;注射剂以支、瓶为单位,应注明含量;中药饮片以剂为单位。

13. 开具的药品剂量和数量一律用阿拉伯数字写在药名右侧,小数点前无整数必须写"0",如 0.1、0.5,即便是整数也应在其后方加上小数点和"0",像 3.0、5.0、1.0 等,以防误读而出错。

14. 书写药品名称、剂量、规格、用法、用量要准确规范,药品用法可用规范的中文、英文、拉丁文或者缩写体书写,但不得使用"遵医嘱""自用"等含糊不清的语句。

15. 除特殊情况外,应当注明临床诊断。

16. 开具处方后的空白处应画一斜线,以示处方完毕。

17. 处方医师的签名式样和专用签章必须与药学部门留样备查的式样一致,不得任意改动,否则应重新登记留样备案。

18、普通处方一般不得超过 7 日用量;急诊处方一般不得超过 3 日用量;对于某些慢性病、老年病或特殊情况,处方用量可适当延长,但医师应当注明理由。

19. 麻醉药品、精神药品的处方用量应当严格执行国家有关规定。开具麻醉药品处方时,应有病历记录。

医师在书写处方正文时,药物的剂量、服用时间、次数及给药途径等内容,经常采用拉丁文或英文缩写。药师应掌握处方中常用的外文缩写,并理解其中文含义(表 3-1)。

表 3-1 常见处方中的外文缩写词

缩写	中文含义	缩写	中文含义
q. h.	每小时 1 次	Rp.	取
q. d.	每日 1 次	Sig；S	用法
q. n.	每晚	a. m.	上午
b. i. d.	每日 2 次	p. m.	下午
t. i. d.	每日 3 次	h. s.	临睡时
q. i. d.	每日 4 次	s. o. s	需要时
q. o. d.	隔日 1 次	Cito!	急！急速地！
p. r. n.	必要时（可重复数次）	i. h.	皮下注射
st!	立即	i. m.	肌内注射
a. c.	餐前	i. v.	静脉注射
p. c.	餐后	i. v. gtt	静脉滴注
p. o.	口服		

即学即练 3-2

每张处方药品一般不得超过（　　　）种

答案解析

A. 3　　　　B. 5　　　　C. 6　　　　D. 7

实例分析 3-2

实例　患者王某，诊断肺癌晚期，到某医院就医后，医生为其开具了硫酸吗啡缓释片 30mg×60 片，用法为一次 1 片，每 12 小时一次，口服。

问题　该处方是否合理？请说明原因。

答案解析

五、处方的管理

（一）处方权限

1. 经注册的执业医师在执业地点须取得相应的处方权。经注册的执业助理医师在医疗机构开具处方时，须经所在执业地点执业医师签名或加盖专用章方有效。

2. 医师应当在注册的医疗机构签名留样或者专用签章备案后，方可开具处方。

3. 开具麻醉药品和精神药品时，医疗机构执业医师和药师须先按有关规定进行麻醉药品和精神药品使用和管理知识的规范化培训，经考核合格后医师取得麻醉药品和精神药品的处方权，药师方可进行此两类药品的调剂。

4. 进修医师要取得处方权，须经接收进修的医疗机构对其胜任本专业工作的实际情况进行认定。

5. 试用期人员开具的处方应当经所在医疗机构有处方权的执业医师审核、签名或加盖专用签章后才有效。

（二）处方限量

1. 处方一般不得超过 7 日用量；急诊处方一般不得超过 3 日用量；对于某些慢性病、老年病或特殊情况，处方用量可适当延长，但医师应当注明理由。

2. 为门（急）诊患者开具的麻醉药品和第一类精神药品注射剂，每张处方为一次常用量；控缓释制剂每张处方不得超过 7 日常用量；其他剂型每张处方不得超过 3 日常用量。哌甲酯用于治疗儿童多动症时，每张处方不得超过 15 日常用量。

3. 第二类精神药品一般每张处方不得超过 7 日常用量，对于某些慢性病、老年病或特殊情况，处方用量可适当延长，但医师应当注明理由。

4. 为门（急）诊癌症疼痛患者和中、重度慢性疼痛患者开具的麻醉药品、第一类精神药品注射剂，每张处方不得超过 3 日常用量；控缓释制剂每张处方不得超过 15 日常用量；其他剂型每张处方不得超过 7 日常用量。

5. 住院患者的麻醉药品和第一类精神药品处方应当逐日开具，每张处方为 1 日常用量。

（三）处方审核

药师收到处方后应根据《处方管理办法》的规定，认真逐项检查处方前记、正文和后记书写是否清晰、完整，并确认处方的合法性，对用药适宜性进行审核，审核内容详见任务三"处方审核"部分。

（四）处方保管

1. 处方应按普通药及控制药品分类装订成册，妥善保存，便于查阅。

2. 调剂处方药品的医疗机构须对处方妥善保存。普通处方、急诊处方和儿科处方保存期限为 1 年；医疗用毒性药品、第二类精神药品处方保存期限为 2 年；麻醉药品和第一类精神药品处方保存期限为 3 年。

3. 处方保存期满后，应经医疗机构主要负责人批准、登记备案方可销毁。

任务 3　处方审核

学习引导

近几年国家卫生健康委员会与国家中医药管理局联合发布《关于加强药事管理转变药学服务模式的通知》，要求各医疗机构重视药事管理的转变，加强药学服务能力建设，建立药师激励机制，规范用药行为，加强处方审核，提升科学管理水平，并要求各地创新药事管理方式。

2018 年 7 月初，国家卫生健康委员会在官方网站上公布了《关于印发医疗机构处方审核规范的通知》，其中再次明确了"未经审核通过的处方不得收费和调配"，强调了处方审核的重要性。处方审核的内容有哪些？怎样按照流程审核处方？

本单元的主要任务是学习处方审核的概念，处方审核的内容和流程等相关内容。

学习目标

1. **掌握** 处方审核的概念。
2. **熟悉** 处方审核的内容和流程。
3. **了解** 处方前置审核。

一、处方审核的概念

处方审核是指药学专业技术人员运用专业知识与实践技能，根据相关法律法规、规章制度与技术规范等，对医师在诊疗活动中为患者开具的处方，进行合法性、规范性和适宜性审核，并做出是否同意调配发药决定的药学技术服务。

审核的处方包括纸质处方、电子处方和医疗机构病区用药医嘱单。

处方审核是调剂工作的重要环节，药师是处方审核工作的第一责任人。从事处方审核的药学专业技术人员（以下简称药师）应当满足以下条件。

（1）取得药师及以上药学专业技术职务任职资格。

（2）具有 3 年及以上门急诊或病区处方调剂工作经验，接受过处方审核相应岗位的专业知识培训并考核合格。

知识链接

处方前置审核，是指在医生开具诊断处方后，缴费前由药师对处方进行实时审核，只有经审方药师审核通过的处方才可进入划价收费和调配环节，未经审核通过的处方不得收费和调配。

2018 年 6 月，国家卫生健康委员会办公厅、国家中医药管理局办公室和中央军委后勤保障部办公厅联合发布《医疗机构处方审核规范》，明确要求药学专业技术人员应当对医师在诊疗活动中为患者开具的处方或医嘱进行合法性、规范性和适宜性审核，并做出是否同意调配发药的决定，审核处方工作要在患者缴费之前开展和干预，即要求处方前置审核。

这使得处方审核工作由过去在发药终端的人工审核前移至了医师端及药师端的处方前置审核体系。实行处方前置审核，可及时有效地拦截不合理处方，充分发挥药师在处方审核和干预中的作用，保障临床合理用药，加强医疗安全管理。

实例分析 3-3

实例 患者，男，38 岁，查体发现血压 165/80mmHg，医生诊断高血压，处方如下。

Rp：硝苯地平缓释片　30mg×14 片　30mg　t. i. d　p. o.

问题 此处方是否合理？请说明原因。

答案解析

二、处方审核的内容

（一）合法性审核

1. 处方开具人是否根据《执业医师法》取得医师资格，并已通过执业注册。

2. 处方开具时，处方医师是否根据《处方管理办法》在执业地点取得处方权。

3. 麻醉药品、第一类精神药品、医疗用毒性药品、放射性药品、抗菌药物等药品处方，是否由具有相应处方权的医师开具。

（二）规范性审核

1. 处方是否符合规定的标准和格式，处方医师签名或加盖的专用签章有无备案，电子处方是否有处方医师的电子签名。

2. 处方前记、正文和后记是否符合《处方管理办法》等有关规定，文字是否正确、清晰、完整。

3. 条目是否规范。

（1）年龄应当为实足年龄，新生儿、婴幼儿应当写日、月龄，必要时要注明体重。

（2）中药饮片、中药注射剂要单独开具处方。

（3）开具西药、中成药处方，每一种药品应当另起一行，每张处方不得超过 5 种药品。

（4）药品名称应当使用经药品监督管理部门批准并公布的药品通用名称、新活性化合物的专利药品名称和复方制剂药品名称，或使用由原卫生部公布的药品习惯名称；医院制剂应当使用药品监督管理部门正式批准的名称。

（5）药品剂量、规格、用法、用量准确清楚，符合《处方管理办法》规定，不得使用"遵医嘱""自用"等含糊不清字句。

（6）普通药品处方量及处方效期符合《处方管理办法》的规定，抗菌药物、麻醉药品、精神药品、医疗用毒性药品、放射药品、易制毒化学品等的使用符合相关管理规定。

（7）中药饮片、中成药的处方书写应当符合《中药处方格式及书写规范》。

（三）适宜性审核

1. 处方用药与诊断是否相符。

2. 规定必须做皮试的药品，是否注明过敏试验及结果的判定。

3. 处方剂量、用法是否正确，单次处方总量是否符合规定。

4. 选用剂型与给药途径是否适宜。

5. 是否有重复给药和相互作用情况，包括西药、中成药、中药饮片之间是否存在重复给药和有临床意义的相互作用。

6. 是否存在配伍禁忌。

7. 是否有用药禁忌，如儿童、老年人、妊娠期妇女及哺乳期妇女、脏器功能不全患者用药是否有禁忌使用的药物，患者用药是否有食物及药物过敏史禁忌证、诊断禁忌证、疾病史禁忌证与性别禁忌证。

8. 溶媒的选择、用法用量是否适宜，静脉输注的药品给药速度是否适宜。

9. 是否存在其他用药不适宜情况。

即学即练 3-3

处方审核工作的第一责任人是（　　）。

A. 医师　　　　B. 护师　　　　C. 药师　　　　D. 院长

答案解析

三、处方审核的流程

1. 药师接收待审核处方，对处方进行合法性、规范性和适宜性审核。

2. 若经审核判定为合理处方，药师在纸质处方上手写签名（或加盖专用印章）、在电子处方上进行电子签名，处方经药师签名后进入收费和调配环节。

3. 若经审核判定为不合理处方，由药师负责联系处方医师，请其确认或重新开具处方，并再次进入处方审核流程。

任务 4　药品调配与发药

学习引导

处方一经审核合格，药师便应及时准确地为患者调配和发放药品，并进行规范的用药指导，提高患者的用药依从性。药品的调配和发放需要遵循一定的流程，执行统一的管理规范，才能真正实现患者的安全合理用药。怎样才能准确、规范的调配药品？发药后是否要提供用药指导？

本单元我们来学习药品调配的操作规范、流程，药品发放及用药交代。

学习目标

1. **掌握**　药品调配操作规范"四查十对"。
2. **熟悉**　药品调配流程和用药交代服务。
3. **了解**　药品调配差错及处理措施。

一、药品调配人员资质

1. 取得药学专业技术职务任职资格的人员方可从事处方调剂工作。

2. 药师应在执业的医疗机构取得处方调剂资格。

3. 具有药师以上专业技术职务任职资格的人员负责处方审核、评估、核对、发药以及安全用药指导。

4. 药师应当凭医师处方调剂处方药品，非经医师处方不得调剂。

5. 药师签名或专用签章式样应当在本机构留样备查。

二、药品调配流程 微课

药品调配流程大致可分：收方→审方→（收费）→配方→包装标示→复核→发药。

» 实例分析 3-4

实例　某患者，诊断为糖尿病，医师为其开具了门冬胰岛素注射液 1 支。药师甲调配处方时，误将门冬胰岛素注射液调配成了门冬胰岛素 30 注射液，药师乙发放药品复核时发现，遂告知药师甲将错配的药品予以更换。

问题　药师甲调配错误的原因可能是什么？应如何避免？

答案解析

三、药品调配操作规范

为确保药品调配准确无误，药师调剂处方时应严守操作规程，做到"四查十对"：即查处方，对科别、姓名、年龄；查药品，对药名、剂型、规格、数量；查配伍禁忌，对药品性状、用法用量；查用药合理性，对临床诊断。

实际调配时应注意以下细节。

1. 调配前应仔细阅读处方，检查核对药品的名称、规格、用法用量等。字迹不清的药品，不可主观猜测，要找处方医师确认核实。

2. 急诊处方要优先调配，其余处方按秩序进行调配，调配好一张处方的所有药品后再调配下一张处方，以免发生差错。

3. 取药完毕后应及时将储存药品的容器或包装归回原位。

4. 药品应正确书写药袋或粘贴标签，注明患者姓名和药品名称、用法、用量等。

5. 处方中药品若存在暂缺现象，应做适当标记，不应漏配。及时与患者沟通，尽快与医师取得联系，由医师自行决定更改处方。

6. 药品配齐后，对照处方再次核对药名、剂型、规格、数量和用法。

7. 调剂麻醉药品、精神药品及医疗用毒性药品时应按照相应的管理规定进行调配使用，回收空安瓿并做好记录。

8. 生、炙药品不准互代。

9. 药师还需根据患者的特殊要求或处方要求进行临时调配，如稀释、研磨、分装以及代煎中药汤剂或膏方等。

即学即练 3-4

答案解析

关于"四查十对"的内容，下列选项错误的是（　　　）。

A. 查处方，对科别、姓名、年龄　　　B. 查药品，对药名、剂型、规格、数量

C. 查配伍禁忌，对药品性状、用法用量　　D. 查合并用药，对药物相互作用

E. 查用药合理性，对临床诊断

四、药品发放

药品发放是调配工作的最后一个环节，直接关系到患者的用药安全，体现医院的服务质量和服务水平，因此必须把好这道关。处方药品调配结束后应交由药师以上药学专业技术资格的人员复核并发放。

发放药品时应做到主动热情、态度诚恳，首先确认患者身份，然后审查核对药品与处方的相符性，检查药品剂型、规格、数量、用法用量、包装是否正确，逐个检查药品外观质量（包括形状、颜色、澄明度等）和有效期是否合格。一经发现调配错误，应将药品和处方退回调配药师，及时更正。

五、用药交代

用药交代是药师发放药品时，用通俗易懂的语言或简明扼要的文字等形式，将药品的用法用量、禁忌及注意事项等内容详细耐心交代给患者及家属的过程。

发放药品前应向患者询问过敏史及用药史，根据不同的人群、不同的药物，采用不同类型的用药交代，思维清晰，语言简洁，同时注意倾听，做好与患者的良好沟通。

为合理高效地做好用药交代，我们可将用药交代划分为以下三种类型。

1. 普通交代　主要交代药品的用法用量，此类型适用于既往使用过该药品的患者及慢性病患者，给药方案相对简单的疾病处方。

2. 特殊交代　着重交代特殊内容，如特殊的给药时间、给药途径、服药间隔及注意事项等。此类型主要针对特殊人群、特殊剂型、特殊药品等。如妊娠期妇女和哺乳期妇女用药，应特殊交代药品的注意事项；泡腾片和口含片等制剂，应特殊交代服用方法；甲氨蝶呤和羟基脲等药品，要根据具体疾病特殊交代服药间隔；退烧药品应特殊交代服用时间和重复用药的次数以及间隔等。

3. 详尽交代　应全面仔细交代药品的取用流程、使用方法和贮藏方式等。此类型适用于用法相对复杂或特殊管理的药品，尤其是初次使用的患者。如麻醉药品和精神药品，应详细全面交代此类药品开具、取药、使用甚至回收过程中的一切细节，实现"药师多动嘴，患者少跑腿"，从而做到保证患者的精准合理用药。再如胰岛素类制剂，首先要向患者交代其特殊的贮藏条件，即未开封前要放到 $2\sim8℃$ 冰箱冷藏，使用过程中可常温保存 28 天，以及各种类型胰岛素注射装置的使用方法等。

 知识链接 --

调剂差错

在日常调剂过程中，尽管药学专业技术人员严格按照"四查十对"遵循了处方调剂规程，仍然不免存在违反医疗卫生管理法律、行政法规、部门规章或过失错误，给临床用药安全带来危害，这种现象称为调剂差错。

调剂差错的原因有以下几点：①调剂药品时注意力不集中；②调剂人员业务不熟练；③处方辨认不清、书写不规范；④药品名称或外观相似；⑤同一药品存在两种及两种以上规格。

一旦发现调剂差错，应由专人做好登记，并及时向上级报告，采取快速有效的救助措施，造成严重后果的，当事人须承担相应的医疗责任。

任务5 药学咨询与合理用药

学习引导

随着我国公立医院综合改革措施的逐步推进,"以药补医"时代已经终结,人们的合理用药意识日益增强,对药学服务的要求也越来越高。因此,药学服务面临新的机遇和挑战,药学服务需要转型,药学咨询要做到更加科学合理。药学咨询的内容哪些?怎样才能合理用药?

本任务我们学习药学咨询与合理用药的相关内容。

学习目标

1. **掌握** 合理用药的四个要素。
2. **熟悉** 合理用药的基本原则。
3. **了解** 药学咨询的概念及原则。

一、药学咨询

药学咨询是药学服务中一种高层次的临床药学实践活动,是药师运用药学专业知识和工具向患者及其家属、医务人员及公众提供药物信息,宣传合理用药知识,交流与用药相关问题的过程。开展药学咨询的主要目的是及时发现和纠正患者不合理用药情况,降低药物不良反应发生风险,保证患者安全合理用药。

从事用药咨询工作的药师一般应具有主管药师及以上专业技术职务任职资格;应掌握本机构常用药品的名称、规格、用法用量、适应证、禁忌证、药理作用、药物与药物及药物与食物之间相互作用、主要不良反应及注意事项;掌握药品不良反应识别、评价和上报流程;掌握特殊剂型药品的使用技能;掌握常用医药工具书、数据库和软件等的信息检索方法。

用药咨询药师在提供用药咨询服务时,应及时对相关信息进行记录,记录方式包括电子记录和书面记录,记录内容应包括咨询者姓名、性别、出生日期、药品名称、咨询问题、解答内容以及参考依据等。

用药咨询药师提供咨询服务时应遵循以下原则。

(1)遵守国家相关法律法规、规章制度等要求。

(2)保护患者隐私。

(3)从专业角度对咨询问题进行专业分析及评估。

(4)拒绝回复以患者自我伤害或危害他人为目的的用药咨询。

(5)对于暂时无法核实或确定的内容,应向咨询者解释,需要经核实或确定后再行回复。

（6）如用药建议与医师治疗方案不一致，应告知患者与医师进一步沟通，明确治疗方案。

（7）对超出职责或能力范围的问题，应及时进行转诊或告知咨询去向。

二、合理用药

药物具有两重性，在治疗疾病的同时，也可能会对机体产生危害。临床用药不仅要求药物选用正确，质量合格，而且必须应用合理，才能发挥最佳的疗效。

合理用药是指根据疾病种类、患者状况和药理学理论选择最佳的药物及其制剂，在正确的时间，以正确的剂量、正确的剂型，通过正确的途径，给予正确的患者。合理用药涵盖四个基本要素。

1. 安全性 是合理用药的首要条件，是相对的，强调让用药者承受最小的治疗风险但同时获得最大的治疗效果，而不是药物不良反应最小或者无不良反应。

2. 有效性 是合理用药的关键，在治疗疾病时，应有针对性地选择药物，以达到消除致病原，治愈疾病，延缓疾病进展，缓解疾病症状，预防疾病发生，调节生理功能，避免不良反应等目的。

3. 经济性 是用尽可能少的药费支出换取尽可能大的治疗收益，从而减轻患者的心理压力及社会经济负担，而非尽量少用药或使用廉价药品。

4. 适当性 是最基本的要求，强调尊重客观现实，立足当前医药科技和社会发展水平，避免不切实际地一味追求高水平的药物治疗。

 知识链接 --

药源性疾病

药源性疾病是药物在预防、诊断或治疗疾病过程中，通过各种途径进入人体后诱发的生理生化过程紊乱、结构变化等异常反应或疾病，是药物不良反应的后果。

药源性疾病可分为两类：第一类是由于药物副作用、剂量过大或药物相互作用引发的疾病，这一类疾病是可以预防的，其危险性较低；第二类为过敏反应、变态反应或特异质反应，这类疾病较难预防，其发生率较低但危害性很大，常可导致患者死亡。

药源性疾病的发生一方面与患者身体状况有关，如年龄、营养状况、精神状态、生理周期、病理状况等。另一方面与医务人员用药不当有关，如过量长期用药、不恰当使用药品、多种药品的不合理联合应用等。

 实例分析 3-5 ---

实例 患者，男，74岁，患高脂血症，长期服用辛伐他汀 40mg/d，肾功能正常。进来由于治疗脚气，开始服用伊曲康唑 200mg/d。3 周后，患者出现下肢疼痛，尿液呈褐色。患者怀疑是药物不良反应引起而停止服药，随后疼痛缓解。

答案解析

问题 患者服用辛伐他汀的同时又加用伊曲康唑治疗脚气是否合理？请谈谈你的分析。

临床合理用药需要遵循以下基本原则。

1. 明确疾病诊断　选用药物时既要严格针对药物适应证又要排除禁忌证。

2. 根据药理学特点选药　联合用药要恰当，避免"广撒网"，减少医药资源浪费和药物相互作用。

3. 注意用药个体化　结合患者的具体病情和身体状况，考虑影响药物效应的全方面因素，制定个体化给药方案。

4. 施行"标本兼治"　采取中医"急则治其标，缓则治其本"的理念，将对因治疗与对症治疗结合起来。

5. 对患者始终负责　树立"以患者为中心，始终服务患者"的意识，严密观察患者病情，及时调整剂量或更换药物，认真分析总结，逐步提高医疗质量，促进合理用药。

评价临床用药是否合理，需要从疾病的类型、药物的特点及影响药物效应的各个方面综合考虑，并结合最新的理论和研究成果，以及所能获得的最佳循证医学证据，因人而异地制定个体化给药方案，达到安全、有效、经济和适当的目的。

即学即练 3－5

答案解析

下列违背抗菌药物合理应用原则的是（　　　）

A. 病毒性感染患者不用

B. 尽量避免皮肤黏膜局部使用

C. 合理使用必须有严格指征

D. 发热原因不明者虽无明显感染的征象也可少量应用

目标检测

答案解析

单项选择题

1. 处方调配的流程是（　　　）

　　A. 调配、收方、核对、审方、发药　　　　B. 收方、审方、调配、核对、发药

　　C. 核对、收方、调配、审方、发药　　　　D. 调配、发药、收方、审方、核对

2. 下列关于非处方药的说法，错误的是（　　　）

　　A. 应用安全、疗效确切　　　　　　　　　B. 质量稳定、使用方便

　　C. 需要医师处方才能购买　　　　　　　　D. 可分为甲、乙两类

3. 处方的正文部分不包括以下（　　　）

　　A. Rp　　　　　　　　　　　　　　　　　B. 患者姓名、性别、年龄

　　C. 药物名称、剂型、规格、数量　　　　　D. 药品用法

4. 发放甲氨蝶呤片时，应特殊交代其（　　　）

　　A. 不良反应　　　　　　　　　　　　　　B. 服用剂量

　　C. 服用方法　　　　　　　　　　　　　　D. 服药间隔

5. 联合用药时产生协同作用的是（　　　）

A. 硝酸甘油与普萘洛尔　　　　　　　　　B. 林可霉素与红霉素

C. 华法林与维生素 K　　　　　　　　　　D. 鱼精蛋白与肝素

6. 下列注射剂使用前必须做皮试的是（　　　）

A. 右旋糖酐铁　　　　B. 呋塞米　　　　C. 庆大霉素　　　　D. 青霉素

7. 处方管理办法规定处方一般不得超过（　　　）日常用量

A. 3　　　　　　　　B. 5　　　　　　　C. 7　　　　　　　D. 10

8. 下列哪项不属于合理用药的基本原则（　　　）

A. 明确诊断、排除禁忌证　　　　　　　　B. 标本兼治

C. 用药个体化　　　　　　　　　　　　　D. 优选联合用药

9. 硫酸镁发挥消肿作用时的给药途径为（　　　）

A. 口服　　　　　　　B. 静注　　　　　C. 外敷　　　　　　D. 肌注

10. 为门（急）诊癌症疼痛患者和中、重度慢性疼痛患者开具的麻醉药品、第一类精神药品注射剂，每
张处方不得超过（　　　）日常用量

A. 1　　　　　　　　B. 3　　　　　　　C. 7　　　　　　　D. 15

11. 药学专业技术人员调剂处方时必须做到（　　　）

A. 三查七对　　　　　B. 三查十对　　　C. 四查十对　　　　D. 四查七对

12. 氨基糖苷类抗菌药物不宜与呋塞米合用的原因是（　　　）

A. 呋塞米加快氨基糖苷类药物的排泄

B. 呋塞米抑制氨基糖苷类药物的吸收

C. 呋塞米增加氨基糖苷类药物的耳毒性

D. 呋塞米增加氨基糖苷类药物过敏性休克的发生率

13. 下列有关处方中常见外文缩写的含义错误的是（　　　）

A. p. r. n. 必要时　　　　　　　　　　　B. q. d. 每日 4 次

C. Tab. 片剂　　　　　　　　　　　　　D. i. h. 皮下注射

14. 药师审核处方后，认为存在用药不适宜时，最适当的做法是（　　　）

A. 拒绝调配　　　　　　　　　　　　　　B. 按有关规定报告

C. 请处方医师确认或重新开具　　　　　　D. 拒绝调剂，告知处方医师并做好记录

15. 进行用药交代时，以下哪项不合理（　　　）

A. 须询问患者过敏史和既往史

B. 要向患者说明药物的用法用量、禁忌证和注意事项等

C. 退烧药用法非常简单，不需要做特殊说明

D. 特殊人群应做特殊交代

实践实训

实训 8　审核处方

【实训目的】

1. 掌握处方审核的流程。
2. 熟悉处方审核的内容。

【实训准备】

模拟药房（或教室）、多媒体投影设备。

【实训内容】

班级分组，每组 5~6 人，以小组为单位对下面给出的 6 张处方进行审核。

要求学生仔细阅读审核处方，判断处方的合理性，按要求填写处方审核报告，最后推举小组代表发言。带教老师对各组的实训表现进行综合评价，归纳总结处方审核中的常见问题及处理方法。

处方 1

××××医院 门诊处方笺					普通
姓名	×××	性别	女	年龄	54 岁
处方编号	×××	登记号	×××	科别	×××
临床诊断					

R

0.9% 氯化钠注射液　　100ml：0.9g　　3 袋

　　　　　　一次 100ml　　静脉滴注　　每隔 8 小时

注射用哌拉西林钠他唑巴坦钠　　4.5g　　3 支

　　　　　　一次 4.5g　　静脉滴注　　每隔 8 小时

医师签名（盖章）：×××

审核：×××　　　核对：×××　　　金额：×××

调配：×××　　　发药：×××

处方 2

××××医院 门诊处方笺					普通
姓名	×××	性别	女	年龄	64 岁
处方编号	×××	登记号	×××	科别	×××
临床诊断	胃溃疡，缺铁性贫血				

R

艾司奥美拉唑镁肠溶片　　20mg×7 片　　1 盒

　　　　　　　　　　一次 20mg　口服　　每日 1 次

琥珀酸亚铁片　　0.1g×20 片　　1 盒

　　　　　　　　　　一次 0.2g　口服　　每日 3 次

医师签名（盖章）：×××

审核：×××　　核对：×××　　金额：×××

调配：×××　　发药：×××

处方 3

××××医院 门诊处方笺					普通
姓名	×××	性别	男	年龄	64 岁
处方编号	×××	登记号	×××	科别	×××
临床诊断	高血压危象				

R

0.9% 氯化钠注射液　　50ml　　1 袋

　　　　　　　　　　一次 50ml　静脉滴注　　临时

注射用硝普钠　　50mg　　1 支

　　　　　　　　　　一次 50mg　静脉滴注　　临时

医师签名（盖章）：×××

审核：×××　　核对：×××　　金额：×××

调配：×××　　发药：×××

处方 4

×××医院 门诊处方笺					麻、精一
姓名	×××	性别	男	年龄	64 岁
身份证明编号		代办人姓名	×××	身份证明编号	
临床诊断	肺恶性肿瘤				

R

盐酸哌替啶注射液　50mg∶1ml　　2 支

　　　　　　一次 50mg　　肌内注射　　即刻

医师签名（盖章）：×××

审核：×××　　核对：×××　　金额：×××
调配：×××　　发药：×××

处方 5

×××医院 门诊处方笺					普通
姓名	×××	性别	女	年龄	26 岁
处方编号	×××	登记号	×××	科别	×××
临床诊断	孕 20 周　高血压				

R

盐酸贝那普利片　　5mg×14 片　　1 盒

　　　　　　一次 5mg　　口服　　每日 1 次

医师签名（盖章）：×××

审核：×××　　核对：×××　　金额：×××
调配：×××　　发药：×××

处方6

××××医院 门诊处方笺					普通
姓名	×××	性别	男	年龄	46 岁
处方编号	×××	登记号	×××	科别	×××
临床诊断	冠状动脉粥样硬化性心脏病				

R

硝酸甘油片　　0.5mg×36 片　　36 片

　　　　　　一次 0.5mg　　口服　　每日一次

医师签名（盖章）：×××

审核：×××　　　核对：×××　　　金额：×××

调配：×××　　　发药：×××

附表 1　处方审核报告

处方序号	存在问题	处理方法
1		
2		
3		
4		
5		
6		

【实训评价】

评价内容	评分标准	得分
仪表仪态（10 分）	仪表大方、谈吐自如、条理分明	
时间把握（10 分）	在规定时间内完成，时间分配合理	
语言表达（15 分）	声音洪亮、言简意赅、突出重点	
条理清晰（10）	处方介绍有条理、准确、清楚、全面	
处方分析（20 分）	处方分析全面、清晰、合理	
处理方法（15 分）	明确、实用、得当	
团队合作（20 分）	分工协作、积极参与	
合计（100 分）		

实训 9 调配药品与用药交代

【实训目的】

1. 掌握药品调配的操作流程和规范。
2. 熟悉用药交代的礼仪和主要内容。

【实训准备】

模拟药房、多媒体投影设备。

【实训内容】

班级分组，每组 5～6 人，以小组为单位通过角色扮演或模拟演练的方式对以下处方进行调配并发药，同时向患者做用药交代。

要求学生提前预习，复习相关药品的适应证、用法用量、不良反应和注意事项等。带教老师对各组的实训表现进行综合点评，归纳总结常见的药品调剂差错类型、原因及预防措施，找出学生用药交代方面存在的不足。

处方 1

×××医院 门诊处方笺					普通
姓名	×××	性别	男	年龄	53 岁
处方编号	×××	登记号	×××	科别	×××
临床诊断	2 型糖尿病				
R 阿卡波糖片　　50mg×30 片　　90 片 　　　　　　一次 50mg　　口服　　每日 3 次 医师签名（盖章）：×××					
审核：×××　　　核对：×××　　　金额：×××					
调配：×××　　　发药：×××					

处方 2

×××医院 门诊处方笺					普通
姓名	×××	性别	女	年龄	30 岁
处方编号	×××	登记号	×××	科别	×××
临床诊断	胃炎				

R

阿莫西林胶囊　　0.25g×20 粒　　20 粒

　　　　　　　　一次 0.5g　　口服　　每日 3 次

雷贝拉唑钠肠溶胶囊　　10mg×14 粒　　14 粒

　　　　　　　　一次 10mg　　口服　　每日 2 次

医师签名（盖章）：×××

审核：×××　　　核对：×××　　　金额：×××

调配：×××　　　发药：×××

处方 3

×××医院 门诊处方笺					急诊
姓名	×××	性别	男	年龄	58 岁
处方编号	×××	登记号	×××	科别	×××
临床诊断	脑血管病				

R

阿司匹林肠溶片　　100mg×30 片　　30 片

　　　　　　　　一次 100mg　　口服　　每晚

阿托伐他汀钙片　　10mg×14 片　　14 片

　　　　　　　　一次 20mg　　口服　　每晚

医师签名（盖章）：×××

审核：×××　　　核对：×××　　　金额：×××

调配：×××　　　发药：×××

处方 4

×××医院 门诊处方笺					普通
姓名	×××	性别	男	年龄	38 岁
处方编号	×××	登记号	×××	科别	×××
临床诊断	牙龈炎				

R

头孢地尼分散片　　0.1g×6 片　　6 片

　　　　　　　　一次 0.1g　口服　每日 3 次

甲硝唑片　0.2g×100 片　　100 片

　　　　　　　　一次 0.6g　口服　每日 3 次

医师签名（盖章）：×××

审核：×××	核对：×××	金额：×××
调配：×××	发药：×××	

处方 5

×××医院 门诊处方笺					儿科
姓名	×××	性别	男	年龄	2 岁
处方编号	×××	登记号	×××	科别	×××
临床诊断	发热				

R

对乙酰氨基酚混悬滴剂　　1.5g：15ml　　1 瓶

　　　　　　　　一次 1ml　口服　即刻

医师签名（盖章）：×××

审核：×××	核对：×××	金额：×××
调配：×××	发药：×××	

处方6

××××医院 门诊处方笺					普通
姓名	×××	性别	女	年龄	29 岁
处方编号	×××	登记号	×××	科别	×××
临床诊断	妊娠高血压				

R

拉贝洛尔片　　0.15g×10 粒　　10 粒

　　　　　一次 0.15g　　口服　　每日 1 次

医师签名（盖章）：×××

审核：×××　　　核对：×××　　　金额：×××

调配：×××　　　发药：×××

【实训评价】

评价内容	评分标准	得分
仪表仪态（10 分）	仪表大方、谈吐自如、条理分明	
时间把握（10 分）	在规定时间内完成，时间分配合理	
语言表达（10 分）	声音洪亮、言简意赅、通俗易懂	
思维清晰（10 分）	敏捷、条理、有序	
调配正确（20 分）	诚恳、耐心、倾听、询问	
用药交代（10 分）	准确、安全、合理	
健康宣教（10 分）	全面、细致、恰当	
团队合作（20 分）	分工协作、积极参与	
合计		

书网融合……

知识回顾

微课

习题

项目 4 抗生素类抗菌药物

抗菌药物是临床使用量大的一大类药物，为人类对抗病原微生物的侵袭做出了重要贡献。抗菌药物的作用机理主要是干扰微生物的生化代谢过程，主要有以下几个方面：①抑制细菌细胞壁的合成，药物有 β - 内酰胺类、万古霉素、杆菌肽和磷霉素等；②干扰胞浆膜的功能，药物有多粘菌素、两性霉素、制霉菌素和咪唑类（酮康唑、氟康唑）等；③抑制蛋白质的合成，药物有四环素类、酰胺醇类、大环内酯类、氨基糖苷类、林可霉素类和硝基咪唑类等；④抑制核酸合成，药物有喹诺酮类、利福平、阿糖胞苷、新生霉素等；⑤影响叶酸代谢，药物有磺胺类、对氨基水杨酸和乙胺丁醇等。

学习抗菌药物需要熟悉下列相关的名词。

1. 抗菌药物　是指对细菌具有杀灭或抑制作用的各种抗生素和人工合成抗菌药物。

2. 抗生素　是微生物如细菌、真菌、放线菌等在生命活动中产生的对病原体或肿瘤细胞具有抑制或杀灭作用的物质。

3. 抗菌谱　是指抗菌药物的抗菌范围。

4. 抑菌药　是指能抑制细菌生长繁殖的药物。

5. 杀菌药　是指不仅能抑制细菌繁殖，而且能杀灭细菌的药物。

6. 最小抑菌浓度　能抑制培养基内细菌生长、繁殖的最低药物浓度。

7. 最小杀菌浓度　能杀灭培养基内细菌的最低药物浓度。

8. 耐药性　又称抗药性，即反复使用化疗药物后，病原体、寄生虫或肿瘤细胞对药物的敏感性降低或消失的现象。

任务 1　青霉素类抗生素认知

PPT

学习引导

1945 年的诺贝尔医学奖授予了三位科学家，他们分别是：Alexander Fleming（弗莱明）、Howard Florey（弗洛里）和 Ernst Boris Chain（钱恩）。三位科学家为青霉素的发现提取做出了重大贡献，这为青霉素在医学等领域的应用奠定了基础，也为科学界其他抗生素的发现和应用提供了经验方法。临床常用青霉素类药品有哪些呢？怎样合理使用才能减少不良反应和耐药性？

本单元主要学习天然青霉素类、半合成青霉素类药的作用、适应证、制剂用法及药物评价。

1. **掌握** 青霉素、阿莫西林的药理作用、适应证、制剂用法、药物评价。
2. **熟悉** 青霉素、阿莫西林、哌拉西林的品种、制剂、用法。
3. **了解** 青霉素、阿莫西林、哌拉西林的商品信息。

青霉素类抗生素的化学结构是由含有一个 β–内酰胺环的 6–氨基青霉烷酸（6–APA）及侧链 RCO–组成。属于 β–内酰胺类抗生素之一，临床应用广泛。青霉素类抗生素包括天然青霉素类和半合成青霉素类。

一、天然青霉素类

青霉素 G 是从青霉菌的发酵液中提取的一种天然青霉素，因其性质相对稳定、产量高、抗菌活性强而用于临床。

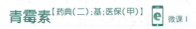

青霉素【药典(二);基;医保(甲)】 微课1

Benzylpenicillin

【其他名称】 青霉素 G，苄青霉素，盘尼西林

【药理作用】 本品为繁殖期杀菌药。抗菌机制是通过抑制细菌细胞壁的合成，促使细菌裂解、死亡。对多数革兰阳性球菌（对青霉素敏感的葡萄球菌、溶血性链球菌、肺炎链球菌）和革兰阴性球菌（淋球菌、脑膜炎球菌）作用强，对革兰阳性杆菌（破伤风杆菌、白喉杆菌、炭疽杆菌、产气荚膜杆菌）、放线菌、螺旋体（钩端螺旋体、回归热螺旋体和梅毒螺旋体）有抗菌作用。

【适应证】 用于敏感细菌所致各种感染，如脓肿、菌血症、肺炎和心内膜炎等。为以下感染的首选药物：溶血性链球菌感染，如咽炎、扁桃体炎、猩红热、丹毒、蜂窝织炎、产褥热等；肺炎链球菌感染如肺炎、中耳炎、脑膜炎、菌血症等。不产青霉素酶葡萄球菌感染，如疖、痈、毛囊炎、肺炎、脑脓肿、肝脓肿、化脓性骨髓炎及伤口感染。炭疽、破伤风、气性坏疽等梭状芽孢杆菌感染。青霉素与氨基糖苷类药物联合用于治疗草绿色链球菌心内膜炎。

亦可用于治疗流行性脑脊髓膜炎、放线菌病、淋病、樊尚咽峡炎、莱姆病、鼠咬热、李斯特菌感染、除脆弱拟杆菌以外的许多厌氧菌感染。风湿性心脏病或先天性心脏病患者进行口腔、牙科、胃肠道或泌尿生殖道手术和操作前，可用青霉素预防感染性心内膜炎发生。

【制剂规格】 注射用青霉素钠：80 万单位；160 万单位；400 万单位。注射用青霉素钾：20 万单位；40 万单位；80 万单位；100 万单位。

【用法用量】 肌内注射或静脉注射。用前先询问过敏史、做皮试，皮试阴性者才可用药。成人，肌内注射：一日 80 万～320 万单位，分 3～4 次给药；静脉滴注：一日 200 万～2000 万单位，分 2～4 次给药。

【药物评价】

（1）药效 ①第一个用于临床的天然抗生素，抗菌谱窄，不耐酸、不耐酶、口服无效。②高效、低毒、价廉，临床应用广泛，是各种敏感菌所致感染的首选治疗药。

（2）不良反应 ①过敏反应最常见（1%～10%），包括荨麻疹等各类皮疹、白细胞减少、间质性肾炎、哮喘发作等和血清病型反应；过敏性休克偶见，一旦发生，必须就地抢救，予以保持气道畅通、吸氧及使用肾上腺素、糖皮质激素等治疗措施。②局部刺激，红肿、疼痛、硬结，以钾盐尤为明显。③大剂量应用或鞘内给药时，可因脑脊液药物浓度过高导致抽搐、肌肉阵挛、昏迷及严重精神症状等（青霉素脑病）。此种反应多见于婴儿、老年人和肾功能不全患者。停药或降低剂量可恢复。④赫氏反应和治疗矛盾：用青霉素治疗梅毒、钩端螺旋体病等疾病时可由于病原体死亡致症状加剧，称为赫氏反应；治疗矛盾也见于梅毒患者，系治疗后梅毒病灶消失过快，而组织修补相对较慢或病灶部位纤维组织收缩，妨碍器官功能所致。⑤二重感染：可出现耐青霉素金黄色葡萄球菌、革兰阴性杆菌或念珠菌等二重感染。⑥应用大剂量青霉素钠可因摄入大量钠盐而导致心力衰竭。

（3）注意事项 ①详细询问过敏史，有过敏史者禁用。②用药前进行皮试，呈阴性反应时始可用药，有时虽皮试局部呈阴性反应，但患者有胸闷、头晕、哮喘、皮肤发痒等症状出现，也不给予注射。皮试呈阴性者，在用药过程中也有可能出现过敏。在皮试和注射药物后，应严密观察，做好过敏反应的急救准备。③青霉素水溶液在室温不稳定，20U/ml 青霉素溶液 30℃ 放置 24 小时效价下降 56%，青霉烯酸含量增加 200 倍，应用本品须新鲜配制。④大剂量使用本品时应定期检测电解质，以防引起高钠血症或高钾血症。

【商品信息】

（1）发展史 1928 年，英国细菌学家弗莱明发现了青霉素；1942 年，青霉素开始进入临床。在我国从 20 世纪 60 年代开始用于临床，现为主要生产国和供应国。市售商品除注射用青霉素钠和注射用青霉素钾外，还有普鲁卡因青霉素等复合制剂。

（2）生产商 华北制药、哈药集团制药、石药集团中诺药业（石家庄）等。

【贮藏】严封，在凉暗干燥处保存。

二、半合成青霉素类

由于天然青霉素抗菌谱窄、不耐酸、不耐酶，人们以天然青霉素为原料进行改造，研制得到了克服上述缺点的半合成青霉素，但是不能克服青霉素的致敏性，且青霉素类药物间有完全交叉过敏反应，故青霉素过敏者禁用。

阿莫西林[药典（二）；基；医保（甲、乙）]

Amoxillin

【其他名称】羟氨苄青霉素，阿莫仙，强必林

【药理作用】抗菌机制是抑制细菌细胞壁的合成。广谱，对溶血链球菌、肺炎链球菌、不产酶的葡萄球菌、肠球菌等需氧革兰阳性球菌、大肠埃希菌、奇异变形杆菌、沙门菌属（包括伤寒、副伤寒等）、流感杆菌、淋球菌等需氧革兰阴性菌及幽门螺杆菌均具有良好的抗菌活性。

【适应证】用于敏感菌所致的呼吸道、尿路和胆道感染以及伤寒等。与克拉霉素、质子泵抑制剂三联用药抗幽门螺杆菌，治疗胃及十二指肠溃疡。

【制剂规格】片剂、胶囊剂、颗粒剂、干混悬剂：0.125g；0.25g；0.5g。注射用阿莫西林钠：0.5g；1.0g；2.0g。

【用法用量】口服。成人每日 1～4g，分为 3～4 次服。儿童每日 50～100mg/kg，分 3～4 次服。肾功能严重不足者应延长用药间隔时间。

【药物评价】

（1）药效　①本品为半合成广谱青霉素，耐酸、不耐酶。②抗菌谱与氨苄西林相似，杀菌作用优于氨苄西林，与氨苄西林之间有完全交叉耐药性。

（2）不良反应　同其他青霉素类药物，口服给药常见恶心、呕吐、腹泻等。

（3）注意事项　同其他青霉素类药物。青霉素过敏者禁用。食物可延迟本药的吸收，但不影响药物吸收总量，为减轻胃肠道反应宜饭后服用。

【商品信息】

（1）发展史　1964年研制，我国于1976年开始生产。口服制剂使用多，制剂品种多，市场销量大。

（2）生产商　联邦制药、石药集团、神威药业、山东鲁抗医药等。

【贮藏】 遮光，密封保存。

哌拉西林 [药典（二）；基；医保（甲）]

Piperacillin

【其他名称】 哗哌西林，哌氨苄青霉素，氧哌嗪青霉素

【药理作用】 抗菌机制是抑制细菌细胞壁的合成。广谱、不耐酸、不耐酶。对革兰阳性菌作用与青霉素近似，对淋病奈瑟菌、大肠埃希菌、变形杆菌、肺炎克雷伯氏杆菌、铜绿假单胞菌、肠杆菌属、流感杆菌等革兰阴性菌的作用强。

【适应证】 治疗铜绿假单胞菌、敏感的革兰阴性杆菌和革兰阳性杆菌所致的败血症、尿路感染、呼吸道感染、胆道感染、腹腔感染以及皮肤、软组织感染等。

【制剂规格】 注射用粉针：0.5g；1.0g；2.0g。

【用法用量】 肌内注射或静脉注射。用前先询问过敏史、做皮试，皮试阴性者才可用药。一般感染一日4～12g，分3～4次，严重感染一日可用10～24g。

【药物评价】

（1）药效　①本品为半合成的抗铜绿假单胞菌广谱青霉素，低毒、不耐酸、不耐酶。②抗菌活性强，只能注射给药，主要用于革兰阴性菌引起的严重感染。

（2）不良反应　①过敏反应，如皮疹、白细胞减少、间质性肾炎、哮喘发作和血清病型反应，严重者过敏性休克。②局部症状，如局部注射部位疼痛、血栓性静脉炎等。③消化系统症状，如腹泻、稀便、恶心、呕吐等，罕见假膜性肠炎。个别患者可出现胆汁淤积性黄疸。④中枢神经系统症状，如头痛、头晕和疲倦等。⑤肾功能减退者应用大剂量时，因脑脊液浓度增高，出现青霉素脑病。⑥其他，如二重感染、出血等。

（3）注意事项　①少数患者尤其是肾功能不全患者可导致出血，发生后应及时停药并予以适当治疗；肾功能减退者应适当减量。②对诊断的干扰：应用后可出现血尿素氮和血清肌酐升高、高钠血症、低钾血症、血清氨基转移酶和血清乳酸脱氢酶升高、血清胆红素增多。③有青霉素过敏史、出血史、溃疡性结肠炎、克罗恩病或抗生素相关肠炎者皆应慎用。④不可加入碳酸氢钠溶液中静滴。

【商品信息】 生产商　广州白云山天心制药、海口奇力药业、浙江康恩贝药业等。

【贮藏】 严封，在凉暗干燥处保存。

其他常用半合成青霉素类药物见表4-1。

表 4-1　其他常用半合成青霉素类药物

药物	作用与适应证	药物评价及商品信息
苄星青霉素（二乙胺青霉素 G）【药典(二);基;医保(乙)】	青霉素的二苄基乙二胺盐，抗菌活性成分为青霉素，抗菌谱与青霉素相似。但吸收较慢，维持时间长、血液中浓度较低，仅用于预防风湿热复发和控制链球菌感染的流行	皮疹等过敏反应为多见，白细胞减少、间质性肾炎、哮喘发作和血清病型反应等少见，严重者如过敏性休克偶见；以及二重感染等。有青霉素类药物过敏史者或青霉素皮试阳性患者禁用。注射用粉针：30 万 U；60 万 U；120 万 U，生产商：石药集团中诺药业等。
苯唑西林钠（苯唑青霉素)【药典(二);基;医保(甲、乙)】	抗菌谱与青霉素相似。耐酸、耐青霉素酶，作用弱于青霉素，但对产青霉素酶葡萄球菌具有良好抗菌活性，用于抗青霉素的葡萄球菌引起的感染	不良反应与青霉素相似。注射用粉针：0.5g；1.0g。生产商：华北制药等。胶囊剂、片剂：0.25g，生产商：瑞阳制药等
氯唑西林钠（邻氯青霉素)【药典(二);基;医保(甲)】	耐酸，耐青霉素酶，抗菌谱与青霉素相似，但抗菌作用不如青霉素。主要用于治疗产青霉素酶并对甲氧西林敏感的葡萄球菌所致轻、中度感染，如骨骼、呼吸道和皮肤、软组织感染等	不良反应与青霉素相似，有青霉素类药物过敏史者或青霉素皮肤试验阳性患者禁用。注射用粉针：0.5g；1.0g。生产商：苏州二叶制药 等。胶囊剂、颗粒剂：0.125g；0.25g；0.5g，生产商：云南龙润药业等
氨苄西林（氨苄青霉素)【药典(二);基;医保(甲)】	第一个用于临床的广谱半合成青霉素，耐酸，不耐酶。抗菌谱、抗菌活性与阿莫西林相似，主要用于治疗敏感细菌所致的败血症、尿路感染、肺部感染、胆道感染等，治疗伤寒、副伤寒疗效与氯霉素相仿	不良反应与阿莫西林相似，较常见过敏反应。口服胃肠道反应多见。青霉素过敏者禁用。颗粒剂：0.25g。生产商：深圳高卓药业等
美洛西林钠（硫苯咪唑青霉素)【药典(二);医保(乙)】	广谱、不耐酸、不耐酶，抗菌谱与氨苄西林相似，对铜绿假单胞菌有良好的抗菌作用。用于敏感菌引起的呼吸道感染、尿路感染	不良反应主要有：食欲缺乏、恶心、呕吐、腹泻，注射部位局部疼痛和皮疹。青霉素类药物过敏史或青霉素皮肤试验阳性患者禁用。注射用粉针：0.5g；1.0g；1.5g；2.0g。生产商：齐鲁制药等

任务 2　头孢菌素类抗生素认知

PPT

学习引导

　　为研制开发比青霉素抗菌谱更广、抗菌作用更强、对 β-内酰胺酶稳定、临床疗效更高、过敏反应更少等优点的抗生素，自上世纪 60 年代以来头孢菌素类药物一直是抗菌药物研究领域的热点，根据研发顺序及抗菌谱特点共开发出五代头孢类抗生素。那么这五代头孢菌素类抗生素有哪些典型代表药物？目前临床应用较多的是哪一类？

　　本单元主要介绍头孢菌素类抗生素的药理作用、适应证、制剂用法及药物评价。

学习目标

1. **掌握**　常见头孢菌素类抗生素的药理作用、适应证、药物评价。
2. **熟悉**　常见头孢菌素类抗生素药物品种、制剂、用法。
3. **了解**　常见头孢菌素类抗生素药品的商品信息。

头孢菌素类的母核为具有β-内酰胺环的7-氨基头孢烷酸（7-ACA），是以天然头孢菌素C为原料，经改造其侧链所得到的一类半合成β-内酰胺类抗生素，又称为先锋霉素类。本类药品具有抗菌谱广、毒性低、过敏反应少、对酸及对β-内酰胺酶较稳定、与青霉素类具有部分交叉过敏反应和部分交叉耐药性等特点，是当前开发较快、市场占有份额最大的一类抗生素，按其开发先后、抗菌谱、对β-内酰胺酶的稳定性、肾毒性等分为五代药品。

第一代　对革兰阳性菌的抗菌作用强，对革兰阴性菌较弱。对青霉素酶稳定，对其他β-内酰胺酶较稳定，有肾损害。常用口服品种有头孢氨苄、头孢羟氨苄、头孢拉定等；常用注射品种有头孢唑啉等。

第二代　对革兰阳性菌的作用，与第一代相仿或略弱；扩大了对革兰阴性菌的抗菌谱，对革兰阴性菌作用强于第一代；对β-内酰胺酶稳定性强于一代；肾损害小于一代；部分品种对血-脑屏障通透性高。常用口服品种有头孢呋辛酯、头孢克洛、头孢丙烯；常用注射用品种有头孢呋辛钠、头孢尼西、头孢替安、头孢孟多等。

第三代　对革兰阳性菌作用更弱；但对革兰阴性菌的作用增强，对革兰阴性菌如肠杆菌属、铜绿假单胞菌及厌氧菌均有较强作用；对β-内酰胺酶稳定性强于一代、二代；无肾损害；对血-脑屏障通透性高。常用口服品种有头孢克肟、头孢布烯、头孢地尼、头孢他美、头孢泊肟酯；常用注射用品种有头孢曲松、头孢他啶（本代中对铜绿假单胞菌作用最强）、头孢噻肟、头孢哌酮、头孢唑肟等。

第四代　对细菌产生的多种β-内酰胺酶稳定，抗菌谱广，对革兰阳菌作用增强，对革兰阴性菌的作用增强；对血-脑屏障通透性高。品种有注射用盐酸头孢吡肟。

第五代　对革兰阳性菌作用强于前四代，尤其是耐甲氧西林金黄色葡萄球菌（MRSA）最为有效，对革兰阴性菌与第四代相似，对耐药菌株有效。品种有注射用头孢洛林酯。

头孢菌素类药物的主要不良反应有过敏反应、二重感染、"双硫仑样"反应、胃肠道反应等。部分头孢菌素与乙醇联合应用可产生"双硫仑样"反应。头孢菌素类药物可导致过敏反应，对头孢菌素类过敏者禁用，对青霉素过敏及过敏体质者应慎用头孢菌素。头孢菌素用药前是否要做皮试，按照各药品的说明书进行。

广谱的头孢菌素类药物可抑制肠道菌群，导致菌群失调，引起二重感染，如假膜性肠炎、白色念珠菌（深部真菌）感染等；而大肠杆菌受抑制后，B族维生素和维生素K吸收障碍，可导致凝血障碍及维生素B缺乏症。

 知识链接

"双硫仑样"反应

双硫仑是一种戒酒药物，使用该药后即使饮用少量酒，也会出现面色潮红、头昏、头痛、呼吸困难、心慌、幻觉，甚至休克等严重不适，从而达到戒酒的目的。

临床实践显示使用分子结构中含有甲硫四氮唑侧链或甲硫三嗪侧链的头孢菌素，如头孢哌酮、头孢曲松、头孢唑林、头孢孟多等，服用后若饮酒也可产生类似反应，称为"双硫仑样"反应。头孢哌酮导致"双硫仑样"反应最多、最敏感，有些患者在使用该药后吃酒心巧克力、服用藿香正气水，甚至仅用乙醇处理皮肤也会发生"双硫仑样"反应。"双硫仑样"反应还可发生于甲硝唑、替硝唑、奥硝唑、呋喃唑酮、氯霉素、酮康唑、灰黄霉素等。

药师要做好用药指导，提醒患者用药期间不要饮酒，不要食用含乙醇的食品，不要服用含乙醇的药物制剂。作为药师要熟练掌握含乙醇制剂有哪些，避免不合理用药，导致此类不良反应。

即学即练 4 – 1

具有抗铜绿假单胞菌感染、对厌氧菌有抗菌活性、抗菌谱更为广泛、对 β - 内酰胺酶高度稳定、无肾脏毒性特点的抗生素为（　　　）

答案解析

A. 头孢氨苄　　　　B. 头孢克洛　　　　C. 头孢唑啉　　　　D. 头孢他啶

头孢氨苄【药典(二); 基; 医保(甲)】 微课 2

Cefalexin

【其他名称】苯甘孢霉素，先锋霉素Ⅳ，头孢菌素Ⅳ

【药理作用】第一代半合成口服头孢菌素，抗菌机制是通过与细菌一个或多个青霉素结合蛋白（PBPs）相结合，抑制细菌分裂细胞的细胞壁合成。除肠球菌属、甲氧西林耐药葡萄球菌外，肺炎链球菌、溶血性链球菌、产或不产青霉素酶葡萄球菌的大部分菌株对本品敏感。本品对奈瑟菌属有较好抗菌作用，但流感嗜血杆菌对本品的敏感性较差；对部分大肠埃希菌、奇异变形杆菌、沙门菌和志贺菌有一定抗菌作用。其余肠杆菌科细菌、不动杆菌、铜绿假单胞菌、脆弱拟杆菌均对本品呈现耐药。梭杆菌属和韦容球菌一般对本品敏感，厌氧革兰阳性球菌对本品中度敏感。

【适应证】适用于敏感菌所致的急性扁桃体炎、咽峡炎、中耳炎、鼻窦炎、支气管炎、肺炎、尿路感染及皮肤软组织感染等。

【制剂规格】片剂、颗粒剂、干混悬剂、胶囊剂：0.125g；0.25g；0.5g。

【用法用量】口服，空腹服用。成人一次 250 ~ 500mg，一日 3 ~ 4 次。儿童每日 25 ~ 50mg/kg，分 3 ~ 4 次服用。

【药物评价】

（1）药效　①本品为广谱、耐酸、耐青霉素酶。②本品为口服制剂，不宜用于重症感染。

（2）不良反应　①恶心、呕吐、腹泻和腹部不适较为多见。②可发生皮疹、药物热等过敏反应，偶见过敏性休克。③用药后可出现暂时性肝功能异常。④少数患者可能出现血红蛋白降低、血小板减少、中性粒细胞减少、嗜酸性粒细胞增多，偶见溶血性贫血。⑤少数患者可出现尿素氮、肌酸、肌酸酐值升高。

（3）注意事项　①对头孢菌素类过敏者禁用，对青霉素类过敏者、有胃肠道疾病史、肝肾功能不全者慎用。②宜饭后服用。

【商品信息】

（1）发展史　1967 年合成。我国于 1981 年在上海开始生产。

（2）生产商　山东鲁抗医药、哈药集团、葵花药业集团、广州白云山制药总厂、华北制药等。

【贮藏】遮光，密封，在凉暗处保存。

头孢呋辛【药典(二); 基; 医保(甲)】

Cefuroxime

【其他名称】头孢呋肟，呋肟头孢菌素，呋肟霉素，头孢呋新

【药理作用】第二代头孢菌素，抗菌机制是抑制细菌细胞壁的合成。对于病原菌具有较广的抗菌活性，并对许多 β - 内酰胺酶稳定，尤其是对肠杆菌科中常见的质粒介导酶稳定。本品对需氧革兰阳性菌（如金黄色葡萄球菌、肺炎链球菌、化脓性链球菌）、需氧革兰阴性菌（如大肠埃希菌、流感杆菌、副

流感嗜血杆菌、肺炎克雷伯菌、卡他莫拉菌、淋病奈瑟菌等）有抗菌活性。对铜绿假单胞菌无抗菌作用。

【适应证】 用于敏感菌所致的咽炎、扁桃体炎、中耳炎、急性鼻窦炎、急性支气管炎继发细菌感染和慢性支气管炎急性发作、皮肤和软组织感染、泌尿系统感染、败血症、脑膜炎。

【制剂规格】 注射用粉针：0.25g；0.5g；1.0g；1.5g；2.0g；2.5g；3.0g。

【用法用量】 肌内注射时，用粗针头作深部肌内注射。静脉给药时，缓慢静脉注射。成人一次0.75~1.5g，一日3次。儿童一日60mg/kg，分3~4次。

【药物评价】

（1）药效 ①本品广谱，耐酸、对β-内酰胺酶较稳定，对革兰阳性菌的抗菌作用略低于或接近于第一代头孢菌素，对革兰阴性菌的抗菌作用强于第一代头孢菌素。②头孢呋辛酯口服吸收后在体内转化为头孢呋辛而发挥抗菌作用。

（2）不良反应 ①胃肠道反应，如腹泻、恶心、呕吐和腹痛。②过敏反应，常见为皮疹、荨麻疹。儿童过敏反应较成人多见，多在开始治疗后几天内出现，停药后几天内消失。③少数患者用药后可出现头痛和眩晕，偶有致急性脑病的报道，停药后可恢复。

（3）注意事项 ①对头孢菌素类过敏者禁用。②对青霉素过敏史者、同时服用强利尿剂者慎用。

【商品信息】

生产商 西南药业、上海上药新亚药业、石家庄四药、珠海联邦制药、山东罗欣药业等。

【贮藏】 遮光，密封，在阴凉干燥处保存。

头孢噻肟[药典(二);医保(甲)]

Cefotaxime

【其他名称】 头孢氨噻肟，氨噻肟头孢菌素

【药理作用】 第三代头孢菌素，抗菌机制是抑制细菌细胞壁的合成。抗菌谱广，对革兰阴性菌的作用强，如大肠埃希菌、奇异变形杆菌、克雷伯菌属和沙门菌属等肠杆菌科细菌有强大活性。对普通变形杆菌和枸橼酸杆菌属亦有良好作用。阴沟肠杆菌、产气肠杆菌对本品比较耐药。对流感杆菌、淋病奈瑟菌（包括产β-内酰胺酶菌株）、脑膜炎奈瑟菌和卡他莫拉菌等均有强大作用。对革兰阳性菌的作用不及一代、二代头孢菌素类，对金黄色葡萄球菌的抗菌活性较差，对溶血性链球菌、肺炎链球菌等革兰阳性球菌的活性强。肠球菌属对本品耐药。本品对铜绿假单胞菌和产碱杆菌无抗菌活性。

【适应证】 适用于敏感细菌所致的呼吸道感染、尿路感染、胃肠道感染、脑膜炎、败血症、软组织感染、耳鼻喉科感染、生殖道感染、骨和关节科感染等，也可用于小儿脑膜炎。

【制剂规格】 注射用粉针：0.5g；1.0g；2.0g。

【用法用量】 肌内注射：成人一次0.5~1g，一日2~3次。静脉注射或静脉滴注成人一日2~6g，分2~3次。儿童一日50mg/kg，8小时一次。

【药物评价】

（1）药效 本品为第一个用于临床的第三代头孢菌素，广谱、高效、低毒，对肠杆菌的作用优于其他第三代头孢类药物。

（2）不良反应 ①一般有皮疹和药物热、静脉炎、腹泻、恶心、呕吐、食欲不振等。②可见碱性磷酸酶或血清氨基转移酶轻度升高、暂时性血尿素氮和肌酐升高等。③白细胞减少、酸性粒细胞增多或血小板减少少见。④偶见头痛、麻木、呼吸困难和面部潮红。⑤极少数患者可发生黏膜念珠菌病。

（3）注意事项　①对青霉素过敏及严重肾功能不全者慎用、头孢菌素类过敏者禁用。②长期用药可致二重感染，如念珠菌病、假膜性肠炎等，应予以警惕。③婴幼儿不宜肌内注射、哺乳期妇女应暂停哺乳、妊娠期妇女应限于有确切适应证的患者。

【商品信息】

生产商　鲁抗医药、广州白云山制药总厂等。

【贮藏】密封，在阴凉干燥处保存。

头孢曲松[药典(二);基;医保(甲)]

Ceftriaxone

【其他名称】头孢三嗪，头孢氨噻三嗪，菌必治

【药理作用】作用机制为抑制细菌细胞壁的合成。对革兰阳性菌有中度的抗菌作用，如金黄色葡萄球菌、链球菌、肺炎球菌。对革兰阴性菌的作用强，对肠杆菌科细菌有强大活性，大肠埃希菌、肺炎克雷伯菌、产气肠杆菌、氟劳地枸橼酸杆菌、吲哚阳性变形杆菌、普鲁威登菌属和沙雷菌属。对流感嗜血杆菌、淋病奈瑟菌和脑膜炎奈瑟菌有较强抗菌作用，对溶血性链球菌和肺炎球菌亦有良好作用。阴沟肠杆菌、不动杆菌属和铜绿假单胞菌对本品的敏感性差。耐甲氧西林葡萄球菌和肠球菌对本品耐药。多数脆弱拟杆菌对本品耐药。

【适应证】适用于敏感细菌所致的感染，如：下呼吸道感染、尿路、胆道感染，以及腹腔感染、盆腔感染、皮肤软组织感染、骨和关节感染、败血症、脑膜炎等及手术期感染预防。单剂可治疗单纯性淋病。

【制剂规格】注射用粉针：0.25g；0.5g；1.0g；2.0g；4.0g。

【用法用量】肌内注射、静脉注射或静脉滴注：成人及 12 岁以上儿童一次 1～2g，一日一次。静脉滴注至少要 30 分钟。不可与其他药物混合于同一溶液中。

【药物评价】

（1）药效　本品为第三代头孢菌素，抗菌作用维持时间长，每日只需给药 1 次。

（2）不良反应　不良反应与治疗的剂量、疗程有关。①过敏反应：皮疹、瘙痒、荨麻疹、水肿、发热、支气管痉挛和血清病等，偶见过敏性休克。②胃肠道反应：恶心、呕吐、腹痛、腹泻、结肠炎、黄疸、胀气、味觉障碍和消化不良，罕见假膜性肠炎。用药后可出现一过性肝功能异常。③神经系统症状：少数患者出现头痛和眩晕等。④少数患者可能出现嗜酸性粒细胞增多、出血、血小板增多或减少、白细胞减少，偶见溶血性贫血。⑤肝、肾功能的影响：约 5% 患者可出现尿素氮、肌酸、肌酸酐值升高，1% 患者出现肝功能异常。

（3）注意事项　①对青霉素类过敏者、严重肾功能不全者慎用。②长期用药可致二重感染，如念珠菌病、假膜性肠炎，应给予警惕。③青少年、儿童使用本品，偶可致胆结石，但停药后可消失。④不可与含钙注射液直接混合。⑤不可与氨苯蝶啶、万古霉素、氟康唑、氨基糖苷类混合。⑥个别患者可出现"双硫仑样"反应，故在应用本品期间和以后数天内，应避免饮酒和服含乙醇的药物。

【商品信息】

（1）发展史　本品最早于 1978 年由瑞士罗氏公司开发，1984 年在美国上市。我国于 1991 年开发成功。

（2）生产商　上药新亚药业、哈药集团制药总厂、石药集团中诺药业等。

【贮藏】遮光，密闭，在阴凉干燥处保存。

实例分析 4-1

实例 某患儿，女，1岁。因发热、咳嗽2天就诊，既往有维生素D缺乏性佝偻病史3个月。

诊断：急性支气管炎；维生素D缺乏性佝偻病。

处方 氯化钠注射液 20ml

注射用头孢曲松钠 0.5g 静脉滴注 1次/天

5%葡萄糖注射液 50ml

10%葡萄糖酸钙注射液 5ml 静脉滴注 1次/天

问题 本处方是否合理，为什么？

答案解析

其他常用头孢菌素类药物见表4-2。

表4-2 其他常用头孢菌素类药物

药物	作用与适应证	药物评价及商品信息
头孢唑啉（先锋霉素 V）【药典(二);基;医保(甲)】	第一代注射用头孢菌素。作用、适应证与头孢氨苄相似	不良反应与头孢氨苄相似。注射用粉针：0.25g；0.75g；0.5g；1.0g，生产商：北京太洋药业等
头孢拉定（先锋霉素 VI）【药典(二);基;医保(甲、乙)】	第一代头孢菌素，抗菌谱广，肾毒性小，对革兰阳性菌与革兰阴性菌的作用与头孢氨苄相似。适用于敏感菌所致的急性咽炎、扁桃体炎、中耳炎、支气管炎和肺炎等呼吸道感染、泌尿生殖道感染及皮肤软组织感染等	不良反应与头孢氨苄相似。注射用粉针：0.5g；1.0g；2.0g。片剂、颗粒剂、干混悬剂、胶囊剂：0.125g；0.25g；0.5g，生产商：华润双鹤药业、科伦制药等
头孢克洛【药典(二);医保(乙)】	第二代半合成口服头孢菌素，口服吸收好，抗菌谱广，耐酸。对金黄色葡萄球菌产生的β-内酰胺酶较稳定，对革兰阳性菌具有较强的抗菌作用；对革兰阴性杆菌产生的β-内酰胺酶不稳定，对革兰阴性菌作用较弱，对铜绿假单胞菌和厌氧菌无效。主要用于由敏感菌所致呼吸系统、泌尿系统、耳鼻喉科及皮肤、软组织感染等	不良反应、禁忌证、注意事项与其他第二代头孢菌素类相似。片剂、胶囊剂、颗粒剂、干混悬剂：0.1g；0.125g；0.25g；0.5g。生产商：鲁抗医药、石药集团中诺药业（石家庄）、扬子江药业等
头孢丙烯【药典(二);医保(乙)】	第二代口服头孢菌素，耐酸，具有广谱抗菌作用。作用与其他第二代头孢相似。用于敏感菌所致的轻、中度上呼吸道感染、化脓性链球菌性咽炎、扁桃体炎等	不良反应主要为胃肠道反应，包括腹泻，恶心，呕吐和腹痛等。亦可发生过敏反应，常见为皮疹、荨麻疹。儿童发生过敏反应较成人多见。片剂、干混悬剂、胶囊剂、颗粒剂：0.125g；0.25g；0.5g，生产商：海南先声药业、齐鲁制药、广州白云山制药等
头孢地尼【药典(二);医保(乙)】	第三代口服头孢菌素。抗菌谱广，特别是对革兰阳性菌中的金黄色葡萄球菌属、链球菌属等，比其他第二代口服头孢菌素有更强的抗菌活性，用于敏感菌所引起的各种感染	不良反应与其他第三代口服头孢菌素药物相似。胶囊剂：0.1g，生产商：石家庄四药、成都倍特药业等
头孢哌酮（氧哌嗪头孢）【药典(二);医保(乙)】	第三代注射用头孢菌素。尤其对肠杆菌科细菌和铜绿假单胞菌有良好抗菌作用，适用于敏感菌所致的各种感染如肺炎及其他尿路感染、下呼吸道感染、胆道感染、皮肤软组织感染、败血症、腹膜炎、盆腔感染等	毒性低微，易为患者所耐受，副作用的发生率约为4%，以皮疹为多见，达2.3%，少数患者尚有腹泻、腹痛、嗜酸性粒细胞增多、轻度中性粒细胞减少、血小板减少、菌群失调症，应用本品期间饮酒或接受含乙醇药物者可出现"双硫仑样"反应。注射用粉针：0.5g；1.0g；1.5g；2.0g；3.0g。生产商：浙江亚太药业、广州白云山天心制药等

续表

药物	作用与适应证	药物评价及商品信息
头孢克肟【药典(二);医保(乙)】	第三代口服头孢菌素。抗菌谱广、耐酸、抗菌作用与其他第三代口服头孢相似。用于敏感菌引起的呼吸道感染、胆道感染、尿道感染、猩红热、中耳炎、鼻旁窦炎	不良反应与第三代其他口服头孢菌素类相似。胶囊剂、片剂、颗粒剂：0.05g；0.1g；0.2g，生产商：齐鲁安替制药、浙江莎普爱思药业等
盐酸头孢吡肟【药典(二);医保(乙)】	第四代注射头孢菌素。抗菌谱广，对β-内酰胺酶稳定，对革兰阳性菌与革兰阴性菌的作用都增强，主要用于对第三代头孢菌素耐药的革兰阴性菌的重症感染	耐受性良好，不良反应轻微且多为短暂。常见的不良反应主要是腹泻，皮疹和注射局部反应，如静脉炎、注射部位疼痛和炎症。其他不良反应包括恶心、呕吐、过敏、瘙痒、发热、感觉异常和头痛等。粉针：0.5g；1.0g，生产商：哈药集团制药、齐鲁安替制药等

任务3　其他β-内酰胺类抗生素及β-内酰胺酶抑制剂认知

PPT

学习引导

新型抗生素"泰能"，即亚胺培南西司他丁，属于其他β-内酰胺类的碳青霉烯类抗生素，是迄今已知抗生素中抗菌谱最广，对多数革兰阳性和革兰阴性菌有效，对厌氧菌有强效的一类药物。同时对β-内酰胺酶高度稳定，且有抑制β-内酰胺酶的作用。"泰能"临床主要用于多重耐药菌引起的严重感染及严重需氧菌和厌氧菌所致的混合感染。那么除"泰能"外还有哪些比较常用的其他β-内酰胺类抗生素？

本单元主要介绍其他β-内酰胺类抗生素药物的药理作用、适应证、制剂用法及药物评价。

学习目标

1. **掌握**　亚胺培南、美罗培南、氨曲南、头孢美唑的药理作用、适应证、药物评价；β-内酰胺酶抑制剂的作用及应用。

2. **熟悉**　常见非典型β-内酰胺类抗生素药物的品种、制剂、用法。

3. **了解**　常见非典型β-内酰胺类抗生素药品的商品信息。

非典型β-内酰胺类抗生素是指结构中也有β-内酰胺环，但不同于青霉素或头孢菌素的基本结构，对β-内酰胺酶稳定，又称为其他β-内酰胺类抗生素，包括以下几类。

（1）单环β-内酰胺类　如氨曲南，对包括铜绿假单胞菌和沙雷菌等革兰阴性杆菌有强大的抗菌作用。

（2）碳青霉烯类　如亚胺培南、美罗培南。抗菌谱广，抗菌作用强，对许多革兰阳性菌、革兰阴性菌及厌氧菌有效。

（3）氧头孢烯类　如氟氧头孢，与第三代头孢相似。广谱，对革兰阴性菌作用强。

（4）头孢霉素类　如头孢西丁、头孢美唑。抗菌谱、抗菌活性与第二代头孢相似，对厌氧菌作用强于第三代头孢。

β-内酰胺酶抑制剂，也具有β-内酰胺环，其本身没有或有弱的抗菌作用，但对多数细菌产生的β-内酰胺酶有抑制作用，如克拉维酸、舒巴坦、他唑巴坦。β-内酰胺酶抑制剂常与青霉素类或头孢菌素类药物合用，从而使产酶的菌株有效，抗菌范围扩大。如：阿莫西林-克拉维酸钾（奥格门汀）、替卡西林-克拉维酸钾、氨苄西林-舒巴坦（优立新）、头孢哌酮钠-舒巴坦钠（舒普深）、哌拉西林-他唑巴坦等。

阿莫西林克拉维酸钾 [药典(二);基;医保(甲、乙)] 微课3

Amoxicillin and clavulanate potassium

【其他名称】奥格门汀，AUGMENTIN

【药理作用】本品为阿莫西林和克拉维酸钾的复方制剂。阿莫西林为广谱、耐酸、不耐酶的青霉素；克拉维酸钾本身只有微弱的抗菌活性，但具有强大的广谱β-内酰胺酶抑制作用，两者合用，可保护阿莫西林品免遭β-内酰胺酶水解。本品的抗菌谱与阿莫西林相似，且有所扩大。对产酶金黄色葡萄球菌、表皮葡萄球菌、凝固酶阴性葡萄球菌及肠球菌均具良好作用，对某些产β-内酰胺酶的肠肝菌科细菌、流感嗜血杆菌、卡他莫拉菌、脆弱拟杆菌等也有较好抗菌活性。

【适应证】用于敏感菌引起的各种感染，如：上呼吸道感染、下呼吸道感染、泌尿系统感染、盆腔炎、淋球菌引起的尿路感染及软性下疳、皮肤和软组织感染等。其他感染：中耳炎、骨髓炎、败血症、腹膜炎和手术后感染等。

【制剂规格】片剂、分散片、颗粒剂、干混悬剂：0.3125g；0.375g；0.457g；0.625g；1.0g。由阿莫西林和克拉维酸钾按照（2：1）~（7：1）的比例混合而成。注射用粉针：0.3g；0.6g；1.2g，由阿莫西林和克拉维酸钾按照5：1的比例混合而成。

【用法用量】口服：成人及12岁以上儿童一次1g，一日3次。静脉注射或静脉滴注：成人及12岁以上儿童一次1.2g，一日3~4次。12岁以下儿童的用法用量根据体重折算。

【药物评价】

（1）药效 本品为阿莫西林和克拉维酸钾的复方制剂，抗菌活性比阿莫西林更强、抗菌谱更广，尤其对阿莫西林耐药的金黄色葡萄球菌有较好的抗菌作用。

（2）不良反应 ①常见胃肠道反应如腹泻、恶心和呕吐等。②皮疹，尤其易发生于传染性单核细胞增多症者。③可见过敏性休克、药物热和哮喘等。④偶见血清氨基转移酶升高、嗜酸性粒细胞增多及念珠菌或耐药菌引起的二重感染。

（3）注意事项 ①患者每次开始服用本品前，必须先进行青霉素皮试，青霉素过敏者禁用。②老年患者应根据肾功能的情况调整用药剂量或用药间隔。③肾功能减退者应根据血浆肌酐清除率调整剂量或给药间期。④本品可通过胎盘屏障，故孕妇禁用。⑤有过敏性疾病史的患者慎用。

【商品信息】生产商 南京先声东元制药、湘北威尔曼制药、石药集团中诺药业（石家庄）等。

【贮藏】密封，在凉暗干燥处保存。

亚胺培南西司他丁 [基;医保(乙)]

Imipenemand cilastatin

【其他名称】泰能，Tienam

【药理作用】本品为亚胺培南和西司他丁的复方制剂。亚胺培南对大多数β-内酰胺酶高度稳定，对脆弱拟杆菌、铜绿假单胞菌有效。但是亚胺培南单独使用时，在肾脏受脱氢酶代谢而分解失活。西司他丁作为肾脱氢酶抑制剂，可保护亚胺培南在肾脏中不被破坏，同时也减少其在肾脏中的排泄。亚胺培南对革兰阳性、阴性的需氧和厌氧菌具有抗菌作用。肺炎链球菌、化脓性链球菌、金黄色葡萄球菌（包括产酶株）、大肠埃希菌、克雷伯菌、不动杆菌部分菌株、脆弱拟杆菌及其他拟杆菌、消化球菌和消化链球菌的部分菌株对本品甚敏感。粪链球菌、表皮链球菌、流感嗜血杆菌、奇异变形杆菌、沙雷杆菌、产气肠杆菌、阴沟肠杆菌、铜绿假单胞菌、气性坏疽梭菌、难辨梭菌等对本品也相当敏感。本品有较好的耐酶性能，与其他 β - 内酰胺类药物间较少出现交叉耐药性。

【适应证】　用于敏感菌所致的腹膜炎、肝胆感染、腹腔内脓肿、阑尾炎、妇科感染、下呼吸道感染、皮肤和软组织感染、尿路感染、骨和关节感染及败血症等。

【制剂规格】　注射用粉针：0.25g（亚胺培南 0.25g 与西司他丁 0.25g）；0.5g（亚胺培南 0.5g 与西司他丁 0.5g）；1g（亚胺培南 1g 与西司他丁 1g）。

【用法用量】　静脉滴注：成人一日 2 ~ 3g，每 6 ~ 8 小时给药 1 次；一日最大剂量不得超过 50mg/kg 或 4g。儿童剂量根据体重折算，一日最大剂量为 2g。肌内注射：剂量为一次 0.5 ~ 0.75g，每 12 小时给药 1 次。

【药物评价】

（1）药效　本品主要用于对其他药物耐药的革兰阴性菌感染、严重需氧菌与厌氧菌混合感染的治疗。也可用于病原菌未查明的严重感染、免疫缺陷者感染的经验性治疗。一般不宜用于治疗社区获得性感染，更不宜用作预防用药。

（2）不良反应　①静脉滴注过快可出现头晕、出汗、全身乏力、恶心、呕吐等反应，此时需减慢滴注速度，如减慢滴注速度后症状仍不消失，则需停用本品。②中枢神经系统不良反应如头晕、抽搐、肌痉挛及精神症状。③二重感染，如假膜性肠炎、口腔白色念珠菌感染。④其他：如皮疹、皮肤瘙痒、发热等过敏反应；血栓性静脉炎、注射部位疼痛；恶心、呕吐、腹泻等胃肠道反应。

（3）注意事项　①严重肾功能不全者、中枢神经系统疾病患者、过敏体质者慎用。②注射时应注意改换注射部位以防止发生血栓性静脉炎。③本品应在使用前溶解。④婴儿、妊娠期妇女及哺乳期妇女使用本品应谨慎。

【商品信息】　生产商　珠海联邦制药、深圳海滨制药、山东新时代药业、国药集团国瑞药业、瀚晖制药等。

【贮藏】　密闭、避光，室温下保存。

任务 4　大环内酯类抗生素认知

PPT

学习引导

红霉素是由红色链丝菌培养液中分离出来的一种大环内酯类抗生素，1952 年发现，1953 年首次上市。目前我国已成为世界上大环内酯类抗生素原料药的第一大生产国。那么红霉素有哪些药理作用？大环内酯类药物还有哪些？

本单元主要介绍大环内酯类抗生素药物的药理作用、适应证、制剂用法及药物评价。

1. **掌握** 常用罗红霉素、阿奇霉素、喹红霉素的药理作用、适应证、药物评价。
2. **熟悉** 常见罗红霉素、地红霉素、克拉霉素、阿奇霉素的品种、制剂、用法。
3. **了解** 常见红霉素、琥乙红霉素等药品的商品信息。

大环内酯类是一类由一个 14～16 元内酯环和连接在环上的糖基组成的抗生素。大环内酯类可与细菌核糖体 50S 亚单位结合，阻碍细菌蛋白质的合成而产生抗菌作用。大环内酯类的抗菌谱窄，但比青霉素略广，对革兰阳性菌、革兰阴性球菌、少数革兰阴性杆菌（流感杆菌、百日咳杆菌、布氏杆菌、军团菌等）有很好的抗菌效果，对支原体、衣原体、立克次体、螺旋体也有抗菌作用。

大环内酯类适用于对青霉素过敏或耐药患者的感染、支原体肺炎、沙眼衣原体引起的眼部或生殖泌尿道感染、军团菌病、皮肤软组织感染、百日咳、敏感菌引起的呼吸道感染、咽峡炎及痤疮等。

第一代大环内酯类药物有红霉素、琥乙红霉素、乙酰螺旋霉素、麦迪霉素、交沙霉素、依托红霉素，主要用于治疗耐青霉素 G 金黄色葡萄球菌引起的严重感染及对 β-内酰胺类抗生素过敏的患者。其特点是疗效肯定，无严重不良反应，但对胃酸不稳定，生物利用度低，且胃肠道反应较多。

第二代药物有罗红霉素、地红霉素、克拉霉素、阿奇霉素等，特点是生物利用度高，抗菌活性更强，毒性低，副作用少，是广泛用于治疗呼吸道感染的一线药物。

第三代药物有泰利霉素、喹红霉素，抗菌谱广，对第一、第二代大环内酯类耐药菌有良好效果，用于治疗呼吸道感染。

本类抗生素与 β-内酰胺类之间不存交叉耐药性，可用作青霉素耐药或者过敏的患者。但是本类抗生素之间有部分交叉耐药性。

红霉素【药典(二);基;医保(甲)】 微课4

Erythromycin

【其他名称】 新红康

【药理作用】 与细菌核糖体 50S 亚基可逆性结合，妨碍细菌蛋白质合成，属于抑菌剂，高浓度有杀菌作用。对金黄色葡萄球菌、溶血性链球菌、肺炎链球菌、白喉杆菌、炭疽杆菌、破伤风杆菌、产气荚膜杆菌等革兰阳性菌、放线菌、军团菌、肺炎支原体、衣原体、淋球菌有抑制作用。

【适应证】 青霉素过敏或耐药患者治疗下列感染的替代用药：主要用于链球菌引起的急性扁桃体炎、猩红热，白喉，气性坏疽、炭疽、破伤风，放线菌病，梅毒，李斯特菌病等。还可以用于治疗军团菌病、肺炎支原体肺炎、肺炎衣原体肺炎、衣原体属、支原体属所致泌尿生殖系感染、沙眼衣原体结膜炎、淋病奈瑟菌感染、厌氧菌所致口腔感染、空肠弯曲菌肠炎、百日咳等。

【制剂规格】 肠溶片：0.05g；0.125g；0.25g。软膏剂：1%。眼膏剂：0.5%。

【用法用量】 口服：整片吞服，不可嚼碎，成人一日 1～2g，儿童每日 30～50mg/kg，分 3～4 次服用。静脉滴注剂量与片剂相同，要缓慢。

【药物评价】

（1）药效 ①第一代大环内酯类天然抗生素，属快速抑菌药。②不耐酸，抗菌谱较窄，对革兰阳性菌有较强抗菌活性，对多数青霉素耐药菌和部分革兰阴性菌敏感，是支原体肺炎、军团菌感染的首选药。

（2）不良反应 ①胃肠道反应有腹泻、恶心、呕吐、上腹痛、口舌疼痛等。②肝毒性少见，患者可有乏力、恶心、呕吐、腹痛、发热及肝功能异常，偶见黄疸等。③过敏反应表现为药物热、皮疹、嗜酸性粒细胞增多等。④少数患者用药后偶有心律失常。

（3）注意事项　①肝病、严重肾功能不良患者本品的剂量应适当减少。②红霉素为抑菌药，应按一定的时间间隔给药，以保持体内药物浓度。③在酸性输液中破坏降效，肠溶片应整片吞服，幼儿可服用对酸稳定的酯化红霉素。④静脉滴注易引起静脉炎，滴注速度宜缓慢。

【商品信息】生产商　陕西健民制药、马应龙药业等。

【贮藏】密封，在干燥处保存。

阿奇霉素【药典(二)；基；医保(甲、乙)】
Azithromycin

【其他名称】阿红霉素，阿泽霉素

【药理作用】抗菌机制是抑制细菌蛋白质合成，抗菌谱与红霉素相近，作用较强，对流感杆菌、淋球菌的作用比红霉素强 4 倍，对军团菌作用比红霉素强 2 倍，对梭状芽孢杆菌的作用比红霉素强，对金黄色葡萄球菌感染比红霉素有效，对弓形体、梅毒螺旋体也有良好的杀灭作用。

【适应证】用于敏感菌引起的上呼吸道感染、下呼吸道感染、皮肤和软组织感染等。

【制剂规格】片剂、胶囊剂、颗粒剂、干混悬剂：0.1g；0.125g；0.25g；0.5g。糖浆剂：25ml：0.25g；25ml：0.5g；60ml：1.5g。注射用粉针：0.1g；0.125g。

【用法用量】口服：用于成人沙眼衣原体或敏感淋球菌所致性传播疾病，仅需单次口服本品 1g；对其他感染的治疗，第一日 0.5g 顿服，第 2~5 日，减半顿服；或一日 0.5g 顿服，连服 3 日。

【药物评价】

（1）药效　①第二代半合成大环内酯类抗生素，耐酸，抗菌活性强，为本类中对肺炎支原体作用最强的药物。②每天只需给药 1 次，肝毒性、胃肠道等不良反应比红霉素少。

（2）不良反应　消化道反应占大多数，主要症状包括腹泻、上腹部不适、恶心、呕吐，偶见腹胀。偶见氨基转移酶可逆性升高，一过性中性粒细胞减少症。

（3）注意事项　①肝、肾功能不全患者、孕妇和哺乳期妇女需慎用。②本药宜在饭前 1 小时或饭后 2 小时口服。

【商品信息】生产商：山东罗欣药业、瑞阳制药等。

 实例分析 4-2

实例　患者王某，女，5 岁。因"发热、咳嗽 2 天"就诊。经检查支原体抗体 1：80 阳性；诊断：支原体感染。

处方　5% 葡萄糖注射液　100ml

注射用阿奇霉素　0.125g

问题　本处方是否合理，为什么？

答案解析

【贮藏】密封，在干燥处保存。

克拉霉素【药典(二)；基；医保(乙)】
Clarithromycin

【其他名称】甲红霉素，甲氧基红霉素，克红霉素

【药理作用】抗菌机制是通过阻碍细胞核蛋白 50S 亚基的联结，抑制细菌蛋白质的合成。本品对革

兰阳性菌如金黄色葡萄球菌、链球菌、肺炎球菌等有抑制作用，对部分革兰阴性菌如流感嗜血杆菌、百日咳杆菌、淋病奈瑟菌、嗜肺军团菌和部分厌氧菌如脆弱拟杆菌、消化链球菌、痤疮丙酸杆菌等也有抑制作用。此外对支原体也有抑制作用。

【适应证】用于敏感细菌所致的上、下呼吸道感染，包括扁桃体炎、咽喉炎、副窦炎、支气管炎、肺炎等，皮肤、软组织感染，脓疱，丹毒，毛囊炎，伤口感染等，疗效与其他大环内酯类相仿。本品也可用于沙眼衣原体或溶脲脲原体所致生殖泌尿系感染、艾滋病患者的非典型分枝杆菌感染等。

【制剂规格】片剂：50mg；0.125g；0.25g。胶囊剂：0.125g；0.25g。颗粒剂：0.05g；0.1g；0.125g；0.25g。

【用法用量】口服：成人常用的推荐剂量为一日2次，一次250mg。严重感染时，剂量增加为一次500mg，一日2次。疗程为5～14天，获得性肺炎和鼻窦炎疗程为6～14日。

【药物评价】

（1）药效 ①本品属14元环大环内酯类抗生素，抗菌谱与红霉素、罗红霉素等相同。②在体外抗菌活性与红霉素相似，但在体内对部分细菌如金黄色葡萄球菌、链球菌、流感嗜血杆菌等抗菌活性比红霉素强。与红霉素之间有交叉耐药性。

（2）不良反应 ①常见恶心、胃灼热、腹痛腹泻、头痛。暂时性转氨酶升高，停药后可恢复。②可发生过敏反应，轻者为药疹、荨麻疹，重者为过敏症。③偶见有短暂性中枢神经系统副作用，如焦虑、头晕、失眠、幻觉、噩梦及意识模糊等。

（3）注意事项 ①肝功能损害、中度至严重肾功能损害者慎用。②肾功能严重损害应根据肌酐清除率调整剂量。③本品与红霉素及其他大环内酯类药物之间有交叉过敏和交叉耐药性。④如出现真菌或耐药细菌导致的严重感染时需要中止使用本品，同时采用适当的治疗。⑤本品及其代谢产物可进入母乳中，故孕妇及哺乳期妇女禁用。老年人的耐受性与年轻人相仿。

【商品信息】生产商 西安利君制药、上海现代制药、石药集团欧意药业、广州白云山医药集团股份有限公司白云山制药总厂等。

【贮藏】遮光，密闭，在阴凉干燥处保存。

任务5　氨基糖苷类抗生素认知

PPT

学习引导

1942年，土壤微生物专家瓦克斯曼从土壤和鸡的喉头分离出两种放线菌，并从这两种菌分离得到的物质称为链霉素，它能够抵抗革兰阴性病菌，更令人兴奋的是对结核分枝杆菌有很强的抵抗作用。此后仅用了2年链霉素就投入了临床应用。链霉素是最早用于临床的氨基糖苷类药物，也是第一个用于临床的抗结核病药。那么链霉素有哪些副作用？氨基糖苷类药物除了链霉素还有哪些？

本单元主要介绍氨基糖苷类药物的药理作用、适应证、制剂用法及药物评价。

1. **掌握** 常用氨基糖苷类药物的药理作用、适应证、药物评价。
2. **熟悉** 常见氨基糖苷类药物的品种、制剂、用法。
3. **了解** 常见氨基糖苷类药品的商品信息。

氨基糖苷类是一类具有氨基糖与氨基环醇结构的抗生素。氨基糖苷类药物与细菌的核糖体30S亚基结合，诱导细菌合成错误蛋白以及阻抑已合成蛋白质的释放，从而导致细菌死亡，属静止期杀菌剂。常用品种有链霉素、卡那霉素、阿米卡星、妥布霉素、庆大霉素、小诺米星、新霉素、奈替米星、大观霉素、依替米星和核糖霉素等。

氨基糖苷类的抗菌谱广，对革兰阴性菌和革兰阳性菌都有作用，尤其对革兰阴性菌作用强。有些品种，如链霉素、卡那霉素、阿米卡星还对结核杆菌有杀菌作用，其中以链霉素的抗结核杆菌作用最强；庆大霉素、阿米卡星、妥布霉素对铜绿假单胞菌有效。氨基糖苷类毒性较大，临床使用受到一定的限制，目前主要用于严重革兰阴性菌感染。

氨基糖苷类的不良反应较严重。耳毒性包括耳蜗损害和前庭损害，耳蜗损害造成听力受损甚至失聪，前庭损害表现有眩晕、共济失调和平衡障碍等，听力损害是不可逆的。肾毒性较耳毒性常见，表现为肾小管损害，通常是可逆的。氨基糖苷类的神经毒性是在大剂量下，可阻断神经－肌肉接头，导致呼吸肌麻痹。氨基糖苷类也可发生过敏反应，轻者皮疹、发热等，重则出现休克、死亡。氨基糖苷类药物的耐药性主要是因为细菌产生了钝化酶，导致药物失活，本类药物之间存在部分交叉耐药性。

即学即练 4-2

下列药物属于治疗肺结核的二线抗生素的是（　　　）

答案解析　A. 链霉素　　B. 庆大霉素　　C. 阿米卡星　　D. 新霉素

庆大霉素【药典（二）；基；医保（甲、乙）】 微课5

Gentamycin

【其他名称】 正泰霉素、艮他霉素

【药理作用】 对大肠杆菌、产气杆菌、肺炎杆菌、变形杆菌、铜绿假单胞菌、沙雷杆菌等革兰阴性菌敏感；金黄色葡萄球菌对本品有一定的敏感性。

【适应证】 用于敏感革兰阴性杆菌，如肺炎杆菌、变形杆菌、沙雷菌属、铜绿假单胞菌以及耐药葡萄球菌（甲氧西林敏感菌株）所致的严重感染，如败血症、下呼吸道感染、肠道感染、盆腔感染、腹腔感染、皮肤软组织感染、复杂性尿路感染等。

【制剂规格】 片剂：20mg；40mg。缓释片：40mg。颗粒剂：10mg；40mg。注射液：1ml：20mg（2万U）；1ml：40mg（4万U）。滴眼液：8ml：40mg（4万U）。

【用法用量】 口服：用于胃肠道感染，治疗慢性胃炎、轻型急性肠炎治疗，也与抗溃疡药物合用治疗消化性溃疡之幽门螺杆菌感染。一次80mg，一日2次。胃及十二指肠幽门螺杆菌感染，3～4周为一疗程。注射给药：一次80mg，一日2～3次。

【药物评价】

（1）药效　①天然氨基糖苷类抗生素。抗菌谱广，杀菌力强，价格便宜，尽管毒性大，在严重革兰阴性菌感染中治疗中仍被广泛应用，但应用有减少的趋势。②口服吸收差，全身感染需注射给药。

（2）不良反应　①可引起耳毒性，如听力减退、耳鸣或耳部饱满感，影响前庭功能时可发生步履不稳、眩晕等。②肾毒性，如血尿、排尿次数显著减少或尿量减少等。③神经-肌肉阻滞引起的呼吸困难、嗜睡、软弱无力少发；皮疹、恶心、呕吐、肝功能减退、粒细胞减少、贫血、低血压等偶发。④全身给药合并鞘内注射可能引起腿部抽搐、皮疹、发热和全身痉挛等。

（3）注意事项　①第Ⅷ对脑神经损害、重症肌无力、脱水、肾功能不良患者、老人、小儿及孕妇慎用；哺乳妇女用药期间应暂停哺乳；对本品过敏者禁用。②氨基糖苷类存在交叉过敏。③本品有抑制呼吸作用，不得静脉推注。

【商品信息】

（1）发展史　1963年，从小单孢菌发酵液中分离出庆大霉素。

（2）生产商　内蒙古兰太药业、沈阳志鹰药业、石家庄东方药业、国药集团国瑞药业、海南伊顺药业等。

【贮藏】 密闭，在凉暗处保存。

 实例分析4-3

　　实例　小王是药店的一名售货员，通过学习他知道氨基糖苷类抗生素具有耳毒性、肾毒性，可是他不明白为什么治疗小儿肠道感染的口服药物却有很多庆大霉素颗粒等此类药物。

　　问题　小王的担心有道理吗？为什么？

答案解析

任务6　广谱抗生素及其他类抗生素认知

PPT

学习引导

　　四环素类、氯霉素类抗生素是较早应用于临床的广谱抗生素，但是现在"广谱"抗生素的临床应用越来越"窄谱"。为什么呢？一方面因严重的毒副作用极大地限制了它们的临床应用，另一方面随着科技的发展众多新型抗生素用于临床替代了它们，目前它们仅用于特殊严重的感染。

　　本单元主要介绍广谱抗生素类及其他类抗生素药物的药理作用、适应证、制剂用法及药物评价。

学习目标

1. 掌握　四环素、克林霉素、万古霉素的药理作用、适应证、制剂用法、药物评价。
2. 熟悉　氯霉素的品种、制剂、用法。
3. 了解　常见广谱抗生素类药品及其他类抗生素药品的商品信息。

一、广谱类抗生素

1. 四环素类抗生素　四环素类是一类结构中含并四苯基本骨架的广谱抗生素，包括天然四环素：如金霉素、土霉素和四环素；半合成四环素，如美他环素、多西环素、米诺环素等。

四环素类药物能特异性地与细菌核糖体 30S 亚基的 A 位置结合，妨碍细菌蛋白质的合成，产生抑菌作用。四环素类药物为广谱慢速抑菌药，在极高浓度时有杀菌作用。

四环素类药物对革兰阳性细菌、革兰阴性细菌、立克次体、衣原体、支原体、螺旋体均有作用，用于多种细菌及立克次体、衣原体、支原体等所致感染。四环素类不良反应较多，临床常见病原菌对四环素多数耐药，同类品种之间存在交叉耐药，近年来使用较少。

四环素类药物的不良反应较多，包括：①消化道反应，如恶心、呕吐、腹痛、腹泻等；②肝功能损害；③肾功能损害；④影响牙齿及骨骼的发育，故 8 岁以下小儿禁用；⑤局部刺激，故不可肌内注射，静脉滴注应充分稀释；⑥过敏反应；⑦使用时间稍长，易致肠道菌群失调，出现二重感染；⑧含钙及二价以上金属离子的药物、食物，均可与其形成络合物而阻碍其吸收，减弱其作用。

四环素 [药典(二)；医保(甲、乙)]

Tetracycline

【其他名称】 四环素碱

【药理作用】 广谱抑菌剂，高浓度时具杀菌作用。对肺炎链球菌、溶血性链球菌、草绿链球菌及部分葡萄球菌、产气荚膜杆菌、炭疽杆菌、白喉杆菌、破伤风杆菌、鼠疫杆菌、布鲁菌属、流感嗜血杆菌、弯曲杆菌属、霍乱弧菌均有一定抗菌作用，对立克次体、支原体属、衣原体属、螺旋体、某些原虫也有抑制作用。

【适应证】 用于治疗立克次体病、支原体属感染、衣原体属感染、回归热、布鲁菌病、霍乱、兔热病及软下疳等。治疗布鲁菌病和鼠疫时需与氨基糖苷类联合应用。

【制剂规格】 片剂：0.25g。胶囊剂：0.125g；0.25g。注射用粉针：0.125g；0.25g；0.5g。

【用法用量】 口服，成人一次 0.25～0.5g，每 6 小时 1 次。8 岁以上小儿每次 25～50mg/kg，每 6 小时 1 次。疗程一般为 7～14 日，支原体肺炎、布鲁氏菌病需 3 周左右。

【药物评价】

（1）药效　广谱抑菌药。对革兰阳性菌的作用不及青霉素，对革兰阴性菌的作用不及庆大霉素和氯霉素，但是对立克次体、支原体属、衣原体属、螺旋体、某些原虫有效。②临床常见病原菌对四环素耐药现象严重，应用受限。

（2）不良反应　见前面所述四环素类的不良反应。

（3）注意事项　①致畸胎作用，且妊娠期妇女对四环素的肝毒性反应尤为敏感，故孕妇禁用。②影响牙齿及骨骼的发育，故 8 岁以下小儿禁用。③能通过乳汁排泄，哺乳期妇女应用时应暂停哺乳。

【商品信息】

（1）发展史　1953 年美国开始生产，我国于 1958 年投产，因耐药性等不良反应，其使用减少。

（2）生产商　西安利君方圆制药、山西康欣药业等。

【贮藏】 遮光，密封，在干燥处保存。

2. 氯霉素类抗生素　氯霉素类抗生素是一类由委内瑞拉链霉菌产生的抗生素，其结构由一个芳香环和一个短的侧链组成。品种有氯霉素和甲砜霉素，两者的抗菌谱、抗菌作用与不良反应相似。

氯霉素 [药典(二);基;医保(甲)]

Chloramphenicol

【其他名称】 左霉素，左旋霉素，氯胺苯醇，氯丝霉素

【药理作用】 与细菌核糖体的50S亚单位可逆性结合，抑制蛋白质合成过程中肽基转移酶的作用，阻止蛋白质的合成而发挥抑菌作用，高浓度时也呈杀菌作用。抗菌谱广，对革兰阴性菌作用较革兰阳性菌强。衣原体、钩端螺旋体、立克次体也对本品敏感；厌氧菌如破伤风梭菌、产气荚膜杆菌、放线菌及乳酸杆菌、梭杆菌等也有作用。

【适应证】 可用于革兰阴性伤寒和其他沙门菌属感染，为敏感菌株所致伤寒、副伤寒的首选药物之一。眼科外用于结膜炎、沙眼、角膜炎和眼睑缘炎。目前临床多用其外用制剂，如滴眼液、滴耳液、搽剂等。

【制剂规格】 片剂：0.05g；0.125g；0.25g。胶囊剂：0.125g；0.25g。滴眼液：5ml：12.5mg；8ml：20mg；10ml：25mg。滴耳液：5ml：0.125g；10ml：0.25g。

【用法用量】 口服：成人，一日1.5~3g，分3~4次服用。外用、滴眼：一次1~2滴，一日3~5次。

【药物评价】

（1）药效 对革兰阳性菌的作用不及青霉素和四环素，对革兰阴性菌的作用不及氨基糖苷类，不作为全身细菌感染的常规用药；但因其穿透力强、易透过血-脑屏障等优点，仍可用于某些严重感染的治疗。

（2）不良反应 氯霉素具有抑制骨髓造血机能（最严重）、胃肠道反应、二重感染、过敏反应及新生儿灰婴综合征等不良反应。

（3）注意事项 ①防止不可逆性骨髓抑制，避免重复疗程使用，肝、肾功能损害患者避免使用，口服本品时应饮用足量水，空腹服用，即于餐前1小时或餐后2小时服用，以期达到有效血药浓度。②在治疗过程中应定期检查周围血象。③新生儿不宜使用，以防灰婴综合征，有指征必须应用本品时应在监测血药浓度条件下使用。④老年患者应慎用。⑤妊娠期，尤其是妊娠末期或分娩期不宜应用本品。哺乳期妇女必须应用时应暂停哺乳。

【商品信息】 地奥集团成都药业、哈药集团制药总厂、瑞阳制药等。

【贮藏】 密封，在干燥处保存。

 知识链接

灰婴综合征

这是由于新生儿尤其是早产儿肝肾功能发育不完全，对氯霉素的代谢和排泄能力低下，导致药物在体内蓄积中毒。最初发病24小时内表现呕吐、拒哺、呼吸不规则而快、腹部膨胀等，病情危重。以后24小时，病儿软弱，转为灰色，体温下降，循环衰竭等，死亡率约40%。因此，早产儿及出生两周以内新生儿应避免使用。

二、其他类抗生素

1. 林可胺类抗生素 克林霉素是林可霉素的半合成衍生物，包括：林可霉素和克林霉素。两者的

抗菌谱与红霉素相似，但克林霉素的抗菌活性强，毒性低。

林可胺类药物作用机制是和细菌核糖体的 50S 亚单位结合，干扰起始复合物的形成和氨乙酰转移反应，抑制细菌蛋白质的合成。对耐青霉素的葡萄球菌在内的革兰阳性球菌、许多革兰阴性、阳性厌氧菌如拟杆菌属等有很好的抗菌活性。主要用于治疗拟杆菌和其他厌氧菌的混合感染。也用于链菌球、葡萄球菌和肺炎球球菌引起的呼吸道感染、皮肤感染、骨关节感染、结膜炎和腹腔、生殖器脓肿等。

不良反应包括：胃肠道反应如腹泻、恶心等；其他有皮疹、肝功能损害和白细胞减少等；最严重的是假膜性肠炎。

克林霉素【药典(二);基;医保(甲)】 微课6

Clindamycin

【其他名称】氯洁霉素，氯林霉素

【药理作用】抗菌谱与林可霉素相同，抗菌活性较林可霉素强 4~8 倍，对大多数革兰阳性菌有较高抗菌活性，对革兰阴性厌氧菌也有良好抗菌活性。

【适应证】主要用于厌氧菌引起的口腔、腹腔、妇科感染，革兰阳性菌所致的呼吸系统、皮肤软组织、泌尿系统感染，以及金黄色葡萄球菌引起的急慢性骨髓炎等。

【制剂规格】盐酸克林霉素胶囊剂：0.075g；0.1g；0.15g。注射用克林霉素磷酸酯：0.3g；0.6g；0.9g；1.2g。

【用法用量】①口服：成人重症感染一次口服 150~300mg，必要时至 450mg，每 6 小时 1 次。②静脉滴注或肌内注射：成人革兰阳性需氧菌感染，一日 0.6~1.2g，厌氧菌感染一日 1.2~2.7g，极严重感染可用至一日 4.8g，分 2~4 次用。

【药物评价】

（1）药效　①克林霉素的口服吸收、抗菌活性均优于林可霉素，毒性低。②本品是金黄色葡萄球菌引起的急慢性骨髓炎的首选药。③与青霉素、氯霉素、头孢菌素类和四环素类之间无交叉耐药，与大环内酯类有部分交叉耐药，与林可霉素有完全交叉耐药性。

（2）不良反应　①胃肠道反应：包括恶心、呕吐、腹痛、腹泻等症状；严重者有腹绞痛、腹部压痛、严重腹泻（水样或脓血样），伴发热、异常口渴和疲乏（假膜性肠炎）。腹泻、肠炎和假膜性肠炎等可出现于治疗中或停药后。②过敏反应：以轻到中度的麻疹样皮疹最为多见，其次为水疱样皮疹和荨麻疹，偶见多形红斑、剥脱性皮炎等。③可出现肝功能异常、肾功能异常，偶见中性粒细胞减少和嗜酸性粒细胞增多等。

（3）注意事项　①林可霉素过敏者、肠道疾病或有既往史者、肝功能减退者、严重肾功能严重减退者慎用；新生儿禁用。②为防止急性风湿热的发生，用克林霉素治疗溶血性链球菌感染时的疗程，至少为 10 日。③用药期间须密切注意大便次数，如出现排便次数增多，应注意假膜性肠炎的可能，须及时停药并作适当处理。

【商品信息】

（1）发展史　1966 年合成，美国普强公司首先开发成功。我国于 1984 年开始生产。

（2）生产商　西南药业、扬子江药业等。

【贮藏】密封，在干燥处保存。

即学即练 4 –3

能影响骨和牙齿发育的抗生素是（　　　）；具有抑制骨髓造血功能，需要空腹服药且大量饮水的抗生素是（　　　）；能与阿奇霉素起竞争性拮抗作用的抗生素是（　　　）。

答案解析　A. 青霉素　　B. 四环素　　C. 氯霉素　　D. 林可霉素

2. 多肽类抗生素　万古霉素属多肽类抗生素，多肽类包括万古霉素、替考拉宁、多黏菌素 B、多黏菌素 E 和杆菌肽等。国产的去甲万古霉素比万古霉素少一个甲基，二者的抗菌谱、作用、适应证及不良反应相似。

万古霉素【药典(二)；医保(乙)】
Vancomycin

【其他名称】凡古霉素，凡可霉素

【药理作用】万古霉素通过抑制细菌的细胞壁的合成而杀灭细菌。主要对革兰阳性菌有效，特别是对耐甲氧西林金黄色葡萄球菌（MRSA）引起的感染有效，对耐药肠球菌引起的感染有效。

【适应证】适用于耐甲氧西林金黄色葡萄球菌及其他细菌所致的感染：败血症、感染性心内膜炎、骨髓炎、关节炎、灼伤、手术创伤等浅表性继发感染、肺炎、肺脓肿、脓胸、腹膜炎、脑膜炎。

【制剂规格】注射用粉针：0.5g（50 万 U）。

【用法用量】静脉滴注：点滴引起的副作用与药物浓度及输液速度有关，成人建议用量 5mg/kg，给药速度不高于 10mg/min，建议 60 分钟以上的缓慢静脉滴注。新生儿、肝肾功能不全者、老年人等特殊情况请遵医嘱。

【药物评价】

（1）药效　对耐甲氧西林金黄色葡萄球菌（MRSA）引起的感染有效。一般不作为抗细菌感染的一线药。

（2）不良反应　不良反应发生率约为10%，多数轻微，但耳、肾毒性较大。①静滴引起的副作用：快速静脉滴注万古霉素时或之后，可能发生类过敏性反应，包括低血压、喘息、呼吸困难、荨麻疹或瘙痒。快速静脉滴注亦可能引起身体上部的潮红（"红颈"）或疼痛及胸部和背部的肌肉抽搐。②肾毒性：通常发生在患者合并使用氨基糖苷类药物，或原本患者有肾功能不全者。③耳毒性：肾功能失调、预先已有听觉丧失者或同时与其他耳毒性药物并用容易发生。④影响造血机能：可逆性中性粒细胞、可逆性粒细胞缺乏症。⑤静脉滴注局部可出现静脉炎，偶有过敏反应，药物热、寒战、恶心、嗜酸粒细胞增多、皮疹等。

（3）注意事项　①滴注速度要缓慢。②对本品过敏者，严重肝、肾功能不全者，妊娠期妇女及哺乳期妇女禁用。

【商品信息】生产商　浙江新昌制药、浙江海正药业等。

【贮藏】密闭，在凉暗处保存。

实训 10　处方药学术推广

【实训目的】

1. 熟悉自己推广抗菌药物产品的临床使用特点以及与同类竞争品种比较的优势。

2. 根据其药物商品特性，掌握向医院临床使用学术推广的技巧。

【实训准备】

电脑网络系统、会议厅（或课室）、多媒体投影设备、相关药品包装或实物数种。

【实训内容】

1. 任务布置　教师讲授医院临床推广的相关知识并简单介绍对医院临床学术推广的方法、程序及注意事项。学生分组，每组同学选定一种抗菌药物作为自己将要临床推广的产品，建议从抗菌药物、抗病毒药及抗真菌药等市场销售较好的品种选取。（可以列举某一药品学术推广实例，供同学参考）

2. 资料收集　学生利用课余时间收集自己选定药物商品的优势信息，主要从安全性、有效性、经济性、适当性等方面出发。

3. 确定推广计划　各组需根据分配的任务，对拟介绍的产品写出推广计划。采取新药推广会或者一对一的医生拜访这两种形式。

4. 计划实施　选择新药推广会这种形式的同学根据所查资料信息制作幻灯片，作为在医院学术推广药品时的宣讲资料，实训过程中模拟现场提问和解答并进行角色扮演；选择一对一医生拜访这种形式的同学根据自己收集的药品信息制订出详细的销售计划，实训过程中模拟拜访医生的情景并进行角色扮演。

【实训评价】

评价内容	评分标准	得分
基本知识技能水平（20 分）	基本知识掌握并且灵活应用	
方案设计能力（20 分）	活动方案创意新颖实用	
任务完成情况（20 分）	完成效果好	
团队合作能力（20 分）	分工协作，积极与其他成员合作	
工作态度（20 分）	积极自主完成任务	
合计（100 分）		

答案解析

单项选择题

1. 青霉素最常见的不良反应是（　　）

　A. 高血钾　　　　　　B. 高血钠　　　　　　C. 肾毒性　　　　　　D. 过敏反应

2. 氯霉素的特点，错误的是（　　）

　A. 可引起灰婴综合征　　　　　　　　　　B. 易透过血-脑屏障

　C. 严重抑制骨髓造血　　　　　　　　　　D. 广泛应用于全身性细菌感染

3. 可用于耐青霉素的金黄色葡萄球菌感染的是（　　）

　A. 氯唑西林　　　　　B. 青霉素　　　　　　C. 哌拉西林　　　　　D. 阿莫西林

4. 下列头孢菌素类药物中，对铜绿假单胞菌作用最强的是（　　）

　A. 头孢曲松　　　　　B. 头孢他啶　　　　　C. 头孢噻肟　　　　　D. 头孢哌酮

5. 治疗金黄色葡萄球菌引起的骨髓炎，首选（　　　）

    A. 氧氟沙星　　　　　　B. 阿奇霉素　　　　　　C. 克林霉素　　　　　　D. 头孢呋辛

多项选择题

6. 有耳毒性和肾毒性的抗生素是（　　　）

    A. 阿莫西林　　　　　　B. 庆大霉素　　　　　　C. 链霉素

    D. 头孢克肟　　　　　　E. 头孢克洛

7. 因影响骨骼和牙齿的发育，8 岁以下儿童不宜使用（　　　）

    A. 多西环素　　　　　　B. 四环素　　　　　　C. 米诺环素

    D. 头孢哌酮　　　　　　E. 庆大霉素

8. 军团菌感染，可选用（　　　）

    A. 青霉素　　　　　　　B. 阿奇霉素　　　　　　C. 罗红霉素

    D. 链霉素　　　　　　　E. 头孢唑林

9. 可治疗支原体肺炎的药物有（　　　）

    A. 青霉素 V　　　　　　B. 阿奇霉素　　　　　　C. 青霉素

    D. 克拉霉素　　　　　　E. 红霉素

10. 使用药物后，立即饮酒可引起"双硫仑样"反应的药物有（　　　）

    A. 阿莫西林　　　　　　B. 头孢哌酮　　　　　　C. 头孢唑林

    D. 头孢曲松　　　　　　E. 青霉素

书网融合……

知识回顾　　　微课1　　　微课2　　　微课3

微课4　　　微课5　　　微课6　　　习题

任务 1　喹诺酮类抗菌药物认知

PPT

学习引导

喹诺酮类药物是近年来迅速发展起来的人工合成抗菌药物，这类药物具有抗菌谱广、抗菌能力强，口服吸收好，组织浓度比较高，与其他抗菌药物没有交叉耐药性，不良反应也比较少等特点，已成为临床治疗细菌感染性疾病的主要药物。那么喹诺酮类药物的分类有哪些？其各自的代表药物有哪些？

本单元主要介绍喹诺酮类抗菌药物的药理作用、适应证、制剂用法及药物评价。

学习目标

1. **掌握**　常用喹诺酮类抗菌药物的药理作用、适应证、药物评价。
2. **熟悉**　常见喹诺酮类抗菌药物的品种、制剂、用法。
3. **了解**　常见喹诺酮类抗菌药品的商品信息。

人工合成抗菌药主要包括喹诺酮类、磺胺类和呋喃类等，以喹诺酮类临床使用最为广泛。

喹诺酮类通过抑制细菌 DNA 回旋酶和拓扑异构酶Ⅳ，阻断 DNA 复制而快速杀菌。喹诺酮类药物有四代产品。第一代喹诺酮类药物萘啶酸，开发于 20 世纪 60 年代，因毒性大、抗菌作用弱已被淘汰。第二代喹诺酮类药物吡哌酸，20 世纪 70 年代初开发，对革兰阴性杆菌有效，仅用于泌尿道和肠道感染，因疗效差、耐药性发展迅速，应用日趋减少。第三代喹诺酮类药物，20 世纪 80 年代陆续开发，抗菌谱广，抗菌活性强，是目前临床上治疗细菌感染性疾病的非常重要的一类抗菌药物。第四代喹诺酮类，20 世纪 90 年代后期开发，临床使用增多，莫西沙星也进入了我国基本药物目录。

第三代喹诺酮类药物，又称氟喹诺酮类药物，包括：诺氟沙星、环丙沙星、氧氟沙星、培氟沙星、依诺沙星、洛美沙星、左氧氟沙星和氟罗沙星等。氟喹诺酮类药物抗菌谱广，对革兰阴性菌（包括铜绿假单胞菌）杀菌作用强，对革兰阳性菌（包括产酶金黄色葡萄球菌）也有较好的作用，对衣原体、支原体、军团菌、结核杆菌、厌氧菌也有作用。可用于治疗敏感菌引起的呼吸道感染、泌尿道感染、皮肤软组织感染、肠道感染、细菌性前列腺炎等。环丙沙星、氧氟沙星还可用于结核病的治疗。

第四代喹诺酮类药物，如莫西沙星、巴洛沙星、克林沙星、加替沙星、普鲁利沙星等，与第三代药物相比，既保留了抗革兰阴性菌的强大的抗菌活性，也增强了抗革兰阳性菌的活性。同时对军团菌、支原体、衣原体显示出较强的作用，也提高了对厌氧菌的抗菌活性。对呼吸道常见病原菌的作用达到或超过了β-内酰胺类抗生素，可作为治疗肺部感染的一线药物。

氟喹诺酮类药物不良反应一般较轻，并且停药后立即消失。最常见的有胃肠道反应，如食欲不振、恶心、口腔异味、腹泻等。还可见头晕、头痛、失眠、情绪不安等神经系统反应。过敏反应主要是皮疹、血管神经性水肿、光敏性皮炎。对软骨的损害，导致关节病变，故18岁以下的青少年、孕妇禁用；哺乳妇使用应暂停哺乳。偶见白细胞减少和转氨酶升高等异常反应。

诺氟沙星【药典(二)；基；医保(甲、乙)】 微课1

Norfloxacin

【其他名称】氟哌酸

【药理作用】对金黄色葡萄球菌的作用强于庆大霉素。对铜绿假单胞菌、大肠杆菌、肺炎杆菌、变形杆菌、沙门菌、沙雷菌、淋球菌等有较强的杀菌作用。

【适应证】适用于敏感菌所致的尿路感染、生殖道感染、淋病、前列腺炎、肠道感染和伤寒及其他沙门菌感染、外科和皮肤科等感染。

【制剂规格】片剂、胶囊剂：0.1g。滴眼液：8ml：24mg。软膏剂、乳膏剂：10g：0.1g；250g：2.5g。

【用法用量】口服：成人一次0.1g~0.2g，一日3~4次。一般疗程3~8日，少数病例可达3周。

【药物评价】

（1）药效　第一个第三代氟喹诺酮类抗菌药，抗菌谱广、杀菌力强，尤其对革兰阴性菌具有强大杀菌作用。但对需氧革兰阳性菌作用较环丙沙星、氧氟沙星差。

（2）不良反应　①腹部不适或疼痛、腹泻、恶心或呕吐等胃肠道反应较常见。②少数患者可发生可逆性血清氨基转移酶升高。③可有头昏、头痛、嗜睡或失眠等中枢神经系统反应。④四肢皮肤有针扎感或有轻微的灼热感，加用维生素B_1和B_{12}可减轻症状。⑤可引起血肌酐酸、尿素氮升高，大剂量可致结晶尿，偶见血尿。⑥过敏反应有皮疹、皮肤瘙痒，偶可发生渗出性红斑及血管神经性水肿。少数患者有光敏反应。

（3）注意事项　①严重肝、肾功能不全者慎用、有癫痫病史、溃疡病史患者慎用；18岁以下的患者、妊娠期妇女禁用；哺乳期妇女使用应暂停哺乳。②使用时多饮水，可以避免产生结晶尿。③避免过度暴露于阳光，如发生光敏反应需停药。④葡萄糖-6-磷酸脱氢酶缺乏患者服用本品，极个别可能发生溶血反应。

【商品信息】

（1）发展史　1976年合成，我国于1985年生产，是较早应用的氟喹诺酮类药物。

（2）生产商　江西汇仁药业、上海美优制药、武汉五景药业、山东鲁西药业等。

【贮藏】遮光，密封在阴凉处保存。

环丙沙星【药典(二)；基；医保(甲、乙)】

Ciprofloxacin

【其他名称】环丙氟哌酸，丙氟哌酸

【药理作用】本品具有广谱抗菌作用，对肠杆菌、铜绿假单胞菌、流感杆菌、脆弱拟杆菌、军团菌等革兰阴性菌作用强，对金黄色葡萄球菌的作用优于诺氟沙星，头孢菌素、氨基糖苷类抗生素，对耐β-内酰胺类抗生素或耐庆大霉素的病菌也有效。

【适应证】适用于敏感菌所致的泌尿生殖系统感染，包括单纯性、复杂性尿路感染、细菌性前列腺炎、淋病奈瑟菌尿道炎或宫颈炎（包括产酶株所致者）；呼吸道感染，包括敏感革兰阴性杆菌所致支气管感染急性发作及肺部感染；胃肠道感染，由志贺菌属、沙门菌属、产肠毒素大肠埃希菌、亲水气单胞菌、副溶血弧菌等所致；伤寒；骨和关节感染；皮肤软组织感染；败血症等全身感染。

【制剂规格】　片剂（盐酸环丙沙星）：0.25g；0.5g。胶囊剂（盐酸环丙沙星）：0.25g 。滴眼液：5ml：15mg；8ml：24mg。注射液（乳酸环丙沙星）：2ml：0.1g；5ml：0.1g；5ml：0.2g；10ml：0.1g。

【用法用量】　口服：宜空腹服用。成人一日 0.5～1.5g（2～6 片），分 2～3 次。重症感染一日用量可达 1500mg，分三次用药。静脉滴注：成人一日 0.2g，每 12 小时静脉滴注 1 次，滴注时间不少于 30 分钟。严重感染或铜绿假单胞菌感染可加大剂量至一日 0.8g，分 2 次静脉滴注。

【药物评价】

（1）药效　①第三代氟喹诺酮类药品中抗菌谱最广、体外抗菌活性最强的品种。②不易耐药，主要用于革兰阴性耐药菌株的感染。

（2）不良反应　参见诺氟沙星。

（3）注意事项　参见诺氟沙星。注射剂仅用于缓慢静脉滴注，每 200mg 静脉滴注时间不得少于 30 分钟。

【商品信息】

（1）发展史　本品最早由拜耳制药在 1981 年合成，我国于 1991 年正式投产上市。

（2）生产商　上海上药信谊药厂、地奥集团成都药业、山西太原药业等。

【贮藏】　遮光，密封保存。

左氧氟沙星【药典(二)；基；医保(甲、乙)】

Levofloxacin

【其他名称】　左旋氧氟沙星

【药理作用】　广谱抗菌，抗菌作用强，对多数肠杆菌科细菌，如大肠埃希菌、克雷伯菌属、变形杆菌属、沙门菌属、志贺菌属和流感嗜血杆菌、嗜肺军团菌、淋病奈瑟菌等革兰阴性菌有较强的抗菌活性。对金黄色葡萄球菌、肺炎链球菌、化脓性链球菌等革兰阳性菌和肺炎支原体、肺炎衣原体也有抗菌作用，但对厌氧菌和肠球菌的作用较差。

【适应证】　适用于敏感菌引起的呼吸道感染、泌尿生殖系统感染、胃肠道感染、皮肤软组织感染、骨和关节感染以及盆腔、眼、耳、鼻、咽喉等部位的感染。

【制剂规格】　片剂：0.1g；0.5g。胶囊剂（盐酸左氧氟沙星）：0.1g；0.2g；0.25g；0.5g；0.75g。滴眼液：5ml：24.4mg。

【用法用量】　口服：成人一日 0.2～0.3g，分 2～3 次。

【药物评价】

（1）药效　抗菌谱广，抗菌作用强，是氧氟沙星的 2 倍，是本类中毒副作用最小的品种。

（2）不良反应　参见诺氟沙星，偶有横纹肌溶解症，引起跟腱炎或跟腱断裂。

（3）注意事项　①严重肝、肾功能不全者，有中枢神经系统疾病史者，高龄患者慎用。②其他参见诺氟沙星。

【商品信息】

（1）发展史　1991 年开发，我国于 1997 年开始生产。

（2）生产商　江苏瑞年前进制药、上海天龙药业、广州白云山制药总厂等。

【贮藏】遮光，密封保存。

 实例分析

实例　某患者，女，45 岁，因尿频、尿急、尿痛去某医院就诊，经检查诊断为急性细菌性尿道炎。医生给予头孢克肟胶囊，服用后出现皮疹，皮肤发痒。

问题　1. 原因是什么？

　　　2. 采取哪些措施？

答案解析

任务 2　磺胺类抗菌药物认知

PPT

学习引导

磺胺类药的上市开创了人类抗全身细菌感染的新纪元。从 20 世纪 30 年代诞生以来，在结核病等感染性疾病的治疗上发挥了极其重要的作用，在人类与细菌的斗争中做出了巨大贡献。但是随着其在临床上的广泛应用，耐药性和不良反应也逐渐显现。随着抗生素的发现，以及优良的抗细菌感染药物品种的相继上市，其在临床应用显著减少。但甲氧苄啶（磺胺增效剂）的使用，加强了磺胺药的抗菌作用，使其在抗细菌感染方面仍具有市场。那么，磺胺类药物有哪些？常见的临床应用有哪些？

本单元主要介绍磺胺类药的药理作用、适应证、制剂用法及药物评价。

学习目标

1. **掌握**　常用磺胺类药物的药理作用、适应证、药物评价。
2. **熟悉**　常见磺胺类药物的品种、制剂、用法。
3. **了解**　常见磺胺类药品的商品信息。

对氨基苯磺酰胺是第一个具有抗菌活性的磺胺药，也是这类药物的基本结构。磺胺类药物具有抗菌谱广，可以口服，吸收较迅速、有的（如磺胺嘧啶）能通过血－脑屏障渗入脑脊液，较为稳定，不易变质等优点，对大多数革兰阳性菌和革兰阴性菌有效。但是其耐药性及较多的不良反应，尤其是肾脏损伤，限制了其应用。磺胺类药按其口服吸收的程度分类如下。

（1）口服易吸收磺胺药　磺胺异噁唑、磺胺嘧啶和磺胺甲噁唑等，用于全身感染。

（2）口服难吸收磺胺药　柳氮磺吡啶和酞磺胺噻唑等，用于肠道感染。

（3）局部用磺胺药　磺胺米隆、磺胺醋酰钠和磺胺嘧啶银等，用于眼部感染及烧伤、烫伤等。

复方磺胺甲噁唑【药典(二)；基；医保(甲,乙)】 微课2

Compound sulfamethoxazole

【其他名称】复方新诺明，复方磺胺甲基异噁唑

【药理作用】本品为磺胺甲噁唑（SMZ）与甲氧苄啶（TMP）以 5∶1 的质量比组成的复方制剂。SMZ 能竞争性抑制叶酸代谢过程中的二氢叶酸合成酶，TMP 能抑制二氢叶酸还原酶，双重阻断细菌的四氢叶酸合成，影响叶酸代谢，抑制细菌的生长和繁殖。对革兰阳性菌如溶血性链球菌、肺炎球菌、葡萄球菌等有抑制作用。对革兰阴性菌如大肠杆菌、沙门菌属、变形杆菌、流感杆菌、痢疾杆菌、伤寒杆菌等具有抗菌活性。

【适应证】适应于敏感菌引起的呼吸道感染、皮肤化脓性感染、泌尿系统感染、扁桃体炎、伤寒等。

【制剂规格】片剂、颗粒剂：0.12g；0.24g；0.48g。注射液：1ml：0.24g；2ml：0.48g。

【用法用量】口服：成人及 12 岁以上儿童每次 0.96g 片，每日 2 次，首剂加倍，早饭及晚饭后服。

【药物评价】

（1）药效　抗菌谱广，抗菌作用强，是磺胺类抗菌药中临床使用最多的品种。

（2）不良反应　①过敏反应较为常见，表现为药疹，严重者可发生渗出性多形红斑、剥脱性皮炎和大疱表皮松解萎缩性皮炎等，甚至危及生命，发现皮疹应立即停药，并采取抗过敏措施。②中性粒细胞减少或缺乏症、血小板减少症及再生障碍性贫血。③肾脏损害可发生结晶尿、血尿和管型尿；偶有患者发生间质性肾炎或肾小管坏死的严重不良反应。④消化系统有恶心、呕吐、食欲减退、肝功能减退，严重者可发生急性重型肝炎。

（3）注意事项　①在尿中乙酰化率高，且溶解度较低，故较易出现结晶尿、血尿等。大剂量、长期应用时要多喝水并与碳酸氢钠同服。②用于肾功能不全者时，用量应为常用量的 1/2，并且要进行监测。③对呋塞米、砜类、噻嗪类利尿药、磺脲类、碳酸酐酶抑制药呈现过敏的患者，对磺胺药亦可过敏。④下列情况应慎用：缺乏葡萄糖 - 6 - 磷酸脱氢酶、血卟啉症、叶酸缺乏性血液系统疾病、失水、艾滋病、休克和老年患者。

【商品信息】

（1）发展史　1932 年用于临床，1969 年发现甲氧苄啶并与磺胺药协同作用，使其应用增多，抗菌谱扩大。

（2）生产商　山西旺龙药业。

【贮藏】遮光，密封保存。

PPT

任务 3　硝基咪唑类和硝基呋喃类抗菌药物认知

学习引导

人工合成硝基咪唑类抗生素甲硝唑于 1963 年在美国批准使用，甲硝唑对于厌氧菌治疗的有效性，从 19 世纪 70 年代至今在临床上广泛应用于口腔、腹腔、妇科厌氧菌感染。此后研究发现甲硝唑还能抗阿米巴、滴虫、贾第鞭毛虫、幽门螺旋杆菌感染。那么，常见的硝基咪唑类抗菌药物有哪些？有哪些临床应用？

本单元主要介绍硝基咪唑类、硝基呋喃类等抗菌药的药理作用、适应证、制剂用法及药物评价。

学习目标

1. **掌握** 常用硝基咪唑类和硝基呋喃类药物的药理作用、适应证、药物评价。
2. **熟悉** 常见硝基咪唑类和硝基呋喃类药物的品种、制剂、用法。
3. **了解** 常见硝基咪唑类和硝基呋喃类抗菌药品的商品信息。

一、硝基咪唑类

硝基咪唑类属于人工合成抗菌药物，常见的有甲硝唑、替硝唑、奥硝唑等。

甲硝唑【药典(二);基;医保(甲、乙)】 微课3

Metronidazole

【其他名称】灭滴灵

【药理作用】甲硝唑是硝基咪唑衍生物。可抑制阿米巴原虫的氧化还原反应，使原虫氮链发生断裂，杀灭阿米巴原虫。还有强大的杀灭滴虫的作用。还有抗厌氧菌作用，能够抑制细菌的脱氧核糖核酸的合成，从而干扰细菌的生长、繁殖，导致细菌死亡，对缺氧情况下生长的细胞和厌氧微生物有杀灭作用。本品的硝基，在无氧环境中还原成氨基而显示抗厌氧菌作用，对需氧菌或兼性需氧菌则无效。

【适应证】用于治疗肠内和肠外阿米巴病（如阿米巴肝肿、胸膜阿米巴病等）。还可用于治疗阴道滴虫病、小袋虫病和皮肤利什曼病、麦地那龙线虫感染等。目前还广泛用于术后、牙科等厌氧菌感染的治疗。

【制剂规格】片剂：0.1g；0.2g；0.25g。胶囊：0.2g；0.4g。栓剂：0.5g；1g。凝胶剂：10g：75mg；20g：150mg。注射液：10ml：50mg；20ml：100mg。阴道泡腾片：0.2g。

【用法用量】口服：厌氧菌感染，成人每日0.6～1.2g，分3次服，7～10日为一疗程。静脉滴注：厌氧菌感染，静脉给药首次按体重15mg/kg（70kg成人为1g），维持量按体重7.5mg/kg，每6～8小时静脉滴注一次。

【药物评价】

（1）药效 化学合成抗菌药，具有抗厌氧菌、抗滴虫及抗阿米巴作用，临床常用的抗厌氧菌药物。

（2）不良反应 ①消化道反应最为常见，包括恶心、呕吐、食欲缺乏、腹部绞痛。②神经系统症状有头痛、眩晕，偶有感觉异常、肢体麻木、共济失调、多发性神经炎等，大剂量可致抽搐。③少数病例发生荨麻疹、潮红、瘙痒、膀胱炎、排尿困难、口中金属味及白细胞减少等，均属可逆性，停药后自行恢复。

（3）注意事项 ①对诊断的干扰：本品的代谢产物可使尿液呈深红色。②原有肝脏疾病患者剂量应减少。出现运动失调或其他中枢神经系统症状时应停药。③重复一个疗程之前，应做白细胞计数。④厌氧菌感染合并肾衰竭者，给药间隔时间应由8小时延长至12小时。⑤本品可抑制乙醇代谢，出现"双硫仑样"反应，用药期间应戒酒。

【商品信息】

（1）发展史 20世纪50年代开发，用于滴虫感染，70年代开始用于厌氧菌感染，现主要用于厌氧菌感染，同类药有替硝唑、奥硝唑，不良反应较轻。

（2）生产商 上海上药信宜药厂、山东鲁抗医药、天津市天骄制药等。

【**贮藏**】遮光，密封保存。

替硝唑【药典(二);基;医保(甲、乙)】

Tinidazole

【**其他名称**】磺甲硝咪唑；滴虫净；砜硝唑等

【**药理作用**】对原虫（溶组织阿米巴、阴道滴虫等）和厌氧菌有良好活性。对阿米巴和兰氏贾第虫的作用优于甲硝唑。本品对革兰阳性厌氧菌（消化球菌、消化链球菌、乳杆菌属）、梭状芽孢杆菌属和难辨梭菌等均较敏感；对脆弱类杆菌、梭杆菌属和费氏球菌属等革兰阴性厌氧菌的作用略胜于甲硝唑，对空肠弯曲菌等中度敏感。放线菌属和丙酸杆菌属等对本品耐药。

【**适应证**】用于各种厌氧菌感染，如败血症、骨髓炎、腹腔感染、盆腔感染、肺支气管感染、鼻窦炎、皮肤蜂窝组织炎、牙周感染及术后伤口感染。用于结肠直肠手术、妇产科手术及口腔手术等的术前预防用药。用于肠道及肠道外阿米巴病、阴道滴虫病、贾第虫病、加得纳菌阴道炎等的治疗。也可作为甲硝唑的替代药用于幽门螺杆菌所致的胃窦炎及消化性溃疡的治疗。

【**制剂规格**】片剂、阴道片：0.5g。阴道泡腾片、栓剂：0.2g。含片：2.5mg；5mg。胶囊剂：0.2g；0.25g；0.5g。葡萄糖注射液：100ml：替硝唑0.2g与葡萄糖5.0g；100ml：替硝唑0.4g与葡萄糖5.0g。

【**用法用量**】本品不同剂型、不同规格的用法用量可能存在差异，请阅读具体药物说明书使用，或遵医嘱。

（1）一般口服　成人推荐剂量是每日2g，饭时服用。3岁以上儿童推荐剂量是50mg/（kg·d）（不超过2g/d），饭时服用。

（2）静脉滴注　①厌氧菌感染：一次0.8g，一日1次，静脉缓慢滴注，一般疗程5~6日。②外科预防手术后感染：总量1.6g，1次或分2次滴注，第一次于手术前2~4小时，第二次于手术期间或术后12~24小时内滴注。

【**药物评价**】

（1）药效　本品为硝基咪唑衍生物，对阴道滴虫、阿米巴原虫等具有很强的杀灭作用，对厌氧菌感染有效。

（2）不良反应　①常见胃肠道反应如恶心、呕吐、食欲减退及口腔金属味等。②偶见皮肤瘙痒、皮疹等过敏症状。③偶见头痛、眩晕、共济失调等神经系统症状。④偶见中性粒细胞减少、便秘、静脉炎等症状。

（3）注意事项　①肝功能障碍者慎用。②老年患者使用本品时需监测血药浓度。③妊娠3个月内的孕妇不适宜使用，只有明确指征时才可使用；哺乳期妇女不推荐使用。④用药前后及用药时应当检查或监测。

【**商品信息**】生产商　成都倍特药业、华润双鹤药业、湖南科伦制药、山东华鲁制药等。

【**贮藏**】遮光，密闭保存。

二、硝基呋喃类

硝基呋喃类是一类人工合成的抗菌药物，它们作用于微生物的酶系统，抑制乙酰辅酶A，干扰微生物的糖代谢，起抑菌作用。

在医疗上应用的呋喃类药物有：呋喃唑酮、呋喃妥因和呋喃西林。呋喃唑酮主要用于消化道感染，呋喃妥因主要应用于敏感菌所致的泌尿系统感染，而呋喃西林只供局部应用。

呋喃妥因^{【药典(二);基;医保(甲)】}

Nitrofurantoin

【其他名称】 呋喃坦啶

【药理作用】 广谱抗菌，对葡萄球菌、肠球菌等革兰阳性菌有抗菌作用，对大肠杆菌、淋球菌、枯草杆菌、痢疾杆菌及伤寒杆菌等有良好的抗菌作用。

【适应证】 主要用于敏感菌所致的泌尿系统感染。

【制剂规格】 肠溶片：50mg。

【用法用量】 口服：治疗尿路感染，成人每次 50~100mg，每天 4 次。预防尿路感染：对尿路感染反复发作者，成人可每天 50~100mg 作预防应用，临睡前服用。

【药物评价】

（1）药效 ①广谱合成抗菌药，杀菌能力强，但对铜绿假单胞菌无效。②口服吸收迅速，血药浓度低，但尿中药物浓度高，故适合于治疗敏感菌引起的泌尿系统感染。

（2）不良反应 ①周围神经炎：服药量大或时间长时易发生，表现为手足麻木，久之可致肌萎缩。②过敏反应表现为气喘、胸闷、皮疹、药物热、嗜酸性粒细胞增多。③胃肠道反应。④中枢神经症状如幻听、幻觉、烦躁等。⑤溶血性贫血、黄疸、肺部并发咳嗽、气急、呼吸困难等。

（3）注意事项 ①肾功能不全者，葡萄糖-6-磷酸脱氢酶缺乏者、周围神经病变者慎用。②与食物同服可以增加吸收，减轻胃肠道反应。

【商品信息】 生产商 上海上药信宜药厂、国药集团新疆制药、地奥集团成都药业等。

【贮藏】 遮光密封保存。

即学即练

判断下列各类药物的描述是否正确。

答案解析

1. 磺胺类药物的抗菌机制是竞争性抑制二氢叶酸合成酶，甲氧苄啶的抗菌机制是抑制二氢叶酸还原酶。甲氧苄啶是磺胺类药物的增效剂二者合用起协同作用。（   ）

2. 服用磺胺类药物需要大量喝水，必要时需要碱化尿液。（   ）

3. 甲硝唑对革兰阴性和阳性厌氧菌有较强杀灭作用，包括脆弱类杆菌及难辨梭菌等，亦是治疗肠内外阿米巴病和阴道滴虫病的重要药物。（   ）

4. 呋喃妥因主要用于菌痢和肠炎等肠道感染，呋喃唑酮主要用于泌尿系感染。（   ）

✍ 实践实训

实训 11 药品分类陈列、处方审核、用药指导、健康教育

【实训目的】

1. 熟悉常见的抗菌药物产品的分类陈列。

2. 会根据常见抗菌药物商品特性，进行处方审核。

3. 会根据处方给患者进行相应的用药指导和健康教育。

【实训准备】

模拟药店或药房、相关药品包装或实物数种。

【实训内容】

1. 药品陈列 学生分组，每组同学选定一种抗菌药物作为自己将要陈列的产品，建议先由剂型然后从抗菌药理机制从大类到小类、按使用频率进行陈列（如：头孢氨苄颗粒剂—颗粒剂—抗生素类—β-内酰胺类—头孢菌素类）。

2. 处方审核 指导学生主要从安全性、有效性、经济性、适当性等方面出发进行处方审核。

审核抗生素用药与临床诊断是否相符；药品名称、剂型、规格、数量、用法用量的审核；规定必须皮试药物的审核；药物相互作用的审核；审核有无配伍禁忌等。

3. 用药指导和健康教育 各组需根据分配的任务，对拟介绍的抗生素写出指导方案。可采取一对一的用药指导形式。

如可模拟特殊人群用药指导（妊娠期、哺乳期、新生儿、儿童、老年人）；指导正确使用抗生素；指导正确的服用时间、正确的储存方法；指导药品常见的不良反应及处置方法。

【实训评价】

评价内容	评分标准	得分
药品陈列（30分）	能按照剂型、药理作用、使用频率等方式完成药品的陈列，摆放有序合理	
处方审核（30分）	每组审核1~2个处方，能正确判断其合理性	
用药指导和健康教育（20分）	能正确指导不同人群安全、合理用药	
团队合作能力（10分）	分工协作，积极与其他成员合作	
工作态度（10分）	积极自主完成任务	
合计（100分）		

目标检测

答案解析

多项选择题

1. 使用后，容易导致结晶尿，应多饮水的药物是（   ）

　A. 磺胺甲噁唑　　　　　　B. 阿奇霉素　　　　　　　C. 链霉素

　D. 头孢丙烯　　　　　　　E. 磺胺嘧啶

2. 下列药物，属于第三代氟喹诺酮类药物的是（   ）

　A. 氧氟沙星　　　　　　　B. 万古霉素　　　　　　　C. 吡哌酸

　D. 环丙沙星　　　　　　　E. 左氧氟沙星

3. 细菌性尿道感染，可选用（   ）

　A. 青霉素　　　　　　　　B. 诺氟沙星　　　　　　　C. 复方磺胺甲噁唑

　D. 红霉素　　　　　　　　E. 呋喃妥因

4. 妨碍细菌DNA的复制而发挥抗菌作用的药物有（   ）

　A. 青霉素　　　　　　　　B. 司帕沙星　　　　　　　C. 氯霉素

D. 小诺米星　　　　　E. 环丙沙星

5. 第三代氟喹诺酮类药物是（　　　）

A. 左氧氟沙星　　　B. 环丙沙星　　　　C. 莫西沙星

D. 头孢曲松　　　　E. 青霉素

配伍选择题

A. 呋喃西林　　　　B. 呋喃唑酮　　　　C. 复方磺胺甲噁唑

D. 莫西沙星　　　　E. 诺氟沙星

6. 应用最广泛的磺胺类药物是（　　　）

7. 仅供局部应用的硝基呋喃药物是（　　　）

8. 第三代喹诺酮类药物是（　　　）

9. 第四代喹诺酮类药物是（　　　）

10. 主要用于消化道感染的硝基呋喃药物是（　　　）

书网融合……

知识回顾　　　微课1　　　微课2　　　微课3　　　习题

项目 6　抗结核病药及抗麻风病药

学习引导

1995 年底世界卫生组织（WHO）将每年 3 月 24 日作为世界防治结核病日，是为了纪念 1882 年德国微生物学家罗伯特·科霍发现结核病病原菌，以此提醒公众加深对结核病的认识。每年 1 月的最后一个星期日，是"世界防治麻风病日"，由世界卫生组织确立的，世界上许多国家都在这一天举行各种形式的活动，目的是调动社会各种力量来帮助麻风病患者克服生活和工作上的困难，获得更多的权利。抗结核药有哪些？如何克服抗结核药的耐药性？

本单元主要介绍抗结核病药及抗麻风病药的作用、适应证、制剂用法及药物评价。

学习目标

1. **掌握**　常用抗结核病药的药理作用、适应证、制剂、用法及药物评价。
2. **熟悉**　一线抗结核病药的品种。
3. **了解**　抗结核病和抗麻风病药品的商品信息。

任务 1　抗结核病药认知

结核病是由结核分枝杆菌引起的一种慢性传染病。全身各器官均可发生感染，如肺、肾、脑、肠和淋巴等，以肺结核最为多见。其病变特征是结核结节形成并伴有不同程度的干酪样坏死。结核杆菌有三种繁殖态势：位于空洞损害组织中的快速繁殖菌、干酪样病灶组织中的间断缓慢繁殖菌、巨噬细胞或单核细胞中缓慢繁殖菌。接种疫苗是预防结核病的有效途径，但是，近年来，耐药结核病的发病率呈现上升态势，结核病防控不可松懈。理想的抗结核病药对三种繁殖态势的细菌，应均有杀灭或抑制作用。抗结核药物分为一线药物和二线药物两类。

一线抗结核药物疗效高，不良反应少，患者较易接受，主要有异烟肼、利福平、乙胺丁醇、链霉素、吡嗪酰胺。大多数结核病患者用一线药物可以治愈。二线抗结核药物有对氨基水杨酸、乙硫异烟胺、利福喷汀、卡那霉素、阿米卡星等。由于这些药物的抗菌作用弱或毒性较大或临床验证不足，主要作为细菌对第一线抗结核药产生耐受性或患者无法使用第一线药物时的备选药物。

抗结核病的用药原则主要体现为四点：第一，早期治疗，早期患者细菌多，生长繁殖迅速，代谢活跃，药物最容易发生作用，早期病变较容易恢复；第二，剂量适宜，能发挥最大杀菌或者抑菌作用，同时患者也容易耐受，毒性反应不大，剂量不足的害处是治疗无效，并容易产生耐药菌；第三，联合用药，细菌对药物敏感性不全相同，有不同比例的自然耐药变异菌存在，联合用药可以防止耐药性的发生，联合用药可针对各种代谢状态的细菌，以及细胞内外的结核杆菌，进行选药，达到强化疗效的目的；第四，坚持全程用药，达到完全治愈，避免复发。

 实例分析6-1

实例 患者，女，70岁，发病时呼吸困难不能卧、胸腔积液、胸痛，诊断结核性胸膜炎，第一个月采用口服异烟肼3片，复方利福平2片，吡嗪酰胺3片，乙胺丁醇2片，醋酸泼尼松片3片（15mg），保肝药肌苷和护肝片，按常量服。第二个月，异烟肼3片，复方利福平2片，吡嗪酰胺3片，乙胺丁醇2片，醋酸泼尼松片2片（10mg），保肝药照常服。第三个月，异烟肼2片，复方利福平2片，乙胺丁醇2片，醋酸泼尼松片1片（5mg），保肝药照常服。第四个月，异烟肼3片，复方利福平2片，保肝药继续服，然后再服维生素BB_6防止神经炎。第五个月、第六个月同第四个月，服完后再做检查。发现患者的胸腔积液全部吸收，醋酸泼尼松片能促进病灶吸收且有抗炎作用。然后还继续服用异烟肼3片，复方利福平，保肝药五个月利于巩固病情，防止复发，1年后痊愈。

问题 1. 找出案例中用到的抗结核药物？

2. 该患者主要采用了哪种给药方式？

答案解析

异烟肼[药典(二);基;医保(甲)] 微课

Isoniazid

【其他名称】 雷米封，异烟酰肼，INH

【药理作用】 异烟肼是前体药，被分枝杆菌的过氧化氢-过氧化酶激活成活性型异烟肼。活性型异烟肼抑制细菌分枝菌酸的合成，分枝菌酸是分枝杆菌细胞壁的重要组成部分，只存在于分枝杆菌中，故异烟肼对结核分枝杆菌具有高度选择性，而对其他细菌无作用。

【适应证】 对各种类型的结核病均为首选药。除预防用药时可单独使用外，治疗时均应与其他一线抗结核药物联合应用。

【制剂规格】 片剂：0.05g；0.1g；0.3g。注射液：2ml：0.05g；2ml：0.1g。

【用法用量】 口服，成人一次0.3g，顿服。静脉滴注用于较重度浸润结核，肺外活动结核等，一次0.3~0.6g。与其他一线抗结核药合用，剂量可减少，要按照说明书服用或遵医嘱。

【药物评价】

（1）药效 一线抗结核药，穿透力强，对各型结核分枝杆菌都有高度选择性抗菌作用，是目前抗结核药物中具有最强杀菌作用的合成抗菌药。

（2）不良反应 ①胃肠道症状，如食欲不振、恶心、呕吐、腹痛、便秘等；②血液系统症状，贫血、白细胞减少，血痰、咯血、鼻出血、眼底出血。③肝毒性。④过敏反应，如发热、皮疹、狼疮样综合征等。⑤内分泌失调，男子女性化、月经不调等。⑥中枢症状，头痛、失眠、疲倦、记忆力减退、精神兴奋、幻觉、抽搐、昏迷等。⑦周围神经炎，当剂量大、维生素B_6缺乏者易出现。⑧肝药酶抑制剂，同服苯妥英钠时致患者中毒。

（3）注意事项 ①有精神病、癫痫病史者、严重肾功能损害者应慎用。②维生素B_6可防治神经系统不良反应的发生，异烟肼急性中毒时，可用大剂量维生素B_6对抗，并进行其他对症治疗。③一日1次300mg顿服或按一周2次，一次0.6~0.8g的给药方法，可提高疗效并减少不良反应的发生率。④用药期间注意检查肝功能。

【商品信息】

（1）发展史　1898 年合成，1952 年发现其抗结核作用，瑞士罗氏制药生产。国内生产厂家众多。

（2）生产商　山西新星制药、太原市卫星制药、北京三九药业、广东远大药业、西南药业、山东华鲁制药等。

【贮藏】遮光，密封，在干燥处保存。

即学即练

只对结核杆菌有效的药物是（　　　）

答案解析　　A．异烟肼　　　　　B．利福平　　　　　C．链霉素　　　　　D．左氧氟沙星

利福平^{【药典(二);基;医保(甲、乙)】}

Rifampicin

【其他名称】甲哌利福霉素，威福仙

【药理作用】半合成广谱杀菌剂，对结核杆菌和其他分枝杆菌（包括麻风杆菌等）在宿主细胞内、外均有明显的杀菌作用。对脑膜炎球菌、流感杆菌、肺炎军团菌、金黄色葡萄球菌、表皮链球菌有一定的抗菌作用。对某些病毒、衣原体有效。

【适应证】用于肺结核和其他结核病，也可用于麻风病的治疗。也用于耐甲氧西林金黄色葡萄球菌（MRSA）所致的感染。抗结核治疗时应与其他抗结核药联合应用。

【制剂规格】片剂、胶囊剂：0.15g；0.3g。

【用法用量】口服：成人一次 0.45g ~0.6g ，一日 1 次，于早饭前服。疗程半年左右。其他感染；一日量 0.6g~1g，分 2~3 次给予，饭前 1 小时服用。

【药物评价】

（1）药效　利福平为利福霉素类半合成广谱抗菌药，穿透力强，对结核分枝杆菌和部分非结核分枝杆菌均有明显的杀菌作用。临床为一线抗结核药，药酶诱导剂。

（2）不良反应　①消化道反应最多见，可出现厌食、恶心、呕吐、上腹部不适、腹泻等胃肠道反应，发生率为 1.7% ~4.0%，但均能耐受。②肝毒性为本品的主要不良反应，发生率约 1%。在疗程最初数周内，少数患者可出现血清氨基转移酶一过性升高、肝肿大和黄疸。③过敏反应，大剂量间歇疗法后偶可出现"流感样症候群"，表现为畏寒、寒战、发热、急性肾衰竭、胰腺炎、剥脱性皮炎和休克等，在某些情况下尚可发生溶血性贫血。

（3）注意事项　①肝功能不全者慎用。用药期间应检查肝功能。②服药后尿、唾液、汗液等排泄物显橘红色。③食物可阻碍本品吸收，宜空腹服药。④利福平及其他利福霉素类药物过敏者禁用。

【商品信息】

（1）发展史　1965 年上市。我国于 20 世纪 70 年代开始生产，是目前临床用量最大的抗结核病药品种之一。

（2）生产商　山西太原药业、华北制药、辅仁药业、桂林集琦药业等。

【贮藏】密封，在阴暗干燥处保存。

<h1 style="text-align:center">乙胺丁醇^{【药典(二);基;医保(甲)】}</h1>

<h2 style="text-align:center">Ethambutol</h2>

【其他名称】 乙二胺丁醇

【药理作用】 合成抑菌抗结核药。其作用机理尚未完全阐明。本品可渗入分枝杆菌体内干扰 RNA 的合成，从而抑制细菌的繁殖，只对生长繁殖期的分枝杆菌有效。迄今未发现与其他抗结核药物有交叉耐药性。

【适应证】 主要用于治疗各型结核病，特别是经链霉素和异烟肼治疗无效的患者。

【制剂规格】 片剂：0.25g。

【用法用量】 结核初治：一日 15mg/kg，顿服；或一周 3 次，一次 25~35mg/kg（不超过 2.5g）或一周 2 次，一次 50mg/kg（不超过 2.5g）。结核复治：一次 25mg/kg，一日 1 次顿服，连续 60 日，继而按一次 15mg/kg，一日 1 次顿服。非结核性分枝杆菌感染：按一次 15~25mg/kg，一日 1 次顿服。

【药物评价】

（1）药效 穿透力强，多与异烟肼、利福平等合用作为一线抗结核药物。单独应用易产生耐药性，但是与其他类别的抗结核药物没有交叉耐药性。

（2）不良反应 ①视力模糊、眼痛、红绿色盲或视力减退、视野缩小，发生率较多。②畏寒、关节肿痛（尤其大趾、踝、膝关节）、病变关节表面皮肤发热拉紧感（急性痛风、高尿酸血症）。③过敏反应：皮疹、发热、关节痛等。④周围神经炎：麻木，针刺感、烧灼痛或手足软弱无力。

（3）注意事项 ①服用本品可使血尿酸浓度测定值增高，对诊断造成干扰。②下列情况应慎用：痛风、视神经炎、肾功能减退、老人、13 岁以下儿童。③治疗期间应检查眼部，视野、视力、红绿鉴别力等。④单用时细菌可迅速产生耐药性，必须与其他抗结核药联合应用。⑤如发生胃肠道刺激，可与食物同服。

【商品信息】

（1）发展史 1961 年合成，我国于 1977 年开始生产。

（2）生产商 瑞阳制药、广东雷允上药业、长春长红制药等。

【贮藏】 遮光，密封保存。

<h1 style="text-align:center">吡嗪酰胺^{【药典(二);基;医保(甲)】}</h1>

<h2 style="text-align:center">Pyrazinamide</h2>

【其他名称】 氨甲酰基吡嗪、吡嗪甲酰胺

【药理作用】 对结核杆菌有较好的抗菌作用，在 pH5~5.5 时，抗菌作用最强，尤其对处于酸性环境中缓慢生长的巨噬细胞内的结核菌是最佳杀菌药物。

【适应证】 与其他抗结核药联合用于结核病的治疗。

【制剂规格】 片剂：0.25g；0.5g。

【用法用量】 口服：与其他抗结核药联合，成人每 6 小时 5~8.75mg/kg，或每 8 小时按 6.7~11.7mg/kg，每日最高 3g，治疗异烟肼耐药菌感染时可增加至每日 60mg/kg。

【药物评价】

（1）药效 酸性条件下抗结核杆菌作用强。穿透力强，分布广，可进入脑脊液。在细胞内抑制结核杆菌的浓度比在细胞外低 10 倍，在中性、碱性环境中几乎无抑菌作用。

（1）不良反应 ①发生率较高者：关节痛（由于高尿酸血症引起，常轻度，有自限性）。②发生率较少者：食欲减退、发热、乏力或软弱、眼或皮肤黄染（肝毒性），畏寒。

（2）注意事项 ①糖尿病、痛风或严重肝功能减退者慎用。②用药期间定期检查肝功能。③对诊

断的干扰：本品可与硝基氰化钠作用产生红棕色，影响尿酮测定结果；可使丙氨酸氨基转移酶、门冬氨酸氨基转移酶、血尿酸浓度测定值增高。

【商品信息】生产商　北京三九药业、上海黄河制药、上海信谊天平药业等。

【贮藏】遮光，密封保存。

任务2　抗麻风病药认知

麻风杆菌与结核杆菌同属于分枝杆菌，这种病菌传染能力不强，但能严重侵蚀皮肤和神经系统，使患者肢体受损，造成永久性残废或肢体变形。我国在1949年以来由于积极防治，本病已得到有效的控制，发病率显著下降。一些抗结核药物也可以用于麻风病的治疗，如利福霉素类药物。抗麻风病药主要是砜类药物，抗麻风病药物包括有氨苯砜、醋氨苯砜、苯丙砜、氯法齐明和沙利度胺等。

氨苯砜【药典(二);基;医保(甲)】

Dapsone

【其他名称】DDS

【药理作用】砜类抑菌剂，对麻风杆菌有较强的抑菌作用，大剂量时显示杀菌作用。其作用机制与磺胺类药物相似，作用于细菌的二氢叶酸合成酶，干扰叶酸的合成。此外，本品还有免疫抑制作用。

【适应证】主要用于治疗各型麻风。用于脓疱性皮肤病、类天疱疮、坏死性脓皮病、复发性多软骨炎、环形肉芽肿、系统性红斑狼疮的某些皮肤病变、放线菌性足分枝菌病、聚会性痤疮、银屑病、带状疱疹的治疗。

【制剂规格】片剂：50mg；100mg。

【用法用量】治疗麻风病口服，成人一次50～100 mg，一日100～200mg；有蓄积作用，要间歇停药。治疗红斑狼疮，一日100 mg连用3～6月。治疗中，遵循服药6日、停药1日原则。

【药物评价】

（1）不良反应　①治疗初期，部分患者可产生轻度胃肠道不适，如恶心、上腹不适、食欲不振。②头痛、头晕、失眠、无力等，但不久均可自行消失。③溶血性贫血，亦可有粒细胞缺乏。④药疹，严重者表现为剥脱性皮炎，发热、淋巴结肿大、肝、肾功能损害和单核细胞增多，称为氨苯砜综合征。⑤急性中毒出现高铁血红蛋白血症。

（2）注意事项　①严重贫血、葡萄糖-6-磷酸脱氢酶（G-6-PD）缺乏、变性血红蛋白还原酶缺乏症、肝功能减退、胃和十二指肠溃疡病及有精神病史者慎用。②肾功能减退者用药时需减量，无尿患者应停药。③用药前后应定期检查血常规、G-6-PD、肝及肾功能。④用药过程中出现新的或中毒性皮肤反应，应迅速停药，但出现麻风反应状态时，不需停药。⑤本品与磺胺类药物存在交叉过敏现象。此外，对呋塞米类、噻嗪类、磺酰脲类以及碳酸酐酶抑制药过敏的患者亦可能对本品发生过敏。

【商品信息】

（1）发展史　20世纪40年代发现其抗结核及抗麻风作用。我国于1954年开始生产。因麻风患者减少，其产量减少。

（2）生产商　昆明制药集团股份有限公司、上海信谊天平药业等。

【贮藏】密封保存。

 目标检测

答案解析

单项选择题

1. 下列不属于异烟肼不良反应的是 （　　　）
　　A. 神经－肌肉接头阻滞　　　　　　　　B. 肝损伤
　　C. 皮疹　　　　　　　　　　　　　　　D. 血小板减少

2. 异烟肼抗结核杆菌的机制是 （　　　）
　　A. 抑制细胞壁的合成　　　　　　　　　B. 抑制蛋白质合成
　　C. 抑制叶酸代谢　　　　　　　　　　　D. 抑制分枝菌酸合成

3. 可诱导肝药酶活性的抗结核病药是 （　　　）
　　A. 异烟肼　　　　　　　　　　　　　　B. 利福平
　　C. 吡嗪酰胺　　　　　　　　　　　　　D. 对氨基水杨酸

4. 不符合异烟肼特点的叙述是 （　　　）
　　A. 抑制分枝菌酸合成　　　　　　　　　B. 治疗结核病的首选药
　　C. 常单独用于治疗结核病　　　　　　　D. 有神经毒性

5. 异烟肼不具有的作用是 （　　　）
　　A. 口服吸收快而完全　　　　　　　　　B. 主要经肝乙酰化代谢
　　C. 对结核分枝杆菌有高度选择性　　　　D. 对细胞外的结核杆菌无作用

6. 乙胺丁醇与利福平合用目的在于 （　　　）
　　A. 加快药物的排泄速度　　　　　　　　B. 有利于药物进入结核感染病灶
　　C. 有协同作用，并能延缓耐药性的产生　D. 延长利福平作用时间

7. 可引起视神经炎的抗结核药是 （　　　）
　　A. 异烟肼　　　　　B. PAS　　　　　　C. 乙胺丁醇　　　　　D. 利福平

8. 抗结核的一线药是 （　　　）
　　A. 异烟肼、利福平、对氨基水杨酸　　　B. 异烟肼、链霉素、卡那霉素
　　C. 异烟肼、乙胺丁醇、环丙沙星　　　　D. 异烟肼、利福平、链霉素

9. 抗麻风病最常用的药是 （　　　）
　　A. 氨苯砜　　　　　B. 利福平　　　　　C. 异烟肼　　　　　D. 巯苯咪唑

多项选择题

10. 利福平的抗菌作用特点有 （　　　）
　　A. 对结核杆菌、麻风杆菌有杀菌作用　　B. 是治疗各类结核病的首选药
　　C. 与其他抗结核病药之间无交叉耐药性　D. 可以用于治疗麻风病
　　E. 对耐药金黄色葡萄球菌有抗菌作用

11. 合理应用抗结核药应注意 （　　　）
　　A. 早期用药　　　　B. 预防用药　　　　C. 联合用药
　　D. 规律性用药　　　E. 长期疗法

12. 异烟肼的作用特点是（　　　）

    A. 杀菌力强　　　　　　B. 穿透力强　　　　　　C. 单用易产生抗药性

    D. 乙酰化速率有明显个体差异　　　　　　E. 选择性高

书网融合……

      知识回顾　　　　　　微课　　　　　　习题

项目 7　抗病毒药及抗真菌药

病毒是一种个体微小，结构简单，只含一种核酸（DNA 或 RNA），必须在活细胞内寄生并以复制方式增殖的非细胞型生物。病毒感染是指病毒通过多种途径侵入机体，并在易感的宿主细胞中增殖的过程。病毒感染常因病毒种类、机体状态不同产生轻重不一的损伤或病毒性疾病。流感病毒、新冠病毒、艾滋病毒、乙肝病毒等，都导致了人类疾病的传播和流行，甚至为人类带来了巨大灾难和死亡。人类与病毒的斗争仍然在继续。目前开发的抗病毒药有哪些？其主要适应证是什么？

对人类有致病性的真菌约有 300 多个种类。除新型隐球菌和蕈外，医学上有意义的致病性真菌几乎都是霉菌。由于广谱抗生素的开发和使用，真菌感染疾病也越来越多。浅部真菌和深部真菌感染的治疗药物有哪些？怎样合理使用？

本单元主要介绍抗病毒药及抗真菌药的作用、适应证、制剂用法及药物评价。

学习目标

1. **掌握**　常用抗病毒药及抗真菌药的药理作用、适应证、制剂、用法及药物评价。
2. **熟悉**　常见抗病毒药及抗真菌药的品种。
3. **了解**　常见抗病毒药品及抗真菌药品的商品信息。

任务 1　抗病毒药认知

病毒是病原微生物中最小的一种，不具有细胞的结构，是由核酸和它的蛋白质衣壳组成，根据其核酸类型，可分为 DNA 病毒和 RNA 病毒。大多数病毒缺乏酶系统，不能独立自营生活，必须依靠宿主的酶系统、能量及营养物质使其繁殖（复制），具有遗传性和变异性。临床上有些感染是由病毒引起的，如流行性感冒、普通感冒、小儿麻痹、传染性肝炎、麻疹、腮腺炎、单纯性疱疹、带状疱疹、疱疹性角膜炎、艾滋病等。病毒与肿瘤、某些心脏病、先天性畸形等也有一定的关系。

由于病毒是一种严格的胞内寄生物，并主动参与宿主细胞的代谢过程，因此能抑制和杀灭病毒的药物也可能损伤宿主细胞。抗病毒药物，能阻止病毒的增殖代谢，如病毒的吸附、穿入与脱壳、生物合成及组装、成熟与释放的某个阶段，防治病毒性疾病。

人类与病毒性疾病做斗争的过程中，开发了多种疫苗，如乙肝疫苗、流感疫苗、麻疹疫苗等，预防接种是减少病毒性疾病的非常重要的手段。病毒变异快、遗传快，因而人类与病毒的斗争仍将持续，疫苗和新药的研发仍将继续。

抗病毒药物按作用（抗病毒谱）分类如下。

（1）抗流感及呼吸道病毒药　利巴韦林、金刚烷胺、奥司他韦等。

（2）抗疱疹病毒药　阿昔洛韦、泛昔洛韦、更昔洛韦、伐昔洛韦、膦甲酸钠等。

（3）抗肝炎病毒药　阿德福韦酯、干扰素、拉米夫定、恩替卡韦等。

（4）抗艾滋病病毒药　齐多夫定、拉米夫定、扎西他滨、奈韦拉平、沙喹那韦等。

（5）抗巨细胞病毒药　膦甲酸钠、更昔洛韦等。

 实例分析

实例　2019 年新型冠状病毒（COVID‑19）开始暴发，其传染性强，存在高变异性的致病毒株，目前尚无特效抗病毒治疗方案。

问题　1. 新型冠状病毒的疾病是什么原因引起的？

　　　　2. 如何防治？

答案解析

奥司他韦【医保（乙）】 微课
Oseltamivir

【其他名称】 奥塞米韦、达菲、可威

【药理作用】 磷酸奥司他韦的活性代谢产物是奥司他韦羧酸盐，奥司他韦羧酸盐是选择性的流感病毒神经氨酸酶抑制剂。神经氨酸酶是病毒表面的一种糖蛋白酶，奥司他韦羧酸盐能够抑制甲型和乙型流感病毒的神经氨酸酶活性，抑制病毒颗粒从被感染的细胞中释放，从而减少了甲型或乙型流感病毒的播散。

【适应证】 用于预防和治疗流行性感冒（主要为甲型和乙型流感）。

【制剂规格】 片剂、胶囊剂、颗粒剂：30mg；45mg；75mg。

【用法用量】 用温开水完全溶解后口服。磷酸奥司他韦可以与食物同服或分开服用。进食同时服药可提高药物的耐受性。在流感症状开始的第一天或第二天（理想状态为 36 小时内）就应开始治疗。成人和 13 岁以上青少年每次 75mg，每日 2 次，共 5 天。

【药物评价】

（1）药效　磷酸奥司他韦是第一个口服有效的神经氨酸酶抑制剂药物，对流感 A 型和 B 型病毒均有效。目前，磷酸奥司他韦（达菲）仍然是公认的已经上市药物中治疗甲型 H1N1 流感最有效的药物之一。磷酸奥司他韦不影响人体对感染产生正常的体液免疫反应，也不影响人体对接种的灭活疫苗的抗体反应。远期效果有待继续考察。

（2）不良反应　①胃肠道：常见恶心、呕吐、腹痛、腹泻，偶有发生胰腺炎的报道。②肝脏：有引起肝酶升高及肝炎个案报道。③中枢神经系统：常见头痛、失眠，尚有头晕、眩晕。④呼吸系统：可引起咽痛、咳嗽、鼻塞、支气管炎、喉部水肿、支气管痉挛。⑤血液：可见白细胞降低，嗜酸性粒细胞增多。⑥皮肤：可引起皮炎、皮疹、大疱疹等。⑦其他：偶有发生血管性水肿的报道，尚有血尿、乏力、面部水肿等。

（3）注意事项　①对肌酐清除率小于 30 ml/min 的患者，需要做剂量调整。上市后监测收到使用奥司他韦（达菲）发生自我伤害和谵妄的报告。服用奥司他韦（达菲），尤其是儿童服用奥司他韦（达菲）可能增加自我伤害、短期意识混乱等风险，应加强对服药者行为的监测，如出现行为异常迹象，应立即就医。②除非临床需要，在使用减毒活流感疫苗 2 周内不应服用奥司他韦（达菲），在服用奥司他韦（达菲）后 48 小时内不应使用减毒活流感疫苗。

【商品信息】

（1）发展史　1999 年由瑞士罗氏制药在美国获准上市，商品名 Tamiflu（特敏福，亦称"达菲"），2004 年 7 月在我国获准上市，2009 年上海罗氏制药在国内生产。2010 年国产药品上市。

（2）生产商　瑞士罗氏制药、上海罗氏制药、上海中西三维药业、宜昌长江药业。

【贮藏】密封保存。

阿昔洛韦【药典(二)；基；医保(甲、乙)】

Aciclovir

【其他名称】无环鸟苷

【药理作用】本品进入病毒感染的细胞后，与脱氧核苷竞争病毒胸苷激酶或细胞激酶，药物被磷酸化成活化型阿昔洛韦三磷酸酯，干扰单纯疱疹病毒 DNA 聚合酶的作用，抑制病毒 DNA 的复制。主要抑制单纯疱疹病毒（HSV）。

【适应证】用于防治单纯疱疹病毒的皮肤或黏膜感染，还可用于带状疱疹病毒感染。

【制剂规格】胶囊：200mg。注射用粉针（冻干制剂）：500mg（标示量，含钠盐 549mg，折合纯品 500mg）。滴眼液：0.1%。眼膏：3%。

【用法用量】口服，成人一次 0.2g，每 4 小时 1 次或一日 1g 分次给予，疗程根据病情不同，短则几天，长者可达半年。静脉滴注：1 次用量 5mg/kg，滴注的时间为 1 小时，每 8 小时 1 次，连续 7 天。肾功能不全者酌情减量。

【药物评价】

（1）药效　单纯疱疹病毒、水痘带状疱疹病毒、巨细胞病毒等 DNA 病毒具有高度选择性抑制作用，作为首选药。

（2）不良反应　①有一时性血清肌酐升高。②皮疹、荨麻疹。③红细胞、白细胞、血小板减少。④血尿。⑤低血压、头痛、恶心。⑥肝功能异常、黄疸、肝炎。⑦可引起急性肾衰。肾损害患者接受阿昔洛韦治疗时，可造成死亡。

（3）注意事项　①肝、肾功能不全者、脱水者、精神异常者慎用。②对疱疹病毒性脑炎及新生儿疱疹的疗效尚未肯定。③注射给药，只能缓慢滴注（持续 1～2 小时），不可快速推注，不可用于肌内注射和皮下注射。④应摄入充足的水，防止药物沉积于肾小管内。

【商品信息】

（1）发展史　1981 年在英国首次上市，成为最畅销的抗病毒药物。我国 1986 年开始生产，厂家众多。

（2）生产商　上海信谊药厂、杭州天诚药业、石药集团中诺药业（石家庄）、华北制药、广东国医堂制药、黄浦制药、山东博士伦福瑞达制药、湖北科益药业等。

【贮藏】密闭，在阴凉干燥处保存。

拉米夫定[医保(乙)]

Lamivudine

【其他名称】贺普丁，雷米夫定，3TC

【药理作用】拉米夫定是核苷类抗病毒药。可选择性地抑制乙型肝炎病毒（HBV）复制。拉米夫定可在 HBV 感染细胞和正常细胞内代谢生成拉米夫定三磷酸酯，竞争性抑制 HBV－DNA 聚合酶，抑制 DNA 链的延长，从而抑制病毒的复制。

【适应证】适用于乙型肝炎病毒复制的慢性乙型肝炎。与其他抗反转录病毒药物联合用于治疗人类免疫缺陷病毒（HIV）感染。

【制剂规格】片剂：100mg；150mg。

【用法用量】口服：成人一次 0.1g，一日 1 次。

【药物评价】

（1）药效　第一个口服有效抗乙肝药物，也用于抗 HIV，长期应用产生耐药性，疗效降低。

（2）不良反应　①常见的不良反应有上呼吸道感染样症状、头痛、恶心、身体不适、腹痛和腹泻，红细胞再生障碍、血小板减少。②可出现重症肝炎、高血糖及关节痛、肌痛、皮肤过敏。

（3）注意事项　①哺乳期妇女、严重肝大、乳酸性酸中毒者慎用。②尚无针对 16 岁以下患者的疗效和安全性资料。③对于肌酐清除率＜30ml/min 的患者，不建议使用本品。④治疗期间应定期做肝、肾功能检查及全血细胞计数。

【商品信息】

（1）发展史　1999 年，葛兰素威康在中国与全球同步上市，商品名贺普丁，是第一个口服有效抗乙肝药物。

（2）生产商　葛兰素史克（天津）有限公司、先锋制药、山东罗欣药业、湖南千金湘江药业等。

【贮藏】遮光，密封，在阴凉干燥处保存。

阿德福韦酯[医保(乙)]

Adefovir Dipivoxil

【其他名称】贺维力、代丁、欣复诺

【药理作用】阿德福韦酯在体内快速转化为阿德福韦。阿德福韦是一种单磷酸腺苷的无环核苷类似物，在细胞激酶的作用下被磷酸化为有活性的代谢产物即阿德福韦二磷酸盐。阿德福韦二磷酸盐与自然底物脱氧腺苷三磷酸竞争，抑制乙肝病毒（HBV）DNA 多聚酶（反转录酶），整合到病毒 DNA 后终止 DNA 链延长，抑制病毒的复制。

【适应证】适用于治疗乙型肝炎病毒活动复制和血清氨基酸转移酶持续升高的肝功能代偿的成年慢性乙型肝炎患者。

【制剂规格】片剂、胶囊剂、分散片：10mg。

【用法用量】用于成人（18～65 岁）患者，必须在有慢性乙型肝炎治疗经验的医生指导下使用。肾功能正常的患者：推荐剂量为每次 10 mg，每日 1 次，饭前或饭后口服均可。

【药物评价】

（1）药效　继拉米夫定后开发的抗乙肝病毒药物，与拉米夫定无交叉耐药，对于拉米夫定耐药的患者有效。使用时间较短，其远期效果还有待考察。自身也会产生耐药性。

（2）不良反应　国外临床研究中常见不良反应为虚弱、头痛、腹痛、恶心、（胃肠）胀气、腹泻和消化不良。国内临床研究中不良反应为乏力、白细胞减少（轻度）、腹泻（轻度）、脱发（中度）、尿蛋白异常、肌酐升高及可逆性肝脏转氨酶升高。

（3）注意事项　①患者停止乙型肝炎治疗会发生肝炎的急性加重，包括停止使用阿德福韦酯。因此，停止乙肝治疗的患者应当严密监测肝功能，若必要，应重新进行抗乙肝治疗。②肾毒性：对于肾功能障碍或者潜在肾功能障碍风险的患者，必须密切监测肾功能并适当调整剂量。③治疗前，应对所有患者进行人类免疫缺陷病毒（HIV）抗体检查。对慢性乙肝患者携带未知或未治疗的 HIV 产生作用，也许会出现 HIV 耐药。④单用核苷类似物或合用抗反转录病毒药物会导致乳酸性酸中毒和严重的伴有肝脏脂肪变性的肝大，包括致命事件。⑤对本品任何组分过敏的患者禁用。

【商品信息】

（1）发展史　2002 年 9 月葛兰素史克公司获批在美国上市，我国 2005 年开始生产。

（2）生产商　葛兰素史克（天津）有限公司、江苏正大天晴药业、珠海联邦制药、天津药物研究院药业有限责任公司等。

【贮藏】密封，在 2～20℃的干燥处保存。

齐多夫定
Zidovudine

【其他名称】叠氮脱氧胸苷、叠氮胸苷、AZT

【药理作用】齐多夫定为天然胸腺嘧啶核苷的合成类似物，在细胞内转化为其活性代谢物齐多夫定 5′–三磷酸酯（AztTP）。AztTP 抑制 HIV 逆转录酶，阻断 DNA 链延长，从而使病毒 DNA 合成终止，抑制病毒的复制。不抑制人体细胞的增殖。

【适应证】用于治疗获得性免疫缺陷综合征（AIDS）。患者有并发症（卡氏肺孢子虫病或其他感染）时需应用对症的其他药物联合治疗。

【制剂规格】片剂、胶囊剂：0.1g；0.3g。

【用法用量】口服：如与其他抗反转录酶病毒药联合使用本品推荐剂量为每日 600mg，分次服用；若单独应用本品则推荐 500mg/d 或 600mg/d，分次服用（在清醒时每 4 小时服 100mg）。有明显贫血者要调整剂量。儿童、孕妇、新生儿用药遵医嘱。

【药物评价】

（1）药效　齐多夫定与其他抗反转录病毒药物联合使用，用于治疗人类免疫缺陷病毒（HIV）感染的成年人和儿童。由于齐多夫定显示出可降低 HIV 的母–婴传播率，齐多夫定亦可用于 HIV 阳性怀孕妇女及其新生儿。

（2）不良反应　有骨髓抑制作用，可引起意外感染、疾病痊愈延缓和牙龈出血等。可改变味觉，引起唇、舌肿胀和口腔溃疡。偶有发生喉痛、发热、寒战、皮肤灰白色、不正常出血、异常疲倦和衰弱等情况。肝功能不全者易引起毒性反应。

（3）注意事项　①对骨髓抑制患者、肝病危险因素者、肌病及肌炎患者长期使用本药时应慎用。②定期进行血液检查。叶酸和维生素 B_{12} 缺乏者更易引起血常规变化。③进食高脂肪食物，可降低本药的口服生物利用度。

【商品信息】

（1）发展史　1986 年，美国 FDA 首先批准齐多夫定用于治疗艾滋病，第一个抗艾滋病药物。

（2）生产商　福建力菲克药业、深圳海王药业、东北制药集团沈阳第一制药、河南天方药业、上海迪赛诺生物医药有限公司等。

【贮藏】密封保存。

膦甲酸钠[医保(乙)]
Foscarnet Sodium

【其他名称】宇虹、可耐、扶适灵

【药理作用】非核苷类广谱抗病毒药物，作用机制为直接抑制病毒特异的 DNA 多聚酶和反转录酶。对Ⅰ型、Ⅱ型单纯疱疹病毒、巨细胞病毒等有抑制作用。膦甲酸钠还可非竞争性抑制 HIV 的反转录酶和乙型肝炎病毒 DNA 多聚酶。

【适应证】艾滋病（AIDS）患者巨细胞病毒性视网膜炎；免疫功能损害患者耐阿昔洛韦单纯疱疹病毒性皮肤黏膜感染。

【制剂规格】软膏剂：5g：0.15g。注射液：250ml：3.0g。滴眼液：0.15g：5ml。

【用法用量】外用：适量涂于患处，一日 3 ~ 4 次，连用 5 日为一疗程。静脉滴注：剂量个体化，初始剂量为 40 ~ 60mg/kg，每 8 小时一次，静滴时间不得少于 1 小时，根据疗效连用 2 ~ 3 周。必须由专科医生严格按使用说明书使用。

【药物评价】

（1）药效　主要用于Ⅰ型、Ⅱ型单纯疱疹病毒、巨细胞病毒感染，也可用于 HIV 感染者。口服生物利用度差，主要是外用或注射给药。

（2）不良反应　①外用：个别患者可有局部红肿等刺激反应。②长期大量使用经局部吸收后，也可产生与全身用药相同的不良反应。③全身用药相同的不良反应较多，如：肾功能损害、头痛、震颤等中枢神经系统症状，贫血、粒细胞减少等血液系统疾病及恶心、呕吐、食欲减退、腹痛、发热、肝功能异常等其他反应。

（3）注意事项　①本品必须由专科医生严格按使用说明书使用。②密切监测肾功能，根据肾功能情况调整剂量，做到给药个体化。不与氨基糖苷类等肾毒性药物合用。③避免与皮肤、眼接触，若不慎接触，应立即用清水洗净。④除非必须时，妊娠期妇女一般不宜使用。哺乳期妇女使用期间应停止哺乳。

【商品信息】

（1）发展史　1991 年阿斯特拉公司研发，获批在美国上市，我国 2000 年开始生产。

（2）生产商　上海现代制药、武汉大安制药、杭州民生药业、重庆药友制药等。

【贮藏】遮光，密闭保存。

利巴韦林[药典(二)；基；医保(甲、乙)]
Ribavirin

【其他名称】三氮唑核苷、病毒唑、三唑核苷

【药理作用】机理不全清楚，其在宿主细胞内磷酸化后，可能通过多种途径发挥作用，如干扰病毒的三磷酸鸟苷合成，抑制病毒 mRNA 合成以及抑制某些病毒的依赖 RNA 的 RNA 聚合酶。体外具有抑制呼吸道合胞病毒、甲型或乙型流感病毒、甲肝病毒和单纯疱疹病毒等多种病毒生长的作用。

【适应证】适用于呼吸道合胞病毒引起的病毒性肺炎与支气管炎，皮肤疱疹病毒感染。

【制剂规格】片剂：50mg；100mg。颗粒剂：50mg；100mg。注射剂：1ml：100mg；2ml：250mg。滴眼液：8ml：8mg。

【用法用量】口服：一日 0.8 ~ 1g，分 3 ~ 4 次服用。肌内注射或静脉注射：一日 10 ~ 15mg/kg，分

2 次。静脉滴注宜缓慢。

【药物评价】

（1）药效　广谱抗病毒药，与齐多夫定同用时有拮抗作用，因本品可抑制齐多夫定转变成活性型的磷酸齐多夫定。

（2）不良反应　①最主要的毒性是溶血性贫血。②大剂量应用可致心脏损害。③对呼吸道疾患者（慢性阻塞性肺病或哮喘者）可致呼吸困难，胸痛等。④较少见的不良反应有疲倦、头痛、食欲减退、恶心、呕吐、轻度腹泻、便秘等。⑤肌肉痛、关节痛。⑥失眠、情绪化、易激惹、抑郁、注意力障碍、神经质等。⑦脱发、皮疹、瘙痒等。⑧味觉异常、听力异常。

（3）注意事项　①活动性肺结核、严重或不稳定型心绞痛不宜使用。②严重贫血、肝肾功能异常者慎用。③对诊断的干扰：口服本品后引起血胆红素增高者可高达 25%。④致癌与致突变：动物实验发现本品可诱发乳房、胰腺、脑垂体和肾上腺良性肿瘤，但对人体的致癌性并未肯定。⑤孕妇及哺乳期妇女用药：在治疗开始前、治疗期间和停药后至少 6 个月，服用利巴韦林的男性和女性均应避免怀孕。孕妇禁用利巴韦林。少量药物经乳汁排泄，因为对乳儿潜在的危险，不推荐哺乳期妇女服用利巴韦林。⑥儿童用药：目前尚缺乏详细的研究资料。⑦老年用药：尚未进行充分的 65 岁以上老年患者临床研究。在老年患者中使用利巴韦林发生贫血的可能性大于年轻患者，老年人肾功能多有下降，容易导致蓄积，不推荐老年患者服用利巴韦林。⑧药物过量：大剂量可致心脏损害，对有呼吸道疾病患者（慢性阻塞性肺病或哮喘患者）可导致呼吸困难、胸痛等。

【商品信息】

（1）发展史　1972 年合成，我国于 20 世纪 70 年代研制成功。生产厂家众多，有多种口服制剂和注射剂。

（2）生产商　广东华南药业、天津太平洋制药、江苏苏中药业、济南利民制药、天津天达药业、海南海力制药、成都平原药业、丽珠集团丽珠制药厂等。

【贮藏】 遮光，密封保存。

 知识链接

新型冠状病毒的传播途径及预防方法

新型冠状病毒 COVID－19 是一种微小脆弱，但具有高度传染性的病毒，直径大约是人类头发宽度的九百分之一，2019 年开始在全球范围内肆虐，并不断有变异毒株。

人感染了冠状病毒后常见体征有呼吸道症状、发热、咳嗽、气促和呼吸困难等。在较严重病例中，感染可导致肺炎、严重急性呼吸综合征、肾衰竭，甚至死亡。对于新型冠状病毒所致疾病没有特异治疗方法。但许多症状是可以处理的，因此需根据患者临床情况进行治疗。此外，对感染者的辅助护理可能非常有效。做好自我保护包括：保持基本的手部和呼吸道卫生，坚持安全饮食习惯，并尽可能避免与任何表现出有呼吸道疾病症状的人密切接触。

在人类与新冠病毒的斗争中，新冠疫苗的研发和接种是实现群体免疫的主要手段。人民至上，生命至上，医药工作者要勇于担当，积极投身到新药研发和生产中，为人类健康服务。我国的疫苗研发处于领先地位，国家药监局在 2020 年初即启动了疫苗研发、临床及附条件批准的绿色通道。2020 年 5 月 18 日，习近平主席在第 73 届世界卫生大会开幕式上承诺将我国生产的疫苗作为全球公共产品，为发展中国家疫苗的可及性和可担负性做出中国贡献。截至 2021 年 6 月，我国已经附条件批准 7 个品种三类不同技术路线的疫苗。在我国，新冠疫苗用于全民免费预防接种。

任务 2 抗真菌药认知

抗真菌药是指具有抑制或杀灭真菌作用的药物，用于治疗真菌感染。真菌感染一般分为两大类：浅部真菌感染和深部真菌感染。浅部真菌感染是由皮肤癣菌属、小孢子菌属、毛癣菌属引起的皮肤、头发和指（趾）甲感染，如手足癣、体癣、股癣、甲癣等。深部真菌感染是由白色念珠菌、新型隐球菌、粗球孢子菌、荚膜组织胞浆菌等引起的深部感染，主要侵犯肺、脑、皮肤深层、黏膜、内脏和骨骼等部位。深部真菌感染的发病率低，但病情严重，危害很大，且可危及生命。由于广谱抗菌药物的广泛使用导致菌群失调，免疫抑制剂和肾上腺皮质激素的使用导致免疫力下降，使深部真菌的感染越来越多。

抗真菌药物分类如下。

1. 治疗浅部真菌感染的药物 灰黄霉素、制霉菌素、克霉唑、特比萘芬等。

2. 治疗深部真菌感染的药物 两性霉素 B、氟胞嘧啶等。

3. 广谱抗真菌药 酮康唑、氟康唑、伊曲康唑等。

特比萘芬[医保(乙)]
Terbinafine

【其他名称】兰美舒，疗霉舒

【药理作用】丙烯胺类药物，在真菌细胞内聚集，抑制皮肤癣菌中麦角固醇的生物合成，干扰细胞膜的功能及细胞壁的形成，使真菌死亡。

【适应证】用于皮肤真菌、酵母菌及其他真菌引起的体癣、股癣、手足癣、花斑癣。

【制剂规格】盐酸特比萘芬片：每片 125mg；250mg。盐酸特比萘芬乳膏：1%。

【用法用量】口服：每日 1 次，一次 125mg，足癣、体癣、股癣服用 1 周；皮肤念珠菌病 1～2 周；指甲癣 4～6 周；趾甲癣 12 周。外用：每日涂抹 1～2 次。

【药物评价】

（1）药效 皮肤抗真菌药物首选。口服给药时，对花斑癣无效。

（2）不良反应 ①消化道反应，如腹胀、食欲不振、恶心、轻度腹痛、腹泻等。②皮肤反应，如皮疹，偶见味觉改变。③有一定的肝毒性。④外用在用药部位出现发红、发痒或蜇刺感。

（3）注意事项 ①肝、肾功能低下者慎用。2 岁以下儿童、妊娠妇女使用要权衡利弊。②进食高脂食物可使本药的生物利用度增加约 40%。③如出现皮肤过敏反应，味觉改变应停止用药。

【商品信息】

（1）发展史 本品是 1995 年批准用于临床的第二个烯丙胺类抗真菌药物，商品名"兰美抒"。1999 年后转为非处方药销售。

（2）生产商 湖北恒安药业、北京诺华制药、齐鲁制药、天津太平洋制药、桂林华信制药、南昌立健药业等。

【贮藏】在阴凉处，密封、密闭保存。

两性霉素 B【药典(二);医保(乙)】
Amphotericin B

【其他名称】二性霉素

【药理作用】多烯类抗真菌药物。通过与敏感真菌细胞膜上的麦角固醇相结合，损伤细胞膜，导致细胞内重要物质如钾离子、核苷酸和氨基酸等外漏，破坏细胞的正常代谢从而抑制其生长。对本品敏感的真菌有新型隐球菌、白色念珠菌、荚膜组织胞浆菌、球孢子菌属、孢子丝菌属等，皮肤癣菌和毛发癣菌则大多耐药。对细菌、立克次体、病毒等无抗菌活性。常用治疗量所达到的药物浓度对真菌仅具抑菌作用。

【适应证】首选用于深部真菌感染，如真菌性肺炎、脑膜炎、心内膜炎及尿路感染等，应静脉给药。口服给药仅用于胃肠道真菌性感染。也可局部外用治疗眼科、皮肤科和妇科的真菌性感染。

【制剂规格】注射用两性霉素 B（脱氧胆酸钠复合物）：5mg；25mg；50mg。注射用两性霉素 B 脂质体：2mg，10mg。

【用法用量】静脉滴注：个体化用药，成人从 0.02 ~ 0.1mg/kg 给药，最高一日剂量不超过 1mg/kg，疗程 1 ~ 3 个月，也可长至 6 个月，视病情及疾病种类而定。遵医嘱用药。

【药物评价】

（1）药效 深部真菌感染首选，毒性大。两性霉素 B 脂质体制剂分布于肺、肝和脾等网状内皮组织，减少了药物在肾脏的分布，减轻了肾毒性。

（2）不良反应 ①过敏反应，静滴过程中或静滴后发生寒战、高热，有时可出现呼吸困难，血压下降。②长期应用，可出现不同程度的肾功能损害，尿中可出现红细胞、白细胞、蛋白和管型、血尿素氮和肌酐增高。③严重头痛、食欲不振、恶心、呕吐、眩晕等。④静滴时易发生血栓性静脉炎。⑤偶可有白细胞或血小板减少。

（3）注意事项 ①本品毒性大，不良反应多，选用本品时必须权衡利弊后做出决定。②肾功能低下者慎用；肝功能低下者禁用。③治疗期间定期严密随访血、肝、尿常规、肝、肾功能、血钾、心电图等，如血尿素氮或血肌酐明显升高时，则需减量或暂停治疗，直至肾功能恢复。④为减少本品的不良反应，给药前可给解热镇痛药和抗组胺药，如吲哚美辛和异丙嗪等，同时给予琥珀酸氢化可的松 25 ~ 50mg 或地塞米松 2 ~ 5mg 一同静脉滴注。⑤治疗如中断 7 日以上者，需重新自小剂量（0.25mg/kg）开始逐渐增加至所需量。⑥宜缓慢避光滴注，每剂滴注时间至少 6 小时。⑦局部刺激，药液静脉滴注时应避免外漏。

【商品信息】

（1）发展史 我国于 20 世纪 70 年代开始生产，90 年代国外有脂质体上市，2003 年我国开始脂质体制剂的生产。

（2）生产商 上海新亚药业、上海新先锋药业、华北制药等。

【贮藏】遮光，密闭，冷处保存。

氟康唑【药典(二);基;医保(甲、乙)】
Fluconazole

【其他名称】大扶康，麦道夫康，博泰

【药理作用】本品属于咪唑类抗真菌药，高度选择性抑制真菌，对新型隐球菌、白色念珠菌及其他念珠菌、黄曲菌、烟曲菌、皮炎芽生菌、粗球孢子菌、荚膜组织胞浆菌等有抗菌作用。

【适应证】适用于敏感菌所致的各种真菌感染，如隐球菌性脑膜炎、复发性口咽念珠菌病等。

【制剂规格】片剂、胶囊剂：50mg；100mg；150mg；200mg。注射液：100ml：200mg。

【用法用量】口服：成人口咽念珠菌病：首剂 200 mg，以后 100 mg/d，连续 7~14 天。其他黏膜念珠菌感染，首剂 200 mg，以后 100 mg/d，连续 14~30 天，严重感染时，可增至 200 mg/d。

【药物评价】

（1）药效 咪唑类广谱抗真菌药，对深部真菌感染和浅表真菌感染都有效。

（2）不良反应 ①偶见剥脱性皮炎（常伴随肝功能损害发生）。②恶心、腹痛、腹泻、胃肠胀气及味觉异常。③头痛、头晕。④中性粒细胞减少，血小板减少。⑤转氨酶升高、肝炎、肝细胞坏死。⑥瘙痒、面部水肿、血管神经性水肿。

（3）注意事项 ①本品对胚胎的危害性尚未肯定，给妊娠妇女用药前应慎重考虑本品的利弊。哺乳期妇女慎用。②对肝毒性要慎重，对肝脏功能不全者应小心。遇有肝功能变化要及时停药或处理。③用药期间应监测肝肾功能。

【商品信息】

（1）发展史 20 世纪 80 年代末期上市，2004 年国际市场进入销售前 100 位的抗感染药物仅 10 个，氟康唑是其中唯一的抗真菌药物。

（2）生产商 天津药业集团新郑股份有限公司、石家庄欧意药业、上海天龙药业、上海健坤制药、重庆科瑞制药、长春长庆药业、扬子江药业等。

【贮藏】密封，在阴凉干燥处保存。

即学即练

对浅表和深部真菌感染均有较好疗效的药物是（   ）

答案解析 A. 酮康唑   B. 两性霉素 B   C. 制霉菌素   D. 氟胞嘧啶

目标检测

答案解析

单项选择题

1. 口服吸收差，静脉给药不良反应多，仅局部用于治疗浅部真菌病和皮肤黏膜念珠菌感染的是（   ）

    A. 两性霉素 B   B. 多黏菌素 B   C. 克霉唑   D. 灰黄霉素

2. 以下不属于抗真菌药的是（   ）

    A. 酮康唑   B. 灰黄霉素   C. 两性霉素 B   D. 多黏菌素

3. 对浅表和深部真菌感染均有较好疗效的药物是（   ）

    A. 酮康唑   B. 两性霉素 B   C. 制霉菌素   D. 氟胞嘧啶

4. 咪唑类抗真菌作用机制是（   ）

    A. 抑制以 DNA 为模板的 RNA 多聚酶，阻碍 mRNA 合成

    B. 影响二氢叶酸合成

    C. 影响真菌细胞膜通透性

    D. 竞争性抑制鸟嘌呤进入 DNA 分子中，阻断核酸合成

5. 与两性霉素 B 合用可减少复发率，产生协同作用的药物是（　　　）

    A. 氟胞嘧啶　　　　　　　B. 酮康唑　　　　　　　　C. 灰黄霉索　　　　　　　D. 阿昔洛韦

6. 两性霉素 B 的作用机制是（　　　）

    A. 抑制真菌 DNA 合成　　　　　　　　　　　　B. 选择性地与真菌细胞膜麦角固醇结合

    C. 抑制真菌细胞壁的合成　　　　　　　　　　D. 抑制真菌蛋白质合成

7. 阿昔洛韦主要适用的疾病是（　　　）

    A. 甲状腺功能亢进　　　B. 结核病　　　　　　　C. 白色念珠菌感染　　　D. DNA 病毒感染

8. 用于抗艾滋病病毒的药物是（　　　）

    A. 利巴韦林　　　　　　B. 扎那米韦　　　　　　C. 齐多夫定　　　　　　D. 阿昔洛韦

9. 以下为广谱抗病毒药的是（　　　）

    A. 金刚烷胺　　　　　　B. 利巴韦林　　　　　　C. 碘苷　　　　　　　　D. 氟胞嘧啶

10. 既可抗乙肝病毒又可以抗 HIV 病毒的药物为（　　　）

    A. 金刚烷胺　　　　　　B. 利巴韦林　　　　　　C. 拉米夫定　　　　　　D. 碘苷

11. 毒性大，临床仅局部应用的抗疱疹病毒药（　　　）

    A. 扎西他滨　　　　　　B. 干扰素　　　　　　　C. 阿糖腺苷　　　　　　D. 碘苷

12. 能抑制病毒 DNA 聚合酶的抗病毒药是（　　　）

    A. 拉米夫定　　　　　　B. 金刚烷胺　　　　　　C. 阿昔洛韦　　　　　　D. 齐多夫定

13. 阿昔洛韦主要适用的疾病是（　　　）

    A. 甲状腺功能亢进　　　B. 结核病　　　　　　　C. 白色念珠菌感染　　　D. DNA 病毒感染

14. 以下为广谱抗病毒药的是（　　　）

    A. 金刚烷胺　　　　　　B. 利巴韦林　　　　　　C. 碘苷　　　　　　　　D. 阿昔洛韦

书网融合……

知识回顾　　　　　微课　　　　　习题

任务 1　镇痛药认知

PPT

学习引导

疼痛是临床上许多疾病最常见的症状之一，临床上可将疼痛分为钝痛与锐痛。其作为机体受到伤害的一种警告，可引起机体一系列防御性保护反应，但剧烈疼痛可导致患者生理功能紊乱，如失眠、焦虑等，严重者还可引起休克。因此，必要时使用镇痛药进行对症治疗是非常有必要的。缓解锐痛的药物有哪些呢？临床有哪些常用的药品呢？镇痛药在使用过程中可产生哪些不良反应呢？

本任务重点介绍镇痛药每类药物的品种，阐明常用镇痛药的作用、适应证、制剂、用法、药物评价、商品信息、贮藏等。

📖 学习目标

1. **掌握**　吗啡、哌替啶、芬太尼、舒芬太尼的作用、适应证、制剂、用法及药物评价。
2. **熟悉**　瑞芬太尼、美沙酮的作用、适应证及药物评价。
3. **了解**　曲马多、布桂嗪、罗痛定等品种的商品信息。

镇痛药是指能作用于中枢神经系统，选择性地抑制和缓解疼痛的药品。目前发现疼痛与多种受体和离子通道有关，包括阿片肽受体、胆碱能受体、电压依赖性钠离子通道和电压依赖性钙离子通道。镇痛药分为阿片类镇痛药和非阿片类镇痛药。阿片类镇痛药多数属于阿片类生物碱，是一类最经典的镇痛药，如吗啡、可待因等，另有一些人工合成品，如哌替啶、美沙酮等。阿片类镇痛药能够激动阿片受体，减少 P 物质的释放，阻断痛觉在中枢的传导，镇痛作用强大，连续使用可导致成瘾性，因此又称为"麻醉性镇痛药"。

吗啡【药典(二)；基；医保(甲,乙)】微课 1

Morphine

【其他名称】美施康定，美菲康

【药理作用】为阿片类生物碱镇痛药。激动不同部位的阿片受体，产生镇痛、镇静、呼吸抑制、镇咳、催吐、缩瞳等作用。此外，可兴奋平滑肌、扩张外周血管、血压下降，脑血管扩张导致颅内压增高。

【适应证】临床用于晚期癌症患者第三阶段止痛及缓解严重创伤、战伤、烧伤等剧痛。也可用于心源性哮喘，麻醉和手术前给药。与阿托品等有效的解痉药合用于内脏绞痛（如胆绞痛、肾绞痛等）。

【制剂规格】片剂：5mg；10mg。缓释片：10mg；30mg；60mg。注射液：0.5ml：5mg；1ml：10mg。

【用法用量】口服：成人一次 5 ～ 15mg。一日 15 ～ 60mg。极量：一次 30mg，一日 100mg。肌内注射、皮下注射：10 ～ 30mg，每日 3 ～ 4 次。重度癌症用药遵医嘱。

【药物评价】

（1）药效　本品口服易吸收，皮下注射、肌内注射均能很快吸收，一次给药镇痛作用可持续 4 ～ 6 小时。疗效肯定，价格也较便宜。原料及制剂按"麻醉药品"管理。对癌症患者镇痛使用吗啡应由医师根据病情需要和耐受情况决定剂量。

（2）不良反应　①可成瘾，需慎用。但对于晚期中重度癌痛患者，如果治疗适当，少见依赖及成瘾现象。②恶心、呕吐、呼吸抑制、嗜睡、眩晕、便秘、排尿困难、胆绞痛等。偶见瘙痒、荨麻疹、皮肤水肿等过敏反应。③本品急性中毒的主要症状为昏迷，呼吸深度抑制、瞳孔极度缩小、两侧对称，或呈针尖样，血压下降、发绀，尿少，体温下降，皮肤湿冷，肌无力，由于严重缺氧致休克、循环衰竭、瞳孔散大、死亡。④中毒解救：口服 4 ～ 6 小时内应立即洗胃以排出胃中药物。采用人工呼吸、给氧、给予升压药、补充液体维持循环功能。静脉注射拮抗剂纳洛酮或烯丙吗啡。

（3）注意事项　①未明确诊断的疼痛，尽可能不用本品，以免掩盖病情，贻误诊断。②可干扰对脑脊液压升高的病因诊断，这是因为本品使二氧化碳滞留，脑血管扩张的结果。③对平滑肌的兴奋作用较强，不能单独用于内脏绞痛，单独使用使绞痛加剧。④可通过胎盘屏障到达胎儿体内，少量经乳汁排出，婴儿、孕妇、哺乳期妇女禁用。

【商品信息】

（1）发展史　1803 年德国药师赛特纳从阿片中提取，1952 年化学合成，1973 年发现吗啡受体，阐明了本品的镇痛原理。

（2）生产商　青海制药厂有限公司、东北制药集团沈阳第一制药、西南药业（美菲康）、北京萌蒂制药（美施康定）。

【贮藏】片剂遮光，密封保存。注射液遮光，密闭保存。

即学即练 8 - 1

答案解析

吗啡主要用于（　　）

A. 分娩镇痛　　B. 慢性钝痛　　C. 急性锐痛　　D. 胃肠绞痛

哌替啶[药典（二）；基；医保（甲）]

Glibenclamide

【其他名称】度冷丁

【药理作用】作用机制与吗啡相似。镇痛作用相当于吗啡的 1/10 ～ 1/8。镇静、镇咳作用较弱。能增强巴比妥类的催眠作用。

【适应证】①适用于创伤性剧痛；②麻醉前用药；③心源性哮喘；④与氯丙嗪、异丙嗪组成"冬眠合剂"，用于人工冬眠。

【制剂规格】片剂：25mg；50mg。注射液：1ml：50mg；2ml：100mg。

【用法用量】口服：用于镇痛，成人一次 50 ～ 100mg，一日 200 ～ 400mg；极量一次 150mg，一日

600mg。小儿每公斤体重一次以 1.1 ~ 1.76mg 为度。对于重度癌痛患者，首次剂量视情况可以大于常规剂量。肌内或静脉注射：一次 25 ~ 100mg，一日 100 ~ 400mg；极量一次 150mg，一日 600mg。

【药物评价】

（1）药效　本品口服吸收快，耐受性介于吗啡与可待因之间，成瘾性比吗啡轻，是吗啡的主要代用品。按照"麻醉药品"管理。

（2）不良反应　①可出现轻度的眩晕、出汗、口干、恶心、呕吐、心动过速及直立性低血压等。②静脉注射后可出现外周血管扩张、血压下降。

（3）注意事项　①务必在单胺氧化酶抑制药（如呋喃唑酮、丙卡巴肼等）停用 14 天以上方可给药，而且应先试用小剂量（1/4 常用量），否则会发生难以预料的、严重的并发症。②勿将药液注射到外周神经干附近，否则产生局麻或神经阻滞。③禁与氨茶碱、巴比妥类、碳酸氢钠、肝素钠、碘化钠、磺胺嘧啶等混合注射。

【商品信息】

（1）发展史　本品于 1939 年合成并应用于临床，我国于 1958 年合成成功。

（2）生产商　青海制药厂、宜昌人福药业、东北制药集团沈阳第一制药。

【贮藏】片剂密封保存。注射液密闭保存。

即学即练 8 - 2

哌替啶比吗啡应用多的原因是（　　　）

A. 无便秘作用　　　　　　　　B. 呼吸抑制作用轻

C. 作用较慢，维持时间短　　　D. 成瘾性较吗啡轻

答案解析

》 实例分析 8 - 1

实例　王女士，有偏头痛病史，每当疼痛发作时，王女士自行服用 1 ~ 2 片止痛药，效果良好。近段时间由于工作压力大，偏头痛的发作频率与程度均增加，王女士吃止痛片量自行增加至一次服用 3 ~ 4 片，但头痛不仅没得到缓解，反而越来越严重。最近几乎每天都有剧烈头痛，随到医院就诊。

问题　1. 为什么吃止痛药不但不见效，反而越吃越痛呢？

　　　　2. 临床中使用镇痛药应该注意哪些？

答案解析

芬太尼[药典（二）；基；医保（甲、乙）]

Fentanyl

【其他名称】多瑞吉、枸橼酸芬太尼

【药理作用】强效麻醉性镇痛药。阿片受体激动剂，其镇痛作用强而快，但持续时间短，镇痛剂量下，对呼吸抑制作用弱于吗啡。

【适应证】①麻醉前给药及诱导麻醉，作为辅助用药与全麻及局麻药合用于各种手术。②用于手术前、后及术中等各种剧烈疼痛。

【制剂规格】注射液：2ml：0.1mg。透皮贴剂：12μg/h，每贴2.1mg；25μg/h，每贴4.2mg；50μg/h，每贴8.4mg。

【用法用量】①成人静脉注射：全麻时初量小手术，0.001~0.002mg/kg；大手术0.002~0.004mg/kg；体外循环心脏手术按0.02~0.03mg/kg计算全量，维持量可每隔30~60分钟给予初量的一半或连续静滴，一般每小时0.001~0.002mg/kg；全麻同时吸入氧化亚氮0.001~0.002mg/kg；局麻镇痛不全，作为辅助用药0.0015~0.002mg/kg。②成人麻醉前用药或手术后镇痛：0.0007~0.0015mg/kg。③成人手术后镇痛：硬膜外给药，初量0.1mg，加氯化钠注射液稀释到8ml，每2~4小时可重复，维持量每次为初量的一半。

【药物评价】

（1）药效　镇痛作用强度为吗啡的60~80倍，按照"麻醉药品"管理。

（2）不良反应　①一般不良反应为眩晕、视物模糊、恶心、呕吐、低血压、胆道括约肌痉挛、喉痉挛及出汗等，偶有肌肉抽搐。②严重副反应为呼吸抑制、窒息、肌肉僵直及心动过缓，如不及时治疗，可发生呼吸停止、循环抑制及心脏停搏等。③本品有成瘾性，但较哌替啶轻。

（3）注意事项　①本品务必在单胺氧化酶抑制药（如呋喃唑酮、丙卡巴肼）停用14天以上方可给药。②支气管哮喘、呼吸抑制、对本品特别敏感的患者以及重症肌无力患者禁用。③心律失常、肝、肾功能不良、慢性梗阻性肺部疾患，呼吸储备力降低及脑外伤昏迷、颅内压增高、脑肿瘤等易陷入呼吸抑制的患者慎用。

【商品信息】

（1）发展史　本品于1960年首次合成，1968年在美国获批上市，1977年首次成功用于心脏手术麻醉。

（2）生产商　宜昌人福药业、江苏恩华药业、国药集团工业有限公司廊坊分公司、常州四药制药、河南羚锐制药等。

【贮藏】遮光、密闭保存。

舒芬太尼 [药典（二）；医保（乙）]

Sufentanil

【其他名称】枸橼酸舒芬太尼、噻哌苯胺

【药理作用】强效麻醉性镇痛药，特异性激动μ阿片受体，其镇痛作用强度约为芬太尼的5~10倍，作用时间约为芬太尼的2倍；呼吸抑制及心血管抑制与芬太尼相似。

【适应证】①气管内插管，使用人工呼吸的全身麻醉；②复合麻醉的镇痛用药；③全身麻醉大手术的麻醉诱导和维持用药。

【制剂规格】注射液：1ml：50μg；2ml：100μg；5ml：250μg。

【用法用量】注射液可采用静脉髂内快速推注给药或静脉内输注给药。根据个体反应和临床情况的不同，综合考虑年龄、体重、一般情况、同时使用的药物、手术难度和持续时间、所需要的麻醉深度等调整使用剂量。

【药物评价】

（1）药效　本品起效较快，麻醉和换气抑制恢复亦较快，镇痛的深度与剂量有关，可调节到适合于手术的痛觉水平。安全范围大，按照"麻醉药品"管理。

（2）不良反应　①典型的阿片样症状，如呼吸抑制、骨骼肌强直、心动过缓、恶心、呕吐等。

②注射部位偶有瘙痒和疼痛，其他较少见的不良反应有咽部痉挛，偶尔可出现术后恢复期的呼吸再抑制。

（3）注意事项　①麻醉或外科手术前两周，不应该使用单胺氧化酶抑制剂，否则可延长舒芬太尼的呼吸抑制作用。②同时使用阿片类制剂、神经安定类制剂、镇静剂、巴比妥类制剂、乙醇及其他麻醉剂或其他对中枢神经系统有抑制作用的药物，可能导致本品对呼吸和中枢神经系统抑制作用的加强。③对本品及其他阿片类药物过敏者禁用，新生儿、妊娠期和哺乳期的妇女不宜使用。

【商品信息】

（1）发展史　本品于 1974 年人工合成，20 世纪 80 年代在欧美国家用于临床，2003 年在我国上市，2004 年进入国家医保目录。

（2）生产商　宜昌人福药业有限责任公司、江苏恩华药业、国药集团工业有限公司廊坊分公司。

【贮藏】注射液遮光密闭保存。

 知识链接

芬太尼类药物不可滥用

芬太尼类药物为目前发现的最强效的阿片类镇痛药，芬太尼的等效镇痛作用约为吗啡的 100 倍，在临床主要用于麻醉。然而在部分国家芬太尼及其类似物被用于吸毒。

我国在 1996 年将芬太尼列入《麻醉药品品种目录（1996 年版)》进行管制。2019 年 5 月 1 日，将包括舒芬太尼、瑞芬太尼等芬太尼类物质列入《非药用类麻醉药品和精神药品管制品种增补目录》。目前芬太尼类物质已列入《麻醉药品和精神药品品种目录》和《非药用类麻醉药品和精神药品管制品种增补目录》。我国对芬太尼类物质依原有目录予以管制，实行整类列管。国际关注的芬太尼类物质我国已列管 25 种，作为医务工作人员应学法懂法，规范用药，作为普通大众，应有禁毒意识，珍爱生命，远离毒品。

其他镇痛药见表 8-1。

表 8-1　其他镇痛药

药物	作用与适应证	药物评价及商品信息
瑞芬太尼【药典(二)；基；医保(乙)】	阿片受体激动剂，起效快，维持时间短，用于全麻诱导和全麻中维持镇痛，是静脉注射的速效麻醉镇痛药	副作用及注意事项等与芬太尼类似。注射用盐酸瑞芬太尼：1mg；2mg；5mg。生产商：宜昌人福药业等
美沙酮【药典(二)；医保(乙)】	阿片受体激动剂，起效慢、作用时效长，适用于慢性疼痛。亦用于阿片、吗啡及海洛因成瘾者的脱毒药	常见不良反应有头痛、眩晕、恶心、出汗、嗜睡和性功能减退。成瘾性较小，但久用也能成瘾，且难脱瘾。不做麻醉前和麻醉中用药。口服溶液剂：10ml：1mg；10ml：2mg；10ml：5mg；10ml：10mg。片剂：2.5mg；5mg；10mg。注射液：1ml：5mg。生产商：天津市中央药业等
曲马多【药典(二)；医保(乙)】	非阿片类中枢镇痛药，但与阿片受体有很弱的亲和力。作用强度为吗啡的 1/10~1/8。无呼吸抑制作用，依赖性小。用于癌症疼痛。骨折或术后疼痛等各种急、慢性疼痛	成瘾性较小，但久用也能成瘾，且难脱瘾。按"第二类精神药品"管理。片剂、缓释片、分散片、胶囊剂、缓释胶囊：50mg。注射液：2ml：100mg。粉针剂：0.1g。生产商：北京华素制药、多多药业等

续表

药物	作用与适应证	药物评价及商品信息
布桂嗪【药典(二)】	本品为中等强度的镇痛药。适用于偏头痛、三叉神经痛、牙痛、炎症性疼痛、神经痛、月经痛、关节痛、外伤性疼痛、手术后疼痛，以及癌症疼痛（属二阶梯镇痛药）等	少数患者可见有恶心、眩晕或困倦、黄视、全身发麻感等，停药后可消失；本品引起依赖性的倾向与吗啡类药相比为低，但有可耐受性和成瘾性，故不可滥用。片剂：30mg。注射液：1ml：50mg；2ml：50mg；2ml：100mg。生产商：东北制药集团沈阳第一制药等
罗痛定【药典(二); 医保(乙)】	本品为镇痛类非处方药药品，用于头痛、月经痛以及助眠等	治疗量无成瘾性。片剂：30mg；60mg。注射液：2ml：60mg。生产商：山西云鹏制药等

目标检测

答案解析

单项选择题

1. 慢性钝痛不宜选用吗啡的主要原因是（   ）

   A. 对慢性钝痛疗效差　　　　　　　　B. 成瘾性强

   C. 引起呕吐　　　　　　　　　　　　D. 引起体位性低血压

2. 典型的镇痛药其特点是（   ）

   A. 有镇痛、解热作用

   B. 有镇痛、抗炎作用

   C. 有强大的镇痛作用，反复应用容易成瘾

   D. 有强大的镇痛作用，无成瘾性

3. 以下药物可用于心源性哮喘的是（   ）

   A. 哌替啶　　　　　　　　　　　　　B. 肾上腺素

   C. 去甲肾上腺素　　　　　　　　　　D. 异丙肾上腺素

4. 吗啡常用注射给药的原因（   ）

   A. 口服不易吸收　　　　　　　　　　B. 片剂不稳定

   C. 口服首过效应　　　　　　　　　　D. 易被肠道破坏

5. 下列哪种情况不宜用哌替啶镇痛（   ）

   A. 创伤性疼痛　　　　　　　　　　　B. 手术后疼痛

   C. 慢性钝痛　　　　　　　　　　　　D. 内脏绞痛

6. 镇痛作用最强的药物是（   ）

   A. 芬太尼　　　　　B. 美沙酮　　　　　C. 吗啡　　　　　D. 哌替啶

7. 可用于肝癌晚期患者剧烈疼痛的药物（   ）

   A. 可待因　　　B. 阿司匹林　　　C. 哌替啶　　　　D. 吲哚美辛

8. 用于解救麻醉性镇痛药急性中毒的药物是（   ）

   A. 纳洛酮　　　　B. 哌替啶　　　　C. 美沙酮　　　　D. 芬太尼

9. 常用的脱毒药是（   ）

   A. 美沙酮　　　　B. 布桂嗪　　　　C. 芬太尼　　　　D. 双氯芬酸钠

10. 关于可待因描述错误的是（　　　）

    A. 镇痛作用较吗啡弱   B. 无成瘾性

    C. 中枢镇咳药   D. 用于中度疼痛

PPT

任务2　解热镇痛、抗炎、抗风湿药认知

学习引导

受遗传、环境、感染、不良生活习惯等因素的影响，人体会生病，生病时机体表现为功能、代谢及形态的变化，在临床上呈现一系列的症状与体征。日常生活中多种疾病均可出现疼痛、发热、炎症等症状，当以上症状出现时，是否应该立即服用药物进行缓解呢？降低发热体温、抗炎的药物分别有哪些呢？缓解疼痛的药物除镇痛药外是否有其他药物呢？临床有哪些常用的药品呢？

本任务重点介绍解热镇痛、抗炎、抗风湿药每类药物的品种，阐明常用解热镇痛、抗炎、抗风湿药的作用、适应证、制剂、用法、药物评价、商品信息、贮藏等。

📖 学习目标

1. **掌握**　阿司匹林、对乙酰氨基酚、布洛芬的作用、适应证、制剂、用法及药物评价。
2. **熟悉**　酮洛芬、芬布芬、尼美舒利的作用、适应证及药物评价。
3. **了解**　双氯芬酸钠、吲哚美辛、吡罗昔康等品种的商品信息。

    解热镇痛、抗炎、抗风湿药是全球用量最大的药物之一，解热镇痛、抗炎、抗风湿药具有解热镇痛作用，其中多数药物还有抗炎、抗风湿作用，本类药物的作用机制与中枢性镇痛药的镇痛和肾上腺皮质激素的抗炎作用机制有所不同，又称为非甾体抗炎药（NSAID）。主要是通过抑制环氧酶（COX）而减少前列腺素类（PG）的合成，因为前列腺素类是引起发热、炎症和疼痛的主要介质。目前已有百余种药物上市，全世界每天有众多患者使用这类药物来缓解疼痛。

    临床上常用的解热镇痛、抗炎、抗风湿药多配伍使用或组成复方制剂，主要用于发热和炎症性疼痛，按化学结构可分为很多类别，如酸类衍生物：①甲酸类，即水杨酸类，代表药物为阿司匹林；②乙酸类，代表药物为双氯芬酸、吲哚美辛等；③丙酸类，布洛芬、芬布芬、萘普生等；④昔康类，如吡罗昔康、美洛昔康等；⑤昔布类，塞来昔布；⑥吡唑酮类，保泰松等；⑦其他，尼美舒利等。丙胺类有对乙酰氨基酚；非酸类有奈丁美酮等。用于解热镇痛及抗炎的中药多以解表药、清热药、泻下药为主，如双黄连口服液等。

知识链接

癌症疼痛的三阶梯疗法及用药原则

    疼痛是癌症的常见症状，晚期癌症患者约有3/4伴有疼痛。癌症疼痛是影响癌症患者生活质量的主要原因，如何缓解癌症疼痛，减轻癌症患者痛苦是全球关注的重要问题。1986年世界卫生组织提出了适用于癌性疼痛的三阶梯疗法，建议在全球范围内推广采用此治疗方案。我国积极响应，于1993年发

布了《癌症病人三阶梯止痛治疗指导原则》，以规范应用止痛药物，缓解癌症患者疼痛，提高生活质量。

第一阶梯：轻度疼痛给予止痛效果较弱的非甾体抗炎药，如阿司匹林、双氯芬酸、布洛芬等。

第二阶梯：中度疼痛可给予弱阿片类药物，如可待因、布桂嗪、曲马多等。

第三阶梯：重度疼痛给予强效阿片类镇痛药，如吗啡、哌替啶、羟考酮、芬太尼等。

用药原则：

①口服给药：口服用药及无创途径给药是首选的止痛治疗方法。

②按时给药：有规律按时给药可保持较恒定的血药浓度，发挥平稳镇痛效果，同时减少药物不良反应。

③阶梯给药：按疼痛程度给予止痛强度不同的止痛药。

④个体化给药：药物品种、剂型、剂量和用药时间应根据患者具体情况加以选择，从而保障安全合理用药。

癌症疼痛的三阶梯疗法是晚期癌痛患者重要的治疗手段，体现了对癌症患者的人文情怀，医务工作者应"管好药"的同时"用好药"，让癌症患者生活无痛苦，离世有尊严。

阿司匹林【药典(二);基;医保(甲,乙)】 微课2

Aspirin

【其他名称】乙酰水杨酸，拜阿司匹灵

【药理作用】水杨酸类非甾体抗炎药，抑制前列腺素合成，具有解热、镇痛作用。有较强的抗炎、抗风湿作用，并有促进尿酸排泄以及抗血小板聚集作用。

【适应证】用于普通感冒或流行性感冒引起的发热，也用于缓解轻至中度疼痛如头痛、关节痛、偏头痛、牙痛、肌肉痛、神经痛、痛经。预防血栓形成。

【制剂规格】片剂、泡腾片：0.1g；0.3g；0.5g。肠溶片：50mg；100mg；300mg。栓剂：0.1g；0.15g；0.3g。

【用法用量】口服。解热镇痛时每次 0.3～0.6g，一日 3 次，或需要时服用。用于预防血栓采用肠溶片：①降低急性心肌梗死疑似患者的发病风险：建议首次剂量300mg，嚼碎后服用以快速吸收。以后每天100～200mg。②预防心肌梗死复发：每天 100～300mg。③中风的二级预防：每天 50～200mg。④降低短暂性脑缺血发作（TIA）及其继发脑卒中的风险：每天 100～200mg。⑤降低稳定型和不稳定型心绞痛患者的发病风险：每天 50～300mg。⑥动脉外科手术或介入手术后：每天 100～300mg。⑦预防大手术后深静脉血栓和肺栓塞：每天 100～200mg。⑧降低心血管危险因素者（冠心病家族史、糖尿病、血脂异常、高血压、肥胖、抽烟史、年龄大于 50 岁者）心肌梗死发作的风险：每天 100mg。

【药物评价】

（1）药效　本品口服后吸收迅速、完全，药效稳定，吸收后分布于各组织中，价格便宜。

（2）不良反应　①较常见的有恶心、呕吐、上腹部不适或疼痛等胃肠道反应。②较少见或罕见的有：胃肠道出血或溃疡，表现为血性或柏油样便，胃部剧痛或呕吐血性或咖啡样物，多见于大剂量服药患者。支气管痉挛性过敏反应，表现为呼吸困难或哮喘。皮肤过敏反应，表现为皮疹、荨麻疹、皮肤瘙痒等。血尿、眩晕和肝脏损害。对中枢神经的影响，可出现可逆性耳鸣、听力下降。③过量导致水杨酸中毒，多见于风湿病用本品治疗者，表现为头痛、头晕、耳鸣、耳聋、恶心、呕吐、腹泻、嗜睡、精神紊乱，多汗、呼吸深快、烦渴、手足不自主运动（多见于老年人）及视力障碍等。重度可出现血尿、抽搐、幻觉、重症精神紊乱、呼吸困难及无名热等。儿童患者精神及呼吸障碍更明显。

（3）注意事项　①本品仅能缓解症状，需针对病因同时进行治疗。②不应用于儿童和青少年的伴或不伴发热的病毒感染。某种病毒性疾病，尤其是流感 A 型、B 型和水痘，可能会发生少见的危及生命的 Reye 综合征，需立即进行药物治疗。③痛风、肝肾功能减退、心功能不全、鼻衄、月经过多以及有溶血性贫血史的患者慎用。④长期大量用药或误服大量，可致急性中毒，严重者危及生命。⑤哮喘、鼻息肉综合征、血友病或血小板减少症、出血体质者、对解热镇痛药过敏者、妊娠期妇女禁用。⑥饮酒前后不宜服用本品，可损伤胃黏膜而导致出血。⑦大剂量抑制前列环素，促进血栓形成，因此，预防血栓要小剂量给药，对已经形成的血栓无影响。

【商品信息】

（1）发展史　应用最早、最广和最普通的解热镇痛抗风湿药，1899 年由德国拜耳公司首次生产，我国于 1958 年开始生产。

（2）生产商　石家庄欧意药业，德国拜耳医药、阿斯利康制药（巴米尔）、天津力生制药、广州白云山敬修堂药业等。

【贮藏】密封，在干燥处保存。栓剂密封，在阴凉干燥处保存。

即学即练 8 - 3

以下药物中可用于防止血栓形成的是（　　　）

A. 水杨酸钠　　　B. 阿司匹林　　　C. 保泰松　　　D. 吲哚美辛

答案解析

对乙酰氨基酚 [药典(二)；基；医保(甲,乙)]

Paracetamol

【其他名称】扑热息痛，泰诺林

【药理作用】苯胺类非甾体抗炎药，为非那西丁在体内的活性代谢物。解热、镇痛作用似阿司匹林，但抗炎、抗风湿作用较弱，对血小板及凝血机制无影响。

【适应证】适用于缓解轻度至中度疼痛，如感冒引起的发热、头痛、关节痛、神经痛、偏头痛及痛经等。

【制剂规格】片剂、胶囊剂、泡腾片、颗粒剂：0.1g；0.3g；0.5g。咀嚼片：80mg；160mg。注射液：1ml：0.075g；1ml：0.15g；2ml：0.15g；2ml：0.25g。栓剂：0.125g；0.15g；0.3g；0.6g。滴剂：10ml：1g；15ml：1.5g。凝胶剂：5g：0.12g。

【用法用量】口服：成人一次 0.3~0.6g，每 4 小时 1 次，或一日 4 次；一日不宜超过 2g。退热疗程一般不超过 3 日，镇痛不宜超过 10 日。肌内注射一次 0.15~0.25g。

【药物评价】

（1）药效　本品口服后吸收迅速，不良反应小。

（2）不良反应　①有时可见胃肠道反应。②偶见皮疹、荨麻疹、药物热及粒细胞减少。有报道，极少数患者使用对乙酰氨基酚可能出现致命的、严重的皮肤不良反应。当出现皮疹或过敏反应的其他征象时，应立即停用本品并咨询专科医生。③过量使用对乙酰氨基酚可引起严重肝损伤。

（3）注意事项　①乙醇中毒、肝病或病毒性肝炎及肾功能不全者慎用。②过敏体质者慎用，对本品过敏者禁用。③不宜大量或长期服用，以免引起造血系统及肝肾损害。④3 岁以下儿童因肝、肾功能发育不全，应避免使用。⑤建议对乙酰氨基酚口服一日最大量不超过 2g。⑥应尽量避免合并使用含有对乙酰氨基酚或其他解热镇痛药的药品，以避免药物过量或导致毒性协同作用。⑦N – 乙酰半胱氨酸是对乙酰氨基酚中毒的拮抗药，宜尽早应用，12 小时内给药疗效满意，超过 24 小时疗效较差。

【商品信息】

（1）发展史　本品为苯胺类解热镇痛药，是国内外解热镇痛药市场中销售额最高的药品之一。1893 年首次应用于临床，我国于 1960 年开始生产。

（2）生产商　华润紫竹药业有限公司，中美天津史克制药（必理通）、中美上海施贵宝制药（百服宁）、吉林敖东延边药业、海南中宝制药等、江西铜鼓仁和制药、浙江康恩贝制药。

【贮藏】遮光，密封，在阴凉处保存。

即学即练 8 – 4

不用于抗炎的药物是（　　　）

答案解析　A. 对乙酰氨基酚　　B. 吲哚美辛　　C. 布洛芬　　D. 水杨酸钠

布洛芬【药典(二)；基；医保(甲,乙)】

Ibuprofen

【其他名称】异丁洛芬，异丁苯丙酸，芬必得，美林，安瑞克

【药理作用】丙酸类非甾体抗炎药。具有解热、镇痛、抗炎作用，通过抑制环氧酶，减少前列腺素的合成，发挥解热、镇痛、抗炎作用。其解热、镇痛、抗炎作用比阿司匹林、保泰松或对乙酰氨基酚强。

【适应证】用于缓解轻至中度疼痛如头痛、关节痛、偏头痛、牙痛、肌肉痛、神经痛、痛经。也用于普通感冒或流行性感冒引起的发热。

【制剂规格】口服溶液剂：10ml：0.1g。片剂、胶囊剂、颗粒剂：0.1g；0.2g；0.4g。缓释胶囊：0.3g。混悬滴剂：20ml：0.8g。糖浆剂：10ml：0.2g；90ml：1.8g。乳膏剂：20g：1g。栓剂：50mg；100mg。

【用法用量】口服：用于解热镇痛，成人一次 0.2g，若持续疼痛或发热，可间隔 4 ~ 6 小时重复用药 1 次，24 小时不超过 4 次。缓释胶囊一次 1 粒，一日 2 次。12 岁以下儿童用，按体重适量给药。抗风湿，一次 0.4 ~ 0.8g，一日 3 ~ 4 次。成人最大限量每日 2.4g。

【药物评价】

（1）药效　本品口服易吸收，疗效肯定。对炎症性疼痛效果好。

（2）不良反应　①不良反应轻，主要为消化道不良反应。②头晕、耳鸣、皮疹、白细胞数轻度下降、氨基转移酶微升等较少见。

（3）注意事项　①对阿司匹林或其他非甾体抗炎药过敏者、活动性消化性溃疡患者禁用。②妊娠期妇女和哺乳期妇女不宜用。③支气管哮喘、心肾功能不全、高血压、血友病患者慎用。④长期用药应定期检查血象及肝、肾功能。

【商品信息】

（1）发展史　本品为首先使用的丙酸类非甾体抗炎药，1961 年，布洛芬获得了专利并于同年 12 月首次成功合成，1969 年在英国上市，我国于 1980 年开始投产。

（2）生产商　石家庄欧意药业、山东新华制药、江西银涛药业、哈药集团世一堂制药厂、中美天津史克制药、上海强生制药（美林）。

【贮藏】密封保存。口服溶液、栓剂密封，在阴凉处保存。混悬滴剂、混悬液、糖浆剂遮光，密封保存。

答案解析

即学即练 8-5

布洛芬的主要特点是（　　）

A. 无抗炎、抗风湿作用　　　　B. 口服吸收慢

C. 血浆蛋白结合率低　　　　　D. 胃肠反应较轻，易耐受

实例分析 8-2

实例　某儿童，5 岁，因发烧，家长带她到医院，体温 38℃伴有轻微咳嗽，鼻塞，经医生询问，家长在前一天带孩子出去玩儿，导致感冒，晚上给孩子服用了一次布洛芬颗粒。

问题　1. 什么原因可能导致孩子感冒？

　　　　2. 可以采取哪些措施（药物治疗措施与非药物治疗措施）？

答案解析

其他解热镇痛药见表 8-2。

表 8-2　其他解热镇痛药

药物	作用与适应证	药物评价及商品信息
双氯芬酸钠【药典(二);基;医保(甲,乙)】	苯乙酸类非甾体抗炎药，镇痛活性为阿司匹林的 40 倍，解热作用为阿司匹林的 350 倍。用于缓解类风湿关节炎等各种慢性关节炎的急性发作期或持续性的关节肿痛症状及非关节性的各种软组织风湿性疼痛等	最常见的不良反应为胃肠反应，停药后即可消失。其中少数可出现胃溃疡、胃黏膜出血、穿孔等。1 岁以下儿童不宜使用本品口服制剂。肠溶片剂、肠溶胶囊剂、缓释胶囊剂：25mg；50mg；50mg。生产商：北京诺华制药有限公司等
吲哚美辛【药典(二);基;医保(甲,乙)】	吲哚乙酸类非甾体抗炎药，强力镇痛抗炎药，主要用于关节炎、痛风、发热、滑囊炎、肌腱炎及肩周炎等非关节炎症，还可用于治疗偏头痛、痛经、手术后痛及创伤后痛等	不良反应发生率较高，包括胃肠道反应、中枢神经系统症状、肾损伤、各型皮疹、造血系统受抑制、过敏反应等。溃疡病、癫痫、帕金森病、精神病、支气管哮喘患者，肝肾功能不全者，妊娠期妇女及哺乳期妇女禁用，14 岁以下儿童一般不用。肠溶片、缓释片、胶囊剂、缓释胶囊：25mg。生产商：重庆格瑞林药业等
酮洛芬【药典(二)】	丙酸类非甾体抗炎药，临床应用与布洛芬基本相同，作用比布洛芬强，用于缓解轻至中度疼痛，如关节痛、神经痛、肌肉痛、头痛、痛经、牙痛	常见恶心、呕吐、胃烧灼感或轻度消化不良等胃肠道反应。对阿司匹林及其他非甾体抗炎药过敏者、妊娠期妇女及哺乳期妇女禁用。肠溶胶囊：25mg；50mg。缓释片：75mg。生产商：西安利君制药等
芬布芬【药典(二)】	丙酸类非甾体抗炎药，用于类风湿关节炎、风湿性关节炎、骨关节炎、痛风性关节炎的治疗。还可用于牙痛、手术后疼痛及外伤性疼痛	少数患者服药后有胃痛、恶心、头晕、皮疹、白细胞减少等不良反应。有消化性溃疡、14 岁以下小儿、哺乳期妇女、严重血液异常和严重心、肝、肾功能不全及对本品过敏者禁用。常用制剂有：片剂、胶囊剂：0.15g；0.3g。生产商：哈药集团制药总厂等

续表

药物	作用与适应证	药物评价及商品信息
尼美舒利【药典(二);医保(甲)】	非甾体抗炎药,仅在至少一种其他非甾体抗炎药治疗失败的情况下使用。可用于慢性关节炎(如骨关节炎等)的疼痛、手术和急性创伤后的疼痛、原发性痛经	偶见胃灼热、恶心和胃痛、皮疹、失眠等,曾有肝损害的报道,在治疗期间应监测肝、肾、心功能。消化性溃疡病、中重度肝功能不全者、严重肾功能不全者、妊娠期妇女及哺乳期妇女、12 岁以下儿童禁用。片剂:50mg;100mg。餐后服用。生产商:太阳石(唐山)药业等
吡罗昔康【药典(二);医保(乙)】	非甾体抗炎药。适用于缓解各种关节炎及非关节炎性软组织风湿病变的疼痛和肿胀的对症治疗。必须同时进行关节、软组织病变的病因治疗	常见恶心、胃痛、消化不良等胃肠道反应。片剂、胶囊剂:10mg;20mg。软膏:10g:0.1g;20g:0.2g。注射液:2ml:20mg;凝胶:10g:50mg;12g:60mg。生产商:丽珠集团利民制药厂等

目标检测

答案解析

单项选择题

1. 治疗类风湿关节炎的首选药的是（　　　）

   A. 水杨酸钠　　　　　B. 阿司匹林　　　　　C. 保泰松　　　　　D. 吲哚美辛

2. 以下不属于阿司匹林不良反应的是（　　　）

   A. 凝血障碍　　　　　B. 胃肠道反应　　　　　C. 成瘾性　　　　　D. 过敏反应

3. 解热镇痛药的抗炎作用机制是（　　　）

   A. 促进炎症消散　　　　　　　　　　B. 抑制炎症时 PG 的合成

   C. 抑制黄嘌呤氧化酶　　　　　　　　D. 促进前列腺素从肾脏排泄

4. 胃溃疡患者宜选用下列哪种药物解热镇痛（　　　）

   A. 吲哚美辛　　　　　　　　　　　　B. 对乙酰氨基酚

   C. 吡罗昔康　　　　　　　　　　　　D. 保泰松

5. 下列药物中抗炎作用最强的是（　　　）

   A. 阿司匹林　　　　　B. 双氯芬酸　　　　　C. 对乙酰氨基酚　　　　　D. 布洛芬

6. 妊娠期妇女禁用的药物是（　　　）

   A. 水杨酸钠　　　　　B. 阿司匹林　　　　　C. 保泰松　　　　　D. 吲哚美辛

7. 阿司匹林过敏反应的表现是（　　　）

   A. 胃肠道反应　　　　　　　　　　　B. 呼吸困难或哮喘

   C. 水杨酸反应　　　　　　　　　　　D. 凝血障碍

8. 阿司匹林引起胃出血和诱发胃溃疡的原因是（　　　）

   A. 凝血障碍　　　　　B. 变态反应　　　　　C. 局部刺激　　　　　D. 抑制 PG 合成

9. 可引起白细胞减少的药物是（　　　）

   A. 保泰松　　　　　B. 对乙酰氨基酚　　　　　C. 布洛芬　　　　　D. 吲哚美辛

10. 阿司匹林防止血栓形成的机制是（　　　）

   A. 激活环氧酶,增加血栓素生成,抗血小板聚集及抗血栓形成

B. 激活环加氧酶，减少前列腺素生成，抗血小板聚集及抗血栓形成

C. 抑制环加氧酶，减少血栓素生成，抗血小板聚集及抗血栓形成

D. 抑制环加氧酶，增加前列腺素生成，抗血小板聚集及抗血栓形成

PPT

任务 3　抗痛风药认知

学习引导

痛风是由体内嘌呤新陈代谢紊乱引起的一种疾病，主要表现为尿酸的合成增加或排出减少，造成高尿酸血症，尿酸及尿酸盐在关节、肾脏及结缔组织中析出结晶，可引起关节局部炎症，一般发作部位为大拇指关节，踝关节，膝关节等，出现红、肿、热、剧烈疼痛，严重者可发生肾功能衰竭及尿毒症，严重危及患者生命安全。常用抗痛风药有哪些呢？临床有哪些常用的药品呢？痛风患者在日常生活中有哪些注意事项呢？

本任务重点介绍抗痛风药每类药物的品种，阐明常用抗痛风药的作用、适应证、制剂、用法、药物评价、商品信息、贮藏等。

学习目标

1. **掌握**　别嘌醇、秋水仙碱的作用、适应证、制剂、用法及药物评价。
2. **熟悉**　丙磺舒、苯溴马隆的作用、适应证及药物评价。
3. **了解**　活络止痛丸、风湿骨痛胶囊、正清风痛宁片等品种的商品信息。

抗痛风药品种相对较少，按作用机制分为控制急性关节炎症状和抗高尿酸血症两大类，后一类又可分为抑制尿酸生成的药物和促进尿酸排泄的药物，都能达到降低血尿酸的作用，常用药物包括抑制尿酸生成的别嘌醇和控制痛风性关节炎症状的秋水仙碱等。

别嘌醇【药典(二);基;医保(甲,乙)】 微课 3

Allopurinol

【其他名称】别嘌呤醇

【药理作用】本品是抑制尿酸合成的药物。别嘌醇及其代谢产物均能抑制黄嘌呤氧化酶，阻止次黄嘌呤和黄嘌呤代谢为尿酸，从而减少尿酸的生成，使血尿中尿酸浓度降低，减少尿酸盐在骨、关节及肾脏的沉着。

【适应证】用于原发性和继发性高尿酸血症，尤其是尿酸生成过多而引起的高尿酸血症。发作或慢性痛风者；痛风石；尿酸性肾结石和（或）尿酸性肾病；有肾功能不全的高尿酸血症。

【制剂规格】片剂：0.1g。胶囊剂：0.25g。

【用法用量】口服。成人初始剂量一次 50mg，一日 1~2 次，每周可递增 50~100mg，至一日 200~300mg，分 2~3 次服。每 2 周测血和尿的尿酸水平，如已达正常水平，则不再增量，一日最大量 600mg。儿童剂量详见说明书。

167

【药物评价】

（1）药效　本品口服后在胃肠道内吸收完全，效果明确。

（2）不良反应　停药后一般均能恢复正常。个别患者可出现如下不良反应。①皮疹：可呈瘙痒性丘疹或荨麻疹。如皮疹广泛而持久，经对症处理后无效，并有加重趋势时必须停药。②胃肠道反应：包括腹泻、腹痛等。③白细胞减少，或血小板减少、贫血、骨髓抑制等，均应考虑停药。④其他有脱发、发热、淋巴结肿大、肝毒性、间质性肾炎及过敏性血管炎等。⑤国外曾报道数例患者在服用本品期间发生原因未明的突然死亡。

（3）注意事项　①不能作为抗炎药使用。因为本品促使尿酸结晶重新溶解时可再次诱发并加重关节炎急性期症状。②必须在痛风性关节炎的急性炎症症状消失后（一般在发作后两周左右）方开始应用。③服药期间应多饮水，并使尿液呈中性或碱性以利尿酸排泄。④用药前及用药期间要定期检查血尿酸及 24 小时尿尿酸水平，以此作为调整药物剂量的依据。⑤与排尿酸药合用可加强疗效。⑥有肾、肝功能损害者及老年人应谨慎用药。

【商品信息】

（1）发展史　为抑制尿酸合成的药物，由匈牙利 Egis 公司开发，1958 年在美国首次上市，1988 年在我国首次注册。

（2）生产商　上海信谊万象药业、黑龙江澳利达奈德制药。

【贮藏】遮光，密封保存。

> ## ▶▶ 实例分析 8-3
>
> **实例**　患者，男，55 岁，因近期第一跖骨肿胀疼痛反复发作就诊，患者自述多于夜间发作，发作时关节活动受限，不能弯曲，经诊断为痛风。除药物治疗外，医生叮嘱其在日常生活中应注意血尿酸监测。
>
> **问题**　1. 痛风患者为何需要注意日常血尿酸监测？
>
> 　　　2. 痛风患者除了采取药物治疗外，日常生活中（尤其饮食方面）应该注意什么？
>
>
> 答案解析

秋水仙碱【药典（二）；基；医保（甲）】

Colchicine

【其他名称】秋水仙素

【药理作用】对急性痛风性关节炎有选择性抗炎作用，达到控制关节局部的疼痛、肿胀及发红炎症反应。秋水仙碱不影响尿酸盐的生成、溶解及排泄，因而无降血尿酸作用，对慢性痛风无效，对一般性疼痛及其他类型关节炎无效。抑制细胞的有丝分裂，有抗肿瘤作用，但毒性大，现已少用。

【适应证】治疗痛风性关节炎的急性发作，预防复发性痛风性关节炎的急性发作。

【制剂规格】片剂：0.5mg；1mg。

【用法用量】口服。急性期：成人每 1~2 小时服 0.5~1mg，直至关节症状缓解，或出现腹泻或呕吐，达到治疗量一般为 3~5mg，24 小时内不宜超过 6mg，停服 72 小时后一日量为 0.5~1.5mg，分次服用，共 7 天。预防：一日 0.5~1.0mg，分次服用，但疗程酌定，如出现不良反应随时停药。

【药物评价】

（1）药效　本品口服吸收迅速，蛋白结合率低，较静脉注射安全性高。

（2）不良反应　与剂量有明显相关性。①胃肠道症状：腹痛、腹泻、呕吐及食欲不振为常见的早期不良反应。②肌肉、周围神经病变。③骨髓抑制：出现血小板减少，中性白细胞下降，甚至再生障碍性贫血。多见于静脉用药者，有时是致命性危险。④休克。⑤致畸。⑥其他：脱发、皮疹及发热等。

（3）注意事项　①心功能不全者、胃肠疾病患者、年老体弱者（应减量）慎用。②骨髓增生低下、肾、肝功能不全者、妊娠期妇女及 2 岁以下儿童禁用。③患者在服药期间必须进行血常规及肝、肾功能的定期监测。④有致畸性，必须在停药数月后方能妊娠。

【商品信息】

（1）发展史　秋水仙碱是从秋水仙球茎里提取出的一种生物碱，是治疗痛风的一线药物。本品由法国罗素优克福公司开发，1957 年在德国首次上市。1988 年在我国注册。

（2）生产商　西双版纳版纳药业有限责任公司、昆药集团股份有限公司等。

【贮藏】遮光，密封保存。

即学即练 8－6

适用于痛风性关节炎急性发作的抗痛风药是（　　　）

答案解析

A. 阿司匹林　　B. 别嘌呤醇　　C. 秋水仙碱　　D. 丙磺舒

其他抗痛风药见表 8－3。

表 8－3　其他抗痛风药

药物	作用与适应证	药物评价及商品信息
丙磺舒[药典(二)]	抗痛风药，适用于发作频繁的痛风性关节炎伴高尿酸血症及痛风石。但必须肾小球滤过率大于 50～60ml/min、无肾结石或肾结石史、酸性尿不强、不服用水杨酸类药物者	产品多为氨基比林丙磺舒复方制剂。少数患者可见胃肠道反应。能促进肾结石形成，故必须保证尿 pH 值在 6.0～6.5，大量饮水并同服枸橼酸钾，以防肾结石。肾功能低下、对磺胺类药过敏及肾功能不全者、2 岁以下儿童禁用。片剂：0.25g，0.5g。生产商：成都力思特制药等
苯溴马隆[药典(二);基;医保(乙)]	为强有力的促尿酸排泄药，适用于反复发作的痛风性关节炎伴高尿酸血症及痛风石	一般患者对本品耐受性较好，但有时可出现恶心及腹部不适等胃肠反应。急性痛风发作结束之前，不要用药。中度至重度肾功能损害者、孕妇或有妊娠可能性的妇女以及哺乳期妇女禁用。片剂、胶囊剂：50mg。生产商：昆山龙灯瑞迪制药等
活络止痛丸	活血舒筋，逐风除湿。用于风湿关节痹痛，肢体游走痛，手足麻木酸软	妊娠期妇女忌服。严重高血压、心脏病、肾病患者、儿童慎用。活络止痛丸（大蜜丸）：每丸 5.6g。生产商：广州白云山陈李济药厂等
风湿骨痛胶囊[药典(一);基;医保(甲)]	温经散寒，通络止痛。用于寒湿闭阻经络所致的痹病，症见腰脊疼痛、四肢关节冷痛；风湿性关节炎见上述证候者	妊娠期妇女及有出血倾向者，阴虚内热者禁用。高血压、严重消化道疾病慎用。风湿骨痛胶囊：每粒 0.3g。生产商：国药集团精方（安徽）药业
正清风痛宁片[药典(一);医保(甲)]	祛风除湿、活血通络、消肿止痛，用于风寒湿痹证，症见肌肉酸痛、关节肿胀、疼痛、屈伸不利、麻木僵硬及风湿与类风湿性关节炎具有上述证候者	对本品及青藤碱过敏者、孕妇、支气管哮喘患者禁用。如出现皮疹或少数患者发生白细胞减少等副作用时，停药后即可消失。片剂：每片含盐酸青藤碱 20mg。生产商：湖南正清制药

单项选择题

1. 治疗慢性痛风的药物有（　　）
   A. 保泰松　　　　　　　B. 别嘌醇　　　　　　　C. 布洛芬　　　　　　　D. 吲哚美辛

2. 尿酸性肾结石可选用下列哪种药物治疗（　　）
   A. 别嘌醇　　　　　　　B. 阿司匹林　　　　　　C. 对乙酰氨基酚　　　　D. 布洛芬

3. 以下药物中可抑制黄嘌呤氧化酶的是（　　）
   A. 秋水仙碱　　　　　　B. 丙磺舒　　　　　　　C. 阿司匹林　　　　　　D. 别嘌醇

4. 具有抗肿瘤作用的抗痛风药为（　　）
   A. 丙磺舒　　　　　　　B. 秋水仙碱　　　　　　C. 别嘌醇　　　　　　　D. 苯溴马隆

5. 下列药物中不属于抗痛风药的是（　　）
   A. 别嘌醇　　　　　　　B. 丙磺舒　　　　　　　C. 秋水仙碱　　　　　　D. 哌替啶

✐ 实践实训

实训12　解热镇痛类药品分类陈列及发热用药指导

【实训目的】

1. 掌握解热镇痛类药品的商品信息，能够按照零售药店陈列药品的程序和要求完成解热镇痛类药品分类陈列。

2. 熟悉常用感冒药复方制剂的主要成分，能说出其中所含的解热镇痛药成分。

3. 明确各解热镇痛药品的使用原则及注意事项，能够为发热患者正确推荐药物，并进行用药指导。

【实训准备】

模拟药店、药品（可用包装盒等代替）、货架等道具

【实训内容】

1. 任务布置　对学生进行分组，按小组查找药品陈列的原则与规定、解热镇痛类药品的商品信息、常用感冒药复方制剂的主要成分、发热的用药注意事项等。

2. 信息搜索　学生利用课余时间完成相关信息的搜索，以表格形式整理收集内容，例如将含乙酰氨基酚的复方制剂的相关资料填于表8-4中。

表8-4　对乙酰氨基酚的复方制剂

序号	商品名	通用名	成分	生产厂家	用药指导
1		复方氨酚烷胺			
2					
3					
……					

3. 药品陈列　从所有药品中找出解热镇痛类药品，并按照剂型分类陈列。

4. 角色扮演、情景模拟　小组成员分别扮演营业员与顾客，营业员正确推荐药品，注意避免不合理的合并用药，并进行用药指导。

5. 教师点评　教师针对药品陈列、药品推荐、用药指导等方面进行点评。

【实训评价】

评价内容	评分标准	得分
基本知识掌握（20 分）	掌握常见解热镇痛类药品的相关知识，熟悉常用感冒药复方制剂的主要成分	
药品陈列（20 分）	按照剂型完成解热镇痛类药品的分类陈列	
药品推荐（20 分）	详细询问病史，正确推荐药品，防止不合理的合并用药	
用药指导（20 分）	详细讲解药品的用法、用量，用药的注意事项以及可能发生的不良反应，提醒顾客必要时及时就医	
团队合作（20 分）	分工明确，情景演绎生动，有感染力	
合计		

书网融合……

知识回顾　　微课 1　　微课 2　　微课 3　　习题

任务 1　镇静催眠药认知

PPT

学习引导

失眠即睡眠失常，是临床常见病症之一，虽不属于危重疾病，但妨碍人们正常生活、工作、学习和健康，并能加重或诱发心悸、胸痹、眩晕、头痛、中风病等病症。失眠分为偶然性失眠和习惯性失眠，偶然性失眠一般都是暂时的，只要将导致失眠的原因去除，是可以恢复原本的睡眠质量的，不算作疾病。习惯性失眠为长期、反复的失眠，人体的睡眠时相发生错乱，给患者带来长期的痛苦。催眠药可用以帮助人们改善睡眠，常用的镇静催眠药有哪些呢？临床有哪些常用的药品呢？长期使用会产生哪些不良反应呢？使用过程中有哪些注意事项呢？

本任务重点介绍镇静催眠药每类药物的品种，阐明常用药物的作用、适应证、制剂、用法、药物评价、商品信息、贮藏等。

学习目标

1. **掌握**　地西泮、阿普唑仑、唑吡坦、佐匹克隆的作用、适应证、制剂、用法及药物评价。
2. **熟悉**　苯巴比妥的作用、适应证及药物评价。
3. **了解**　氯硝西泮、劳拉西泮、咪达唑仑等品种的商品信息。

镇静催眠药对中枢神经系统有广泛的抑制作用，镇静药和催眠药之间并没有明显界限，只有量的差别，小剂量可使患者安静、活动减少和缓和激动，即产生镇静和思睡作用；中等剂量时，可诱导入睡，延长睡眠时间，称为催眠作用；某些药物在大剂量时，还产生麻醉、抗惊厥、抗癫痫作用。常用的镇静催眠药分类如下。

（1）苯二氮䓬类（BDZ）　地西泮、硝西泮、氟西泮、阿普唑仑、艾司唑仑等。

（2）巴比妥类　苯巴比妥、异戊巴比妥、司可巴比妥等。

（3）其他类　唑吡坦、佐匹克隆、水合氯醛、褪黑素等。

任务 1-1　苯二氮䓬类药物认知

苯二氮䓬类用于催眠、镇静，较巴比妥类及其他一些镇静催眠药更为有效且毒性较低，是目前常用的镇静催眠药。本类药品长期使用后可产生耐受性及精神依赖性，因此应避免长期使用，或选择几种药品交替使用。许多长效的镇静催眠药有宿醉现象，即在服用催眠药的次晨，睡醒后出现头昏、疲劳等症状；长期使用大多都可以产生耐受性和依赖性；使用过量，会出现中枢神经系统的广泛抑制，不同程度的抑制呼吸中枢，甚至出现中毒致死。多数药品属于"精神药品"，需严格管理，避免滥用。

地西泮【药典(二);基;医保(甲)】 📱微课 I

Diazepam

【其他名称】安定

【药理作用】长效苯二氮草类药物。地西泮能够激动苯二氮草受体，进而促进 γ - 氨基丁酸(GABA)与受体结合，产生中枢抑制作用，随着剂量加大，表现为镇静抗焦虑、催眠、抗惊厥、抗癫痫及中枢性肌肉松弛作用。

【适应证】主要用于焦虑、镇静催眠，还可用于抗癫痫和抗惊厥；缓解炎症引起的反射性肌肉痉挛等；治疗惊恐症；治疗肌紧张性头痛；治疗家族性、老年性和特发性震颤；用于麻醉前给药。

【制剂规格】片剂：2.5mg；5mg。注射液：2ml：10mg。

【用法用量】口服。抗焦虑，成人一次 2.5 ~ 10mg，一日 2 ~ 4 次。镇静，一次 2.5 ~ 5mg，一日 3 次。催眠，5 ~ 10mg，睡前服。急性乙醇戒断，第一日一次 10mg，一日 3 ~ 4 次，以后按需要减少到一次 5mg，每日 3 ~ 4 次。

【药物评价】

（1）药效　本品口服吸收快而完全，生物利用度高，长期用药有蓄积作用。肌内注射吸收不规则。疗效肯定，是目前临床上最常用的催眠药。第二类精神药品。

（2）不良反应　①常见嗜睡，头昏、乏力等，大剂量可有共济失调、震颤。②罕见皮疹，白细胞减少。③个别患者发生兴奋、多语、睡眠障碍甚至幻觉，停用后消退。

（3）注意事项　①避免长期大量使用而成瘾，如长期使用应逐渐减量，不宜骤停。②急性乙醇中毒者、重度重症肌无力者、低蛋白血症、严重慢性阻塞性肺部病变、外科或长期卧床患者慎用。③服药后应禁止从事驾驶、高空作业和机器操作等工作。

【商品信息】

（1）发展史　苯二氮草类药最早发现的是氯氮草，地西泮于 1961 年合成，我国于 1966 年在上海研制并生产。

（2）生产商　北京益民药业、天津金耀药业有限公司等。

【贮藏】片剂密封保存。注射液遮光，密闭保存。

即学即练 9 - 1

安定指的是以下哪个药物（　　　）

答案解析
A. 地西泮　　B. 氟西泮　　C. 艾司唑仑　　D. 阿普唑仑

📖 知识链接

γ - 氨基丁酸

γ - 氨基丁酸作为天然活性成分，广泛分布于动植物体内。在动物体内，γ - 氨基丁酸是重要的中枢抑制性神经递质，对机体的多种功能具有调节作用，如可产生镇静、降低血压、促进脑细胞代谢、改善脂质代谢、防止动脉硬化、防止皮肤老化等作用。当机体缺乏γ-氨基丁酸时，可表现为焦虑不安、失眠、忧郁等精神官能症。此外研究发现γ-氨基丁酸在疾病治疗方面也有重要的作用，如可用于癫痫的治疗。2009年我国卫生部批准γ-氨基丁酸为新资源食品，规定发酵法生产的γ-氨基丁酸可用于食品中，γ-氨基丁酸具有广阔的发展前景。

阿普唑仑[药典(二)；基；医保(甲)]

Alprazolam

【其他名称】甲基三唑安定、三唑安定、佳乐定

【药理作用】苯二氮䓬类药物，作用与地西泮类似。

【适应证】主要用于焦虑、紧张、激动，也可用于催眠或焦虑的辅助用药及抗惊恐药，并能缓解急性乙醇戒断症状。

【制剂规格】片剂：0.4mg

【用法用量】抗焦虑，开始一次0.4mg，一日3次，用量按需递增。镇静催眠，0.4～0.8mg，睡前服。抗惊恐，0.4mg，一日3次，用量按需递增。

【药物评价】

（1）药效　抗焦虑作用比地西泮强10倍，且有抗抑郁作用。

（2）不良反应　①常见嗜睡，头昏、乏力，少数病人有口干、精神不集中、多汗、心悸、便秘或腹泻、视物模糊、低血压。②有成瘾性，长期用药突然停药能发生撤药症状，表现为激动或忧郁。

（3）注意事项　①避免长期大量使用而成瘾，如长期使用需停药时不宜骤停，应逐渐减量。②对本类药耐受量小的患者初用量宜小，逐渐增加剂量。③高空作业、驾驶员、精细工作、危险工作慎用。

【商品信息】

（1）发展史　阿普唑仑于1981年在美国上市，90年代进入中国市场。

（2）生产商　山东信谊制药、齐鲁制药、江苏恩华药业、天方药业等

【贮藏】遮光，密封保存

任务1-2　巴比妥类药物认知

巴比妥类药物，包括苯巴比妥、异戊巴比妥、司可巴比妥、硫喷妥钠等，巴比妥类因易出现耐受性和依赖性、安全范围小，在失眠方面的应用日益减少。目前，硫喷妥钠主要用作静脉麻醉药，苯巴比妥用于镇静、抗癫痫等，异戊巴比妥用于镇静，也用于感冒、解热的复方制剂。

苯巴比妥[药典(二)；基；医保(甲)]

Phenobarbital

【其他名称】鲁米那

【药理作用】是长效巴比妥类的典型代表。对中枢的抑制作用随着剂量加大，表现为镇静、催眠、抗惊厥及抗癫痫。

【适应证】主要用于治疗焦虑、失眠（用于睡眠时间短、早醒患者）、癫痫及运动障碍，是治疗癫痫大发作及局限性发作的重要药物；也可用作抗高胆红素血症药及麻醉前给药。

【制剂规格】片剂：15mg；30mg；50mg；100mg。

【用法用量】口服：催眠，成人 30～100mg，晚上 1 次顿服；镇静，一次 15～30mg，一日 2～3 次；抗惊厥，一日 90～180mg，可在晚上 1 次顿服，或一次 30～60mg，一日 3 次；极量一次 250mg，一日 500mg。

【药物评价】

（1）药效　口服吸收完全但较缓慢，长期应用可产生耐受性和依赖性，并延长 REMS 时相，安全范围较窄，镇静催眠作用已被苯二氮䓬类药取代。第二类精神药品。

（2）不良反应　①用于抗癫痫时最常见的不良反应为镇静，但随着疗程的持续，其镇静作用逐渐变得不明显。②可能引起微妙的情感变化，出现认知和记忆的缺损。③长期用药，偶见叶酸缺乏和低钙血症。④罕见巨幼红细胞性贫血和骨软化。⑤大剂量时可产生眼球震颤、共济失调和严重的呼吸抑制。⑥皮疹等。

（3）注意事项　①长期服用可产生耐受性，并且容易形成依赖性，突然停药可出现撤药综合征。如作为抗癫痫药治疗，突然停药可诱发癫痫持续状态。长期服用本品者不可突然停药。②静注速度不应超过每分钟 60mg，过快可引起呼吸抑制。③轻微脑功能障碍症、低血压、高血压、贫血、老年人、妊娠期和哺乳期妇女慎用。

【商品信息】

（1）发展史　本品于 1912 年合成，由拜耳公司开发，以"鲁米那（luminal）"的商品名投放市场。我国于 1958 年开始生产。

（2）生产商　山西云鹏制药有限公司、上海信谊药厂等。

【贮藏】密封保存。

即学即练 9-2

巴比妥类药物的适应证不包括（　　　）

A. 失眠　　　B. 癫痫小发作　　　C. 高胆红素血症　　　D. 麻醉前给药

答案解析

实例分析 9-1

实例　某女，56 岁，长期失眠，近期由于一些原因失眠症状加重，因按之前剂量服用，效果不明显，自己把催眠药的剂量从原来的每日一片，调整为每日两片。

问题　1. 患者这种做法是否正确，为什么？
　　　2. 应采取哪些措施？

答案解析

任务 1-3　其他镇静催眠药认知

唑吡坦【药典（二）；基；医保（乙）】

Zolpidem

【其他名称】思诺思，诺宾

【药理作用】咪唑吡啶类催眠剂，为新一代非苯二氮䓬类镇静剂。作用类似苯二氮䓬，但可选择性地与中枢神经系统的 ω_1 受体亚型结合，产生作用。镇静、催眠作用较强，抗惊厥、抗焦虑和肌肉松弛作用较弱。

【适应证】 治疗偶发性、暂时性、慢性失眠症，用于失眠症的短期治疗。

【制剂规格】 片剂：5mg；10mg。

【用法用量】 口服：成人一日10mg，临睡前服药或上床后服用。老年患者或肝功能不全者剂量应减半，每日剂量不得超过10mg。肝功能受损者：从5mg剂量开始用药。持续不超过4周。本品不应用于儿童。

【药物评价】

（1）药效　口服后吸收迅速且完全，疗效肯定，安全性高，无成瘾性。小剂量时，能缩短入睡时间，延长睡眠时间；较大剂量时，NREMS延长，REMS睡眠时间缩短。第二类精神药品。

（2）不良反应　可见眩晕、嗜睡、恶心、呕吐、头痛、记忆减退、夜寝不安、腹泻、摔倒、麻醉感觉和肌痛。

（3）注意事项　①仅在必要时才服用本品治疗，不宜长期服用。②本品有中枢抑制作用，服药后应禁止从事驾驶、高空作业和机器操作等工作。③肝功能不全、肺功能不全、重症肌无力和抑郁症患者慎用。④18岁以下儿童、妊娠期妇女、哺乳期妇女及对本品过敏者禁用。

【商品信息】

（1）发展史　本品由法国赛诺菲圣德拉堡药物公司研发，1988年上市。我国于1995年开始进口。1998年批准国产。

（2）生产商　赛诺菲（杭州）制药有限公司（思诺思）、江苏豪森药业（诺宾）。

【贮藏】 遮光、密闭保存。

 知识链接

关于脑白金，你了解多少？

1. 脑白金是什么？

脑白金是一种保健食品，该产品中除褪黑素胶囊之外，还搭配了一瓶山楂、茯苓、低聚糖（低聚异麦芽糖）口服液。具有改善睡眠、润肠通便保健作用。其中胶囊功效成分为褪黑素，又称松果体素，它是人脑松果腺分泌的一种激素。当褪黑素分泌减少时，表现为睡眠不佳，适时补充褪黑素可起到改善睡眠的作用。褪黑素的服用量不确定，有的人很敏感，服用1mg反应很大，有的服用6000mg却没有事。

2. 谨慎服用脑白金

脑白金不能替代药物的治疗作用。驾车、机械作业及从事危险操作者慎用脑白金。有些商家为谋取利润，大造声势，肆意夸张宣传脑白金具有延缓衰老、美容、增强免疫、改善性功能等保健作用及治疗作用，实际上是一种不负责任的误导消费行为，消费者应提高警惕。目前除脑白金外还有许多褪黑素类保健产品。

佐匹克隆【药典（二）；基；医保（乙）】
Zopiclone

【其他名称】 唑吡酮，吡嗪哌酯

【药理作用】 为环吡咯酮类的第三代催眠药，抑制性神经递质γ-氨基丁酸受体激动剂，与苯二氮䓬类药物结合于相同的受体和部位，但作用区域不同，具有显著的镇静催眠作用。

【适应证】用于各种失眠症。

【制剂规格】片剂：3.75mg；7.5mg。

【用法用量】口服：7.5mg，临睡时服；老年人最初临睡时服 3.75mg，必要时服 7.5mg；肝功能不全者，服 3.75mg 为宜。

【药物评价】

（1）药效　口服作用迅速，与苯二氮䓬类药物相比作用更强。动物实验证实，本品除具有镇静催眠作用外，还具有抗焦虑、抗惊厥、肌松作用。第二类精神药品。

（2）不良反应　与剂量及患者的敏感性有关，偶见思睡、口苦、口干、肌无力等，有些人出现异常的易恐、好斗、易受刺激或精神错乱。长期服药后突然停药会出现戒断症状，可能有较轻的激动、焦虑、肌痛、震颤、反跳性失眠及噩梦、恶心及呕吐，罕见较重的痉挛、肌肉颤抖、神志模糊。

（3）注意事项　①连续用药时间不宜过长，突然停药可引起停药综合征。②使用本品时应绝对禁止摄入含乙醇饮料，服药后不宜操作机械及驾车。③对本品过敏者禁用，失代偿的呼吸功能不全患者，重症肌无力、重症睡眠呼吸暂停综合征患者禁用，肌无力患者用药时需注意医疗监护，呼吸功能不全者和肝、肾功能不全者应适当调整剂量。④15 岁以下儿童不宜使用本品。

【商品信息】

（1）发展史　本品由法国罗纳普朗克公司研制，1987 年首次在法国上市，20 世纪 90 年代，进入我国临床。

（2）生产商　齐鲁制药有限公司、赛诺菲（杭州）制药有限公司、广东华润顺峰药业有限公司、吉林制药股份有限公司。

【贮藏】遮光、密封保存。

其他镇静催眠药见表 9-1

表 9-1　其他镇静催眠药

药物	作用与适应证	药物评价及商品信息
氯硝西泮【药典(二);基;医保(甲,乙)】	苯二氮䓬类药，抗惊厥作用比地西泮强 5 倍。主要用于抗癫痫和抗惊厥，也可用于治疗焦虑状态和失眠	常见嗜睡、头昏、共济失调、行为紊乱异常兴奋、神经过敏易激惹（反常反应）、肌力减退等不良反应。长期用药有耐受性和依赖性。片剂：0.25mg；0.5mg；2mg。注射液：1ml：1mg。生产商：江苏恩华药业、徐州莱恩药业等
劳拉西泮【药典(二);基;医保(甲)】	苯二氮䓬类药，其作用与地西泮相似，但抗焦虑作用较地西泮强，诱导入睡作用明显，用于治疗焦虑症及由焦虑、紧张引起的失眠症。亦用于手术前给药	常见不良反应有疲劳、嗜睡、眩晕、运动失调，可能会产生依赖性。长期用药后宜递减停药，静脉注射可引起静脉炎或静脉血栓形成。片剂：0.5mg；1mg。生产商：湖南洞庭药业、泰国大西洋制药厂（罗拉）等
咪达唑仑【药典(二);基;医保(甲,乙)】	苯二氮䓬类药，可产生抗焦虑、镇静、催眠、抗惊厥及肌肉松弛作用。用以治疗各种失眠和睡眠节律障碍，也可用于手术或诊断性操作前用药	常见低血压、谵妄、幻觉、心悸、皮疹等不良反应，偶见视物模糊、头晕、血栓性静脉炎、呼吸抑制等不良反应。重症肌无力、严重呼吸功能不全、严重肝功能不全者、妊娠期妇女、对苯二氮䓬类药过敏者禁用。不适用于治疗精神病和严重抑郁症的失眠者。哺乳期妇女慎用。片剂：7.5mg；15mg。注射液：2ml：2mg；1ml：5mg；2ml：10mg。生产商：江苏恩华药业、上海罗氏制药等

目标检测

答案解析

单项选择题

1. 地西泮的作用机制是（　　　）

    A. 通过受体，直接抑制中枢

    B. 作用于苯二氮䓬受体，促进 GABA 与 GABA 受体的结合

    C. 作用于 GABA 受体，增加体内抑制性递质的作用

    D. 诱导生成一种新蛋白质而起作用

2. 巴比妥类禁用于下列哪种患者（　　　）

    A. 高血压患者精神紧张　　　　　　　　B. 甲亢患者兴奋失眠

    C. 肺功能不全患者烦躁不安　　　　　　D. 手术前患者恐惧心理

3. 以下哪项不是苯二氮䓬类的药理作用（　　　）

    A. 镇静催眠作用　　B. 抗焦虑作用　　C. 抗惊厥作用　　D. 镇吐作用

4. 地西泮的适应证不包括（　　　）

    A. 焦虑症　　　　B. 失眠　　　　C. 癫痫　　　　D. 麻醉

5. 焦虑引起的失眠宜选用（　　　）

    A. 地西泮　　　　B. 苯妥英钠　　　　C. 水合氯醛　　　　D. 苯巴比妥

6. 关于巴比妥类药物的药理作用错误的是（　　　）

    A. 镇静　　　　B. 镇痛　　　　C. 催眠　　　　D. 抗惊厥

7. 关于地西泮的描述错误的是（　　　）

    A. 小于镇静剂量时即有抗焦虑作用　　　B. 剂量加大可引起麻醉作用

    C. 有良好的抗癫痫作用　　　　　　　　D. 镇静催眠作用强

8. 可以用于各种失眠症的药物是（　　　）

    A. 佐匹克隆　　B. 对乙酰氨基酚　　C. 吗啡　　D. 尼美舒利

9. 地西泮的不良反应不包括（　　　）

    A. 嗜睡、头昏、乏力　　　　　　　　B. 大剂量可产生共济失调

    C. 长期应用可产生耐受性、依赖性　　　D. 凝血机制障碍

10. 巴比妥类药物急性中毒致死的主要原因是

    A. 循环衰竭　　B. 肝脏损害　　C. 昏迷　　D. 深度呼吸抑制

实践实训

实训 13　失眠的调研及用药指导

【实训目的】

　　1. 通过调研，熟悉失眠的症状、类型、影响因素及注意事项。

　　2. 通过咨询及指导环节，使学生能掌握常用镇静催眠药的类别及商品信息，明确各类催眠药的用

药原则、用药方法、注意事项。

3. 培养和提高学生的分析问题解决问题的能力，并加强学生的团队合作意识。

4. 提高学生的沟通能力、语言表达能力及应变能力。

【实训准备】

电脑网络系统、会议厅（或课室）、多媒体投影设备

【实训内容】

1. 任务布置 对学生进行分组，按小组调研失眠症的类型、治疗方法、常用药物选用、影响失眠的因素、生活注意事项等。

2. 信息搜索 学生利用课余时间收集相关信息。

3. 用药指导 根据医生处方，指导患者合理使用药物。

4. 健康教育 对失眠患者进行健康教育，帮助失眠患者改善睡眠质量。

5. 角色扮演、情景模拟 穿插采用角色扮演、情景模拟等方式。

【实训评价】

评价内容	评分标准	得分
基本知识掌握（20分）	掌握常用镇静催眠药的类别及商品信息，明确各类催眠药的用药原则、用药方法、注意事项	
失眠类型判断（20分）	通过失眠患者描述的症状及患者的病情，准确判断出患者失眠症的类型	
药品推荐（20分）	详细询问用药史，正确推荐药品	
用药指导（20分）	详细讲解药品的用法、用量，用药的注意事项以及可能发生的不良反应，提醒顾客必要时及时就医	
团队合作（20分）	分工明确，情景演绎生动，有感染力	
合计		

PPT

任务 2 抗精神失常药认知

学习引导

精神失常（精神分裂症）是常见的精神障碍类疾病，以思维、情感、行为的过度高涨为特征，甚至有攻击性的行为。发病时患者多有情绪急躁、妄想、幻觉、错觉、情感障碍、哭笑无常、自言自语、行为怪异等，甚至有胡言乱语、打人毁物等表现。在精神分裂症的治疗中，药物治疗发挥重要的作用，那么常用的抗精神失常药有哪些呢？临床有哪些常用的药品呢？

本任务重点介绍抗精神失常药每类药物的品种，阐明常用药物的作用、适应证、制剂、用法、药物评价、商品信息、贮藏等。

📖 **学习目标**

1. **掌握** 氯丙嗪、氟哌啶醇、氯氮平、利培酮的作用、适应证、制剂、用法及药物评价。
2. **熟悉** 氯氮平、利培酮的作用、适应证及药物评价。
3. **了解** 奋乃静、氟奋乃静、舒必利等品种的商品信息。

精神障碍是人类常见的由各种原因引起的精神活动障碍的一类疾病，以心理和行为异常为特征。精神障碍的发病率很高，表现为思维、情感、行为的异常。常见的有精神失常（精神分裂症）、心境（情感）障碍（抑郁症、躁狂症和焦虑症）等。精神障碍的治疗有心理治疗和药物治疗，二者要相互配合。治疗精神障碍的药物主要用于控制幻觉、妄想、哭笑无常、兴奋躁动等严重精神症状，目前习惯将这些药物根据临床适应证分为：抗精神失常药、抗焦虑药、抗抑郁药、抗躁狂药。

抗精神失常药品种较多，按化学结构分为：①吩噻嗪类，如氯丙嗪、三氟拉嗪、奋乃静、氟奋乃静等；②丁酰苯类，如氟哌啶醇、氟哌利多等；③硫杂蒽类，如氯普塞吨等；④苯甲酰胺类，如舒必利、瑞莫必利等；⑤其他，如利培酮、氯氮平、奥氮平等。

氯丙嗪【药典(二); 基; 医保(甲)】 📱微课2

Chlorpromazine

【其他名称】冬眠灵

【药理作用】为吩噻嗪类代表性药物。通过阻断中枢不同部位的多巴胺受体而呈现多种作用：抗精神病作用；镇吐作用；降温作用；加强镇痛药、催眠药、麻醉药等中枢抑制药的作用；对内分泌系统的影响，可使生长激素、促性腺激素减少、催乳素增加；可引起血压下降。

【适应证】对兴奋躁动、幻觉妄想、思维障碍及行为紊乱等阳性症状有较好的疗效。用于精神分裂症、躁狂症或其他精神病性障碍。止呕，用于各种原因所致的呕吐或顽固性呃逆。

【制剂规格】片剂：25mg；50mg。注射液：1ml：10mg；1ml：25mg；2ml：50mg。

【用法用量】口服：用于精神分裂症或躁狂症，从小剂量开始，一次25～50mg，一日2～3次，每隔2～3日缓慢逐渐递增至一次25～50mg，治疗剂量一日400～600mg。用于止呕，一次12.5～25mg，一日2～3次。

【药物评价】

（1）药效 本品口服易吸收，但不规则，用药剂量个体化。安全可靠，临床应用广泛，价格也比较便宜。对多巴胺受体的阻断没有选择性，阻断黑质－纹状体通路的多巴胺受体，易产生锥体外系反应。对晕动症引起的呕吐效果差。

（2）不良反应 ①常见口干、上腹不适、食欲缺乏、乏力及嗜睡。②可引起体位性低血压、心悸或心电图改变。③锥体外系反应，如震颤、僵直、流涎、运动迟缓、静坐不能、急性肌张力障碍。④可引起血浆中泌乳素浓度增加，可能有关的症状为溢乳、男子女性化乳房、月经失调、闭经。

（3）注意事项 ①个体差异大，临床用药应个体化。②对吩噻嗪类药过敏者、骨髓抑制者、青光眼患者、肝功能严重减退、有癫痫史者及昏迷患者禁用。③肝功能不全、尿毒症、高血压及冠心病患者、孕妇、6岁以下儿童慎用。④静脉注射可引起血栓性静脉炎。⑤用药期间不宜驾驶车辆，操作机械或高空作业。

【商品信息】

（1）发展史　第一个应用于临床的抗精神病药，至今仍为抗精神病的首选药品，应用广泛。我国于 1957 年研制生产。

（2）生产商　常州康普药业、上海禾丰制药等。

【贮藏】　片剂遮光，密封保存。注射液遮光，密闭保存。

即学即练 9 - 3

第一个应用于临床的抗精神病药，应用广泛，有"精神科的阿司匹林"之称的药物是（　　）

答案解析　A. 舒必利　　B. 盐酸氯丙嗪　　C. 奋乃静　　D. 氯氮平

氟哌啶醇【药典(二);基;医保(甲)】

Haloperidol

【其他名称】　氯哌啶苯，氟哌醇，卤吡醇

【药理作用】　丁酰苯类抗精神病药。作用与盐酸氯丙嗪相似，有较强的多巴胺受体阻断作用。抗焦虑、抗精神病作用强而持久，抗精神病作用为氯丙嗪的 50 倍，属于强效低剂量的抗精神病药；止吐作用较强；镇静作用较弱；降温作用不明显。用于各种急慢性精神分裂症、焦虑性神经症、躁狂症、顽固性呃逆及呕吐等。

【适应证】　用于急、慢性各型精神分裂症、躁狂症、抽动秽语综合征。控制兴奋躁动、敌对情绪和攻击行为的效果较好。因本品心血管不良反应较少，也可用于脑器质性精神障碍和老年性精神障碍。

【制剂规格】　片剂：2mg；4mg。注射液：1ml；5mg。

【用法用量】　口服：治疗精神分裂症，从小剂量开始，起始剂量一次 2~4mg，一日 2~3 次。逐渐增加至常用量一日 10~40mg，维持剂量一日 4~20mg。治疗抽动秽语综合征，一次 1~2mg，一日 2~3 次。

【药物评价】

（1）药效　本品口服吸收快、高效、低毒、安全，且价格较低。

（2）不良反应　①锥体外系反应较重且常见。急性肌张力障碍在儿童和青少年更易发生，出现明显的扭转痉挛、吞咽困难、静坐不能及类帕金森病。②长期大量使用可出现迟发性运动障碍。③可出现口干、视物模糊、乏力、便秘、出汗等。

（3）注意事项　①心脏病尤其是心绞痛、药物引起的急性中枢神经抑制、癫痫、肝功能损害、青光眼、甲亢或毒性甲状腺肿、肺功能不全、肾功能不全、尿潴留、孕妇慎用，哺乳期妇女使用本品期间应停止哺乳。②与麻醉药、镇痛药、催眠药合用时应减量。

【商品信息】

（1）发展史　1959 年由杨森公司合成，我国于 1972 年投产。

（2）生产商　上海信谊药厂有限公司、宁波大红鹰药业、湖南洞庭药业、上海旭东海普药业等。

【贮藏】　遮光，密封保存。

氯氮平【药典(二);基;医保(甲,乙)】

Clozapine

【其他名称】　氯扎平

【药理作用】二苯二氮杂䓬类抗精神病药。阻滞脑内 5 - 羟色胺受体和多巴胺受体，发挥抗精神病作用。能直接抑制脑干网状结构上行激活系统，具有强大镇静催眠作用。

【适应证】本品适用于精神分裂症、躁狂症。

【制剂规格】片剂：25mg；50mg。分散片：100mg。口腔崩解片：25mg。

【用法用量】口服从小剂量开始，首次剂量为一次 25mg，一日 2 ~ 3 次，逐渐缓慢增加至常用治疗量一日 200 ~ 400mg，高量可达一日 600mg。维持量为一日 100 ~ 200mg。

【药物评价】

（1）药效　不仅对精神病阳性症状有效，对阴性症状也有一定效果。对一些用传统抗精神病药治疗无效或疗效不好的患者，改用本品可能有效。

（2）不良反应　①镇静作用强和抗胆碱能不良反应较多，常见有头晕、无力、嗜睡、多汗等。②严重不良反应为粒细胞缺乏症及继发性感染。③极少见锥体外系反应。④一般不引起血中泌乳素增高。

（3）注意事项　①治疗头 3 个月内应坚持每 1 ~ 2 周检查白细胞计数及分类，以后定期检查。②用药期间不宜驾驶车辆、操作机械或高空作业。③用药期间出现不明原因发热，应暂停用药。④孕妇禁用，哺乳期妇女使用本品期间应停止哺乳，12 岁以下儿童不宜使用。

【商品信息】

（1）发展史　1959 年发现，1989 年在美国批准上市，1990 年用于临床。

（2）生产商　上海世康特制药、浙江万邦药业、广东彼迪药业、江苏恩华药业等。

【贮藏】遮光，密封保存。

利培酮【药典(二);基;医保(乙)】

Risperidone

【其他名称】维思通

【药理作用】选择性的单胺能拮抗剂，与 5 - HT$_2$ 受体和多巴胺的 D$_2$ 受体有很高的亲和力，与 M$_1$ 受体亲和力低，抗胆碱副作用小。

【适应证】用于治疗急、慢性精神分裂症以及其他各种精神病性状态的明显的阳性症状和明显的阴性症状。也可减轻与精神分裂症有关的情感症状。对于急性期治疗有效的患者，在维持期治疗中，本品可继续发挥其临床疗效。

【制剂规格】片剂：1mg；2mg。口腔崩解片：0.5mg；1mg；2mg。口服液：30ml：30mg。胶囊：1mg。

【用法用量】成人：每日 1 次或每日 2 次。推荐起始剂量为一日 2 次，一次 1mg，第二天增加到一日 2 次，一次 2mg，如能耐受，第三天可增加到一日 2 次，每次 3mg。此后，可维持此剂量不变，或根据个人情况进一步调整。每日用药剂量不应超过 16mg。

【药物评价】

（1）药效　本品口服吸收完全，吸收不受食物影响。

（2）不良反应　①常见不良反应包括失眠、焦虑、激越、头痛、口干。②可能引起锥体外系症状。③引起血浆中催乳素浓度的增加，其相关症状包括溢乳、男子女性型乳房、月经失调、闭经。

（3）注意事项　①患有心血管疾病的患者（如心力衰竭、心肌梗死、传导异常、脱水、失血及脑血管病变）应慎用。②患有帕金森氏病的患者应慎用本品。③鉴于本品对中枢神经系统的作用，在与其他作用于中枢的药物同时服用时应慎重。

【商品信息】

（1）发展史　由美国强生公司的全资子公司比利时杨森制药有限公司开发，1993 年在加拿大上市，1997 年在我国上市。

（2）生产商　齐鲁制药、西安杨森制药、江苏恩华药业等。

【贮藏】　遮光，密封保存。

其他抗精神失常药见表 9 - 2。

表 9 - 2　其他抗精神失常药

药物	作用与适应证	药物评价及商品信息
奋乃静【药典(二)；基；医保(甲,乙)】	吩噻嗪类的哌嗪衍生物，与氯丙嗪作用类似，但其抗精神病、镇吐作用强，而镇静作用弱。用于治疗精神病，也用于止呕	主要有锥体外系反应。其他不良反应及注意事项参见氯丙嗪。片剂：2mg，4mg，注射液：1ml：5mg。生产商：天津力生制药
氟奋乃静【药典(二)；基；医保(乙)】	用于急、慢性精神分裂症。对单纯型和慢性精神分裂症的情感淡漠和行为退缩症状有振奋作用	不良反应参见氯丙嗪。注射液：1ml：25mg。生产商：上海禾丰制药
舒必利【药典(二)；基；医保(甲)】	非典型抗精神病药，具有激活情感作用。抗木僵、退缩、幻觉、妄想及精神错乱作用较强。用于顽固性恶心、呕吐，精神分裂症等重症精神病的系统治疗	锥体外系反应轻。可见月经失调、泌乳、口渴、发热、出汗、失眠、焦躁、胃肠道反应等。片剂：10mg，100mg。生产商：北京益民药业等

目标检测

答案解析

单项选择题

1. 氯丙嗪可引起下列哪种激素分泌（　　　）
   - A. 甲状腺激素
   - B. 催乳素
   - C. 促肾上腺皮质激素
   - D. 促性腺激素

2. 关于氟哌啶醇的描述，错误的是（　　　）
   - A. 抗焦虑、抗精神病作用强而持久
   - B. 镇静作用较弱
   - C. 口服吸收慢、低毒
   - D. 常见锥体外系反应

3. 有"冬眠灵"之称的是（　　　）
   - A. 盐酸氯丙嗪
   - B. 氟哌啶醇
   - C. 地西泮
   - D. 奋乃静

4. 抗精神病作用最强的吩噻嗪类药物是（　　　）
   - A. 氯丙嗪
   - B. 奋乃静
   - C. 硫利达嗪
   - D. 氟奋乃静

5. 极少见锥体外系反应的抗精神失常药是（　　　）
   - A. 氯丙嗪　　　B. 氟哌啶醇　　　C. 奋乃静　　　D. 氯氮平

6. 以下不属于氯丙嗪适应证的是（　　　）
   - A. 帕金森病　　　B. 人工冬眠　　　C. 精神分裂症　　　D. 镇吐

7. 氯丙嗪常见的不良反应不包括（　　）

　　A. 锥体外系反应　　　　B. 体位性低血压　　　　C. 腹泻　　　　D. 口干

8. 氯丙嗪对以下哪种病症疗效比较好（　　）

　　A. 精神分裂症　　　　B. 失眠症　　　　C. 抑郁症　　　　D. 精神紧张症

9. 长期应用氯丙嗪最主要的不良反应是（　　）

　　A. 锥体外系反应　　　　B. 皮疹　　　　C. 肝脏损害　　　　D. 内分泌紊乱

10. 氯丙嗪对下列哪项原因所致的呕吐无效（　　）

　　A. 晕动病　　　　B. 放射病　　　　C. 药物　　　　D. 胃肠炎

PPT

任务3　抗焦虑药认知

学习引导

随着生活、工作、学习等压力的增加，目前焦虑症的患病率越来越高，焦虑对人们的健康带来了极大的危害，长期焦虑可引起失眠、心悸等一系列症状，严重影响了人们的正常生活。临床上除心理治疗外可采用抗焦虑药治疗焦虑症，那么常用的抗焦虑药有哪些呢？临床有哪些常用的药品呢？

本任务重点介绍抗焦虑药每类药物的品种，阐明常用药物的作用、适应证、制剂、用法、药物评价、商品信息、贮藏等。

学习目标

1. **掌握**　艾司唑仑的作用、适应证、制剂、用法及药物评价。
2. **熟悉**　艾司唑仑的品种。
3. **了解**　艾司唑仑的商品信息。

焦虑是指一种缺乏明显客观原因的内心或无根据的恐惧。抗焦虑药是用于减轻焦虑、紧张、恐惧，稳定情绪并兼有镇静催眠作用的药物。常用苯二氮䓬类药物，如地西泮、氟西泮、劳拉西泮、艾司唑仑、阿普唑仑等。其他的抗焦虑药还有丁螺环酮，5-HT再摄取抑制剂。其中地西泮、阿普唑仑等已在镇静催眠药中详细介绍，这里主要介绍艾司唑仑等。

艾司唑仑【药典(二)；基；医保(甲)】　微课3

Estazolam

【其他名称】舒乐安定，三唑氯安定

【药理作用】为短效苯二氮䓬类镇静、催眠和抗焦虑药。作用于苯二氮䓬受体，镇静催眠作用比硝西泮强2.4~4倍。具有广谱抗惊厥作用，对癫痫大、小发作有一定疗效。

【适应证】主要用于抗焦虑、失眠。也用于紧张、恐惧及抗癫痫和抗惊厥。

【制剂规格】片剂：1mg；2mg。注射液：1ml：1mg；1ml：2mg。

【用法用量】口服：镇静，成人一次1~2mg，一日3次。催眠，1~2mg，睡前服。抗癫痫、抗惊厥，一次 2～4mg，一日 3 次。

【药物评价】

（1）药效 高效、安全的镇静、催眠、抗焦虑药，口服吸收快，毒副作用较少。第二类精神药品。

（2）不良反应 ①服用量过大，可出现轻微乏力、口干、嗜睡。②持续服用后亦可出现依赖，但程度较轻。

（3）注意事项 ①中枢神经系统处于抑制状态的急性酒精中毒、严重慢性阻塞性肺部病变、重症肌无力、急性闭角型青光眼、对本品过敏者禁用。②避免长期大量使用而成瘾，如长期使用应逐渐减量，不易骤停。

【商品信息】

（1）发展史 1968 年合成，我国于 1981 年研制投产。

（2）生产商 湖南洞庭药业、山东省平原制药等。

【贮藏】 片剂遮光，密封保存。注射液遮光，密闭保存。第二类精神药品管理。

即学即练 9－4

"舒乐安定"指的是（　　　）

答案解析

A. 地西泮　　　B. 氟西泮　　　C. 艾司唑仑　　　D. 阿普唑仑

目标检测

答案解析

单项选择题

1. 抗焦虑的首选药物是（　　　）

　　A. 地西泮　　　　　　　　　　　　B. 氯氮平

　　C. 苯巴比妥　　　　　　　　　　　D. 水合氯醛

2. 以下药物中无抗焦虑作用的是（　　　）

　　A. 地西泮　　　　　　　　　　　　B. 艾司唑仑

　　C. 丁螺环酮　　　　　　　　　　　D. 阿司匹林

3. 艾司唑仑作用的受体是（　　　）

　　A. 苯二氮䓬受体　　　　　　　　　B. 多巴胺受体

　　C. 胆碱受体　　　　　　　　　　　D. 肾上腺素受体

4. 艾司唑仑不具有下列哪项作用（　　　）

　　A. 抗焦虑　　　　　　　　　　　　B. 催眠

　　C. 抗精神失常　　　　　　　　　　D. 抗癫痫

5. 属于艾司唑仑禁忌证的是（　　　）

　　A. 焦虑　　　　　　　　　　　　　B. 重症肌无力

　　C. 紧张　　　　　　　　　　　　　D. 失眠

PPT

任务4 抗抑郁药及抗躁狂药认知

学习引导

心境障碍，又称情感障碍，是指以心境或情感异常改变为主要临床特征的一组精神障碍，若表现为情感高涨、精力旺盛、言语增多、活动增多，称为躁狂状态；若情感低落、精力下降、兴趣减少、活动减少，称为抑郁状态；严重时伴有幻觉、妄想、紧张症状等精神病性症状。常用的抗抑郁药及抗躁狂药有哪些呢？临床有哪些常用的药品呢？

本任务重点介绍抗抑郁药及抗躁狂药每类药物的品种，阐明常用药物的作用、适应证、制剂、用法、药物评价、商品信息、贮藏等。

学习目标

1. **掌握** 马普替林、多塞平、碳酸锂的作用、适应证、制剂、用法及药物评价。
2. **熟悉** 文拉法辛的作用、适应证及药物评价。
3. **了解** 阿米替林、帕罗西汀的商品信息。

任务4-1 抗抑郁药认知

抑郁症是以显著而持久的心境低落为主要临床特征，且心境低落与其处境不相称，严重者有自杀念头和行为，多数有反复发作的倾向。至少有10%的抑郁症患者可出现躁狂发作，此时应诊断为双相障碍。抗抑郁药不仅能治疗抑郁症，对焦虑、强迫、慢性疼痛及恐怖等也有效。经典抗抑郁药有单胺氧化酶抑制药和三环（包括四环类）类抗抑郁药，新型抗抑郁药主要是各类不同选择性的5-HT再摄取抑制药。

抗抑郁药按照化学结构和作用分为：①三环类抗抑郁药，如阿米替林、丙米嗪、多塞平和氯米帕明等；②四环类抗抑郁药，如马普替林；③选择性5-HT再摄取抑制药，如盐酸氟西汀、盐酸帕罗西汀、舍曲林等；④5-HT及去甲肾上腺素再摄取抑制药，如文拉法辛；⑤单胺氧化酶抑制药，如吗氯贝胺；⑥去甲肾上腺素及5-HT特异性再摄取抑制药，如米氮平等；⑦5-HT受体拮抗药，如曲唑酮。

马普替林【药典（二）；医保（乙）】 📱微课4

Maprotiline

【其他名称】麦普替林

【药理作用】四环类抗抑郁药。主要阻滞去甲肾上腺素在神经末梢的再摄取，其抗抑郁作用起效较快，一般5~7日生效，少数人则需2~3周；而抗组胺作用、抗毒蕈碱作用和镇静作用较轻。

【适应证】用于各型抑郁症。对精神分裂症后抑郁也有效。

【制剂规格】片剂：25mg。

【用法用量】口服。成人开始一次25mg，一日2~3次，视病情需要隔日增加25~50mg。有效治疗量一般为一日 75～200mg，高量不超过一日 225mg，需注意不良反应的发生。维持剂量一日 50～150mg，分 1～2 次口服。

【药物评价】

（1）药效　口服吸收缓慢，生物利用度为 65%，体内广泛分布，疗效肯定，不良反应少。6 岁以下儿童禁用。

（2）不良反应　①口干、便秘、排尿困难、眩晕、视力模糊与心动过速等抗胆碱能症状为常见。②少见嗜睡，失眠或激动、皮疹、体位性低血压等。③偶见癫痫发作及中毒性肝损害。

（3）注意事项　①癫痫、青光眼、尿潴留、近期有心肌梗死发作史、对本品过敏者禁用。②肝、肾功能严重不全，前列腺肥大、老年或心血管疾病患者慎用，使用期间应监测心电图。③使用本品初期，对有自杀倾向患者应密切监护。

【商品信息】

（1）发展史　四环类第二代抗抑郁药，20 世纪 70 年代上市，在 1990 年前我国一直依靠进口，1990 年北京益民制药厂开始生产。

（2）生产商　北京益民药业、湖南洞庭药业等。

【贮藏】 密封保存。

 实例分析 9-2

> **实例**　某女生，大学一年级学生，近期因情绪低落，睡眠不好半年多，寻求治疗。患者在与医生交流过程中，说话比较腼腆，总是低着头。经询问，该女生因高考失利，对目前就读的大学很不满意，心里总觉得辜负了老师和父母的期望。又因在家是独生女，被宠爱习惯了，来到陌生的城市，陌生的环境，不愿与他人主动交流，完全没有了以前的自信。睡眠不好，精力不够，导致学习效率降低，心里总是着急，经常有轻生的念头，到医院寻求帮助。
>
> **问题**　1. 从案例中看出，该女生可能患有哪种疾病？
>
> 　　　　2. 可以采取哪些措施帮助其摆脱这种境况？
>
> 答案解析

多塞平 【药典(二);基;医保(甲,乙)】

Doxepin

【其他名称】 多虑平

【药理作用】 三环类抗抑郁药，抑制 5-HT 及去甲肾上腺素的再摄取，增加突触间隙的递质浓度而发挥抗抑郁作用，也具有抗焦虑和镇静作用。还具有阻断 H_1 和 H_2 受体的作用，同时也是胆碱受体和肾上腺素受体拮抗剂。

【适应证】 用于治疗抑郁症、焦虑性神经症。乳膏用于皮肤瘙痒症。

【制剂规格】 片剂：25mg。乳膏：10g：0.5g。

【用法用量】 片剂口服：开始一次 1 片，一日 2～3 次，以后逐渐增加至一日总量 4～10 片。高量：一日不超过 12 片。

【药物评价】

（1）药效　口服吸收迅速，有首过效应，体内分布广。其抗抑郁作用不如丙咪嗪、阿米替林，但镇静作用明显。服药后可使患者感到精神愉快、思维敏捷。改善焦虑及睡眠障碍。抗焦虑作用多在 1 周内生效。抗抑郁作用约 7～10 日显效。

（2）不良反应　①可见嗜睡与抗胆碱能反应，如多汗、口干、呕吐、消化不良、食欲下降、震颤、眩晕、视物模糊、排尿困难、便秘等。②少见皮疹、体位性低血压、癫痫发作、骨髓抑制或中毒性肝损害。

（3）注意事项　①肝、肾功能严重不全，前列腺肥大、老年或心血管疾患者慎用。②不得与单胺氧化酶抑制剂合用。③剂量个体化，饭后用药可减少对胃的刺激。

【商品信息】

（1）发展史　1994 年美国 FDA 批准 5% 盐酸多塞平乳膏上市，用于治疗各种湿疹引起的瘙痒。

（2）生产商　常州康普药业、山东仁和堂药业等。

【贮藏】遮光，密封保存。

文拉法辛【药典（二）；基；医保（甲）】

Venlafaxine

【其他名称】盐酸文拉法新

【药理作用】二环类非典型抗抑郁药。5－HT、NE 再摄取的强抑制剂，多巴胺的弱抑制剂。

【适应证】适用于各种类型抑郁症，包括伴有焦虑的抑郁症及广泛性焦虑症。

【制剂规格】胶囊剂：25mg；50mg。缓释胶囊：75mg；150mg。缓释片：37.5mg；75mg。

【用法用量】口服：起始剂量为每日 75mg。如有必要，可递增剂量至最大为 225mg/d（间隔时间不少于 4 日，每次增加 75mg/d）。

【药物评价】

（1）药效　口服吸收良好，进食不影响药物的吸收，镇静作用较弱。

（2）不良反应　①常见的不良反应包括胃肠道不适、中枢神经系统异常、视觉异常、打哈欠、出汗、性功能异常等。②没有明显的药物依赖倾向。

（3）注意事项　①对本品过敏者禁用、正在服用单胺氧化酶抑制剂的患者禁用。②为减少胃肠道不良反应，要求在餐中或餐后服用，避免餐前空腹服用。③停用时应逐渐减少剂量。④患者出现有转向燥狂发作倾向时应立即停药。

【商品信息】

（1）发展史　本品的速释剂型于 1994 年在美国上市，1997 年美国 FDA 批准了本品的缓释剂型用于抑郁症的治疗。

（2）生产商　成都倍特药业、成都康弘药业、美国惠氏制药（怡诺思）等。

【贮藏】遮光，密封保存。

其他抗抑郁药见表 9－3。

表 9－3　其他抗抑郁药

药物	作用与适应证	药物评价及商品信息
阿米替林【药典（二）；基；医保（甲）】	用于治疗各种抑郁症，镇静作用较强，主要用于治疗焦虑性或激动性抑郁症	不良反应与马普替林类似。不得与单胺氧化酶抑制剂合用。片剂：25mg。生产商：湖南洞庭药业等
帕罗西汀【药典（二）；基；医保（甲,乙）】	用于抑郁症。亦可治疗强迫症、惊恐障碍或社交焦虑障碍	少见过敏性皮疹及性功能减退。出现转向躁狂发作倾向时应立即停药。片剂：20mg。生产商：中美天津史克制药（赛乐特）、浙江华海药业（乐友）等

即学即练9-5

可用于治疗抑郁症的药物是（　　）

A. 马普替林　　　B. 舒必利　　　C. 奋乃静　　　D. 氟哌啶醇

答案解析

任务4-2　抗躁狂药认知

躁狂症是以心境显著而持久的高涨为基本临床表现，伴有相应思维和行为异常的一类精神疾病，每次发作后进入精神状态正常的间歇缓解期，大多数患者有反复发作倾向。临床常用的抗躁狂药不是简单的抗躁狂，还应能调整情绪稳定，防止双相情感障碍的复发。典型的药物是锂盐类，如碳酸锂。其他药物如卡马西平、丙戊酸钠，虽属于抗癫痫药，但对治疗躁狂症疗效也比较确切。

碳酸锂【药典(二);基;医保(甲,乙)】

Lithium Carbonate

【药理作用】 以锂离子形式发挥作用，具有明显的抗躁狂作用，治疗量时对正常人精神活动无影响。

【适应证】 主要治疗躁狂症，对躁狂和抑郁交替发作的双相情感障碍有很好的治疗和预防复发作用，对反复发作的抑郁症也有预防作用。也用于治疗分裂-情感性精神病。

【制剂规格】 片剂：0.1g；0.25g。缓释片：每片0.3g。

【用法用量】 口服，治疗期一次0.25~0.5g，每日3次，以后参照血锂浓度调整用量。维持治疗，开始为一次0.25g，一日3次，然后参照血锂浓度调整用量。缓释片：治疗期一日0.9~0.5g，分1~2次服，维持治疗一日0.6~0.9g。

【药物评价】

（1）药效　本品口服易吸收，疗效确切，价格也较便宜。

（2）不良反应　①常见口干、烦渴、多饮、多尿、便秘、腹泻、恶心、呕吐、上腹痛。②神经系统反应，双手细震颤、萎靡、无力、嗜睡、视物模糊、腱反射亢进等。③长期使用可使白细胞升高、体重增加等。上述反应加重可能是中毒的先兆，应密切观察。

（3）注意事项　①肾功能不全者、严重心脏疾病患者、严重感染者、妊娠期妇女、12岁以下儿童禁用。②锂盐的治疗指数低，治疗量和中毒量较接近，用药时加强对血锂浓度监测；长期服药者应定期检查肾功能和甲状腺功能。

【商品信息】

（1）发展史　本品用于治疗躁狂症疗效显著，但因不良反应而曾一度被停用。通过及时监测血锂浓度，使不良反应得以控制，而再次成为治疗躁狂症的主要药物。青海中信国安技术发展有限公司东台盐湖碳酸锂项目于2002年生产。

（2）生产商　湖南省湘中制药、湖南千金湘江药业、江苏恩华药业。

【贮藏】 密封保存。

即学即练9-6

不可用于治疗躁狂症的药物是（　　）

A. 碳酸锂　　　B. 氯丙嗪　　　C. 氟哌啶醇　　　D. 多塞平

答案解析

答案解析

单项选择题

1. 碳酸锂主要用于治疗（　　　）

    A. 躁狂症   B. 抑郁症   C. 精神分裂症   D. 焦虑症

2. 文拉法辛主要用于（　　　）

    A. 精神分裂症   B. 抑郁症   C. 帕金森病   D. 躁狂症

3. 某抑郁症患者可选用（　　　）

    A. 氯丙嗪   B. 氟哌啶醇   C. 卡马西平   D. 多塞平

4. 下列药物中不可用于治疗抑郁症的药物是（　　　）

    A. 马普替林   B. 多塞平   C. 氟哌啶醇   D. 文拉法辛

5. 下列药物中主要用于躁狂症的药物是（　　　）

    A. 碳酸锂   B. 文拉法辛   C. 氯氮平   D. 马普替林

✍ 实践实训

实训 14　关注精神障碍

【实训目的】

1. 通过查阅资料，了解近年来我国抑郁症、焦虑症、失眠等精神障碍患病率的变化趋势，熟悉我国有关精神卫生方面的政策法规。

2. 通过调研，了解常用精神卫生知识，总结提高公众心理健康水平和预防精神障碍的方法。

3. 掌握资料收集、分类整理、制作幻灯片等基本技能。

4. 提高学生的沟通能力、语言表达能力、团结协作能力等。

【实训准备】

电脑网络系统、会议厅（或课室）、多媒体投影设备

【实训内容】

1. **任务布置**　对学生进行分组，按小组查阅、调研我国精神障碍患病现状、我国有关精神卫生方面的政策法规、常用精神卫生知识等。

2. **信息搜索**　学生利用课余时间收集相关信息。

3. **发言稿确定**　整理收集的资料并写出发言稿。

4. **幻灯片制作**　根据所查资料信息制作幻灯片。

5. **角色扮演、情景模拟**　穿插采用角色扮演、情景模拟等方式

【实训评价】

评价内容	评分标准	得分
仪表仪态（10 分）	仪表大方、谈吐自如、条理分明	
语言表达（10 分）	声音清晰、言简意赅、突出重点	
现场互动（10 分）	有感染力，现场互动良好	
时间把握（15 分）	在规定时间内完成，时间分配合理	
内容准确（25 分）	精神障碍各方面内容全面、准确	
PPT 设计（15 分）	图文并茂、布局合理	
团队合作（15 分）	分工协作、参与积极性高	
合计		

书网融合……

知识回顾　　　微课 1　　　微课 2　　　微课 3　　　微课 4　　　习题

项目 10　神经系统药物

任务 1　抗震颤麻痹药认知

PPT

学习引导

　　震颤麻痹是常见的神经系统退行性疾病，老年人多见，平均发病年龄为 60 岁左右，40 岁以下起病的青年帕金森病较少见，男性多于女性，大部分震颤麻痹患者为散发病例，仅有不到 10% 的患者有家族史。主要表现为静止时肢体不自主地震颤，肌肉强直、运动迟缓以及姿势平衡障碍等，晚期会导致患者生活不能自理，除去运动症状，同时患者可伴有抑郁、便秘和睡眠障碍等非运动症状。最早系统描述该病的是英国的内科医生詹姆·帕金森博士，因此也称为帕金森病。主要病变在黑质和纹状体的多巴胺能神经通路，其神经递质多巴胺生成减少，多巴胺能神经受抑制，以致乙酰胆碱增多，中枢胆碱能神经的功能相对增强而失衡。可采取药物调节其平衡而进行对症治疗，或进行手术治疗。康复治疗、心理治疗及良好的护理也能在一定程度上改善症状。目前用于抗震颤麻痹的药物虽然不能彻底治愈该疾病，但有效的治疗能显著提高患者的生活质量。抗震颤麻痹药主要包括拟多巴胺类药（左旋多巴、盐酸金刚烷胺、溴隐亭等）和中枢抗胆碱类药（苯海索）等，这两类药物合用效果更好。目前国内治疗该病的药品大多需要进口，价格偏高。这些药物一般不能根治疾病，需长期用药。

　　本单元主要介绍拟多巴胺类药、中枢抗胆碱类药的作用、适应证、制剂用法及药物评价。

📖 **学习目标**

1. **掌握**　左旋多巴、多巴丝肼、苯海索的作用、适应证、制剂、用法及药物评价。
2. **熟悉**　普拉克索、金刚烷胺、吡贝地尔的作用、适应证及药物评价。
3. **了解**　司来吉兰、恩他卡朋等品种的商品信息。

抗震颤麻痹药按作用机制主要包括:中枢抗胆碱类药和拟多巴胺类药两大类,两类药物合用可增强疗效,中枢抗胆碱类药物常用苯海索。拟多巴胺类可增加脑内多巴胺含量,临床又可分为以下几种:①多巴及其衍生物,如左旋多巴、多巴丝肼、卡比多巴等;②金刚烷衍生物,如金刚烷胺,可以促进纹状体多巴胺的合成和释放,减少神经细胞对多巴胺的再摄取,并有抗乙酰胆碱作用,从而改善帕金森病患者的症状;③多巴胺激动剂,如吡贝地尔、普拉克索、莫匹尼罗等可以选择性的激动多巴胺受体,让更多的多巴胺发挥作用;④单胺氧化酶 B(MAO-B)抑制剂,如司来吉兰、雷沙吉兰,可通过抑制 MAO-B 减少多巴胺的代谢,进而增加突触间隙内外源性多巴胺浓度,单用或联合用药可以改善震颤麻痹症状;⑤其他,如恩他卡朋,为一种选择性外周儿茶酚-O-甲基转移酶(COMT)抑制剂,能延长左旋多巴半衰期,单用无效,与左旋多巴合用,可明显改善病情。

震颤麻痹的治疗以改善症状、提高生活质量为主要目标,以药物治疗为主,药物治疗时要注意以下几个方面。①适时用药,规律用药。在疾病早期若只有动作徐缓或轻微震颤,不影响日常活动,可以暂缓治疗,如果疾病影响到患者的日常生活和工作能力时,可进行药物治疗,患者要严格地按照时间表的安排服药,规律用药可以减轻患者的运动症状时好时坏的波动性,若不按照规定的时间表服药,症状的波动性就会增加。②坚持细水长流、不求全效的用药原则。该疾病是一个长期的过程,不能只图眼前效果而加大剂量,否则会给后期治疗带来很大困难,患者一定要按医嘱服药,定期复诊,不能随意调整剂量。③坚持低和慢的原则。尽可能的维持低剂量,增加剂量缓慢,以最小剂量达到相对满意的效果。④因人而异,个体化治疗。根据患者的不同情况选择不同的方案。

 知识链接

让生命不再颤抖

震颤麻痹也称为帕金森病,是一种影响患者活动能力的中枢神经系统慢性疾病,多发生于中老年以上的人群。被认为是继心脑血管病及肿瘤之后中老年人的"第三杀手"。目前我国已有超过200万的帕金森病患者,60岁以上的老年人超过1%患有帕金森病,65岁以上的老年人口中大约有1.7%的人患有帕金森病,70岁以上患病率达3%~5%。专家表示,该病与年龄老化、遗传、环境等因素有关。

欧洲帕金森病联合会从1997年开始,将每年的4月11日定为"世界帕金森日",以此纪念最早描述这种疾病的英国内科医生詹姆斯·帕金森博士,这天是他的生日。设立的目的是促使帕金森病患者、家属、专业医疗人员共同努力,不仅让帕金森病家喻户晓,而且要提高公众的关注程度。医药工作者要做好健康教育,动员全社会共同关注帕金森病,提高居民的帕金森病防治知识知晓率,关爱帕金森患者,为帕金森病患者点燃生命希望,让生命不再颤抖。

苯海索 [药典(二);基;医保(甲)]
Trihexyphenidyl

【其他名称】安坦

【药理作用】本品为抗胆碱类抗震颤麻痹药,临床常用其盐酸盐,具有中枢抗胆碱作用,作用在于选择性阻断纹状体的胆碱能神经通路,而对外周作用较小,从而有利于恢复帕金森病患者脑内多巴胺和乙酰胆碱的平衡,可解除肌肉痉挛、僵直、运动障碍,改善患者的帕金森病症状。

【适应证】用于帕金森病,也可用于药物引起的锥体外系疾患。

【制剂规格】片剂:2mg。

【用法用量】 口服，帕金森病，开始一日 1~2mg（半片~1 片），以后每 3~5 日增加 2mg（1 片），至疗效最好而又不出现副反应为止，一般一日不超过 10mg（5 片），分 3~4 次服用，须长期服用。

【药物评价】

（1）药效　口服后吸收快而完全，可透过血-脑屏障，口服 1 小时起效，作用持续 6~12 小时。

（2）不良反应　①常见口干、视物模糊等。②偶见心动过速、恶心、呕吐、尿潴留、便秘等。③长期应用可出现嗜睡、抑郁、记忆力下降、幻觉、意识混浊。

（3）注意事项　①用量应缓慢调整，停药的剂量应逐步递减。②服药期间不得从事驾驶车船等危险工作。③儿童、孕妇及哺乳期妇女慎用。④老年人长期应用会引发青光眼等情况，青光眼患者禁用。

【商品信息】

生产商　常州康普药业、湖南中南制药等。

【贮藏】 密封保存。

左旋多巴【药典（二）；医保（甲）】　微课 1

Levodopa

【其他名称】 左多巴

【药理作用】 为拟多巴胺类药。左旋多巴是体内合成多巴胺的前体物质，通过血-脑屏障进入中枢，经多巴脱羧酶转化成多巴胺而发挥拟多巴胺作用，改善帕金森病症状。

【适应证】 用于帕金森病。

【制剂规格】 片剂：50mg；125mg；250mg。胶囊剂：0.25g。

【用法用量】 口服，开始一次 250mg，一日 2~4 次，饭后服用。以后视患者耐受情况，每隔 3~7 日增加一次剂量，增加范围为每日 125~750mg，直至最理想的疗效为止。每日最大量 6 g，分 4~6 次服用。

【药物评价】

（1）药效　本品口服起效缓慢，对轻、中度患者效果好，价格适中。因多巴胺不易透过血-脑屏障，因此用其前体药左旋多巴，使其透过血-脑屏障后转化为多巴胺而显效。单用不良反应多，目前多与卡比多巴或苄丝肼组成复方制剂，如复方左旋多巴片。

（2）不良反应　多与左旋多巴在外周生成多巴胺有关。①常见恶心，呕吐，直立性低血压，头、面部、舌、上肢和身体上部的异常不随意运动，精神抑郁，排尿困难。②少见高血压、心律失常、溶血性贫血。

（3）注意事项　①高血压、心律失常、糖尿病、支气管哮喘、肺气肿、肝肾功能障碍、尿潴留者慎用。②严重精神疾患、严重心律失常、心力衰竭、青光眼、消化性溃疡和有惊厥史者、孕妇及哺乳期妇女禁用。

【商品信息】

（1）发展史　临床常用其复方制剂，销售量大。我国于 1975 年生产。

（2）生产商　上海福达制药、北京曙光药业等。

【贮藏】 遮光，密封保存。

多巴丝肼[药典(二);基;医保(甲)]
Levodopa and Benserazide

【其他名称】　复方左旋多巴，左旋多巴/苄丝肼，美多芭

【药理作用】　多巴丝肼是左旋多巴和苄丝肼的复方制剂，苄丝肼是外周多巴脱羧酶的抑制剂，不易进入中枢，仅抑制外周左旋多巴转化为多巴胺，使循环中左旋多巴含量增加，左旋多巴在脑内经多巴脱羧酶作用转化为多巴胺而发挥药理作用，改善帕金森病症状。

【适应证】　用于治疗帕金森病（脑炎后、动脉硬化性或中毒性），但不包括药物引起的帕金森病。

【制剂规格】　片剂：0.25g（0.2g 左旋多巴：0.05g 苄丝肼）。胶囊：0.25g（0.2g 左旋多巴：0.05g 苄丝肼）；0.125g（0.1g 左旋多巴；0.025g 苄丝肼）。

【用法用量】　口服。第一周一次 125mg，一日 2 次，以后每隔一周，一日增加 125mg，一般一日剂量不得超过 1g，分 3～4 次服用。维持剂量一次 250mg，一日 3 次。

【药物评价】

（1）药效　本品口服吸收迅速，疗效肯定，价格较高。苄丝肼与左旋多巴合用，既可降低左旋多巴的外周性心血管系统的不良反应，又可减少左旋多巴的用量。

（2）不良反应　①较常见的不良反应：胃肠道反应如恶心、呕吐及腹泻，头、面部、舌、上肢和身体上部的异常不随意运动，精神抑郁、排尿困难。②偶见直立性低血压、高血压、心律失常、溶血性贫血。

（3）注意事项　①高血压、心律失常、糖尿病、支气管哮喘、肺气肿、肝肾功能障碍、尿潴留者慎用。②有骨质疏松的老年人，用本品治疗有效者，应缓慢恢复正常的活动，以减少引起骨折的危险。③用药期间需注意检查血常规、肝肾功能及心电图。④25 岁以下不宜服用。

【商品信息】

（1）发展史　治疗帕金森病使用最广泛的药物，由罗氏制药公司开发。

（2）生产商　上海罗氏制药、上海益生源药业等。

【贮藏】　遮光，密封保存。

即学即练 10－1

由上海罗氏制药生产的"美多芭"，其所含有效成分为（　　　）

答案解析　A. 左旋多巴　　B. 卡比多巴　　C. 多巴丝肼　　D. 盐酸苯海索

其他抗震颤麻痹药见表 10－1。

表 10－1　其他抗震颤麻痹药

药物	作用与适应证	药物评价及商品信息
卡左双多巴（息宁）[医保(乙)]	本品为卡比多巴和左旋多巴的复方制剂，用于原发性帕金森病、脑炎后帕金森病，症状性帕金森病（一氧化碳或锰中毒）	卡比多巴与左旋多巴合用，减少左旋多巴剂量，左旋多巴的血药浓度波动较小。常见不良反应为运动障碍，其他较常见的不良反应有恶心、幻觉、精神错乱、头晕、舞蹈病和口干。卡左双多巴缓释片，比例为 1∶4（卡比多巴 50mg 和左旋多巴 200mg），生产商：默沙东

续表

药物	作用与适应证	药物评价及商品信息
普拉克索【基;医保(乙)】	本品为非麦角类新型多巴胺受体激动药，用于治疗成人特发性帕金森病的体征和症状，即在整个疾病过程中，包括疾病后期，当左旋多巴的疗效逐渐减弱或者出现变化和波动时，都可以单用或与左旋多巴联用	口服吸收快，常见不良反应：做梦异常、意识模糊状态、失眠、便秘等。盐酸普拉克索片，0.25mg；1.0mg。盐酸普拉克索缓释片，0.75mg。生产商：勃林格殷格翰（森福罗）、石药欧意药业等
吡贝地尔【医保(乙)】	本品是一种非麦角类多巴胺受体激动药，单用或与左旋多巴合用可改善帕金森病的症状，对震颤的改善较为明显	本品吸收迅速，临床常用其缓释片，用药后可能会出现轻微的消化道不适如恶心、呕吐、胀气。吡贝地尔缓释片，生产商：LES LABORATOIRES SER-VIER INDUSTRIE（法国）
盐酸金刚烷胺【药典(二);基;医保(甲)】	原为抗病毒药，其抗帕金森病机制主要是促进纹状体多巴胺的合成和释放，减少神经细胞对多巴胺的再摄取，并有抗乙酰胆碱作用，从而改善帕金森病患者的症状。用于帕金森病、药物诱发的锥体外系疾患、一氧化碳中毒后帕金森病及老年人合并有脑动脉硬化的帕金森病。也用于防治A型流感病毒所引起的呼吸道感染	治疗帕金森病时不应突然停药，用药期间不宜驾驶车辆、操纵机械和高空作业。在感冒药的复方制剂中使用较多，如复方氨酚烷胺等。盐酸金刚烷胺片，0.1g，生产商：上海信谊万象药业、东北制药等
司来吉兰【药典(二);医保(乙)】	单胺氧化酶B抑制剂，用于治疗早期帕金森病。与左旋多巴，或与左旋多巴及外周多巴脱羧酶抑制剂合用。与左旋多巴合用特别适用于治疗运动波动的病例，如由于大剂量左旋多巴治疗引起的剂末波动	单独服用本药的耐受性好，服用本药后偶见口干，短暂血清转氨酶值上升及睡眠障碍等不良反应。司来吉兰片，2mg，生产商：山东绿叶制药、Orion Corporation（芬兰）
恩他卡朋【医保(乙)】	本品是一种选择性儿茶酚-O-甲基转移酶（COMT）抑制剂，不能通过血-脑屏障，能延长左旋多巴半衰期，单独使用无效，可作为标准药物左旋多巴/苄丝肼或左旋多巴/卡比多巴的辅助用药，用于治疗以上药物不能控制的帕金森病及剂末现象（症状波动）	本品吸收的个体内与个体间差异很大，常见的不良反应有运动障碍、恶心和尿色异常、腹泻、帕金森症状加重、头晕、恶心、呕吐、腹痛、失眠、口干等，恩他卡朋片，0.2g，生产商：诺华制药

目标检测

答案解析

单项选择题

1. 恩他卡朋用于治疗（　　）

    A. 帕金森病   B. 癫痫

    C. 呼吸抑制   D. 老年痴呆

2. 苄丝肼与左旋多巴合用的理由是（　　）

    A. 提高脑内多巴胺的浓度，增强左旋多巴的疗效

    B. 减慢左旋多巴由肾脏排泄，增强左旋多巴的疗效

    C. 苄丝肼直接激动多巴胺受体，增强左旋多巴的疗效

D. 抑制多巴胺的再摄取，增强左旋多巴的疗效

3. 以下哪个药品用于治疗帕金森病（　　　）

    A. 尼莫地平　　　　　　　　　　　　B. 卡马西平

    C. 丙戊酸钠　　　　　　　　　　　　D. 多巴丝肼

4. 以下哪个药物属于单胺氧化酶 B 抑制剂（　　　）

    A. 苯海索　　　　　　　　　　　　　B. 司来吉兰

    C. 金刚烷胺　　　　　　　　　　　　D. 吡贝地尔

5. 苯海索治疗帕金森的作用机制是（　　　）

    A. 补充纹状体中多巴胺的不足

    B. 激动多巴胺受体

    C. 兴奋中枢胆碱受体

    D. 阻断中枢胆碱受体

6. 可以增加左旋多巴疗效，减少其不良反应的药物（　　　）

    A. 卡比多巴　　　　　　　　　　　　B. 维生素 B_6

    C. 利血平　　　　　　　　　　　　　D. 苯海索

7. 以下哪项不是左旋多巴的不良反应（　　　）

    A. 胃肠道反应　　　　　　　　　　　B. 肝性脑病

    C. "开 – 关"现象　　　　　　　　　　D. 运动障碍

8. 帕金森病患者出现震颤麻痹是因为（　　　）

    A. 前庭小脑神经元病变所致　　　　　B. 红核神经元病变所致

    C. 纹状体神经元病变所致　　　　　　D. 黑质中多巴胺神经递质系统功能受损

9. 69 岁，男性，逐渐出现四肢震颤，双手呈"搓药丸样"动作，面部缺乏表情，动作缓慢，走路呈"慌张步态"，被动运动时肢体齿轮样肌张力增高，需用下列何种药物治疗（　　　）

    A. 新斯的明　　　　　　　　　　　　B. 左旋多巴

    C. 苯妥英钠　　　　　　　　　　　　D. 卡马西平

多项选择题

1. 哪些药物用于震颤麻痹的治疗（　　　）

    A. 恩他卡朋　　　　　B. 左旋多巴　　　　　C. 普拉克索

    D. 吡贝地尔　　　　　E. 多巴丝肼

2. 以下哪些为震颤麻痹的症状（　　　）

    A. 静止时不自主震颤　　　　　　　　B. 运动迟缓以及姿势平衡障碍

    C. 抑郁、便秘和睡眠障碍　　　　　　D. 四肢肌无力

    E. 臆想

PPT

任务 2　抗重症肌无力药认知

　　肌肉是人体进行各种活动时必不可少的一种重要组织，人体依靠肌肉的收缩才能够进行各种各样运动，而对肌肉收缩进行调控的则是人体中的神经，如果神经和肌肉之间信号传递出现障碍，则会出现肌肉组织的收缩功能出现异常，从而引发包括重症肌无力在内的多种疾病。重症肌无力（myasthenia gravis，MG）是一种由神经－肌肉接头处传递功能障碍所引起的自身免疫性疾病，临床主要表现为部分或者全部的骨骼肌无力或易疲劳，活动后症状加重，休息或经治疗后能得到缓解。重症肌无力最常见的首发症状是上眼睑下垂和双眼复视，患者刚开始发病时可能单独出现眼外肌、咽喉肌或四肢的肌无力，随后逐渐累及更多骨骼肌，影响正常的生活，若累及呼吸肌时会出现呼吸衰竭，需呼吸机辅助呼吸，是致死的主要原因。累及口咽部肌肉易发生咳嗽无力、误吸等症状，容易引发肺部感染。症状晨轻晚重，每日有波动性，也可多变。此病可能发生在任何年龄段，患病率为（77～150）/100万，在我国南方地区发病率较高。

　　该种疾病起病隐匿，病程中缓解与复发交替出现，多数患者迁延数年至数十年，靠药物维持，随着医药工作者对该病研究的不断深入，在治疗方面已取得了不错的成果。

　　本单元主要介绍用于重症肌无力的胆碱酯酶抑制药的作用、适应证、制剂用法及药物评价。

学习目标

1. **掌握**　新斯的明、溴吡斯的明的作用、适应证、制剂、用法及药物评价。
2. **熟悉**　溴新斯的明的作用、适应证及药物评价。
3. **了解**　环孢素A、他克莫司的作用、适应证及药物评价（详见项目十八）

　　临床上多采用药物治疗、手术治疗、特殊治疗等治疗方法用于重症肌无力的治疗，常用药物主要有以下几种。①胆碱酯酶抑制药，如新斯的明、溴吡斯的明、溴新斯的明，能可逆性的抗胆碱酯酶，促进运动神经末梢释放乙酰胆碱，对骨骼肌有较明显的选择性兴奋作用，用于改善临床症状。其使用剂量应个体化，一般应配合其他免疫抑制药物联合治疗。②免疫抑制剂，如糖皮质激素、环孢素A、硫唑嘌呤、他克莫司等，通过抑制有关自身抗体的形成，减少胆碱能受体或相关受体的破坏，保护神经兴奋传导途径的畅通性，从而改善症状，提高患者生活质量。

　　重症肌无力以药物治疗为主，药物治疗时要注意：①足量用药，该类患者接受正规药物治疗首先要足量，这样才能起到最佳治疗效果，这里的足量并不是所有患者都是一样的用量，而是针对不同患者具体的发病情况而制定相应的治疗方案；②全程用药，该病发病周期长，易反复，患者用药要按照全程原则，一个疗程 3 个月，一般需要治疗 4 ~ 6 个疗程，待病情稳定，症状消失后再减量服用一段时间后，才能停药；③联合用药，中西药联合应用效果更佳；④规律用药，遵照医嘱，规律用药，不能自行加减药物。重症肌无力患者的身体情况不同，发病程度也不一样，因此药物治疗上的用量、时间也是不同的，最科学的方法就是依照医嘱用药，并且配以合理的饮食调整以及科学的护理，以达到最佳的治疗效果。

 知识链接

患有重症肌无力患者的饮食护理

重症肌无力患者配合医生治疗，并做好护理，部分患者的治疗效果会很好，甚至能完全缓解症状。

该类患者的日常饮食需围绕"五高"进行搭配，即高蛋白、高维生素、高热量、高钾和高钙，避免食用干硬或粗糙的食物，以软食或半流质饮食为主。尽量使饭菜美味可口，增加患者食欲，避免食用萝卜、海带、苦瓜等寒性食物，可以多食用一些如牛肉、羊肉类等的温补类食物。对于进餐困难的患者，在进餐过程中，部分患者咀嚼肌无力而难以长时间连续咀嚼，陪护者要有足够的耐心，不要催促或打扰患者进食，给予足够的时间，预防误吸、呛、噎，用餐时尽量采取坐位，长期卧床者抬高床头，适时予以帮助，同时保持安静，使患者在舒适的环境下进餐，保证患者的饮食护理安全及营养充分。

新斯的明【药典(二);基;医保(甲)】 🖥微课

Neostigmine

【其他名称】 普洛色林，普洛斯的明

【药理作用】 本品为胆碱酯酶抑制药，临床常用其甲硫酸盐，能可逆性抗胆碱酶，对胃肠道和膀胱肌等平滑肌作用较强，对骨骼肌选择性兴奋作用最强。

【适应证】 用于重症肌无力，手术后功能性肠胀气及尿潴留等。

【制剂规格】 甲硫酸新斯的明注射液：1ml：0.5mg；2ml：1mg。

【用法用量】 皮下或肌内注射，常用量一次 0.25 ~ 1mg，一日 1 ~ 3 次。

【药物评价】

（1）药效　难以透过血 - 脑屏障，口服吸收不规则，注射后 15 分钟即可起效。

（2）不良反应　可致药疹，大剂量时可引起恶心、呕吐、腹泻、流泪、流涎等。

（3）注意事项　①癫痫、心绞痛、室性心动过速、机械性肠梗阻或泌尿道梗阻及哮喘患者忌用。②过量引起的不良反应，可给予阿托品对抗。

【商品信息】

生产商　上海信谊金朱药业。

【贮藏】 遮光，密封保存。

溴吡斯的明【药典(二);基;医保(甲)】

Pyridostigmine Bromide

【其他名称】溴化吡啶斯的明

【药理作用】为可逆性抗胆碱酯酶药，能抑制胆碱酯酶的活性，使胆碱能神经末梢释放的乙酰胆碱破坏减少，使得突触间隙中乙酰胆碱积聚，能促进运动神经末梢释放乙酰胆碱，从而提高胃肠道、支气管平滑肌和全身骨骼肌的肌张力。

【适应证】用于重症肌无力，手术后功能性肠胀气及尿潴留等。

【制剂规格】片剂：60mg。

【用法用量】口服。一般成人为60～120mg（1～2片），每3～4小时口服一次。

【药物评价】

（1）药效　本品口服后胃肠道吸收差，作用虽较溴新斯的明弱但维持时间较久。

（2）不良反应　①常见的有腹泻、恶心、呕吐、胃痉挛、汗液及唾液增多等。较少见的有尿频、缩瞳等。②接受大剂量治疗的重症肌无力患者，常出现精神异常。

（3）注意事项　①心绞痛、支气管哮喘、机械性肠梗阻及尿路梗塞患者禁用。②心律失常、房室传导阻滞、术后肺不张或肺炎及孕妇慎用。③吸收、代谢、排泄存在明显的个体差异，其药量和用药时间应根据服药后效应而定。

【商品信息】

生产商　上海中西三维药业等。

【贮藏】遮光，密封保存。

即学即练 10 - 2

重症肌无力的病变部位在（　　　）

答案解析　　A. 周围神经系统　　　B. 中枢神经系统　　　C. 神经 - 肌肉接头　　　D. 线粒体

其他抗重症肌无力药见表10 - 2。

表 10 - 2　其他抗重症肌无力药

药物	作用与适应证	药物评价及商品信息
溴新斯的明【药典(二);医保(甲)】	本品具有抗胆碱酯酶作用，能直接激动骨骼肌运动终板上的 N_2 胆碱受体，故对骨骼肌的作用较强，用于重症肌无力、手术后功能性肠胀气及尿潴留	口服过量时，应洗胃、早期维持呼吸，并常规给予阿托品对抗之。可导致药疹，大剂量时可引起恶心、呕吐、腹痛、腹泻、流泪、流涎等。溴新斯的明片，15mg，生产商：上海上药信谊药厂有限公司

目标检测

答案解析

单项选择题

1. 以下哪个药物可以用于重症肌无力的治疗（　　　）

　　A. 地西泮　　　　　　　　　　　　　　　B. 溴吡斯的明

C. 阿莫西林
D. 尼可刹米

2. 新斯的明属于（　　）

A. M 受体兴奋药
B. N_2 受体兴奋药

C. N_1 受体兴奋药
D. 胆碱酯酶抑制药

3. 可以用于重症肌无力的药物（　　）

A. 阿托品
B. 地西泮

C. 溴吡斯的明
D. 阿莫西林

4. 重症肌无力的病变部位是（　　）

A. 周围神经系统
B. 中枢神经系统

C. 神经 – 肌肉接头
D. 线粒体

5. 关于重症肌无力表述正确的是（　　）

A. 重症肌无力患者多见于老年人

B. 重症肌无力患者活动后易疲劳，但适当活动后肌力即可恢复

C. 重症肌无力患者多为全身多处肌肉同时起病

D. 肌无力症状下午加重，晨起或休息后减轻

6. 患者，女，23 岁，2 月前无明显诱因下出现左眼睑下垂。下列临床表现对于患者的诊断最有价值的是（　　）

A. 晨轻暮重
B. 腱反射正常

C. 感觉正常
D. 视物重影

7. 患者，男，33 岁，诊断为重症肌无力 2 年，长期口服溴吡斯的明。1 周前自行停药。现突发呼吸困难，注射新斯的明后症状减轻。则抢救该患者时，首要的是（　　）

A. 保持呼吸道畅通
B. 停用溴吡斯的明

C. 使用抗生素控制肺部感染
D. 激素冲击治疗

多项选择题

8. 关于重症肌无力描述正确的是（　　）

A. 本病易复发

B. 建议患者有充足的蛋白质及维生素的摄入，少吃刺激性食物

C. 重症肌无力症状易波动，下午或傍晚劳累后加重，晨起和休息后减轻，即晨轻暮重

D. 重症肌无力最常见的首发症状是上睑下垂和双眼复视

E. 该病累及呼吸肌时会出现呼吸衰竭，需呼吸机辅助呼吸，是致死的主要原因

9. 以下可用于重症肌无力的药物有（　　）

A. 新斯的明　　　　B. 溴吡斯的明　　　　C. 溴新斯的明

D. 复方新诺明　　　　E. 盐酸氯米帕明

PPT

任务3 抗癫痫药认知

学习引导

癫痫，俗称"羊角风"，是一种常见的、复杂的神经系统疾病，是由多种病因引起的大脑神经元异常放电所致的短暂中枢神经系统功能失常。根据癫痫患者临床发作表现，可分为：①全身强直－阵挛性发作（大发作）；②失神性发作（小发作）；③单纯部分性发作；④复杂部分性发作（精神运动性发作）。癫痫患者在病情发作时多尖叫一声，四肢抽搐，昏倒在地，面色青紫，口吐白沫，尿失禁，此为"大发作"或部分性发作；若发作持续不断，一直处于昏迷状态者称"大发作持续状态"，常危及生命；不倒地的称为"小发作"，小发作较频繁，一天可多达数十次，多见于儿童。

抗癫痫药物通过防止或减轻中枢神经元的过度放电，或提高正常脑组织的兴奋阈从而减弱来自病灶的兴奋扩散，或通过调节 γ－氨基丁酸（GABA）系统，抑制递质 GABA 的浓度等作用，可抑制大脑神经的兴奋性，用于预防和控制癫痫发作，使得病情缓解，但一般无法根治。常用的传统抗癫痫药物有苯妥英钠、卡马西平、丙戊酸钠等，新型的抗癫痫药物有奥卡西平、拉莫三嗪、加巴喷丁、托吡酯、左乙拉西坦等。此外，地西泮、硝西泮等苯二氮䓬类药物也可用于抗癫痫。

本单元主要介绍临床常用的抗癫痫药物的作用、适应证、制剂用法及药物评价，苯二氮䓬类药物详见项目9。

学习目标

1. **掌握** 苯妥英钠、卡马西平、丙戊酸钠的作用、适应证、制剂、用法及药物评价。
2. **熟悉** 奥卡西平、拉莫三嗪的作用、适应证及药物评价。
3. **了解** 加巴喷丁、托吡酯、左乙拉西坦等品种的商品信息。

抗癫痫药按化学结构主要包括以下几种：①巴比妥类及衍生物，如苯巴比妥、扑米酮；②乙内酰脲类衍生物，如苯妥英钠；③苯二氮䓬衍生物，如氯硝西泮；④氨甲酰衍生物，如卡马西平、奥卡西平；⑤脂肪酸衍生物，如丙戊酸钠、丙戊酸镁；⑥其他，如加巴喷丁、托吡酯、左乙拉西坦等。临床应用以口服剂型为主。

本类药物在临床应用时要注意：①根据发作的类型选择药物；②长期规律用药，不得随意调整剂量、停药或者换药；③最好单一用药，自小剂量开始逐渐增加剂量，直至获得理想效果后进行维持治疗；若一种药物难以奏效或混合型癫痫患者需合并用药，注意个体化差异；④注意不良反应，癫痫患者需要长期服药，治疗期间会出现一系列的不良反应，比如肝肾功能损害，要定期监测血药浓度，出现副作用后要在医生的指导下进行处理。

 知识链接

关爱癫痫患者，拒绝歧视冷漠

由于癫痫发作突然，症状特殊，人们对癫痫的认识存在很多误区和疑问，许多癫痫患者遭到某种程度的歧视和不公平对待，有些适龄癫痫儿童入学被拒，除错失接受优质教育资源外，更深远的影响是对癫痫儿童自尊心的严重打击。

世界卫生组织（WHO）历来重视癫痫的防治，已经把癫痫列入全球重点防治的五种神经、精神疾病之一。6 月 28 日是国际癫痫关爱日，我国每年会有治疗癫痫的知名医院和科研机构的专家、学者对癫痫治疗的最新技术成果进行研讨，相互借鉴和学习、推广，并对如何切实关爱癫痫患者进行研讨，会后出台相应的关爱措施，为我国家庭困难的癫痫患者和久治不愈的顽固性、难治性癫痫患者提供医疗救助。此外，不断对公众科普癫痫相关知识，科学认识、消除偏见，增进全社会对癫痫患者的人文关怀，使癫痫患者早日摆脱困扰。

苯妥英钠[药典(二);基;医保(甲)] 微课 3

Phenytoin Sodium

【其他名称】大仑丁

【药理作用】为乙内酰脲类抗癫痫药。通过稳定脑细胞膜的功能及增加抑制性神经递质 5 - 羟色胺（5 - HT）与 γ - 氨基丁酸（GABA）的作用，防止异常放电的传播而具有抗癫痫作用。还具有抗心律失常作用，抗外周神经痛作用。

【适应证】用于治疗全身强直 - 阵挛性发作、复杂部分性发作、单纯部分性发作和癫痫持续状态。对癫痫小发作无效。也可用于治疗三叉神经痛等外周神经痛和洋地黄中毒所致的室性及室上性心律失常。

【制剂规格】片剂：50mg；100mg。

【用法用量】口服：抗癫痫，成人每日 250～300mg，开始时 100mg，每日 2 次，1～3 周内增加至 250～300mg，分三次口服。

【药物评价】

（1）药效　口服易吸收慢而不规则，个体差异较大，疗效可靠，价格便宜。

（2）不良反应　①常见齿龈增生，儿童发生率高。②长期服用后或血药浓度达 30μg/ml 可能引起恶心，呕吐甚至胃炎。③神经系统不良反应常见眩晕、头痛、语言不清和意识模糊，调整剂量或停药可消失，偶见失眠、一过性神经质、颤搐、舞蹈症、肌张力不全、震颤。④粒细胞和血小板减少、巨幼红细胞性贫血。⑤皮疹伴高烧等过敏反应。

（3）注意事项　①药酶诱导作用，可对某些诊断产生干扰，如地塞米松试验，甲状腺功能试验，使血清碱性磷酸酶、谷丙转氨酶、血糖浓度升高。②小儿长期服用可加速维生素 D 代谢造成软骨病或骨质异常，可加维生素 D 预防。③用药期间需检查血常规。④对乙内酰脲类药有过敏史或阿斯综合征、二至三度房室传导阻滞，窦房结传导阻滞、窦性心动过缓等心功能损害者禁用。

【商品信息】

（1）发展史　1938 年用于临床，我国于 1940 年生产。目前仍然是临床常用的抗癫痫药之一。

（2）生产商　天津力生制药、山西云鹏制药等。

【贮藏】遮光，密封或严封（注射剂）保存。

即学即练 10 - 3

哪项不属于苯妥英钠治疗癫痫时出现的不良反应（　　　）

答案解析

A. 齿龈增生　　B. 巨幼细胞贫血　　C. 胃肠道反应　　D. 三叉神经痛

卡马西平 [药典(二);基;医保(甲)]

Carbamazepine

【其他名称】酰胺咪嗪，得理多

【药理作用】本品为抗惊厥药和抗癫痫药，具有抗惊厥、抗癫痫、抗外周神经痛、抗躁狂 - 抑郁症、改善某些精神疾病的症状、抗中枢性尿崩症作用，对三叉神经痛、舌咽神经痛疗效较苯妥英钠好。

【适应证】用于癫痫部分性发作，全身性发作（包括强直、阵挛、强直 - 阵挛），也可用于三叉神经痛和舌咽神经痛，中枢性尿崩症预防，治疗躁狂抑郁症。

【制剂规格】片剂：0.1g；0.2g。胶囊剂：0.2g。

【用法用量】从小剂量开始用药，最高量每日不超过 1.2g。抗癫痫，成人，初始剂量每次 100 ~ 200mg，每天 1 ~ 2 次，逐渐增加剂量直至最佳疗效。

【药物评价】

（1）药效　本品口服吸收缓慢且不规则，疗效肯定，价格适中。

（2）不良反应　①较常见的不良反应是中枢神经系统的反应，表现为视力模糊、复视、眼球震颤。②少见 Stevens - Johnson 综合征或中毒性表皮坏死溶解症、皮疹、荨麻疹、瘙痒；儿童行为障碍，严重腹泻，红斑狼疮样综合征等。

（3）注意事项　①与三环类抗抑郁药有交叉过敏反应。②用药期间注意检查血常规、尿常规等。③糖尿病患者可能引起尿糖增加。④癫痫患者不可突然停药。⑤酒精中毒、心脏损害、冠心病、糖尿病、青光眼、对其他药物有血液不良反应史者（易诱发骨髓抑制）、肝病、抗利尿激素分泌异常或其他内分泌紊乱、尿潴留、肾病慎用。

【商品信息】

（1）发展史　1953 年诺华制药研发并用于癫痫。我国于 1975 年在北京投产。

（2）生产商　北京诺华制药（得理多）、宜昌人福药业等。

【贮藏】遮光，密封保存。

 实例分析 10 - 1

实例　某患者，五年前因车祸脑部神经受损，受伤后半个月突然惊叫而后昏倒，不省人事，之后经常出现两目向右上方斜视，嘴角向右侧抽动，肢体强直，面唇青紫，小便失禁，持续约 2 ~ 3 分钟后意识逐渐恢复。经检查诊断为继发性脑外伤癫痫病小发作。

答案解析

问题　患者所患疾病的临床治疗原则是什么？

丙戊酸钠【药典(二);基;医保(甲,乙)】

Sodium Valproate

【其他名称】二丙乙酸钠，抗癫灵，德巴金

【药理作用】广谱抗癫痫药，是脑内 GABA 转氨酶抑制剂，能减慢 GABA 的分解代谢，进而使脑内抑制性突触的 GABA 含量增高。对各种类型的癫痫发作均有一定的疗效。

【适应证】主要用于单纯或复杂失神发作、肌阵挛发作，癫痫大发作的单药或合并用药治疗，有时对复杂部分性发作也有一定疗效。

【制剂规格】片剂：0.1g；0.2g。缓释片：0.5g。口服溶液剂：300ml：12g。注射用无菌粉末：0.4g。

【用法用量】丙戊酸钠片，成人常用量：每日按体重 15mg/kg 或每日 600～1200mg 分次 2～3 次服。开始时按 5～10mg/kg，一周后递增，至能控制发作为止。当每日用量超过 250mg 时应分次服用，以减少胃肠刺激。

【药物评价】

（1）药效　丙戊酸钠口服或静脉注射后，吸收快而完全，其生物活性接近 100%。

（2）不良反应　①常见不良反应表现为腹泻、消化不良、恶心、呕吐、胃肠道痉挛、可引起月经周期改变。②可使血小板减少，对肝功能有损害。

（3）注意事项　①用药期间避免饮酒，饮酒可加重镇静作用。②停药应逐渐减量，取代其他药物或被取代时应逐渐增加或减少用量。③用药期间定期检查血常规、肝肾功能。④急、慢性肝炎、个人或家族有严重肝炎史（特别是药物所致肝炎）、对本品过敏者、卟啉症者禁用。

【商品信息】

（1）发展史　本品最早由法国赛诺菲制药公司开发生产用于癫痫，商品名德巴金。

（2）生产商　赛诺菲（杭州）制药、湖南省湘中制药等。

【贮藏】密封，在干燥处保存。

其他抗癫痫药见表 10-3。

表 10-3　其他抗癫痫药

药物	作用与适应证	药物评价及商品信息
奥卡西平【药典(二);基;医保(甲,乙)】	本品适用于治疗原发性全面性强直-阵挛发作和部分性发作，伴有或不伴有继发性全面性发作。本品适用于成年人和 5 岁以及 5 岁以上儿童	口服易吸收，常见的不良反应有：疲劳、头晕、头痛、嗜睡、复视、恶心、呕吐等。服用本品后不要驾驶汽车或操作机器。片剂：0.15g；0.3g。生产商：诺华制药、武汉人福药业等
拉莫三嗪【基;医保(乙)】	苯三嗪类抗癫痫药，用于 12 岁以上儿童及成人抗癫痫的单药治疗，主要用于：①简单部分性发作；②复杂部分性发作；③继发性全身强直-阵挛性发作；④原发性全身强直-阵挛性发作。目前暂不推荐对 12 岁以下儿童采用单药治疗，可用于 2 岁以上儿童及成人的添加疗法	口服吸收完全，生物利用度接近 100%。副作用少，不影响癫痫儿童的生长发育及行为认知功能。常见的不良反应有头痛、疲倦、皮疹、恶心、头晕、嗜睡和失眠。拉莫三嗪片，生产商：葛兰素史克（利必通）、湖南三金制药

续表

药物	作用与适应证	药物评价及商品信息
加巴喷丁【药典(二);医保(乙)】	是一种人工合成的能自由通过血－脑屏障的GABA类似物,主要用于难治性癫痫患者的添加治疗。用于成人和12岁以上儿童伴或不伴继发性全身发作的部分性发作的辅助治疗。用于3～12岁儿童的部分性发作的辅助治疗。也可用于用于成人疱疹后神经痛的治疗	加巴喷丁很少代谢,也不干扰其他一般合用的抗癫痫药物的代谢。常见不良反应有腹泻、便秘、口干、恶心、呕吐、胃肠胀气。加巴喷丁片、胶囊,0.3g,生产商:江苏恩华药业
托吡酯【医保(乙)】	本品用于初诊为癫痫的患者的单药治疗或曾经合并用药现转为单药治疗的癫痫患者。用于成人及2～16岁儿童部分性癫痫发作的加用治疗	口服吸收迅速完全,吸收速度不受食物影响。常见共济失调、注意力受损、意识模糊、头晕、疲劳、感觉异常、嗜睡和思维异常等中枢神经系统不良反应。托吡酯片、胶囊,生产商:西安杨森制药
左乙拉西坦【医保(乙)】	左乙拉西坦是一种吡咯烷酮衍生物,其化学结构与现有的抗癫痫药物无相关性,用于成人及4岁以上儿童癫痫患者部分性发作的加用治疗	安全范围大,不良反应少,较常见的不良反应有嗜睡、乏力、头晕。左乙拉西坦片,生产商:UCB Pharma S. A.(比利时优时比制药)、浙江京新药业

目标检测

答案解析

单项选择题

1. 治疗三叉神经痛和舌咽神经痛的首选药物是(　　)

    A. 卡马西平 　　　　B. 阿司匹林 　　　　C. 苯巴比妥 　　　　D. 戊巴比妥钠

2. 苯妥英钠是何种疾病的首选药物(　　)

    A. 癫痫小发作 　　　B. 癫痫大发作 　　　C. 癫痫精神运动性发作 　　D. 帕金森病发作

3. 不属于抗癫痫药(　　)

    A. 丙戊酸钠 　　　　B. 扑米酮 　　　　　C. 卡马西平 　　　　D. 碳酸锂

4. 对所有类型的癫痫都有效的广谱抗癫痫药是(　　)

    A. 丙戊酸钠 　　　　B. 苯妥英钠 　　　　C. 乙琥胺 　　　　　D. 苯巴比妥

5. 苯妥英钠的临床应用不包括(　　)

    A. 心律失常 　　　　B. 外周神经痛 　　　C. 癫痫 　　　　　　D. 精神病

6. 以下哪个药品用于抗癫痫(　　)

    A. 卡马西平 　　　　B. 布洛芬 　　　　　C. 多巴丝肼 　　　　D. 阿奇霉素

7. 以下关于癫痫治疗原则错误的是(　　)

    A. 长期规律用药,不得随意调整剂量、停药或者换药

    B. 有效剂量因人而异

    C. 最好单一用药,自小剂量开始逐渐增加剂量

    D. 一种药无效应立即换用其他药

8. 男性患者,27岁,2年来有时发作性神志丧失、四肢抽搐,当日凌晨发作后意识一直未恢复,来院后又有一次四肢抽搐发作。该患者病情属于(　　)

　　A. 强直大发作　　　　　B. 肌阵挛性发作　　　　　C. 癫痫持续状态　　　　D. 强制－阵挛发作

多项选择题

9. 以下可用于癫痫的药物有（　　　）

　　A. 丙戊酸钠　　　　　B. 苯妥英钠　　　　　C. 卡马西平

　　D. 加巴喷丁　　　　　E. 左旋多巴

10. 可用于癫痫小发作的药物（　　　）

　　A. 氯硝西泮　　　　　B. 苯妥英钠　　　　　C. 硝西泮

　　D. 丙戊酸钠　　　　　E. 卡马西平

任务 4　脑血管病用药及降颅压药认知

PPT

　　脑血管病是指脑血管破裂出血或血栓形成，引起的以脑部出血性或缺血性损伤症状为主要临床表现的一组疾病，又称脑血管意外或脑卒中，俗称为脑中风。出血性脑血管病占 10%～30%，包括脑出血、蛛网膜下腔出血，缺血性脑血管病占 70%～80%，包括脑梗死、脑血栓形成、脑栓塞。动脉硬化是最常见的导致血管病变的病因。其他如动脉炎性改变也是原因之一，高血压、低血压、心功能不全等导致的血流动力学改变和高脂血症、高血糖症、高蛋白症等往往是诱发因素。该病常见于中年以上人群的急性发作，严重者可发生意识障碍和肢体瘫痪，严重威胁人类健康和寿命，是造成人类死亡和残疾的主要疾病之一。

　　我国是脑卒中高发的国家，每年有约 200 万新发脑卒中，死亡约 150 万，存活者有 3/4 会有不同程度的残疾，包括认知功能障碍和血管性痴呆。不仅给个人带来极大的痛苦，也给家人带来很大负担。研发有效的预防和治疗脑血管病的药物非常重要。

学习引导

　　脑血管病出血会导致颅内压升高，患者可能会出现头痛、呕吐甚至意识障碍，给患者带来不同程度的痛苦和伤害。颅内压升高在临床上是很严重的问题，它不是一种单独的疾病，而是在各种疾病发生病变后形成的综合征。多种重症神经系统疾患，如颅脑创伤、自发性脑出血、蛛网膜下腔出血、脑肿瘤和颅脑外科手术等，多伴有不同程度的颅内压增高，如出现此病症一定及时到医院进行治疗，如不及时处理，严重者可出现脑疝，甚至危及患者生命安全。

　　脑血管病用药多为辅助治疗用药，可改善脑循环，增加脑血流量，改善脑部氧供应，以便帮助恢复或缓解脑血流障碍所造成的症状，如头晕、头痛、耳鸣、血管性头痛、注意力不集中、精神错乱、记忆力减退、失眠等。降颅压药能通过高渗脱水作用产生利尿、降低眼压、降低颅内压和脑脊液容量及其压力。那常用的治疗脑血管病和降颅压的药都有哪些？各有哪些特点？用药有哪些注意事项？

　　本单元主要介绍临床常用的脑血管病用药及降颅压药的作用、适应证、制剂用法及药物评价。

学习目标

1. **掌握** 尼莫地平、氟桂利嗪、甘露醇的作用、适应证、制剂、用法及药物评价。
2. **熟悉** 倍他司汀、吡拉西坦、麦角胺咖啡因的作用、适应证及药物评价。
3. **了解** 依达拉奉等品种的商品信息。

▶▶ 实例分析 10-2

实例 某男，40岁，平常喜欢饮酒，几乎每天都要喝上几小杯，有时甚至喝的酩酊大醉。同时他也是个老烟民，烟龄近20年。一天闲暇时间，其与邻居们坐在一起边吸烟边聊天，吸着吸着，夹在手里的烟不自主地掉到地上，该男子把烟捡起来，过了没几秒钟，烟在该男子手里又掉了，大家这才意识到，该男子手指不受控制，建议赶紧去医院诊断治疗。

问题 1. 根据该男子的症状分析他有可能患上了哪类疾病？
2. 导致该男子出现此症状的原因有哪些？

答案解析

任务 4-1 脑血管病治疗药认知

按作用机制不同，治疗缺血性脑血管病药物可分为：①溶栓剂，可以促进血管再通，如降纤酶、巴曲酶等；②自由基清除剂，如依达拉奉等；③钙离子拮抗剂，可保护脑组织和改善循环，如尼莫地平、桂利嗪、氟桂利嗪等，临床应用较广泛；④作用于血管平滑肌的血管扩张剂，如尼麦角林、罂粟碱等；⑤改善微循环、降低血液黏度的药物，如己酮可可碱、丁咯地尔、维生素E烟酸酯等；⑥抗血小板聚集药，如奥扎格雷等；⑦脑代谢药，可保护脑组织和促进神经修复，如胞磷胆碱等；⑧其他类，如川芎嗪、灯盏花素、长春西丁、血塞通等。除化学药品治疗外，临床上经常用活血化瘀类中药用于此类疾病，如脉络通、脑血康、溶栓胶囊、活血通脉胶囊等复方制剂，安全性高，效果明显，受到广大患者青睐。

 知识链接

远离脑血管病危险因素

脑血管病是导致中国人口死亡的主要疾病之一，每5位死亡者中至少有1人死于脑卒中。在日常生活中，部分患者本身患有基础疾病如糖尿病、高血压、高血脂等，患脑血管病的风险更高。此外，有好多危险因素会导致脑血管病的发生，如空气污染、饮食不合理、缺乏运动、吸烟、饮酒等，这些危险因素是可以进行干预的，采取干预不仅能够预防或推迟脑血管疾病的发生，而且能够与药物治疗协同作用预防脑血管疾病的复发。

预防大于治疗，我们要保护环境，合理饮食，戒烟限酒，适当运动，远离脑血管病危险因素，不断增强身体素质，健康享受生活，为社会多做贡献。

尼莫地平 [药典(二);基;医保(甲.乙)] 微课4

Nimodipine

【其他名称】尼膜同

【药理作用】1，4-二氢吡啶类钙通道拮抗剂。通过有效阻止钙离子内流进入血管平滑肌细胞，松弛平滑肌收缩，解除血管痉挛，保护神经元，改善脑供血、提高对缺氧的耐受力。脂溶性高，易透过血-脑屏障，对脑动脉作用强。

【适应证】适用于各种原因的蛛网膜下腔出血后的脑血管痉挛和急性脑血管病恢复期的血液循环改善。

【制剂规格】片剂、胶囊剂、分散片、软胶囊：20mg；30mg。注射液：10ml：2mg；20ml：4mg；40ml：8mg；50ml：10mg。

【用法用量】口服：缺血性脑血管病，一日30～120mg，分3次服用，连服一个月。偏头痛，一次40mg，一日3次，12周为一疗程。

【药物评价】

（1）药效　本品口服吸收快，生物利用度低，疗效肯定，价格适中。特别适用于治疗缺血性脑血管病。

（2）不良反应　①血压下降、肝炎、皮肤刺痛、胃肠道出血、血小板减少。②偶见一过性头晕、头痛、面部潮红、呕吐、胃肠不适等。③个别患者可发生碱性脱氢酶、乳酸脱氢酶升高，血糖升高。

（3）注意事项　①脑水肿及颅内压增高患者、肝功能损害者、妊娠期妇女慎用。②在高血压合并蛛网膜下隙出血或脑卒中患者中，应注意减少或暂时停用降血压药物，或减少本品的用药剂量。③可产生假性肠梗阻，表现为腹胀、肠鸣音减弱。当出现上述症状时应当减少用药剂量和保持观察。④避免与β受体阻断剂或其他钙拮抗剂合用。

【商品信息】

（1）发展史　20世纪60年代后期开发，在硝苯地平基础上研制。

（2）生产商　亚宝药业、天津市中央药业、拜耳医药等，"尼膜同"由拜耳医药生产。

【贮藏】遮光，密封保存。

氟桂利嗪 [药典(二);基;医保(甲)]

Flunarizine

【其他名称】氟苯桂醇，氟桂醇，西比灵

【药理作用】为哌嗪类选择性钙通道拮抗剂。阻止过量钙离子进入血管平滑肌细胞，引起血管扩张，对脑血管选择性好，对冠脉扩张作用差。还能抑制P物质，抑制神经源性炎性反应。还有抗组胺和镇静作用。

【适应证】①脑血供不足，椎动脉缺血，脑血栓形成后等。②耳鸣，眩晕。③预防偏头痛。④癫痫的辅助治疗。

【制剂规格】片剂、分散片、胶囊剂：5mg。

【用法用量】①包括椎基地底动脉供血不全在内的中枢性眩晕及外周性眩晕，每日10～20mg，2～8周为一疗程。②特发性耳鸣，10mg，每晚1次，10日为一个疗程。③脑动脉硬化，脑梗死恢复期，氟桂利嗪每日5～10mg。

【药物评价】

（1）药效　新型的脑血管病用药，可作为桂利嗪的替代品。口服吸收慢，维持时间长，疗效肯定，不良反应少，价格适中。

（2）不良反应　①嗜睡和疲惫感为最常见。②长期服用者可出现抑郁症，女性患者多见。③锥体外系症状：运动徐缓，静坐不能，下颌运动障碍，震颤，强直等。④少数出现失眠，焦虑、皮疹、口干等。⑤消化道症状：胃部烧灼感，胃纳亢进，进食量增加，体重增加等。

（3）注意事项　①服药后疲惫症状逐步加重者应当减量或停药。②严格控制药物应用剂量。③抑郁症、帕金森病患者及孕妇慎用。④驾驶员和机械操作者慎用。

【商品信息】

（1）发展史　1970年合成，我国于1986年研制并投产。

（2）生产商　西安杨森制药等。

【贮藏】 遮光，封保存。

即学即练 10 - 4

以下哪个药物常用于脑血管病（　　　）

答案解析　A. 美多芭　　B. 尼膜同　　C. 德巴金　　D. 德里多

任务 4 - 2　降颅压药认知

甘露醇 [药典(二);基;医保(甲)]

Mannitol

【其他名称】 D - 甘露醇

【药理作用】 为单糖，临床常用的脱水药，在体内不被代谢，经肾小球滤过后在肾小管内甚少被重吸收，起到渗透利尿作用。

【适应证】 ①组织脱水药。用于治疗各种原因引起的脑水肿，降低颅内压，防止脑疝。②降低眼内压。应用于其他降眼内压药无效时或眼内手术前准备。③渗透性利尿药。④作为辅助性利尿措施治疗肾病综合征、肝硬化腹水，尤其是当伴有低蛋白血症时应用。⑤对某些药物过量或毒物中毒（如巴比妥类药物、锂、水杨酸盐和溴化物等），本药可促进上述物质的排泄，并防止肾毒性。

【制剂规格】 注射液：20ml：5mg；50ml：10g；100ml：20g；250ml：50g；500ml：100g；3000ml：150g。

【用法用量】 成人常用量。①利尿，常用量为按体重 1～2g/kg，一般用20%溶液250ml静脉滴注，并调整剂量使尿量维持在每小时30～50ml。②治疗脑水肿、颅内高压和青光眼，按体重0.25～2g/kg，配制为15%～25%浓度于30～60分钟内静脉滴注。

【药物评价】

（1）药效　口服不吸收，主要用20%的高渗溶液静脉注射或滴注。

（2）不良反应　①水和电解质紊乱最常见。②注射过快可引起一过性头痛、眩晕、视力模糊、心悸。③少数出现失眠，焦虑、皮疹、口干等。④消化道症状，胃部烧灼感，胃纳亢进，进食量增加，体重增加等。

（3）注意事项　①除作肠道准备用，均应静脉内给药。②甘露醇遇冷易结晶，故应用前应仔细检查，如有结晶，可置热水中或用力振荡待结晶完全溶解后再使用。当甘露醇浓度高于 15% 时，应使用有过滤器的输液器。③根据病情选择合适的浓度，避免不必要地使用高浓度和大剂量。④及时检测血压、肾功能等。

【商品信息】

（1）发展史　1937 年应用于工业生产，甘露醇注射液于 1960 年代初开始在我国临床上应用。

（2）生产商　上海百特医疗用品有限公司等。

【贮藏】 遮光，密封保存。

其他脑血管病用药及降颅压药见表 10-4。

表 10-4　其他脑血管病用药及降颅压药

药物	作用与适应证	药物评价及商品信息
倍他司汀【药典(二);基;医保(甲,乙)】	本品对脑血管、心血管，特别是对椎底动脉系统有较明显的扩张作用，主要用于美尼尔氏综合征、血管性头痛及脑动脉硬化，并可用于治疗急性缺血性脑血管疾病，如脑血栓、脑栓塞、一过性脑供血不足等；高血压所致直立性眩晕、耳鸣等亦有效	临床常用其盐酸盐。偶有口干、胃部不适、心悸、皮肤瘙痒等，个别病例偶有恶心、头晕、头胀、出汗等。盐酸倍他司汀片：4mg，5mg，10mg，生产商：上海信谊九福药业等；甲磺酸倍他司汀片，6mg，生产商：卫材（中国）药业有限公司
吡拉西坦【药典(二);医保(乙)】	本品为脑代谢改善药，适用于急、慢性脑血管病、脑外伤、各种中毒性脑病等多种原因所致的记忆减退及轻、中度脑功能障碍。也可用于儿童智能发育迟缓	口服本品后很快从消化道吸收，进入血液，并透过血-脑屏障到达脑和脑脊液，常见不良反应有恶心、腹部不适、纳差、腹胀、腹痛等。吡拉西坦片，生产商：宜昌人福药业等
麦角胺咖啡因【药典(二)】	主要用于偏头痛，能减轻其症状，无预防和根治作用，只宜头痛发作时短期使用	与咖啡因合用可提高麦角胺的吸收并增强对血管的收缩作用，常见不良反应有：手、趾、脸部麻木和刺痛感，脚和下肢肿胀（局部水肿），肌痛。麦角胺咖啡因片，生产商：上海上药信谊药厂，按二类精神药品管理
依达拉奉【药典(二)】	自由基清除剂，并能抗脂质过氧化。用于改善急性脑梗死所致的神经症状、日常生活活动能力和功能障碍	常见不良反应：肝功能异常、皮疹、红肿、失眠、腹泻等。轻、中度肾功能损害、肝功能损害患者、心脏疾病患者、高龄患者（80 岁以上）慎用。孕妇或有妊娠可能的妇女、哺乳期妇女禁用。依达拉奉注射液，生产商：国药集团国瑞药业等
甘油果糖氯化钠【药典(二)】	脱水药，高渗制剂，通过高渗透性脱水，能使脑水分含量减少，降低颅内压，用于脑血管病、脑外伤、脑肿瘤、颅内炎症及其他原因引起的急慢性颅内压增高，脑水肿等症	降低颅内压作用起效较缓，持续时间较长，偶有瘙痒、皮疹、头痛、恶心、口渴和溶血现象。甘油果糖氯化钠注射液，生产商：辰欣药业等

答案解析

单项选择题

1. 可以用于降颅压的药物是（　　）

A. 尼莫地平　　　B. 甘露醇　　　C. 石杉碱甲　　　D. 多奈哌齐

2. 商品名为"尼膜同"的制剂，是哪个企业生产的（　　）

A. 西安杨森   B. 拜耳药业   C. 北京诺华   D. 中美史克

3. 能促进脑细胞代谢，改善大脑功能的药物是（　　）

     A. 对乙酰氨基酚   B. 尼可刹米   C. 胞磷胆碱钠   D. 咖啡因

4. 西安杨森制药生产的"西比灵"所含的药物（　　）

     A. 尼群地平   B. 硝苯地平   C. 盐酸氟桂利嗪   D. 尼莫地平

5. 氟桂利嗪的作用机制是（　　）

     A. 阻止过多钙离子进入血管平滑肌，引起血管扩张

     B. 抗血小板聚集

     C. 清除自由基

     D. 脑代谢药

6. 脑血栓形成的最常见原因（　　）

     A. 高血压   B. 脑动脉粥样硬化   C. 血压偏低   D. 红细胞增多

7. 脑出血最重要的是（　　）

     A. 控制脑水肿   B. 止血剂   C. 迅速降血压   D. 吸氧

8. 特别适合用于治疗缺血性脑血管病的药物是（　　）

     A. 对乙酰氨基酚   B. 尼莫地平   C. 双氯芬酸钠   D. 咖啡因

判断题

1. 依达拉奉为自由基清除剂，用于改善急性脑梗死所致的神经症状。（　　）

2. 麦角胺咖啡因片主要用于偏头痛，能减轻其症状，可以起到预防和根治作用。（　　）

3. 尼莫地平可引起血压下降，在高血压合并蛛网膜下隙出血或脑卒中患者中，应注意减少或暂时停用降血压药物或减少本品的用药剂量。（　　）

PPT

任务 5 　中枢兴奋药认知

中枢兴奋药是指能提高中枢神经系统机能的药物，该类药物对整个中枢神经系统都有兴奋作用，但是对中枢部位有选择性，这种选择性与剂量相关。为预防用药过度引起中毒，应交替使用几种中枢兴奋药，并根据病情和个体差异严格控制剂量。

中枢神经兴奋药与抢救危重病症有密切关系，抢救过程除药物治疗外，应注意：①保持气道畅通，这是抢救呼吸衰竭患者首要且最有效的措施；②维持或调整有效循环血量，保证血液供应，这是抢救循环衰竭的关键；③药物过量中毒的治疗除采取支持的药物疗法外，应及时洗胃；④重症患者在使用中枢兴奋药时会消耗体内有限的能量，缺氧会更严重，因此，中枢兴奋药的治疗用途在慢慢减少。

本任务主要介绍临床常用的中枢兴奋药的作用、适应证、制剂用法及药物评价。

学习引导

1. **掌握** 尼可刹米、洛贝林的作用、适应证、制剂、用法及药物评价。
2. **熟悉** 胞磷胆碱钠、咖啡因的作用、适应证及药物评价。
3. **了解** 甲氯芬酯等品种的商品信息。

常用的中枢兴奋药有：①大脑功能改善药，如胞磷胆碱钠、甲氯芬酯等，能促进脑细胞代谢，改善脑功能；②呼吸兴奋药，如尼可刹米、洛贝林等；③大脑皮层兴奋药，如咖啡因等，主要作用于大脑皮层使精神兴奋。

尼可刹米 [药典(二);基;医保(甲)]
Nikethamide

【其他名称】 可拉明

【药理作用】 为延髓呼吸中枢兴奋药。对阿片类药物中毒及肺心病引起的呼吸衰竭的解救效果较好，对吸入麻醉药中毒解救作用次之，对巴比妥类药中毒的解救效果较差。

【适应证】 用于中枢性呼吸抑制及各种原因引起的呼吸抑制。对肺心病引起的呼吸衰竭及阿片类药物中毒的解救有效，对巴比妥类中毒者效果较差。

【制剂规格】 注射液：1.5ml：0.375mg；2ml：0.5mg。

【用法用量】 皮下、肌内或静脉注射，成人一次 0.25～0.5g，必要时 1～2 小时重复用药，极量一次 1.25g。

【药物评价】

（1）药效 本品是临床呼吸三联针（尼可刹米、洛贝林及二甲弗林）的成分之一。吸收好，起效快，作用时间短暂，价格便宜。

（2）不良反应 ①常见面部刺激征、烦躁不安、抽搐、恶心呕吐等。②大剂量时可出现血压升高、心悸、出汗、面部潮红、呕吐、震颤、心律失常、惊厥、甚至昏迷。

（3）注意事项 ①大剂量使用时如出现惊厥应立即停药，应及时静注苯二氮䓬类药或小剂量硫喷妥钠控制。②抽搐及惊厥患者禁用。

【商品信息】

（1）发展史 1922 年合成，瑞士汽巴－嘉基制药厂最早生产，我国于 1959 年投产。

（2）生产商 上海禾丰制药、天津金耀药业等。

【贮藏】 遮光，密闭保存。

洛贝林 [药典(二);基;医保(甲)]
Lobeline

【其他名称】 山梗菜碱

【药理作用】 本品为呼吸兴奋药。可刺激颈动脉窦和主动脉体化学感受器（均为 N_1 受体），反射性地兴奋呼吸中枢而使呼吸加快，但对呼吸中枢并无直接兴奋作用。对迷走神经中枢和血管运动中枢也有反射性的兴奋作用；对自主神经节先兴奋而后阻断。

【适应证】 本品主要用于各种原因引起的中枢性呼吸抑制。临床上常用于新生儿窒息，一氧化碳、阿片中毒等。

【制剂规格】 注射液：1ml：3mg；1ml：10mg。

【用法用量】 静脉给药：成人一次 3mg；极量一次 6mg，一日 20mg。皮下或肌内注射：成人一次 10mg；极量一次 20mg，一日 50mg。

【药物评价】

（1）药效　本品吸收较好，疗效肯定，价格适中。

（2）不良反应　可有恶心、呕吐、呛咳、头痛、心悸等；剂量较大时能引起心动过速、传导阻滞、呼吸抑制甚至惊厥。

（3）注意事项　孕妇及哺乳期妇女慎用。

【商品信息】

（1）发展史　从产于北美洲的山梗菜中提取的生物碱，现已能化学合成。

（2）生产商　上海禾丰制药、北京燕京药业等。

【贮藏】 遮光，密封，在阴凉处保存。

即学即练 10 - 5

以下哪个药物属于呼吸兴奋药，用于呼吸抑制时的抢救（　　　）

答案解析　A. 尼可刹米　　B. 胞磷胆碱钠　　C. 甲氯芬酯　　D. 咖啡因

其他中枢兴奋药见表 10 - 5。

表 10 - 5　其他中枢兴奋药

药物	作用与适应证	药物评价及商品信息
胞磷胆碱钠【药典(二);基;医保(乙)】	细胞代谢改善药，用于急性颅脑外伤和脑手术后的意识障碍	脑出血急性期不宜大剂量应用。注射用药偶有一过性血压下降、失眠、兴奋及给药后发热等，停药后即可消失。片剂：0.1g；0.2g。注射液，注射用粉针，生产商：上海旭东海普药业、天津生物化学制药等
咖啡因【药典(二);基;医保(乙)】	为大脑皮层兴奋药，中枢兴奋作用较弱。使用小剂量可增强大脑皮层兴奋过程，振奋精神，减少疲劳。增大剂量可兴奋延脑呼吸中枢及血管运动中枢。主要用于中枢性呼吸及循环功能不全，使患者保持清醒；作为小儿多动症注意力不集中的综合治疗药物；兴奋呼吸，防治未成熟初生儿呼吸暂停或阵发性呼吸困难	枸橼酸咖啡因注射液，儿科用药，用于治疗可能致残和致命的早产儿呼吸暂停症，临床含咖啡因复方制剂（麦角胺咖啡因片、氨基比林咖啡因片、酚咖片等）较多，生产商：山西国润制药、国药集团国瑞药业等
甲氯芬酯【药典(二);医保(乙)】	临床用其盐酸盐，主要作用于大脑皮质，用于脑出血、脑手术、脑外伤、脑动脉硬化等引起的意识障碍、昏迷。亦可用于老年性痴呆、慢性记忆障碍、抑郁症、酒精中毒、新生儿缺氧症、小儿智力发育障碍及儿童遗尿症等	无明显不良反应，偶见胃部不适、兴奋、失眠、倦怠等。盐酸甲氯芬酯胶囊：0.1g；0.2g。生产商：广东先强药业

目标检测

答案解析

单项选择题

1. 新生儿窒息及 CO 中毒宜选用（　　　）

A. 洛贝林　　　　B. 尼莫地平　　　　C. 咖啡因　　　　D. 尼可刹米

2. 不属于中枢兴奋药的是（　　　）

　　A. 咖啡因　　　　　　　　B. 尼可刹米　　　　　　　C. 山梗菜碱　　　　　　　D. 地西泮

3. 主要兴奋大脑皮层的药物是（　　　）

　　A. 吡拉西坦　　　　　　　B. 尼可刹米　　　　　　　C. 胞磷胆碱钠　　　　　　D. 咖啡因

4. 下列药物常与麦角胺配伍合用治疗偏头痛的是（　　　）

　　A. 二甲弗林　　　　　　　B. 尼可刹米　　　　　　　C. 洛贝林　　　　　　　　D. 咖啡因

5. 可用于各种原因引起的中枢性呼吸抑制的药物（　　　）

　　A. 胞磷胆碱　　　　　　　B. 甲氯芬酯　　　　　　　C. 洛贝林　　　　　　　　D. 咖啡因

6. 患儿，男性，8 个月，入院见面色潮红、口唇樱桃红色、脉快、昏迷。问诊家人得知用采暖炉取暖，诊断为 CO 中毒，以下药物可首选（　　　）

　　A. 洛贝林　　　　　　　　B. 二甲氟林　　　　　　　C. 尼可刹米　　　　　　　D. 哌甲酯

7. 吗啡急性中毒引起的呼吸抑制，可首选中枢兴奋药（　　　）

　　A. 尼可刹米　　　　　　　B. 咖啡因　　　　　　　　C. 二甲弗林　　　　　　　D. 哌甲酯

PPT

任务 6　抗痴呆药认知

学习引导

老年痴呆症是一种中枢性神经系统退行性病变，主要有阿尔茨海默症（AD）、血管性痴呆以及二者并存的混合性痴呆，其中阿尔茨海默症约占 70%，该病一般起病隐匿，呈慢性持续进行性发展，主要表现为认知功能减退和非认知性神经精神症状，如记忆力障碍、语言障碍、执行能力障碍、视空间能力损伤等。随着病情进展其生活自理能力会逐渐丧失，为患者及其家人带来生活上和精神上的压力。随着我国社会人口老龄化日益严重，老年痴呆症的发病率逐年升高，我国 85 岁以上老龄人口中，1/3 患有老年痴呆症。

在临床实践中，多采用药物进行治疗，西医治疗主要通过提升胆碱能神经的功能，确保神经营养进行治疗，中医多从活血、化瘀、祛痰、补虚等方面进行中药、针灸等治疗。除此之外，老年痴呆患者的康复治疗、科学护理对于患者病情的恢复也起着至关重要的作用，有助于延缓和控制病情。临床上常用的治疗老年痴呆症的药物有哪些？有哪些用药特点及注意事项呢？

本单元主要介绍用于抗痴呆症的胆碱酯酶抑制剂和 NMDA（N－甲基－D－天门冬氨酸）受体拮抗剂的作用、适应证、制剂用法及药物评价。

学习目标

1. **掌握** 多奈哌齐、石杉碱甲的作用、适应证、制剂、用法及药物评价。
2. **熟悉** 加兰他敏的作用、适应证及药物评价。
3. **了解** 美金刚、利斯的明等品种的商品信息。

老年痴呆症发病机制复杂，病变过程多种因素参与，胆碱能神经元退行性病变是造成该类患者认知障碍的重要因素之一，目前临床上用于老年痴呆的药物主要有：①胆碱酯酶抑制剂，可以提高脑内乙酰胆碱的水平，如多奈哌齐、石杉碱甲、加兰他敏、利斯的明等；②NMDA 受体拮抗剂，如美金刚等；③其他，如脑代谢改善药奥拉西坦等，有时也用于老年痴呆的治疗。

知识链接

给痴呆老人多一些关爱

药物治疗和康复训练能在一定程度上延缓老年痴呆症的病情，但无法根治，家庭悉心的照料可以说是对患病老人一生辛劳的最好回报，是中华传统美德"尊老爱老"的重要体现。家人要充分为老人着想，为老人设置方便合理的生活环境，专人陪伴，给老人随身携带个人信息卡片，同时从以下几个方面多关心患者、尊重患者。

1. 声音柔和，态度和蔼 谈话时放低语调，不要嘲笑患者做出的异常行为，老人有不合理要求时，要耐心劝导，不要直接拒绝。

2. 适当引导，不要强迫 引导患者定期进行个人卫生清洁，如果患者不配合不要强迫，选择患者心情平和的时间进行，耐心引导。对于病情较重如卧床患者，要经常给患者翻身、清洁，勤换衣服，勤晾晒被褥，多活动其关节。

我们要像爱护自己的孩子一样关心痴呆老人，让老人像孩子一样被关爱和呵护，才能让他们的晚年更加舒心和快乐。

多奈哌齐 [药典(二)；医保(乙)]
Donepezi

【其他名称】安理申，思博海，阿瑞斯

【药理作用】为第二代可逆性胆碱酯酶抑制剂。对中枢神经系统胆碱酯酶选择性高，可逆性地抑制乙酰胆碱酯酶对乙酰胆碱的水解，从而提高乙酰胆碱的浓度，改善脑功能。

【适应证】用于轻度、中度老年痴呆症状的治疗。

【制剂规格】片剂：5mg；10mg。胶囊剂：5mg。口腔崩解片：5mg。

【用法用量】口服。初始用量每次 5mg，每日一次，睡前服用；并至少将初始剂量维持 1 个月以上，才可根据治疗效果增加剂量至每次 10mg，仍每日一次。最大推荐剂量为每日 10mg。

【药物评价】

（1）药效 本品口服吸收完全，不受食物影响。

（2）不良反应 常见腹泻、肌肉痉挛、乏力、恶心、呕吐和失眠。

（3）注意事项 只有当患者有可靠的照料者并且能够经常监控患者服用药物时才能使用多奈哌齐

的治疗。

【商品信息】

（1）发展史　1996 年批准上市。

（2）生产商　卫材（中国）药业有限公司、重庆植恩药业、陕西方舟制药等。

【贮藏】遮光，密封，在阴凉处保存。

石杉碱甲[药典(二)；基；医保(甲)]

Huperzine A

【其他名称】双益平，忆诺，哈伯因

【药理作用】是从石杉科植物千层塔中提取的生物碱，为高选择性的一线胆碱酯酶抑制剂，具有促进记忆再现和增强记忆保持的作用，可显著改善记忆功能和认知功能。

【适应证】用于良性记忆障碍，提高患者指向记忆、联想学习、图像回忆、无意义图形再认及人像回忆等能力。对痴呆患者和脑器质性病变引起的记忆障碍亦有改善作用。

【制剂规格】片剂：50μg。胶囊剂：50μg。注射液：1ml：0.2mg。

【用法用量】片剂和胶囊，口服，一次 0.1 ~ 0.2mg，一日 2 次，疗程 1 ~ 2 个月，或遵医嘱。

【药物评价】

（1）药效　本品口服吸收迅速而完全，分布亦快。

（2）不良反应　剂量过大时可出现头晕、恶心、呕吐、出汗等副反应。

（3）注意事项　①心动过缓、支气管哮喘者慎用。②用量有个体差异，一般应从小剂量开始，逐渐增量。

【商品信息】

（1）发展史　由我国开发，1994 年批准上市。

（2）生产商　河南太龙药业、上海复旦复华药业等。

【贮藏】遮光，密封保存。

即学即练 10 - 6

下列治疗老年痴呆的药物属于 NMDA 受体阻断剂的是（　　　）

答案解析　　A. 加兰他敏　　　B. 多奈哌齐　　　C. 石杉碱甲　　　D. 美金刚

其他抗痴呆药见表 10 - 6。

表 10 - 6　其他抗痴呆药

药物	作用与适应证	药物评价及商品信息
加兰他敏[药典(二)；医保(乙)]	对神经元中的胆碱酯酶有高度选择性，用于治疗轻度到中度阿尔茨海默型痴呆症状	临床用其氢溴酸盐，常见不良反应有恶心、呕吐、腹泻、腹痛、消化不良、食欲不振、疲乏等。氢溴酸加兰他敏片，注射液，生产商：浙江金华康恩贝制药、海南凯健制药
美金刚[医保(乙)]	是一种电压依赖性、中等程度亲和力的非竞争性 NMDA 受体拮抗剂。治疗中重度至重度阿尔茨海默型痴呆	临床用其盐酸盐，口服生物利用度约100%。常见不良反应有幻觉、意识混沌、头晕、头痛和疲倦。盐酸美金刚片，5mg，10mg，盐酸美金刚缓释胶囊，生产商：珠海联邦制药、H. Lundbeck A/S（丹麦灵北药厂）（商品名：易倍申）等

续表

药物	作用与适应证	药物评价及商品信息
利斯的明【医保(乙)】	第二代胆碱酯酶抑制剂，治疗轻、中度阿尔茨海默病的症状	常见恶心、呕吐及腹泻等不良反应。目前临床常用诺华制药生产的利斯的明透皮贴剂，商品名为艾斯能，生产商：Novartis Europharm Limited（诺华制药）

 目标检测

答案解析

单项选择题

1. 老年痴呆是当今社会常见疾病，以下对于老年痴呆患者照护措施不适宜的是（ ）
   A. 专人陪护　　　　　　　　　　　　　B. 态度和蔼
   C. 委婉引导　　　　　　　　　　　　　D. 看到异常行为坚决制止

2. 以下哪个药物可以用于老年痴呆（ ）
   A. 多奈哌齐　　　B. 尼可刹米　　　C. 苯妥英钠　　　D. 咖啡因

3. 目前已广泛应用的治疗老年痴呆的药物不包括（ ）
   A. 多奈哌齐　　　B. 加兰他敏　　　C. 卡马西平　　　D. 石杉甲碱

4. 以下哪个药物不用于治疗老年痴呆（ ）
   A. 多奈哌齐　　　B. 比拉西坦　　　C. 奥拉西坦　　　D. 苯妥英钠

5. 关于多奈哌齐的介绍错误的是（ ）
   A. 为第二代不可逆性胆碱酯酶抑制剂
   B. 对中枢神经系统胆碱酯酶选择性高
   C. 用于轻、中度老年痴呆症
   D. 常见腹泻、肌肉痉挛、乏力、恶心等不良反应

6. "哈伯因"为河南太龙药业生产的用于老年痴呆症的药物，其成分为（ ）
   A. 多奈哌齐　　　B. 石杉甲碱　　　C. 奥拉西坦　　　D. 苯妥英钠

7. "艾斯能"为诺华制药生产，用于治疗轻、中度阿尔茨海默病，其所含药物为（ ）
   A. 利斯的明　　　B. 石杉甲碱　　　C. 奥拉西坦　　　D. 苯妥英钠

多项选择题

8. 以下哪些药物可用于老年痴呆症（ ）
   A. 多奈哌齐　　　B. 石杉甲碱　　　C. 甲兰他敏
   D. 美金刚　　　　E. 利斯的明

9. 在日常护理老年痴呆患者时应注意（ ）
   A. 耐心引导　　　　　　　　　　　　　B. 声音柔和，态度和蔼
   C. 引导患者定期进行个人卫生　　　　　D. 患者出现异常行为，不要嘲笑
   E. 引导其多活动关节

实践实训

实训 15　药品分类陈列、脑血管病处方审核与用药指导

【实训目的】

1. 熟练进行药品分类，掌握前期所学各类临床常用药品的商品信息。
2. 进一步熟悉药品陈列的要求和技巧。
3. 熟练掌握脑血管病用药种类及相关药品信息。
4. 正确审核脑血管病处方并能熟练进行相关药物的用药指导。

【实训准备】

1. 模拟药房实训室　脑血管病相关药品、其他药盒、药品卡片、处方等。

2. 一体化教室　检索脑血管病病因、临床表现、治疗、常用药物选用、用药注意事项，制作 PPT 或者视频脚本，并完成视频拍摄。

3. 制作角色扮演、情景模拟脚本，选定角色并排练。

【实训内容】

1. 药品分类陈列　通过虚拟药房管理软件、药品卡片完成或者在实训室完成药品陈列。

2. 处方审核及用药指导　学生角色扮演，患者拿处方到药房，药师审核处方、调剂药品并提供用药指导。

3. 健康教育　根据 PPT 讲解或播放自己制作的视频，重点介绍脑血管病诊断及预防、选药原则、药物特点。

4. 课堂评价　小组互评、教师评价、自评并改进。

【实训评价】

评价内容	评分标准	得分
课前准备（10 分）	准备充分	
药品陈列（30）	准确陈列药品	
PPT 或视频（20 分）	图文并茂、布局合理、内容正确	
角色扮演（30 分）	仪态大方、内容准确、分析合理、条理分明、重点突出	
团队合作（10 分）	分工协作、参与积极性高	
合计		

书网融合……

知识回顾　　　微课 1　　　微课 2　　　微课 3　　　微课 4　　　习题

项目 11　心血管系统药物

任务 1　抗高血压药物认知

PPT

学习引导

高血压是最常见的心血管疾病，近 50 年来，我国高血压患病率呈明显上升趋势。《中国居民营养与慢性病状况报告（2020年）》显示，目前我国 18 岁及以上居民高血压患病率为 27.5%，每 4 个成年人中就有 1 人患有高血压，而我国 18 岁以上人群高血压的知晓率、治疗率和控制率明显较低，分别是 51.6%、45.8% 和 16.8%。高血压是心脑血管疾病的第一危险因素，约有一半的脑卒中及心肌梗死直接由高血压所导致，若发现血压高而不予控制，预期寿命会明显缩短。因此，必要时使用药物进行对症治疗是非常有必要的。药物治疗高血压病可有效地降低其并发症的发病率和死亡率，阻止脑卒中、冠心病、心力衰竭和肾病的发生、发展。治疗高血压的药物有哪些呢？抗高血压药在使用过程中可产生哪些不良反应呢？怎样才能合理使用抗高血压药？

本单元重点介绍抗高血压药物的品种，阐明常用抗高血压药的作用、适应证、制剂、用法、药物评价、商品信息、贮藏等。

学习目标

1. **掌握**　卡托普利、缬沙坦、硝苯地平、吲达帕胺、美托洛尔的作用、适应证、制剂、用法及药物评价。
2. **熟悉**　利血平、硝普钠、哌唑嗪抗高血压作用、适应证、制剂、用法及药物评价。
3. **了解**　常见抗高血压药品的商品信息。

高血压是指在静息状态下动脉收缩压和/或舒张压增高（收缩压 ≥140mmHg 和/或舒张压 ≥90mmHg）。高血压是一种以动脉压升高为特征，可伴有心脏、血管、脑和肾脏等器官功能性或器质性改变的全身性疾病，90% 的高血压患者发病原因不明确，称为原发性高血压，5%～10% 的患者继发于嗜铬细胞瘤、肾动脉狭窄、肾实质性病变等疾病，称为继发性高血压。

目前我国血压水平分类为：正常血压、正常高值、高血压。其标准适用于 18 岁以上任何年龄的男、女性。而判断高血压需在未使用降压药物、非同日 3 次测量血压的情况下进行。根据血压升高水平，又进一步将高血压分为 1 级、2 级和 3 级，见表 11 - 1。

表 11 - 1　血压水平分类和高血压分级

分类	收缩压（mmHg）		舒张压（mmHg）
正常血压	<120	和	<80
正常高值	120 ~ 139	和/或	80 ~ 89
高血压	≥140	和/或	≥90
1 级高血压（轻度）	140 ~ 159	和/或	90 ~ 99
2 级高血压（中度）	160 ~ 179	和/或	100 ~ 109
3 级高血压（重度）	≥180	和/或	≥110
单纯收缩期高血压	≥140	和	<90

原发性高血压病的治疗包括药物治疗和非药物治疗，非药物治疗如低钠饮食、适量运动、控制体重和调理生活方式，对于轻、中度高血压，尤其是轻度高血压有较为肯定的效果。降压药物应用应遵循小剂量开始，优先选择长效制剂，联合应用及个体化的原则。大多数患者需要长期、甚至终身坚持治疗。因此，应坚持定期测量血压，规范治疗，改善治疗依从性，尽可能实现降压达标，做到长期平稳有效地控制血压。

目前对于原发性高血压多采用对症治疗，通过不同方式降低外周血管阻力、心排出量和血容量，产生降压作用。常用降压药包括钙通道阻滞剂（CCB）、血管紧张素转化酶抑制剂（ACEI）、血管紧张素受体阻滞剂（ARB）、利尿剂和 β 受体阻滞剂五类，以及由上述药物组成的固定配比复方制剂，以上药物均可作为降压治疗的初始用药或长期维持用药，单药或联合用药。

（1）利尿剂　如氢氯噻嗪、吲达帕胺、呋塞米、氨苯蝶啶、螺内酯等。

（2）肾素－血管紧张素系统抑制药　①血管紧张素转化酶抑制药（ACEI）：如卡托普利、依那普利、赖诺普利、雷米普利、培哚普利等。②血管紧张素受体抗拮剂（ARB）：如缬沙坦、氯沙坦、替米沙坦、坎地沙坦等。③肾素抑制药：如阿利吉仑。

（3）钙通道阻滞剂（CCB）　①二氢吡啶类：如硝苯地平、氨氯地平、尼群地平。②非二氢吡啶类：维拉帕米、地尔硫䓬。

（4）β 受体抗拮剂　如普萘洛尔、美托洛尔等。

（5）抗交感神经药　①中枢性降压药：可乐定等。②神经节抗拮药：美卡拉明等。③抗去甲肾上腺素能神经末梢药：利血平、胍乙啶等。④肾上腺素受体抗拮药：α 受体抗拮药，如哌唑嗪、特拉唑嗪等；α、β 受体阻断药，如拉贝洛尔。

（6）血管扩张药　肼屈嗪、硝普钠等。

任务 1 - 1　肾素－血管紧张素系统抑制药认知

肾素－血管紧张素系统（RAS）或肾素－血管紧张素－醛固酮系统（RAAS），由肾素、血管紧张素原、血管紧张素转化酶（ACE）、血管紧张素及其相应的受体构成，在调解心血管系统的生理功能及在高血压、心力衰竭等病理过程中具有重要作用。病理情况下，RAAS 可成为高血压发生的重要机制。

血管紧张素 I 转化酶抑制药通过抑制 ACE 的活性，减少 Ang II 的生成、抑制缓激肽降解，不仅产生良好的降压效果，还可抑制心室和血管的重构，在高血压、心力衰竭、动脉粥样硬化等疾病的治疗中发挥重要作用。

卡托普利[药典(二);基;医保(甲)] 微课 1

Captopril

【其他名称】开博通，巯甲丙脯酸

【药理作用】为第一代肾素血管紧张素转化酶抑制药。使血管紧张素Ⅰ不能转化为血管紧张素Ⅱ，从而降低外周血管阻力，并通过抑制醛固酮分泌，减少水钠潴留。还可通过抑制缓激肽的降解，扩张外周血管。卡托普利具有较强的降压作用，能使高血压患者的收缩压、舒张压降低，其降压特点为：①降低时不伴有反射性心率加快；②降低肾血管阻力，增加肾血流量；③可预防和逆转心肌和血管重构；④不引起电解质紊乱和脂质代谢改变。

【适应证】适用于各级高血压，尤其适宜于伴有慢性心功能不全、左心室肥大、糖尿病肾病等高血压患者。

【制剂规格】片剂：12.5mg；25mg。

【用法用量】口服，用于高血压，成人一次12.5mg，每日2~3次，按需要1~2周内增至50mg，每日2~3次，疗效仍不满意时可加用其他降压药。

【药物评价】

（1）药效 本品口服后吸收迅速，吸收率在75%以上，显效快。降压作用为进行性，约数周达最大治疗作用。一线抗高血压药。降压时可单独使用，也可与利尿药等合用。本品是高血压伴心衰患者的首选药物。

（2）不良反应 多为短暂或可逆的。常见的有：①刺激性干咳，女性较为多见，应预先告知患者；②低血压，与开始用药剂量过大有关；③皮疹、瘙痒、嗜酸性粒细胞增多等过敏反应及味觉、嗅觉缺失，脱发等不良反应较为常见；④高血钾，一般不会引起，但伴有肾功能不良者、与保钾利尿药合用时需谨慎；⑤对胎儿的影响，在妊娠中期和末期使用，会引起胎儿颅盖及肺发育不全、生长迟缓甚至引起胎儿死亡。

（3）注意事项 ①肾功能不全时慎用并监测血钾，与保钾利尿剂合用时尤应注意。②本品可由乳汁分泌，哺乳期妇女慎用。③严重红斑狼疮、骨髓造血功能抑制、脑动脉和冠状动脉供血不足、主动脉狭窄严格控制钠摄入量。④儿童仅限于其他降压药无效时服用。⑤老年人酌情减量。⑥用药期间定期查白细胞计数。⑦胃中食物可使本品吸收减少30%~40%，故宜在餐前1小时服药。⑧本品起效快，适用于高血压急症。⑨可使血尿素氮、肌酐浓度增高，常为暂时性，在有肾病或长期严重高血压而血压迅速下降后易出现，偶有血清肝脏酶增高；可能增高血钾，检查血钾。⑩若出现血管神经性水肿，立即停用并迅速皮下注射肾上腺素0.3~0.5ml。

【商品信息】

（1）发展史 1977合成，我国1978年由上海医药工业研究所研制，1983年开始生产，是市场销量较大的一类降压药。同类药有依那普利等。

（2）生产商 中美上海施贵宝制药、上海信谊天平药业有限公司等。

【贮藏】遮光，密封保存。

缬沙坦[药典(二);基;医保(甲)]

Valsartan

【其他名称】代文、丽珠维可

【药理作用】缬沙坦通过拮抗血管紧张素Ⅱ与AT_1受体的结合、松弛血管平滑肌、对抗醛固酮分泌、减少水钠潴留、阻止成纤维细胞的增殖和内皮细胞凋亡，从而达到平稳有效降压、逆转心肌肥厚、减轻心力衰竭以及预防心房颤动电重构、改善高血压患者胰岛素抵抗、促进尿酸的排泄，显著降低心脏和脑卒中血管事件发生的危险。对 AT_1 受体亲和力比氯沙坦强 5 倍。降压作用强大、持久。

【适应证】　主要用于原发性高血压和充血性心力衰竭。

【制剂规格】　胶囊剂：80mg。

【用法用量】　口服，成人建议每天在同一时间用药（如早晨）。用药 2 周内达确切降压效果，4 周后达最大疗效。可与其他抗高血压药物一起使用。

【药物评价】

（1）药效　第一代口服非肽类血管紧张素受体阻断药，本品口服后吸收迅速。

（2）不良反应　①眩晕，疲乏，干咳发生率低于 ACEI。②偶见体位性低血压、皮疹、腹泻、偏头痛等。③血钾升高。

（3）注意事项　①孕妇、哺乳期妇女及肾动脉狭窄患者禁用。②本品可使血钾增高，应避免与保钾利尿剂合用。

【商品信息】

（1）发展史　缬沙坦是诺华公司开发的，1996 年 12 月获美国 FDA 批准，首先德国上市，商品名代文。2000 年丽珠制药获得 SFDA 颁发的原料药和胶囊制剂批件。

（2）生产商　北京诺华制药、海南皇隆制药股份有限公司等。

【贮藏】　遮光，密封保存。

 知识链接

肾素 – 血管紧张素系统及其抑制药作用环节

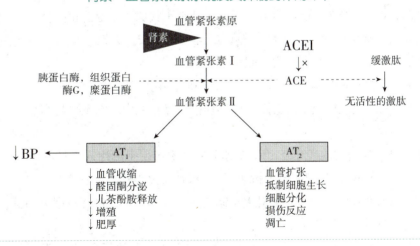

即学即练 11 - 1

关于卡托普利的表述错误的是（　　）

A. 抑制 ACE 的活性，抑制缓激肽降解　　B. 减少 Ang Ⅱ 的生成

C. 可以逆转心血管重构　　D. 不会引起刺激性干咳

答案解析

任务 1-2 钙通道阻滞药认知

钙通道阻滞药能选择性阻断心肌、血管平滑肌钙离子内流，降低心肌耗氧量，增加心肌的血液供应，保护缺血的心肌细胞，松弛血管平滑肌，进而降低血压。用于高血压、心绞痛和心律失常的治疗。因还有扩张支气管平滑肌的作用，对伴有哮喘或阻塞性肺病患者更为适宜。包括二氢吡啶类钙拮抗剂和非二氢吡啶类钙拮抗剂，前者如硝苯地平、尼群地平、氨氯地平等，后者主要包括维拉帕米和地尔硫䓬。

硝苯地平 [药典(二);基;医保(甲)]

Nifedipine

【其他名称】 拜新同、心痛定

【药理作用】 硝苯地平为二氢吡啶类钙拮抗剂，作用快而强，对各型高血压均有降压作用，但对血压正常者影响不明显。降压时伴有反射性心率加快，心输出量增多，血浆肾素活性增高，可以合用 β 受体阻断药避免这些反应并协同增强降压效应。

【适应证】 ①单独或与其他降压药合用于高血压病。②用于心绞痛，尤其是冠脉痉挛所致的变异型心绞痛，但不适于心绞痛的急性发作。

【制剂规格】 片剂：5mg；10mg。缓释片：10mg；20mg。控释片：30mg。

【用法用量】 口服：起始剂量一次 10mg，一日 3 次；成人单剂最大量 30mg，极量 120mg/d。缓释片一次 10~20mg，一日 2 次。控释片一次 30mg，一日一次。

【药物评价】

（1）药效 第一代二氢吡啶类钙拮抗药，最早用于临床，疗效确切。口服后吸收迅速、完全，约 30 分钟达峰浓度，必要时嚼碎服或舌下含服可使达峰时间提前。长效硝苯地平缓、控释制剂降压效果好，价格便宜，临床常用。肝肾功能不全的患者，硝苯地平代谢和排泄速率降低。

（2）不良反应 ①常见的是外周水肿，踝、足与小腿肿胀。头晕、头痛、面部潮红、低血压、心功能不全、反射性心跳加快。②长期应用牙龈增生。

（3）注意事项 ①严重肝功能不全者减少剂量。②老年人用药应从小剂量开始。③严重主动脉瓣狭窄者慎用。④终止服药应缓慢减量。⑤影响驾车和机械操作能力。⑥不得与利福平合用。

【商品信息】

（1）发展史 1969 年由德国拜耳公司研制成功，1975 年用于治疗冠心病心绞痛，迄今仍是治疗心绞痛的主要药物之一。1980 年开始用于治疗高血压，取得了显著疗效。

（2）生产商 德国拜耳医药、河北医科大学制药厂、天津太平洋制药有限公司等。

【贮藏】 遮光，密封保存。

即学即练 11-2

降压同时伴有反射性心率加快的是（ ）

A. 氢氯噻嗪　　B. 拉贝洛尔　　C. 硝苯地平　　D. 缬沙坦

答案解析

任务 1-3 利尿降压药认知

利尿药是治疗高血压的常用药。本类药物降压作用温和，能增加其他降压药的降压作用，无耐受性，被作为基础降压药广泛用于临床，常用的药物有氢氯噻嗪和吲达帕胺。本类药物适用于老年高血压、单纯收缩期高血压或伴心力衰竭患者，也是难治性高血压的基础用药之一。

<h2 style="text-align:center">吲达帕胺 [药典(二);基;医保(甲、乙)]</h2>

<h3 style="text-align:center">Hydrochlorothiazide</h3>

【其他名称】 寿比山、吲满胺；吲满速尿；茚磺苯酰胺

【药理作用】 具有利尿、降压作用。与噻嗪类利尿药相似，通过抑制肾皮质稀释段对 Na^+ 的再吸收达到利尿效果。吲达帕胺增加尿钠和尿氯的排出，并在较小程度上增加钾和镁的排出，由此导致尿量增加，而发挥抗高血压作用。吲达帕胺改善动脉的顺应性，降低小动脉和整个外周循环阻力，可以逆转高血压引起的左心室肥厚。

【适应证】 本品适用于原发性高血压。对轻、中度原发性高血压效果良好，可单独服用，也可与其他降压药合用。治疗充血性心力衰竭时的水钠潴留。

【制剂规格】 片剂：2.5mg。缓释片：1.5mg。

【用法用量】 口服：每 24 小时服 1 片，最好早晨服用。

【药物评价】

（1）药效　磺胺类衍生物，具有利尿作用和钙拮抗作用，强效、长效降压药。口服吸收快而完全，单用的抗高血压疗效可持续 24 小时，出现这种疗效时，仅具有轻度利尿作用。加大剂量并不能提高吲达帕胺的抗高血压疗效，只能增加利尿作用。降压时不影响脂类代谢，不影响碳水化合物代谢。

（2）不良反应　①消化系统，较少见腹泻、食欲减退、反胃等，偶见口干、恶心、便秘等。②心血管系统，较少见体位性低血压、心悸、心律失常等。③代谢，少见低血钠、低血钾、低氯性碱中毒。④神经系统，较少见头痛、失眠，偶见眩晕、感觉异常等。⑤过敏反应，皮疹、皮炎等。

（3）注意事项　①当肝功能受损时，可能引起肝性脑病。如果发生此病，应立即停止应用利尿剂。②治疗期间监测血钠、血钾、血糖、尿酸，痛风患者禁用。③与磺胺类药物有交叉过敏反应。④用药期间不要驾驶机器和高空作业。⑤孕期、哺乳期禁用利尿剂。

【商品信息】

（1）发展史　由法国施维雅公司研制。1973 年在欧洲应用于临床，20 世纪 80 年代开始使用。

（2）生产商　施维雅（天津）制药有限公司、上海迪冉郸城制药有限公司等。

【贮藏】 密封，低于 30℃ 保存。

即学即练 11 - 3

下列哪项关于吲达帕胺的描述不正确（　　　）

答案解析

A. 较少见低血钠、低血钾　　　　B. 具有利尿和钙拮抗作用

C. 与磺胺类药物有交叉过敏　　　D. 痛风患者可以用

任务 1-4　β 受体拮抗药认知

β 受体拮抗药拮抗 β₁ 受体，抑制心肌收缩力，降低心输出量；拮抗肾小球旁器 β₁ 受体，减少肾素分泌，抑制肾素 - 血管紧张素系统活性，导致血管张力降低，血容量减少；拮抗交感神经末梢突触前膜的 β 受体，抑制正反馈作用，使去甲肾上腺素分泌减少；拮抗中枢 β 受体，使外周交感神经活性降低。

常用的药物有：普萘洛尔、美托洛尔、阿替洛尔、比索洛尔等。

美托洛尔【药典(二)；基；医保(甲、乙)】

Metoprolol

【其他名称】 倍他乐克、美多心安

【药理作用】 对 β_1 受体有选择性拮抗作用，无内在拟交感活性，膜稳定作用弱。能降低心肌收缩力，减慢心率，降低心肌耗氧量，降低心输出量。其降压与心输出量降低有关，还与抑制肾素释放，减少去甲肾上腺素释放和中枢的肾上腺素能神经的抑制有关。常与利尿药或其他降压药合用以提高疗效。

【适应证】 主要用于治疗高血压、心绞痛、心肌梗死、肥厚型心肌病、主动脉夹层、心律失常、甲状腺功能亢进、心脏神经官能症等。近年来尚用于心力衰竭的治疗，此时应在有经验的医师指导下使用。静脉注射可治疗室上性心律失常。

【制剂规格】 片剂：25mg；50mg。注射液：5ml：5mg。

【用法用量】 口服，治疗高血压，每日 100 ~ 200mg，分 1 ~ 2 次空腹服用。剂量应个体化，以避免心动过缓的发生。

【药物评价】

（1）药效　本品口服吸收迅速完全，耐受性好，疗效肯定，价格也较便宜。进餐时服药可使美托洛尔的生物利用度增加40%。应空腹服药。

（2）不良反应　①心血管系统：心率减慢、传导阻滞、血压降低、心衰加重、外周血管痉挛导致的四肢冰冷或脉搏不能触及。②胃肠道反应。③头疼、失眠、多梦。

（3）注意事项　①下列情况慎用：肝功能不全、低血压、心功能不全、慢性阻塞性肺部疾病。②对胎儿和新生儿可产生不利影响，妊娠期妇女不宜使用。③嗜铬细胞瘤应先行使用 α 受体拮抗药。④对于要进行全麻的患者，至少在麻醉前48小时停药。

【商品信息】

（1）发展史　本品由瑞典阿斯利康公司开发，国内多为无锡阿斯利康制药有限公司生产的倍他乐克（酒石酸美托洛尔）控释片，市场份额很高。

（2）生产商　无锡阿斯利康制药、西南药业、石家庄以岭药业等。

【贮藏】 遮光，密封保存。

即学即练 11 -4

答案解析

下列哪项关于美托洛尔的描述正确（　　　　）

A. 长期应用后，突然停药可产生反跳现象

B. 拮抗 β_2 受体，支气管哮喘禁用

C. 选择性拮抗 β_1 受体，对伴有阻塞性呼吸疾病相对安全

D. 长期应用可使三酰甘油升高

 知识链接

高血压的非药物治疗

高钠、低钾膳食是我国大多数高血压患者发病的最主要危险因素。超重和肥胖是我国高血压患病率

增长的又一重要危险因素。此外饮酒、精神紧张、缺乏体力活动也是其危险因素。

　　健康的生活方式，在任何时候，对任何高血压患者（包括正常高值血压），都是有效的治疗方法，可降低血压、控制其他危险因素和临床情况。生活方式干预降低血压和心血管危险的作用受到肯定，所有患者都应采用，主要措施包括：减少钠盐摄入，增加钾盐摄入；控制体重；不吸烟；不过量饮酒；体育运动；减轻精神压力，保持心情舒畅。

　　其他常用抗高血压药物见表 11 - 1。

表 11 - 1　其他抗高血压药物

药物	作用与适应证	药物评价及商品信息
利血平【药典(二);医保(甲)】	为肾上腺素能神经抑制药，能使交感神经囊泡内的神经递质（肾上腺素）逐渐减少或耗竭，使交感神经冲动的传导受阻，从而表现出降压作用。用于轻、中度高血压	不良反应鼻塞、腹泻、心率减慢、胃酸分泌增多。长期服用可导致嗜睡及精神抑郁症。大剂量可引起震颤麻痹。胃及十二指肠患者、妊娠期妇女、心律失常、心脏抑制、有精神抑郁史者禁用。片剂：0.25mg；生产商：西南药业
硝普钠【药典(二);基;医保(甲)】	强效、速效而短暂的降压药。能扩张小动脉、静脉，降低外周阻力，使血压下降。用于高血压危象、高血压脑病、脑出血、高血压伴急性左心衰竭和肺水肿等	口服无效，只能静脉滴注，不得与任何药物配伍使用，用葡萄糖注射液稀释后应立即使用，并于 6 小时内滴完，滴注时应以黑布包严遮光。用药过程中可有呕吐、精神不安、头痛、出汗等过度降压的反应。长时间大量用药可导致硫氰化物蓄积中毒，引起急性精神病和甲状腺功能低下。注射用硝普钠：50mg（相当于无水物 43.96mg）。生产商：广东宏远集团药业
哌唑嗪【药典(二);基;医保(甲)】	为 α_1 受体拮抗药，对血管平滑肌有直接松弛作用，可用于中、重度高血压，与利尿药合用效果更佳。长期用有调血脂作用，降低血浆三酰甘油、总胆固醇、低密度脂蛋白，升高高密度脂蛋白。适用于各级高血压，主要用于治疗Ⅰ、Ⅱ级高血压及伴有肾功能不全的患者，也适用于高血压合并前列腺肥大的男性患者	其作用特点是降压时不加快心率，对心输出量、肾血流量及肾小球滤过率无明显影响，不增高血浆肾素活性。①首次给药常出现"首剂效应"，即体位性低血压，若首次剂量减半即可避免。②制剂：盐酸哌唑嗪片，1mg；2mg。③生产商：海南制药厂有限公司制药一厂等

 实例分析 11 -1

　　实例　李某，男，45 岁，近日感觉头痛、头晕、心悸，眼花、耳鸣、失眠、乏力等症状，血压为 160/100mmHg。

　　问题　1. 根据患者病情的临床表现，可做出什么诊断？

　　　　　　2. 可选用哪些治疗药物？

答案解析

 目标检测

答案解析

单项选择题

1. 高血压合并支气管哮喘者，避免选用（　　）

　　A. 普萘洛尔　　　　　　B. 硝苯地平　　　　　　C. 甲基多巴　　　　　　D. 卡托普利

2. 高血压危象首选（　　）

    A. 硝苯地平　　　　　　B. 硝普钠　　　　　　C. 尼群地平　　　　　　D. 依那普利

3. 选择性阻滞 Ca^{2+} 通道的降压药是（　　　）

    A. 硝苯地平　　　　　　B. 利血平　　　　　　C. 氢氯噻嗪　　　　　　D. 普萘洛尔

4. 尤其适用于伴有肾功能不全或心绞痛的降压药是（　　　）

    A. 钙拮抗药　　　　　　　　　　　　　　B. 神经节阻断药

    C. 利尿降压药　　　　　　　　　　　　　D. 外周交感神经抑制药

5. 下列哪种药物首次服用时可能引起较严重的体位性低血压（　　　）

    A. 依那普利　　　　　　　　　　　　　　B. 氢氯噻嗪

    C. 普萘洛尔　　　　　　　　　　　　　　D. 哌唑嗪

6. 高血压伴有糖尿病的患者不宜用（　　　）

    A. 噻嗪类　　　　　　　　　　　　　　　B. 血管扩张药

    C. 血管紧张素转化酶抑制药　　　　　　　D. 神经节阻断药

7. 降压时伴有心率加快、心输出量增加和肾素活性增高的药物（　　　）

    A. 依那普利　　　　　　B. 普萘洛尔　　　　　C. 哌唑嗪　　　　　D. 硝苯地平

8. 具有预防和逆转血管平滑肌增厚及左心室肥厚的抗高血压药物是（　　　）

    A. 利尿剂　　　　　　　　　　　　　　　B. 钙通道阻滞剂

    C. 血管紧张素转化酶抑制剂　　　　　　　D. β 肾上腺素受体拮抗剂

9. 易发生持续性干咳不良反应的药品是（　　　）

    A. 氢氯噻嗪　　　　　　B. 卡托普利　　　　　C. 哌唑嗪　　　　　D. 硝苯地平

10. 高血压伴消化性溃疡患者不宜选用的药物是（　　　）

    A. 普萘洛尔　　　　　　B. 卡托普利　　　　　C. 利血平　　　　　D. 硝苯地平

任务 2　抗心绞痛药认知

PPT

学习引导

　　由于人们日常生活作息的不规律以及人们饮食的不节制，人们的身体很容易出现一些健康的问题。在遗传、吸烟、高血压、血脂异常、糖尿病这些高危因素的诱发下，经常食用高脂和高糖、高盐食物、过度饮酒、精神压力大、缺乏运动、肥胖的人，患有心绞痛概率较大。

　　心绞痛是冠心病的一种，可以发展成为心肌梗死，对人类健康影响较大。如果出现了心绞痛的临床症状，要做好及时医治，控制病情，减少死亡的风险。抗心绞痛药物有哪些？应该怎样合理使用？不良反应有哪些？

　　本任务重点介绍抗心绞痛药物的品种，阐明常用抗心绞痛药物的作用、适应证、制剂、用法、药物评价、商品信息、贮藏等。

1. **掌握** 硝酸甘油、硝酸异山梨酯、硝苯地平、地尔硫䓬和普萘洛尔的作用、适应证、制剂、用法及药物评价。

2. **熟悉** 常见抗心绞痛药的种类。

3. **了解** 常见抗心绞痛药品的商品信息。

心绞痛是冠状动脉粥样硬化性心脏病（冠心病）的临床症状，是由冠状动脉供血不足，心肌急剧、短暂的缺血和缺氧所引起的临床综合征，发作时胸骨后及心前区出现阵发性、压榨性绞痛，并可放射至左上肢。冠状动脉粥样硬化，血管变狭窄，严重者可导致心肌梗死。抗心绞痛药可通过降低心肌耗氧量、增加心肌供血及供氧量，恢复心肌氧的供需平衡，从而发挥作用。根据不同的作用机制可将抗心绞痛药分以下几类。

1. 硝酸酯及亚硝酸酯类化合物 硝酸甘油、硝酸异山梨酯、单硝酸异山梨酯等。

2. β受体拮抗剂 普萘洛尔、美托洛尔等。

3. 钙拮抗剂 硝苯地平、尼群地平等。

任务 2-1 硝酸酯及亚硝酸酯类药认知

硝酸甘油【药典(二),基,医保(甲、乙)】 微课 2

Nitroglycerin

【其他名称】三硝酸甘油酯

【药理作用】可直接松弛血管平滑肌，尤其是小血管平滑肌，舒张全身小动脉、小静脉，降低心脏的前、后负荷，降低心肌耗氧量；对冠状动脉也有明显的舒张作用，能增加心肌缺血区的血流量，改善缺血区的心肌供血量，并促进侧支循环的形成，增加心肌供氧量；还具有抗血小板聚集和黏附的作用，可使坏死的心肌得以存活或使梗死面积缩小。

【适应证】本品用于冠心病心绞痛的治疗及预防，也可用于降低血压或治疗充血性心力衰竭。

【制剂规格】片剂：0.5mg。注射液：1ml：5mg。

【用法用量】口服，成人一次 0.25~0.5mg，舌下含服，每 5 分钟可重复 1 片，直至疼痛缓解，15 分钟内总量达 3 片后疼痛持续存在，应立即就医。注射液按说明书使用。

【药物评价】

（1）药效 口服具有首过效应，应舌下含服，2~3 分钟起效，5 分钟达最大效应，持续 10~30 分钟。长期使用易产生耐受性，应当采用低剂量。

（2）不良反应 ①头胀、头痛、眩晕、面部潮红、心跳加快、恶心、呕吐。②皮疹、视力模糊。③过量时可出现舌及指甲青紫、体位性低血压。④连续用药易产生耐受性，停药 1~2 周即可消失。

（3）注意事项 ①初次使用时。可酌情减量一半，以减轻不良反应。②仅确有必要时，方可用于妊娠期妇女。③血容量不足、收缩压过低、严重肝肾功能不全及哺乳期妇女慎用。④脑出血、严重贫血、青光眼患者禁用。⑤可使肥厚性梗阻性心肌病引起的心绞痛恶化。⑥不应突然停药，以防反跳现象。⑦心绞痛患者注意随身携带硝酸甘油片，以便应急。⑧见光易分解，家庭储备时要遮光。

【商品信息】

（1）发展史　1895年用于临床，我国于1965年生产。目前使用最广泛、最有效的短效抗心绞痛药物，适用于急性发作的患者。目前已经开发气雾剂、贴片剂。

（2）生产商　北京益民药业、山东信谊制药、山东京卫制药，德国保时佳大药厂等。

【贮藏】　遮光，密封、阴凉处保存。

硝酸异山梨酯[药典(二)，基，医保(甲、乙)]
Isosorbide Dinitrate

【其他名称】　消心痛、异舒吉

【药理作用】　作用与硝酸甘油相似但较弱，直接松弛血管平滑肌，扩张冠状动脉，减轻心脏负荷，降低血压和心搏出量，降低心肌耗氧量。

【适应证】　主要用于冠心病的长期治疗，心绞痛的预防、心肌梗死后持续心绞痛的治疗。与洋地黄和（或）利尿药合用，治疗心衰、肺动脉高压。

【制剂规格】　片剂：5mg。硝酸异山梨酯氯化钠注射液：100ml：10mg。硝酸异山梨酯葡萄糖注射液：100ml：10mg。

【用法用量】　口服：预防心绞痛一次5～10mg，一日2～3次，一日总量10～30mg。需个体化调整剂量。舌下给药：一次5mg，可缓解症状。

【药物评价】

（1）药效　本品是速效、长效硝酸酯类抗心绞痛药物，适用于急性发作的患者，与硝酸甘油相比，出现作用较慢，维持时间较久、疗效比硝酸甘油弱。口服具有首过效应，应舌下含服，长期使用易产生耐受性。

（2）不良反应　血管扩张有关。①头胀、头痛、眩晕、面部潮红、心跳加快、恶心、呕吐。②皮疹、视力模糊。③过量时可出现舌及指甲青紫、体位性低血压。④连续用药易产生耐受性，与其他硝酸酯类有交叉耐受性。

（3）注意事项　①酒精可加重不良反应，应戒酒。②参见硝酸甘油。

【商品信息】　生产商　青岛黄海制药、齐鲁制药、南京白敬宇制药等。

【贮藏】　遮光，密封、阴凉处保存。

即学即练 11-5

硝酸甘油片剂的给药方法是（　　　）

A. 口服　　　B. 舌下含服　　　C. 直肠给药　　　D. 气雾吸入

▶▶ 实例分析 11-2

实例　王某，女，58岁，冠心病、高血压14年，因家庭琐事与其丈夫争吵时突然发生心前区疼痛、发闷，伴有颈部、左肩、左臂麻刺感。

问题　1. 患者最可能的诊断是什么？

　　　　2. 应采取什么措施缓解，使用何药？

答案解析

任务 2-2　钙拮抗剂认知

地尔硫䓬【药典(二)；基；医保(甲、乙)】

Diltiazem

【其他名称】 合贝爽、合心爽、恬尔心

【药理作用】 非二氢吡啶类钙拮抗剂。①降低心肌耗氧：阻断心肌细胞 Ca^{2+} 内流，抑制心脏，降低心肌耗氧量。抑制交感神经递质释放，降低心肌耗氧。扩张血管作用较弱。②增加心肌血液供应。③抑制 Ca^{2+} 内流减轻心肌细胞 Ca^{2+} 超负荷，保护心肌细胞。

【适应证】 ①冠状动脉痉挛引起的心绞痛和劳力型心绞痛。②高血压病。③肥厚性心肌病。

【制剂规格】 片剂：30mg。

【用法用量】 口服：起始剂量一次 30mg，一日 4 次，餐前及睡前服药，每 1~2 天增加一次剂量，直至获得最佳疗效。平均剂量范围为一日 90~360mg。

【药物评价】

（1）药效　对心脏的抑制作用以维拉帕米最强，地尔硫䓬次之，硝苯地平较弱。硝苯地平扩张血管作用较强，维拉帕米、地尔硫䓬的扩血管作用较弱。

（2）不良反应　浮肿、头痛、恶心、眩晕、皮疹、无力。

（3）注意事项　①地尔硫䓬会延长房室结不应期和负性肌力作用，不宜与有心脏抑制作用的药物合用。②最大降压效果在 14 天左右出现。③罕见出现急性肝损伤，停药可恢复。④长期使用监测肝肾功能。

【商品信息】

（1）发展史　2001 年合贝爽缓释胶囊中国上市。

（2）生产商　天津田边制药、上海信宜万象药业。

【贮藏】 遮光，密封保存。

即学即练 11-6

答案解析

下列哪项不是地尔硫䓬的作用（　　　）

A. 促进氧从血红蛋白分离　　　　B. 降低心肌耗氧

C. 对心脏有负性肌力作用　　　　D. 保护心肌细胞

任务 2-3　β 受体拮抗药认知

普萘洛尔【药典(二)；基；医保(甲、乙)】

Propranolol

【其他名称】 心得安

【药理作用】 为非选择性 β 受体拮抗药。①拮抗心肌的 $β_1$ 受体，减慢心率，抑制心脏收缩力与房室传导，循环血流量减少，心肌氧耗量降低。拮抗肾脏 $β_1$ 受体可抑制肾素的释放，故血浆肾素的水平下降。②拮抗 $β_2$ 受体，使支气管平滑肌收缩而增加呼吸道阻力。对正常人影响较小，但在支气管哮喘患者，有时可诱发或加重哮喘的急性发作，甚至危及生命。拮抗 $β_2$ 受体，使骨骼肌血管和冠状动脉血管

收缩。拮抗 β_2 受体，影响糖代谢，延缓用胰岛素后血糖水平的恢复。③拮抗 β_3 受体，减少游离脂肪酸自脂肪组织的释放。产生抗心律失常、抗心绞痛、抗高血压、抗心衰作用，并缓解甲亢引起的交感兴奋作用。

【适应证】 用于治疗：①心律失常，纠正室上性快速心律失常、室性心律失常、洋地黄类及儿茶酚胺引起的快速心律失常；②劳力型心绞痛；③高血压，作为第一线用药，单独或与其他药物合并应用；④肥厚性心肌病，用于减低流出道压差，减轻心绞痛、心悸与昏厥等症状；⑤配合 α 受体阻滞剂用于嗜铬细胞瘤患者控制心动过速；⑥用于控制甲状腺功能亢进症的心率过快，也可用于治疗甲状腺危象；⑦心肌梗死；作为二级预防，降低心肌梗死死亡率。

【制剂规格】 片剂：10mg。缓释片剂、缓释胶囊剂：40mg；80mg。注射液：5ml：5mg。注射用粉针：2mg；5mg。

【用法用量】 口服：抗心律失常一次 10～30mg，一日 3～4 次。高血压一次 5～10mg，每日 3～4 次。按需要及耐受程度逐渐调整，至症状被控制。其他治疗见说明书。

【药物评价】

（1）药效　口服后胃肠道吸收较完全（90%），1～1.5 小时血药浓度达峰值，有首过效应，生物利用度为 30%。个体差异大，用量必须个体化。非选择性 β 受体拮抗药，拮抗 β_2 受体有哮喘等不良反应。

（2）不良反应　可出现眩晕、精神抑郁、反应迟钝等中枢神经系统不良反应；头昏；心率过慢；较少见的有支气管痉挛及呼吸困难、充血性心力衰竭；更少见的有发热和咽痛（粒细胞缺乏）、皮疹、出血倾向（血小板减小）；产生快速耐受性；反跳现象。

（3）注意事项　①本品口服可空腹或与食物共进，后者可延缓肝内代谢，提高生物利用度。②可透过胎盘屏障进入胎儿体内；新生儿可产生低血压、低血糖、呼吸抑制及心率减慢；须慎用。③少量由乳汁分泌，哺乳期妇女慎用。④注意本品血药浓度不能完全预示药理效应，故还应根据心率及血压等临床征象指导临床用药。⑤停药反跳，长期用本品者撤药须逐渐递减剂量，至少经过 3 天，一般为 2 周。⑥掩盖糖尿病患者的低血糖反应，糖尿病患者要警惕。⑦应定期检查血常规、血压、心功能、肝肾功能等。

【商品信息】

（1）发展史　1964 年合成，既往主要用于心律失常、心动过速、甲亢、高血压、冠心病、心绞痛等治疗，近年来发现该药有不少新的用途，扩大了临床应用范围。

（2）生产商　石药集团中诺药业、神威药业、哈药集团制药六厂等。

【贮藏】 密封保存。

即学即练 11-7

答案解析

下列哪个药物与硝酸酯类合用治疗心绞痛，可获得较好的协同效果，又可互补不足（　　）

A. 单硝酸异山梨酯　　B. 依那普利　　C. 普萘洛尔　　D. 硝苯地平

知识链接

冠心病的一级预防

在正常人群中预防冠心病属于一级预防，已有冠心病者还应预防再次梗死和其他心血管事件称之为二级预防。目前公认的冠心病危险因素包括：年龄、性别、种族、家族史、高胆固醇血症、吸烟、糖尿病、高血压、腹型肥胖、缺乏运动、饮食缺少蔬菜水果、精神紧张。除年龄、性别、家族史和种族不可改变，其他危险因素均是可以改变的。生活方式干预包括合理饮食（低盐、低脂、富含水果和蔬菜）、戒烟、规律运动、控制体重、心理平衡。

血脂检测非常重要，40 岁以下血脂正常人群，每 2~5 年检测 1 次血脂；40 岁以上人群至少每年检测 1 次血脂。心血管高危人群每 6 个月检测 1 次血脂。所有血脂异常患者首先进行强化生活方式干预。LDL - C 是降脂治疗的首要目标，首选他汀类药物。在 LDL - C 达标时，非 LDL - C 达标是降脂治疗的次级目标。

答案解析

单项选择题

1. 抗心绞痛药物的主要目的是 （   ）

    A. 减慢心率   B. 缩小心室容积   C. 降低心肌耗氧量   D. 抑制心肌收缩力

2. 硝酸甘油抗心绞痛的机制主要是 （   ）

    A. 阻断 β 受体，降低心肌耗氧量

    B. 减慢心率，降低心肌耗氧量

    C. 抑制心肌收缩力，降低心肌耗氧量

    D. 扩张动脉和静脉，降低耗氧量；扩张冠状动脉和侧支血管，改善局部缺血

3. 选择性阻滞 Ca^{2+} 通道药 （   ）

    A. 硝苯地平   B. 利血平   C. 氢氯噻嗪   D. 普萘洛尔

4. 硝酸甘油适宜给药方式是 （   ）

    A. 静脉注射   B. 口服   C. 舌下含服   D. 皮下注射

5. 硝酸甘油的不良反应不包括下列哪项 （   ）

    A. 低血糖   B. 搏动性头疼

    C. 皮肤潮红   D. 高铁血红蛋白血症

6. 下列哪个药物不适宜治疗心绞痛 （   ）

    A. 硝酸甘油   B. 硝苯地平   C. 地尔硫䓬   D. 吲达帕胺

7. 下列药物中适宜治疗变异性心绞痛的是 （   ）

    A. β 受体拮抗药   B. 钙通道阻滞药

    C. 肾素 - 血管紧张素受体拮抗药   D. 硝酸酯类

8. 下列关于硝酸酯类与 β 受体拮抗药合用不正确的是 （   ）

    A. β 受体拮抗药可以纠正硝酸酯类因为降压引起的反射性心率加快和心肌收缩力增强

B. 硝酸酯类可以改善 β 受体拮抗药抑制心肌收缩力而引起的心室容积扩大、射血时间延长

C. 两药协同降低心肌耗氧，并互相抵消不良反应

D. 两药合用，彼此剂量保持不变

9. 下列哪种患者可以使用普萘洛尔（　　　）

    A. 严重心动过缓　　　　　　　　　　B. 重度心力衰竭

    C. 伴高血压的稳定型心绞痛　　　　　D. 急性心力衰竭

10. 下列哪项是舌下含服硝酸甘油起效的表现（　　　）

    A. 头晕　　　　　B. 心前区疼痛消失　　　　C. 舌尖麻痹刺痛　　　　D. 皮肤潮红

PPT

任务3　抗心力衰竭药认知

心力衰竭是多种病因所致心脏疾病的终末阶段，最后心室泵血和（或）充盈功能下降不能满足机体所需。几乎所有类型的心血管疾病都可能诱发心力衰竭。由于心脏容量和压力长期超负荷，心脏刚开始处于代偿状态，最终失代偿。还有一些基础性心脏病患者，如果有一些诱发因素，往往会加重心脏负担，引起心力衰竭。如感染、心律失常，特别是快速心房颤动，如果食盐摄入过多、静脉输液过快、血容量增加等，也可以诱发心力衰竭。

本任务重点介绍抗心力衰竭药物的品种，阐明常用抗心力衰竭药物的作用、适应证、制剂、用法、药物评价、商品信息、贮藏等。

学习引导

学习目标

1. **掌握**　地高辛、米力农的作用、适应证、制剂、用法及药物评价。

2. **熟悉**　常见抗心力衰竭药的分类。

3. **了解**　地高辛、米力农药品的商品信息。

心力衰竭（CHF）又称心功能不全，是由于任何原因的初始心肌损伤（如心肌梗死、心肌病、血流动力负荷过重、炎症等），引起心肌结构和功能变化，导致心室泵血和（或）充盈功能低下。心排血量不能满足机体代谢需要，器官、组织血液灌注不足，同时出现肺循环和（或）体循环淤血的表现。心衰最典型的症状是不同程度的呼吸困难、无力、食欲降低、体液潴留等。

心力衰竭按发生过程分为：①急性心力衰竭：临床上以急性左心衰常见，表现为急性肺水肿或心源性休克。急性心力衰竭属危重急症，需紧急入院抢救治疗，其最常见的原因为慢性心力衰竭的失代偿。②慢性心力衰竭：一般均有代偿性心脏扩大或肥厚。慢性心力衰竭是心血管疾病的终末期表现和最主要的死因。

按症状和体征分为：①左心衰竭，指左心室代偿功能不全而发生的心力衰竭，临床上较为常见，以肺循环淤血为特征；②右心衰竭，以体循环淤血为主要表现；③全心衰竭。

按机制分为：①收缩性心力衰竭，心脏收缩功能障碍、心排血量下降并有阻塞性充血的表现，是临床上所常见的心衰；②舒张性心力衰竭，当心脏的收缩功能不全时常同时存在舒张功能障碍。单纯的舒张性心衰可见于高血压、冠心病的某一阶段。

心衰是一种进行性疾病，即使病情控制稳定，也需终身用药。冠心病、高血压是慢性心力衰竭的最主要病因。慢性心力衰竭的治疗不仅要缓解症状、提高生活质量，更重要的是防止和延缓心肌的重构，降低心衰的死亡率和住院率。近 10 年来，各国的心衰指南都确立了以神经内分泌抑制药为基础的治疗原则。其常规治疗包括利尿药、肾素－血管紧张素系统抑制药、β 受体拮抗药的使用或联合应用；也可采用地高辛等改善症状，控制心率。治疗心力衰竭的药物主要包括以下几类。

1. 利尿药　改善心衰患者的体液潴留，是不可缺少的基础药物，如氢氯噻嗪、螺内酯等。

2. RAAS 抑制剂　能逆转心肌的重构，改善心肌功能，对于高血压并发 CHF，ACEI 是首选药。包括：①血管紧张素转化酶抑制药，如卡托普利等；②血管紧张素 II 受体拮抗药，如氯沙坦、缬沙坦、替米沙坦等；③醛固酮拮抗药，螺内酯。

3. β 受体拮抗药　曾被禁用于心衰，后来的临床试验证明，长期应用能延缓心室的重构或逆转，改善左心功能，如美托洛尔等。

4. 强心苷类　是最早使用的正性肌力药，现主要是地高辛在使用，可加强心肌收缩力，缓解和消除症状，改善左心室功能，不增加患者的死亡率。如地高辛、去乙酰毛花苷、毒毛花苷 K、洋地黄毒苷等。

5. 其他治疗药物　①血管扩张剂，如硝普钠；②非强心苷类正性肌力药，如米力农、氨力农等。

任务 3 –1　强心苷类药认知

实例分析 11 –3

实例　患者，男，62 岁。风湿性心脏病 5 年，近两年来出现劳累性呼吸困难。1 天前因受凉出现发热、咳嗽、咳粉红色泡沫样痰，不能平卧。查体：心脏扩大、半卧位、口唇发绀，两肺大量水泡音，肝大、颈静脉怒张和下肢水肿。

问题　1. 根据患者的临床表现，可诊断为什么病？
　　　　2. 可选用的治疗药物有哪些？

答案解析

地高辛 [药典（二）、基；医保（甲）]　微课 3

Digoxin

【其他名称】狄戈辛，异羟基洋地黄毒苷

【药理作用】

（1）正性肌力作用　选择性地抑制心肌细胞膜 Na^+，K^+ – ATP 酶，Na^+ – K^+ 交换减少，心肌细胞内 Na^+ 浓度升高，从而使肌膜上 Na^+ – Ca^{2+} 交换增强，Ca^{2+} 内流增多，激动心肌收缩蛋白从而增加心肌收缩力，使衰竭心脏心输出量增加。

（2）负性频率作用　治疗量减慢心率。大剂量呈现窦性心动过缓和不同程度的房室传导阻滞。

（3）负性传导作用　治疗量强心苷通过兴奋迷走神经而使房室结和浦肯野纤维传导减慢，不应期延长，但心房的不应期缩短。大剂量直接抑制窦房结、房室结和浦肯野纤维传导，使部分心房冲动不能到达心室。

（4）利尿和扩张血管作用　强心苷对 CHF 患者具有利尿和扩张血管作用，能减少患者血容量，减轻心脏负担。

【适应证】用于高血压、瓣膜性心脏病、先天性心脏病等急性和慢性心功能不全。尤其适用于伴有快速心室率的心房颤动的心功能不全。还可用于控制伴有快速心室率的心房颤动、心房扑动及室上性心动过速。

【制剂规格】片剂：0.25mg。口服溶液剂：10ml：0.5mg；30ml：1.5mg。注射液：2ml：0.5mg。

【用法用量】口服：缓给法，成人 0.125 ~ 0.5mg，每日一次，7 日可达稳态血药浓度；速给法，每 6 ~ 8 小时给药 0.25mg，总剂量 0.75 ~ 1.25mg/d。维持量，每日一次 0.125 ~ 0.5mg。

【药物评价】

（1）药效　最早使用的一类正性肌力药，中效、中速强心药，现已取代洋地黄。口服吸收不完全，也不规则，获最大效应时间为 4 ~ 6 小时。$t_{1/2}$ 为 36 小时。经胆道吸收入血，形成肝 – 肠循环。临床洋地黄化量已接近中毒量的 60%，安全范围小，剂量个体化。

（2）不良反应　①胃肠道症状，为最常见的早期中毒症状，包括厌食、恶心、呕吐及腹泻等，常为中毒先兆。②神经系统症状，可表现为眩晕、头痛、失眠、疲倦和谵妄以及黄视、绿视、视物模糊等，为强心苷中毒的先兆，是停药指征之一。③心脏反应，是最严重的毒性反应。主要表现为各种类型的心律失常。常见快速型心律失常、房室传导阻滞、窦性心动过缓，为中毒的先兆，是停药的指征之一。④老年心衰患者，更易发生中毒。

（3）注意事项　①慎用于低钾血症、不完全性房室传导阻滞、高钙血症、甲状腺功能低下、缺血性心脏病、心肌梗死、心肌炎、肾功能损害。②可透过胎盘屏障，妊娠后期母体用量可能增加，分娩后 6 周须减量。③本品由乳汁分泌，哺乳期妇女应用须权衡利弊。④用药期间应注意随访检查，疑有洋地黄中毒时，应作地高辛血药浓度测定。过量时，由于蓄积性小，一般于停药后 1 ~ 2 天中毒表现可以消退。⑤不能与含钙注射液合用。⑥如漏服地高辛，应尽快补服，但是漏服的时间超过 12 小时，不要补服，以免增加中毒危险。

【商品信息】

（1）发展史　1785 年英国首次确定洋地黄能治疗水肿。1874 年，德国施密德·伯格提纯了洋地黄毒苷。地高辛是从毛花洋地黄中提取的有效成分。

（2）生产商　赛诺菲（杭州）制药、上海上药信谊药厂等。

【贮藏】密封保存。

即学即练 11 – 8

答案解析

下列关于强心苷的叙述，正确的是（　　　）

A. 安全范围窄，易发生中毒

B. 心脏毒性既是中毒先兆也是停药指征

C. 最严重的不良反应是神经系统毒性

D. 强心苷正性肌力作用反射性兴奋迷走神经

任务 3-2 磷酸二酯酶抑制药认知

米力农【药典(二);医保(乙)】

Milrinone

【其他名称】二联吡啶酮、甲腈吡啶酮、米利酮

【药理作用】抑制磷酸二酯酶Ⅲ的活性，减少 cAMP 的降解，增加细胞内 cAMP。心肌细胞 cAMP 含量增加可产生正性肌力作用，血管平滑肌细胞 cAMP 增加可松弛血管平滑肌，扩血管。

【适应证】用于严重 CHF 的治疗，但也仅限于静脉滴注短期用药。

【制剂规格】注射剂：30mg。

【用法用量】负荷量 25～75μg/kg，5～10 分钟缓慢静注，以后每分钟 0.25～1.0μg/kg 维持。每日最大剂量不超过 1.13mg/kg。

【药物评价】

（1）药效　可明显改善心脏收缩和舒张功能，缓解症状，提高运动耐力。作用强度是氨力农的 10～30 倍，仅短期静脉给药治疗严重 CHF 患者。

（2）不良反应　少数有头痛、室性心律失常、无力、血小板减少等。过量有低血压、心动过速。

（3）注意事项　①用药期间应监测心率、血压、必要时调整剂量。②不宜用于严重瓣膜狭窄病变及梗阻性肥厚型心肌病患者。急性缺血性心脏病患者慎用。③合用高效能利尿药易引起水、电解质紊乱。④长期使用监测肝肾功能。

【商品信息】

（1）发展史　最早是由美国 Sterling 公司研制开发成功的，1987 年美国 FDA 批准，1992 年在美国正式上市。

（2）生产商　鲁南贝特制药有限公司、北大医药股份有限公司、湖南赛隆药业有限公司。

【贮藏】遮光，密闭保存。

即学即练 11-9

米力农是下列哪类治疗充血性心力衰竭的药物（　　　）

A. 强心苷类正性肌力药　　　B. 非强心苷类正性肌力药

答案解析　　C. 减轻心脏负担药　　　D. β 受体拮抗药

 知识链接

心力衰竭患者的健康教育

1. 了解心力衰竭知识　患者及家属应得到准确的有关疾病知识和管理的指导，内容包括健康的生活方式、平稳的情绪、诱因的规避、规范的药物服用、合理的随访计划等。

2. 日常体重监测　能简便直观地反映患者体液潴留情况及利尿剂疗效，帮助指导调整治疗方案。体重改变往往出现在临床体液潴留症状和体征之前。

3. 饮食管理　心衰患者体内水钠潴留，故控制液体摄入量、减少钠盐摄入。

4. 休息与活动　急性期或病情不稳定者应限制体力活动，卧床休息，以减低心脏负荷，有利于心

功能的恢复。但长期卧床易发生深静脉血栓形成甚至肺栓塞，同时也可能出现消化功能降低、肌肉萎缩、坠积性肺炎、压疮等，适宜的活动能提高骨骼肌功能，改善活动耐量。因此，应该鼓励病情稳定的心衰患者主动运动，根据病情，在不诱发症状的前提下从床边小坐开始逐渐增加有氧运动。

目标检测

答案解析

单项选择题

1. 强心苷和利尿药合用治疗心力衰竭注意补充（　　）
   A. 钾盐　　　　　　　B. 镁盐　　　　　　C. 钙盐　　　　　　D. 钠盐

2. 强心苷中毒引起的快速型心律失常，应首选（　　）
   A. 利多卡因　　　　　B. 苯妥英钠　　　　C. 美西律　　　　　D. 维拉帕米

3. 强心苷中毒引起的快速型心律失常，还可以选（　　）
   A. 利多卡因　　　　　　　　　　　　B. 普萘洛尔
   C. 美西律　　　　　　　　　　　　　D. 维拉帕米

4. 强心苷中毒引起的缓慢型心律失常，可选用治疗的药物是（　　）
   A. 胺碘酮　　　　　　　　　　　　　B. 利多卡因
   C. 苯妥英钠　　　　　　　　　　　　D. 阿托品

5. 强心苷正性肌力作用机制是（　　）
   A. 促进收缩蛋白　　　　　　　　　　B. 增加兴奋时心肌细胞内 Ca^{2+}
   C. 促进物质代谢过程　　　　　　　　D. 促进调节蛋白的功能

6. 强心苷中毒最严重的不良反应是（　　）
   A. 消化系统反应　　　　　　　　　　B. 中枢神经系统反应
   C. 心脏毒性　　　　　　　　　　　　D. 肝损伤

7. 下列哪类药物不是临床上应用的治疗 CHF 的（　　）
   A. RAAS 系统抑制药　　　　　　　　B. 正性肌力药
   C. M 受体拮抗药　　　　　　　　　　D. 减轻心脏负担的药

8. 米力农用于下列哪种情况（　　）
   A. 严重贫血继发的心力衰竭　　　　　B. 心房扑动
   C. 短期静脉给药治疗严重 CHF 患者　　D. 阵发性室上性心动过速

9. 下列哪种药物不是治疗充血性心力衰竭的（　　）
   A. 卡托普利　　　　　　　　　　　　B. 多潘立酮
   C. 地高辛　　　　　　　　　　　　　D. 硝苯地平

10. 下列关于 RAAS 系统抑制药，哪个说法不正确（　　）
    A. 能缓解心力衰竭的症状，提高生活质量　　B. 能显著降低心力衰竭患者的病死率
    C. 中、重度患者可单独使用　　　　　　　　D. 对 CHF 的远期疗效更有临床意义

PPT

任务 4　抗心律失常药认知

学习引导

心律失常是心脏系统功能受到不利影响之后所出现的一种病症，也是心血管疾病中重要的一组疾病。它可单独发病，亦可与其他心血管病伴发。心律失常的发生有可能会危及我们的生命安全。器质性心脏疾病、身体内部系统的紊乱失调、药物的应用以及全身系统性疾病等都会导致我们出现心律失常。心律失常有哪些类型？治疗心律失常的药物又有哪些呢？

本任务重点介绍抗心律失常药物的种类，阐明常用抗心律失常药物的作用、适应证、制剂、用法、药物评价、商品信息、贮藏等。

学习目标

1. **掌握**　美西律、普罗帕酮、莫雷西嗪、伊布利特、维拉帕米和胺碘酮的作用、适应证、制剂、用法及药物评价。

2. **熟悉**　利多卡因的作用、适应证、制剂、用法及药物评价。

3. **了解**　常见抗心律失常药品的商品信息。

心律失常指心脏冲动的频率、节律、起源部位、传导速度与激动次序的异常。临床可根据心律失常时心律的快慢，分为快速型心律失常和缓慢型心律失常。

按其发生原理，分为冲动形成异常和冲动传导异常两大类。冲动形成异常有：①窦性心律失常，包括窦性心动过速、窦性心动过缓、窦性心律不齐、窦性停搏。②异位心律，包括期前收缩、阵发性心动过速、扑动、颤动等。冲动传导异常有窦房传导阻滞、房内传导阻滞、房室传导阻滞、束支或分支阻滞、室内阻滞等。

抗心律失常药按其作用于心肌细胞的电活动的机制分类如下。

1. 钠通道阻滞药　能阻断心肌和心脏传导系统的钠通道，具有膜稳定作用，降低动作电位 0 相除极上升速率和幅度，减慢传导速度，延长 APD 和 ERP。对静息膜电位无影响。根据药物对钠通道阻滞作用的不同，又分为三个亚类，即 I a、I b、I c。

①I a 类：适度阻滞钠通道，以延长 ERP 最为显著，如奎尼丁、普鲁卡因胺、丙吡胺等。

②I b 类：轻度阻滞钠通道，降低自律性，如利多卡因、苯妥英钠、美西律等。

③I c 类：明显阻滞钠通道，减慢传导性的作用最强。如普罗帕酮、恩卡尼、氟卡尼等。

2. β 受体拮抗药　抑制交感神经兴奋所致的起搏电流、钠电流和 L－型钙电流增加，表现为减慢 4 相舒张期除极速率而降低自律性，降低动作电位 0 相上升速率而减慢传导性。如普萘洛尔、阿替洛尔、美托洛尔等。

3. 延长动作电位时程药　抑制钾电流，如胺碘酮、索他洛尔、溴苄铵、依布替利和多非替利等。

4. 钙通道阻滞药　如维拉帕米和地尔硫䓬等。

任务 4-1　阻钠内流药认知

美西律【药典（二）；医保（甲）】
Mexiletine

【其他名称】慢心律、脉律定

【药理作用】Ⅰb 类阻滞钠通道的抗心律失常药，轻度阻 Na^+ 通道，略减慢传导速度。也能抑制 4 相 Na^+ 内流，降低自律性。另外还可通过促进 K^+ 外流而加速复极过程，缩短 ADP 显著。

【适应证】可用于治疗各种室性心律失常，特别是心肌梗死后急性室性心律失常效果较好，对利多卡因治疗无效的患者往往有效。

【制剂规格】片剂：50mg；100mg。

【用法用量】口服：首次 200～300mg，必要时 2 小时后再服 100～200mg。一般维持量每日约 400～800mg，分 2～3 次服。成人极量为每日 1200mg，分次口服。

【药物评价】

（1）药效　本品为利多卡因的衍生物，化学结构、药理作用与利多卡因相似。口服有效，作用持续时间可达 6～8 小时。

（2）不良反应　约 20%～30% 患者口服发生不良反应。①胃肠反应，最常见，包括恶心、呕吐等。②神经反应，为第二位常见不良反应。包括头晕、震颤（最先出现手细颤）、共济失调、眼球震颤、嗜睡、昏迷及惊厥、复视、视物模糊、精神失常、失眠。③心血管反应，大剂量或静脉给药可导致心动过缓、房室传导阻滞等。

（3）注意事项　①本品在危及生命的心律失常患者中有使心律失常恶化的可能。②美西律可用于已安装起搏器的二度和三度房室传导阻滞的患者，有临床试验表明在一度房室传导阻滞的患者中应用较安全，但要慎用。③美西律可引起严重心律失常，多发生于恶性心律失常患者。④在低血压和严重充血性心力衰竭患者中慎用。⑤肝功能异常者慎用。⑥室内传导阻滞或严重窦性心动过缓者慎用。⑦用药期间注意随访检查血压、心电图、血药浓度。

【商品信息】

生产商　石药集团欧意药业有限公司、上海信谊药厂有限公司等。

【贮藏】遮光、密封保存。

普罗帕酮【药典（二）；医保（甲）】
Propafenone

【其他名称】心律平、丙酚酮、来持莫洛

【药理作用】Ic 类阻滞钠通道的抗心律失常药，较强地降低 0 相上升速率而减慢传导速度，减慢心房、心室和浦肯野纤维传导。延长 ADP 和 ERP；也抑制 4 相 Na^+ 内流而降低自律性。本药还有轻度的 β 受体和钙通道阻滞作用。

【适应证】适用于无器质性心脏病患者的室性和室上性快速心律失常的治疗，心房扑动或心房颤动的预防和治疗。

【制剂规格】片剂：50mg；100mg。注射液：10ml：35mg。

【用法用量】口服：1 次 100～200mg（2～4 片），一日 3～4 次。治疗量，一日 300～900mg（6～18 片），一日 4～6 次。维持量一日 300～600mg（6～12 片），分 2～4 次服用。由于其局部麻醉作用，宜在饭后或与食物同时吞服，不得嚼碎。静脉注射：成人常用量 1 ~ 1.5mg/kg 或 70mg 加 5% 葡萄糖液稀释，于 10 分钟内缓慢注射，必要时 10 ~ 20 分钟重复一次，总量不超过 210mg。静脉注射起效后改为静脉滴注，滴速 0.5 ~ 1mg/min 或口服维持。

【药物评价】

（1）药效　抑制 0 相及舒张期 Na^+ 内流作用强于奎尼丁。

（2）不良反应　本品主要不良反应有心动过缓、窦性停搏和传导阻滞，静脉用药时因减弱心肌收缩力，可引起血压下降甚至休克。也可引起头晕、定向障碍、恶心、呕吐、味觉障碍、便秘、口干等。

（3）注意事项　①严重窦性心动过缓、窦性停搏、病态窦房结综合征、高度房室传导阻滞、心力衰竭、心源性休克者禁用。②应避免与奎尼丁、普萘洛尔、胺碘酮、维拉帕米等合用，以免加重不良反应。

【商品信息】

（1）发展史　1970 年，普罗帕酮由德国研发，1977 年在德国投入临床使用。

（2）生产商　上海上药信谊药厂有限公司、Famar Lyon 等。

【贮藏】 遮光、密封保存。

莫雷西嗪[药典(二);基;医保(甲)]

Moricizine

【其他名称】 吗拉西嗪、乙吗噻嗪、安脉静

【药理作用】 属于 I 类抗心律失常药。它可抑制 Na^+ 内流，具有膜稳定作用，缩短 2 相和 3 相复极及动作电位时间，缩短有效不应期。对窦房结自律性影响很小，但可延长房室传导。

【适应证】 主要适用于室性心律失常，包括室性早搏及室性心动过速。

【制剂规格】 片剂：50mg。

【用法用量】 口服：成人常用量 150 ~ 300mg，每 8 小时一次，极量为每日 900mg。剂量应个体化，在应用本品前，应停用其他抗心律失常药物 1 ~ 2 个半衰期。

【药物评价】

（1）药效　对冠心病、心绞痛、高血压等患者的心律失常具有显著疗效，副反应小，耐受性好。

（2）不良反应　本品不良反应较轻，可见神经系统及消化系统反应，如头晕、口干、胃肠不适等，严重时应减量或停药。

（3）注意事项　①由于 CAST 试验证实本品在心肌梗死后无症状的非致命性室性心律失常患者中可增加两周内的死亡率，长期应用也未见到对改善生存有益，故应慎用于此类患者。②注意促心律失常作用与原有心律失常加重的鉴别。③一度房室阻滞和室内阻滞、肝或肾功能不全、严重心衰应慎用。④用药期间应注意随访检查血压、心电图和肝功能。

【商品信息】

（1）发展史　60 年代在苏联和东欧上市。我国 1990 年由东北第六制药厂首次生产用于临床。

（2）生产商　丹东医创药业有限责任公司。

【贮藏】 遮光、密封保存。

伊布利特[基;医保(乙)]

Ibutilide

【其他名称】 富马酸伊布利特

【药理作用】新型的Ⅲ类抗心律失常药物。可延长动作电位时间，延长心肌的有效不应期和Q-T间期，减慢传导，使折返激动不易形成。主要用于房颤和房扑的转复。

【适应证】主要用于近期发作的房颤或房扑逆转成窦性心律。

【制剂规格】注射液：10ml：1mg。

【用法用量】对体重≥60kg的患者推荐剂量为1mg在10分钟内静滴完，如无效相隔10分钟后再以相同剂量静脉滴注。对体重<60kg患者二次剂量均应为0.01mg/kg。

【药物评价】

（1）药效　长期房性心律不齐的病人对伊布利特不敏感。伊布利特对持续时间超过90天的心律失常患者的疗效还未确定。

（2）不良反应　最主要的心脏不良反应为发生尖端扭转型室性心动过速，可导致有潜在致命性后果。

（3）注意事项　注射完后，患者应当用连续心电图监测观察至少4小时，或者等到Q-Tc恢复到基线。如果出现明显的心律不齐现象，应当延长监测时间。在富马酸伊布利特注射液给药及随后对患者的监测过程中，必须配备有经验的人员和合适的仪器设备，如心复律器/除颤器以及治疗连续性室性心动过速包括多形性室性心动过速的药物。

【商品信息】

（1）发展史　1995年12月获FDA批准，1996年4月在美国上市，商品名Convert。

（2）生产商　马鞍山丰原制药有限公司。

【贮藏】遮光、密封保存。

即学即练 11-10

下列属于Ⅰc类的钠通道阻滞药是（　　　）

答案解析
A. 利多卡因　　　B. 普罗帕酮　　　C. 维拉帕米　　　D. 奎尼丁

任务4-2　钙拮抗药认知

 实例分析 11-4

实例　患者，男，50岁。有冠心病史、肥厚性心肌病。近日出现心悸、乏力、眩晕等症状。心电图检查连续出现3个室性期前收缩。诊断为室性心动过速。

问题　1. 根据诊断结果，首选的治疗药物是什么？

　　　　2. 该药对哪种心律失常无效？

答案解析

维拉帕米[药典(二)；基；医保(甲、乙)]

Verapamil

【其他名称】异搏定，戊脉安

【药理作用】阻滞心肌细胞膜Ca²⁺通道，抑制Ca²⁺内流，主要作用于窦房结和房室结的慢反应细胞。可减低自律性，减慢传导，延长ERP，消除折返。还可以扩张心脏正常部位和缺血区的冠状动脉，解除和预防冠状动脉痉挛；扩张动脉，降低总外周阻力，降低心肌耗氧量。

【适应证】治疗阵发性室上性心动过速的首选药，也可用于减慢心房颤动或心房扑动的心室率。忌用于预激综合征患者。用于心绞痛、原发性高血压。

【制剂规格】片剂：40mg。注射液：2ml：5mg。

【用法用量】心律失常：慢性心房颤动服用洋地黄治疗的患者，每日总量为 240～220mg，分 3～4 次/日。预防阵发性室上性心动过速（未服用洋地黄的患者）成人的每日总量为 240～480mg，一日 3～4 次。

【药物评价】

（1）药效　口服后 90% 以上被吸收。经门静脉有首过效应，生物利用度仅有 20%～35%。

（2）不良反应　常发生于剂量调整不当时。发生率在 ≥1% 的不良反应：症状性低血压、心动过缓、眩晕、头痛、皮疹、严重心动过速。发生率 <1% 的不良反应：恶心、腹部不适；静脉给药期间发作癫痫、精神抑郁、嗜睡、旋转性眼球震颤、眩晕、出汗；超敏患者发生支气管/喉部痉挛伴瘙痒和荨麻疹、呼吸衰竭等。

（3）注意事项　①严重左心室功能不全、中 - 重度心力衰竭的患者，已接受 β 受体拮抗剂治疗的任何程度的心室功能障碍的患者，避免使用维拉帕米。②房室旁路通道合并心房扑动或心房颤动患者、出现显著的一度房室传导阻滞或二度、三度房室传导阻滞禁用。③肝肾功能损害、孕妇、低血压慎用。④因维拉帕米可引起转氨酶增高，患者应定期监测肝功能。⑤老年人清除半衰期可能延长，建议从小剂量开始服用。⑥由于个体敏感性差异，严重时可能使患者在工作时发生危险。⑦不能与葡萄柚汁同服。

【商品信息】

（1）发展史　第一代钙通道阻滞剂，于 1962 年首先由德国 Knoll 公司研制成功。

（2）生产商　天津中央药业有限公司、上海禾丰制药有限公司等。

【贮藏】密封保存。

即学即练 11 - 11

下列哪个药物是阵发性室上性心动过速的首选药（　　　）

A. 奎尼丁　　　B. 利多卡因　　　C. 维拉帕米　　　D. 苯妥英钠

答案解析

任务 4 - 3　延长动作电位时程药认知

胺碘酮【药典(二)；基；医保(甲)】 微课 4

Amiodarone

【其他名称】乙碘酮、安律酮、胺碘达隆

【药理作用】延长心肌动作电位时程及有效不应期，有利于消除折返激动。具有轻度非竞争性的 β 受体拮抗和轻度阻钠内流、钙拮抗作用。减低窦房结自律性。对静息膜电位及动作电位高度无影响。对冠状动脉及周围血管有直接扩张作用。可影响甲状腺素代谢。

【适应证】适用于危及生命的阵发性室性心动过速及室颤的预防，也可用于其他药物无效的阵发性室上性心动过速、阵发性心房扑动、心房颤动，包括合并预激综合征者及持续心房颤动、心房扑动电转复后的维持治疗。

【制剂规格】 片剂：0.2g。注射液：2m：150mg。

【用法用量】 口服：治疗室上性心律失常，成人每日0.4~0.6g，分2~3次服，1~2周后根据需要改为每日0.2~0.4g维持，部分患者可减至0.2g，每周5日或更小剂量维持。

【药物评价】

（1）药效　口服、静脉注射给药均可。口服给药吸收缓慢，生物利用度约40%。静脉注射10分钟起效，吸收后药物迅速分布到各组织器官中。用于顽固性心律失常，其他药物无效时选用。

（2）不良反应　①长期大剂量用药和伴有低血钾时，可引起窦性心动过缓、房室传导阻滞，偶有Q-T间期延长伴扭转性室性心动过速。②长期用药可引起甲状腺功能亢进或减退。还可引起胃肠道反应、光敏反应等，亦可见角膜有黄棕色色素沉着，皮肤石板蓝样色素沉着，神经系统反应等，一般不影响视力，停药后可逐渐消失。③长期大量服药者（一日0.8~1.2g）可出现间质性肺炎或肺纤维化，表现为气短、干咳及胸痛等，限制性肺功能改变，血沉增快及血液白细胞增高，严重者可致死。偶可发生低血钙、血清肌酐升高及过敏性皮疹。

（3）注意事项　①过敏反应，对碘过敏者对本品可能过敏。②下列情况应慎用：窦性心动过缓；低血压；肝功能不全；肺功能不全；严重充血性心力衰竭。③多数不良反应与剂量有关，需长期服药者尽可能用最小有效维持量。④半衰期长，停药后换用其他抗心律失常药时应注意相互作用。

【商品信息】

（1）发展史　1967年作为抗心绞痛药上市，1976年用于快速型心律失常，1985年FDA批准用于危及生命、反复发生的室性心律失常。因不良反应，其使用减少。替代药物"决奈达隆"，不含碘，降低了副作用，作用更强，法国赛诺菲安万特制药公司研发。

（2）生产商　赛诺菲（杭州）制药、北京嘉林药业等。

【贮藏】 遮光、密封保存。

即学即练 11-12

答案解析

胺碘酮抗心律失常的作用机制是（　　）

A. 提高窦房结和浦肯野纤维的自律性

B. 加快浦肯野纤维和窦房结的传导速度

C. 缩短心房和浦肯野纤维的动作电位时程、有效不应期

D. 阻滞心肌细胞K⁺通道

其他抗心律失常药见表11-2。

表11-2　其他抗心律失常药

药物	作用与适应证	药物评价及商品信息
利多卡因【药典(二)；基；医保(甲)】	用于急性心肌梗死后室性期前收缩和室性心动过速，亦可用于洋地黄类中毒，心脏外科手术及心导管引起的室性心律失常。对室上性心律失常无效	心脏传导减慢，窦房及房室传导阻滞以及抑制心肌收缩力，故传导阻滞者禁用或慎用。不良反应包括嗜睡、感觉异常、肌肉震颤、惊厥昏迷及呼吸抑制等。注射液：5ml：0.1g。生产商：山东华信制药

答案解析

目标检测

单项选择题

1. 属于Ⅰb类的钠通道阻滞药是（　　）

　　A. 利多卡因　　　　　　B. 普罗帕酮　　　　　　C. 维拉帕米　　　　　　D. 美西律

2. 下列哪个药物对各种室性心律失常，特别是心肌梗死后急性室性心律失常效果较好（　　）

　　A. 美西律　　　　　　　B. 利多卡因　　　　　　C. 普鲁卡因胺　　　　　D. 普罗帕酮

3. 下列哪个药物是利多卡因的衍生物（　　）

　　A. 普罗帕酮　　　　　　B. 苯妥英钠　　　　　　C. 美西律　　　　　　　D. 莫雷西嗪

4. 下列哪个药属于Ⅰ类抗心律失常药（　　）

　　A. 普罗帕酮　　　　　　B. 苯妥英钠　　　　　　C. 美西律　　　　　　　D. 莫雷西嗪

5. 抗室性心律失常的首选药是（　　）

　　A. 普萘洛尔　　　　　　B. 利多卡因　　　　　　C. 普鲁卡因胺　　　　　D. 普罗帕酮

6. 下列哪个药物是新型的Ⅲ类抗心律失常药物（　　）

　　A. 维拉帕米　　　　　　B. 伊布利特　　　　　　C. 普鲁卡因胺　　　　　D. 普罗帕酮

7. 胺碘酮抗心律失常的作用机制（　　）

　　A. 提高窦房结和浦肯野纤维的自律性

　　B. 加快浦肯野纤维和窦房结的传导速度

　　C. 缩短心房和浦肯野纤维的动作电位时程、有效不应期

　　D. 阻滞心肌细胞 Na^+、K^+、Ca^{2+} 通道

8. 可引起间质性肺炎或肺纤维化的抗心律失常药物是（　　）

　　A. 胺碘酮　　　　　　　B. 普萘洛尔　　　　　　C. 利多卡因　　　　　　D. 奎尼丁

9. 治疗强心苷中毒引起的室性心律失常最好选用（　　）

　　A. 胺碘酮　　　　　　　B. 普萘洛尔　　　　　　C. 苯妥英钠　　　　　　D. 奎尼丁

10. 下列由于其局部麻醉作用，宜在饭后或与食物同时吞服，不得嚼碎的是（　　）

　　A. 利多卡因　　　　　　B. 普罗帕酮　　　　　　C. 维拉帕米　　　　　　D. 美西律

PPT

任务 5　抗休克药认知

学习引导

　　休克是机体受到强烈刺激或剧烈损伤所发生的以急性循环障碍，特别是微循环障碍为特征的综合性病理过程。在临床上，患者表现为体温突然下降，面色苍白，耳鼻及四肢末端发凉，脉频而微弱，呼吸浅表，肌肉乏力，反应迟钝，机体高度沉郁甚至昏迷，伴有血压过低等一系列症状，如不及时救治，往往引起死亡。休克的分类是哪些？治疗休克的药物又有哪些？

　　本任务重点介绍抗休克药物的品种，阐明常用抗休克药物的作用、适应证、制剂、用法、药物评价、商品信息、贮藏等。

学习目标

1. 掌握　肾上腺素、多巴胺、异丙肾上腺素的作用、适应证、制剂、用法及药物评价。
2. 熟悉　去甲肾上腺素、酚妥拉明的作用、适应证、制剂、用法及药物评价。
3. 了解　常见抗休克药品的商品信息。

休克是由机体遭受强烈的致病因素侵袭后引起的急性循环功能障碍，使组织血液灌流量严重不足，导致细胞损伤、重要器官功能代谢紊乱和结构损害的全身性病理过程。多种神经－体液因子参与休克的发生和发展。有效循环血量，是指单位时间内通过心血管系统进行循环的血量。有效循环血量依赖于：充足的血容量、有效的心搏出量和完善的周围血管张力三个因素。当其中任何一因素的改变，超出了人体的代偿限度时，即可导致有效循环血量的急剧下降，造成全身组织、器官氧合血液灌流不足和细胞缺氧而发生休克。在休克的发生和发展中，上述三个因素常都累及，且相互影响。尽管休克的病因不同，但有效灌注量减少使微循环发生障碍，是多数休克发生的共同基础。其主要临床表现为血压下降、面色苍白、皮肤湿冷、脉搏细速、神志淡漠甚至昏迷等。总之，休克属危重综合征，其发展较快，操作抢救措施应该及时而积极。

根据休克的病因，把休克大致分为以下 5 类：①失血性休克；②创伤性休克；③感染性休克；④心源性休克；⑤过敏性休克。病因治疗是各类休克的根本措施。

本类药物依其作用机制不同，可分为以下两大类。

（1）血管收缩药　以拟肾上腺素类药为主，有肾上腺素、去甲肾上腺素、多巴胺、间羟胺等。

（2）血管扩张药　可分为三类：①β 受体激动药，如异丙肾上腺素；②α 受体拮抗药，如酚妥拉明；③直接解除微血管痉挛及扩张血管药，如山莨菪碱、阿托品和硝普钠等。

任务 5 -1　血管收缩药认知

实例分析 11 -5

实例　患者，女，12 岁。因畏寒，发热，咽痛两天由其母陪同就医。诊断：急性扁桃体炎。拟给予青霉素等治疗，青霉素皮试为阴性。注射青霉素后，患者刚走出医院约 15 分钟，顿觉心悸、胸闷、呼吸困难、脸色苍白、冷汗不断，并感到皮肤发痒，其母立即抱女返回医院。测血压 50/30mmHg。

问题　1. 根据患者的病情，最可能的诊断是什么？
　　　2. 可选用的药物是什么？如何给药？

答案解析

肾上腺素 【药典（二）；基；医保（甲）】 e 微课5

adrenaline

【其他名称】副肾素、AD、Adr

【药理作用】本品对 α 和 β 受体均有直接的强大的兴奋作用，因而增强心肌收缩力，加快心率，使心排出量增加；收缩压增高；大剂量，收缩压和舒张压均升高。此外，能松弛胃肠、支气管平滑肌，升高血糖。

【适应证】心脏复苏；休克、支气管痉挛、荨麻疹、血管神经性水肿、皮肤瘙痒等；控制哮喘发作；治疗低血糖，如胰岛素作用过度所致者；纠正主要是体外循环后引起的低排血量综合征；加入局麻药配伍；局部给药，收缩血管以减轻结膜充血及控制皮肤黏膜的表面出血。

【制剂规格】注射液：1ml：1mg。

【用法用量】抢救过敏性休克：皮下注射或肌内注射 0.5～1mg，也可用 0.1～0.5mg 缓慢静脉注射（以 0.9% 氯化钠注射液稀释到 10ml）。抢救心脏骤停：0.25～0.5mg 以 10ml 生理盐水稀释后静脉（或心内、气管内）注射，同时进行心脏按压、人工呼吸、纠正酸中毒。

【药物评价】

（1）药效　过敏性休克首选药。口服使胃黏膜血管收缩，又易被碱性肠液破坏，故不产生吸收作用。皮下注射因局部血管收缩，吸收缓慢，可维持作用 1 个小时。肌肉注射吸收快，维持时间 20～30 分钟。不易进入中枢神经系统。

（2）不良反应　①主要有心悸、心前区不适、震颤、不安、头晕、头痛、失眠。②过量或静脉注射太快，可致血压急剧升高甚至发生脑出血，亦可引起心律失常（心室纤颤）。

（3）注意事项　①氟烷、甲氧氟烷、环丙烷可提高机体对儿茶酚胺类药物的敏感性，从而引起心律失常，合用须谨慎。②肾上腺素可减弱口服降糖药以及胰岛素的作用。③临床实践表明，心室内注射肾上腺素弊多利少；静脉注射如有困难，可由气管注入（应先稀释，量不少于 10ml），注入后应稍停人工呼吸，以利药物吸收。

【商品信息】

（1）发展史　1895 年首次发现肾上腺素提取物具有升高血压的作用，1899 年从中提取出肾上腺素。

（2）生产商　远大医药（中国）有限公司等。

【贮藏】遮光、密封保存。溶液变为棕色或发生沉淀，不可再用。

多巴胺【药典(二);基;医保(甲)】

Dopamine

【其他名称】3 - 羟酪胺，DA

【药理作用】在中枢，多巴胺是抑制性递质。在外周，本药除了激动多巴胺受体外，也激动 α 和 β 受体；作用与剂量或浓度有关。治疗量主要激动血管 α 受体，使皮肤黏膜血管收缩，血压升高，而对血管总外周阻力几乎无影响。对内脏血管呈现扩张作用，使外周阻力下降；可以使肾血流量增加，从而使尿量增加，肾功能得以改善。

【适应证】是目前抗休克治疗中最常用的药物，用于治疗各种休克，如感染性休克、心源性休克和出血性休克。对于伴有心肌收缩力减弱及尿量减少者较为适宜。本药尚可与利尿药合用治疗急性肾衰竭。

【制剂规格】注射液：2ml：20mg。

【用法用量】静脉注射，成人开始时每分钟按体重 1～5μg/kg，10 分钟内以每分钟 1～4μg/kg 速度递增，以达到最大疗效。

【药物评价】

（1）药效　本药与肾上腺素相似，口服易被破坏，$t_{1/2}$ 为 2～7 分钟，常采用静脉滴注给药以维持有效血药浓度。因不易透过血 - 脑屏障，故外源性多巴胺无中枢作用。

（2）不良反应　①有恶心、呕吐、心悸等。②过量可致心律失常，一旦发生，应减慢滴速或停药。③长期静滴可发生手足末端处坏死，应注意。

（3）注意事项　①嗜铬细胞瘤、心动过速或心室颤动患者禁用。②血管闭塞的患者慎用。

【商品信息】

生产商　上海禾丰制药有限公司等。

【贮藏】遮光、密封保存。

即学即练 11 - 13

下列哪个药物是治疗过敏性休克的首选药（　　　）

A. 肾上腺素　B. 多巴胺　C. 异丙肾上腺素　D. 去甲肾上腺素

答案解析

任务 5 - 2　血管扩张药认知

异丙肾上腺素【药典(二);基;医保(甲)】
Isoprenaline

【其他名称】异丙肾，喘息定，ISO

【药理作用】强大的 β 受体激动药，非选择性激动 β_1、β_2 受体。①心脏，心肌收缩力增强，心率加快，传导加快，心输出量增多，也明显增加心肌耗氧量。②血管与血压，激动血管的 β_2 受体，使 β_2 占优势的冠状血管和骨骼肌血管舒张，尤其骨骼肌血管明显舒张。③支气管，松弛支气管平滑肌，缓解支气管痉挛，作用比肾上腺素强，但反复长期应用，容易产生耐受性。④代谢，促进糖原和脂肪分解，增加组织耗氧量。

【适应证】用于各种原因引起的休克，尤其感染中毒性休克；心搏骤停；完全性房室传导阻滞；哮喘急性发作。

【制剂规格】注射液：2ml：1mg。

【用法用量】救治心脏骤停，心腔内注射 0.5～1mg。吸入：用于哮喘以 0.25% 气雾剂每次吸入 1～2 揿，一日 2～4 次，喷吸间隔时间不得少于 2 小时。喷吸时应深吸气，喷毕闭口 8 秒，而后徐缓地呼气。极量一次吸入 0.4mg，一日 2.4mg。

【药物评价】

（1）药效　口服不产生吸收作用，舌下含化或气雾吸入均能迅速吸收。

（2）不良反应　治疗哮喘时气雾吸入剂量过大或过于频繁可出现心悸、室性心动过速或室颤等心律失常。

（3）注意事项　心绞痛、心肌梗死、甲状腺功能亢进及嗜铬细胞瘤患者禁用。

【商品信息】

生产商　上海禾丰制药有限公司、西南药业等。

【贮藏】遮光、密封保存。

即学即练 11 - 14

下列哪个药物可使骨骼肌血管和冠状动脉扩张（　　　）

A. 去甲肾上腺素　　B. 酚妥拉明　　C. 异丙肾上腺素　　D. 普萘洛尔

答案解析

其他抗休克药物见表 11 – 3。

表 11 – 3　其他抗休克药物

药物	作用与适应证	药物评价及商品信息
去甲肾上腺素【药典(二);基;医保(甲)】	主要兴奋 α_1、α_2 受体，呈现强大的缩血管作用（比肾上腺素强 1.5 倍），增加外周血管阻力及舒张压升高；冠状动脉血流量增加；肾血管收缩，尿量减少。主要用于休克的早期、嗜铬细胞瘤切除后低血压	本药稀释后口服，可使食管和胃内黏膜血管收缩产生局部止血的效果。静滴浓度过高、时间过长或药液外漏可使局部血管强烈收缩，导致组织缺血坏死。高血压、动脉硬化症、器质性心脏病禁用。注射液：1ml：2mg；2ml：10mg。生产商：上海禾丰制药
酚妥拉明【药典(二);基;医保(甲)】	短效 α 受体拮抗药，使血管扩张、血压下降、兴奋心脏。还有拟胆碱兴奋胃肠平滑肌的作用及组胺样增加胃酸分泌和皮肤潮红作用。主要用于感染中毒性休克、心源性休克。此外，也适用治疗急性心梗和顽固性充血性心衰	本药的拟胆碱作用可导致恶心、呕吐、腹痛、腹泻等消化道症状，可诱发溃疡。消化性溃疡患者禁用。静脉给药量大可引起心动过速、心律失常、心绞痛、体位性低血压等心血管功能紊乱。应缓慢注射或静脉滴注。冠心病患者慎用。注射用粉针：10mg。生产商：上海旭东海普药业

答案解析

目标检测

单项选择题

1. 下列哪个药物对 α 和 β 受体均有直接的强大的兴奋作用（　　　）
   A. 肾上腺素　　　　B. 异丙肾上腺素　　　　C. 多巴胺　　　　D. 去甲肾上腺素

2. 下列哪项不是休克的表现（　　　）
   A. 脉搏细数　　　　B. 四肢厥冷　　　　C. 尿量减少　　　　D. 呼吸困难

3. 下列哪个药物对伴有心肌收缩力减弱及尿量减少者较为适宜（　　　）
   A. 肾上腺素　　　　B. 异丙肾上腺素　　　　C. 多巴胺　　　　D. 去甲肾上腺素

4. 下列哪个药物能增加肾脏血流量可以与利尿药合用治疗急性肾衰竭（　　　）
   A. 肾上腺素　　　　B. 异丙肾上腺素　　　　C. 多巴胺　　　　D. 去甲肾上腺素

5. 下列哪个药物用于各种原因引起的休克，尤其感染中毒性休克（　　　）
   A. 肾上腺素　　　　B. 异丙肾上腺素　　　　C. 多巴胺　　　　D. 去甲肾上腺素

6. 下面哪个药物由于强大的缩血管作用，仅用于休克的早期，维持血压（　　　）
   A. 肾上腺素　　　　B. 异丙肾上腺素　　　　C. 多巴胺　　　　D. 去甲肾上腺素

7. 消化性溃疡禁用下列哪个药物（　　　）
   A. 多巴胺　　　　B. 酚妥拉明　　　　C. 肾上腺素　　　　D. 异丙肾上腺素

8. 下列哪个药物是目前抗休克治疗中最常用的药物（　　　）
   A. 多巴胺　　　　B. 酚妥拉明　　　　C. 肾上腺素　　　　D. 异丙肾上腺素

9. 下列哪个药物注射部位药物外漏会可使局部血管强烈收缩，导致组织缺血坏死的是（　　　）
   A. 肾上腺素　　　　B. 异丙肾上腺素　　　　C. 多巴胺　　　　D. 去甲肾上腺素

10. 下列哪个药物能舒张支气管平滑肌以缓解支气管哮喘，作用最强的是（　　　）
    A. 酚妥拉明　　　　B. 异丙肾上腺素　　　　C. 多巴胺　　　　D. 肾上腺素

任务6   调血脂及抗动脉粥样硬化药认知

PPT

学习引导

高脂血症表现为人体内血脂代谢紊乱。长期高血脂可以引起血液黏稠度增加和加速全身动脉粥样硬化，继而导致心脑血管梗死等，造成重要脏器的损伤。高脂血症是脑卒中、冠心病、心肌梗死、心脏猝死独立而重要的危险因素，不仅是中老年人常见病之一，而且已成为严重的社会健康问题。高脂血症有哪些种类，调血脂和抗动脉粥样硬化药又有哪些呢？

本任务重点介绍调血脂和抗动脉粥样硬化药物的品种，阐明常用调血脂和抗动脉粥样硬化药物的作用、适应证、制剂、用法、药物评价、商品信息、贮藏等。

学习目标

1. **掌握** 常用调血脂药的作用、适应证、制剂用法及药物评价。
2. **熟悉** 常见调血脂药的品种。
3. **了解** 常见调血脂药品的商品信息。

血脂异常俗称高血脂，系指血清中总胆固醇（TC）或低密度脂蛋白胆固醇（LDL – ch）、三酰甘油（TG）升高，或同时存在高密度脂蛋白胆固醇（HDL – ch）的降低。血脂异常是动脉粥样硬化和心肌梗死、脑梗死的高危因素。许多有关降低胆固醇防治心脑血管病的研究结果表明，降低血浆胆固醇可降低冠心病、心肌梗死、脑卒中发生的危险性。

对于血脂异常的治疗以改变生活方式（包括饮食、运动）为基础。当生活方式改变无效时，开始药物治疗，同时坚持控制饮食和改善生活方式。调血脂和抗动脉粥样硬化药物有以下几类。

1. 羟甲基戊二酰辅酶 A 还原酶抑制剂 又称作他汀类，本类药物对羟甲基戊二酰辅酶 A（HMG – CoA）产生竞争性的抑制作用，使血总胆固醇（TC）、低密度脂蛋白（LDL – ch）和载脂蛋白（Apo）B 水平降低，对动脉粥样硬化和冠心病的防治产生作用。该类药物也降低三酰甘油（TG）水平和轻度升高高密度脂蛋白（HDL – ch）。主要有辛伐他汀、洛伐他汀、阿托伐他汀、瑞舒伐他汀和匹伐他汀等。

2. 贝丁酸类药 降低 TG 为主要治疗目标时的首选药，常规剂量下可以使 TG 降低 25% ~ 50%，优于其他调节血脂药。包括氯贝丁酯、非诺贝特、吉非贝齐、苯扎贝特、环丙贝特等。

3. 烟酸类 属于 B 族维生素，当用量超过作为维生素作用的剂量时，可有明显的降脂作用，使极低密度脂蛋白（VLDL – ch）的生成减少，也可增加 VLDL – ch 的清除率，引起 TG 的降低。

4. 胆固醇吸收抑制剂 依折麦布是唯一被批准用于临床的选择性胆固醇吸收抑制剂。其选择性抑制位于小肠黏膜刷状缘的胆固醇转运蛋白（NPC_1L_1）的活性，有效减少胆固醇的吸收，降低血浆胆固醇水平以及肝脏胆固醇储量。

应用降脂药物时应注意采用联合用药则可得到较为满意的治疗效果，但应注意联合用药的安全性，尽量避免不良反应的发生。如辛伐他汀与吉非贝齐合用时，肌病的发生率可比单一种药应用时增高10 ~

20 倍。各种调血脂药物都有一些不良反应，不同患者对同一种药物的疗效和副作用也有差别。因此，在用药期间应注意药物反应，定期随访，定期复查血脂、肝功能、肌酶和血尿酶，以便调整药物或换药、停药。

 实例分析 11－6

> **实例**　王某，男，38 岁，身高 178cm，体重 65kg，经体检查出高血脂，王某表示不能理解。
>
> **问题**　1. 如果王某向你咨询，该如何向王某解释？
> 　　　　　2. 请你为其提供健康指导。

答案解析

任务 6－1　羟甲基戊二酰辅酶 A 还原酶抑制剂认知

辛伐他汀【药典(二);基;医保(甲、乙)】　微课6

Simvastatin

【其他名称】　舒降之，舒降脂

【药理作用】　羟甲基戊二酰辅酶 A（HMG－CoA）还原酶为肝内合成胆固醇的限速酶。他汀类药物竞争性抑制 HMG－CoA 还原酶的活性，抑制内源性胆固醇合成，为血脂调节剂。能降低血清胆固醇（TC）、三酰甘油（TG）、低密度脂蛋白（LDL）及肝脏 TC 浓度，亦可减少 VLDL 的合成，升高高密度脂蛋白（HDL）水平。还有抗炎、抗氧化、减少内皮素生成、抑制血小板聚集、稳定斑块、抗血栓等作用。

【适应证】　用于高脂血症，冠心病、缺血性脑卒中的防治。

【制剂规格】　片剂：10mg；20mg。

【用法用量】　口服：如需要可掰开服用。高胆固醇血症：一般始服剂量为每天 10mg，晚间顿服。根据胆固醇水平，调整服用剂量。

【药物评价】

（1）药效　他汀类广泛用于治疗血脂异常，是以胆固醇升高为主的高脂血症患者的首选治疗药物。他汀类主要降低血浆 TC 和 LDL－C。且一定程度上降低 TG 和 VLDL，轻度升高 HDL－C 水平，对动脉粥样硬化和冠心病的防治产生作用，适用于杂合子家族性高胆固醇血症、原发性高胆固醇血症等疾病，对糖尿病性和肾性高脂血症也有效。

（2）不良反应　常见腹胀、腹痛、便秘、腹泻、头痛、眩晕、肌痛、视物模糊、皮疹等。忌用于妊娠、哺乳期妇女及肝炎患者。定期（4~6 周）查肝功能，若氨基转移酶升高达 3 倍以上，应停药。

（3）注意事项　本药与考来烯胺合用，降脂作用更强。

【商品信息】

（1）发展史　他汀类药物在医药发展史中是一个里程碑式的药物，开创了冠心病防治的新纪元，其问世后，动脉粥样硬化斑块才有逆转的可能。1976 年，日本生物化学家远藤从青霉菌培养液中提取出美伐他汀，发现其可抑制 HMG－CoA 还原酶，降低实验动物血浆胆固醇水平。而后发现结构比美伐他汀多一个甲基的洛伐他汀对高胆固醇血症具有更显著疗效，能明显降低冠心病的发病和死亡率，因而在 1987 年被 FDA 批准成为第一个上市的他汀类药物。阿托伐他汀（立普妥）1985 年由辉瑞制药合成，

1997 年首先在英国被批准使用，随后在美国上市，成为第五个被美国 FDA 批准用于治疗高胆固醇患者的他汀类药物，也是世界上第一个年销售额达百亿美元的处方药。

（2）生产商　杭州默沙东制药、广州南新制药等。

【贮藏】遮光，密封保存。

即学即练 11 - 15

答案解析

下列哪个药物是以胆固醇升高为主的高脂血症患者的首选治疗药物（　　）

A. 考来烯胺　　　B. 氯贝丁酯　　　C. 烟酸　　　D. 辛伐他汀

任务 6 - 2　贝丁酸类药认知

非诺贝特【药典(二);基;医保(乙)】

Fenofibrate

【其他名称】利必非、力平之等

【药理作用】贝特类降脂药既有调血脂作用，也有非调脂作用。非诺贝特能显著降低 TG，中度降低 TC、LDL - C 和 VLDL，抗动脉粥样硬化机制与过氧化物酶体增殖物激活受体 α 的激活密切有关。

【适应证】用于治疗以 VLDL 升高为主的高胆固醇血症，或以 TG 升高为主的混合型高脂血症；也用于治疗低 HDL 和存在动脉粥样硬化风险的患者。

【制剂规格】片剂：0.1g。胶囊：0.1g；0.2g；0.25g。分散片：0.1g。

【用法用量】成人常用量口服，一次 0.1g，每日 3 次，维持量一次 0.1g，每日 1 ~ 2 次。（胶囊一粒 0.2g，一日服用 1 次）。为减少胃部不适，可与饮食同服；肾功不全及老年患者用药应减量；治疗 2 个月后无效应停药。

【药物评价】

（1）药效　配合饮食控制，该药可长期服用，并应定期监测疗效。

（2）不良反应　不良反应较轻，主要为消化道反应，如轻度腹痛、腹泻、恶心。偶有头痛、乏力、失眠皮疹、脱发、肌痛、尿素氮增加、氨基转移酶升高等。

（3）注意事项　有肝胆疾病、肾功能不全者及妊娠期妇女、儿童禁用。

【商品信息】

（1）发展史　1975 年首次应用于临床，现已在全球多达 85 个国家和地区上市。法国 Laboratories Fournier 公司生产的 Lipanthyl 占领国内近 80% ~ 90% 的市场份额，国内排在首位的是上海爱的发制药有限公司的利必非。

（2）生产商　上海爱的发制药有限公司、法国利博福尼制药公司等。

【贮藏】遮光，密闭保存。

即学即练 11 - 16

答案解析

下列哪个药物显著降低 TG，中度降低 TC、LDL - C 和 VLDL（　　）

A. 考来烯胺　　　B. 非诺贝特　　　C. 烟酸　　　D. 辛伐他汀

任务 6-3　烟酸类药认知

阿昔莫司[药典(二);医保(乙)]
Acipimox

【其他名称】乐知苹，益平等

【药理作用】阿昔莫司是一种烟酸类衍生物，抑制脂肪组织释放游离脂肪酸，致使游离脂肪酸进入肝脏减少，TG 合成受阻，可使血浆 TG 明显降低，HDL 升高，与胆汁酸结合树脂类合用可加强其降低 LDL-C 和 VLDL 的作用，作用较强而持久。

【适应证】用于治疗高三酰甘油血症（Ⅳ型）、高胆固醇血症（Ⅱa 型）、高三酰甘油合并高胆固醇血症（Ⅱb 型）。

【制剂规格】胶囊：0.25g。

【用法用量】推荐剂量为一次 1 粒，一日 2~3 次，进餐时或餐后服用，较低剂量用于Ⅳ型高三酰甘油血症，较高剂量用于Ⅱa 及Ⅱb 型高胆固醇血症。

【药物评价】

（1）药效　通常在服药治疗一个月内，血脂状况即有改善。

（2）不良反应　在治疗初期可引起皮肤血管扩张，提高对热的敏感性，如面部潮热或肢体瘙痒，这些症状通常在治疗后几天内消失，不需停药。偶有中度胃肠道反应（胃灼热感、上腹隐痛、恶心、腹泻、眼干和荨麻疹）及头痛的报道。极少数患者有局部或全身过敏反应（如皮疹、荨麻疹、斑丘疹、唇水肿、哮喘样呼吸困难、低血压等）应立即停药并对症处理。

（3）注意事项　①在使用阿昔莫司治疗之前，应先采取低胆固醇饮食、低脂肪饮食和停止酗酒的治疗措施。②肾功能不全患者根据肌酐清除率数据减低剂量：肌酐清除率 60~30 ml/min，一次 150mg，一日 2 次；30~10ml/min，一次 150mg，一日 1 次；<10ml/min，一次 150mg，隔日 1 次。③同服考来烯胺时，不会影响本品的吸收。④对需长期服用者，应定期作血脂及肝肾功能检查。

【商品信息】

（1）发展史　由意大利 Farmitalia CarilErba 公司研发，1985 年在意大利上市。

（2）生产商　Pfizer Italia S. r. l.（意大利）、鲁南贝特制药有限公司。

【贮藏】遮光，密闭保存。

即学即练 11-17

下列哪个药物是烟酸类调血脂药物（　　）

答案解析　　A. 普罗布考　　B. 非诺贝特　　C. 阿昔莫司　　D. 辛伐他汀

任务 6-4　胆固醇吸收抑制剂认知

依折麦布[医保(乙)]
Ezetimibe

【其他名称】益适纯

【药理作用】通过抑制胆固醇转运蛋白抑制胆固醇吸收，不影响胆汁酸分泌、脂溶性维生素及其他固醇类物质吸收，也不抑制胆固醇在肝脏中的合成。

【适应证】 本品可单独或联合用于以胆固醇升高为主的患者，特别适合作为不能耐受他汀类药物治疗者的替代药物。主要用于原发性高胆固醇血症的治疗。高胆固醇血症者经常规剂量他汀类治疗后胆固醇水平仍不达标者，可联合应用依折麦布。不适于或不能耐受他汀类治疗的高胆固醇血症患者和中、重度高胆固醇血症患者。与贝丁酸类或烟酸类药联合用于混合型血脂异常患者。与常规剂量他汀类药物联合用于慢性肾脏疾病患者预防心血管事件。

【制剂规格】 片剂：10mg。复方片剂：依折麦布10mg和辛伐他汀20mg。

【用法用量】 口服，一日1次，一次10mg，可在一日之内任何时间服用，可空腹或与食物同时服用。治疗过程中，应坚持适当的低脂饮食。可单独服用或与他汀类联合应用或与非诺贝特联合应用。

【药物评价】

（1）药效　口服后，广泛结合成具药理活性的酚化葡萄糖苷酸（依折麦布－葡萄糖苷酸）。依折麦布－葡萄糖苷酸结合物在服药后1～2小时内达到平均血浆峰浓度（c_{max}），而依折麦布则在4～12小时出现平均血浆峰浓度。几乎不经肝酶CYP代谢，很少与其他药物相互影响，具有良好的安全性和耐受性。

（2）不良反应　普遍耐受性良好，不良反应轻微且呈一过性。单独应用本品会出现头痛、腹痛、腹泻等不良反应。

（3）注意事项　①妊娠及哺乳期妇女慎用。②慎用于胆道梗阻患者。③本品不受饮食或脂肪影响而相应降低LDL－ch水平，但剂量超过10mg/d对降低LDL－ch水平无增效作用。④不能与葡萄柚汁合用，以免血药浓度升高而发生不良反应。

【商品信息】

（1）发展史　默沙东公司（在美国和加拿大被称为默克）研发、生产，商品名"益适纯"，是第一个胆固醇吸收抑制剂。

（2）生产商　新加坡先灵葆雅公司（被默沙东公司收购）。

【贮藏】 避光、密封、在干燥处保存。

即学即练 11 –18

下列哪个药物是胆固醇吸收抑制剂（　　　）

答案解析　A. 依折麦布　　B. 非诺贝特　　C. 阿昔莫司　　D. 辛伐他汀

任务 6 –5　减肥降脂药认知

肥胖是体内脂肪尤其是三酰甘油积聚过多而导致的一种状态。肥胖可分原发性肥胖和继发性肥胖两大类。原发性肥胖可能与遗传、饮食和运动习惯等有关，继发性肥胖与某些疾病有关。平时我们所见到的肥胖多属于前者，占比高达99%。肥胖者多数伴有血脂高、血压高、血糖高、代谢紊乱等并发症，对人的健康危害很大，对肥胖的治疗要采取综合疗法主要包括合理膳食、适量运动、减少摄入、增加排出。

减肥药主要从抑制食欲、增加脂肪的分解、减少脂肪的吸收等发挥作用。抑制食欲，曾经有安非拉酮、右苯丙胺、芬氟拉明、西布曲明等批准上市使用。但是都因安全性问题被禁止使用。

目前批准上市的减肥药，主要是抑制肠道消化吸收的药物，销量最大的是奥利司他。此类药物有阻滞消化酶的作用，从而阻滞胃肠道吸收。

奥利司他
Orlistat

【其他名称】艾丽、舒尔佳

【药理作用】在消化道与脂肪酶的丝氨酸残基结合，使脂肪酶失活，不能将食物中的脂肪分解为游离脂肪酸，不能被吸收和利用。

【适应证】用于肥胖症及高脂血症。

【制剂规格】胶囊：120mg。

【用法用量】口服，一次 120mg，一日 3 次，餐中或餐后 1 小时服用。服药 2 周后体重开始下降，可连续服用 6 ~ 12 个月，剂量增大至一日 400mg 以上时，其作用不再增强。

【药物评价】

（1）药效　为长效和强效的特异性胃肠道脂肪酶抑制剂，可减少脂肪的吸收，减轻体重。作用于局部，不通过全身吸收发挥药效。

（2）不良反应　主要不良反应表现为便秘、腹痛、腹泻、头晕、月经紊乱、皮疹等。

（3）注意事项　①患慢性吸收不良综合征、胆汁淤积及对奥利司他过敏的患者禁用。②可引起脂溶性维生素的血浆浓度下降，尤其是维生素 E，宜适当补充维生素。

【商品信息】

（1）发展史　瑞士罗氏制药公司开发，商品名 Xenical，1998 年 8 月在新西兰首次上市，同年 11 月在英国和法国上市，1999 年在美国上市。是目前世界较为流行的减肥药，占据世界减肥药市场 2/3 的市场份额。2000 年在国内上市。

（2）生产商　上海罗氏制药、杭州中美华东制药、重庆华森制药、鲁南新时代药业等。

【贮藏】遮光，密闭保存。

即学即练 11-19

下列哪个药物是胃肠道脂肪酶抑制剂（　　　）

答案解析　A. 依折麦布　　B. 非诺贝特　　C. 阿昔莫司　　D. 奥利司他

其他调血脂药见表 11-4。

表 11-4　其他调血脂药

药物	作用与适应证	药物评价及商品信息
普伐他汀[药典(二);医保(乙)]	能降低血中胆固醇的水平。用于饮食疗法无法控制的原发性高胆固醇血症及冠心病的二级预防	①对纯合子家族性高胆固醇血症疗效差。②治疗期间，应定期检查肝功能。有肝脏疾病史或饮酒史的患者应慎用本品。③偶可引起 CPK 升高，如升高值为正常上限的 10 倍应停止使用。使用过程中，患者如出现不明原因的肌痛、触痛、无力，特别是伴有不适和发热者，应立即报告医生。片剂：10mg。生产商：中美上海施贵宝制药等

续表

药物	作用与适应证	药物评价及商品信息
氟伐他汀【医保(乙)】	能明显降低血清总胆固醇、LDL 和血清 TG。用于饮食不能完全控制的高胆固醇血症	可导致转氨酶升高,若 GOT 或 GPT 持续超过正常上限 3 倍者,应中止治疗。有肝病及过量饮酒史者慎用。对伴有无法解释的弥漫性肌痛、肌肉触痛或肌无力以及肌酸磷酸激酶明显升高,被确诊或怀疑为肌病的患者,应停止治疗。严重肾功能不全患者不推荐应用本药。胶囊:20mg。生产商:北京诺华制药等
普罗布考【药典(二);医保(乙)】	对三酰甘油的影响小,有显著的抗氧化作用,能抑制泡沫细胞的形成,延缓动脉粥样硬化斑块的形成,消退已形成的动脉粥样硬化斑块	服用本品对诊断有干扰:可使氨基转移酶、胆红素、肌酸磷酸激酶、尿酸、尿素氮短暂升高。服用本品期间应定期检查心电图 Q-T 间期。服用三环类抗抑郁药、Ⅰ类及Ⅲ类抗心律失常药和吩噻嗪类药物的患者服用本品发生心律失常的危险性大。片剂:125mg。生产商:齐鲁制药等
血脂康胶囊【药典(一);基;医保(甲)】	除湿祛痰,活血化瘀,健脾消食。本品用于脾虚痰瘀阻滞症的气短、乏力、头晕、头痛、胸闷、腹胀、食少纳呆等;高脂血症;也可用于由高脂血症及动脉粥样硬化引起的心脑血管疾病的辅助治疗	一般耐受性良好,大部分副作用轻微而短暂;常见不良反应为肠道不适,如胃痛、腹胀、胃部灼热等;偶可引起血清氨基转移酶和肌酸磷酸激酶可逆性升高;罕见乏力、口干、头晕、头痛、肌痛、皮疹、胆囊疼痛、浮肿、结膜充血、尿道刺激症状。胶囊:0.3g。生产商:北京北大维信生物科技有限公司

目标检测

答案解析

单项选择题

1. 降脂药不包括（　　）
   A. 考来烯胺　　　　　B. 烟酸　　　　　C. 洋地黄毒苷　　　　　D. 辛伐他汀

2. 能抑制肝 HMG-CoA 还原酶活性的药物是（　　）
   A. 阿昔莫司　　　　　B. 考来烯胺　　　　　C. 非诺贝特　　　　　D. 洛伐他汀

3. 下列药物以降低 TG 为主要治疗目标的首选药是（　　）
   A. 阿昔莫司　　　　　B. 考来烯胺　　　　　C. 非诺贝特　　　　　D. 洛伐他汀

4. 下列药物属于 B 族维生素,当用量超过作为维生素作用的剂量时,可有明显的降脂作用,引起 TG 的降低的是（　　）
   A. 烟酸　　　　　B. 考来烯胺　　　　　C. 非诺贝特　　　　　D. 洛伐他汀

5. 下列药物除了降脂作用外,还有抗炎、抗氧化、减少内皮素生成、抑制血小板聚集、稳定斑块、抗血栓等作用的是（　　）
   A. 贝丁酸类药　　　　　　　　　　　B. 羟甲基戊二酰辅酶 A 还原酶抑制剂
   C. 烟酸类　　　　　　　　　　　D. 胆固醇吸收抑制剂

6. 下列药物与他汀类药物联合应用时增加肌病的风险的是（　　）
   A. 烟酸　　　　　B. 非诺贝特　　　　　C. 考来烯胺　　　　　D. 洛伐他汀

7. 下列哪个药物治疗 2 个月无效,应立即停药（　　）
   A. 烟酸　　　　　B. 考来烯胺　　　　　C. 非诺贝特　　　　　D. 洛伐他汀

8. 下列药物在消化道与脂肪酶的丝氨酸残基结合,使脂肪酶失活的是（　　）
   A. 非布司他　　　　　B. 考来烯胺　　　　　C. 非诺贝特　　　　　D. 奥利司他

9. 下列药物对三酰甘油的影响小,有显著的抗氧化作用,能延缓动脉粥样硬化斑块的形成,消退已形成的动脉粥样硬化斑块的是（　　）

A. 普罗布考　　　　　B. 考来烯胺　　　　　C. 非诺贝特　　　　　D. 洛伐他汀
10. 下列药物可引起脂溶性维生素的血浆浓度下降，宜适当补充维生素的是（　　　）

A. 阿昔莫司　　　　　B. 考来烯胺　　　　　C. 非诺贝特　　　　　D. 奥利司他

实训 16　心血管系统药品分类陈列、处方调配及用药指导

【实训目的】

1. 掌握心血管系统药品的商品信息，能够熟练掌握按用途、剂型及分类管理要求陈列药品的能力。

2. 掌握处方审核、调配、复核、包装标识、发药等处方调配的能力。熟悉医院处方审核主要内容及典型错误类型。

3. 养成严谨求实的工作态度，明确心血管药品的使用原则及注意事项，并进行用药指导。

【实训准备】

多媒体教室、实训处方、模拟药店、药品（可用包装盒等代替）、货架等道具

【实训内容】

1. **任务布置**　对学生进行分组，按小组查找药品陈列的原则与规定、心血管系统药品的商品信息、用药注意事项等。

2. **药品陈列**　熟悉模拟药房，注意心血管药物中多规格的药品。

3. **角色扮演、情景模拟**　通过小组模拟表演正确完成处方调配的完成过程。发药时，由学生对照处方，逐一交代每种药品的名称、数量、使用方法和注意事项，对特殊药品的保存方法、用法用量等重要信息要详细说明，直至取药者完全理解，发药结束后，如果患者有疑问，应尽量解答。

4. **教师点评**　教师针对药品陈列、处方调配、用药指导等方面进行点评。

【实训评价】

评价内容	评分标准	得分
药品陈列（20 分）	在规定时间内能准确从模拟药房中拿取教师指定的四种药品，每种 5 分	
处方调配（70 分）	审核处方 10 分： 审核正确（5 分）；陈述理由（5 分）	
	调配处方 20 分： 药名、剂型正确（5 分）；规格正确（5 分）；数量正确（5 分）；无遗漏无错拿（5 分）	
	核查核对 15 分： "四查十对"（5 分）；核对后签名（5 分）；正确书写并粘贴标签（5 分）	
	发药（25 分）： 呼唤患者姓名（2 分）；介绍药物名称及种类（5 分）；介绍用法用量（5 分）；介绍不良反应（5 分）；介绍用药注意事项，给予患者用药指导（5 分）；学生着装得体、有职业礼仪、态度和蔼可亲（3 分）	
实训报告（10 分）	实训结果记录字迹工整，能思考讨论，认真分析总结（10 分）	
合计（100 分）		

实训 17　降脂减肥、高血压、冠心病健康教育

【实训目的】

1. 掌握高脂血症的危害，能够正确掌握调血脂及减肥药品的商品信息，能够熟练掌握高脂血症的防治原则。

2. 掌握高血压的危害及治疗过程中监测血压和按医嘱服药的重要性，掌握高血压的非药物治疗。

3. 掌握冠心病的危害，熟悉冠心病的一级预防。

【实训准备】

多媒体教室、模拟药店、药品（可用包装盒等代替）、货架等道具

【实训内容】

1. 任务布置 对学生进行分组，模拟①高血压伴肥胖患者的药物方案制定；②高血压伴高血脂患者的药物方案制定；③高血压伴高血脂伴心绞痛患者的药物方案制定。

2. 角色扮演、情景模拟 小组通过分别模拟患者及药师，表演问病的过程及初步指定药物治疗方案，并根据3个不同病例向患者进行健康教育。高血脂患者的防治原则：①改变饮食习惯，提倡科学合理的饮食结构；②建立良好的生活习惯，提倡健康的生活方式；③及时应用药物进行系统治疗。高血压患者的治疗要进行综合干预，有药物治疗和非药物治疗。冠心病患者要重视一级预防。

3. 教师点评 教师针对问病、荐药、用药指导健康教育等方面进行点评。

【实训评价】

评价内容	评分标准	得分
问病（40分）	主要症状及持续时间（15分）	
	诱因（5分）	
	伴随症状（5分）	
	诊治过程（5分）	
	询问家族史、既往病史和药物过敏史（5分）	
	一般情况（5分）	
推荐药物（50分）	选药合理（10分）	
	陈述理由（10分）	
	介绍用法用量（10分）	
	介绍不良反应（5分）	
	介绍用药注意事项（5分）	
	生活指导（5分）	
	健康教育（5分）	
实训报告（10分）	实训结果记录字迹工整，能思考讨论，认真分析总结（10分）	
合计（100分）		

书网融合……

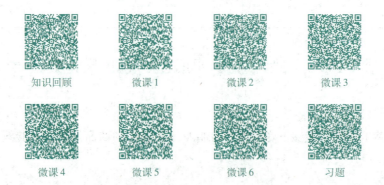

知识回顾　　　微课1　　　微课2　　　微课3

微课4　　　微课5　　　微课6　　　习题

学习引导

泌尿系统是由肾、输尿管、膀胱、尿道及与其有关的血管神经组成，主要功能是生成和排出尿液，将人体内代谢产生的废物和毒素排泄出去，以调节机体的水盐和酸碱平衡，维持机体内环境稳定。泌尿系统疾病病因复杂，各器官（肾脏、输尿管、膀胱、尿道）都可发生疾病，并波及整个系统。泌尿系统疾病患病率呈上升趋势，仅次于高血压、糖尿病、关节炎等疾病。泌尿系统疾病主要表现为排尿改变、尿液改变、肿块、疼痛等，也可能表现在其他方面，如高血压、水肿、贫血等。

生殖系统疾病如前列腺增生的疾病症状与泌尿系统疾病症状很容易混淆，都可出现排尿障碍症状。如何判断是泌尿系统疾病还是生殖系统的前列腺增生疾病引起的排尿障碍症状呢？如果有尿频、尿急、尿潴留的症状如何选择药物缓解症状呢？

泌尿、生殖系统用药按其作用特点可分为利尿药、脱水药、抗尿崩症药和抗良性前列腺增生药。本单元主要介绍这些药物的作用、适应证、制剂用法及药物评价。

📖 **学习目标**

1. **掌握**　托拉塞米、氢氯噻嗪、盐酸阿米洛利、甘露醇和坦洛新的作用、适应证、制剂、用法及药物评价。

2. **熟悉**　常见利尿、脱水、抗尿崩症和治疗良性前列腺增生的药物品种如呋塞米、布美他尼、氯噻酮、环戊噻嗪、螺内酯、氨苯蝶啶、高渗葡萄糖、甘油果糖、垂体后叶粉、鞣酸加压素、非那雄胺等。

3. **了解**　常见利尿、抗尿崩症、脱水和良性前列腺增生药品的商品信息。

任务 1　利尿药与脱水药认知

PPT

水肿是指血管外的组织间隙或体腔中积聚过多的体液，而使全身或局部发生肿胀现象，为临床常见症状之一。与肥胖不同，当手指按压皮下组织少的部位时，水肿患者有明显的凹陷。水肿常见于心、肝、肾性疾病，其病因及病理变化虽不相同，但其共同点是钠、水在细胞间液增加，Na^+潴留是水肿形成的主要因素，如急、慢性肾功能衰竭引起的水肿、心源性水肿、肾性水肿、肝性水肿、急性肺水肿、脑水肿等。

利尿药是一类直接作用于肾脏，促进体内电解质和水的排出，使尿量增加、水肿消退的药物。主要用于治疗各种水肿性疾病，与降压药合用于治疗高血压，或用于促进某些经肾脏排泄的药物、毒物中毒时的排泄，也用于其他疾病如肾结石、尿崩症、高钙血症和钙结石、青光眼等的治疗。

脱水药是一类在体内不被代谢或代谢较慢，静脉给药后能迅速升高血浆渗透压及肾小管腔的渗透压，引起组织脱水的药物，又称为渗透性利尿药。相同浓度时，分子量越小，产生的渗透压越高，脱水能力越强。主要用于脑水肿、青光眼及急性肾衰竭。

常见的利尿药及脱水药根据其作用部位、作用机制分类如下。

1. 袢利尿药　强效利尿药。主要抑制髓袢升支粗段髓质部和皮质部，抑制了 $Na^+ - K^+ - 2Cl^-$ 同向转运机制，抑制 Cl^- 的主动重吸收，随之抑制 Na^+、K^+ 的重吸收，如呋塞米、依他尼酸、布美他尼、托拉塞米等。肾功能减退者可适量选用该类利尿药，但忌用依他尼酸（依他尼酸耳毒性最强，目前基本不用，呋塞米次之，布美他尼耳毒性较小）。对顽固性水肿者可联合使用袢利尿药、噻嗪类、保钾利尿药，但应避免过度利尿或长期用药。

2. 噻嗪类利尿药　中效利尿药。主要抑制髓袢升支粗段皮质部和远曲小管的前段，抑制 $Na^+ - Cl^-$ 同向转运，抑制 Na^+、Cl^- 重吸收，如氢氯噻嗪、苄氟噻嗪、贝美噻嗪等。中效利尿药是临床常用的一类药物，各药之间的利尿作用强度差异很大，以环戊噻嗪作用最强，苄氟噻嗪、氯噻酮、氢氯噻嗪作用依次减弱，氯噻嗪最弱，临床最常用的是作用平缓的氢氯噻嗪。肾功能正常者常选用该类利尿药。长期用药需补充钾盐，必要时加用保钾利尿药。对于尿崩症患者，通过轻度的容量缩减作用，增强近曲小管的重吸收，有抗利尿作用。

3. 留钾利尿药　弱效利尿药。作用于远曲小管远端及集合管，拮抗醛固酮受体，抑制 $K^+ - Na^+$ 交换，Na^+、Cl^- 重吸收减少排出增加，而起利尿作用，由于阻断 $K^+ - Na^+$、$H^+ - Na^+$ 交换，减少钾、氢离子分泌，起留钾作用。如螺内酯、氨苯蝶啶、阿米洛利等。

4. 碳酸酐酶抑制剂　抑制近曲小管及其他部位（如眼房）对碳酸氢钠的重吸收，利尿作用弱，用于治疗青光眼，以降低眼压，如醋甲唑胺、乙酰唑胺（副作用大、市场少见）、二磺法胺等。

5. 其他　具有利尿作用的药物：①渗透性利尿药，甘露醇、山梨醇、甘油、高渗葡萄糖等，临床常用为甘露醇；②黄嘌呤类，最常用为氨茶碱；③酸性盐类，最常用为氯化铵。

6. 中药利尿药　如五苓散（猪苓、泽泻、白术、茯苓、桂枝）、五皮饮（陈皮、茯苓皮、生姜皮、桑白皮、大腹皮）等。

 知识链接 --

排钠利尿剂的开发史

1937 年，Southworth 发现使用磺胺类抗菌药治疗患者时，患者的钠和水的排泄均增加，尿液呈碱性，随后研究发现磺胺为碳酸酐酶抑制剂。1949 年 Schwartz 成功使用磺胺类药治疗心力衰竭患者，Karl Beyer 受此启发，将磺胺药做了一系列结构变化并在动物身上测试其利尿效果，首先用羧基替代芳香环上的氨基合成对羧基苯磺酰胺（CBS），这个产品不仅增加钠也增加氯的排泄，然后尝试在间位引入另 1 个氨磺酰基团，发现产品的效力大大增加……经过不断努力终于合成 6 – 氯 – 2H – 1, 2, 4 苯并噻二嗪 – 7 – 磺酰胺 1, 1 – 二氧化物（氯噻嗪，商品名 DIURIL），这是人类历史上第 1 个合成的利尿药，具有划时代意义。随后的 10 年里，Beyer 及其团队将氯噻嗪的结构进一步修改，合成了氢氯噻嗪、依他尼酸和阿米洛利，将作用于肾小管不同部位的利尿剂都合成出来了。20 世纪 50～60 年代成为利尿剂开发的黄金时代，目前常用的螺内酯（1959）和呋塞米（1966）都是那时合成出来的。90 年代开发了一些新的产品，如托拉塞米和阿佐塞米（1995），这些产品作用机理与传统的呋塞米等相同，但在药代动力学方面有改善。

排钠利尿药的发展史，教育我们善于在用药过程中观察异常现象，它可能给予我们新药研发的启示，并学会善于总结规律，是应用到其他创新研究的基础。

托拉塞米【药典(二)；医保(乙)】
Torasemide

【其他名称】 拓赛，特苏敏，特苏尼

【药理作用】 为袢利尿药。磺酰脲吡啶类利尿药，抑制 Na^+，K^+-2Cl^- 的同向转运，还可抑制远曲小管上皮细胞醛固酮与其受体结合，进一步增强利尿、排钠效果。

【适应证】 用于水肿性疾病，慢性心衰，原发性及继发性高血压，急性毒物或药物中毒等。

【制剂规格】 片剂、胶囊：5mg；10mg。注射液：1ml：10mg；2ml：20mg；5ml：50mg。

【用法用量】 不同疾病、治疗慢性心力衰竭、肝硬化慢性肾功能衰竭等使用方法及剂量不同，详见药品说明书。

【药物评价】

（1）药效 为高效利尿药，是新一代强效、长效利尿剂，利尿作用是呋塞米的 2～4 倍。口服起效缓和，生物利用度高，作用时间长，长期治疗患者耐受好，低毒，安全。

（2）不良反应 电解质紊乱发生少，不良反应相对较少。①主要有瘙痒、皮疹、咳嗽、疲劳、失眠、恶心、消化不良、便秘、腹泻、肌肉紧张、直立性低血压等。②可见高血糖、低血钾、高尿酸血症、低钙血症等。③有耳毒性。

（3）注意事项 ①贫血、糖尿病、痛风、高尿酸血症、高脂血症、有胰腺炎史、肝胆疾病患者慎用。②对本品、磺胺类药及磺酰脲过敏及无尿者禁用。③与水杨酸盐在肾小管的分泌竞争，合用会增加本品毒性。宜缓慢注射，否则可能发生短暂性听力障碍，注射时间不短于 2 分钟。④开始用本药前须纠正排尿障碍，尤其老年患者治疗开始前应检测血电解质、血容量情况。⑤用药期间驾驶车辆或操作机械应谨慎。⑥几乎无利尿抵抗，耐受性好，抑制醛固酮活性好，对血钾、血钙影响小。一日一次给药，排钾作用明显弱于其他强效袢利尿药，排碱性尿，对糖、脂类无明显影响。

【商品信息】

（1）发展史 1993 年在德国上市，次年在美国上市。2003 年 12 月进入我国，2004 年被批准为国家二类新药。注射剂占市场份额 80% 以上。国内第一个生产托拉塞米水针剂的是南京新港医药有限公司，商品名"特苏尼"。

（2）生产商 南京新港医药、正科医药、江苏苏中药业等。

【贮藏】 遮光，密封，置干燥处保存。

氢氯噻嗪【药典(二)；基；保(甲)】 微课 1
Hydrochlorothiazide

【其他名称】双氢克尿噻

【药理作用】①利尿作用，主要抑制远曲小管前段对氯化钠的重吸收，从而增加远曲小管和集合管的 Na$^+$-K$^+$ 交换，K$^+$ 分泌增多，使钠、钾、氯、磷和镁等离子排泄增加，而对尿钙排泄减少。②降压作用，温和而确切的降压作用，可增强其他降压药的降压作用。③能减少肾原性尿崩症的尿量，起抗利尿作用。

【适应证】 用于治疗各型水肿性疾病、中枢性或肾性尿崩症，原发性高血压、特发性高尿钙症、肾结石等。

【制剂规格】 主要为片剂：10mg；25mg。

【用法用量】 口服。利尿：成人一次 25~50mg，一日 1~2 次，或隔日服用，或连服 3~4 日后停药 3~4 日。降压：成人一日 12.5~25mg，一次或分 2 次服用，老年人可从一次 12.5mg，一日 1 次开始，并按降压效果调剂量。停药时应缓慢停药。

【药物评价】

（1）药效　为中效利尿药，基础降压药，可单独或与其他降压药联合应用。服用方便、作用温和、疗效确切、价格低廉，应用于临床多年，是目前最常用的利尿药之一，被美国最新高血压防治指南（JNC）、欧洲心脏学会（ESC）以及中国高血压防治指南推荐为高血压治疗的一线药物。

（2）不良反应　①常见水、电解质紊乱。较易发生低钾血症，低氯性碱中毒或低氯、低钾性碱中毒、低钠血症等，血糖、血尿酸、血胆固醇、血氨、血钙升高，血磷、血镁及尿钙降低。②少见过敏反应、白细胞减少或缺乏症等。

（3）注意事项　①肾功能减退者、糖尿病患者、高尿酸血症或有痛风病史者、肝功能损害者、高钙血症者、低钠血症者、系统性红斑狼疮、低血压、交感神经切除者，有黄疸的婴儿等慎用。②老年人应用本品易发生低血压、电解质紊乱和肾功能损害。③长期使用，注意补充钾盐或与保钾利尿药合用。④对本品或磺胺类药过敏及无尿者禁用。⑤每日一次给药时，应早晨给药。

【商品信息】

（1）发展史　1957 年氯噻嗪问世，我国于 1958 年开始生产氢氯噻嗪。利尿剂是抗高血压药的主要药物之一，占有抗高血压药物 10% 的市场份额，价格便宜。

（2）生产商　北京华素制药、北京太洋药业、哈药集团制药四厂等。

【贮藏】 遮光，密封保存。

盐酸阿米洛利 [药典(二)；医保(乙)]

Amiloride

【其他名称】 氨氯吡脒、蒙达清、武都力

【药理作用】 保钾利尿药，作用于远曲小管，抑制 Na$^+$-K$^+$ 交换，促使钠、氯排泄而减少钾、氢离子分泌。无拮抗醛固酮作用，利尿作用较弱，多与噻嗪类或髓袢类利尿药物合用，保钾排钠利尿。

【适应证】 主要用于高血压病、心力衰竭、肝硬化等病以致水肿和腹水，也用于难治性低钾血症的辅助治疗。

【制剂规格】 片剂：2.5mg。复方阿米洛利片：阿米诺利 5mg：氢氯噻嗪 50mg。

【用法用量】 口服，一次 2.5~5.0mg，一日 1 次，必要时一日 2 次，早晚各一次或遵医嘱，与食物同服。详见药品说明书。

【药物评价】

（1）药效　口服吸收差但迅速。利尿及抗高血压活性虽较弱，仍为目前排钠保钾利尿药中作用最强者。复方阿米洛利具有阿米洛利留钾能力强、作用起始快、服用剂量小、持续时间长等特点，又有氢

氯噻嗪利尿能力强的性能。用于高血压、心力衰竭、肝硬化等病导致的水肿和腹水。

（2）不良反应　单独使用，常见高钾血症，偶见低钠血症、高钙血症、轻度代谢性酸中毒、胃肠道反应、便秘、头痛、头晕、性功能下降、直立性低血压、皮疹甚至呼吸困难等。罕见中性粒细胞减少。

（3）注意事项　①无尿、肾功能损害、糖尿病、糖尿病性肾病变、酸中毒和低钠血症、妊娠期、哺乳期、老年人慎用；②无尿、严重肾功能减退、高钾血症者禁用；③不宜与含钾药物或其他留钾利尿药等合用。

【商品信息】

（1）发展史　1964 年由美国默克公司研制，70 年代初用于临床，1981 年由美国 FDA 批准上市，我国于 1990 上市。江苏迪赛诺制药有限公司生产的复方片剂销量好，商品名为"武都力（Moduretic）"。

（2）生产商　芜湖康奇制药、苏州东瑞制药、江苏瑞年前进制药、杭州民生药业等。

【贮藏】密闭，避光储存。

即学即练 12 – 1

答案解析

以下哪个药物有利尿作用，同时也可以抗利尿，还经常与钙拮抗剂、沙坦类抗高血压药物做成复方制剂，具有较好的降压效果（　　　）

A. 呋塞米　　　B. 托拉塞米　　　C. 盐酸阿米洛利　　　D. 氢氯噻嗪

甘露醇【药典(二)；基；医保(甲、乙)】

Mannitol

【其他名称】己六醇、甘露糖醇

【药理作用】为单糖，在体内不被代谢，经肾小球滤过后在肾小管内不被重吸收，起到渗透利尿作用；不易透入组织，能迅速提高血浆渗透压，起到组织脱水作用。具有利尿、清除缺血损伤时的自由基、降低血黏度、改善脑血液循环作用。

【适应证】用于组织脱水，降低眼内压，渗透性利尿，药物过量或毒物中毒的排泄，术前肠道准备，作为冲洗剂等。

【制剂规格】注射剂，20% 高渗溶液：100ml：20g；250ml：50g；3000ml：150g 等。

【用法用量】除肠道准备外，均应静脉给药。治疗脑水肿、颅内高压和青光眼，按体重 0.25 ~2g/kg，配制为 15% ~25% 浓度于 30 ~60 分钟内静脉滴注。

【药物评价】

（1）药效　吸收少、起效快、作用持续时间长，为临床上最常用的脱水药，是目前治疗急性脑血管疾病脑水肿、降低颅内压有效药物之一。

（2）不良反应　常见水和电解质紊乱，还可见寒战、发热、排尿困难、尿潴留等。

（3）注意事项　①静脉滴注时出现药物漏出血管外，可用 0.5% 普鲁卡因局部封闭，并热敷处理。②根据病情选用合适的浓度和剂量。③用药中一旦出现糖尿病高渗性昏迷立即停药。④气温较低时本品易析出结晶，可置热水（80℃）中使完全溶解，否则不能使用。⑤严重失水者、肾损害或肾功能障碍者、颅内活动性出血者、心力衰竭患者、急性肺水肿患者等禁用。老年人应适当控制剂量。高钾血症、低钠血症、低血容量等慎用。

【商品信息】

（1）发展史　甘露醇是一种重要的海洋生物活性物质，我国于1964年开始生产，还用于化工、生物化学等方面，需求量较大，价格低廉。

（2）生产商　北京双鹤药业、完达山制药厂、华润双鹤药业、哈药制药六厂等。

【贮藏】遮光，密闭保存。

其他利尿药、脱水药见表12-1。

表12-1　其他利尿药、脱水药

药物	作用与适应证	药物评价及商品信息
氯噻酮【药典(二)】	利尿作用与氢氯噻嗪相当，作用持续时间24~72小时。用于水肿性疾病、高血压、中枢性或肾性尿崩症、肾石症	对碳酸酐酶抑制作用比氢氯噻嗪强。降压效果比氢氯噻嗪好。片剂：50mg；100mg。生产商：上海黄河制药等
呋塞米【药典(二)；基；医保(甲)】	作用适应证同托拉塞米	作用强、疗效好、价格低廉，是临床最常用的利尿药之一。不良反应相对多。片剂和注射剂为主。我国于1966年生产，生产商：哈药集团三精制药
布美他尼【药典(二)；医保(乙)】	利尿作用比呋塞米强20~60倍。排钾作用小于呋塞米，耳毒性小于呋塞米，具有高效、速效、短效和低毒的特点。适应证同呋塞米	不良反应基本同托拉塞米。为一新型利尿药，可作为呋塞米的代用品，口服吸收完全迅速，疗效好、毒性低、价格适中。片剂：1mg。我国1980年生产，生产商：福州海王福药
螺内酯【药典(二)；基；医保(甲)】	保钾利尿药，结构与醛固酮相似，为醛固酮受体拮抗剂，用于原发性醛固酮增多症、预防低钾血症、高血压、水肿性疾病等	口服吸收快，利尿作用弱而缓慢、持久。最常见高钾血症，易见胃肠道反应等。严重心衰者要注意监测血钾。临床较为常用，销量较大。片剂、胶囊：20mg。我国于1973年生产。生产商：杭州民生药业
氨苯蝶啶【药典(二)；基；医保(甲)】	为保钾利尿药。直接抑制K^+-Na^+交换，临床用于各种水肿性疾病，纠正继发性醛固酮分泌增多，并拮抗其他利尿药的排钾作用	作用较迅速。与其他利尿药如氢氯噻嗪合用时，能显著增强各自的利尿作用和减轻不良反应。常见电解质紊乱，可引起高钾血症。片剂：50mg。生产商：上海集成药厂
山梨醇【药典(二)；医保(乙)】	渗透利尿药。用于脑水肿，以降低颅内压，防止脑疝，并可降低眼内压而治疗青光眼，还用于作冲洗剂、促进毒物排泄、术前肠道准备、辅助性利尿等	临床常用、价格低廉。常见电解质紊乱、寒战、发热、排尿困难。注射液：20%。1958年合成，我国1961年生产。生产商：石家庄瑞雪制药
甘油果糖【药典(二)；基；医保(甲)】	一种复方制剂，是高渗透性脱水药。甘油能参与脑代谢过程，改善脑代谢；果糖不需胰岛素即可被代谢利用；氯化钠能调节电解质平衡。本品为高能量输液，在体内产生生热量，增加脑组织耗氧量，促进脑代谢，增强细胞活力。用于脑血管病、脑外伤、脑肿瘤、颅内炎症及其他原因引起的急慢性颅内压增高、脑水肿等	本品常用其氯化钠注射剂，静滴：一次250~500ml，1~2次/日。不良反应少而轻微，大量快速输入时可产生乳酸中毒。偶见瘙痒、皮疹、溶血、血红蛋白尿、血尿，偶有高钠血症、低钾血症、头痛、恶心、口渴，较少出现倦怠感。生产商：南京正大天晴制药有限公司、西安力邦制药等
五苓散【药典(一)；基；医保(甲)】	温阳化气，利湿行水。用于阳不化气、水湿内停所致的水肿，症见小便不利、水肿腹胀、呕逆泄泻、渴不思饮	服食过多可出现头晕、目眩、口淡、食欲减退等。宜清淡饮食，忌辛辣、油腻和煎炸类食物。五苓散：7g；9g；12g。生产商：哈药集团三精制药

实例分析

  实例 某老年患者，70岁，近期因高血压伴有肾病综合征，出现水钠潴留、排尿困难等症状。医生给予依那普利联合氢氯噻嗪使用，效果较好，血压控制稳定，排尿困难缓解，继续同样用药。两个月之后，老人检查发现蛋白尿且血钾低。

  问题 1. 出现该症状的原因是什么？

     2. 如何合理调整用药？

答案解析

即学即练 12 - 2

以下哪个药物不是用于组织渗透性脱水药（ ）

 A. 甘露醇 B. 氨茶碱 C. 甘油果糖 D. 高渗葡萄糖

答案解析

任务 2　治疗良性前列腺增生药认知

PPT

  前列腺体位于男性膀胱颈下方，中间有尿道穿过，前列腺增生，排尿首先受影响。早期症状多为夜尿增多、排尿时间延长，继而有排尿困难、尿流无力变细、尿滴沥，病情严重时出现血尿、尿潴留，个别患者出现尿失禁，最终可发展至肾功能衰竭而危及生命。良性前列腺增生（BPH）是中老年男性较为常见的疾病，发病率随年龄增长而增加。重症通过手术治疗，但轻度和中度症状的前列腺增生患者，首选药物治疗。常用药品如下。

  1. α 受体拮抗药 α_1 受体拮抗药通过阻滞前列腺体、膀胱颈部丰富的 α 受体，选择性地作用于前列腺及膀胱颈的平滑肌，降低其张力，使尿道平滑肌松弛及尿道闭合压力下降，改善梗阻症状，缓解排尿困难。药物有阿夫唑嗪、哌唑嗪、特拉唑嗪、坦洛新、多沙唑嗪、酚苄明等。

  2. 5α - 还原酶抑制剂 抑制 5α - 还原酶，使睾酮不能转化为双氢睾酮，降低体内雄激素双氢睾酮的合成，阻止前列腺增生，甚至部分促进增生的前列腺体积缩小，缓解前列腺尿道的阻力，使排尿通畅。药物有非那雄胺、度他雄胺等。与 α 受体拮抗剂合用起协同作用。

  3. 植物制剂 一类是花粉类制剂，如普适泰、前列康等，为天然植物的花粉制剂，含丰富的营养物质，有多种生物活性，对前列腺增生有独到的效果。另一类是植物类制剂，如非洲臀果木提取物等，为植物提取物，有利尿、杀菌、抗炎、减轻前列腺腺组织充血的作用，能缓解前列腺增生的症状。

　知识链接

抗尿崩症药物

  尿崩症是由于下丘脑垂体后叶病变致使加压素（抗利尿素）分泌或释放减少引起的疾病，主要症状为多尿、烦渴及失水，能缓解这些症状的药称为抗尿崩症药物。主要有氢氯噻嗪、垂体后叶粉和鞣酸加压素等。垂体后叶粉主要成分为抗利尿激素（加压素），有抗利尿作用，临床适用于尿崩症，对垂体功能减退性尿崩症疗效较好，用药后能较快地减少尿量和减轻口渴症状。鞣酸加压素用于诊断和治疗由于缺乏抗利尿激素引起的尿崩症，也用于其他药物效果不佳的腹部肌肉松弛，主要用于中、重型尿崩症。抗癫痫药物卡马西平，可用于中枢性尿崩症；降血脂药氯贝丁酯可刺激神经垂体释放出抗利尿素。

坦洛新【基；医保(乙)】 微课2

Tamsulosin

【其他名称】坦索罗辛、哈乐

【药理作用】新型 α 受体拮抗剂，选择性地阻断膀胱颈、前列腺腺体及被膜的平滑肌 $α_1$ 受体，降低平滑肌张力，降低下尿路阻力，改善因前列腺肥大引起的排尿障碍。

【适应证】主要用于因前列腺增生所致的排尿障碍等症状，如尿频，夜尿增多、排尿困难等。更适用于轻，中度患者及未导致严重排尿障碍者，如已发生严重尿潴留时不应单独服用本品。

【制剂规格】缓释片剂、缓释胶囊剂：0.2mg。

【用法用量】成人一次 0.2mg，一日 1 次，饭后服用；根据年龄和症状酌情增减剂量。详见说明书。

【药物评价】

(1) 药效　通过改善尿道、膀胱颈及前列腺部位平滑肌功能而改善排尿障碍作用，降低前列腺内尿道内压，对膀胱内压无影响，还可用于排石，效果明显。

(2) 不良反应　①偶有精神神经症状，如头晕、头痛、失眠等。②消化系统症状，如恶心、呕吐、胃部不适、食欲减退等。③其他，如过敏反应、皮疹、直立性低血压、肝功能损伤等。

(3) 注意事项　①患者应排除前列腺癌方可使用。②应用抗高血压药物患者，在开始服用时，应注意对血压的影响，不要咀嚼胶囊内颗粒，过量会引起血压降低。③与降压药合用时会增强降压效果。④直立性低血压者，肝肾功能不全者、对磺胺过敏者、哺乳期妇女、孕妇慎用。

【商品信息】

(1) 发展史　本品是第一个针对前列腺增生疾病的长效 $α_1$ 受体拮抗剂，由日本山之内制药公司开发，是目前全球治疗良性前列腺增生症的最常用药物。1993 年以商品名"Harnal l"首次上市，在欧洲商品名为"flomax"。该药于 1996 年投入我国市场，国内商品名为"哈乐"。2014 年 8 月，口崩缓释片（商品名"新哈乐"）在中国正式上市。

(2) 生产商　日本山之内制药公司、浙江海力生制药、安斯泰来制药、恒瑞医药等。

【贮藏】密封保存。

其他治疗良性前列腺增生药见表 12-2。

表 12-2　其他治疗良性前列腺增生药

药物	作用与适应证	药物评价及商品信息
特拉唑嗪【药典(二)；基；医保(甲)】	为高选择性长效 $α_1$ 受体拮抗药。可随剂量的增加疗效加强。用于缓解良性前列腺增生症，也用于高血压治疗	有头晕、视物模糊等轻症不良反应，大多无需停药。有首剂效应，可与食物同服以减轻胃肠不适症状。片剂、胶囊：2mg。由美国雅培公司研发，生产商：扬子江药业等
非那雄胺【药典(二)；基；医保(乙)】	为 5α-还原酶的竞争性抑制药。用于改善良性前列腺增生症状；降低发生急性尿潴留的危险性；降低需进行经尿道切除前列腺和前列腺切除术的危险性	口服后吸收好，临床应用广泛，销售额高，不良反应较轻微、短暂，耐受性好，偶见乳房不适和皮疹、性功能影响等。起效慢，用药三个月后才能发挥满意疗效，长期应用要监测前列腺癌。片剂、胶囊：5mg。由默沙东开发，2006 年国内开始生产，生产商：湖南百草制药、苏州东瑞制药等

续表

药物	作用与适应证	药物评价及商品信息
普适泰【医保(乙)】	为植物花粉提取物组成的复方制剂。用于良性前列腺增生症，慢性、非细菌性前列腺炎及前列腺疼痛等	不良反应少见，长期服用对性功能无影响。显效慢，要 3~6 个月才收到明显效果。可在进食时或单独服用。普适泰片剂：70mg。1978 年在瑞典法玛西亚普强公司生产上市，1996 年在中国上市销售。生产商：南京美瑞制药等
普乐安【药典(一);基;医保(甲)】	抗前列腺增生、抗炎、抑菌、抗氧化、改善微循环和利尿的作用。用于肾气不固所致的癃闭，慢性前列腺炎及前列腺增生	宜饭前服用。过敏体质者慎用。感冒发热患者不宜用。忌辛辣、生冷、油腻食物。忌烟酒。胶囊：0.375g/粒。为我国开发的植物花粉提取物口服制剂，1980 年上市，1982 年获准在法国上市。目前许多国家将其作为处方药出售。生产商：浙江康恩贝制药等
非洲臀果木提取物	为非洲臀果木提取物，有抗炎作用，能抑制前列腺或纤维细胞过度增生及保护膀胱作用。用于良性前列腺增生	偶见胃肠道不适。饭前服。一个疗程6 周。非洲臀果木提取物胶囊剂：50mg。在非洲，臀果木已使用了几千年，用于治疗前列腺增生，也用于治疗尿道性疾病，20 世纪 60 年代起，欧洲开始大量应用。生产商：法国利博福尼制药

 目标检测

答案解析

单项选择题

1. 易引起低血钾的利尿药是（　　　）

    A. 氢氯噻嗪　　　　　　B. 阿米洛利　　　　　　C. 氨苯蝶啶　　　　　　D. 螺内酯

2. 耳毒性最强的利尿药是（　　　）

    A. 依他尼酸　　　　　　B. 布美他尼　　　　　　C. 呋塞米　　　　　　D. 氢氯噻嗪

3. 下列可能引起高血钾的是（　　　）

    A. 盐酸阿米洛利　　　　B. 盐酸坦洛新　　　　　C. 呋塞米　　　　　　D. 氢氯噻嗪

4. 袢利尿药的作用部位是（　　　）

    A. 远曲小管　　　　　　　　　　　　　　　　B. 髓袢降支粗段皮质部

    C. 髓袢升支粗段髓质部　　　　　　　　　　　D. 髓袢升支粗段髓质部和皮质部

5. 以下哪个药物既具有利尿作用又具有抗利尿作用（　　　）

    A. 呋塞米　　　　　　　B. 托拉塞米　　　　　　C. 氢氯噻嗪　　　　　　D. 阿米洛利

6. 不用于治疗良性前列腺增生的药物是（　　　）

    A. 坦洛新　　　　　　　B. 非那雄胺　　　　　　C. 垂体后叶粉　　　　　D. 度他雄胺

7. 下列哪一项不是高渗葡萄糖的特点（　　　）

    A. 浓度为 50%　　　　　　　　　　　　　　B. 浓度为 20%

    C. 具有组织脱水作用，持续时间短　　　　　D. 有渗透利尿作用

8. 坦洛新不具有的不良反应是（　　　）

    A. 头痛、头晕、失眠　　　　　　　　　　　B. 高血压

    C. 恶心、呕吐、胃部不适　　　　　　　　　D. 过敏反应

9. 以下关于氢氯噻嗪错误的说法是（　　　）

A. 可以抗高血压
B. 不可以和其他抗高血压药同时使用

C. 利尿
D. 抗利尿

10. 以下哪个药物不属于泌尿系统药物（　　）

A. 呋塞米
B. 黄体酮

C. 坦索罗辛
D. 坦洛新

书网融合……

知识回顾　　　　微课1　　　　微课2　　　　习题

学习引导

呼吸系统由呼吸道和肺组成。发生在呼吸道和肺的疾病是人们熟悉的病种之一，如感冒、咳嗽、支气管炎、哮喘等为常见病、多发病。疾病主要表现为咳、痰、喘、炎。通常咳、痰、喘的症状由炎症引起，四者常同时存在并相互影响，因此，呼吸系统疾病常根据病情采用镇咳、祛痰、平喘、抗炎等药联合治疗。既然呼吸系统疾病会伴有咳、痰、喘、炎症状表现，那除了使用镇咳、祛痰、平喘的药物，可能还会涉及哪些药物呢？

本单元主要介绍镇咳药、祛痰药、平喘药的作用、适应证、制剂用法及药物评价。

📖 学习目标

1. **掌握**　磷酸可待因、氢溴酸右美沙芬、盐酸氨溴索、氯化铵、二羟丙茶碱、盐酸丙卡特罗、丙酸倍氯米松、扎鲁司特的作用、适应证、制剂、用法及药物评价。

2. **熟悉**　常见呼吸系统药物的品种如苯佐那酯、苯丙哌林、喷托维林、乙酰半胱氨酸、羧甲司坦、愈创甘油醚、沙丁胺醇、特布他林、丙卡特罗、氨茶碱、布地奈德等的作用及适应证。

3. **了解**　常见呼吸系统药品的商品信息。

任务 1　镇咳药认知

PPT

咳嗽是一种症状，是人体的一种保护性呼吸反射动作。通过咳嗽，有利于痰液、呼吸道异物及其他病理性产物从气管、支气管中排出，使呼吸道清洁，呼吸顺畅。轻度咳嗽一般不需要用镇咳药，但长期，剧烈而频繁的咳嗽不仅影响睡眠和休息，甚至引起喉痛，音哑，呼吸道出血等。此时，需要使用镇咳药使之缓解。

常见的咳嗽反射弧包括：呼吸道神经末梢感受器、传入神经、延髓咳嗽中枢、传出神经、效应器。抑制或阻断咳嗽反射弧中任何一环节都能起到镇咳作用。镇咳药根据作用部位不同主要分为以下几类。

1. 中枢镇咳药　抑制咳嗽中枢。包括成瘾性及非成瘾性两大类。成瘾性中枢镇咳药为吗啡生物碱及其衍生物，镇咳作用强，但久服有成瘾性，一般按特殊药品管理，如可待因、福尔可定等；非成瘾性中枢镇咳药镇咳作用强，久服不成瘾，如右美沙芬等，有的同时有呼吸兴奋作用，且无成瘾，如福米诺苯、氯哌斯汀、普罗吗酯等。

2. 外周性镇咳药　抑制外周传入神经或感受器，如那可丁、普诺地嗪、苯佐那酯等。有的还兼有抗过敏等作用，如左羟丙哌嗪、氯苯达诺、二氧丙嗪等。

3. 兼有中枢与外周两种作用　如苯丙哌林、喷托维林、依普拉酮、地美索酯等。

应用镇咳药之前，应明确病因，针对病因进行治疗。对于剧烈无痰的干咳，为减轻患者痛苦，避免剧烈咳嗽引起并发症，应给予镇咳药治疗。对于痰多患者、老年人、婴幼儿不易咳痰者需要使用祛痰药，若单独使用镇咳药，易导致积痰排不出，继发感染，或者阻塞呼吸道，引起窒息。

中成药类的镇咳祛痰药物具有止咳化痰效果好，口感佳，毒副作用低的特点，且符合我国人民的传统用药习惯，大约占镇咳祛痰药物50%以上的市场份额。

 知识链接 ⏤⏤⏤⏤⏤⏤⏤⏤⏤⏤⏤⏤⏤⏤⏤⏤⏤⏤⏤⏤⏤⏤⏤⏤⏤⏤⏤⏤⏤

临床常见咳嗽类型

（1）干咳　流行性感冒引发的咳嗽多为干咳，或有少量薄白痰，并多伴有发热（39℃以上）、头痛及咽痛。

（2）突发性咳嗽　上呼吸道感染多为突发性咳嗽，咽喉炎亦可导致喉咙发痒，出现突发性咳嗽。

（3）持续性咳嗽　慢性支气管炎、支气管扩张、变异性哮喘、气管异物等多引起持续性咳嗽，部分胸膜炎患者随着胸膜腔内渗出液的增多，有时也会出现持续性咳嗽，并伴有胸痛和呼吸困难。

（4）阵发性剧咳　百日咳多见，表现为阵发性剧咳。

（5）变态反应性咳嗽　咳嗽持续时间较长，一般超过1个月，应用抗生素治疗效果不佳。

（6）其他　咳嗽伴黄色或淡黄色痰液，往往提示呼吸系统存在细菌性感染；咳嗽伴黄绿色痰液，多见于肺结核及慢性支气管炎；咳嗽伴铁锈色痰液，一般为大叶性肺炎；支气管扩张、哮喘发作及肺炎初期，咳嗽往往伴有大量黏稠痰液。

在使用镇咳药时需严谨，根据不同病因、不同年龄、不同生理特性、不同症状等辨证施治、对症下药，同时须注意避免千人一方、顾此失彼，方能获得"药到病除"的理想疗效。

⏤⏤⏤⏤⏤⏤⏤⏤⏤⏤⏤⏤⏤⏤⏤⏤⏤⏤⏤⏤⏤⏤⏤⏤⏤⏤⏤⏤⏤⏤⏤⏤⏤⏤⏤⏤⏤⏤⏤

磷酸可待因[药典（二）] e微课1

Codeine Phosphate

【其他名称】 可待因、磷酸甲基吗啡

【药理作用】 对延髓的咳嗽中枢有选择性地抑制，镇咳作用强而迅速。也有镇痛作用、镇静作用。能抑制支气管腺体的分泌，可使痰液黏稠，难以咳出，故不宜用于多痰黏稠的患者。

【适应证】 适用于较剧烈的频繁干咳，中度以上的疼痛，局麻或全麻时的镇静。

【制剂规格】 片剂：15mg；30mg。复方磷酸可待因组分为：马来酸溴苯那敏、磷酸可待因、盐酸麻黄碱、愈创甘油醚。

【用法用量】 口服为主，小儿、成人及老人常用量不同，用于镇痛、镇咳等目的不同时，用法用量有差异，详见说明书。

【药物评价】

（1）药效　镇咳作用强大而迅速，镇咳强度约为吗啡的1/4，镇痛作用约为吗啡的1/12～1/7，但强于一般镇痛药。耐受性及成瘾性等作用较吗啡弱。按"麻醉药品"管理。

（2）不良反应　①较多见的不良反应有：心理变态或幻想，呼吸微弱、缓慢或不规则，心率或快或慢、异常。②少见的不良反应有惊厥、耳鸣、震颤或不能自控的肌肉运动等；荨麻疹、瘙痒、皮疹或

脸肿等过敏反应；精神抑郁和肌肉强直等。③长期应用可引起依赖性。

（3）注意事项　①支气管哮喘、急腹症、胆结石、原因不明的腹泻、颅脑外伤或颅内病变、前列腺肥大及诊断未明确时慎用。②重复给药可产生耐药性，久用有成瘾性。③婴幼儿、孕妇、哺乳期妇女慎用，分娩时禁用。

【商品信息】

（1）发展史　1832 年从阿片中提取分离得到，现主要由吗啡半合成。除磷酸可待因外，还有氨酚双氢可待因、复方磷酸可待因等制剂。

（2）生产商　上海信谊百路达药业、青海制药厂、南京白敬宇制药等。

【贮藏】避光、密封保存。

氢溴酸右美沙芬 [药典（二）；医保（乙）]
Dextromethorphan Hydrobromide

【其他名称】氢溴酸右甲吗喃，美沙芬、普西兰、奥卜克

【药理作用】为非成瘾性中枢镇咳药。选择性地抑制延脑的咳嗽中枢，产生强大而迅速镇咳作用。

【适应证】用于干咳，包括上呼吸道感染（如感冒和咽炎）、支气管炎等引起的咳嗽。

【制剂规格】片剂、胶囊、软胶囊、颗粒剂：15mg。缓释片：15mg；30mg。

【用法用量】口服：成人 一次 15 ~ 30mg，一日 3 ~ 4 次。详见说明书。

【药物评价】

（1）药效　镇咳作用强大而迅速，其作用强度与可待因相等或稍强。治疗剂量对呼吸中枢无抑制作用，无镇痛作用和成瘾性。

（2）不良反应　偶有头晕、轻度嗜睡、口干、便秘、恶心、食欲不振等。

（3）注意事项　①痰多的患者慎用。妊娠三个月内妇女、有精神病史者、服用单胺氧化酶抑制剂停药不满两周的患者禁用。哺乳期妇女禁用。②不得与单胺氧化酶抑制剂及抗抑郁药并用。不宜与乙醇及其他中枢神经系统抑制药物并用。③超量使用可导致死亡或严重不良反应，应根据药品说明书剂量正确服用，不能滥用或超剂量使用。

【商品信息】

（1）发展史　1954 年，由瑞士罗氏公司开发上市，1956 年被美国 FDA 列为非处方药，WHO 于 1988 年认为"右美沙芬是取代可待因的一种安全性较高的镇咳药"。1988 年在我国上市，目前是很多感冒药复方制剂中的一种辅助成分，含量很少。

（2）生产商　珠海联邦制药、广东华南药业、大连天宇奥森制药、河南润弘制药等。

【贮藏】遮光、密封保存。

其他镇咳药见表 13 - 1。

表 13 - 1　其他镇咳药

药物	作用与适应证	药物评价及商品信息
苯丙哌林 [药典（二）]	为非成瘾性镇咳药，不仅直接抑制咳嗽中枢，还阻断肺牵张感受器产生的肺迷走神经反射。适用于各种原因引起的刺激性干咳	镇咳作用较可待因强 2 ~ 4 倍，起效快，不抑制呼吸。不造成便秘，无成瘾性，未发现耐药性。粉末可引起口腔一过性麻木感，服用片剂时勿嚼碎。片剂、胶囊：20mg。我国 1985 年投产，大连奥森制药厂海滨分厂等生产

续表

药物	作用与适应证	药物评价及商品信息
枸橼酸喷托维林【药典(二);基;医保(甲)】	为非成瘾性中枢镇咳药，强度为可待因的1/3，兼具中枢和外周性镇咳作用，有轻度阿托品样作用和局麻作用。用于各种原因引起的干咳、阵咳。对小儿百日咳效果佳	是市场占有量较大的镇咳药品之一。偶见便秘，或轻度头痛、头晕、口干、恶心、腹泻等不良反应。痰多者应与祛痰药合用。枸橼酸喷托维林片剂、糖浆剂、滴丸剂等，片剂：25 mg。我国1961年生产本品。生产商：上海信谊制药总厂等生产
复方甘草片【药典(二);基;医保(甲)】	以口服片剂和口服液为常见剂型的祛痰镇咳药。本品为复方制剂，其组分为甘草浸膏粉、阿片粉、樟脑、八角茴香油、苯甲酸钠，其中甘草流浸膏为保护性镇咳祛痰剂，阿片粉有中枢镇咳，樟脑及八角茴香油能刺激性祛痰，协同增强祛痰镇咳效果	成人一次3～4片，一日3次。不良反应较少，有轻微的恶心、呕吐反应。本品不宜长期服用，久服可产生依赖成瘾性，如服用3～7症状未缓解，应及时咨询医师；胃炎及胃溃疡患者慎用；儿童慎用，运动员慎用。生产商：天津华津制药厂、北京双鹤药业等

即学即练 13 - 1

以下哪个镇咳药是非成瘾性药物，购买时不需要登记购买者身份证信息，也不限制购买（　　　）

答案解析　A. 氢溴酸右美沙芬　　B. 磷酸可待因　　C. 复方甘草片　　D. 福尔可定

任务 2　祛痰药认知

PPT

　　气管和支气管的黏液腺及杯状细胞经常分泌液体，用以湿润黏膜和吸附空气中的灰尘及微生物。正常情况下，气管黏膜上皮细胞的纤毛不断地向外摆动排除黏液及异物，当气管和支气管受到刺激，甚至发炎，则分泌液增加，黏附在气管黏膜上，形成痰液。痰液会刺激黏膜下感受器，使咳嗽加重，有利于病原体滋生，引起继发感染。痰、咳常相伴相生，促进痰液的排出是呼吸系统对症治疗的关键。

　　祛痰药是一类能稀释痰液或使其黏度降低而易于咳出的药物。分为以下几类。

　　1. 黏痰溶解药　降解痰中黏性成分（黏多糖、黏蛋白），黏度下降而易于咳出。如乙酰半胱氨酸、脱氧核糖核酸酶、溴己新、氨溴索、羧甲司坦、厄多司坦、糜蛋白酶。

　　2. 刺激性祛痰药　口服后直接刺激胃黏膜或呼吸道黏膜，反射性地促进腺体分泌或气道分泌，使痰液变稀，易于咳出，如氯化铵、愈创甘油醚、碘化钾等。

　　实例分析

　　实例　某患者，女，38岁，诉"6天前开始鼻塞、流涕、打喷嚏，3天后出现咳嗽，咳浓稠痰，无发热"。

　　问题　1. 该患者可能是什么疾病？

　　　　　　2. 如何给该患者选择镇咳，祛痰药？

答案解析

盐酸氨溴索【药典(二);基;医保(甲、乙)】 微课2

Ambroxol Hydrochloride

【其他名称】溴环己胺醇，沐舒坦

【药理作用】为溴己新在体内的活性代谢产物，为黏痰溶解剂，能增加呼吸道黏膜浆液腺的分泌，减少黏液腺分泌，从而降低痰液黏度，促进肺表面活性物质的分泌，增加支气管纤毛运动，使痰液易于咳出。

【适应证】适用于各种原因引起的痰液黏稠、咳痰困难，而不易咳出者。

【制剂规格】片剂、胶囊剂：30mg。缓释胶囊：75mg。口服液：100ml：0.6g。气雾剂：2ml：15mg。注射剂：2ml：15mg。

【用法用量】口服：成人及 12 岁以上的儿童每次 30 mg，一日 3 次，此为初始剂量，14 日后剂量可减半。详见说明书。

【药物评价】

（1）药效 新一代呼吸道黏液调节剂，口服吸收快且完全，祛痰作用显著超过溴己新，毒性小，具有良好的耐受性，可长期使用。

（2）不良反应 轻微的上消化道不良反应，如胃部灼热、消化不良，偶见恶心、呕吐；少见过敏反应，主要为皮疹；极少病例出现严重的急性过敏反应。

（3）注意事项 妊娠期特别是妊娠 3 个月内慎用；使用本品期间避免同服强力镇咳药；与抗菌药物如阿莫西林、头孢呋辛、红霉素、多西环素合用，可导致抗菌药物在肺组织浓度升高。

【商品信息】

（1）发展史 1968 年，德国勃林格殷格翰公司成功研制盐酸氨溴索，1978 年以"沐舒坦"为商品名在德国上市。1994 年，沐舒坦片剂在我国首次上市。本品制剂多，包括片剂，糖浆剂、颗粒剂、咀嚼片、口服溶液、注射剂、分散片、缓释胶囊、口腔崩解剂、泡腾片等十几种。作为溴己新的代用品，市场占有率较高。

（2）生产商 北京太洋药业司、上海信谊药业、江苏恒瑞医药等。销量最好的是上海勃林格殷格翰公司生产的"沐舒坦"。

【储藏】避光、密闭保存。

其他祛痰药见表 13-2。

表 13-2 其他祛痰药

药物	作用与适应证	药物评价及商品信息
氯化铵【药典(二)】	为恶心性及刺激性祛痰药，使痰液稀释，易于咯出。有利尿、酸化体液和尿液及纠正代谢性碱中毒作用。用于干咳及痰不易咳出等，酸化尿液，纠正代谢性碱中毒	该药疗效确切，价格低廉，常与其他止咳祛痰药配成复方制剂如复方贝母氯化铵片、复方枇杷氯化铵糖浆、喷托维林氯化铵糖浆、氯化铵甘草合剂等应用。偶有恶心、呕吐等胃刺激症状，过量或长期服用可造成酸中毒或低钾血症。肝、肾功能不全者，镰状细胞贫血患者，代谢性酸血症患者禁用。1936 年用于临床，生产商有：吉林益民堂制药等
盐酸溴己新【药典(二);基;医保(甲、乙)】	有较强的黏痰溶解作用。有效减低痰黏度，易于排出。用于慢性支气管炎、哮喘等黏痰不易咳出而造成气急的患者	偶有恶心、胃部不适，减量或停药后可消失。片剂：8mg。注射液：2ml：4mg。气雾剂：每瓶 14g。1936 年合成并用于临床。我国 1973 年投产，生产商：上海制药厂

续表

药物	作用与适应证	药物评价及商品信息
乙酰半胱氨酸【药典(二);基;医保(乙)】	为黏液溶解剂,有较强的黏痰溶解作用。用于痰液黏稠引起的呼吸困难、咳痰困难	口服吸收好,起效快。为我国最常用的黏痰溶解药之一。可引起支气管痉挛、恶心、呕吐、胃炎等不良反应。喷雾用乙酰半胱氨酸:每瓶 0.5g;1g。我国 1966 年投产。生产商:广东人人康药业
桉柠蒎【基;医保(乙)】	为祛痰药。适用于急慢性鼻窦炎、急慢性支气管炎、肺炎、支气管扩张、肺脓肿、慢性阻塞性肺部疾病、肺部真菌感染、肺结核和矽肺等呼吸道疾病,还可用于支气管造影术后,促进造影剂的排出	桉柠蒎肠溶软胶囊:0.12g;0.3g。4 岁到 10 岁儿童:急性患者一次 0.12g,一日 3～4 次。慢性患者一次 0.12g,一日 2 次。不良反应轻微,偶有胃肠道不适及过敏反应,如皮疹、面部浮肿、呼吸困难和循环障碍。生产商:北京九和药业有限公司等
羧甲司坦【药典(二);基;医保(甲、乙)】	为祛痰药,用于治疗慢性支气管炎、支气管哮喘等疾病引起的痰液黏稠、咳痰困难患者	可见恶心、胃部不适、腹泻、轻度头痛以及皮疹等不良反应,避免同时服用强镇咳药,以免痰液堵塞气道。有片剂、颗粒剂、溶液等常用剂型,不同剂型、不同规格的用法用量可能存在差异,请阅读具体药物说明书使用,或遵医嘱。生产商:赛诺菲药业、河北天成药业、广州白云山医药等
蛇胆川贝【药典(一);基;医保(甲)】	清肺,止咳,祛痰,平喘。用于肺热咳嗽,痰多	偶见药疹过敏反应。忌辛辣、油腻食物,忌烟酒。糖浆剂:10ml。生产商:广州潘高寿药业
养阴清肺丸【药典(一);基;医保(甲)】	养阴润燥,清肺利咽。镇咳、祛痰、抗炎、增强免疫功能等作用。用于阴虚肺燥、咽喉干痛、干咳少痰或痰中带血	糖尿病患者、痰湿壅盛,表现为痰多黏稠,或稠厚成块者禁用。蜜丸:9g。北京同仁堂股份有限公司同仁堂制药厂等生产
橘红丸【基;医保(甲、乙)】	清肺,化痰,止咳。用于痰热咳嗽,痰多,色黄黏稠,胸闷口干;急慢性气管炎见上述证候者	气虚喘咳及阴虚燥咳者禁用。脾胃虚寒,腹痛、喜暖、泄泻者慎用,过敏体质者慎用,孕妇禁用。忌烟酒及辛辣、生冷、油腻食物。蜜丸:6g。生产商:天津中新药业

即学即练 13－2

以下哪个药物不适合痰多,难于咳出的咳嗽患者（　　　　）

答案解析　A. 氨溴索　　B. 羧甲司坦　　C. 乙酰半胱氨酸　　D. 磷酸苯丙哌林

任务 3　平喘药认知

PPT

哮喘是一种世界范围内常见的、多发的慢性呼吸道疾病。在外界冷空气、烟、抗原等的刺激下,黏膜水肿或管壁增厚,气管变狭窄,使呼吸困难,出现哮喘,部分患者可成为终生痼疾。喘息也是不少呼吸系统疾病的重要症状,安全、有效的平喘药,可以缓解和消除症状。

平喘药是一类能有效缓解或预防哮喘发作的药物。平喘药发展迅速,品种多,西药大约有 90 多种,中成药大约有 80 多种。常用的平喘药分以下几类。

1. 支气管扩张药　扩张支气管平滑肌,缓解呼吸困难。

①β_2受体激动药　为控制哮喘急性发作的首选药,包括第一代的非选择性 β_2 受体激动药,如肾上

腺素、麻黄碱等，但很少单独用作平喘药。麻黄碱、伪麻黄碱用作感冒复方制剂的组方，但麻黄碱易被提取制毒，因此使用受限制；第二代短效选择性 β_2 受体激动药，如沙丁胺醇、特布他林等，对心血管系统副作用明显减少，目前较常用；第三代新型长效选择性 β_2 受体激动药，如沙美特罗、福米特罗等。

②茶碱类　磷酸二酯酶抑制剂，是目前常用的平喘药之一。主要有茶碱、氨茶碱、二羟丙茶碱等。

③M 受体拮抗药　主要用于单独用 β_2 受体激动药未能控制的哮喘，对慢性阻塞性肺疾病尤为合适，如异丙托溴铵、氧托溴铵、噻托溴铵等。

2. 抗炎平喘药　抑制气道炎症反应使管腔不变小，其中糖皮质激素是本类药中抗炎作用最强，并有抗过敏作用的药物。吸入给药治疗哮喘可以改善患者肺功能、降低气道高反应性、降低发作的频率和程度，改善症状，提高生活质量，当前防治哮喘最有效药物，目前已成为平喘药中的一线药物。临床常用局部作用强、吸收少的倍氯米松气雾剂。

3. 抗过敏平喘药　通过稳定肥大细胞膜，抑制过敏性介质释放发挥抗过敏和轻度的抗炎作用。

①传统抗过敏平喘药　如色甘酸钠、酮替芬等。其平喘作用起效较慢，主要用于预防哮喘发作。

②白三烯拮抗药　新型防治哮喘药物，既能缓解哮喘症状，又能减轻气道炎症，如扎鲁司特、孟鲁司特等。

4. 中药类　桂龙咳喘宁、肺力咳喘颗粒等。

二羟丙茶碱[药典(二)；医保(乙)]

Diprophylline

【其他名称】二羟基醛茶碱，丙羟基茶碱，甘油茶碱，喘定

【药理作用】为茶碱的中性衍生物，磷酸二酯酶抑制剂，松弛支气管平滑肌，对支气管黏膜的充血、水肿有缓解作用。在慢性阻塞性肺疾病，能阻断嘌呤受体，改善增强膈肌收缩力。

【适应证】用于支气管哮喘、喘息性支气管炎、阻塞性肺气肿等缓解喘息症状，心源性肺水肿而致喘息。

【制剂规格】片剂：0.2g。注射液：2ml：0.25g。

【用法用量】不同剂型，不同人群用法用量有差异，详见说明书。

【药物评价】

(1) 药效　扩张支气管作用为氨茶碱的 1/10，心脏兴奋作用仅为氨茶碱 1/20～1/10。

(2) 不良反应　常见不良反应：恶心、呕吐、胃部不适、食欲不振，也可见头痛、烦躁、易激动等。中毒时表现为心律失常、肌肉颤动或癫痫，血性呕吐物或柏油样便。

(3) 注意事项　①哮喘急性发作患者不宜首选本品。②酒精中毒、心律失常、严重心脏病、肝肾疾患、高血压、甲亢、严重低氧血症、急性心肌损害、消化道溃疡者、哺乳期妇女、儿童慎用。③对本品及其他茶碱类药过敏者慎用。④静滴过快可致一过性低血压和周围循环衰竭，大剂量可致中枢兴奋，甚至诱发惊厥。⑤口服和肌内注射的局部刺激性均较氨茶碱小，口服易耐受。

【商品信息】

(1) 发展史　茶碱是黄嘌呤类药物的代表性品种，在我国临床应用普遍。为了改善茶碱的溶解度而发展出氨茶碱、胆茶碱、二羟丙茶碱等。其中第一个经典的平喘药氨茶碱为 1907 年合成，现仍广泛使用。二羟丙茶碱疗效相对低但不良反应也少，目前也常用于临床。

(2) 生产商　天津太平洋制药、上海信谊药厂、石家庄欧意药业等。

【贮藏】遮光密封，在干燥处保存。

盐酸丙卡特罗【药典(二);医保(乙)】
Procaterol Hydrochloride

【其他名称】 普鲁卡地鲁，美普清，扑哮息敏，异丙奎喘宁，丙卡特罗

【药理作用】 为第3代高度选择性 β_2 受体激动剂，松弛支气管平滑肌。能抑制即时型、迟发型的气道反应增高。能促进呼吸道纤毛运动，抑制运动性哮喘等。

【适应证】 用于支气管哮喘及其他伴有支气管痉挛的肺部疾病。

【制剂规格】 片剂、胶囊剂：25μg；50μg。口服溶液剂：0.0005%。

【用法用量】 口服：成人每次25~50μg，每日两次，或每晚睡前一次50μg。详见说明书。

【药物评价】

（1）药效　口服起效快，服后4小时即见明显疗效。

（2）不良反应　偶有心律失常、心悸、面部潮红、肌颤、头痛、眩晕、耳鸣、胃部不适、皮疹、鼻塞等，停药后即可恢复正常。

（3）注意事项　甲状腺功能亢进、高血压、冠心病、糖尿病、孕妇及乳儿慎用；长期应用可产生耐受，疗效降低。

【商品信息】

（1）发展史　1981年，日本大冢制药株式会社开发上市。国内有十几个厂家生产该品种，近年来新开发上市其口服溶液、舌下滴丸、糖浆、口腔崩解片等多种剂型。

（2）生产商　四川大冢制药、江苏先声汉合制药、安徽环球药业等。

【贮藏】 避光，密闭，10~30℃保存。

丙酸倍氯米松【药典(二)；医保(甲、乙)】　微课3
Beclomethasone Dipropionate

【其他名称】 二丙酸培氯松，二丙酸氯地米松，倍氯松

【药理作用】 为局部应用的强效糖皮质激素类药。具有抗炎、抗过敏和止痒等作用，因其亲脂性强，气雾吸入后，迅速通过呼吸道和肺组织而发挥平喘作用。

【适应证】 用于持续性哮喘的长期治疗。外用可以抗过敏、止痒。

【制剂规格】 气雾剂：50μg；250μg。乳膏：10mg；2.5mg。

【用法用量】 平喘：需连续、规律使用1周才显效。成人及12岁以上儿童开始至治疗3个月左右的剂量，视病情严重程度不同用法用量有差异，具体详见说明书。

【药物评价】

（1）药效　最有效的抗炎药，局部抗炎作用是氢化可的松的300倍，是泼尼松的75倍。疗效确切，在治疗剂量下不会产生全身性副作用。

（2）不良反应　常用量几乎无不良反应。由于药物在口咽部和上呼吸道留存可出现声音嘶哑，口咽部念珠菌感染，喉部刺激和咳嗽等。

（3）注意事项　①按照支气管哮喘严重程度分级标准，轻度以上持续哮喘就可使用吸入治疗。②用于长期治疗持续性哮喘，每次用后漱口以减少局部反应。③需连续、规律吸入给药1周后才奏效。④哮喘合并感染者需联用足量有效的抗菌药物。短期内使用对儿童小腿生长有抑制。

【商品信息】

（1）发展史　1907 年合成并用于临床，强效局部用平喘药。临床常用，销量大。

（2）生产商　修正药业、吉林金泉宝山药业、山东京卫制药、上海信谊制药等。

【贮藏】遮光、密封，阴暗处保存。

<h2 style="text-align:center">扎鲁司特</h2>
<h3 style="text-align:center">Zafirlukast</h3>

【其他名称】安可来、Accolate

【药理作用】为白三烯受体拮抗剂，能减轻哮喘症状，减少哮喘发作及夜间憋醒次数，减少 β_2 受体激动药的使用，改善肺功能。还能预防运动和过敏原引起的哮喘发作。

【适应证】成人及 12 岁以上儿童支气管哮喘的长期治疗与预防，对于用 β 受体激动剂治疗不能完全控制病情的哮喘患者可作为一线维持治疗。

【制剂规格】薄膜衣片：20mg；40mg。

【用法用量】口服，起始剂量，成人一次 20mg，一日 2 次。维持剂量为一次 20mg，一日 2 次，剂量逐步增加至一次最大量 40 mg，一日 2 次。详见说明书。

【药物评价】

（1）药效　治疗支气管哮喘的新型药物，口服吸收良好，安全有效，耐受性好，不良反应少，仅限哮喘患者二线用药。但对慢性支气管炎的疗效不明显。

（2）不良反应　①轻微头痛、胃肠道反应、咽炎、鼻炎等不良反应常见，少见皮疹、氨基转氨酶增高。罕见血管神经性水肿等。②较大剂量，可增加肝细胞肿瘤、组织细胞肉瘤和膀胱癌的发生率。

（3）注意事项　①12 岁以下儿童禁用。②肝功能损害、孕妇、哺乳期妇女慎用。③用于哮喘急性发作期应与其他平喘药合用。用于预防哮喘发作，应持续使用。④与红霉素、茶碱、特非那定合用，可降低本药的血药浓度。

【商品信息】

（1）发展史　1996 年英国捷利康公司研制开发的新型口服抗哮喘药，于 20 世纪 90 年代在多国上市。1998 年在我国上市，商品名为"安可来"，自从 1998 年国内上市后，国内市场份额是逐年上升。但据美国 FDA 发布信息称：抗白三烯类药孟鲁司特、扎鲁司特有引起神经精神事件发生，国内未见报道。

（2）生产商　阿斯利康制药公司、山东京卫制药等。

【贮藏】在 30℃ 以下储藏。

其他平喘药见表 13－3。

表 13－3　其他平喘药

品名	作用与适应证	药物评价及商品信息
氨茶碱【药典（二）；基；医保（甲）】	磷酸二酯酶抑制剂。能够松弛支气管平滑肌，还有强心、利尿、兴奋大脑皮层的作用。用于支气管哮喘、心力衰竭时喘息	经典的平喘药，具有疗效确切，应用广泛，生产方便等特点。常见有恶心、呕吐、腹泻等胃肠刺激症状和中枢神经系统兴奋症状。片剂：0.1g；0.2g。注射剂：2ml：0.25g；2ml：0.5g。1907 年合成并用于临床，我国 1963 年投产。生产商：上海第十六制药厂

续表

品名	作用与适应证	药物评价及商品信息
硫酸沙丁胺醇【药典(二);基;医保(甲、乙)】	选择性 β_2 受体激动剂，对于哮喘患者，其支气管扩张作用比异丙肾上腺素强 10 倍。用于支气管哮喘或喘息型支气管炎等伴有支气管痉挛的呼吸道疾病	本品疗效确切，是目前较为安全、常用的平喘药。震颤、恶心、心率加快、心搏异常等不良反应多见。长期应用易产生耐受性。片剂：2mg。气雾剂：28mg。1968 年合成并用于临床，我国 1975 年投产。生产商：上海禾丰制药
硫酸特布他林【药典(二);医保(甲、乙)】	选择性 β_2 受体激动剂，支气管扩张作用与沙丁胺醇相近，平喘作用强于麻黄碱，对心脏兴奋作用小。用于支气管哮喘及其他伴有支气管痉挛的肺部疾病	主要不良反应有震颤，强制性痉挛，心悸等。长期应用可产生耐受性，疗效降低，大剂量应用可使有癫痫史患者发生酮症酸中毒。有片剂、注射剂、气雾剂等。生产商：阿斯利康制药
盐酸克仑特罗【药典(二);;医保(乙)】	平喘作用较强而持久，有增强纤毛运动、溶解黏液的作用。用于支气管哮喘，其支气管扩张作用约为同剂量沙丁胺醇的 100 倍	口服易吸收，疗效确切。偶见口干、心悸、手颤等不良反应。直肠给药作用时间可达 24 小时。有片剂、栓剂、膜剂。1968 年合成并用于临床，我国 1977 年投产。生产商：广西桂林制药
异丙托溴铵【基;医保(甲)】	胆碱能受体拮抗药，用于慢性阻塞性肺疾病的维持治疗和支气管哮喘。拮抗气道平滑肌上的 M 胆碱受体，扩张气道	舒张支气管作用比 β_2 受体激动药弱，起效较慢，但长期用不易产生耐受。有口干、苦味感、干咳、喉部不适等副作用。青光眼、前列腺增生者慎用。气雾剂：10ml：20μg×200 喷。生产商：华润双鹤药业
噻托溴铵【基;医保(乙)】	为平喘药，是长效抗胆碱能药物，用于慢性阻塞性肺疾病及其相关呼吸困难的维持治疗，改善慢性阻塞性肺疾病患者的生活质量，减少疾病急性加重。本品不宜用于治疗急性支气管痉挛	不良反应多与其抗胆碱能特性有关，口干最为常见，偶有头晕、头痛、便秘、心律失常等。有粉雾剂、喷雾剂、吸入剂等常用吸入给药剂型。每日一次，维持治疗哮喘。原研药商品名：思力华，勃林格殷格翰制药生产。国内生产商：南昌弘益药业、正大天晴药业等
丙酸氟替卡松【药典(二);基;医保(乙)】	用于持续性哮喘抗炎的治疗。其喷雾剂可用于预防和治疗季节性过敏性鼻炎（包括花粉症）及常年性过敏性鼻炎；吸入气雾剂用于成人及 1 岁以上儿童（含 1 岁）哮喘的预防性治疗；吸入用混悬液用于 4~16 岁儿童及青少年轻度至中度哮喘急性发作的治疗	本品为糖皮质激素类药物，局部使用，不良反应较轻，应防止口腔和鼻咽部白色念珠菌感染。不同剂型、不同规格的用法用量可能存在差异，请阅读具体药物说明书使用，或遵医嘱。禁用于痤疮、酒渣鼻、口周皮炎、原发性皮肤病毒感染（如单纯疱疹，水痘）；肛周及外阴瘙痒；真菌或细菌引发的原发皮肤感染；1 岁以下婴儿的皮肤病，包括皮炎和尿布疹等。其他名称：辅舒酮，生产商：Glaxo Wellcome S.A.（西班牙）
布地奈德【基;医保(乙)】	为肾上腺皮质激素类抗炎药，常用其干粉吸入剂治疗非糖皮质激素依赖性或依赖性的支气管哮喘和哮喘性慢性支气管炎患者。鼻喷雾剂用于治疗季节性和常年性过敏性鼻炎、非过敏性鼻炎	吸入用药的系统副作用明显低于口服给药，声音沙哑、咳嗽及咽喉刺激、口咽念珠菌感染、吞咽困难等轻微副作用较为常见。注意：运动员慎用。本品是一种预防治疗药物，不能突然停药，应规范用药，且不能快速缓解哮喘急性发作，急性发作时仍需吸入短效支气管扩张剂。生产商：上海上药信谊药厂，鲁南贝特制药等
孟鲁司特【医保(乙)】	选择性白三烯受体拮抗药。对哮喘有预防、治疗作用。用于长期治疗与预防 6 岁以上儿童及成年哮喘发作	口服吸收迅速完全，进食不影响吸收。单用不能用于急性哮喘发作。妊娠、哺乳期妇女慎用。不宜与特非那定、阿司咪唑、咪哒唑仑或三唑仑合用。有片剂和咀嚼片。1998 年上市，1999 年在中国上市。生产商：默沙东制药

续表

品名	作用与适应证	药物评价及商品信息
色甘酸钠[药典(二);医保(乙)]	阻断肥大细胞脱颗粒作用。用于预防支气管哮喘和过敏性鼻炎	预防哮喘发作的常用药之一。偶有排尿困难副作用。喷雾吸入可致刺激性咳嗽。预防要提前 2~3 周开始使用。有胶囊剂、滴眼剂。1967 年用于临床，我国 1974 年投产。生产商：湖北潜江制药
富马酸酮替芬[药典(二);医保(乙)]	抗组胺和抗过敏作用。不直接舒张支气管，对支气管哮喘作用在服药后 2~3 周才出现。用于预防支气管哮喘或其他过敏性疾病	口服吸收迅速完全，剂型较多使用方便，抗组胺作用持续时间较长，抗过敏较短。偶见嗜睡、口干、恶心头痛、体重增加等。用药初期，见中枢抑制，驾驶车辆或操作精密仪器者禁用。有片剂、溶液剂等。20 世纪 70 年代末第二个被临床接受的哮喘预防药，由瑞士山道士公司研制成功，我国 1984 年投产。生产商：青岛黄海制药
通宣理肺丸[药典(一);基;医保(甲)]	有镇咳、祛痰、平喘、解热、抗炎等作用。用于风寒束表，肺气不宣所致的感冒咳嗽，症见发热恶寒、咳嗽、鼻塞流涕、头痛无汗、肢体酸痛	孕妇禁用，风热感冒不宜用，过敏体质者慎用。忌烟酒及辛辣、生冷、油腻食物。通宣理肺丸浓缩丸：0.375g，蜜丸：6g。生产商：湖南九芝堂药业
蛤蚧定喘丸[药典(一);基;医保(甲)]	滋阴清肺，止咳平喘，抗炎、抗过敏等作用。用于肺肾两虚、阴虚肺热所致的虚劳咳喘，气短胸闷，自汗盗汗	孕妇、儿童及脾胃虚寒者慎用，过敏体质者慎用。服药期间忌食辛辣、生冷、油腻食物。蛤蚧定喘丸蜜丸：9g。生产商：天津中新药业

 知识链接

为预防感冒不要随意为宝宝使用"丙种球蛋白"

　　丙种球蛋白是一种由健康人血浆分离提取并经过病毒灭活处理的免疫球蛋白制品，属于血液来源的生物制品。临床上对它的使用非常严格，仅用于某些严重疾病的治疗，例如免疫缺陷病、大面积烧伤、严重创伤感染以及败血症等。给身体健康的宝宝应用任何诸如"丙种球蛋白"之类的免疫增强药物都会扰乱宝宝正常的免疫功能发育，不但不能防病，反而会抑制宝宝自身的免疫功能或者引发宝宝出现新的免疫紊乱性疾病，因此不要轻易给有正常免疫功能的宝宝服用免疫增强剂这类生物制品来预防感冒。

即学即练 13-3

以下哪个药物不可用于支气管哮喘的急性炎症期（　　）

答案解析　　A. 克仑特罗　　　B. 沙丁胺醇　　　C. 色甘酸钠　　　D. 布地奈德

实践实训

实训 18　药品分类陈列、慢性支气管炎用药指导

【实训目的】

　　1. 能正确分类陈列呼吸系统药品

　　2. 能推荐应用抗慢性支气管炎药。

3. 掌握疾病防护、产品推广、与人交流的技能技巧。

【实训准备】

提前一周布置学生分组，组内分工为：收集资料、制作 PPT、讲解 PPT、扮演营业员、扮演患者。上课时间在多媒体教室，要求讲解员首先介绍慢性支气管炎临床表现，类似疾病鉴别，选药原则和对症治疗药物。再由患者向营业员介绍疾病症状，营业员根据呼吸系统药物特点正确分类排放好该系统所有药品后，接待患者，根据患者症状推荐药品并交代用药注意事项。

【实训内容】

1. 任务布置　教师提前安排学生通过网络或其他方式搜索慢性支气管炎病因、临床表现、治疗、常用药物选用、用药注意事项，去药房练习药品的分类陈列。

2. 信息搜索　学生利用课余时间收集慢性支气管炎相关信息。

3. 确定发言稿　各组根据分配的任务，对拟介绍抗慢性支气管炎药的应用写出讲稿。

4. 角色扮演　根据所查资料信息制作 PPT，穿插采用角色扮演、情景模拟等方式。

【实训评价】

评价内容	评分标准	得分
仪表仪态（10 分）	仪表大方、谈吐自如、条理分明	
语言表达（10 分）	声音清晰、言简意赅、突出重点	
现场互动（10 分）	有感染力，现场互动良好	
时间把握（15 分）	在规定时间内完成，时间分配合理	
药品分类陈列符合摆放原则且摆放美观、方便，分析正确（25）	慢性支气管炎分析情况介绍是否准确、清楚，缓解慢性支气管炎药物治疗和非药物治疗内容操作性强	
PPT 设计（15 分）	图文并茂、布局合理	
团队合作（15 分）	分工协作、参与积极性高	
合计（100 分）		

目标检测

答案解析

单项选择题

1. 对哮喘急性发作无效的药物是（　　　）

　　A. 沙丁胺醇　　　　　　B. 异丙托溴铵　　　　　C. 扎鲁司特　　　　　D. 富马酸酮替芬

2. 不具有选择性激动 β_2 受体作用的药物有（　　　）

　　A. 沙丁胺醇　　　　　　B. 特布他林　　　　　　C. 麻黄碱　　　　　　D. 美普清

3. 氢溴酸右美沙芬主要作用是（　　　）

　　A. 平喘　　　　　　　　B. 祛痰　　　　　　　　C. 镇咳　　　　　　　D. 抑制呼吸

4. 可待因主要用于（　　　）

　　A. 上呼吸道感染引起的感冒咳嗽　　　　　　　　B. 多痰、黏痰引起的剧咳

　　C. 各种原因引起的剧烈干咳或刺激性咳嗽　　　　D. 支气管哮喘

5. 复方甘草片属于中枢性镇咳药，具有成瘾性的原因是复方中含有（　　　）

　　A. 甘草浸膏　　　　　　B. 阿片粉　　　　　　C. 樟脑　　　　　　D. 八角茴香

6. 以下哪个药物不是特殊管理药品（　　　）

　　A. 可待因　　　　　　B. 右美沙芬　　　　　　C. 复方甘草片　　　　　　D. 麻黄碱

7. 以下哪一个药物属于刺激性祛痰药（　　　）

　　A. 氯化铵　　　　　　B. 乙酰半胱氨酸　　　　　　C. 溴己新　　　　　　D. 氨溴索

8. 以下哪个药物不属于镇咳药（　　　）

　　A. 可待因　　　　　　B. 福尔可定　　　　　　C. 喷托维林　　　　　　D. 沙丁胺醇

9. 以下哪一个作用不是盐酸倍氯米松的药理作用（　　　）

　　A. 抗炎　　　　　　B. 抗真菌　　　　　　C. 抗肿瘤　　　　　　D. 抗过敏、止痒

10. 以下关于二羟丙茶碱的描述错误的是（　　　）

　　A. 与氨茶碱是同一个药物

　　B. 与氨茶碱是同一类药品，药理作用和适应证相似

　　C. 兴奋心脏的作用比氨茶碱弱

　　D. 主要抗喘作用机制为松弛支气管平滑肌

书网融合……

知识回顾　　　微课1　　　微课2　　　微课3　　　习题

项目 14 　消化系统药物

学习引导

消化系统包括食管、胃、小肠、大肠、肝、胆、脾、胰等重要脏器。当消化系统中任何一个脏器受到损伤，都可能发生疾病。消化系统疾病是常见的多发病，因消化系统的组成及部位不同，产生的疾病也不同。常见的消化系统疾病有消化性溃疡、胃肠痉挛、胃肠动力不足、消化不良、呕吐、便秘、腹泻、肝炎、胆囊炎等疾病。

消化性溃疡有哪些表现呢？有哪些药物可以治疗消化性溃疡？消化性溃疡可以根治吗？如何选择合适的药物治疗？

本单元主要介绍抗消化性溃疡药、胃肠解痉药、胃肠促动力药、助消化药、催吐与止吐药、泻药与止泻药、肠道微生态药、肝胆疾病药等药物的作用、适应证、制剂用法及药物评价。

📖 学习目标

1. **掌握** 铝碳酸镁、胶体果胶铋、法莫替丁、埃索美拉唑、阿托品、多潘立酮、昂丹司琼、蒙脱石的作用、适应证、制剂、用法及药物评价。

2. **熟悉** 其他 H_2 受体拮抗药、质子泵抑制剂、助消化药、催吐与止吐药、泻药与止泻药、肠道微生态药、肝胆疾病药的常用品种的作用及适应证。

3. **了解** 常见消化系统药品的商品信息。

任务 1　抗消化性溃疡药认知

PPT

消化性溃疡是一类发生在胃或十二指肠的慢性疾病，包括胃溃疡和十二指肠溃疡，其中以十二指肠溃疡多见。在正常生理情况下，胃肠道的防御和攻击两种因素处于平衡状态，防御因子有胃黏膜屏障、黏液－碳酸氢盐屏障以及前列腺素的保护作用。攻击因子有胃酸、胃蛋白酶、十二指肠内容物的反流、药物、饮料及食物等。当受各种外界因素的影响，攻击因子与黏膜防御机能平衡失调，引起消化性溃疡。主要临床表现为上腹部疼痛，常伴有反酸、恶心、嗳气、腹胀、呕吐物中有血丝或咖啡渣样物、粪便呈柏油黑色等症状。呈现三个特征：慢性、周期性、节律性中上腹疼痛。

胃溃疡大多在餐后半小时出现疼痛，持续 1 ~ 2 小时逐渐消失，下次进餐后重复上述规律，为饱腹痛，活动期上腹有压痛点。十二指肠溃疡多在餐后 2 ~ 3 小时出现疼痛，持续到下次进餐或服用抗酸药后完全缓解，也可夜间出现疼痛，为空腹痛，压痛点常固定在脐孔右上方，有些在胆囊区。大多数患者持续数天至数月反复发作，病程中发作期与缓解期交替。

治疗消化性溃疡，除了在活动期避免过劳和精神紧张，适当休息，饮食有规律，避免过冷、过热、粗糙和刺激性的食物外，可用药物来调节攻击因子与黏膜防御机能平衡。主要药物分为抗酸药、胃酸分泌抑制剂、胃黏膜保护剂和抗幽门螺杆菌药，主要药物见表 14 – 1。

表 14 – 1　抗消化性溃疡药分类

分类			代表性药品	作用原理	备注
	抗酸药	中和胃酸药	氢氧化铝、三硅酸镁、铝碳酸镁等	直接中和胃酸，可减轻或解除胃酸对溃疡面的刺激和腐蚀作用。价格低廉、制酸迅速和持久，一般作为基层医院首选第一线药物	
降低胃内酸度	抑酸药（胃酸分泌抑制药）	H₂ 受体拮抗药	西咪替丁（第 1 代）雷尼替丁（第 2 代）法莫替丁和尼扎替丁（第 3 代）罗沙替丁、乙溴替丁（第 4 代）	选择性阻断胃壁细胞 H_2 受体，使胃酸分泌减少。西咪替丁、雷尼替丁、法莫替丁是本类药物中的主要品种，目前以良好的疗效和合理的价位受到众多患者的青睐。第四代还有黏膜保护作用及抑制幽门螺旋杆菌等方面有显著改善，但在国内临床应用还较少	
		质子泵抑制药	奥美拉唑（第 1 代）兰索拉唑、泮托拉唑（第 2 代）雷贝拉唑（第 3 代）埃索美拉唑（第 1 代）	抑制 $H^+ - K^+ - ATP$ 酶的活性，进而抑制胃酸分泌，达到治疗作用。抑酸作用比 H_2 受体拮抗剂更强，作用更持久。第一个上市的是奥美拉唑，随着奥美拉唑的广泛使用，又相继有兰索拉唑、泮托拉唑、雷贝拉唑、埃索美拉唑等陆续上市，后续药物在治疗选择性、不良反应等方面均有改善	为治疗消化性溃疡的首选药
		M 受体拮抗药	哌仑西平	对胃壁细胞 M_2 受体有高度亲和力，能有效地抑制胃酸分泌，不良反应较轻	疗效与西咪替丁相仿
		胃泌素受体拮抗药	丙谷胺	竞争性阻断胃泌素受体，减少胃酸分泌。并对胃黏膜有保护和促愈合作用	已少用于治疗溃疡病
加强胃黏膜保护	溃疡面保护药	胶体铋剂	枸橼酸铋钾、胶体果胶铋、胶体酒石酸铋	均具有增强黏膜抗损伤的能力和加速溃疡愈合的作用。在胃内表层上形成牢固的保护膜，并杀灭幽门螺杆菌，而发挥抗溃疡作用。近几年市场发展较慢，但仍然广泛用于抗溃疡	
		铝制剂	硫糖铝		
	增加防御功能药物	前列腺素合成衍生物	米索前列醇、恩前列素、罗沙前列醇和奥诺前列素		
根除幽门螺杆菌	抗幽门螺杆菌药	一线治疗	奥美拉唑阿莫西林枸橼酸铋钾左氧氟沙星甲硝唑	①奥美拉唑（20mg）＋阿莫西林（1.0g）＋甲硝唑（0.4g）②奥美拉唑（20mg）＋枸橼酸铋钾（220mg）＋阿莫西林（1.0g）＋甲硝唑（0.4g）③奥美拉唑（20mg）＋枸橼酸铋钾（220mg）＋左氧氟沙星（0.5g）＋甲硝唑（0.4g）④奥美拉唑（20mg）＋枸橼酸铋钾（220mg）＋阿莫西林（1.0g）＋左氧氟沙星（0.5g）	各方案给药方法：一日 2 次，7～14 日。质子泵抑制剂早晚餐前服，抗菌药餐后服
		补救治疗		奥美拉唑（20mg）＋枸橼酸铋钾（220mg）＋阿莫西林（1.0g）＋克拉霉素（0.5g）	

铝碳酸镁【药典(二)；基;医保(乙)】

Hydrotalcite

【其他名称】胃达喜，达喜，碱式碳酸铝镁

【药理作用】 抗酸药，能中和胃酸，并兼有胃黏膜保护作用，对胆酸也有一定吸附作用。

【适应证】 用于慢性胃炎和与胃酸有关的胃部不适症状，如胃痛、胃灼热感、酸性嗳气、饱胀等。

【制剂规格】 片剂、咀嚼片、颗粒剂：0.5g。

【用法用量】 口服或咀嚼，每次 1.0g，一天 2 次，餐后 1 小时服。十二指肠球腹部溃疡 6 周为一个疗程，胃溃疡 8 周为一个疗程。

【药物评价】

（1）药效　抗酸作用迅速、温和而持久，在相同条件下本品作用时间为碳酸氢钠的 6 倍。抗溃疡作用强于氢氧化铝。毒性低、连续使用体内无蓄积。含有铝、镁两种金属离子，相互抵消了便秘和腹泻的不良反应。

（2）不良反应　轻微，仅个别患者出现胃肠道不适、消化不良、呕吐、腹泻等。

（3）注意事项　胃肠道蠕动功能不全和严重肾功能障碍者慎用。可干扰多种药物吸收，不宜与四环素类、铁剂、地高辛、抗凝剂、鹅去氧胆酸、H_2受体拮抗药合用，必须合用时服药时间应错开 1~2 小时。

【商品信息】

（1）发展史　德国拜耳公司研发，1997 年在中国上市。在最近几年，铝碳酸镁的销售额及市场份额呈不断攀升态势。德国拜耳医药的"达喜"市场占有率高。

（2）生产商　广西南宁百会药业、重庆华森制药、湖北欧立制药等。

【贮藏】 避光，阴凉干燥处。

胶体果胶铋 【药典(二)；基；医保(甲、乙)】
Colloidal Bismuth Pectin

【其他名称】 维敏、唯迪亚、碱式果酸铋钾

【药理作用】 在胃酸环境中形成高黏度溶胶，与溃疡面及炎症表面有强亲和力，隔离胃酸，对受损黏膜起到保护作用；可刺激胃黏膜上皮细胞分泌黏液，促进上皮细胞自身修复作用；可刺激前列腺素和表皮生长因子的产生，加速溃疡面的愈合和炎症的消失，同时具有一定的止血作用。另有杀灭幽门螺杆菌，提高消化性溃疡的愈合率和减少复发作用。

【适应证】 用于慢性胃炎及缓解胃酸过多引起的胃痛、胃灼热感、反酸。治疗胃、十二指肠溃疡等。与抗菌药物联用，根除幽门螺杆菌。

【制剂规格】 胶囊、颗粒剂、干混悬剂：40mg；50mg。

【用法用量】 口服：用于消化性溃疡和慢性胃炎，一次 120~150mg，一日 4 次，于餐前 1 小时及临睡时服用，疗程一般为四周。并发消化道出血时，将囊内药物倒出，或干混悬剂用水冲开搅匀后服用，将日服剂量一次服用。

【药物评价】

（1）药效　为一新型胶体铋制剂，具有更强的黏膜保护作用。有抗幽门螺旋杆菌作用，能提高愈合率、降低复发率。

（2）不良反应　毒副作用低，一般无肝、肾及神经系统等不良反应，血、尿、便常规检查无改变，偶有轻度便秘。

（3）注意事项　①宜在餐前 1 小时左右服用，效果最佳。②服药期间大便呈黑褐色，但无其他不适，为正常现象。③不与碱性的制酸药同服，否则会降低药效。④孕妇、肾功能不全者禁用。⑤不宜长期连续服用。

【商品信息】

(1) 发展史 20 世纪 80 年代，胶体铋制剂迅速发展，近几年发展速度放缓，临床应用较多的有胶体枸橼酸铋、枸橼酸铋钾等。本品为一种更新的更强的胶体铋制剂，有胶囊剂（维敏胶囊）、颗粒剂（唯迪亚），由大同市维敏制药有限责任公司药物化学研究员于学敏开发研制，具有自主知识产权的国家级新药。

(2) 生产商 天津药业集团新郑股份有限公司、山西星火维敏制药等。

【贮藏】 遮光，密封保存。

法莫替丁【药典(二);基;医保(甲)】 微课1

Famotidine

【其他名称】 高舒达、道安、胃舒达、法美替丁

【药理作用】 抑制胃酸分泌，防止或减轻非甾体抗炎药等刺激的胃黏膜损伤、上消化道出血。还具有减少胃蛋白酶分泌、保护胃黏膜细胞、增强胃黏膜血流量作用。

【适应证】 口服用于胃、十二指肠溃疡，急性胃黏膜病变，反流性食管炎及佐林格 – 埃利森综合征（胃泌素瘤）以及胃酸过多所致的胃痛、胃灼热感、反酸等；注射给药用于消化性溃疡出血等。

【制剂规格】 片剂、分散片、胶囊：10mg；20mg；40mg。注射液：2ml：20mg。

【用法用量】 口服，一次 20mg，一日 2 次，早、晚饭后或睡前服用。4～6 周为 1 个疗程，溃疡愈合后维持量减半。注射液，肌内注射或静脉注射，一次 20mg，一日 2 次。

【药物评价】

(1) 药效 西咪替丁、雷尼替丁后出现的噻唑类第三代、高效、长效 H_2 受体拮抗剂，其拮抗 H_2 受体强度比西咪替丁强 20 倍，比雷尼替丁强 7.5 倍。无抗雄性激素与干扰药物代谢酶作用。

(2) 不良反应 ①少数患者出现皮疹、荨麻疹等过敏反应；②常见头痛、头晕、乏力、幻觉等神经与精神系统反应；③少数患者有口干、恶心、呕吐、便秘、腹泻等消化系统反应。偶有白细胞减少，轻度一过性氨基转移酶升高等。

(3) 注意事项 ①肝、肾功能不全者及婴幼儿、有药物过敏史者慎用；②严重肾功能不全者、哺乳期妇女及对本品过敏者禁用。③长期用药前后及用药时应定期做肝、肾功能及血常规检查。④溃疡患者应排除肿瘤后再给药。⑤与抗酸药、头孢克肟、环孢素、地拉夫定、妥拉唑啉、伊曲康唑、酮康唑合用，或吸烟可减少本品的吸收或合用药物的吸收，降低疗效。

【商品信息】

(1) 发展史 第三代 H_2 受体拮抗药。1981 年由日本山之内制药株式会社研发，1985 年上市，很快成为世界畅销药品之一。我国由山东青岛制药厂与沈阳药科大学共同研制，自 1990 年开始生产。其疗效较好，不良反应少，销量大。

(2) 生产商 安斯泰来制药（中国）、四川奇力制药、浙江康德药业集团股份等。

【贮藏】 遮光，密封于干燥处保存。

埃索美拉唑【药典(二);医保(乙)】

Esomeprazole

【其他名称】 艾司奥美拉唑、左奥美拉唑、耐信

【药理作用】 特异性地作用于胃黏膜壁细胞质子泵，抑制壁细胞中的 H^+，K^+ – ATP 酶的活性，阻断了胃酸分泌，对基础胃酸和各种刺激因素引起的胃酸分泌有很强的抑制作用。对胃蛋白酶也有抑制作用。

【适应证】 用于胃食管反流性疾病（GERD），包括糜烂性反流性食管炎的治疗，已经治愈的食管炎

患者防止复发的长期维持治疗，胃食管反流性疾病（GERD）的症状控制。与适当的抗菌疗法联合用药根除幽门螺杆菌，并且能愈合与幽门螺杆菌感染相关的十二指肠溃疡，防止与幽门螺杆菌相关的消化性溃疡复发。

【制剂规格】肠溶片、肠溶胶囊：20mg；40mg。冻干粉注射剂：40mg。

【用法用量】口服：整片吞服。患者不同情况，用法用量有差异，具体详见说明书。

【药物评价】

（1）药效　新型质子泵抑制剂，奥美拉唑的左旋异构体。口服吸收迅速，起效快，抑酸时间更长，可持续24小时，抑酸效率更高，优于前两代质子泵抑制剂，个体差异小。

（2）不良反应　①常见头痛、腹痛、腹泻、腹胀、恶心、呕吐便秘等。②皮炎、瘙痒、荨麻疹、头晕、口渴等少见。③罕见过敏反应、肝氨基转氨酶升高。④长期用可致血清铁、维生素 B_{12}、血红蛋白、白细胞计数下降，胃部类肠嗜铬细胞增生和类癌变病等。

（3）注意事项　①至少于饭前1小时服用。为肠溶制剂，不应嚼碎或压碎后用。对吞咽困难者，可溶于碳酸盐的水中，立即或30分钟内服完。②应用本品前应排除癌症的可能性，以免延误治疗。③严重肾功能不全者、肝脏疾病患者慎用。④乳妇及对本品、奥美拉唑或其他苯并咪唑类过敏者禁用。⑤有酶抑制作用，与克拉霉素、苯妥英钠、地西泮、丙米嗪、华法林合用使后者血药浓度升高。还可降低伊曲康唑、酮康唑、铁的吸收等。

【商品信息】

（1）发展史　质子泵抑制剂（PPI）是治疗消化性溃疡、胃食管反流病的首选药物。目前临床上常用的 PPI 有奥美拉唑，为瑞典阿斯特拉公司研制开发的全球第一个质子泵抑制剂，还有兰索拉唑和泮托拉唑（第二代）、雷贝拉唑（第三代）、埃索美拉唑（第一代）等。埃索美拉唑由阿斯利康制药研发，1999年首次上市，商品名为耐信（Nexium），从疗效上来说可以替代奥美拉唑，市场潜力巨大。国内上市剂型为肠溶剂和注射剂，分别于2002年、2007年在我国上市，专利已到期。

（2）生产商　阿斯利康制药。

【贮藏】密封，在30℃以下保存。

 实例分析

　　实例　某患者，35岁，近期总是出现上腹部疼痛，伴有反酸、恶心、嗳气等症状，吃了氢氧化铝片有缓解，但停药后又出现该症状。

　　问题　1. 根据该症状判断可能是什么疾病？

　　　　　2. 为何使用氢氧化铝有缓解，停药后又严重？

答案解析

其他抗消化溃疡药见表14-2。

表14-2　其他抗消化溃疡药

药物	作用与适应证	药物评价及商品信息
氢氧化铝【药典(二);基;医保(甲)】	一般用其复方，具有抗酸、吸附、局部止血、保护溃疡面等作用。用于缓解胃酸过多症；与钙剂或维生素 D 合用治疗新生儿低钙血症；大剂量用于尿毒症患者以减少磷酸盐吸收、减轻酸血症	常见便秘，且随剂量增大便秘加重，与三硅酸镁或氧化镁交替服用可避免。片剂：0.3g。本品临床使用时间较长，早在20世纪40年代我国上海已有生产

续表

药物	作用与适应证	药物评价及商品信息
硫糖铝【药典(二);医保(乙)】	胃黏膜保护剂，有保护溃疡面，促进溃疡愈合作用，抑制胃蛋白酶分解胃壁蛋白作用；弱的中和胃酸作用及细胞保护作用。用于治疗胃、十二指肠溃疡及胃炎	本品为抗溃疡病药的老品种，因安全、有效、价格低廉而一直被临床使用。偶见便秘、胃部不适等。片剂、胶囊剂：0.25g。1967年合成。我国于1973年投产。生产商：南京制药厂和东北制药厂
枸橼酸铋钾【药典(二);基;医保(甲)】	胃黏膜保护作用，还能杀灭幽门螺杆菌。用于胃溃疡、十二指肠溃疡及胃炎，与抗菌药联用根治幽门螺杆菌	不良反应少，服药期间口中可能带有氨味，舌苔及大便呈灰黑色。停药可自行消失。片剂、胶囊剂：0.3g。生产商：珠海丽珠制药（丽珠得乐）
替普瑞酮【医保(乙)】	广谱抗溃疡药。较强的抗溃疡作用和胃黏膜病变的改善作用。还能改善胃黏膜血流量。用于各种原因引起的急慢性胃炎、胃溃疡	新型的胃黏膜保护剂，对难治性溃疡也有良好的效果。不良反应有消化系统反应、头痛、皮疹症状。胶囊剂：50mg。1984年日本首次上市，1994年FDA批准，1998年苏州卫材（中国）药业开始进口分装
米索前列醇【基;医保(甲)】	为抗溃疡药。抑制胃酸分泌，保护胃黏膜。用于胃、十二指肠溃疡，胃溃疡，出血性胃炎等。与米非司酮序贯用于终止早期妊娠	是近二十年发现并日益引起人们重视的一类抗消化性溃疡药。疗效略低于西咪替丁，但在保护胃黏膜不受损害方面比西咪替丁更有效。片剂：200μg。生产商：北京紫竹药业等
雷尼替丁【药典(二);基;医保(甲)】	为胃黏膜保护药，第二代H_2受体拮抗药。用于消化性溃疡出血、弥漫性胃黏膜病变出血、吻合口溃疡出血、胃手术后预防再出血等。作用强度为西咪替丁的5~12倍	比西咪替丁速效和强效，不良反应较轻，停药复发率低，对肝药酶抑制作用小。常用剂型为片剂、胶囊剂、注射剂、泡腾颗粒剂。英国葛兰素公司开发，1981年上市，我国于1985年由上海第六制药厂生产
乙溴替丁	本品是新一代H_2受体拮抗药，是第一个同时具有胃黏膜保护作用、抗幽门螺杆菌作用和抗胃酸分泌作用的H_2受体拮抗剂	临床用于十二指肠溃疡、幽门螺杆菌及非甾体抗炎药引起的胃炎和消化性溃疡以及反流性食管炎，且对有溃疡史的嗜烟酒者更有价值。不良反应少，耐受性良好。本品于1997年在西班牙上市
奥美拉唑【药典(二);基;医保(甲、乙)】	为第一代质子泵抑制剂，作用同埃索美拉唑。用于胃、十二指肠溃疡，反流性食管炎，佐林格－埃利森综合征等。联用可根除幽门螺杆菌	耐受性好，不良反应少。有胶囊剂和注射剂。本品由瑞典Astra（阿斯特拉）公司研发，1988年以商品名"洛赛克"上市，1991年进入我国市场，1993年开始国产化。生产商：常州四药制药
泮托拉唑【药典(二);医保(乙)】	为第二代不可逆的质子泵抑制剂，作用同埃索美拉唑。用于消化性溃疡、反流性食管炎、胃泌素瘤	与质子泵的结合选择性更高、更稳定，抑酸作用更强。偶见恶心、头痛、皮疹等。有肠溶片和粉针剂。1995年德国首次上市，我国2000年开始用于临床。生产商：华北制药集团制剂公司
艾普拉唑【医保(乙)】	为质子泵抑制剂，用于治疗十二指肠溃疡	常见不良反应有腹泻、头晕头痛、血清转氨酶升高等。艾普拉唑肠溶片：5mg，每日晨起空腹吞服（不可咀嚼），一次10mg，一日1次。疗程为4周，或遵医嘱。生产商：丽珠制药厂
胃苏颗粒【药典(一);基;医保(甲)】	疏肝理气，和胃止痛。有抗胃溃疡，增强肠蠕动作用。用于肝胃气滞所致的胃脘痛，慢性胃炎及消化性溃疡	脾胃阴虚或肝胃郁火胃痛者慎用。服药期间忌生冷及油腻食品，戒烟酒。服药期间要保持心情舒畅。颗粒剂：5g。生产商：扬子江药业

续表

药物	作用与适应证	药物评价及商品信息
三九胃泰颗粒[药典(一);基;医保(甲)]	清热燥湿，行气活血，柔肝止痛。用于胃痛，浅表性胃炎、糜烂性胃炎、萎缩性胃炎等	偶见鼻塞流涕、面部潮红、皮肤瘙痒等过敏反应。胃寒患者慎用。服药期间宜保持心情舒畅。颗粒剂：2.5g。生产商：三九医药
香砂养胃丸[药典(一);基;医保(甲)]	温中和胃。抗胃溃疡和镇痛作用。用于痞满，胃痛，纳呆	湿热中阻所致痞满、胃痛、呕吐者、过敏体质者、孕妇慎用。宜清淡饮食，忌烟酒及辛辣、生冷、油腻食物。浓缩丸：0.375g。生产商：济源市济世药业

 知识链接

质子泵抑制剂类抑酸药的正确服用时间

质子泵抑制剂类药物为弱碱性药物，在胃内酸性环境中不稳定，故均做成肠溶片或肠溶胶囊。肠溶制剂在小肠的碱性环境中才会溶解、释放、吸收。如果饭后服用质子泵抑制剂，胃液会被食物稀释，从而使胃内 pH 提高，肠溶片可能在胃中提前释放，影响了药效；另一方面，胃内充满食物，药片蠕动到小肠需要更长的时间，可能延迟药物起效的时间。同时质子泵（H^+-K^+-ATP 酶）需要在进餐后才能被激活，质子泵抑制剂对激活的 H^+-K^+-ATP 酶结合能力强，对静息的 H^+-K^+-ATP 酶亲和力差，所以餐前服用抑酸作用最强。因此质子泵抑制剂应在餐前或睡前服用。

即学即练 14-1

以下哪个药物只能中和胃酸但不会抑制胃酸分泌（　　）

A. 复方氢氧化铝　B. 雷尼替丁　C. 奥美拉唑　D. 法莫替丁

答案解析

任务2　胃肠解痉药认知

PPT

胃腹部疼痛是一种常见的肠胃疾病。急性胃腹痛一般因炎症或机械性刺激引起，表现为阵发性疼痛。胃肠痉挛则是管道梗阻引起肌肉持续收缩造成的疼痛，表现为突然发作的剧烈疼痛，发作时疼痛难忍，严重者出现恶心、呕吐等症状。胃肠痉挛症状来势凶猛，病因复杂，如胃、十二指肠溃疡、穿孔，肠梗阻、胆囊炎，胆石症、胆绞痛、胃癌晚期等，均表现为不同程度的疼痛甚至痉挛。所以疼痛发作时，在未排除器质性病变之前，不可随便使用镇痛药以免延误诊断，甚至危及生命。疾病确诊后，可对症使用解痉药。

胃肠解痉药主要通过阻断胃肠平滑肌 M 胆碱受体，松弛平滑肌，有效缓解疼痛。主要药物有氢溴酸山莨菪碱片（654-2）、硫酸阿托品、樟柳碱、溴丙胺太林、丁溴酸东莨菪碱、哌仑西平、颠茄流浸膏（片）等。

阿托品[药典(二);基;医保(甲、乙)] 微课2

Atropine

【其他名称】颠茄碱

【药理作用】M 胆碱受体拮抗剂，抑制节后胆碱能神经支配的平滑肌与腺体活动，产生平滑肌解痉、抑制腺体分泌作用。能够解除迷走神经对心脏的抑制，加快心率，改善微循环，缓解休克。此外，阿托品能兴奋或抑制中枢神经系统，具有一定的剂量依赖性。

【适应证】用于各种内脏绞痛，如胃肠绞痛及膀胱刺激症状，但对胆绞痛、肾绞痛的疗效较差；窦房阻滞、房室阻滞等缓慢型心律失常；感染中毒性休克；有机磷酸酯类中毒；严重盗汗和流涎症。

【制剂规格】片剂、滴眼剂：0.3mg。注射液：1ml：0.5mg；2ml：1mg；1ml：5mg。

【用法用量】口服：一次 0.3 ~ 0.6mg，一日 3 次，极量一次 1mg，一日 3mg；皮下、肌内或静脉注射；一次 0.5 ~ 1mg，极量一次 2mg。

【药物评价】

（1）药效　作用广泛，对心脏、肠和支气管平滑肌作用比其他颠茄生物碱更强而持久。

（2）不良反应　选择性较差，不良反应较多。常有口干、眩晕、严重时瞳孔放大、皮肤潮红、心率加快、兴奋、烦躁、惊厥等。严重中毒时，会由中枢兴奋转为抑制，产生昏迷和呼吸麻痹。

（3）注意事项　①老年人容易发生抗 M 胆碱样副作用，如排尿困难、便秘、口干。②与甲氧氯普胺并用时，后者的促进胃肠运动作用会被拮抗。③青光眼及前列腺肥大患者禁用。

【商品信息】

（1）发展史　1831 年从颠茄中分离获得，我国于 1958 年由杭州民生药厂从植物中分离成功。本品的原料药按医疗用毒性药品管理。

（2）生产商　杭州民生药业、山东仁和堂药业、福州海王福药制药等。

【贮藏】遮光，密封阴凉处保存。

其他胃肠解痉药见表 14 - 3。

表 14 - 3　其他胃肠解痉药

药物	作用与适应证	药物评价及商品信息
溴丙胺太林【药典(二)；医保(乙)】	本品为抗胆碱药，作用与阿托品相似，有弱的神经节拮抗作用。用于治疗胃、十二指肠溃疡、胃痉挛，胆绞痛和胰腺炎等引起的腹痛，也可用于多汗症、妊娠呕吐及遗尿症	常见不良反应为口干、面红、视物模糊、尿潴留、便秘、头痛、心悸等，减量或停药后可消失。片剂：15mg。生产商：广东华南药业
丁溴东莨菪碱【药典(二)；医保(乙)】	作用同阿托品。对肠道平滑肌解痉作用较阿托品、山莨菪碱强，不良反应较小。用于急性胃肠道、胆道和泌尿道痉挛，包括胆绞痛和肾绞痛；辅助用于可能引发痉挛的诊断或治疗	有轻度口干、视力调节障碍、头晕、心率加快等。少数人可造成排尿困难。胶囊剂：10mg。注射液：1ml：20mg。1952 年合成，我国于 1973 年研制，生产商：万邦德制药
氢溴酸山莨菪碱【药典(二)；基；医保(甲、乙)】	本品为抗 M 胆碱药，作用与阿托品相似，用于治疗胃、十二指肠痉挛，感染中毒性休克，脑血栓等血管性疾病	常见不良反应为口干、面红、视物模糊，用药量较大时出现尿潴留、便秘、头痛、心悸等症状，剂量过大时出现抽搐，甚至昏迷。片剂：5mg。生产商：福建省福抗药业、成都第一药业
颠茄【药典(一)；基；医保(甲、乙)】	抗胆碱药，解除平滑肌痉挛，抑制腺体分泌。用于十二指肠溃疡，胃肠道、肾、胆绞痛等	不良反应可出现口干，过敏性皮疹，眼痛；老年人常有排尿困难。青光眼患者忌服。生产商：江西金芙蓉药业

以下哪一个药物既可以治疗各种内脏绞痛，抗感染中毒性休克，还可以用于有机磷酸酯类药物中毒和严重盗汗症、流涎症（　　）

答案解析

A. 阿托品　　B. 溴丙胺太林　　C. 颠茄　　D. 哌仑西平

任务3　抗消化不良药认知

PPT

消化不良是由胃蠕动障碍或胃食管反流引起食物不能按时排空的一种常见疾病，表现为食欲不振、饭后饱胀感、反酸、腹部有压迫感或腹痛等。消化不良主要分为功能性消化不良和器质性消化不良。器质性消化不良指经过检查明确认定是由某器官病变引起消化不良症状，如肝、胆道疾病、糖尿病、恶性肿瘤等。发生率最高的是有消化不良症状，而无确切的器质性变病的功能性消化不良（FD）。

功能性消化不良的病因不同，选择的药品不同。胃肠道运动功能低下、胃轻瘫和症状性胃食管反流或者药物引起的胃肠道蠕动功能低下，一般选择胃肠促动力药。对单纯性非胃肠道运动功能低引起的消化不良，一般选用助消化药。

1. 胃肠动力药　增加胃肠道推进性蠕动，促进胃动力。

（1）多巴胺拮抗剂　拮抗多巴胺受体，具有增加食管蠕动、改善胃排空和胃窦十二指肠协调收缩等。药物有多潘立酮、甲氧氯普胺、依托必利等。

（2）5-HT$_4$激动剂　通过激动肠肌丛5-HT$_4$受体，引起乙酰胆碱的释放，增强胃肠道平滑肌的蠕动和收缩。药物有西沙必利、莫沙必利、普芦卡必利、替加色罗等。

2. 助消化药　增进食欲，促进消化和吸收，主要有如下三类。

（1）补充消化液分泌成分不足，如胰酶、胃蛋白酶等。

（2）促进消化液分泌，并增强消化酶的活性，如卡尼汀、稀醋酸等。

（3）减少肠道内产气，如乳酶生等。

3. 中成药类健胃药　提高食欲、促进消化液分泌，加强消化机能的药物。有保和丸、山楂丸、复方鸡内金片、沉香化滞丸、午时茶颗粒、健胃消食片等。

多潘立酮【药典(二);基;医保(甲、乙)】　微课3

Domperidone

【其他名称】吗啉，氯哌酮，咪哌酮

【药理作用】为强效的外周多巴胺受体拮抗剂，促进胃动力药。直接作用于胃肠壁，可增加胃肠道的蠕动和张力，促进胃排空，增加胃窦和十二指肠运动，协调幽门的收缩，同时也能增强食道的蠕动和食道下端括约肌的张力，抑制恶心、呕吐。本品不易透过血-脑屏障。

【适应证】用于消化不良、腹胀、嗳气、恶心、呕吐、腹部胀痛。

【制剂规格】片剂、分散片、胶囊：10mg。混悬剂：1ml：1mg

【用法用量】口服，一次10mg，一日3~4次，饭前15~30分钟及睡前服用。

【药物评价】

（1）药效　成熟品种，市场容量大，止吐效果优于甲氧氯普胺，且不易通过血-脑屏障，不良反应较少见。

（2）不良反应　①警惕其心血管系统风险。②偶见轻度腹部痉挛、口干、皮疹、头痛、腹泻、神经过敏、嗜睡、头晕等。③有时导致血清泌乳素水平升高、溢乳、男子乳房女性化等，但停药后即可恢复正常。

（3）注意事项　①不宜与胃黏膜保护药、胃肠解痉药、H_2受体拮抗剂、助消化药联用。②不宜与唑类抗真菌药、大环内酯类抗生素、HIV 蛋白酶抑制剂类抗艾滋病药物合用。③嗜铬细胞瘤瘤、乳腺癌、机械性肠梗阻、胃肠道出血等患者禁用；孕妇及 1 岁以下儿童慎用。

【商品信息】

（1）发展史　西安杨森制药于 1989 年开发投产。商品名"吗丁啉"上市后，成为第一个提出"胃动力"这一概念的胃肠用药。胃动力药市场领先者，市场销量平稳。

（2）生产商　西安杨森制药、辅仁药业、修正药业集团长春高新制药等。

【贮藏】遮光，密封保存。

其他抗消化不良药见表 14-4。

表 14-4　其他抗消化不良药

药物	作用与适应证	药物评价及商品信息
甲氧氯普胺【药典(二);基;医保(甲)】	多巴胺受体拮抗药，有强大的镇吐作用。用于各种原因引起的恶心、呕吐、嗳气、消化不良等，硬皮病、糖尿病等引起的胃排空障碍	对晕动病所致的呕吐无效。反复用药或剂量过大，可致锥体外系反应。片剂：5mg。注射液：1ml：10mg。1962 年合成。我国于 1971 年投产，生产商：上海华氏制药
枸橼酸莫沙必利【基;医保(甲)】	为选择性 5-HT$_4$激动剂。用于功能性消化不良，糖尿病胃轻瘫，胃部分切除者的胃功能障碍，胃食管反流症等	作用强于甲氧氯普安。偶见腹泻、腹痛、口干、皮疹等不良反应。片剂：5mg。1998 年在日本上市，2001 年我国上市，生产商：成都大西南制药
匹维溴铵【基;医保(甲)】	对胃肠道具有高度选择性解痉作用的钙拮抗剂，治疗功能性胃肠道疾病药，用于对症治疗与肠道功能紊乱有关的疼痛、排便异常和胃肠不适；对症治疗与胆道功能紊乱有关的疼痛；为钡灌肠做准备	偶有轻微的胃肠不适和皮疹样过敏反应。常见剂型为匹维溴铵片：50mg。成人：常用剂量3~4片/日，如有必要可增至 6 片/日；为钡灌肠做准备时，应于检查前三日始 4 片/日用药；勿咀嚼或掰碎药片，宜在进餐时用水吞服；不要在卧位时或临睡前服用。生产商：Abbott Products SAS，北京福元医药
胃蛋白酶【药典(二);医保(乙)】	由猪、牛、羊胃黏膜提取的蛋白水解酶，补充胃内蛋白酶不足。用于消化不良，食欲不振、慢性萎缩性胃炎	在酸性溶液中较稳定，碱性环境中易失效。常与稀盐酸同服。无明显不良反应。胃蛋白酶片片：120U。颗粒剂：480U。国内有近 40 家企业生产，如亚宝药业大同制药等生产
胰酶【药典(二);医保(乙)】	是三种酶的混合物，即胰蛋白酶、胰淀粉酶、胰脂肪酶。胰蛋白酶能使蛋白质转化为蛋白胨，胰淀粉酶能使淀粉转化为糖，胰脂肪酶则能使脂肪分解为甘油及脂肪酸，从而促进消化、促进食欲	在中性或弱碱性条件下活性较强，不宜与酸性药物同服，不可嚼碎服用。可引起口和肛门周围疼痛，特别是幼儿易发生，偶见过敏反应。肠溶片、胶囊剂：0.3g。生产商：雅培贸易（上海）、重庆奥力生物制药等
干酵母【医保(乙)】	为酵母菌未经提取的干燥菌体，含多种营养物质。用于营养不良、消化不良、食欲不振、腹泻、胃肠充气、B 族维生素缺乏所引起的疾病	嚼碎后服用。服用剂量不宜过大，否则可发生腹泻。我国酵母生产始于 1922 年，但酵母作为一种产业始于 20 世纪 80 年代，生产商：广东五洲药业等

续表

药物	作用与适应证	药物评价及商品信息
乳酶生【药典(二);基;医保(甲)】	为活的乳酸杆菌的干制剂，有促进消化和止泻作用。用于消化不良、腹胀及小儿饮食失调所致的腹泻、绿便	无明显不良反应。遇热失效。片剂：0.1g；0.3g。国内有多家企业生产，生产商：华北制药集团制剂等生产
健胃消食片【药典(一);医保(乙)】	由太子参、陈皮、山药、炒麦芽、山楂等组成，健胃消食，用于脾胃虚弱，消化不良	无明显不良反应。片剂：0.8g。口服，可以咀嚼。生产商：武汉健民集团药业公司
香砂六君丸【药典(一);基;医保(甲)】	益气健脾，和胃。用于脾虚气滞，消化不良，嗳气食少，脘腹胀满，大便溏泄	有保护胃黏膜、减少胃酸分泌、增强小肠推进功能及解除小肠平滑肌痉挛作用。口干、舌少津、大便干者不宜用。阴虚内热及湿热证者不宜用。忌食生冷、油腻及刺激性食物。丸剂：6g，微丸：0.375g。生产商：北京同仁堂、厦门中药厂
保和丸【药典(一);基;医保(甲、乙)】	消食导滞和胃。用于食积停滞，脘腹胀满，嗳腐吞酸，不欲饮食	有助消化、调节胃肠运动和抗溃疡等作用。肝病或心肾功能不全所致的不欲饮食，脘腹胀满者不宜用。身体虚弱或老年人不宜长期服用。宜清淡饮食，忌生冷、油腻食物。保和丸：0.375克/200丸。湖南九芝堂股份等生产

即学即练 14 – 3

以下哪个药物可以促胃动力还可以止呕，且不容易透过血 – 脑屏障的是（　　　）

答案解析　A. 多潘立酮　　　B. 乳酶生　　　C. 莫沙必利　　　D. 胃蛋白酶

PPT

任务4　其他消化系统药物认知

任务4-1　止吐与催吐药认知

止吐药主要有四类：①通过抑制催吐化学感受区而止吐，对晕动症所致呕吐以外的呕吐均有明显作用，如氯丙嗪等，这类药物副作用较大，较少用于止吐而更多用于精神疾病；②抗组胺药物，对晕动症所致的呕吐效果好，如苯海拉明、异丙嗪等，多数为 OTC 类药物，仅用于晕动性呕吐；③5 – 羟色胺（5 – HT₃）受体拮抗剂，如昂丹司琼、托烷司琼等，主要用于癌症患者化疗、放疗的止吐，临床上使用最多；④其他止吐药，如甲氧氯普胺、多潘立酮等。

催吐药主要能兴奋催吐化学感受区而引起呕吐的药物，如阿扑吗啡，主要用于中毒急救时催吐。目前大都采用洗胃以代替催吐药物。

昂丹司琼【药典(二);基;医保(甲、乙)】 e 微课4

Ondansetron

【其他名称】恩丹西酮、枢复宁、时泰

【药理作用】强效、高选择性的 5 – HT₃ 受体拮抗剂。通过拮抗外周迷走神经末梢和中枢化学感受区中的 5 – HT₃ 受体，从而阻断因化疗和手术等因素促进小肠嗜铬细胞释放 5 – HT₃、兴奋迷走传入神经而导致的呕吐反射。

【适应证】用于化疗、放疗引起的恶心、呕吐，预防和治疗手术后的恶心、呕吐。

【制剂规格】片剂、胶囊：4mg；8mg。注射剂：4ml：8mg。

【用法用量】依据化疗、放疗引起的呕吐程度不同，一般治疗前15分钟静脉滴注给药8mg，化疗后每4小时、8小时或每隔8小时口服8mg，连用5天。不同治疗的用法用量有差异。

【药物评价】

（1）药效　强效、高选择性的5-HT₃受体拮抗剂，耐受性好。本品选择性高，无锥体外系反应、过度镇静等副作用。

（2）不良反应　有头痛、腹部不适、便秘、口干、皮疹，偶见支气管哮喘或过敏反应、短暂性无症状氨基转移酶升高。罕见癫痫发作，胸痛、心律不齐、低血压、心动过缓等。

（3）注意事项　①对肝功能中、重度损害者应减少剂量，而对肝功能损害者无需特别处理。②胃肠梗阻者、哺乳期妇女禁用。③只能与推荐的静脉输液混合使用，做静脉输液的溶液应现用现配。④与地塞米松合用可加强止吐效果。

【商品信息】

（1）发展史　5-HT₃受体拮抗剂是目前最常用的肿瘤辅助治疗的止吐药。昂丹司琼是第一个上市的司琼类药物，是治疗化疗所致呕吐的标准药物。目前销售额排名前三位的止吐药依次是：昂丹司琼、格雷司琼、托烷司琼。1990年英国葛兰素公司首次研制开发出"恩丹西酮"在法国上市，我国于1991年进口"枢复宁"注射液及片剂，1997年国产盐酸恩丹西酮注射液及片剂上市。

（2）生产商　齐鲁制药、罗氏制药、西南合成药业等。

【贮藏】遮光，密闭，在阴凉处（不超过20℃）保存。

其他止吐药与催吐药见表14-5

表14-5　其他止吐药与催吐药

药物	作用与适应证	药物评价及商品信息
盐酸地芬尼多【药典(二)；基；医保(甲)】	抗眩晕、镇吐及抑制眼球震颤作用，较弱的周围性抗M胆碱作用。用于多种疾病引起的眩晕与呕吐、手术麻醉后的呕吐	可降低阿扑吗啡中毒时的催吐作用。常见口干、心悸、头晕、头痛等。盐酸地芬尼多片剂：25mg。1946年由Miescher合成，1978年在日本上市，我国于1979年合成，1981年正式生产。生产商：北海阳光药业
格雷司琼【药典(二)；医保(乙)】	高选择性的5-HT₃受体拮抗药，作用和适应证同昂丹司琼	首剂应在化疗前1小时服用。常见的不良反应为头痛、倦怠、发热、便秘等。有注射液、片剂。1991年由葛兰素-史克公司开发在南非首次上市，随后在欧美多国上市。1995年天津中美史克公司生产，1997年宁波市天衡制药厂生产
托烷司琼【药典(二)；医保(乙)】	作用同昂丹司琼。用于预防细胞毒药物引起的恶心、呕吐	至少在餐前1小时服用。可用橙汁、可乐稀释后立即服用。常有头痛、便秘、腹泻等。有胶囊剂、注射剂。由诺华公司开发，1992年在荷兰上市。我国于2002年由军事医学科学院药物研究所、北京四环医药开发成功上市
盐酸阿扑吗啡【药典(二)；医保(甲)】	强效中枢性催吐药。还有轻微的镇痛和呼吸抑制作用。用于抢救意外中毒及不能洗胃的患者	中枢抑制的呼吸短促、呼吸困难等不良反应较常见，给药前先饮水200～300ml。注射液：1ml：5mg。东北制药集团沈阳第一制药厂等生产

即学即练14-4

以下哪个药物不可以用来缓解化疗和放疗引起的呕吐症状（　　）

A. 昂丹司琼　　　B. 格雷司琼　　　C. 盐酸阿扑吗啡　　　D. 托烷司琼

任务4-2　泻药与止泻药、肠道微生态药认知

泻药是指能增加肠内水分，促进肠蠕动，软化粪便或润滑肠道等促进排便的药物。临床主要用于功能性便秘。分为容积性、接触性（刺激性）和润滑性泻药三类。①容积性泻药，在肠道内难吸收，起高渗作用，刺激肠壁，促进肠道蠕动而导泻。含多糖类或食物性纤维素有乳果糖、甲基纤维素、聚乙二醇等；非吸收的盐有硫酸镁、硫酸钠等。②接触性泻药又称刺激性泻药，能刺激肠蠕动，推动排便。如酚酞、比沙可啶、开塞露、番泻叶、大黄等。③润滑性泻药能局部润滑并软化大便，产生缓泻作用。如甘油、蓖麻油等。

止泻药主要通过减少肠蠕动或保护肠道免受刺激而达到止泻效果。常用的有①减少肠道蠕动药物，如地芬诺酯，洛哌丁胺、复方樟脑酊、吗啡、阿托品等。②减轻对肠黏膜刺激药，如鞣酸蛋白、药用炭、双八面蒙脱石等。

肠道微生态调节药是由正常生理性菌或其促进物质制成的生物制剂，能够补充或促进有益的生理性菌成长，恢复或保持肠道的微生态平衡，如双歧三联活菌、地衣芽孢杆菌等。

蒙脱石 【药典(二);基;医保(甲、乙)】

Montmorillonite

【其他名称】 双八面体蒙脱石、复方硅铝盐酸

【药理作用】 口服后，覆盖在整个肠腔表面，吸附、固定、抑制多种病原体，使其失去致病作用。减慢肠细胞转变速度，促进肠细胞吸收，减少其分泌，缓解渗透性腹泻。还能保护肠细胞被病原体损伤，修复、提高黏膜屏障对攻击因子的防御功能，平衡正常菌群和局部止痛。

【适应证】 用于成人及儿童的急慢性腹泻。肠易激综合征，肠道菌群失调，食管炎及与胃、十二指肠、结肠疾病有关的疼痛的对症治疗。

【制剂规格】 散剂：3.0g。分散片：1.0g。

【用法用量】 口服：散剂成人每次3.0g，一日3次。倒入50ml温水中，摇匀服用。

【药物评价】

（1）药效　新型矿物药剂，安全性好，无明显不良反应，疗效稳定，价格低廉。

（2）不良反应　偶见便秘，大便干结。

（3）注意事项　①急性腹泻首剂加倍，治疗时注意纠正脱水。②胃炎、结肠炎和肠易激综合征在饭前服用，腹泻宜在两餐中间服用，胃内容物食管反流、食管炎餐后服用。③如需服用其他药物，应在服用本品前1小时服用其他药物。④不宜长期服用，以免影响营养素的吸收。出现便秘，减量可继续服用。

【商品信息】

（1）发展史　在《本草纲目拾遗》中就有介绍蒙脱石（膨润土）可用于外伤和解毒，民间有流传治疗幼儿腹泻的验方。20世纪70年代中期，法国博福－益普生制药集团最早研制的蒙脱石散上市，商

品名"思密达"。1992 年引进我国。

（2）生产商　博福 - 益普生（天津）制药、浙江海力生制药、湖北汇中制药等。

【贮藏】密封，在干燥处保存。

其他泻药与止泻药物、肠道微生态药见表 14 - 6。

表 14 - 6　其他泻药与止泻药物、肠道微生态药

药物	作用与适应证	药物评价及商品信息
甘油【药典(二);医保(甲、乙)】	润滑性泻药，还有强力高渗作用，组织软化作用。用于便秘，溶液用于降低眼压和颅内压，外用可防冬季皮肤干裂	服药时不能喝水，但可加入柠檬汁或速溶咖啡以改善口味，也可加冰块。口服有头痛、咽部不适等轻微不良反应，外用几乎无不良反应。甘油栓剂：1.5g；3g。开塞露（含甘油）：10ml；20ml。生产商：福建延年药业
开塞露【基;医保(甲)】	主要成分为甘油或山梨醇，为缓泻药，用于便秘，润滑并刺激肠壁，软化大便，使易于排出	外用，暂未见不良反应。规格用量：20ml（成人用），10ml（儿童用）。将容器顶端盖拨开或将容器顶端刺破、剪开，涂以少许油脂润滑管口，缓慢插入肛门，然后将药液挤入直肠内。生产商：上海运佳黄浦制药，马应龙药业等
乳果糖【药典(二);基;医保(乙)】	为降血氨及泻药，用于慢性便秘；治疗和预防肝昏迷或昏迷前状态的肝性脑病（PSE）	治疗初始几天可能会有腹胀，继续治疗即可消失，当剂量高于推荐治疗剂量时，可能会出现腹痛和腹泻。如果长期大剂量服用（PSE 的治疗时），患者可能会因腹泻出现电解质紊乱。乳果糖口服液：100ml：66.7g，每日剂量可根据个人需要进行调节，具体详见说明书。生产商：北京韩美药品有限公司，雅培公司等
聚乙二醇【药典(四);基;医保(甲、乙)】	治疗便秘药物，用于治疗功能性便秘；术前肠道清洁准备，肠镜及其他检查前的肠道清洁准备	常见规格：聚乙二醇 4000 散，10g；聚乙二醇电解质口服溶液；500ml。用途不同，使用方法存在差异，具体详见说明书。腹痛、腹泻、呕吐、恶心、消化不良等胃肠不良反应较为常见，过敏，电解质紊乱偶有发生。生产商：马应龙药业、重庆华森制药等
硫酸镁【药典(二);基;医保(甲)】	口服为容积性泻药。注射给药能使血管扩张，血压下降。用于导泻，十二指肠引流及治疗胆绞痛、子痫、降低血压、外用热敷消炎去肿	过量或静注速度过快，使血镁过高，引起中毒，出现中枢抑制、血压急剧下降等。灌肠剂：由 50% 硫酸镁 30ml + 甘油 60ml + 水 90ml 配成。注射液：10ml：1g；10ml：2.5g。1695 年用于临床。生产商：北京紫竹药业
酚酞【药典(二);医保(甲)】	刺激性轻泻药。促进肠蠕动。用于便秘，结肠、直肠内镜检查或 X 线时的肠道清洁药	睡前服，服药后 8 小时排便。过量或长期滥用造成电解质紊乱，血糖升高、血钾降低，且可产生依赖性。片剂：50mg；100mg。生产商：天津力生制药
盐酸洛哌丁胺【药典(二);基;医保(甲、乙)】	为长效抗腹泻药。用于各种原因引起的急、慢性腹泻	常见胃胀气。胶囊剂：2mg。1999 年在中国上市。西安杨森制药生产的"易蒙停"为止泻主导产品
复方地芬诺酯【药典(二);医保(甲)】	人工合成的具有止泻作用的阿片生物碱类似物。用于急、慢性功能性腹泻及慢性肠炎或药物所致的腹泻	本品毒性小，但长期服用可致依赖性。1996 年我国将其列入"麻醉药品"管理。片剂：5mg。生产商：常州康普药业等
地衣芽孢杆菌活菌菌制剂【基;医保(乙)】	调整肠道菌群失调，维持人体肠道微生态平衡作用。用于各种原因引起的肠道菌群失调症，也用于急慢性腹泻、肠炎	起效快，疗效高。不良反应轻微，偶见大便干结、腹胀，大剂量可发生便秘。颗粒剂（整肠生）：0.5g。生产商：沈阳第一制药厂

续表

药物	作用与适应证	药物评价及商品信息
双歧杆菌活菌制剂【基;医保(乙)】	为人体正常有益的生理性细菌。调整肠道菌群失调,维持人体肠道微生态平衡作用。作用同地衣芽孢杆菌制剂	尚未发现不良反应。胶囊：0.35g（含 0.5 亿活菌）。1992 年,"丽珠肠乐"胶囊在珠海丽珠制药生产
枯草杆菌、肠球菌二联活菌制剂【基;医保(乙)】	为人体正常有益的生理性细菌。调整肠道菌群失调,维持人体肠道微生态平衡作用。作用同双歧杆菌活菌制剂	推荐剂量未见明显不良反应,罕见腹泻次数增加。颗粒剂（妈咪爱）：1g。胶囊剂：250mg。生产商：韩美药品有限公司
麻仁润肠丸（软胶囊）【药典(一);基;医保(甲)】	润肠通便。用于肠胃积热,胸腹胀满,大便秘结	偶见腹痛。服药后大便偏稀,应酌情减量或停服。忌食生冷、油腻、辛辣食物。麻仁润肠蜜丸：6g。生产商：北京同仁堂制药
附子理中丸【药典(一);基;医保(甲)】	温中健脾。有增强抗寒能力、镇痛、抑制肠道平滑肌运动等作用。用于脾胃虚寒、脘腹冷痛、呕吐泄泻、手足不温	偶见心律失常。急性肠胃炎,泄泻兼有大便不畅,肛门灼热者禁用。忌生冷、油腻之食。浓缩丸：0.375g。生产商：河南省宛西制药

即学即练 14-5

以下哪个药物是非口服用于便秘的治疗（　　）

答案解析　　A. 乳果糖　　　B. 开塞露　　　C. 甘油　　　D. 甲基纤维素

任务4-3　肝胆疾病辅助用药认知

肝胆系统疾病的辅助用药按其药理作用分类如下。①保肝药,指改善肝功能,促进肝细胞再生,增强肝脏解毒能力的药物。如联苯双酯、肌苷、辅酶 A、齐墩果酸、甘草酸铵、苦参提取物等。②抗肝炎病毒药,主要是抑制肝炎病毒的复制,以抗病毒药多见,如拉米夫定、阿德福韦酯、阿昔洛韦等（详见抗病毒药）。③抗脂肪肝药,促进脂肪分解、加速脂肪转运和代谢,防止脂肪在肝脏蓄积,如葡醛内酯、肌醇、磷脂酰胆碱等。④利胆及溶解胆结石药,利胆药能促进胆汁分泌或促进胆囊排空,如去氢胆酸,熊去氧胆酸、羟甲烟胺等有溶解胆结石作用。常用肝胆辅助药见表14-7。

表14-7　常用肝胆辅助药

药物	作用与适应证	药物评价及商品信息
联苯双酯【药典(二);基;医保(甲)】	口服,用于慢性迁延性肝炎伴 ALT 升高者,也用于化学毒物、药物引起的 ALT 升高	少数患者用药过程中 ALT 可回升,加大剂量可降低;个别患者出现口干、轻度恶心、皮疹等不良反应;个别患者还可出现黄疸及病情恶化,需及时停药;肝硬化者禁用。片剂和滴丸剂：1.5mg。是我国创制的一种治疗肝炎降酶的药物,现有浙江万邦药业等近十家企业生产
葡醛内酯【医保(乙)】	具有保护肝脏和解毒的作用,且可使肝糖原含量增加,脂肪储量减少。用于急慢性肝炎、肝硬化、慢性肝脏障碍、食物及药物中毒、风湿性关节炎等	本品为肝病辅助治疗药,第一次使用本品前应咨询医师。能减轻肝脏负担、改善微循环,降低转氨酶,防止纤维化。偶有面红、轻度胃肠不适现象,停药或减量可消失。治疗期间应定期到医院复查。主要有胶囊、片剂：50mg;还有注射液用于临床。苏州第三制药厂有限责任公司等生产

续表

药物	作用与适应证	药物评价及商品信息
精氨酸【药典(二);基;医保(甲)】	为氨基酸类药，适用于氨基酸缺乏症；血氨增高的肝昏迷，特别是伴有碱中毒的患者；也用于病毒性肝炎的辅助治疗	有盐酸精氨酸片、盐酸精氨酸注射液，用法用量详见说明书或遵医嘱。禁与强心苷类联用。可引起高氯性酸中毒，以及血中尿素、肌酸、肌酐浓度升高，少数患者可出现过敏反应，静脉滴注过快，可引起流涎、面部潮红及呕吐等。用药期间，宜进行血气监测，注意患者的酸碱平衡。生产商：天津金耀氨基酸有限公司、上海信宜金朱药业
甘草酸二铵【基;医保(乙)】	为肝病辅助治疗药。用于伴有谷丙转氨酶升高的急、慢性病毒性肝炎的治疗	一般用其胶囊，但孕妇不宜使用。主要有纳差、恶心、呕吐、腹胀，以及皮肤瘙痒、荨麻疹、口干和浮肿，心脑血管系统有头痛、头晕、胸闷、心悸及血压增高等不良反应症状，一般较轻，不必停药。生产商：正大天晴药业、广州一品红制药等
水飞蓟【基;医保(乙)】	为抗脂肪肝药。用于中毒性肝脏损伤，慢性肝炎及肝硬化的支持治疗	常用剂型为片剂、胶囊剂。病情不同，用法用量有差异，详见说明书。不良反应较少，偶有轻度腹泻现象。生产商：MADAUS GMBH、西安利君药业、湖南千金协力药业等
熊去氧胆酸【药典(二);基;医保(甲)】	胆结石溶解药，抑制胆固醇在肠道内的重吸收和降低胆固醇向胆汁中的分泌，从而降低胆汁中胆固醇的饱和度，有利于结石中胆固醇逐渐溶解。用于胆囊固醇结石（必须是X射线能穿透的结石，同时胆囊收缩功能须正常）、胆汁淤积性肝炎、胆汁反流性胃炎	胆道完全梗阻和严重肝功能减退者禁用。本品的毒性和副作用比鹅去氧胆酸小，一般不引起腹泻，其他偶见的不良反应有便秘、过敏、头痛、头晕、胰腺炎和心动过速等。主要剂型：片剂、胶囊。生产商："优思弗"胶囊由德国福克制药率先生产，国内有四川科瑞德制药等生产

即学即练 14-6

答案解析

以下哪个药物不是保肝治疗药或辅助治疗药（　　）

A. 葡醛内酯　　B. 甘草酸二铵　　C. 熊去氧胆酸　　D. 齐墩果酸

答案解析

目标检测

单项选择题

1. 乳酶生是（　　）

    A. 胃肠解痉药　　　　　　　　　　　　B. 抗酸药

    C. 干燥的活乳酸杆菌制剂　　　　　　　D. 生乳剂

2. 一般制成肠衣片吞服的助消化药是（　　）

    A. 稀盐酸　　　　　B. 胰酶　　　　　C. 乳酶生　　　　　D. 多潘立酮

3. 便秘不能选用（　　）

    A. 硫酸镁　　　　　B. 酚酞　　　　　C. 硫酸钠　　　　　D. 鞣酸蛋白

4. 由西安杨森制药生产，商品名为"吗丁啉"的促胃肠动力药为（　　）

    A. 多潘立酮   B. 甲氧氯普胺   C. 莫沙必利   D. 胃蛋白酶

5. 以下哪一个药物不是胃黏膜保护药（　　　）

    A. 硫糖铝   B. 枸橼酸铋钾   C. 氢氧化铝   D. 米索前列醇

6. 以下哪个药物不是抗消化溃疡药（　　　）

    A. 雷尼替丁   B. 多潘立酮   C. 法莫替丁   D. 奥美拉唑

7. 第一个上市的司琼类止吐药，一直公认是治疗化疗呕吐的标准药物是（　　　）

    A. 昂丹司琼   B. 格雷司琼   C. 托烷司琼   D. 氯丙嗪

8. 以下哪个药物不是止泻药（　　　）

    A. 枯草杆菌、肠球菌二联活菌制剂   B. 蒙脱石

    C. 地衣芽孢杆菌   D. 开塞露

9. 以下哪一项特点不是硫酸镁的（　　　）

    A. 有口服和注射剂   B. 可导泻   C. 升高血压   D. 可降压

10. 以下哪个药物不是保肝利胆药（　　　）

    A. 阿昔洛韦   B. 齐墩果酸   C. 肌苷   D. 熊去氧胆酸

✎ 实践实训

实训 19　药品分类陈列、消化性溃疡用药指导、健康教育

【实训目的】

1. 能够对消化系统药物进行正确的分类与陈列。

2. 能够根据患者状况推荐应用抗消化性溃疡药。

3. 熟练掌握健康教育的手段、产品推广和沟通交流技巧。

【实训准备】

提前一周布置学生，每位同学任务分工为：熟悉消化系统药物，练习分类陈列、收集消化性溃疡用药资料、制作 PPT、讲解 PPT、扮演药师、扮演患者。

上课实训时间，在多媒体教室，要求讲解员介绍消化性溃疡临床表现，类似疾病鉴别、选药原则、对症治疗药物。

再在模拟药房角色扮演，由患者向药师介绍疾病症状，药师根据症状推荐药品并交代用药注意事项。

【实训内容】

1. 任务布置　教师提前安排学生通过网络或其他方式搜索消化性溃疡病因、临床表现、治疗、常用药物选用、用药注意事项。

2. 信息搜索　学生利用课余时间收集消化性溃疡相关信息。

3. 确定发言稿　各组根据分配的任务，对拟介绍的抗消化性溃疡药的应用写出讲稿。

4. 角色扮演　根据所查资料信息制作 PPT，穿插采用角色扮演、情景模拟等方式。

【实训评价】

评价内容	评分标准	得分
仪表仪态（10 分）	仪表大方、谈吐自如、条理分明	
语言表达（10 分）	声音清晰、言简意赅、突出重点	
现场互动（10 分）	有感染力，现场互动良好	
时间把握（15 分）	在规定时间内完成消化系统药物分类陈列，时间分配合理，按规则陈列、方便、实用	
分析正确（25）	消化性溃疡分析情况介绍是否准确、清楚，缓解消化性溃疡症状药物治疗和非药物治疗内容操作性强	
PPT 设计（15 分）	图文并茂、布局合理	
团队合作（15 分）	分工协作、参与积极性高	
合计（100 分）		

书网融合……

知识回顾　　　微课 1　　　微课 2　　　微课 3　　　微课 4　　　习题

项目 **15** 　血液系统药物

学习引导

血液系统疾病是指原发或主要累及血液或造血组织与器官的疾病，表现为周围血细胞成分、数量、功能异常、出血和凝血机制障碍等。该系统常见疾病有贫血、凝血障碍、血栓等。贫血是什么原因造成的？有哪些类型的贫血？如何选择正确的补血药呢？

本单元主要介绍抗贫血药、促凝血药、抗凝血药等药物的作用、适应证、制剂用法及药物评价。

学习目标

1. **掌握**　铁剂、维生素 K、氨甲环酸、硫酸氢氯吡格雷、替格瑞洛、沙格雷酯、替罗非班、低分子肝素的作用、适应证、用法及药物评价。

2. **熟悉**　常见血液系统药物的品种如维生素 B_{12}、叶酸、重组人促红素、氨甲苯酸、鱼精蛋白、盐酸噻氯匹定、双嘧达莫、华法林钠、达比加群酯、阿替普酶等的作用及适应证。

3. **了解**　常见血液系统药品的商品信息。

任务 1　抗贫血药认知

PPT

贫血指人体外周血中红细胞容积或个数低于正常范围下限的一种临床症状。贫血种类多，外来营养物质异常、失血过量、生长因子不足、各种免疫异常等都可能出现贫血。贫血中最常见的类型是失血引起的贫血和缺乏铁元素、维生素 B_{12}、叶酸所导致的营养缺乏性贫血。

缺铁性贫血是世界范围内普遍存在的营养缺乏症。缺铁时，红细胞数量不减少，但其中血红蛋白、肌红蛋白减少，导致红细胞体积较正常小，故缺铁性贫血也称小细胞低色素性贫血。见于慢性失血、饮食中的铁供应不足或吸收障碍的人群。巨幼红细胞性贫血，主要因叶酸和（或）维生素 B_{12} 缺乏，细胞核 DNA 合成障碍导致细胞生成异常，其中以叶酸缺乏所致最为多见。叶酸缺乏多因摄入不足、需求增加或某些药物影响，维生素 B_{12} 缺乏多因摄入减少、吸收减少等，因此，巨幼红细胞性贫血多见于婴儿、妊娠期妇女及营养不良的老年人。

缺铁性贫血主要用铁补充剂，如硫酸亚铁、葡萄糖酸亚铁、琥珀酸亚铁、富马酸亚铁、蔗糖铁等。巨幼红细胞性贫血主要用促进红细胞、粒细胞、巨核细胞生成、成熟所需的维生素 B_{12}、叶酸等。

随着基因技术的发展，利用重组 DNA 技术获得许多具有生物活性的造血因子如重组人促红素、重组人红细胞生成素等可升血细胞而抗贫血。

铁剂 ⓔ 微课 1
Ferrous Preparations

【主要产品】硫酸亚铁、富马酸亚铁、琥珀酸亚铁、枸橼酸铁铵、葡萄糖酸亚铁、多糖铁复合物等。

【药理作用】铁为构成血红蛋白、肌红蛋白及多种酶的重要组成成分。铁剂以亚铁离子形式吸收，进入血液循环后，亚铁离子转为三价铁离子，再与转铁蛋白结合成复合物，进入细胞内，供造血细胞所用。

【适应证】用于预防或治疗各种原因引起的缺铁性贫血，包括儿童或婴儿需铁不足，铁吸收障碍、妊娠中后期及慢性失血等。

【制剂规格】硫酸亚铁片：0.3g。缓释片：0.45g。复方硫酸亚铁颗粒：硫酸亚铁 10mg：维生素 C 30mg。其他制剂规格见各产品包装或说明书。

【用法用量】饭后口服：成人一次 1 片，预防一日 1 次，治疗一日 3 次。

【药物评价】

（1）药效　有效补充铁的不足，亚铁制剂效果更佳。一般用口服制剂，当口服不吸收、不耐受者、严重消化道疾患、不易控制的慢性出血、需迅速纠正缺铁等情况时才选用注射。与维生素 C、稀盐酸合用，有利于吸收。

（2）不良反应　口服后有轻度恶心、胃部或腹部疼痛，多与剂量及品种有关。硫酸亚铁反应最明显。缓释剂型可明显减少或减轻胃肠道反应。肌注不良反应较多。

（3）注意事项　①不与茶、钙盐同服。②酒精中毒、肝炎、急性感染、肠道炎症、胰腺炎、消化性溃疡患者慎用。③严重肝肾功能损害，特别伴有未经治疗的尿路感染者、血色病或含铁血黄素沉着症及不属缺铁的其他贫血患者禁用。④妊娠期补铁以在妊娠中、后期最为适当。⑤过量使用发生急性中毒，多见小儿。⑥缺铁患者补充铁剂，在血红蛋白恢复正常后，仍需继续服用 3~6 个月，以补充缺失的贮存铁量。如有条件进行铁蛋白测定，可在血清铁蛋白上升到 30~50μg/L 后停药。

【商品信息】

（1）发展史　补铁产品分为有机铁和无机铁两类。由江苏金陵药业生产的琥珀酸亚铁是抗缺铁性贫血的主要市场品种。2013 年美国 FDA 批准了新药羟基麦芽糖铁注射液，是第一个获得 FDA 批准治疗 IDA 的非右旋糖酐铁静脉铁剂。

（2）生产商　北京双鹤药业、杭州老桐君制药、珠海许瓦兹制药、上海黄海制药等。

【贮藏】密封，在干燥处保存。

常用升血细胞药见表 15-1。

表 15-1　常用升血细胞药

药物	作用与适应证	药物评价及商品信息
硫酸亚铁【药典(二)；基；医保(甲)】	作用与适应证同铁剂	含铁量20%，可看作是补铁的标准药品，多数患者不需再用其他复方制剂。有轻度胃肠道反应，排黑便等。片剂：0.3g。缓释片：0.45g。我国1930年左右已有生产。生产商：成都药业、民生药业

续表

药物	作用与适应证	药物评价及商品信息
右旋糖酐铁【药典(二);基;医保(甲、乙)】	抗贫血药。用于明确原因的慢性失血、营养不良、妊娠、儿童发育期等引起的缺铁性贫血	常用剂型有片剂、颗粒剂、胶囊剂、口服液体剂、注射液等。不良反应较少,口服制剂可见恶心、呕吐、上腹疼痛、便秘、黑便等不良反应;注射制剂可产生局部疼痛及色素沉着。注意事项同其他铁剂。生产商:南京新百药业、四川科伦药业等
维生素B$_{12}$【药典(二);基;医保(甲)】	为细胞合成核苷酸的重要辅酶,参与体内甲基转换及叶酸代谢,缺乏时,可致叶酸缺乏,影响红细胞的发育与成熟。用于巨幼红细胞性贫血,还用于神经炎的辅助治疗	与叶酸合用,治疗巨幼红细胞性贫血。但长期应用可出现缺铁性贫血,若血红蛋白上升一定水平后停滞,应及时补充铁剂。有维生素B$_{12}$注射剂、肌内注射剂。我国于1958年研制并投产。现福州海王福药制药等生产
叶酸【药典(二);基;医保(甲、乙)】	与维生素B$_{12}$共同促进红细胞的生成和成熟。用于因叶酸缺乏所致的巨幼红细胞性贫血,预防叶酸缺乏者或妊娠妇女早期增补叶酸以降低神经管畸形发生	本品疗效确切,不良反应少,偶见过敏,长期服用可见胃肠道反应。大量用可引起黄色尿。甲氨蝶呤、乙胺嘧啶会阻止叶酸转化,可直接用四氢叶酸钙。片剂:5mg。注射剂:1ml:15mg。1946年从菠菜叶中分离提取而得名。生产商:福州海王福药制药
腺苷钴胺【药典(二);基;医保(甲、乙)】	为维生素类药,用于巨幼红细胞性贫血,营养不良性贫血、妊娠期贫血、多发性神经炎、神经根炎、三叉神经痛、坐骨神经痛、神经麻痹。也可用于营养性疾患以及放射线和药物引起的白细胞减少症的辅助治疗	常用剂型为片剂0.25mg、注射剂0.5mg,口服,成人一次2~6片(0.5~1.5mg),一日3次;肌内注射,一次0.5~1.5mg,一日1次,与葡萄糖液有配伍禁忌。生产商:石家庄欧意药业、石家庄康力药业、华北制药等
甲钴胺【药典(二);基;医保(乙)】	为治疗周围神经病类药,用于周围神经病和因缺乏维生素B$_{12}$引起的巨幼红细胞性贫血的治疗	常用剂型为胶囊剂、片剂、分散片剂、注射剂,一般为0.5mg规格。常见不良反应为皮疹等过敏反应,口腔及舌面疱疹,双唇结痂,眼睑膜充血,偶有食欲不振、恶心、呕吐、腹泻。生产商:北京四环制药、山东仁和制药等
重组人促红素【药典(三);基;医保(乙)】	刺激红系祖细胞分化,促使组织红细胞转化为成熟红细胞。用于肾功能不全、艾滋病、风湿性疾病所致贫血	常见自限性的流感样症状,偶有过敏反应等。注射剂:2000~6000IU。1989年美国安进公司研制上市,我国于1997年开始生产。生产商:沈阳三生制药
重组人粒细胞刺激因子【药典(三);医保(乙)】	为一种造血生长因子,有细胞特异性,无种族特异性。用于各种原因引起的中性粒细胞减少症、各种严重感染等	常见骨痛、关节肌肉酸痛。长期使用可出现脾肿大。注射液:0.3ml:75μg。1985年成功精制出本品,1991年在美国应用于临床,1993年进入中国。生产商:齐鲁制药
利可君【医保(乙)】	可增强骨髓造血系统功能。用于防治各种原因引起的白细胞减少症及血小板减少症	安全性高,副作用小,口服后极易吸收。片剂:10mg。20世纪80年代国内上市。生产商:华北制药集团

 知识链接

妊娠期贫血及治疗

妊娠期贫血是妊娠期常见的合并症,属于高危妊娠范畴。妊娠期内孕妇铁需求量大,如果孕妇自身体内铁储备量不足,又未及时补充,就会引发缺铁性贫血。妊娠期缺铁性贫血的孕妇抵抗力会明显降

低，加大贫血性心脏病、妊娠期高血压、产后出血、失血性休克、产褥感染及胎膜早破的发生率，妊娠以及分娩的风险均会明显加大，严重者甚至会导致死亡。因此，要根据孕妇具体情况，权衡利弊，科学、合理、高效地选择系统治疗方案，有效治疗妊娠期贫血对确保母婴健康至关重要。可通过口服补铁剂改善贫血，在选择剂型、剂量以及间隔时间时根据孕妇情况个性化调整，降低不良反应；口服不耐受患者可选择肠外注射补铁；中药补铁剂也是一种较为高效的选择，联合西药能很好地提升补铁效果。

因此，每一个孕妇在妊娠期都可能充满着妊娠期合并症等风险，母亲是伟大的，启发我们热爱自己的母亲。母亲冒着风险生育我们，我们也要更加关注妊娠期健康，合理用药。

即学即练 15-1

以下哪个药物不能作为缺铁性贫血的治疗药物（　　　）

答案解析　A. 硫酸亚铁　　　B. 右旋糖酐铁　　　C. 琥珀酸亚铁　　　D. 腺苷钴胺

任务 2　促凝血药认知

PPT

生理情况下，人体的血液凝固和纤维蛋白溶解处于动态平衡，当凝血系统占上风，往往表现为血栓形成，当纤溶系统占上风，往往容易异常出血。

凝血过程是一系列凝血因子按一定顺序激活，最终使纤维蛋白原转变为纤维蛋白的过程，Ca^{2+} 作为凝血因子参与凝血过程，分为三个基本步骤：①凝血酶原激活物的形成；②凝血酶原活化形成凝血酶；③纤维蛋白原活化生成纤维蛋白并交联成网状。

纤维蛋白溶解过程是分解血液凝固过程中形成的纤维蛋白的过程。分为三个基本步骤：①纤溶酶原激活物的形成；②纤溶酶原激活为纤溶酶；③被激活的纤溶酶降解纤维蛋白和纤维蛋白原。

出血性疾病是凝血障碍、纤溶亢进而引发的一组自发性出血或轻微损伤后出血不止的疾病，主要由于血管本身异常或血管外因素异常、血小板数量或功能异常、凝血因子异常或纤溶亢进引起。促凝血药可分为：①促进凝血的药物（促凝药）如维生素 K。②抗纤溶药，如氨甲环酸、氨甲苯酸。③作用于血管的药物，卡巴克洛、垂体后叶素等。

维生素 K　[药典(二); 基; 医保(甲、乙)]　微课 2

Vitamin K

【其他名称】维生素 K 有三个品种：维生素 K₁、维生素 K₃（亚硫酸氢钠甲萘醌）、维生素 K₄（醋酸甲萘氢醌）

【药理作用】参与肝脏合成凝血因子 Ⅱ、Ⅶ、Ⅸ、Ⅹ。能促进凝血因子的合成，维持血液的正常凝固，减少生理期大量出血，防止内出血及痔疮。

【适应证】用于维生素 K 缺乏症或活力降低，导致凝血因子合成障碍的出血性疾病，如新生儿出血及治疗双香豆素类和水杨酸过量导致的出血。用于维生素 K 缺乏症。大剂量维生素 K₁用于灭鼠药"二苯茚酮钠"中毒解救。

【制剂规格】维生素 K₁片剂：10mg。注射液：1ml：2mg；1ml：10mg。其他规格参见说明书。

【用法用量】低凝血酶原血症：肌内或深部皮下注射，一次 10mg，一日 1~2 次，24 小时内总量不超过 40mg。其他用法详见说明书。

【药物评价】

（1）药效　是口服抗凝药华法林引起的低凝血酶原血症的唯一拮抗药，香豆素类的拮抗药。止血作用好，对肝素过量引起的出血无效。一般采用肌内注射。

（2）不良反应　①静脉注射维生素 K 偶见过敏反应。快速静注有致死的报道。②可出现味觉异常、面部潮红、出汗、支气管痉挛、心动过速、低血压等。③肌注偶有局部红肿、疼痛、硬结、荨麻疹样皮疹等症状。④维生素 K_3 可引起新生儿、早产儿高胆红素和溶血，但维生素 K_1 少见。

（3）注意事项　①用药期间应定期检测凝血酶原时间，以调整用法用量。②较大剂量水杨酸类、磺胺类、奎宁、奎尼丁、硫糖铝、考来烯胺、放线菌素等影响维生素 K 疗效。③不宜与其他维生素合用。与双香豆素类合用相互拮抗。④肝功损伤、孕妇慎用。⑤新生儿出血症用维生素 K_1 较合适。

【商品信息】

（1）发展史　维生素 K 是一系列萘醌的衍生物的统称，主要有天然植物的维生素 K_1、来自动物的维生素 K_2 以及人工合成的维生素 K_3 和维生素 K_4。最早于 1929 年，由丹麦化学家达姆从动物肝和麻子油中发现并提取。1939 年美国合成了维生素 K，我国于 1966 年投产。

（2）生产商　天津药业集团新郑制药、浙江瑞新药业等。

【贮藏】遮光，密闭，防冻保存。

氨甲环酸 【药典(二)；基；医保(甲、乙)】

Tranexamic Acid

【其他名称】止血环酸、凝血酸、抗血纤溶环酸

【药理作用】抗纤溶药。竞争性阻抑纤溶酶原在纤维蛋白上吸附，减少纤溶酶原激活为纤溶酶，保护纤维蛋白不被纤溶酶所降解和溶解，最终达到止血效果。

【适应证】用于急性、慢性、局限性或全身性纤维蛋白溶解亢进所致的各种出血。还用于溶栓药过量、外伤或手术出血、月经过多、严重鼻出血等。用作组织型纤溶酶原激活物（t–PA）、链激酶及尿激酶的拮抗物。

【制剂规格】片剂、胶囊剂：0.125g；0.25g。注射剂 2ml：0.1g；5ml：0.25g。

【用法用量】口服：每次 1～1.5g，一日 2～6g。静脉注射或静脉滴注：一次 0.25～0.5g，一日 0.75～2g，以葡萄糖注射液或 0.9% 氯化钠注射液稀释后使用。详见说明书。

【药物评价】

（1）药效　抗纤溶活力大，止血效果好，维持时间较长。组织型纤溶酶原激活物（t–PA）、链激酶及尿激酶的拮抗剂。

（2）不良反应　药物过量出现颅内血栓形成和出血。可出现恶心、呕吐、腹泻等。少见经期不适。注射可能有视力模糊、疼痛、头晕、疲乏等中枢神经系统症状。

（3）注意事项　①有血栓形成倾向、有心肌梗死倾向慎用。大量血尿患者慎用或禁用。②在 DIC 晚期，以纤溶亢进为主时可单独应用本品，其他情况一般不单用。③与凝血因子合用应警惕血栓形成，在凝血因子使用后 8 小时再用为妥。④与青霉素、尿激酶有配伍禁忌，与口服避孕药、雌激素、凝血酶原复合物合用，有增加血栓形成危险。⑤应用时要注意监护，以防血栓并发症。

【商品信息】

（1）发展史　本品于 1959 年合成，我国于 1968 年研制并投产。

（2）生产商　哈药集团三精制药、上海信谊万象药业、华润三九（北京）药业等。

【贮藏】 避光、密封，干燥处保存。

其他促凝血药见表 15-2。

表 15-2　其他促凝血药

药物	作用与适应证	药物评价及商品信息
氨甲苯酸【基;医保(甲)】	为止血药。用于因原发性纤维蛋白溶解过度所引起的出血，包括急性和慢性、局限性或全身性的纤溶亢进性出血，后者常见于癌肿、白血病、妇产科意外、严重肝病出血等	常用剂型有片剂、注射剂等，本品与 6-氨基己酸相比，抗纤溶活性强 5 倍，不良反应极少见。长期应用未见血栓形成，偶有头昏、头痛、腹部不适。有心肌梗死倾向者应慎用，使用时需监护血栓形成并发症的可能性。与青霉素或尿激酶等溶栓剂有配伍禁忌。生产商：重庆药友制药等
硫酸鱼精蛋白【药典(二);基;医保(甲)】	一种低分子强碱性蛋白质，在体内可与强酸性的肝素结合，使肝素失去抗凝活性。用于肝素过量引起的出血，体外循环、血液透析结束时中和体内残留肝素	为肝素的拮抗剂。偶见过敏性休克。注射剂：5ml：50mg；10ml：100mg。1928 年分离成功，1963 年确定结构，我国于 1966 年投产。生产商：上海第一生化药业
凝血因子【药典(三);基;医保(甲、乙)】	主要作为替代疗法，补充遗传性获得性凝血因子缺乏，用于治疗各种原因引起的凝血因子损耗过多所致的出血	常用的凝血因子有人凝血因子Ⅷ，重组人凝血因子Ⅷ，重组人活化凝血因子Ⅶ等。冻干人凝血因子Ⅷ：50～1000 IU。2007 年，拜耳公司生产的首个重组人凝血因子Ⅷ在我国上市，生产商：江苏曼迪新琴纳医药
云南白药【药典(一);基;医保(甲)】	三七等名贵药材制成。化瘀止血，活血止痛，解毒消肿。用于跌打损伤，跖骨、趾骨骨折，瘀血肿痛，吐血、咯血、便血、痔血、血热崩漏，手术出血，疮疡肿毒及软组织挫伤，闭合性骨折，支气管扩张及肺结核咯血，溃疡病出血，以及皮肤感染性疾病	一级中药保护品种。云南白药除散剂外，还开发出胶囊剂、酊剂、膏剂、气雾剂等。散剂：4 克/瓶，配 1 粒保险子。生产商：云南白药集团

即学即练 15-2

以下哪个药物是促凝血药，还可以拮抗香豆素类药物华法林过量引起的出血（　　　）

答案解析　A. 维生素 K　　B. 氨甲苯酸　　C. 氨甲环酸　　D. 鱼精蛋白

任务 3　抗血小板药、抗凝血药及溶栓药认知

PPT

　　血栓性疾病是严重威胁人类生命健康的疾病，在发达国家死亡率仅次于肿瘤和心肌梗死。随着人口老龄化，血栓性疾病发病率渐增，致死率、致残率也很高。本病的病因及发病机制十分复杂，迄今尚未完全明确。常用的抗凝血药主要通过影响凝血和纤溶过程的不同环节，阻止血液凝固。抗凝血药可分为：①抗血小板药，如阿司匹林、噻氯匹定、双嘧达莫等；②抗凝血药，凝血酶间接抑制药，如肝素、低分子肝素；凝血酶直接抑制药，如重组水蛭素；影响凝血因子合成药，如华法林钠等；③促纤溶药（溶栓药），如链激酶、尿激酶、巴曲酶、阿替普酶、瑞替普酶等。

硫酸氢氯吡格雷 [药典(二);基;医保(乙)]
Clopidogrel Bisulfate

【其他名称】氯吡格雷、波立维

【药理作用】血小板聚集抑制药。为前体药物，必须通过 CYP450 酶代谢，生成能抑制血小板聚集的活性代谢物。其中的主要活性代谢产物能选择性地抑制二磷酸腺苷（ADP）与其血小板 P2Y12 受体的结合及继发的 ADP 介导的糖蛋白 GP Ⅱ b∕Ⅲ a 复合物的活化，因此可抑制血小板聚集。

【适应证】预防动脉粥样硬化血栓形成事件：①心肌梗死患者（从几天到小于 35 天），缺血性卒中患者（从 7 天到小于 6 个月）或确诊外周动脉性疾病的患者；②急性冠脉综合征的患者；③非 ST 段抬高性急性冠脉综合征（包括不稳定型心绞痛或非 Q 波心肌梗死），包括经皮冠状动脉介入术后置入支架的患者，与阿司匹林合用；④用于 ST 段抬高性急性冠脉综合征患者，与阿司匹林联合，可合并在溶栓治疗中使用。

【制剂规格】片剂：75mg。

【用法用量】口服：一日 1 次，一次 1 片。

【药物评价】

（1）药效　口服吸收迅速，不受食物和抑酸剂影响，疗效好。氯吡格雷是前体药物，在体内经肝脏细胞色素 P450 酶活化后，发挥作用，其活性受酶的影响，存在明显的个体差异，会影响抗血小板效果，慢代谢型不适合使用。

（2）不良反应　常见胃肠道反应（如胃肠出血、腹泻、腹部疼痛和消化不良），皮疹，皮肤黏膜出血（鼻出血、淤伤）。罕见白细胞减少、血小板减少和粒细胞缺乏等。

（3）注意事项　①警惕出血和血液学不良反应，服用前需要做基因检测，确定患者是否适用，并合理调整用量。②由于外伤、外科手术等导致出血危险增加时应慎用。术前 5~7 日停用。③肝功能损害者、有胃肠道出血倾向病变者、孕妇慎用。本品过敏及活动性病理性出血的患者、哺乳期妇女慎用。④与非甾体抗炎药合用，可能增加胃肠道隐性出血，应慎用。⑤过早停用氯吡格雷可能导致心血管事件的风险增加，避免中断治疗，如果必须停药，需尽早恢复用药。

【商品信息】

（1）发展史　法国赛诺菲圣德拉堡制药公司于 1986 年研发的新一代血小板聚集抑制剂，商品名为"波立维"。1998 年率先在美国上市，随后进入欧洲、北美、澳洲、新加坡等多国市场，2001 年 8 月在中国上市。杭州赛诺菲圣德拉堡民生制药的"波立维"，销量大。

（2）生产商　乐普药业股份有限公司、深圳信立泰药业等。

【贮藏】密封，阴凉干燥处保存。

替格瑞洛 [基;医保(乙)]
Ticagrelor

【其他名称】倍林达、苏美瑞、安欣芬、泰仪

【药理作用】替格瑞洛是一种环戊三唑嘧啶（CPTP）类化合物，替格瑞洛及其主要代谢产物能可逆性地与血小板 P2Y12 ADP 受体相互作用，阻断 ADP 介导的信号传导和血小板活化，发挥抑制血小板聚集，抗血小板作用。

【适应证】本品用于急性冠脉综合征患者，包括接受药物治疗和经皮冠状动脉介入（PCI）治疗的患者，降低血栓性心血管事件的发生率。

【制剂规格】片剂、分散片：90mg。

【用法用量】口服。一次 1 片（90 mg），一日 2 次。除非有明确禁忌，本品应与阿司匹林联合用药。阿司匹林的维持剂量为一日 1 次，一次 75～100mg。治疗中应尽量避免漏服。

【药物评价】

（1）药效　替格瑞洛为非前体药，不经肝脏代谢激活即可直接起效，用前不需要做基因检测，尤其适用于氯吡格雷无效的患者。口服吸收迅速，不受食物等影响，可在饭前或饭后服用，疗效好，但价格较高。替格瑞洛及其代谢产物与人血浆蛋白广泛结合（血浆蛋白结合率＞99％），主要代谢产物通过肝脏代谢消除。

（2）不良反应　高尿酸血症，脑出血，呼吸困难，消化道溃疡及出血，皮下血肿，瘀斑，尿道出血及血管穿刺部位出血等。

（3）注意事项　①有出血倾向（例如近期创伤、近期手术、凝血功能障碍、活动性或近期胃肠道出血）的患者慎用本品。②有活动性病理性出血的患者、有颅内出血病史的患者、中至重度肝功能损害的患者禁用本品。③本品的治疗时间可长达 12 个月，除非有临床指征，需要中止本品治疗方可停药。急性冠脉综合征患者过早中止任何抗血小板药物治疗，可能会使基础病引起的心血管死亡或心肌梗死的风险增加，因此，应避免过早中止治疗。

【商品信息】

（1）发展史　替格瑞洛是阿斯利康制药公司研发的血小板聚集抑制剂，2010 年 12 月在欧盟获批，2011 年 7 月获 FDA 批准，2012 年 12 月进入中国市场，商品名为"倍林达"。在国内的年销售额约为 3 亿。2017 年 7 月，替格瑞洛被纳入国家医保谈判目录。

（2）生产商　阿斯利康制药、石药集团欧意制药、深圳信立泰药业等。

【贮藏】密封，阴凉干燥处保存。

沙格雷酯[医保(乙)] 微课 3

Sarpogrelate

【其他名称】盐酸沙格雷酯、安步乐克、沙波格来

【药理作用】对于血小板以及血管平滑肌的 $5-HT_2$ 受体具有特异性拮抗作用，因而具有抗血小板以及抑制血管收缩的作用。

【适应证】用于改善慢性动脉闭塞症所引起的溃疡、疼痛以及冷感等缺血性诸症状。

【制剂规格】片剂：100mg。

【用法用量】成人一日 3 次，一次 100mg，饭后口服；但应根据年龄、症状的不同适当增减药量。

【药物评价】

（1）药效　临床应用广泛，对血管系统疾病具有较好的治疗和预防作用，保护血管内皮，抑制血管平滑肌细胞的生长和心脏肥厚，还具有对肾脏的保护作用。

（2）不良反应　常见不良反应有皮疹、发红、恶心、头痛、贫血等，偶有脑出血、消化道出血、血小板减少、肝功能障碍、黄疸、粒细胞缺乏症等严重不良反应。

（3）注意事项　①月经期间的患者、有出血倾向以及出血因素的患者、严重肾功能障碍者、正在使用抗凝剂（法华林等）或者具有抑制血小板凝聚作用的药物（阿司匹林、盐酸噻氯匹定、西洛他唑等）的患者，慎用。②使用本品期间，应定期进行血液检查。③交付患者药物时应指导患者在服用 PTP 包装的药剂时，从药座中取出后服用，以防误饮 PTP 药座。④儿童、哺乳期妇女慎用，孕妇禁用。⑤老

年患者用药应从低剂量开始（如 150mg/d）。

【商品信息】

（1）发展史　盐酸沙格雷酯片是由日本田边三菱制药株式会社研制开发的抗凝药物，于 1993 年 7 月在日本批准上市，1998 年 10 月盐酸沙格雷酯片获得我国国家药品监督管理局批准并取得上市保护。

（2）生产商　日本三菱制药工场株式会社、天津田边制药。

【贮藏】 25℃ 以下密封保存。

替罗非班 [医保(乙)]
Tirofiban

【其他名称】 盐酸替罗非班、欣维宁

【药理作用】 高效可逆性非肽类血小板受体拮抗剂，能选择性抑制纤维蛋白原，且竞争性结合受体，抑制血小板聚集，避免血栓形成。

【适应证】 与肝素联用，用于不稳定型心绞痛、非 Q 波心肌梗死、冠脉缺血综合征患者，预防心脏缺血事件，也用于冠脉血管成形术或冠脉内斑块切除术，以预防与经治冠脉突然闭塞有关的心脏缺血并发症。

【制剂规格】 注射剂：5mg；12.5mg。

【用法用量】 本品仅供静脉使用，需用无菌设备。不同病情、不同剂型、不同规格的用法用量可能存在差异，请详见药物说明书或遵医嘱。

【药物评价】

（1）药效　新一代糖蛋白Ⅱb/Ⅲa受体拮抗剂，可逆性抑制血小板聚集且半衰期短，无抗原性，不良反应少，在抗凝、抗血小板治疗中有重要作用，广泛应用于 PCI 患者术前抗凝。

（2）不良反应　常见不良反应有血红蛋白、血球压积和血小板减少，恶心、发热和头痛，与肝素和阿司匹林联合治疗时，最常见不良反应为出血。

（3）注意事项　①抑制血小板聚集可增加出血的危险，有活动性内出血、颅内出血史、颅内肿瘤、动静脉畸形及动脉瘤的患者和以前使用盐酸替罗非班出现血小板减少的患者禁用。②用药过程中监测患者有无潜在的出血，预防出血危险。③严重肾功能不全者，减少用药剂量。

【商品信息】

（1）发展史　由美国 Merck 公司研制开发，于 1998 年首次在美国上市，2004 年在中国上市。

（2）生产商　远大医药、鲁南贝特制药、四川美大康佳乐药业等。

【贮藏】 避光保存于 15～30℃ 之间，不要冷冻。

 实例分析

实例　某患者，因患有肺栓塞使用华法林和低分子肝素钙治疗，华法林剂量从 3mg 逐渐增至 5.25mg，低分子肝素钙首剂量 4100U，后增至 6150U，每隔 12 小时皮下注射。19 日后出现脑出血，经检查发现具有凝血障碍指标，马上停用华法林，对症治疗，5 日后恢复正常。

问题　1. 患者引起脑出血的原因是什么？

　　　2. 如何对症治疗？

答案解析

低分子肝素【药典(二);基;医保(乙)】 微课4
Low Molecular Weight Heparin

【其他名称】主要产品有那曲肝素钙、依诺肝素钠、达肝素钠

【药理作用】由普通肝素经过化学或酶解方法制备的一种短链制剂。影响凝血过程的许多环节：①抑制凝血酶原激酶形成，并能对抗已形成的凝血酶原激酶的作用；②干扰凝血酶，抑制凝血酶原转变为凝血酶；③干扰凝血酶对因子Ⅷ的激活；④抑制血小板的黏附和聚集。可延长凝血时间、凝血活酶时间和凝血酶时间。在体内外均有抗凝作用。

【适应证】用于预防和治疗栓塞性疾病，弥散性血管内凝血，体外循环、血液透析或腹膜透析时预防凝血，输血及血样标本体外实验的抗凝等。

【制剂规格】依诺肝素钠注射液：0.2ml：20mg，其他制剂的规格详见说明书。

【用法用量】皮下注射和静脉注射：各种低分子肝素特性不同，推荐剂量不同；同一低分子肝素制剂，适应证不同、术后时间不同、患者体重不同，其使用剂量也不同，使用方法详见说明书。

【药物评价】

（1）药效　对凝血因子 Ⅹa 和Ⅻa 的抑制作用比对凝血因子 Ⅱa 的抑制作用强，对凝血酶抑制作用较弱，对血小板的影响小。因此，具有相对低抗凝、高抗栓作用。生物利用度高，半衰期长，出血发生率低，一般无需监测血凝系列。骨质疏松及血小板减少发生率较低。逐渐取代普通肝素。

（2）不良反应　①本品毒性较低，过量易发生自发性出血。②常见注射部位血肿、疼痛，偶见过敏反应、血小板减少、高血压症。③少数患者可引起血清丙氨酸氨基转移酶和γ谷氨酰转肽酶轻度升高，但停药后可恢复。④长期使用可引起骨质疏松和自发性骨折。

（3）注意事项　①有肝素诱发血小板减少史的患者、有出血危险的患者、严重肝、肾功能不全、感染性心内膜炎及糖尿病视网膜变病患者、哺乳期妇女慎用。②凝血功能严重异常、脑血管意外患者、组织器官损伤出血者、急性消化道出血者禁用。③使用中出现血栓栓塞事件应停药并予以适当治疗。④不能肌内给药，不能与其他注射剂混合使用，可皮下注射给药。

【商品信息】

（1）发展史　常用抗凝剂，属于一种黏多糖，是高度硫酸化的葡糖胺聚糖。临床所用肝素是由分子量不一的成分组成的混合物，主要有肝素钠及肝素钙。通常把分子量小于 8000 的称为低分子肝素。低分子肝素是 20 世纪 70 年代发展起来的一种新型抗凝血药物，是普通肝素经过化学或酶解方法制备的一种短链制剂。

（2）生产商　深圳市天道医药有限公司、山东齐鲁制药。

【贮藏】避光、密封阴凉处保存。

其他抗血小板药、抗凝血药和溶栓药见表 15 - 3。

表 15 - 3　其他抗血小板药、抗凝血药和溶栓药

药物	作用与适应证	药物评价及商品信息
盐酸噻氯匹定【药典(二);医保(乙)】	抗血小板聚集药。作用同硫酸氢氯吡格雷。用于预防脑血管、心血管及周围动脉硬化伴发的血栓栓塞性疾病。血管内支架置入术后，用于预防支架内血栓形成（与阿司匹林合用）	对近期发作的一过性脑缺血，效果优于阿司匹林和双嘧达莫。出血、血液系统症状、消化道反应及皮疹等不良反应较常见。片剂：250mg。1978 年法国上市，1989 年进入我国。生产商：江苏恒瑞医药

药物	作用与适应证	药物评价及商品信息
双嘧达莫【药典(二);医保(甲)】	抑制血小板聚集药及冠状动脉扩张药。与阿司匹林合用于短暂性脑缺血发作和缺血性脑卒中预防及冠心病的治疗。与华法林合用，防止人工瓣膜置换术后血栓形成等	不良反应多见且与剂量有关，停药后可消除。片剂：25mg。注射剂：2ml：10mg。1961年人工合成后，临床用途越来越广。生产商：石药集团中诺药业等
华法林钠【药典(二);基;医保(甲)】	维生素K竞争性拮抗剂，抑制羟基化酶，致凝血因子Ⅱ、Ⅶ、Ⅸ、Ⅹ失活，发挥抗凝作用。还有抗血小板聚集作用。适应证同肝素	口服有效，价廉，作用时间长，不良反应少，但起效慢，不易控制。过量时易致自发性出血，如出血严重，可静注维生素K对抗。片剂：2.5mg；5mg；10mg。1947年合成，我国于50年代研制成功。生产商：齐鲁制药
达比加群酯【基;医保(乙)】	一种新型口服抗凝血药物，是达比加群的前体药物，属非肽类凝血酶抑制剂。预防先前曾有卒中、短暂性脑缺血发作或全身性栓塞，左心室射血分数＜40%，伴有症状的心力衰竭（NYHA分级≥2级），年龄≥75岁或年龄≥65岁且伴有糖尿病、冠心病或高血压的成人非瓣膜性房颤患者的卒中和全身性栓塞（SEE）	常用其胶囊剂，需餐时或餐后整粒吞服，成人每日口服300mg，应维持终生治疗。存在出血风险的患者、肾功能损害患者、老年患者以及其他情况者需根据实际情况调整用药。具有可预测的、稳定的抗凝效果，极少与药物和食物发生相互作用，常见不良反应为出血，应警惕其出血风险。德国勃林格殷格翰制药研制而成，2008年最先在德国和英国上市。国内生产商：江苏豪森药业、正大天晴药业
利伐沙班【基;医保(乙)】	为抗血栓形成药。用于髋关节或膝关节置换手术成年患者，以预防静脉血栓形成（VTE）	常用片剂，推荐剂量为口服利伐沙班10mg，一日1次；如伤口已止血，首次用药时间应于手术后6~10小时之间进行。不良反应体现在出血，非瓣膜性房颤患者中提前停药后卒中风险升高，脊柱/硬膜外血肿，注意整个抗凝治疗过程中密切观察。德国拜耳制药研发，2008年通过欧盟许可上市，2011年被美国FDA批准用于膝、髋关节置换术后静脉血栓栓塞症的预防。生产商：正大天晴药业、欧意药业、扬子江药业等
重组水蛭	强效、特异的凝血酶抑制剂。直接抑制凝血酶。用于治疗肝素诱导的血小板减少症及抗血栓治疗	近期出血或有出血迹象者、肝肾功能不全者慎用。与其他抗凝药合用，抗凝效果增加，但发生出血风险也增加
巴曲酶【医保(乙)】	能分解纤维蛋白原，抑制血栓形成，促进纤维蛋白溶解，降低全血黏度，防止血栓形成。用于急性脑梗死。改善各种闭塞性血管病（如血栓闭塞性脉管炎、深部静脉炎、肺栓塞等）引起的缺血性症状。改善末梢及微循环障碍（如突发性耳聋、振动病）	有出血史或出血倾向、在使用抗凝药患者禁用。用药期间应避免创伤，否则可能出现血肿或出血不止。粉针剂：150mg。本品从巴西产美洲矛头蝮蛇的毒液中分离纯化得到的。目前国内用量大，生产商：深圳市万寿堂药业等
尿激酶【药典(二);基;医保(甲、乙)】	第一代溶栓剂。直接激活纤溶酶原转变为纤溶酶，发挥溶栓作用。用于血栓栓塞性疾病的溶栓治疗；局部用于保存血管插管或引流管通畅。对陈旧性血栓无明显疗效	价格较低，特异性稍差。有出血现象，严重者需输血，甚至导致死亡。尿激酶注射剂：5000U；1万U；2.5万U。静脉注射：一次20万~100万单位。20世纪70年代初，我国开始研制，80年代用于临床，生产商：苏州新宝制药

续表

药物	作用与适应证	药物评价及商品信息
阿替普酶【医保(乙)】	第二代选择性溶栓剂。内源性纤溶酶原激活药，发挥溶栓作用。用于急性心肌梗死、急性缺血性脑卒中的溶栓治疗、颅内静脉血栓形成	安全有效的溶栓药，价格较贵，特异性较好，作用迅速，半衰期仅 5 分钟。注射用阿替普酶：120mg，250mg。生产商：德国勃林格殷格翰大药厂
瑞替普酶【医保(乙)】	第三代溶栓剂。为重组的具有纤维蛋白特异性的纤溶酶原激活药，发挥溶栓作用。用于急性心肌梗死的溶栓治疗，尽早使用，在症状发生后 12 小时内	急性缺血性脑卒中溶栓治疗的药物，特异性更好。常见出血、过敏反应。注射用瑞替普酶：50mg。自 1987 年以来，本品在全球诸多国家批准上市。生产商：德国勃林格殷格翰大药厂

即学即练 15 - 3

以下哪个药物不是抑制血小板聚集而抗血栓药（　　　　）

A. 阿司匹林　　　　　　　B. 硫酸氢氯吡格雷

C. 达比加群酯　　　　　　D. 沙格雷酯

答案解析

任务 4　血容量扩充剂

PPT

　　血容量扩充剂又名血浆代用品，当大量失血或失血浆（如烧伤）引起血容量降低，导致休克时，除全血和血浆外，也可应用人工合成的血容量扩充剂迅速补足以至扩充血容量而抗休克。血容量扩充剂是一种分子量接近血浆白蛋白的胶体溶液，输入血管后依赖其渗透压而起到扩张血容量的作用，能维持血液胶体渗透压，排泄较慢，无毒、无抗原性，在治疗失血性休克时可节约部分全血。目前最常用的血容量扩充剂有右旋糖酐 40、右旋糖酐 70、右旋糖酐 10、明胶、羟乙基淀粉 130 等。常用血容量扩充剂见表 15 - 4。

表 15 - 4　常用血容量扩充剂

药物	作用与适应证	药物评价及商品信息
右旋糖酐 40【药典(二)；医保(甲、乙)】	补充血容量，降低血液黏滞性，改善微循环和防止血栓形成，还具有渗透利尿作用。用于各种休克、血栓性疾病，体外循环时代替部分血液预充心肺机	扩充血容量作用弱于右旋糖酐 70，作用短暂，改善微循环作用较强。过敏反应较常见。右旋糖酐是世界上第一个工业化生产的微生物多糖，最早使用的血浆代用品。注射液：10% 右旋糖酐 40 葡萄糖注射液，右旋糖酐 40：5g 葡萄糖。我国于 1954 年研制成功。生产商：丽珠集团利民制药
羟乙基淀粉 130【基；医保(乙)】	维持并扩张血容量。预防和治疗各种原因引起的血容量不足和休克。适用于节约用血技术（急性等容血液稀释、急性高容血液稀释）时补充血容量	补充血容量作用强，作用持续时间长。过敏发生率远低于右旋糖酐。羟乙基淀粉注射液 6%：500ml。生产商：德国贝朗、北京双鹤药业

即学即练 15－4

答案解析

以下关于血容量扩充剂描述错误的是（　　　）

A. 当大量失血或失血浆（如烧伤）引起血容量降低，导致休克时，可临时替代全血或血浆使用

B. 一种分子量接近血浆白蛋白的胶体溶液，能维持血液胶体渗透压

C. 排泄快，无毒、无抗原性

D. 常用的有右旋糖酐 40/70/10，明胶、羟乙基淀粉 130

答案解析

目标检测

单项选择题

1. 过量或长期应用不会引起出血的药物有（　　　）

   A. 肝素

   B. 华法林

   C. 氨甲环酸

   D. 链激酶

2. 维生素 K 促进合成（　　　）

   A. 凝血酶

   B. 凝血酶原

   C. 凝血因子

   D. 凝血因子Ⅲ

3. 目前我国市场上使用的低分子肝素有（　　　）

   A. 肝素钾

   B. 依诺肝素钠

   C. 肝素钙

   D. 肝素钠

4. 肝素过量，用以下哪个药物来对抗（　　　）

   A. 鱼精蛋白

   B. 氨甲环酸

   C. 氨甲苯酸

   D. 维生素 K

5. 香豆素类药物在抗凝血过程中过量，用哪个药物对抗（　　　）

   A. 鱼精蛋白

   B. 尿激酶

   C. 维生素 K

   D. 氨甲环酸

6. 以下哪个药物既是体外抗凝药，又是体内抗凝药（　　　）

   A. 肝素

   B. 枸橼酸钠

   C. 华法林

   D. 右旋糖酐

7. 以下哪个药物是体外抗凝药，但也可能使输血患者过敏或中毒（　　　）

   A. 肝素

   B. 华法林

   C. 枸橼酸钠

   D. 双香豆素

8. 以下哪个药物不是抗血小板药（　　　）

   A. 阿司匹林

   B. 双嘧达莫

   C. 加压素

   D. 磷酸氢氯吡格雷

9. 以下哪个药物不是缺铁性贫血的治疗药物（　　　）

A. 琥珀酸亚铁 　　　　　　　　　　　B. 硫酸亚铁

C. 叶酸 　　　　　　　　　　　　　　D. 右旋糖酐铁片

10. 维生素 B_{12} 和哪个药物合用可以治疗巨幼红细胞性贫血（　　　）

A. 叶酸 　　　　　　　　　　　　　　B. 硫酸亚铁

C. 重组人促红素 　　　　　　　　　　D. 四氢叶酸

11. 由法国赛诺菲圣德拉堡制药公司生产的硫酸氢氯吡格雷的商品名为（　　　）

A. 氯吡格雷 　　　　　　　　　　　　B. 波立维

C. 泰嘉 　　　　　　　　　　　　　　D. 帅信

12. 以下哪个药物不是血浆代用品（　　　）

A. 右旋糖酐 40 　　　　　　　　　　　B. 右旋糖酐 70

C. 右旋糖酐 20 　　　　　　　　　　　D. 明胶

✍ 实践实训

实训 20　药品分类陈列、抗凝药过量及解救、贫血用药指导

【实训目的】

1. 能正确分类陈列血液系统药品。

2. 能推荐应用抗贫血用药。

3. 能熟练判断抗凝药过量的临床表现并能及时解救处理。

4. 掌握疾病防护、产品推广、与人交流的技能技巧。

【实训准备】

提前一周布置学生分组，组内分工为：收集资料、制作 PPT、讲解 PPT、扮演药师、扮演患者。

上课时间在多媒体教室，要求讲解员首先介绍抗凝药过量的临床表现，类似疾病鉴别，选药原则和对症治疗药物。

再到模拟药房，药师根据血液系统药物特点正确分类排放好该系统所有药品后，再由营业员接待患者，患者向药师介绍贫血的症状，根据患者症状推荐抗贫血药品并交代用药注意事项。

【实训内容】

1. **任务布置**　教师提前安排学生通过网络或其他方式搜索血栓和贫血病因、临床表现、治疗、常用药物选用、用药注意事项，去药房练习药品的分类陈列。

2. **信息搜索**　学生利用课余时间收集抗凝药的使用、过量中毒表现、临床解救处理措施等相关信息。

3. **确定发言稿**　各组根据分配的任务，对拟介绍抗贫血药、抗血栓药的应用写出讲稿。

4. **角色扮演**　根据所查资料信息制作 PPT，穿插采用角色扮演、情景模拟等方式。

【实训评价】

评价内容	评分标准	得分
仪表仪态（10分）	仪表大方、谈吐自如、条理分明	
语言表达（10分）	声音清晰、言简意赅、突出重点	
现场互动（10分）	有感染力，现场互动良好	
时间把握（15分）	在规定时间内完成药品正确有效的陈列，时间分配合理	
药品分类陈列符合摆放原则且摆放美观、方便，分析正确（25）	抗凝血和抗贫血药介绍是否准确、清楚，缓解抗凝药过量的药物治疗措施适当和对贫血症状判断正确，选择抗贫血药物治疗适当，内容操作性强	
PPT设计（15分）	图文并茂、布局合理	
团队合作（15分）	分工协作、参与积极性高	
合计		

书网融合……

知识回顾　　　微课1　　　微课2　　　微课3　　　微课4　　　习题

项目 16　激素类及影响内分泌药物

任务 1　肾上腺皮质激素类药物认知

PPT

学习引导

肾上腺皮质激素主要包括糖皮质激素和盐皮质激素。糖皮质激素类药品是临床使用量大的一类药品，其作用特点是对糖代谢作用强，而对钠及钾等水盐代谢作用弱，水盐代谢强的糖皮质激素仅作外用。盐皮质激素的特点是对水盐代谢作用强，临床使用范围窄。在新冠肺炎疫情期间，糖皮质激素作为应对重症的治疗用药，在国家卫健委发布的多版《新型冠状病毒（COVID‑19）肺炎诊疗方案》中均被提及。糖皮质激素类药物有哪些？各类糖皮质激素有什么特点？其不良反应有哪些？

本单元介绍临床常用的糖皮质激素类药物氢化可的松、地塞米松、泼尼松、甲泼尼龙、曲安奈德等，以及盐皮质激素类药物 9α‑氟可的松、促皮质素等。

学习目标

1. **掌握**　氢化可的松、地塞米松、泼尼松的作用、适应证、制剂、用法及药物评价。
2. **熟悉**　甲泼尼龙、氯倍他索、泼尼松龙、曲安奈德的作用、适应证及药物评价。
3. **了解**　糠酸莫米松、9α‑氟可的松、促皮质素等品种的商品信息。

任务 1‑1　糖皮质激素类药物认知

糖皮质激素类药物是一类作用与糖皮质激素相似的药物，小剂量能够补充体内糖皮质激素的不足，发挥生理作用，药理剂量的糖皮质激素，表现出强大的药理作用。糖皮质激素类药物的作用及适应证相似，只是显效快慢、维持时间长短等方面有差异。

一、糖皮质激素的生理功能

糖皮质激素的基本生理功能是调节物质代谢和水盐代谢。

1. 糖代谢　糖皮质激素对糖代谢的影响是提高肝糖原、肌糖原含量，促进糖异生，增加糖原贮备，减少机体组织对葡萄糖的利用，升高血糖。应用大剂量糖皮质激素可引起类固醇性糖尿病。缺乏糖皮质激素时，血糖下降，饥饿时更加严重，甚至有发生死亡的危险。

315

2. 蛋白质代谢　糖皮质激素对蛋白质代谢的作用随组织而不同，主要促进肝外组织淋巴、胸腺、肌肉、骨骼和皮肤等组织，特别是肌组织的蛋白质分解，并抑制其在肝外的合成，使血中氨基酸升高。对肝脏，则促进蛋白质合成。糖皮质激素过多可引起生长停滞、肌肉消瘦、皮肤变薄和骨质疏松等。

3. 脂肪代谢　糖皮质激素对脂肪代谢的影响有两个方面，一是促进脂肪组织中的脂肪分解，使大量脂肪酸进入肝脏氧化；二是激活四肢的脂酶，影响体内脂肪重新分布。糖皮质激素过多时，四肢脂肪减少，而面部、躯干特别是腹部和背部脂肪明显增加，称为向心性肥胖。

4. 水盐代谢　糖皮质激素能轻度促进水盐代谢，促进钠、钾离子排泄，促进钙离子排泄，可引起低血钙，长期应用可致骨质脱钙。

二、糖皮质激素的药理作用

1. 抗炎作用　糖皮质激素对各种原因引起的炎症均有强大的非特异性抑制作用。在炎症的早期可抑制局部毛细血管扩张，降低毛细血管通透性，减少渗出和水肿；同时抑制白细胞游走、黏附、聚集和吞噬能力，从而改善红、肿、热、痛等症状。在炎症后期明显抑制毛细血管和成纤维细胞的增生，抑制肉芽组织的形成，减轻组织粘连，抑制瘢痕的形成，减轻后遗症。但必须注意，炎症反应是机体的一种保护反应及修复过程，糖皮质激素在抗炎的同时，降低了机体的防御功能，可致感染扩散和伤口愈合迟缓。

2. 抗免疫作用　糖皮质激素对免疫过程的许多环节均有抑制作用，包括抑制巨噬细胞的吞噬，阻碍 T 淋巴细胞转化为致敏的淋巴细胞；抑制淋巴因子的生成，减少血液中的淋巴细胞数；抑制 B 细胞转化成浆细胞，减少抗体生成。小剂量抑制细胞免疫，大剂量可抑制体液免疫。糖皮质激素还可抑制过敏介质的产生，减轻过敏症状。

3. 抗内毒素作用　糖皮质激素可提高机体对细胞内毒素的耐受力，减少对机体的损伤，减少内热原的释放，缓解毒血症症状，发挥保护机体作用，但不能中和、破坏内毒素，不对抗外毒素。

4. 抗休克作用　大剂量糖皮质激素对各种休克均有一定的对抗作用，其机制除与抗炎、抗免疫、抗内毒素作用有关外，还与下列机制有关：加强心肌收缩力，使心排出量增多；降低血管对缩血管物质的敏感性，扩张血管，改善微循环；稳定溶解酶体膜，减少心肌抑制因子的形成。

5. 其他作用

（1）对血液与造血系统的影响　能刺激骨髓造血功能，增加血液中红细胞、血小板、血红蛋白、纤维蛋白原含量，缩短凝血时间，中性粒细胞数目增加，但其游走、吞噬、消化等功能降低；还能使淋巴细胞和嗜酸性粒细胞减少。大剂量的糖皮质激素可使胸腺和淋巴组织萎缩，使血中的淋巴细胞破坏，因此常用于治疗淋巴肉瘤和淋巴性白血病。

作用于血管系统，糖皮质激素能提高血管平滑肌对血中去甲肾上腺素的敏感性，从而使血管平滑肌保持一定的紧张性。肾上腺皮质功能不足时，血管紧张性降低，因而血管扩张，血管壁通透性增加，严重时可导致外周循环衰竭。

（2）退热作用　糖皮质激素有较强的退热作用，其机制与稳定溶酶体膜，减少内热原的释放，抑制 PGE 的生成及抑制下丘脑体温调节中枢对内热原的敏感性有关。

（3）中枢神经系统作用　能提高中枢神经的兴奋性，小剂量可引起欣快感，过多则出现思维不能集中、烦躁、激动、失眠等。

（4）消化系统　能增加胃酸分泌和胃蛋白酶生成，因而有诱发或加重溃疡的可能，药用时应予以注意。

三、糖皮质激素的临床应用

1. 替代疗法　生理剂量用于治疗急、慢性肾上腺皮质功能减退症，脑垂体功能减退症和肾上腺次全切除术后的激素补充。

2. 严重感染　主要用于中毒性感染或同时伴有休克者，如中毒性痢疾、中毒性肺炎、暴发型流行性脑膜炎、重症伤寒和急性粟粒型肺结核等。在应用足量、有效的抗菌药的同时，大剂量应用糖皮质激素，因其能增加机体对有害刺激的耐受性，减轻中毒症状，使机体度过危险期。病毒感染，一般不宜选用；但对于严重的病毒感染，如严重急性呼吸综合征（SARS）的危重病例，主张酌情短期小剂量应用糖皮质激素，大剂量可由于免疫抑制作用而延缓对新冠病毒的清除。此外，糖皮质激素对其他严重病毒感染如重症肝炎、乙型脑炎、麻疹、流行性腮腺炎、艾滋病患者并发的卡氏肺囊虫肺炎等，有缓解症状的作用。

3. 防止某些炎症的后遗症　在某些组织器官，炎症后期的粘连及瘢痕形成，严重影响器官的功能。如结核性脑膜炎、胸膜炎、心包炎、损伤性关节炎、睾丸炎等，早期应用糖皮质激素能防止后遗症的产生；对角膜炎、巩膜炎、视网膜炎、视神经炎等非特异性眼炎，应用糖皮质激素可消炎止痛，防止角膜混浊和瘢痕粘连的发生。

4. 自身免疫性疾病和过敏性疾病

（1）自身免疫性疾病　如类风湿关节炎、强直性脊柱炎、系统性红斑狼疮、硬皮病、皮肌炎、肾病综合征、自身免疫性贫血、重症肌无力、结节性动脉炎等。通常采用综合治疗，可明显缓解症状，但不能根治。

（2）过敏性疾病　严重过敏反应及应用其他抗过敏药物无效时，可选用本类药物治疗，如过敏性鼻炎、支气管哮喘、荨麻疹、血清病、血管神经性水肿及过敏性休克等。

（3）器官移植　如肾移植、骨髓移植、肝移植等，常与其他免疫抑制剂联合应用，抑制排斥反应。

5. 某些血液病　可用于再生障碍性贫血、血小板减少症、过敏性紫癜、粒细胞减少症、急性淋巴细胞性白血病等，作用不持久，停药后易复发。

6. 抗休克　对感染中毒性休克，需与有效足量的抗菌药物合用。对过敏性休克，宜首选肾上腺素，糖皮质激素为次选药，对病情较重的患者可合用糖皮质激素。对低血容量性休克，在补充血容量或输血后效果不佳时，可合用超大剂量的糖皮质激素。

7. 局部应用　对某些皮肤病，如接触性皮炎、湿疹、肛门瘙痒、牛皮癣、神经性皮炎等有一定疗效。多采用氢化可的松，泼尼松龙或氟轻松等软膏，霜剂或洗剂局部用药。也可与普鲁卡因配合，局部注射用于肌肉、韧带或关节劳损。

四、糖皮质激素的不良反应

1. 长期大剂量应用引起的不良反应

（1）医源性肾上腺皮质功能亢进症　与糖皮质激素引起脂质代谢和水盐代谢紊乱有关，表现为满月脸、水牛背、向心性肥胖、痤疮、皮肤变薄、多毛、水钠潴留、水肿、高血压、高血脂、低血钾、高血糖。停药后症状可自行消失。必要时可加用抗高血压药、抗糖尿病药治疗。长期大量应用糖皮质激素，应给予低盐、低糖、高蛋白质饮食，同时注意补钾。

（2）诱发或加重感染　系糖皮质激素抑制机体免疫功能所致。长期应用可诱发感染或使体内潜在的病灶扩散，病情加重。

（3）诱发或加重溃疡　糖皮质激素能刺激胃酸，胃蛋白酶的分泌，并抑制胃黏液分泌，降低胃肠黏膜对胃酸的抵抗力，诱发或加重胃、十二指肠溃疡，严重者导致消化道出血和穿孔。

（4）心血管系统的疾病　长期大量应用糖皮质激素由于水钠潴留和血脂增高，引发高血压、动脉粥样硬化。

（5）其他　糖皮质激素抑制蛋白质合成，促进钙、磷排泄，导致肌肉萎缩，伤口愈合延缓，儿童发育迟缓，骨质疏松；兴奋中枢，出现精神及行为的改变，偶见癫痫及精神病发作；妊娠前三个月使用偶可引起胎儿畸形。

2. 停药反应

（1）医源性肾上腺皮质功能不全　长期大量应用糖皮质激素，负反馈作用于垂体及下丘脑，使体内的促皮质素（ACTH）分泌减少。ACTH减少，肾上腺皮质萎缩，糖皮质激素分泌减少。突然停用糖皮质激素或减药过快，体内糖皮质激素突然降低，在应激状态下，如创伤、感染、分娩，患者出现肾上腺皮质危象，表现为呕吐、乏力、低血压甚至休克，需及时抢救。长期大量应用糖皮质激素的患者停药时应逐渐减量，停药或停药前7天，给予ACTH以促进肾上腺皮质功能的恢复；停药后一年内遇应激情况时，应及时给予足量的糖皮质激素。

（2）反跳现象及停药症状　突然停药或减量过快时，出现肌痛、关节痛、肌强直、发热等原来没有的症状，称为停药症状。突然停药后，已经控制好转的症状又出现或加重，称为反跳现象。需加大剂量再行治疗，待症状好转后再缓慢减量，直至停药。

五、使用糖皮质激素的注意事项

（1）大剂量或长期应用本类药品可引起医源性肾上腺皮质功能亢进，如向心性肥胖、血糖升高、高血压、水肿、低血钾、骨质疏松、病理性骨折、伤口愈合不良；可致胃及十二指肠溃疡甚至出血穿孔等。为减少上述不良反应，用药期间应同时给予钾盐、钙剂、维生素D和高蛋白饮食，并限制钠盐和糖的摄入量。

（2）糖皮质激素类药品对病原微生物无抑制作用，且由于其能抑制炎症反应和免疫反应，降低机体防御功能，反而有可能使潜在的感染病灶活动和扩散，故一般感染不要使用本类药品。急性感染中毒时，必须与足量有效的抗感染药配合使用，并根据病情变化及时减量和停用。

（3）长期使用糖皮质激素类药品时，不能突然停药。若要停药应减量渐停，停药前后给予促皮质素。

（4）高血压、糖尿病、胃及十二指肠溃疡、精神病、骨质疏松症及青光眼等患者慎用。

 知识链接 ━━━

遵循生物节律，规范使用激素

人体糖皮质激素的分泌具有昼夜节律性，一天中早上7点到8点为分泌的高峰期，随后逐渐下降，直到午夜12点为分泌的低谷，这是由ACTH分泌的昼夜节律所引起，临床用药可遵循此规律，将一天剂量于早上7~8点间一次给药，或隔日早上7~8点时一次给药，可减轻对下丘脑-垂体-肾上腺皮质的抑制作用，减少不良反应。

激素水平的相对稳定，对于维持其生理功能非常重要，过多过少都会给机体带来不良影响。糖皮质激素类药物的应用必须在合理、规范的前提下才能给人们的疾病治疗带来益处。例如在新型冠状病毒肺炎治疗中，不主张早期使用糖皮质激素，而只有对氧合指标进行性恶化、影像学进展迅速、机体炎症反应过度激活状态的患者，酌情短期内（3~5 日）使用糖皮质激素，建议剂量不超过相当于甲泼尼龙 1 ~ 2mg/(kg·d)，而较大剂量糖皮质激素由于免疫抑制作用，会延缓对冠状病毒的清除，还会导致严重的不良反应。

医药工作者要有"生命至上、人民至上"的大医精诚情怀，不断探究药物的作用规律，科学研判病情，谨慎选择药物，服务人民健康。

六、糖皮质激素类药物的分类

1. 短效糖皮质激素药物　如氢化可的松、甲泼尼龙等。

2. 中效糖皮质激素药物　如泼尼松、泼尼松龙等。

3. 长效糖皮质激素药物　如地塞米松等。

4. 外用糖皮质激素药物　如糠酸莫米松等。

氢化可的松[药典(二);基;医保(甲,乙)] 微课 1

Hydrocortisone

【其他名称】 皮质醇

【药理作用】 为短效天然糖皮质激素，具有抗炎、抗免疫、抗毒、抗休克作用。有一定程度的盐皮质激素的活性，具有留水、留钠及排钾作用。

【适应证】 用于肾上腺功能不全所引起的疾病、类风湿关节炎、风湿热、痛风、支气管哮喘等。用于过敏性皮炎、脂溢性皮炎、瘙痒症等。用于虹膜睫状体炎、角膜炎、巩膜炎、结膜炎等。用于神经性皮炎，用于结核性脑膜炎、胸膜炎、关节炎、腱鞘炎、急慢性挫伤、腱鞘劳损等。

【制剂规格】 片剂：10mg；20mg。乳膏：10g：25mg；10g：100mg。注射液：2ml：10mg；5ml：25mg；20ml：100mg。

【用法用量】 口服：成人一次 10 ~ 20mg，一日 20 ~ 80mg。静脉滴注：一次 100mg，稀释后进行滴注。

【药物评价】

（1）药效　抗炎作用为可的松的 1.25 倍。本品的价格低且剂型多，故临床应用广泛，销售量比较大。醋酸氢化可的松注射液含乙醇，仅供局部注射或关节腔内注射。

（2）不良反应　①大剂量或长期应用可引起医源性肾上腺皮质功能亢进，如向心性肥胖、血糖升高、高血压、水肿、低血钾、骨质疏松、病理性骨折、伤口愈合不良；可致胃及十二指肠溃疡甚至出血穿孔等。②有中枢抑制症状或肝功能不全患者慎用，大剂量更应注意。

（3）注意事项　高血压、糖尿病、胃及十二指肠溃疡、精神病、骨质疏松症及青光眼等患者慎用。

【商品信息】

（1）发展史　1937 年自肾上腺分离得到，1950 年化学合成，我国于 1958 年投产，我国是世界氢化可的松的主要供应国。市售商品还有氢化可的松琥珀酸钠盐。

（2）生产商　上海信谊制药、江西科伦药业、广州白云山制药、上海通用药业等。

【贮藏】 遮光，密封或密闭保存。

地塞米松【药典(二);基;医保(甲,乙)】

Dexamethasone

【其他名称】 氟美松

【药理作用】 人工合成的长效糖皮质激素，药理作用同氢化可的松，抗炎作用及控制皮肤过敏作用比泼尼松更为显著，而水钠潴留及促进排钾作用较轻微，对垂体－肾上腺皮质的抑制作用较强。

【适应证】 主要用于过敏性与自身免疫性炎症性疾病。如结缔组织病，严重的支气管哮喘、皮炎等过敏性疾病、溃疡性结肠炎、急性白血病、恶性淋巴瘤等。此外，本药还用于某些肾上腺皮质疾病的诊断——地塞米松抑制试验。

【制剂规格】 片剂：0.75mg。注射液：0.5ml：2.5mg。软膏：0.05%。

【用法用量】 口服：成人开始剂量为一次0.75~3.00mg，一日2~4次。维持量约一日0.75mg，视病情而定。

【药物评价】

（1）药效 长效糖皮质激素类药物，调节糖代谢作用和抗炎作用比氢化可的松强30倍。抗炎、抗过敏、抗休克作用比泼尼松更显著，而对水钠潴留和促进排钾作用很轻，对垂体－肾上腺抑制作用较强。

（2）不良反应 较大剂量易引起糖尿病、消化道溃疡和类柯兴综合征症状，对下丘脑－垂体－肾上腺轴抑制作用较强。水盐代谢、并发感染为主要的不良反应。

（3）注意事项 ①小儿如使用肾上腺皮质激素，须十分慎重，用激素可抑制患儿的生长和发育，如确有必要长期使用时，应使用短效或中效制剂，避免使用长效地塞米松制剂。并观察颅内压的变化。②长期服用，较易引起精神症状及精神病，有癫病史及精神病史者最好不用。③溃疡病、血栓性静脉炎、活动性肺结核、肠吻合手术后患者忌用或慎用。④与利尿剂（保钾利尿剂除外）合用可引起低钾血症，应注意用量。其余注意事项，见前述。

【商品信息】

（1）发展史 本品1958年合成并用于临床，我国1968年研制并投产。

（2）生产商 天津太平洋制药、辰欣药业、天津力生制药、华润双鹤药业等。

【贮藏】 遮光，密封或密闭保存。

泼尼松【药典(二);基;医保(甲)】

Prednisone

【其他名称】 强的松，去氢可的松

【药理作用】 糖皮质激素类药物，药理作用同氢化可的松，其水钠潴留及排钾作用比可的松小，抗炎及抗过敏作用较强。

【适应证】 用于过敏性与自身免疫性炎症性疾病，胶源性疾病，如风湿病、类风湿关节炎、红斑狼疮、严重支气管哮喘、肾病综合症、血小板减少性紫癜、粒细胞减少症、急性淋巴性白血病、各种肾上腺皮质功能不足症、剥落性皮炎、天疱疮、神经性皮炎、湿疹等。

【制剂规格】 片剂：5mg。乳膏：10g：50mg；10g：10mg。注射液：2ml：10mg。

【用法用量】 口服：治疗过敏性、炎症性疾病，成人开始每日量按病情轻重缓急15~40mg，需要时可用到60mg，发热患者分三次服用，体温正常者每日晨起一次顿服。病情稳定后应逐渐减量，维持量5~10mg。静脉滴注：一次10~20mg，加入5%葡萄糖注射液500ml中滴注。

【药物评价】

（1）药效　中效糖皮质激素，抗炎作用强，水盐代谢作用很弱。

（2）不良反应　较大剂量易引起糖尿病、消化道溃疡和类库欣综合征症状，对下丘脑－垂体－肾上腺轴抑制作用较强。水盐代谢、并发感染为主要的不良反应。

（3）注意事项　①已长期应用本药的患者，在手术时及术后 3～4 日内常须酌增用量，以防皮质功能不足。一般外科患者应尽量不用，以免影响伤口愈合。②本品及可的松均需经肝脏代谢活化为泼尼松龙或氢化可的松才有效，故肝功能不良者不宜应用。③盐皮质激素活性很弱，故不适用于原发性肾上腺皮质功能不全症。④其余注意事项，参见前述。

【商品信息】

（1）发展史　本品由醋酸可的松经化学或生物脱氢而成，我国于 1958 年开始生产。

（2）生产商　北京双吉制药、上海通用药业、哈药集团制药总厂等。

【贮藏】遮光，密封或密闭保存。

 实例分析 16－1

　　实例　某女，20 岁，近期因皮肤出现黑斑、皱纹、痤疮，微小血管弥漫性扩张，毛孔粗大，异常增多增粗的汗毛等现象，寻求治疗。经询问，其经常更换化妆品，为皮质类固醇激素依赖性皮炎（简称激素依赖性皮炎），是由于长期反复不当的外用激素引起的皮炎。

　　问题　1. 导致上述案例中患者发病的原因是什么？

　　　　　　2. 应如何处理？

答案解析

其他糖皮质激素类药物见表 16－1。

表 16－1　其他糖皮质激素类药物

药物	作用与适应证	药物评价及商品信息
泼尼松龙【药典（二）；医保（乙）】	中效糖皮质激素，其抗炎作用较强，水盐代谢作用很弱。同泼尼松	不良反应、禁忌证及注意事项参见泼尼松。片剂：5mg。生产商：北京双鹤药业
曲安奈德【药典（二）；基；医保（乙）】	适用于各种皮肤病、过敏性鼻炎、关节痛、支气管哮喘、肩周炎、腱鞘炎、滑膜炎、急性扭伤、类风湿关节炎等	局部偶见过敏反应，如出现皮肤烧灼感、瘙痒、针刺感等。长期使用时可出现皮肤萎缩、毛细血管扩张、色素沉着以及继发感染，偶见过敏反应。乳膏：1g：10mg。生产商：北京曙光药业
甲泼尼龙【基；医保（乙）】	用于风湿性疾病、结缔组织疾病、皮肤疾病、过敏性疾病、眼部疾病、呼吸道疾病、血液疾病、肿瘤、水肿、胃肠道疾病、神经系统、器官移植、内分泌失调疾病等	不良反应包括体重增加，医源性库欣综合征、痤疮、高血压、多毛、血糖升高、低血钾、水钠潴留、水肿、骨质疏松、精神症状、月经紊乱、伤口愈合不良，并可诱发消化性溃疡、诱发感染等。片剂：4mg。（琥珀酸钠）注射用无菌粉末：40mg；500mg。生产商：辉瑞制药有限公司
糠酸莫米松【基；医保（乙）】	外用糖皮质激素，用于皮质激素有效的皮肤病，能解除炎症和瘙痒等症状。喷鼻剂可用于治疗成人、青少年和 3～11 岁儿童季节性或常年性鼻炎	局部不良反应极少见，如烧灼感、瘙痒刺痛和皮肤萎缩等。乳膏：0.1%（5g：5mg）；0.1%（10g：10mg）。喷鼻剂：每瓶 60 揿，每揿含糠酸莫米松 50μg，药液浓度为 0.05%（g/g）。生产商：武汉诺安药业有限公司

续表

药物	作用与适应证	药物评价及商品信息
氯倍他索【药典(二);医保(乙)】	具有较强的抗炎、抗瘙痒和血管收缩作用，抗炎作用约为氢化可的松的112倍。用于治疗神经性皮炎、接触性皮炎、脂溢性皮炎、湿疹、局限性瘙痒症、盘状红斑狼疮等	局部烧灼感、瘙痒、潮红等不良反应。大面积涂擦时，由于吸收增多，可引起全身不良反应。孕妇、儿童、面部、腋窝及腹股沟处应慎用。咪康唑氯倍他索乳膏：20g；硝酸咪康唑0.02g；丙酸氯倍他索等0.5mg。生产商：广东台城制药

即学即练 16-1

下列仅作为外用的糖皮质激素类药物是（　　）

A. 氢化可的松　　B. 地塞米松　　C. 糠酸莫米松　　D. 甲泼尼龙

答案解析

任务1-2　盐皮质激素类药物认知

盐皮质激素的作用特点是促进钠的潴留及钾的排泄，对糖代谢几乎无作用。与糖皮质激素相比，临床需求较少，商品品种也较少。

常用盐皮质激素药物见表16-2。

表16-2　常用盐皮质激素药物

药物	作用与适应证	药物评价及商品信息
9α-氟可的松	氢化可的松的氟化物，很强的水钠潴留作用。外用于湿疹、过敏性皮炎、接触性皮炎、瘙痒等症；也可用于失盐型先天性肾上腺皮质增生及慢性肾上腺皮质功能减退时所致的低钠血症	妊娠期、肝病及黏液性水肿患者应用本品时，剂量应适当减少，以防钠潴留过多、水肿、高血压和低血钾，用药期间可给予低钠高钾饮食。乳膏剂长时间外用可引起皮肤色素沉着；皮肤有化脓性感染时禁用。本品疗效较好，价格便宜，适合长期使用。乳膏：10g；2.5mg。生产商：北京双吉制药等
促皮质素【医保(甲)】	能刺激肾上腺皮质合成和分泌氢化可的松、皮质酮等。用于活动性风湿病、类风湿关节炎、红斑狼疮等胶原性疾患；亦用于严重的支气管哮喘、严重皮炎等过敏性疾病及急性白血病、何杰金氏病等	本品可被蛋白分解酶破坏，不能口服。肌内注射也不如静脉滴注效果好。对肾上腺皮质已萎缩、肾上腺皮质功能完全丧失的患者无效，须改用皮质激素。可引起过敏反应，甚至过敏性休克，尤其静脉滴注时更易发生。注射用粉针：25U。生产商：上海第一生化药业等

✐ 实践实训

实训21　糖皮质激素类药品分类陈列

【实训目的】

能按用途、剂型及分类管理要求陈列药品。

【实训准备】

模拟药房实训室、糖皮质激素类药品、药品卡片等。

【实训内容】

1. 分类　教师将各类不同药品相混合，装入几个不同的容器中，并将容器编码。

2. 陈列　学生抽取药品容器，并在规定时间内完成所有药品的陈列。

3. 要求

（1）不同药品按类别分开。

（2）所有药品对应标识牌准确摆放。

（3）药品整齐摆放无倒置。

（4）同一类别内用途、剂型相对集中摆放。

（5）同一种药品陈列前后集中摆放。

（6）操作熟练、准确、动作轻盈。

【实训评价】

评价内容	评分标准	得分
药品分类（20 分）	不同药品按类别分开	
药品陈列（50）	所有药品对应标识牌准确摆放 药品摆放整齐无倒置 同一类别内用途、剂型相对集中摆放 同一种药品陈列前后集中摆放	
团队合作（30 分）	分工协作、参与积极性高	
合计（100 分）		

实训 22　糖皮质激素类药用药指导、不良反应及防治

【实训目的】

1. 能进行同类药品的比较，正确推介药品；能调配处方并指导合理用药；能提供用药咨询服务、健康教育。

2. 熟练掌握健康教育的手段、产品推广和沟通交流技巧。

【实训准备】

1. 模拟药房实训室　糖皮质激素类药品等。

2. 一体化教室　检索常用糖皮质激素类药物的品种、适用范围、用药原则、不良反应及注意事项，制作 PPT 或者视频脚本，并完成视频拍摄。

3. 角色扮演　制作角色扮演、情景模拟脚本，选定角色并排练。

【实训内容】

1. 健康教育　根据 PPT 讲解或播放自己制作的视频，重点介绍糖皮质激素类药物的品种、选药原则及不良反应的防治。

2. 角色扮演　患者主诉症状，医师询问并开具处方；患者拿处方到药房，药师审核处方、调剂药品并提供用药指导。

3. 课堂评价　小组互评、教师评价、自评并改进。

【实训评价】

评价内容	评分标准	得分
课前准备（10分）	准备充分	
PPT 或视频（30分）	图文并茂、布局合理、内容正确	
角色扮演（40分）	仪态大方、内容准确、条理分明、重点突出	
团队合作（20分）	分工协作、参与积极性高	
合计		

目标检测

答案解析

单项选择题

1. 长期应用糖皮质激素可引起（   ）

  A. 高血钾   B. 低血糖   C. 高血钙   D. 向心性肥胖

2. 属于短效糖皮质激素的是（   ）

  A. 氢化可的松   B. 地塞米松   C. 泼尼松龙   D. 曲安奈德

3. 肝功能不全的患者不宜服用（   ）

  A. 氢化可的松   B. 泼尼松   C. 泼尼松龙   D. 地塞米松

4. 对糖代谢几乎没有作用的皮质激素类药物是（   ）

  A. 氟氢可的松   B. 泼尼松   C. 倍氯米松   D. 地塞米松

5. 不属于糖皮质激素的适应证的是（   ）

  A. 严重高血压   B. 过敏性皮炎   C. 再生障碍性贫血   D. 过敏性哮喘

6. 糖皮质激素临床用于治疗（   ）

  A. 胃溃疡   B. 低血压   C. 支气管哮喘   D. 糖尿病

7. 抗炎效能最强的糖皮质激素是（   ）

  A. 地塞米松   B. 甲泼尼龙   C. 氢化可的松   D. 泼尼松

8. 糖皮质激素对中枢神经系统的作用不包括（   ）

  A. 呼吸抑制   B. 失眠   C. 诱发精神失常   D. 欣快感

9. 糖皮质激素的药理作用不包括（   ）

  A. 抗炎   B. 免疫抑制   C. 抗过敏   D. 抗病毒

10. 关于糖皮质激素的描述，错误的是（   ）

  A. 尽量避免全身使用   B. 可提高患者免疫功能

  C. 可减弱患者炎性反应   D. 应于早晨 8 时服用

11. 何种情况下应尽量避免使用糖皮质激素（   ）

  A. 严重感染   B. 血液系统疾病   C. 休克   D. 癫痫

12. 使用糖皮质激素时不可采取的措施是（   ）

  A. 低钠高钾高蛋白饮食   B. 补充钙和维生素 D

  C. 加服预防消化性溃疡的药物   D. 与生长激素合用

13. 下列属于长效糖皮质激素的是（ 　 ）

   A. 氢化可的松 　　 B. 甲泼尼龙 　　 C. 泼尼松 　　 D. 地塞米松

14. 一般来说，下列哪项不属于糖皮质激素的禁忌证（ 　 ）

   A. 糖尿病 　　　　　　　　　　 B. 活动性消化性溃疡

   C. 严重高血压 　　　　　　　　 D. 支气管哮喘

15. 只能外用的糖皮质激素是（ 　 ）

   A. 甲泼尼龙 　　 B. 泼尼松 　　 C. 氟轻松 　　 D. 地塞米松

16. 下列可用于白血病的激素类药是（ 　 ）

   A. 糖皮质激素 　 B. 甲状腺激素 　 C. 雌激素 　 D. 胰岛素

17. 糖皮质激素对造血系统的影响不包括（ 　 ）

   A. 缩短凝血时间 　　　　　　　 B. 增加红细胞和血小板量

   C. 淋巴细胞和嗜酸性粒细胞减少 　 D. 中性粒细胞数目减少

18. 肾上腺分泌的激素不包括（ 　 ）

   A. 甲状腺激素 　　　　　　　　 B. 糖皮质激素

   C. 盐皮质激素 　　　　　　　　 D. 性激素

19. 其他名称为氟美松的糖皮质激素是（ 　 ）

   A. 泼尼松 　　 B. 可的松 　　 C. 地塞米松 　　 D. 泼尼松龙

20. 下列属于中效糖皮质激素的是（ 　 ）

   A. 泼尼松 　　 B. 地塞米松 　　 C. 氢化可的松 　　 D. 氟轻松

PPT

任务 2　胰岛素及口服降糖药认知

学习引导

　　糖尿病是一种常见的内分泌系统疾病，是由于人体内胰岛素绝对或相对缺乏所致，以高血糖为主要特征。血糖过高，会引起酮症酸中毒等急性并发症，也可导致眼、肾、神经、皮肤、血管和心脏等组织器官的慢性并发症，以致最终发生失明、下肢坏疽、尿毒症、脑中风或心肌梗死，严重威胁人体健康。我国是糖尿病发病率高的国家，在疾病防控中，要通过健康教育普及合理饮食、适量运动的健康生活方式，对于饮食和运动不能控制的糖尿病患者，给予降糖药控制血糖，可减少或延缓并发症，明显提高生活质量和改善生命质量。那么，降糖药物有哪些？怎样合理使用降糖药控制血糖？

　　本单元主要介绍胰岛素及其类似物和口服降糖药物的作用、适应证、制剂用法，以及不同类型糖尿病的合理用药。

学习目标

1. **掌握** 胰岛素、二甲双胍、格列本脲、阿卡波糖、达格列净、西格列汀的作用、适应证、制剂、用法及药物评价。

2. **熟悉** 瑞格列奈、吡格列酮、利拉鲁肽的作用、适应证及药物评价。

3. **了解** 罗格列酮、阿格列汀等品种的商品信息。

任务2-1 胰岛素认知

胰岛素是由胰岛 B 细胞分泌的小分子酸性蛋白质，有 51 个氨基酸排列成两条多肽链，通过二硫键结合而成。人胰岛素是由前体物胰岛素原裂解 C 肽而产生。药用胰岛素早期由猪、牛、羊的胰腺提取，现主要通过基因重组技术生产，亦可通过转化由猪胰岛素转化为人胰岛素。依据起效快慢、作用持续长短等将胰岛素制剂分为以下几类。

1. 速效胰岛素 如普通胰岛素，特点是溶解度高、可静脉注射用于重症糖尿病初治或糖尿病酮症酸中毒等，皮下注射起效快，作用时间短。

2. 中效胰岛素 如结晶锌胰岛素和低精蛋白锌胰岛素，锌含量少，中性溶液，应用广。皮下注射给药，维持 12～18 小时，不可静脉给药。

3. 长效胰岛素 如精蛋白锌胰岛素、甘精胰岛素等，为近中性的混悬液，注射后逐渐释放出胰岛素，维持时间长，但不可静脉给药。

4. 预混胰岛素 由普通胰岛素和中、长效胰岛素按照一定比例（3∶7 或 5∶5）混合而成，模拟人体的生理胰岛素分泌，减少用药次数。皮下注射给药，不可静脉给药。

📖 **知识链接** ......

开发非注射途径的胰岛素制剂，造福人类

控制好血糖，可延缓并发症的发生和发展，提高患者生命质量。对于 1 型糖尿病患者以及口服降糖药效果不佳的患者，胰岛素是糖尿病患者后期用药的最后一道防线，是中后期的必须用药、不可替代药品。临床上胰岛素的给药方式均为注射，长期频繁的皮下注射给患者带来身心双重的痛苦，因而在很大程度上降低了胰岛素治疗的依从性。

科研工作者一直在不断创新、开发可以口服的胰岛素制剂。目前，一种基于"蛋白质口服给药"专利技术开发的口服胰岛素胶囊，正在包括我国在内的全球多个国家进行临床试验，期待此科研成果能够为全球糖尿病患者带来颠覆性的用药体验，方便患者使用，提高用药的依从性，造福糖尿病患者。

......

胰岛素【药典(三);基;医保(甲、乙)】

Insulin

【**其他名称**】正规胰岛素，因苏林，普通胰岛素

【**药理作用**】降血糖药，能促使肝糖原和肌糖原的合成和贮存，并能促使葡萄糖转变为脂肪，抑制糖原分解和糖异生，因而能使血糖降低；能促进脂肪的合成，抑制脂肪分解，使酮体生成减少，纠正酮症酸中毒的各种症状。

【适应证】①1 型糖尿病。②2 型糖尿病有严重感染、外伤、大手术等严重应激情况，以及合并心脑血管并发症、肾脏或视网膜病变等。③糖尿病酮症酸中毒，高血糖非酮症性高渗性昏迷。④长病程 2 型糖尿病血浆胰岛素水平确实较低，经合理饮食、体力活动和口服降糖药治疗控制不满意者，2 型糖尿病具有口服降糖药禁忌时，如妊娠、哺乳等。⑤成年或老年糖尿病患者发病急、体重显著减轻伴明显消瘦。⑥妊娠糖尿病。⑦继发于严重胰腺疾病的糖尿病。⑧对严重营养不良、消瘦、顽固性妊娠呕吐、肝硬化初期可同时静脉滴注葡萄糖和小剂量胰岛素，以促进组织利用葡萄糖。

【制剂规格】注射液：10ml：400U。诺和灵 R 笔芯：3ml：300U。

【用法用量】皮下注射：一般一日 3 次，餐前 15 ~ 30 分钟注射，必要时睡前加注一次小量。剂量根据体重、病情、血糖、尿糖由小剂量开始，逐步调整。静脉注射的具体用量由医生根据病情确定并及时调整。详见说明书。

【药物评价】

（1）药效 本品起效快，给药后 1 小时开始起作用，3 ~ 6 小时作用最大，持续 8 小时。可皮下注射也可静脉注射给药。

（2）不良反应 ①低血糖反应，出汗、心悸、乏力，重者出现意识障碍、共济失调、心动过速甚至昏迷。此时应口服糖和静脉注射葡萄糖解救。②胰岛素抵抗，日剂量需超过 200U 以上。③注射部位脂肪萎缩、脂肪增生。④眼屈光失调。

（3）注意事项 ①低血糖反应。②患者伴有下列情况，胰岛素需要量减少：肝功能不正常，甲状腺功能减退，恶心呕吐，肾功能不正常，肾小球滤过率每分钟 10 ~ 50ml，胰岛素的剂量减少到 95 ~ 75%；肾小球滤过率减少到每分钟 10ml 以下，胰岛素剂量减少到 50%。③患者伴有下列情况的胰岛素需要量增加：高热、甲状腺功能亢进、肢端肥大症、糖尿病酮症酸中毒、严重感染或外伤、重大手术等。④用药期间应定期检查血糖、尿常规、肝肾功能、视力、眼底视网膜血管、血压及心电图等，以了解病情及糖尿病并发症情况。

【商品信息】

（1）发展史 胰岛素最早于 1921 年由加拿大人班廷和贝斯特首先发现，1922 年开始用于临床，美国礼来制药公司和丹麦诺和诺德制药公司为最早的胰岛素生产企业。我国在 1965 年首次合成具有生物活性的结晶牛胰岛素。1982 年基因重组人胰岛素问世。1996 年，赖脯胰岛素等短效胰岛素类似物、甘精胰岛素等长效胰岛素类似物相继问世。1998 年，我国成功研制出基因重组人胰岛素，成为第三个能生产销售人胰岛素的国家。

（2）生产商 诺和诺德（中国）制药有限公司、礼来苏州制药有限公司、江苏万邦生化医药、北京甘李药业。

【贮藏】密闭，2 ~ 8℃冷藏保存，避免冷冻，如有混浊与沉淀，不可供药用。

常用胰岛素类制剂见表 16 – 3。

表 16 – 3 常用胰岛素类制剂

药物	作用与适应证	药物评价及商品信息
低精蛋白锌胰岛素【医保(乙)】	中效，用于中、轻度糖尿病。适合于血糖波动较大的患者	皮下注射。治疗重度糖尿病须与正规胰岛素合用，使作用出现快而维持时间长；不能用于酮症酸中毒的急救。注射液（笔芯）：3ml：300U，生产商：诺和制药（中国）、江苏礼来制药等

续表

药物	作用与适应证	药物评价及商品信息
赖脯胰岛素【医保(乙)】	模拟餐后胰岛素分泌的速效胰岛素类似物。适用于需控制高血糖的糖尿病患者	短效,皮下注射后起效快,作用持续时间较短(2~5小时)。因为起效快,可以安排在很接近进餐的时间更好地降低餐后血糖。注射液:3ml:300U。生产商:礼来制药
甘精胰岛素【医保(乙)】	长效胰岛素及其类似物	低血糖症是常见不良反应。注射液:10ml:100U,生产商:甘李药业
精蛋白锌胰岛素【药典(三);医保(乙)】	长效胰岛素,其他同胰岛素	注射液:10ml:400U,诺和灵 N 笔芯:3ml:300U。生产商:江苏万邦生化医药、诺和制药、礼来制药等
精蛋白生物合成人胰岛素注射液(预混30R)【医保(乙)】	双时相低精蛋白锌胰岛素。短效和中效胰岛素混悬液的混合物。模拟人体胰岛素分泌节律,减少注射次数	30R 笔芯:30%可溶性胰岛素和70%低精蛋白锌胰岛素混悬液。根据比例不同,还有 50R 笔芯、70R 笔芯等。规格:3ml:300U。生产商:诺和制药(中国)、江苏礼来制药

即学即练 16-2

胰岛素的保存方式正确的是（ ）

答案解析

A. 常温　　　B. 0℃以下　　　C. 2~8℃　　　D. 阴凉

任务2-2　口服降糖药认知

除胰岛素制剂外,其他降糖药物以口服为主,分为以下几类。

1. 磺酰脲类衍生物　第一代有甲苯磺丁脲,因不良反应大,现已基本不用。第二代磺酰脲类有格列本脲、格列吡嗪、格列齐特、格列美脲、格列喹酮等,较第一代的降糖活性强数十至上百倍,口服吸收快,不良反应发生率低,目前临床使用广泛。

2. 非磺酰脲类促胰岛素分泌药　瑞格列奈、那格列奈等。

3. 双胍类　二甲双胍、苯乙双胍等。

4. α-葡萄糖苷酶抑制剂　阿卡波糖、米格列醇、伏格列波糖等。

5. 噻唑烷二酮类胰岛素增敏剂　吡格列酮、罗格列酮、曲格列酮、恩格列酮等。

6. 胰高血糖素样肽（GLP-1）类似物　利拉鲁肽、艾塞那肽等。

7. 二肽基肽酶-4 抑制剂　西格列汀、阿格列汀等。

8. 钠葡萄糖协同转运蛋白2（SGLT-2）抑制剂　达格列净、恩格列净、卡格列净等。

格列本脲【药典(二);基;医保(甲)】

Glibenclamide

【其他名称】优降糖

【药理作用】为第二代口服中效磺酰脲类降糖药。作用于胰岛 B 细胞,促进胰岛素的分泌和释放,抑制肝糖原分解和糖异生作用,增加周围组织对糖的利用而降低空腹血糖和餐后血糖。

【适应证】用于单用饮食控制疗效不满意的轻,中度 2 型糖尿病,患者胰岛 B 细胞有一定的分泌胰岛素功能,并且无严重的并发症。

【制剂规格】片剂:2.5mg。

【用法用量】口服：开始剂量每次 2.5mg，早餐前或早餐及午餐前各一次，轻症者 1.25mg，一日 3 次，三餐前服，7 日后递增每日 2.5mg。一般用量为每日 5～10mg，最大用量每日不超过 15mg。详见药品说明书。

【药物评价】

（1）药效　口服吸收迅速完全，耐受性好，疗效肯定，价格也较便宜。

（2）不良反应　①可有腹泻、恶心、呕吐、头痛、胃痛或不适。②较少见的有皮疹。③少见而严重的有黄疸、肝功能损害、骨髓抑制、粒细胞减少（表现为咽痛、发热、感染）、血小板减少症（表现为出血、紫癜）等。

（3）注意事项　①易产生低血糖反应，对轻度、中度及老年人非胰岛素依赖型糖尿病患者应从小剂量开始用本品。孕妇及哺乳期妇女不宜使用。②胰岛素依赖型糖尿病、非胰岛素依赖型糖尿病伴酮症酸中毒、昏迷、感染等应激情况及肝、肾功能不全者禁用。③用药期间应定期测血糖、尿糖、尿酮体、尿蛋白和肝、肾功能，并进行眼科检查等。④本品与长效磺胺、保泰松、四环素、氯霉素、单胺氧化酶抑制剂等合用会增强其降血糖作用，一般不宜合用。

【商品信息】

（1）发展史　1966 年在德国问世，我国 1973 年天津医药工业研究所投产。

（2）生产商　湖南洞庭药业、天津力生制药、正大天晴药业、华润紫竹药业等。

【贮藏】遮光，密封保存。

二甲双胍^{【药典(二);基;医保(甲,乙)】}

Meffonnin

【其他名称】盐酸二甲双胍、二甲福明

【药理作用】增加周围组织对胰岛的敏感性，增加胰岛素介导的葡萄糖利用。增加非胰岛素依赖的组织对葡萄糖的利用，如脑、血细胞、肾髓质、肠道、皮肤等。抑制肝糖原异生作用，降低肝糖输出。抑制肠壁细胞摄取葡萄糖。抑制胆固醇的生物合成和贮存，降低三酰甘油、总胆固醇水平。无促进脂肪合成作用，对正常人无明显降血糖作用。

【适应证】首选用于单纯饮食及体育活动不能有效控制的 2 型糖尿病，特别是肥胖的 2 型糖尿病。对于 1 型或 2 型糖尿病，本品与胰岛素合用，可增加胰岛素的降血糖作用，减少胰岛素用量，防止低血糖发生。

【制剂规格】片剂、缓释片：0.25g；0.50g。胶囊、缓释胶囊：0.25g。

【用法用量】口服，应遵医嘱服药。从小剂量开始，起始剂量为 0.5g，一日 2 次，或 0.85g，一日 1 次；随餐服用，可每周增加 0.5g，或每 2 周增加 0.85g，逐渐加至每日 2g，分次服用，成人最大推荐剂量为 2550mg。详见说明书。

【药物评价】

（1）药效　二甲双胍可降低血脂，延缓糖尿病血管并发症的发生，使心肌梗死的发生率降低 39%；与磺酰脲类相比，二甲双胍降糖作用相对缓和，低血糖发生少。主要用于联合用药，治疗肥胖型糖尿病患者。最新研究，二甲双胍将来有望用于治疗阿尔茨海默病等。

（2）不良反应　①本品常见不良反应包括腹泻、恶心、呕吐、胃胀、乏力、消化不良、腹部不适及头痛。②其他少见者为大便异常、低血糖、肌痛、头晕、指甲异常、皮疹、出汗增加、味觉异常、胸部不适、寒战、流感症状、潮热、心悸、体重减轻等。③二甲双胍可减少维生素 B_{12} 吸收，但极少引起贫血。④治疗剂量范围内，引起乳酸性酸中毒罕见。

（3）注意事项　①二甲双胍以原型从尿中排出，所以肾功能损害及肝功能不全等患者禁用。②单独接受盐酸二甲双胍片治疗的患者正常情况下不会产生低血糖，但当进食过少，或大运动量后没有补充足够的热量，与其他降糖药联合使用（例如磺脲类药物和胰岛素），饮酒等情况下会出现低血糖，须注意。③须向患者解释乳酸酸中毒的危险性、症状和容易发生乳酸酸中毒的情况，当出现不能解释的过度呼气、肌痛、乏力、嗜睡或其他非特异性的症状时，应立即停药，及时看医生。

【商品信息】

（1）发展史　20世纪50年代上市，是临床上常用的首选药物，其价格便宜，深受患者欢迎。美国和欧盟已经获准盐酸二甲双胍用于儿童糖尿病患者。

（2）生产商　江西汇仁药业、江苏德源药业、上海信谊药厂等。

【贮藏】密封保存

 实例分析 16 -2

实例　患者，女，52岁，体型肥胖，平时喜爱甜食、饮料等。一年前开始出现多饮、多尿、头晕、乏力等症状，前往医院就诊。

问题　1. 该患者可能患了什么病？

　　　　2. 该采取什么措施缓解？

答案解析

阿卡波糖【药典(二)；基；医保(甲)】

Acarbose（Glu－cobay）

【其他名称】拜糖苹

【药理作用】α－葡萄糖苷酶抑制剂，通过抑制小肠的α－葡萄糖苷酶，抑制食物的多糖分解，使糖的吸收相应减缓，减少餐后高血糖。

【适应证】配合饮食控制，用于治疗2型糖尿病。降低糖耐量低减者的餐后血糖。

【制剂规格】片剂：50mg；100mg。

【用法用量】用餐前即刻整片吞服或与前几口食物一起咀嚼服用，剂量因人而异。一般推荐剂量为：起始剂量为一次50mg，一日3次，以后逐渐增加至一次0.1g，一日3次。个别情况下，可增加至一次0.2g，一日3次。或遵医嘱。

【药物评价】

（1）药效　本品可单独使用，也可与其他相关药物联合使用，能有效抑制餐后和空腹血糖、降低糖化血红蛋白。

（2）不良反应　常有胃肠胀气和肠鸣音，偶有腹泻和腹胀，极少见有腹痛。如果不遵守规定的饮食控制，则胃肠道副作用可能加重。

（3）注意事项　①若与其他降糖药合用出现低血糖时，应将其他降糖药减量。若出现严重低血糖时，应直接补充葡萄糖。②必须吃饭时服药，但应避免与抗酸药或消化酶制剂同时服用。③宜从小剂量开始服用以减少胃肠不适症状。

【商品信息】

（1）发展史　阿卡波糖是从放线菌属微生物培养液中分离后得到的一类低聚糖。1975年由德国拜耳公司研制的第一个 α - 糖苷酶抑制剂，1986 年在瑞士上市，1994 年在我国销售，商品名"拜糖苹"。

（2）生产商　拜尔医药保健有限公司、杭州中美华东制药等。

【贮藏】遮光，密封，在阴凉处保存。

瑞格列奈[药典(二);基;医保(乙)]

Repaglinide

【其他名称】诺和龙

【药理作用】胰岛素分泌促进剂。与胰岛 B 细胞膜上的特异性受体结合，促进钙通道开放，钙离子内流，促进胰岛素分泌。

【适应证】饮食控制、降低体重及运动锻炼不能有效控制高血糖的 2 型糖尿病（非胰岛素依赖型）患者。瑞格列奈可与二甲双胍合用，对控制血糖有协同作用。

【制剂规格】片剂：0.5mg；1.0mg；2.0mg。

【用法用量】口服：餐前 15 分钟内服用。推荐起始剂量为 0.5mg，以后如需要可每周或每两周作调整。遵医嘱服用。详见说明书。

【药物评价】

（1）药效　本品为治疗 2 型糖尿病的一线口服降糖药，可在患者体内模拟生理性胰岛素分泌，有效控制餐后血糖，具有吸收快、起效快、作用时间短、不增加患者体重、安全性高的特点。

（2）不良反应　低血糖；视觉异常；胃肠道反应：如腹痛、腹泻、恶心、呕吐和便秘；肝功酶指标升高，多数病例为轻度和暂时性；过敏反应：如皮肤瘙痒、发红、荨麻疹。

（3）注意事项　①致低血糖。与二甲双胍合用会增加发生低血糖的危险性。如果合并用药后仍发生持续高血糖，则不能再用口服降糖药控制血糖，而需改用胰岛素治疗。在发生应激反应时，如发烧、外伤、感染或手术，可能会出现高血糖。②下列药物可减弱诺和龙的降血糖作用：口服避孕药、噻嗪类药物、皮质激素、达那唑、甲状腺激素和拟交感神经药。

【商品信息】

（1）发展史　德国诺和诺德公司于 1998 年在美国率先上市，商品名"诺和龙"，具有广阔的市场前景。

（2）生产商　北京万生药业、天津康瑞药业、四川仁德制药、江苏豪森药业等。

【贮藏】密封，置阴凉处。

吡格列酮[基;医保(乙)]

Pioglitazone

【其他名称】卡司平，安可妥

【药理作用】本品属噻唑烷二酮类口服降糖药。通过提高外周和肝脏的胰岛素敏感性而控制血糖水平。作用机理为激活脂肪、骨骼肌和肝脏等胰岛素所作用组织的过氧化物酶体增殖物激活受体（PPAR - γ），从而调节胰岛素应答基因的转录，控制血糖的生成、转运和利用。

【适应证】本品仅适用于其他降糖药无法达到血糖控制目标的 2 型糖尿病患者。服用本品期间，患者应坚持饮食控制和运动。

【制剂规格】片剂：15mg；30mg。胶囊：15mg；30mg。

【用法用量】起始剂量为每日 15mg 或 30mg，最大剂量为 45mg，在早餐前服用，如漏服 1 次，第 2 日不可用双倍剂量。详见说明书。

【药物评价】

（1）药效　胰岛素增敏剂。降血糖作用持久。

（2）不良反应　①轻、中度水肿。②贫血。③低血糖反应，合并使用胰岛素时，有发生低血糖的风险。④肝功能异常，均为轻中度转氨酶升高，并且可逆。⑤胃肠道反应，偶见腹部不适。⑥呼吸系统不良反应，上呼吸道感染、鼻窦炎、咽炎。

（3）注意事项　①禁用于以下患者：1型糖尿病患者或糖尿病酮症酸中酮症酸中毒者；肝功能、心功能损害者；孕妇及哺乳期妇女。②与胰岛素合用有发生低血糖的风险。

【商品信息】

（1）发展史　该药品于1999年首先在美国和日本上市，我国于2004年首次批准吡格列酮进口。

（2）生产商　天津武田药品有限公司。

【贮藏】 遮光，密封保存。

利拉鲁肽[基]
Liraglutide

【其他名称】 诺和力

【药理作用】 胰高血糖素样肽1（GLP-1）类似物，与人GLP-1具有97%的序列同源性，GLP-1是一种内源性肠促胰岛素激素，能够促进胰腺B细胞葡萄糖浓度依赖性地分泌胰岛素。还可改善胰岛B细胞功能、延缓胃排空以及增加饱腹感等。

【适应证】 用于治疗2型糖尿病。

【制剂规格】 注射液：3ml：18mg（预填充注射笔）。

【用法用量】 皮下注射，一日1次，起始剂量0.6mg，可在任意时间注射，无需根据进餐时间给药。

【药物评价】

（1）药效　GLP-1的促胰岛素分泌和抑制胰高血糖素分泌作用具有血糖浓度依赖性，当血糖浓度恢复正常时。GLP-1的促胰岛素分泌作用减弱，因此，长期接受外源性GLP-1治疗，不会引起低血糖的发生。皮下注射后的吸收比较缓慢，在给药后8~12小时达到最大浓度，绝对生物利用度约为55%。

（2）不良反应　过敏反应，注射部位局部反应。治疗中会伴随有一过性的胃肠道不良反应，包括恶心、呕吐和腹泻。远期评价有待观察。

（3）注意事项　①不得用于1型糖尿病患者或用于治疗糖尿病酮症酸中毒。②不得用于有甲状腺髓样癌（MTC）既往史或家族史患者以及2型多发性内分泌肿瘤综合征患者（MEN2）。③孕妇及哺乳期妇女禁用。

【商品信息】

（1）发展史　2009年7月，在欧盟上市。2010年美国上市，商品名"victoza"。2011年，获得我国批准上市，商品名"诺和力"，用于治疗成人2型糖尿病。

（2）生产商　丹麦诺和诺德公司。

【贮藏】 密闭，冷藏于2~8℃冰箱中。不可冷冻。

达格列净[基;医保(乙)] 📱微课2
Dapagliflozin

【其他名称】 安达唐

【药理作用】 钠-葡萄糖协同转运蛋白2（SGLT-2）表达于近端肾小管中，是负责肾小管葡萄糖重吸收的主要转运体。达格列净是一种SGLT-2抑制剂，通过抑制SGLT-2，减少滤过葡萄糖的重吸收，降低葡萄糖的肾阈值，从而增加尿糖排泄。

【适应证】用于治疗 2 型糖尿病。

【制剂规格】片剂：5mg；10mg。

【用法用量】推荐起始剂量为 5mg，每日一次，晨服，不受进食限制。对于需加强血糖控制且耐受 5mg 一日 1 次的患者，剂量可增加至 10mg 一日 1 次。特殊情况患者用药方法详见说明书。

【药物评价】

（1）药效　达格列净口服吸收快，达峰时间约 1~2 小时，生物利用度约 78%，降血糖效果显著。

（2）不良反应　常见不良反应有女性生殖器真菌感染，鼻咽炎和泌尿道感染。其他不良反应包括低血压、酮症酸中毒、急性肾损伤和肾功能损害、尿脓毒症和肾盂肾炎，与胰岛素和胰岛素促泌剂合用引起低血糖、低密度脂蛋白胆固醇（LDL－C）升高、膀胱癌。

（3）注意事项　①达格列净可导致症状性低血压，对于肾功能不全患者（eGFR 低于 60ml/min/1.73m^2）、老年患者或正在服用髓袢利尿剂的患者在开始本品治疗前，应评估并纠正血容量状态。治疗期间应监测低血压体征和症状。②不得用于发生酮症酸中毒的糖尿病患者。③中、重度肾功能不全患者慎用。④与胰岛素和胰岛素促泌剂合用需警惕低血糖。

【商品信息】

（1）发展史　2014 年，在美国批准上市。2017 年在我国批准上市，成为第一个在我国上市的 SGLT－2 抑制剂。

（2）生产商　瑞典阿斯利康制药有限公司。

【贮藏】密闭，不超过 30℃ 保存。

即学即练 16－3

通过尿液排糖的方式降血糖的新型口服降糖药是（　　　）

答案解析　　A. 西格列汀　　　B. 利拉鲁肽　　　C. 达格列净　　　D. 罗格列酮

西格列汀 [基；医保（乙）]

Sitagliptin

【其他名称】磷酸西格列汀，捷诺维

【药理作用】二肽基肽酶 4（DPP－4）抑制剂，在 2 型糖尿病患者中可通过抑制 DPP－4 水解肠促胰岛激素，增加活性肠促胰岛激素的水平，以葡萄糖依赖的方式增加胰岛素释放并降低胰高血糖素水平，从而降低糖化血红蛋白 A1c（HbA1c）并降低空腹血糖和餐后血糖。

【适应证】单药治疗：配合饮食控制和运动，用于改善 2 型糖尿病患者的血糖。

【制剂规格】片剂：25mg；50mg；100mg。

【用法用量】单药或与二甲双胍联合治疗的推荐剂量为 100mg，一日 1 次。本品可与或不与食物同服。肾功能不全患者用药详见说明书。

【药物评价】

（1）药效　单次口服本品可在 24 小时内抑制 DPP－4 酶活性，促胰岛素分泌作用和胰高血糖素抑制作用具有葡萄糖依赖性，不会降低正常血糖水平或导致低血糖。

（2）不良反应　不良反应较少，单独使用时偶见鼻咽炎，与其他降糖药合用可见上呼吸道感染、低血糖、头痛等。少数患者可发生过敏反应。

（3）注意事项　①不得用于 1 型糖尿病患者或治疗糖尿病酮症酸中毒。②与磺酰脲类降糖药合用需警惕低血糖发生。③中、重度肾功能不全患者及需透析的终末期肾病患者需减少剂量。④对本品任何成分过敏者禁用。

【商品信息】

（1）发展史　由美国默沙东公司研制，2006 年在美国批准上市，成为第一个上市的 DPP – 4 抑制剂，2009 年国家药品监督管理局正式批准其捷诺维（磷酸西格列汀）在中国上市，使之成为国内市场上首个用于治疗 2 型糖尿病的二肽基肽酶 – 4 抑制剂。

（2）生产商　默沙东公司。

【贮藏】密闭，30℃以下保存。

 知识链接

糖化血红蛋白

糖化血红蛋白是血糖与红细胞里的血红蛋白结合的产物。它可以比较稳定地反映出糖尿病患者近 3 个月的平均血糖水平，而不是某一个时间点的血糖值。通过该指标的检查，帮助医生了解患者平时血糖控制情况，考虑是否调整用药、饮食及运动方案。糖化血红蛋白控制目标应遵循个体化原则，年龄较轻、病程较短、预期寿命较长、无并发症、未合并心血管疾病的 2 型糖尿病患者控制在 6.5% 以内，反之则采取相对宽松的控制目标。

《中国 2 型糖尿病防治指南》（2020 版）将糖化血红蛋白检查纳入糖尿病诊断标准。明确指出：在有严格质量控制的实验室，糖化血红蛋白≥6.5% 也可以作为糖尿病的补充诊断标准。作为医药工作者，应积极做好健康宣传教育，引导糖尿病患者重视糖化血红蛋白的检测，帮助患者将糖化血红蛋白控制在目标范围内，从而降低并发症的发生率，提高患者生命质量。

其他降糖药见 16 – 4。

表 16 – 4　其他降糖药

药物	作用与适应证	药物评价及商品信息
格列吡嗪【药典(二);基;医保(甲,乙)】	第二代磺酰脲类口服降糖药。用于经饮食控制及体育锻炼 2～3 个月疗效不满意的轻、中度 2 型糖尿病患者	常见不良反应为胃肠道症状（如恶心、腹胀）及头痛。减少剂量即可缓解。个别患者出现皮疹。老年体弱患者、活动过度者、不规则进食或饮酒患者及肝肾功能损害的患者，使用本品偶可出现低血糖症。片剂：5mg。生产商：广州欧化药业等
格列齐特【药典(二);基;医保(乙)】	用于单用饮食疗法，运动治疗和减轻体重不足以控制血糖水平的成人非胰岛素依赖型糖尿病（2 型）	不良反应较少，主要包括皮肤黏膜反应、胃肠道反应及血液系统反应等。片剂：80mg。生产商：石家庄以岭药业等
格列喹酮【药典(二);基;医保(乙)】	主要用于糖尿病合并轻、中度肾功能减退的患者	引起严重持久的低血糖的危险性最小。不良反应少而轻。片剂：30mg。生产商：江西汇仁药业等
格列美脲【药典(二);基;医保(乙)】	用于单纯饮食控制和锻炼未能控制血糖的 2 型糖尿病患者	本品耐受性良好。低血糖发生率为 0.9%～1.7%，其他不良反应有眩晕、无力、头痛及恶心。片剂：2mg。生产商：扬子江药业、山东新华制药等

药物	作用与适应证	药物评价及商品信息
罗格列酮【医保(乙)】	适用于其他降糖药无法达到血糖控制目标的 2 型糖尿病患者	降血糖作用为曲格列酮的 100 倍，为吡格列酮的 30 ~ 40 倍。不良反应包括轻中度水肿、贫血、低血糖反应等。片剂：4mg。生产商：上海凯宝药业、成都恒瑞制药、浙江海正药业等
阿格列汀【医保(乙)】	用于治疗 2 型糖尿病。可单药治疗或与盐酸二甲双胍联合使用	常见不良反应有：胰腺炎、过敏反应、低血糖、过敏症、血管神经性水肿、皮疹、荨麻疹和严重皮肤不良反应、肝酶升高、暴发性肝功能衰竭和急性胰腺炎。片剂：25mg。生产商：武田药品工业株式会社大阪工厂
消渴丸【药典(一)；基；医保(甲)】	滋肾养阴，益气生津。本品用于气阴两虚型消渴病（2 型糖尿病），症见：口渴喜饮、多尿、多食易饥、消瘦、体倦无力、气短懒言等	本品含格列本脲（每 10 丸含量为 2.5mg），不良反应、禁忌及药物相互作用等项内容同格列本脲。生产商：广州白云山中一药业有限公司

📝 实践实训

实训 23　降糖药分类陈列

【实训目的】

能按用途、剂型及分类管理要求陈列药品。

【实训准备】

模拟药房实训室：口服降糖药药品、药品卡片等。

【实训内容】

1. **分类**　教师将各类不同药品相混合，装入几个不同的容器中，并将容器编码。

2. **陈列**　学生抽取药品容器，并在规定时间内完成所有药品的陈列。

3. **要求**

（1）不同药品按类别分开。

（2）所有药品对应标识牌准确摆放。

（3）药品整齐摆放无倒置。

（4）同一类别内用途、剂型相对集中摆放。

（5）同一种药品陈列前后集中摆放。

（6）操作熟练、准确、动作轻盈。

【实训评价】

评价内容	评分标准	得分
药品分类（20 分）	不同药品按类别分开	
药品陈列（50）	所有药品对应标识牌准确摆放 药品摆放整齐无倒置 同一类别内用途、剂型相对集中摆放 同一种药品陈列前后集中摆放	

评价内容	评分标准	得分
团队合作（30分）	分工协作、参与积极性高	
合计（100分）		

实训24　糖尿病用药指导及健康教育

【实训目的】

1. 能进行同类药品的比较，正确推介药品；能调配处方并指导合理用药；能提供用药咨询服务、健康教育。

2. 熟练掌握健康教育的手段、产品推广和沟通交流技巧。

【实训准备】

1. 模拟药房实训室　降糖药等。

2. 一体化教室　检索糖尿病的病因、临床表现、治疗、常用药物选用、用药注意事项，制作PPT或者视频脚本，并完成视频。

3. 角色扮演　制作角色扮演、情景模拟脚本，选定角色并排练。

【实训内容】

1. 健康教育　根据PPT讲解或播放自己制作的视频，重点介绍糖尿病病因、选药原则、药物特点。

2. 角色扮演　患者主诉症状，医师询问并开具处方；患者拿处方到药房，药师审核处方、调剂药品并提供用药指导。

3. 课堂评价　小组互评、教师评价、自评并改进。

【实训评价】

评价内容	评分标准	得分
课前准备（10分）	准备充分	
PPT或视频（30分）	图文并茂、布局合理、内容正确	
角色扮演（40分）	仪态大方、内容准确、条理分明、重点突出	
团队合作（20分）	分工协作、参与积极性高	
合计（100分）		

目标检测

答案解析

单项选择题

1. 下列哪一种糖尿病不需首选胰岛素治疗（　　　）

　　A. 合并严重感染的中度糖尿病　　　　　　B. 需作手术的糖尿病

　　C. 轻及中度糖尿病　　　　　　　　　　　D. 妊娠期糖尿病

2. 促进胰岛素分泌的药物是（　　　）

　　A. 阿卡波糖　　　　B. 格列吡嗪　　　　C. 二甲双胍　　　　D. 达格列净

3. 普通胰岛素的给药途径（　　　）

    A. 口服　　　　　　　　B. 静脉注射　　　　　　　C. 皮下注射　　　　　　D. 肌内注射

4. 对于肥胖型糖尿病患者，首选（　　　）

    A. 格列齐特　　　　　　B. 二甲双胍　　　　　　　C. 格列本脲　　　　　　D. 甲苯磺丁脲

5. 促进胰岛素分泌的降糖药是（　　　）

    A. 罗格列酮　　　　　　B. 瑞格列奈　　　　　　　C. 阿卡波糖　　　　　　D. 二甲双胍

6. 对胰岛素产生耐受者应选用（　　　）

    A. 格列本脲　　　　　　B. 二甲双胍　　　　　　　C. 阿卡波糖　　　　　　D. 罗格列酮

7. 治疗重型幼年糖尿病可用（　　　）

    A. 二甲双胍　　　　　　B. 胰岛素　　　　　　　　C. 格列本脲　　　　　　D. 罗格列酮

8. 空腹血糖较高的糖尿病患者可选用（　　　）

    A. 罗格列酮　　　　　　B. 胰岛素　　　　　　　　C. 格列齐特　　　　　　D. 瑞格列奈

9. 有心脏病病史的患者禁用（　　　）

    A. 罗格列酮　　　　　　B. 二甲双胍　　　　　　　C. 阿卡波糖　　　　　　D. 胰岛素

10. 糖尿病酮症酸中毒患者禁用（　　　）

    A. 阿卡波糖　　　　　　B. 二甲双胍　　　　　　　C. GLP-1 类似物　　　　D. 格列本脲

11. 可造成乳酸血症的降血糖药是（　　　）

    A. 格列本脲　　　　　　B. 阿卡波糖　　　　　　　C. 胰岛素　　　　　　　D. 二甲双胍

12. 胰岛素不具有的不良反应是（　　　）

    A. 低血糖　　　　　　　B. 过敏　　　　　　　　　C. 注射部位红肿　　　　D. 高血压

13. 瑞格列奈（诺和龙）属于（　　　）

    A. 磺酰脲类　　　　　　　　　　　　　　　　B. 非磺酰脲类胰岛素促泌剂

    C. α-糖苷酶抑制剂　　　　　　　　　　　　D. 双胍类

14. 瑞格列奈（诺和龙）通常不与下列哪种药物联合使用（　　　）

    A. 二甲双胍　　　　　　B. 格列美脲　　　　　　　C. 胰岛素　　　　　　　D. 拜糖苹

15. 磺酰脲类最严重的的不良反应是（　　　）

    A. 低血糖　　　　　　　B. 皮疹　　　　　　　　　C. 体重增加　　　　　　D. 肝肾功能异常

16. 关于胰岛素耐受性原因错误的描述是（　　　）

    A. 严重创伤　　　　　　　　　　　　　　　　B. 体内形成胰岛素抗体

    C. 感染　　　　　　　　　　　　　　　　　　D. 以上均不对

17. 有关胰岛素不良反应的描述错误的是（　　　）

    A. 低血糖　　　　　　　　　　　　　　　　　B. 注射部位脂肪萎缩

    C. 胰岛素抵抗　　　　　　　　　　　　　　　D. 凝血障碍

18. 下列属于钠葡萄糖协同转运蛋白 2 抑制剂的是（　　　）

    A. 达格列净　　　　　　B. 西格列汀　　　　　　　C. 利拉鲁肽　　　　　　D. 罗格列酮

19. 下列属于二肽基肽酶-4 抑制剂的是（　　　）

    A. 达格列净　　　　　　B. 阿格列汀　　　　　　　C. 利拉鲁肽　　　　　　D. 吡格列酮

20. 不得用于胰岛素依赖性糖尿病患者的注射用降糖药是（　　　）

    A. 胰岛素　　　　　　　B. 利拉鲁肽　　　　　　　C. 二甲双胍　　　　　　D. 恩格列净

PPT

任务3　甲状腺激素及抗甲状腺药认知

学习引导

"大脖子病"是单纯性甲状腺肿（地方性甲状腺肿）的俗称，是由于地区性缺碘、摄碘不足等引起的。早期无明显临床症状，甲状腺轻、中度肿大，质软，无压痛。少数患者因甲状腺代偿功能不足出现甲状腺功能减低，影响智力及生长发育。目前随着加碘盐的普及，"大脖子病"的发病率已日趋减少。为何缺碘会导致"大脖子病"呢？甲状腺激素的生理功能是什么？过多过少带来什么疾病？怎样治疗？

本任务主要介绍甲状腺激素类药物和抗甲状腺药的作用、适应证、制剂、用法及药物评价。

📖 学习目标

1. **掌握**　左甲状腺素钠、丙硫氧嘧啶、甲巯咪唑的作用、适应证、制剂、用法及药物评价。
2. **熟悉**　甲状腺片、卡比马唑的作用、适应证及药物评价。
3. **了解**　碘和碘化物等品种的商品信息。

任务3-1　甲状腺激素认知

甲状腺激素是由甲状腺腺泡上皮细胞分泌的一组含碘的酪氨酸，其中包括甲状腺素（四碘甲状腺素，T_4）和碘甲状腺氨酸（三碘甲状腺原氨酸，T_3），T_3 是起主要作用的甲状腺激素，其生物活性较 T_4 大约高5倍，T_4 要转变为 T_3 才起作用。甲状腺激素有促进组织代谢、促进生长及智力发育、维持交感-肾上腺的兴奋性等作用。碘是合成甲状腺激素的重要原料，当碘缺乏时，甲状腺激素合成不足，甲状腺会代偿性增生肿大，通过饮食中适当补碘可以预防。当甲状腺功能低下（甲减）时可致克汀病（呆小症）及黏液性水肿，需给予甲状腺激素治疗，常用的药品有左甲状腺素钠、甲状腺片、甲状腺素、碘化钾等，食用含碘盐也可使上述疾病的发病率降低。

左甲状腺素钠 [药典(二);基;医保(甲)]
Levothyroxine Sodium

【其他名称】甲状腺素，T_4、优甲乐

【药理作用】为人工合成的四碘甲状腺素的钠盐，在外周器官中被转化为 T_3，然后通过与 T_3 受体结合发挥作用，补充体内甲状腺素的不足。

【适应证】用于治疗非毒性的甲状腺肿（甲状腺功能正常）。甲状腺肿切除术后，预防甲状腺肿复发。甲状腺功能减退的替代治疗。抗甲状腺药物治疗甲状腺功能亢进症的辅助治疗。甲状腺癌术后的抑制治疗。甲状腺抑制试验。

【制剂规格】片剂：25μg；50μg；100μg。注射剂：1ml：100μg。

【用法用量】通过实验室和临床检查来决定个体的每天剂量，根据不同的疾病给以不同的剂量。甲

状腺功能低减患者，成人开始剂量为每天 25～50μg，在医生指导下逐渐增加剂量，每次增加 25～50μg，间隔 2～4 周，最后增加到每天 200～400μg。

【药物评价】

（1）药效　本品口服吸收迅速完全，耐受性好，疗效肯定，价格也较便宜。

（2）不良反应　①过量则引起类似甲状腺功能亢进症的症状。减量或停药可使症状消失。②对有冠状动脉病变的患者可加重症状，诱发心绞痛、心肌梗死等。

（3）注意事项　①对老年患者及重度或长期甲状腺功能减退的患者，应从小剂量开始，并缓慢增加服用剂量。②禁用于甲状腺功能亢进患者。

【商品信息】生产商　扬子江药业集团四川海蓉药业、深圳市中联制药等。

【贮藏】遮光，密封，在 25℃以下保存。

 实例分析 16-3

　　实例　某男，现年 30 岁，依然身材矮小，四肢短，并且智力低下，牙齿发育不全，被周围人戏称"小矮人"。

　　问题　1. "小矮人"可能患有什么病？

　　　　　　2. 患病的原因是什么？

答案解析

任务 3-2　抗甲状腺药认知

当甲状腺功能亢进时（甲亢），出现心慌、心动过速、怕热、多汗、眼球突出、手舌颤抖、甲状腺肿或肿大等一系列临床症状，也有一部分甲亢患者有甲状腺结节甚至出现甲状腺危象。

抗甲状腺药能够抑制甲状腺激素的合成和释放，减轻或改善甲亢的临床症状，用于甲亢的内科治疗、术前准备、甲状腺危象的治疗。药物主要有硫脲类如丙硫氧嘧啶、甲巯咪唑等。

丙硫氧嘧啶【药典（二）；基；医保（甲）】 微课 3

Propylthiouracil

【其他名称】丙基硫氧嘧啶

【药理作用】抑制过氧化酶系统，使被摄入到甲状腺细胞内的碘化物不能氧化成活性碘，从而使酪氨酸不能碘化；同时影响酪氨酸的缩合过程，以致不能生成甲状腺激素。此外，尚可抑制 T_4 转化成 T_3。对已合成的甲状腺激素无作用，待其耗竭后才能生效，故在用药后 10 日才显疗效。

【适应证】用于各种类型的甲状腺功能亢进症，甲亢的内科治疗、甲状腺危象、甲亢术前准备及术后复发的治疗。

【制剂规格】片剂、肠溶片：50mg；100mg。

【用法用量】口服：治疗成人甲状腺功能亢进症，开始剂量每天 300mg，分次口服，一日最大量 600mg。病情控制后逐渐减量，维持量一日 50～150mg，视病情调整。

【药物评价】

（1）药效　疗效较好，不良反应较轻，是临床治疗甲亢的常用药品。

（2）不良反应　①常见有头痛、眩晕、关节痛、唾液腺和淋巴结肿大以及胃肠道反应；也有皮疹、药热等过敏反应，有的皮疹可发展为剥落性皮炎。个别患者可致黄疸和中毒性肝炎。②最严重的不良反应为粒细胞缺乏症，故用药期间应定期检查血常规，白细胞数低于 $4 \times 10^9/L$ 或中性粒细胞低于 $1.5 \times 10^9/L$ 时，应按医嘱停用或调整用药。

（3）注意事项　①定期检查血常规及肝功能。②与抗凝药合用，可增强抗凝作用。③高碘食物或药物的摄入可使甲亢病情加重，使抗甲状腺药需要量增加或用药时间延长。④孕妇慎用、哺乳期禁用。严重肝功能损害、白细胞严重缺乏、对硫脲类药物过敏者禁用。

【商品信息】

（1）发展史　我国 1958 年生产。

（2）生产商　上海朝晖药业、广东华南药业、辽宁康博士制药、广州康和药业等。

【贮藏】遮光，密封保存。

甲巯咪唑【药典（二）；基；医保（甲）】

Methimazole

【其他名称】甲巯基咪唑、他巴唑

【药理作用】抑制甲状腺内过氧化物酶，从而阻碍甲状腺内碘的氧化（活化）及酪氨酸的偶联，阻碍甲状腺素（T_4）和三碘甲状腺原氨酸（T_3）的合成。

【适应证】用于各种类型的甲状腺功能亢进症。病情较轻，甲状腺轻至中度肿大患者；青少年及儿童、老年患者；甲状腺手术后复发，又不适于用放射性 ^{131}I 治疗者；手术前准备；作为 ^{131}I 放疗的辅助治疗。

【制剂规格】片剂：5mg；10mg。

【用法用量】口服：成人开始剂量一般为一日 30mg，可按病情轻重调节为 15～40mg，一日最大量 60mg，分次口服；病情控制后，逐渐减量，每日维持量按病情需要介于 5～15mg，疗程一般 18～24 个月。

【药物评价】

（1）药效　本品作用强于丙硫氧嘧啶，且起效快，维持时间长。

（2）不良反应　较多见皮疹或皮肤瘙痒及白细胞减少；较少见严重的粒细胞缺乏症；可能出现再生障碍性贫血；还可能致味觉减退等

（3）注意事项　①服药期间宜定期检查血常规。②哺乳期妇女禁用，孕妇、肝功能异常、外周血白细胞数偏低者应慎用。③可对诊断造成干扰，如甲巯咪唑可使凝血酶原时间延长。

【商品信息】

（1）发展史　我国 1958 年生产本品。

（2）生产商　上海黄海制药、广东华南药业、北京太洋药业等。

【贮藏】密闭保存。

其他甲状腺激素及抗甲状腺药见表 16-5。

表 16-5　其他甲状腺激素及抗甲状腺药

药物	作用与适应证	药物评价及商品信息
甲状腺片【药典（二）；基；医保（甲）】	用于甲状腺功能减退	用量适当无任何不良反应。使用过量则引起类似甲状腺功能亢进症的症状。减量或停药可使所有症状消失。片剂：40mg。生产商：山东绿因药业

续表

药物	作用与适应证	药物评价及商品信息
卡比马唑片【药典(二);医保(乙)】	抗甲状腺药,适用于各种类型的甲状腺功能亢进症	疗效优于其他硫脲类药物,不良反应轻。起效慢,维持时间较长。甲状腺危象时不宜使用。片剂:5mg。生产商:北京中新制药厂等
碘和碘化物【药典(二);医保(甲)】	小剂量的碘,用于治疗单纯性甲状腺肿。大剂量碘,用于甲状腺功能亢进的手术前准备;甲状腺危象的治疗。放射性131I,用于放疗和诊断甲状腺疾病	少数对碘过敏者发生急性反应,主要表现为血管神经性水肿,上呼吸道水肿及严重喉头水肿。长期使用出现慢性碘中毒,表现为口腔及咽喉烧灼感、唾液分泌增多、眼刺激症状等。碘化钾片:10mg。生产商:青岛明月海藻公司

即学即练 16-4

用于甲亢治疗且起效较慢的是 (　　)

答案解析　A. 甲巯咪唑　　B. 甲状腺片　　C. 优甲乐　　D. 小剂量碘

答案解析

单项选择题

1. 治疗呆小症的药物是 (　　)

A. 甲硫氧嘧啶　　　　B. 丙硫氧嘧啶　　　　C. 卡比马唑　　　　D. 甲状腺素

2. 能抑制 T_4 转化为 T_3 的抗甲状腺药物是 (　　)

A. 丙硫氧嘧啶　　　　B. 普萘洛尔　　　　C. 左甲状腺素钠　　　　D. 碘制剂

3. 可抑制 T_4 转化为 T_3,对已合成的甲状腺激素无作用的是 (　　)

A. 甲巯咪唑　　　　B. 碘　　　　C. 普萘洛尔　　　　D. 左甲状腺素钠

4. 缓解心律失常等副作用,用于甲亢辅助治疗的是 (　　)

A. 碘化钾　　　　B. 盐酸普萘洛尔　　　　C. 丙硫氧嘧啶　　　　D. 甲巯咪唑

5. 治疗"大脖子病"可用 (　　)

A. 丙硫氧嘧啶　　　　B. 碘　　　　C. 甲巯咪唑　　　　D. 普萘洛尔

6. 甲巯咪唑起效慢的原因是 (　　)

A. 口服后吸收不完全　　　　　　　　B. 肾脏排泄速度快

C. 待已合成甲状腺素耗竭后才能生效　　D. 肝脏转化快

7. 硫脲类抗甲状腺药的不良反应不包括 (　　)

A. 高血压　　　　　　　　　　　　B. 白细胞减少

C. 关节痛　　　　　　　　　　　　D. 剥脱性皮炎

8. 补充小剂量的碘剂,主要用于 (　　)

A. 黏液性水肿　　　　　　　　　　B. 呆小症

C. 单纯性甲状腺肿　　　　　　　　D. 甲状腺功能检查

9. 甲状腺功能亢进症的内科治疗宜选用（　　）

    A. 甲巯咪唑   B. 甲状腺素

    C. 吡格列酮   D. 地塞米松

10. 术后复发的甲状腺功能亢进症选用（　　）

    A. 放射性碘   B. 丙硫氧嘧啶

    C. 大剂量碘剂   D. 小剂量碘剂

11. 地方性甲状腺肿发生的原因是缺乏（　　）

    A. 甲状腺激素   B. 促甲状腺激素

    C. 碘   D. 钙

12. 左甲状腺素钠其他名称（　　）

    A. 优甲乐   B. 卡比马唑

    C. 甲巯咪唑   D. 丙硫氧嘧啶

13. 其他名称为他巴唑的是（　　）

    A. 丙硫氧嘧啶   B. 卡比马唑

    C. 甲巯咪唑   D. 甲状腺素片

14. 服用丙硫氧嘧啶最严重的的不良反应是（　　）

    A. 头痛   B. 皮疹

    C. 关节痛   D. 粒细胞缺乏

15. 服用丙硫氧嘧啶的注意事项不包括（　　）

    A. 定期检查血常规和肝功能   B. 与抗凝药合用可增强抗凝作用

    C. 孕妇、哺乳期妇女禁用   D. 空腹服用

16. 疗效优于其他硫脲类且甲状腺危象不宜使用的是（　　）

    A. 卡比马唑   B. 甲巯咪唑

    C. 丙硫氧嘧啶   D. 碘和碘化物

17. 可能造成凝血酶原时间延长的是（　　）

    A. 碘和碘化物   B. 甲状腺素片

    C. 优甲乐   D. 甲巯咪唑

18. 可用于甲状腺抑制试验的是（　　）

    A. 优甲乐   B. 甲巯咪唑

    C. 丙硫氧嘧啶   D. 碘化物

19. 可能导致味觉障碍的治疗甲亢用药是（　　）

    A. 甲巯咪唑   B. 卡比马唑

    C. 碘化物   D. 优甲乐

20. 用于甲状腺癌术后抑制治疗的是（　　）

    A. 碘   B. 左甲状腺素钠

    C. 卡比马唑   D. 甲巯咪唑

PPT

任务 4　钙代谢调节药及抗骨质疏松药认知

学习引导

骨质疏松症是一种全身性骨骼疾病，以骨量减少、骨组织微观结构破坏为特征，可使骨的力学功能减弱，脆性增加，易于发生骨折。2003 年非典型肺炎（SARS）期间，由于糖皮质激素的大量使用，部分康复患者后期出现了骨痛、脊柱变形等严重骨质疏松，甚至长期卧床导致生命质量下降。骨质流失是渐进过程，骨质疏松初期通常没有明显的临床表现，因而被称为"静悄悄的流行病"。随着病情进展，骨量不断丢失，骨组织微结构破坏，患者会出现骨痛、脊柱变形，甚至发生骨质疏松性骨折等后果。部分患者仅在发生骨质疏松性骨折等严重并发症后才被诊断为骨质疏松，因此骨质疏松的预防显得尤为重要。那么，怎样预防骨质疏松？骨质疏松的治疗药物有哪些？怎样合理用药？

本单元主要介绍抑制骨吸收的药物、促进骨形成的药物、促进钙吸收的药物的作用、适应证、制剂、用法及药物评价。

学习目标

1. **掌握**　阿仑膦酸钠、鲑降钙素、结合雌激素、雷洛昔芬、阿法骨化醇、维生素 D_2 的作用、适应证、制剂、用法及药物评价。
2. **熟悉**　羟乙膦酸钠、骨化三醇的作用、适应证及药物评价。
3. **了解**　注射用甲状旁腺激素的商品信息。

骨质疏松症可分为原发性、继发性及特发性三种。原发性骨质疏松症是随着年龄增长而发生的生理性退行性病变；继发性骨质疏松症由疾病或药物等因素诱发引起，例如长期应用糖皮质激素类药物；特发性骨质疏松症多有遗传家庭史。根据骨质疏松症的发病机制，治疗骨质疏松症的药物主要分为以下几类。

1. 抑制骨吸收的药物

（1）雌激素及其受体调节剂　体内雌激素减少，可导致骨吸收增强，骨量丢失和骨折的危险性增加。雌激素及其受体调节剂可抑制骨吸收，刺激局部骨生长因子的分泌，促进骨胶原形成。常用药物有结合雌激素、雷洛昔芬等。

（2）降钙素　降钙素能特异地抑制破骨细胞活性和数目，从而抑制骨吸收，减慢骨转换，降低血钙。降钙素尚可作用于中枢神经，阻断特异性受体，增加内啡肽释放，同时抑制疼痛介质释放，起到中枢和外周镇痛作用。常用药物有鲑降钙素等。

（3）双膦酸盐类　磷酸钙是骨盐的重要组成成分，经钙化结晶后成为羟磷灰石分布于骨基质中。双膦酸盐与羟磷灰石有高度亲和性，可抑制磷酸钙晶体的聚集和溶解，抑制骨吸收。双膦酸盐还能通过成骨细胞间接抑制骨吸收。常用药物有阿仑膦酸钠、羟乙膦酸钠等。

2. 促进骨形成的药物

（1）甲状旁腺激素（PTH）　甲状旁腺激素（PTH）是人体甲状旁腺主细胞合成分泌的激素，小剂量 PTH 能刺激成骨细胞促进骨形成，是唯一通过美国 FDA 批准治疗骨质疏松的促进骨形成药物，也是经临床研究证实最有希望的骨形成促进剂。

（2）氟化物　氟化物可直接作用于成骨细胞，促进骨形成。可减少成骨细胞中蛋白质酪氨酸磷酸化产物分解，促进成骨细胞有丝分裂。氟离子还可取代骨盐羟磷灰石中的羟基，形成氟磷灰石，抑制骨盐溶解，起到抑制骨吸收的作用。

3. 促进钙吸收的药物

维生素 D 及其衍生物　钙是骨组织的主要成分，人体总钙量的 99% 贮存于骨中。钙可以促进骨的矿化，对抑制骨吸收、促进骨形成也起作用。维生素 D 可促进小肠对钙的吸收及肾小管重吸收磷，提高血钙、血磷浓度；促使钙沉积于新骨形成部位，促进骨钙化及成骨细胞功能和骨样组织成熟；抑制甲状旁腺增生，减少甲状旁腺激素合成与释放，抑制骨吸收；调节肌肉钙代谢，促进细胞分化，增强肌力，增加神经肌肉协调性。常用药物有阿法骨化醇、维生素 D_2、维生素 D_3 等。

阿仑膦酸钠 [药典(二);基;医保(乙)]

Alendronate Sodium

【其他名称】福善美，朗泰

【药理作用】本品是骨代谢调节剂，为氨基双膦酸盐，与骨内羟磷灰石有强亲和力。能进入骨基质羟磷灰石晶体中，抑制破骨细胞活性，并通过成骨细胞间接起抑制骨吸收作用。

【适应证】用于治疗绝经后妇女的骨质疏松症，以预防髋部和脊髓骨折（脊骨压缩性骨折）。

【制剂规格】片剂：10mg。肠溶片：10mg；70mg。

【用法用量】口服：每日早餐前至少 30 分钟空腹用 200ml 温开水送服，一次 10mg，一日 1 次。在服药后至少 30 分钟之内和当天第一次进食前，患者应避免躺卧。

【药物评价】

（1）药效　抗骨吸收活性强，无骨矿化抑制作用。补钙剂、抗酸剂和一些口服药剂很可能妨碍本品的吸收，因此，服用本品后应至少推迟半小时再服用其他药物。

（2）不良反应　腹痛、腹泻、恶心、便秘、消化不良，如不按规定方法服用可有食道溃疡，偶有血钙降低，短暂白细胞升高，尿红细胞、白细胞升高。

（3）注意事项　①早餐前至少 30 分钟用 200ml 温开水送服，用药后至少 30 分钟方可进食。服药后即卧床有可能引起食道刺激或溃疡性食管炎。②与橘子汁和咖啡同时服用会显著影响本品的吸收。③在服用本品前后 30 分钟内不宜饮用牛奶、奶制品和含较高钙的饮料。④胃肠道功能紊乱、胃炎、食道不适、十二指肠炎、溃疡病患者慎用。婴幼儿、青少年慎用。⑤轻、中度肾功能异常患者慎用。⑥治疗前，必须纠正钙代谢和矿物质代谢紊乱、维生素 D 缺乏和低钙血症。如食物中摄入不足，所有骨质疏松患者都应补充钙和维生素 D。

【商品信息】

（1）发展史　意大利 Istituto Gentili 公司率先研制成功，1993 年在意大利首次上市。默克公司获得转让后，1995 年在美国上市，现已在全球多国上市。Istituto Gentili 公司于 1996 年 3 月在中国获得药品行政保护，于 2003 年 9 月期满。

（2）生产商　江苏黄河药业、陕西汉王药业等。

【贮藏】 室温，密闭保存。

鲑降钙素[药典(二);医保(乙)]
Salcatonin

【其他名称】 鲑鱼降钙素

【药理作用】 抑制破骨细胞的活性；抑制骨盐溶解，阻止骨内钙释出；改善骨密度，有效缓解疼痛症状；降低骨折的危险性；降低血钙。

【适应证】 用于骨质疏松症；伴有骨质溶解和（或）骨质减少的骨痛。

【制剂规格】 注射液：1ml：200U；lml：100U；1ml：50U。注射用粉针：50U；100U。

【用法用量】 皮下或肌内注射：变形性骨炎，50U，一周3次；高钙血症，一日5～10U/kg；骨质疏松，100U，一日1次或隔日1次。

【药物评价】

（1）药效　从鲑鱼甲状腺提取的降钙素，其活性比猪降钙素大。

（2）不良反应　可出现恶心、呕吐、头晕、胃痛、腹泻；面部潮红伴发热感。罕见的不良反应有尿频、多尿。极少见寒战和过敏反应。个别的过敏反应可导致心动过速、低血压和虚脱。

（3）注意事项　对蛋白质过敏者可能对本药过敏，用前最好先做皮试。鼻炎可增加鼻喷剂药物的吸收，慢性鼻炎患者应定期作医疗检查。长期使用注射剂治疗的患者，需检查血液生化指标和肾功能。

【商品信息】

（1）发展史　鲑降钙素由人工合成，1982年在瑞士和意大利批准上市，1991年经美国FDA批准用于防治绝经后骨质疏松症。近年来鲑降钙素在国内外的市场逐渐扩大。1994年进入中国市场，由北京诺华公司销售，商品名"密盖息"。近年开发了鲑鱼降钙素鼻喷剂。

（2）生产商　青岛国大生物制药、银谷制药、北京双鹭药业等

【贮藏】 遮光，密闭，2～8℃保存。

 知识链接

强健骨骼，远离骨折

2018年，中国居民骨质疏松症流行病学调查结果显示，我国40～49岁人群骨质疏松患病率为3.2%，50岁以上人群为19.2%，65岁以上人群则高达32.0%。骨质疏松症的高危人群包括：老年人、绝经期女性、母系家族史者、吸烟者、体力活动少及饮食中缺钙或维生素D的人群。骨质疏松症被称为"沉默的杀手"，骨折是其严重后果，髋部骨折后第一年内由于各种并发症死亡率达20%～25%。

世界骨质疏松日由世界卫生组织于1998年正式确立，并定于每年的10月20日。2020年世界骨质疏松日首个中国主题为："强健骨骼，远离骨折"，旨在倡导公众提升对疾病的认识，强健骨骼、远离脆性骨折，减少自身病痛和骨折带来的经济负担。医药工作者应积极做好健康教育宣传工作，让更多的人了解骨质疏松，积极做好防护，降低骨质疏松发病率。

结合雌激素[医保(乙)]
Conjugated Estrogens

【其他名称】 妊马雌酮、普瑞马林

【药理作用】 补充雌激素，抑制骨吸收，刺激局部骨生长因子的分泌，促进骨胶原形成。

【适应证】 用于绝经后妇女的骨质疏松，最适于子宫切除妇女，可避免患子宫内膜癌的风险。

【制剂规格】 片剂：0.3mg；0.625mg；0.9mg；1.25mg；2.5mg。

【用法用量】 口服：个体化用药。

【药物评价】

（1）药效　雌激素替代治疗可降低骨吸收作用，延迟和停止绝经后的骨丢失。

（2）不良反应　表现为雌激素的不良反应，详见雌激素类药物。

（3）注意事项　下列情况禁用：妊娠，哺乳期妇女；异常生殖器出血；雌激素依赖性肿瘤；活动性血栓性静脉炎或血栓性疾病；对本品过敏者。在未对患者复查时，开具雌激素处方不能超过一年。

【商品信息】

（1）发展史　1942年，由美国惠氏制药开发，1997年在中国上市，商品名"倍美力"。

（2）生产商　新疆新姿源生物制药。

【贮藏】 密封，室温保存。

雷洛昔芬[医保(乙)]
Raloxifene

【其他名称】 贝邦

【药理作用】 选择性雌激素受体调节剂。对雌激素有双向调节作用，与成骨、破骨细胞和血管内皮细胞的雌激素受体结合，表现出雌激素作用，可预防绝经期骨质疏松，降血脂。与乳腺细胞和子宫内膜部位的雌激素受体结合，则表现出抗雌激素作用，抑制乳腺细胞和子宫内膜上皮细胞的增生。

【适应证】 用于预防和治疗绝经后妇女的骨质疏松症，能提高骨密度，降低椎体骨折发生率。

【制剂规格】 片剂：60mg。

【用法用量】 口服：一日1片，老年人无需调整剂量。

【药物评价】

（1）药效　本品为选择性雌激素受体调节剂。可逆转骨吸收过快，减少钙丢失。

（2）不良反应　主要不良反应为静脉血栓栓塞，开始治疗的4个月危险性最大。不良反应多数出现在治疗的前6个月，可有浅静脉血栓性静脉炎，血管扩张（潮热），小腿痛性痉挛，外周水肿，血小板数目轻度减少。极少见胃肠症状、皮疹、血压升高及头痛。

（3）注意事项　对本品过敏者、孕期、有静脉血栓栓塞性疾病或有病史者、肝功能减退包括胆汁瘀积者、严重肾功能减退者、难以解释的子宫出血者禁用。不宜用于有子宫内膜癌症状和体征的患者。不推荐与全身雌激素合用。本品主要在肝脏代谢，应严密监测肝功能。

【商品信息】

（1）发展史　美国礼来公司研发，1998年1月上市，商品名Evista。2005年，江苏恒瑞医药获得原料及片剂的生产批准文号，商品名"贝邦"。

（2）生产商　江苏恒瑞医药、礼来制药（西班牙）。

【贮藏】 避光，30℃以下干燥处保存，不得冷冻。

实例分析 16 –4

实例　某女，52 岁，已绝经，近半年来常感腰背疼痛，久坐或久站后疼痛加重，弯腰、咳嗽或大便时疼痛亦加剧。

问题　1. 患者可能得了什么病？
　　　　2. 引发此病的原因可能是什么？

答案解析

阿法骨化醇【药典(二)；基；医保(乙)】
Alfacalcidol

【其他名称】 阿尔法 D_3，1α – 羟基维生素 D_3。

【药理作用】 促进小肠和肾小管对钙的重吸收，抑制甲状旁腺增生，减少甲状旁腺激素的合成与释放，抑制骨吸收；促进胶原和骨基质蛋白合成；调节肌肉钙代谢，促进肌细胞分化，增强肌力，增加神经肌肉协调性。

【适应证】 用于佝偻病和软骨病；肾性骨病；骨质疏松症；甲状旁腺功能减退症。

【制剂规格】 片剂、软胶囊剂：$0.25\mu g$；$0.5\mu g$。

【用法用量】 口服：成人，骨质疏松症和慢性肾功能不全，一次 $0.5\mu g$，一日 1 次，或遵医嘱。

【药物评价】

（1）药效　在临床用药中安全性良好。高钙血症发生率极低。

（2）不良反应　长期大剂量用药或与钙剂合用可能会引起高钙血症和高钙尿症。

（3）注意事项　对维生素 D 及类似物过敏、高钙血症、有维生素 D 中毒迹象的患者禁用。用药过程要注意监测血钙、血尿素氮、肌酐及尿钙、尿肌酐。青年患者只限于青年特发性骨质疏松症及糖皮质激素过多引起的骨质疏松症。

【商品信息】

（1）发展史　20 世纪 80 年代初在丹麦、以色列及日本相继研发成功并上市。我国于 20 世纪 90 年代中期投产。

（2）生产商　大连天宇奥森制药、昆明贝克诺顿制药、重庆药友制药等。

【贮藏】 遮光，密封，阴凉处保存。

维生素 D_2【药典(二)；基；医保(甲)】　微课 4
Alfacalcidol

【其他名称】 骨化醇，麦角骨化醇。

【药理作用】 促进小肠黏膜刷状缘对钙的吸收及肾小管重吸收磷，提高血钙、血磷浓度，协同甲状旁腺激素、降钙素，促进旧骨释放磷酸钙，维持及调节血浆钙、磷正常浓度。维生素 D_2 摄入后，在细胞微粒体中受 25 – 羟化酶系统催化生成骨化二醇（$25 – OHD_3$），经肾近曲小管细胞 1 – 羟化酶系统催化，生成具有生物活性的骨化三醇 $[1–25 –(OH)_2D_3]$。

【适应证】 用于维生素 D 缺乏症的预防与治疗，也用于慢性低钙血症、低磷血症、佝偻病及伴有慢性肾功能不全的骨软化症、家族性低磷血症及甲状旁腺功能低下（术后、特发性或假性甲状旁腺功能低下）的治疗。

【制剂规格】 注射剂：1ml：10mg（40 万单位）。

【用法用量】 肌内注射：一次 $7.5 \sim 15mg$（30 万 $\sim$ 60 万单位），病情严重者可于 $2 \sim 4$ 周后重复注射 1 次。

【药物评价】

（1）药效　维生素 D_2 的代谢、活化，首先通过肝脏，其次为肾脏，半衰期（$t_{1/2}$）为 19～48 小时，在脂肪组织内可长期贮存。治疗效应持续 10～14 日。

（2）不良反应　①便秘、腹泻、持续性头痛、食欲减退、口内有金属味、恶心呕吐、口渴、疲乏、无力。②骨痛、尿混浊、惊厥、高血压、眼对光刺激敏感度增加、心律失常、偶有精神异常、皮肤瘙痒、肌痛、严重腹痛（有时误诊为胰腺炎）、夜间多尿、体重下降。③短期内摄入大剂量或长期服用超剂量维生素 D_2，可导致严重中毒反应。

（3）注意事项　①治疗低钙血症前，应先控制血清磷的浓度，并定期复查血钙等有关指标；除非遵医嘱，避免同时应用钙、磷和维生素 D 制剂。②疗程中应注意检查血清尿素氮、肌酐和肌酐清除率、血清碱性磷酸酶、血磷、24 小时尿钙、尿钙与肌酐的比值、血钙（用治疗量维生素 D_2 时应定期作监测，维持血钙浓度 2.00～2.50mmol/L）。以及骨 X 线检查等。③动脉硬化、心功能不全、高胆固醇血症、高磷血症；对维生素 D 高度敏感及肾功能不全者慎用。

【商品信息】

（1）发展史　1969 年首次分离得到成品。中国从 20 世纪 80 年代开始研究酵母发酵生产麦角固醇并建立了维生素 D_2 的生产厂家。

（2）生产商　华润双鹤药业股份有限公司、河北凯威制药责任有限公司等。

【贮藏】 遮光，密封，阴凉处保存。

其他钙代谢调节药及抗骨质疏松药见表 16－6。

表 16－6　其他钙代谢调节药及抗骨质疏松药

药物	作用与适应证	药物评价及商品信息
羟乙膦酸钠【医保(乙)】	骨代谢调节剂，能进入骨基质羟磷灰石晶体中，当破骨细胞溶解晶体，药物被释放，能抑制破骨细胞活性，并通过成骨细胞间接起抑制骨吸收效应，防止骨质的丢失。用于原发性骨质疏松症和绝经后骨质疏松症	不良反应有腹部不适、腹泻、呕吐、口炎、头痛，咽喉灼热感，瘙痒，皮疹等症状。服用本品两小时内，避免食用高钙食品和含矿物质的维生素或抗酸药。肾功能损害，消化性溃疡、肠炎等患者慎用。孕妇与哺乳期妇女禁用。片剂：0.2g。生产商：成都菊乐制药
骨化三醇【医保(乙)】	维生素 1α，25－二羟基维生素 D_3 的一种最重要的活性代谢物。促进肠道对钙的吸收，调节骨的矿化，调节钙平衡，刺激骨骼中成骨细胞活性。用于治疗骨质疏松、肾性骨病、甲状腺功能减退、维生素 D 依赖性佝偻病、低血磷性抗维生素 D 佝偻病等	长期大剂量或与钙剂合用可能发生高钙血症或高钙尿症。用药过量可导致眩晕、恶心、呕吐、腹痛、肌无力、精神错乱、烦渴、多尿、骨痛、肾结石、肾钙质沉着、心律失常等症状。对维生素 D 及类似物过敏、高钙血症、有维生素 D 中毒迹象的患者禁用。用药过程要注意监测血钙、血尿素氮、肌酐及尿钙、尿肌酐。软胶囊：0.25μg。注射液：1ml：1μg，1ml：2μg。生产商：青岛正大海尔制药、罗氏制药（德国）、雅培制药（加拿大）
注射用重组人甲状旁腺激素	刺激成骨细胞促进骨形成，提高骨量和骨强度。用于治疗绝经后妇女骨质疏松	常见不良反应包括腿部痉挛、恶心、头痛、直立性低血压、血清和尿钙短暂升高、血清尿酸升高。对本品过敏者、变形性骨炎、儿科患者、患有其他骨代谢疾病及有骨骼相关放疗史者禁用。本品使用不推荐超过两年。注射用粉剂：每瓶 20μg。生产商：上海赛金生物医药有限公司

即学即练 16－5

下列抗骨质疏松药中属于促进骨形成药的是

答案解析

A. 阿仑膦酸钠　　B. 鲑降钙素　　C. 甲状旁腺激素　　D. 雷洛昔芬

实践实训

实训 25　骨质疏松预防、用药指导及健康教育

【实训目的】

1. 能进行同类药品的比较，正确推介药品；能调配处方并指导合理用药；能提供用药咨询服务、健康教育。

2. 熟练掌握健康教育的手段、产品推广和沟通交流技巧。

【实训准备】

1. 模拟药房实训室　抗骨质疏松药等。

2. 一体化教室　检索骨质疏松的病因、临床表现、预防治疗、常用药物选用、用药注意事项，制作 PPT 或者视频脚本，并完成视频拍摄。

3. 角色扮演　制作角色扮演、情景模拟脚本，选定角色并排练。

【实训内容】

1. 健康教育　根据 PPT 讲解或播放自己制作的视频，重点介绍骨质疏松的发生原因及预防、选药原则、药物特点。

2. 角色扮演　患者主诉症状，医师询问并开具处方；患者拿处方到药房，药师审核处方、调剂药品并提供用药指导。

3. 课堂评价　小组互评、教师评价、自评并改进。

【实训评价】

评价内容	评分标准	得分
课前准备（10分）	准备充分	
PPT 或视频（30分）	图文并茂、布局合理、内容正确	
角色扮演（40分）	仪态大方、内容准确、条理分明、重点突出	
团队合作（20分）	分工协作、参与积极性高	
合计（100分）		

目标检测

答案解析

单项选择题

1. 抑制骨吸收的药物不包括（　　　）

　　A. 阿仑膦酸盐　　　　　B. 降钙素　　　　　　　C. 雌激素　　　　　　　D. 依普黄酮

2. 羟乙膦酸钠的药理作用是（　　　）

　　A. 促进正常的骨矿化　　　　　　　　　　　B. 抑制骨吸收

C. 促进磷酸盐晶体的生长   D. 增加骨吸收

3. 依替膦酸二钠的不良反应是（　　　）

    A. 消化道反应   B. 高钙血症   C. 骨质疏松   D. 雏鸡骨矿化

4. 雌激素依赖型肿瘤患者不宜使用对抗骨质疏松的药物（　　　）

    A. 结合雌激素   B. 鲑降钙素   C. 羟乙膦酸钠   D. 骨化三醇

5. 促进钙吸收的抗骨质疏松药是（　　　）

    A. 雷洛昔芬   B. 阿法骨化醇   C. 鲑降钙素   D. 双磷酸钠

6. 对由于维生素 D 缺乏引起的佝偻病有效的是（　　　）

    A. 骨化三醇   B. 阿伦磷酸钠   C. 雷洛昔芬   D. 鲑降钙素

7. 阿法骨化醇的作用机制不包括（　　　）

    A. 抑制甲状旁腺增生   B. 抑制骨吸收   C. 抑制肌细胞分化   D. 增加肌力

8. 降钙素的用药禁忌不包括（　　　）

    A. 高钙血症   B. 14 岁以下儿童   C. 心律失常   D. 肾功能衰竭

9. 治疗恶性肿瘤患者骨转移疼痛选用（　　　）

    A. 帕米膦酸二钠   B. 葡萄糖酸钙   C. 阿法骨化醇   D. 阿仑磷酸钠

10. 长期使用可引起骨质疏松的是（　　　）

    A. 甲状腺素   B. 炔雌醇   C. 糖皮质激素   D. 胰岛素

11. 直接刺激成骨细胞，促进骨形成的是（　　　）

    A. 甲状旁腺激素   B. 阿法骨化醇   C. 鲑降钙素   D. 结合雌激素

12. （　　　）是骨组织的主要成分，其99%存在于骨中。

    A. 钙   B. 铁   C. 锌   D. 硒

13. 服用时取坐位，用温水送服，避免对食管造成损伤的药物是（　　　）

    A. 羟乙膦酸钠   B. 鲑降钙素   C. 骨化三醇   D. 雷洛昔芬

14. 只能注射给药的抗骨质疏松药是（　　　）

    A. 阿仑膦酸钠   B. 鲑降钙素   C. 雷洛昔芬   D. 钙片

15. 其他名称为贝邦的抗骨质疏松药是（　　　）

    A. 雷洛昔芬   B. 结合雌激素   C. 骨化三醇   D. 阿仑膦酸钠

16. 结合雌激素的其他名称为（　　　）

    A. 普瑞马林   B. 贝邦   C. 骨化三醇   D. 福善美

17. 需间隙、周期性服药的是（　　　）

    A. 羟乙膦酸钠   B. 鲑降钙素   C. 雷洛昔芬   D. 骨化三醇

18. 维生素 D_2 的不良反应不包括（　　　）

    A. 便秘、腹痛   B. 尿混浊   C. 骨痛   D. 体重增加

19. 短期内摄入大剂量或长期服用超剂量可导致严重中毒反应的是（　　　）

    A. 钙片   B. 贝邦   C. 鲑降钙素   D. 维生素 D_2

20. 对雌激素有双向调节作用的雌激素受体调节剂是（　　　）

    A. 鲑降钙素   B. 阿法骨化醇   C. 雷洛昔芬   D. 羟乙膦酸钠

PPT

任务 5　性激素类药认知

学习引导

性激素是指由动物体的性腺，以及胎盘、肾上腺皮质网状带等组织合成的甾体激素，具有促进性器官成熟、副性征发育及维持性功能等作用。雌性动物卵巢主要分泌两种性激素 – 雌激素与孕激素，雄性动物睾丸主要分泌以睾酮为主的雄激素。性激素类药品多为天然激素的人工合成品及其衍生物，包括雌激素、孕激素及促性腺激素、雄激素及蛋白同化激素。

学习目标

1. **掌握**　己烯雌酚、雌二醇、黄体酮、丙酸睾酮的作用、适应证、制剂、用法及药物评价。
2. **熟悉**　尼尔雌醇、甲羟孕酮、苯丙酸诺龙的作用、适应证及药物评价。
3. **了解**　常见避孕药的商品信息。

任务 5-1　雌激素类药认知

雌激素主要由卵巢的卵泡细胞等分泌，睾丸、胎盘和肾上腺，也可分泌少量雌激素，主要为雌二醇。雌激素类药物有雌二醇、雌三醇、己烯雌酚、炔雌醇、炔雌醚等。

己烯雌酚 [药典(二);基;医保(甲)]

Diethylstilbestrol

【药理作用】人工合成的非甾体雌激素，作用与雌二醇相似，口服作用为雌二醇的 2~3 倍。

【适应证】临床用于卵巢功能不全或垂体功能异常引起的各种疾病，如闭经、子宫发育不全、功能性子宫出血、绝经期综合征、老年性阴道炎及回奶等。也用于前列腺癌。

【制剂规格】片剂：0.1mg；0.25mg；0.5mg；1mg。注射液：1ml：1mg；1ml：2mg。

【用法用量】肌内注射一次 0.5~1mg，一日 0.5~6mg。

【药物评价】

（1）药效　本品使用广泛，价格低廉。

（2）不良反应　①可有恶心、呕吐、厌食、头痛等。②长期应用可使子宫内膜增生过度而导致子宫出血与子宫肥大。

（3）注意事项　①应按指定方法服药，中途停药可导致子宫出血。②肝、肾病患者及孕妇禁用。

【商品信息】

（1）发展史　1938 年由英国化学家发现，最初用来医治肠胃不适、头晕和皮肤红肿。美国 FDA 于 1947 年批准使用。我国 1958 年开始生产。

（2）生产商　山东新华制药、北京中新制药厂、天津金耀药业等。

【贮存】遮光，密封或密闭保存。

雌二醇【药典(二);医保(乙)】

Estradiol

【药理作用】 雌激素类药。可使子宫内膜增生、增强子宫平滑肌收缩，促使乳腺发育增生。大剂量抑制催乳素释放，对抗雄激素作用，并能增加钙在骨中沉着。

【适应证】 用于补充雌激素不足；晚期前列腺癌；与孕激素类药物合用，能抑制排卵。闭经、月经异常、功能性子宫出血、子宫发育不良。

【制剂规格】 注射液：1ml：2mg。控释贴片：5cm²：2mg；10cm²：4mg；20cm²：8mg。凝胶剂：每支80g，含雌二醇0.06%。

【用法用量】 一般采用注射给药或外用给药。绝经期综合征，肌内注射一次1～2mg，一周2～3次。详见说明书。

【药物评价】

（1）药效 雌二醇口服效价很低，故一般采用注射给药或外用给药。

（2）不良反应 可有恶心、头痛、乳房胀痛，偶有血栓症、皮疹、水钠潴留等。

（3）注意事项 ①血栓性静脉炎、肺栓塞患者，肝肾疾患者，与雌激素有关的肿瘤患者（如乳腺癌、阴道癌、子宫颈癌）及孕妇禁用。②子宫肌瘤、心脏病、癫痫、糖尿病及高血压患者慎用。③与降糖药合用时，可能减弱其降糖作用，应调节剂量。

【商品信息】

（1）发展史 1933年由雌酮还原得到雌二醇，1936年合成苯甲酸雌二醇。我国于1960年在上海通用制药厂投产。

（2）生产商 浙江仙琚制药、天津金耀药业等。

【贮存】遮光，密封或密闭保存。

其他雌激素类药见表16-7。

表16-7 其他雌激素类药

药物	作用与适应证	药物评价及商品信息
炔雌醇【药典(二);医保(乙)】	雌二醇的衍生物，作用强度大于雌二醇。本品与孕激素配伍，可制成有效的避孕药	不良反应基本同雌二醇。片剂：0.0125mg，生产商：上海信谊天平药业等
炔雌醚【药典(二)】	作用同炔雌醇。与孕激素配伍可制成长效避孕药	长效雌激素，用法用量必须准确，切不可滥用。生产商：秦皇岛紫竹药业等
尼尔雌醇【药典(二);基;医保(乙)】	雌三醇的衍生物，口服活性为炔雌醚的3倍，维持时间较长。用于绝经期综合征	少数人可有白带增多、乳房胀、恶心、头痛、腹胀等。片剂：2mg。生产商：湖南正清制药等

即学即练 16-6

绝经期女性容易发生骨质疏松的原因是体内（　　）减少。

答案解析　A. 雌激素　　B. 雄激素　　C. 孕激素　　D. 甲状腺激素

任务 5-2　孕激素类药认知

孕激素是由卵巢的黄体细胞分泌，以黄体酮为主。人工合成的孕激素主要包括黄体酮、异炔诺酮、炔诺孕酮、己酸孕酮等。

黄体酮【药典(二)；基；医保(甲,乙)】 微课5

Progesterone

【其他名称】孕酮

【药理作用】孕激素类。可在体内对雌激素激发过的子宫内膜有显著形态学影响，为维持妊娠所必需。本品可通过对下丘脑的负反馈，抑制垂体前叶促黄体生成激素的释放，使卵泡不能发育成熟，抑制卵巢的排卵过程。

【适应证】用于治疗由黄体酮缺乏引起的机能障碍。排卵机能障碍引起的月经失调、痛经及经前期综合征、出血（由纤维瘤等所致）、绝经前紊乱、绝经（用于补充雌激素治疗）。本品也助于妊娠。

【制剂规格】注射液：1ml：10mg；1ml：20mg。复方黄体酮注射液：1ml：黄体酮20mg：苯甲酸雌二醇20mg。胶囊剂、胶丸：100mg。

【用法用量】可经口服或阴道给药。在任何情况下，严格按照医生的处方服药。

【药物评价】

（1）药效　天然黄体酮能减少胎儿的畸形发生率，减少妇女的心血管疾病和乳腺癌的风险。患者更多的选择天然黄体酮作为治疗的首选。在使用黄体酮进行治疗的所有适应证时，因黄体酮能引起诸如嗜睡，头晕目眩等不良反应时，可以用阴道给药代替口服给药。

（2）不良反应　①可有头晕、头痛、恶心、失眠，过敏伴或不伴瘙痒的皮疹，黑斑病，黄褐斑，阻塞性黄疸，肝功能异常。②长期应用可引起子宫内膜萎缩、月经量减少，并容易发生阴道霉菌感染。

（3）注意事项　①肾病、心脏病水肿、高血压的患者慎用。②一旦出现血栓性疾病（如血栓性静脉炎、脑血管病、肺栓塞、视网膜血栓形成）的临床表现，应立即停药。③出现突发性部分视力丧失或突发性失明、复视或偏头痛，应立即停药。

【商品信息】

（1）发展史　1934年分离并确定结构，我国1958年投产。

（2）生产商　扬州制药、华中药业等。

【贮藏】原料遮光，密封保存；注射液遮光，密闭保存。

其他孕激素类药见表16-8。

表16-8　其他孕激素类药

药物	作用与适应证	药物评价及商品信息
醋酸甲羟孕酮【药典(二)；基；医保(乙)】	黄体酮衍生物，作用与黄体酮相似。用于痛经、功能性闭经、功能性子宫出血、先兆流产、习惯性流产、子宫内膜异位症、更年期及绝经后的晚期乳腺癌等。大剂量可用作长效避孕针	长效雌激素，用法用量必须准确，切不可滥用。片剂：2mg。生产商：山东博山制药等
炔诺酮【药典(二)；医保(乙)】	其作用与黄体酮相似，能使增生期子宫内膜转为分泌期，并促进乳腺发育。临床用于功能性子宫出血、月经异常、闭经、痛经等；防止先兆性流产和习惯性流产	维持妊娠作用较弱，与雌激素如炔雌醇合用则疗效较好。片剂：10mg。生产商：广州康和药业

即学即练 16-7

常用于预防先兆流产的药物是

答案解析

A. 雌激素　　　B. 黄体酮　　　C. 尼尔雌醇　　　D. 炔雌醚

任务5-3　雄激素及蛋白同化激素类药认知

天然的雄激素主要是由睾丸间质细胞分泌的睾丸素，肾上腺皮质、卵巢也有少量分泌。除具有雄激素活性外，也有一定的蛋白同化作用。雄激素类药物用于治疗睾丸功能不全、功能性子宫出血、晚期乳腺癌及再生障碍性贫血及其他贫血等。临床常用的雄激素类药物有甲睾酮、丙酸睾酮。

 实例分析 16-5

实例　某女，24岁，多年以来月经稀发，近两年甚至出现闭经，其体型肥胖、四肢多毛、面部有痤疮、乳房发育较小，经医院诊断为多囊卵巢综合征。

问题　1. 该患者体内哪种激素可能过高？

　　　　2. 该如何处理？

答案解析

丙酸睾酮 [药典(二); 基; 医保(甲)]
Testosterone Propionate

【其他名称】丙酸睾丸素，丙酸睾丸酮

【药理作用】雄激素类药，为睾酮的丙酸酯。能促进男性性器官及副性征的发育、成熟。大剂量时有对抗雌激素作用，抑制子宫内膜生长及卵巢、垂体功能。还有促进蛋白质合成及骨质形成等作用。

【适应证】用于雄激素替代治疗；性器官发育不良；青春期发育延迟及侏儒症；各种慢性消耗性疾病等。

【制剂规格】注射液：1ml：10mg；1ml：25mg；1ml：50mg；1ml：100mg。

【用法用量】成人注射给药，不同病症用法不同。

【药物评价】

（1）药效　注射后吸收慢，起效时间为2~4天。雄激素作用与蛋白同化作用之比为1：1。

（2）不良反应　注射部位可出现疼痛、硬结、感染及荨麻疹，大剂量可致浮肿、黄疸、肝功能异常、女性男性化、男性睾丸萎缩及精子减少。

（3）注意事项　有过敏反应者应立即停药。肝、肾功能不全，前列腺癌患者及孕妇禁用。

【商品信息】

生产商　广州白云山明兴制药等。

【贮藏】遮光，密封保存。

苯丙酸诺龙 [药典(二); 医保(甲)]
Bandrolone Phenylpropionate

【其他名称】多乐宝灵，苯丙酸去甲睾酮

【药理作用】能促进蛋白质合成和抑制蛋白质异生，并有使钙磷沉积和促进骨组织生长等作用。

【适应证】主要用于蛋白质缺乏症，如严重灼伤、恶性肿瘤患者手术前后、骨折后不易愈合和严重骨质疏松症、早产儿生长发育显著迟缓等。

【制剂规格】注射液：1ml∶25mg；1ml∶50mg。

【用法用量】肌内注射：成人每次 25～50mg，每 1～2 周 1 次。

【药物评价】

（1）药效　雄激素样作用弱，蛋白同化作用强。蛋白同化作用为丙酸睾酮的 12 倍，雄激素活性则较小，为后者的 1.5 倍。

（2）不良反应　①妇女使用后，可有轻微男性化作用，应立即停药。②长期使用后可能引起黄疸及肝功能障碍，也可能使水钠潴留而造成水肿，不宜作营养品使用。

（3）注意事项　①发现黄疸应立即停药。肝功能不全者慎用。②前列腺癌患者及孕妇禁用。③可使骨骺过早闭合，影响身高，并促进性早熟及女性男性化，健康儿童不宜使用。

【商品信息】

（1）发展史　1959 年合成，我国 1966 年投产。

（2）生产商　上海通用药业、浙江仙琚制药股份有限公司。

【贮藏】遮光、密闭于凉暗处保存。

任务 5 - 4　避孕药认知

避孕药是一类阻碍受孕或防止妊娠的药物，大部分避孕药的化学结构衍生于性激素，其避孕原理与性激素对生理生殖过程的作用密切相关。

生殖包括精子、卵子的形成和成熟，排卵、受精、孕卵着床及胚胎发育等多个环节，若阻断其中一个环节，即可达到避孕或终止妊娠的目的。市售避孕药多为女用药物，通常由不同剂量的孕激素和雌激素组成复方制剂。孕激素能阻止孕卵着床，并使宫颈黏液稠度增加，阻止精子穿透。雌激素能抑制促性腺激素分泌，抑制卵巢排卵。两种成分配伍，既增强避孕作用，又减少了不良反应。分为以下几类。

（1）短效避孕药　复方炔诺酮片、复方甲地孕酮片、复方左炔孕酮片、复方左炔诺孕酮三相片等。

（2）长效避孕药　复方 18 - 甲基炔诺酮等。

（3）紧急避孕药　左炔诺孕酮片等，见表 16 - 9。

（4）抗早孕药　米非司酮等，见表 16 - 10。

表 16 - 9　常用避孕药

药物	作用与适应证	药物评价及商品信息
炔诺酮【药典(二);医保(乙)】	孕激素类，主要与炔雌醇合用作为短效避孕药；亦可治疗功能性子宫出血等妇科疾病	不良反应为恶心、头晕、困乏等，其次为突破性出血、泌乳量减少等；应严格按规定服药，有特殊反应应及时向医生反应，以便及时处理。片剂：0.625mg。生产商：广州康和药业有限公司等
甲地孕酮【医保(乙)】	孕激素，主要用作短效口服避孕药，也可肌注作长效避孕药；还可用于痛经、闭经、功能性子宫出血等妇科疾病。大剂量可用于子宫体腺癌、乳腺癌的辅助治疗	不良反应有头晕、呕吐等，偶有不规则出血；肝、肾病及乳房肿块患者忌用；子宫肌瘤及高血压患者慎用。片剂：160mg。生产商：上海信谊天平药业等

续表

药物	作用与适应证	药物评价及商品信息
左炔诺孕酮[药典(二)]	主要与炔雌醇组成复合片或双相片、三相片用作口服短效避孕药;也可通过改变剂型用作长效避孕药	可有恶心、呕吐、头痛、体重增加、降低HDL、突破性出血等不良反应。肝、肾病患者忌用;子宫肌瘤、高血压患者、有肝、肾病史慎用。一旦漏服,应在24小时内补服。滴丸:0.75mg。生产商:南京白敬宇制药等
棉酚	除作口服男用避孕药外,还用于治疗妇科疾病,包括月经过多或失调、子宫肌瘤、子宫内膜异位症等	不良反应:低钾血症;永久性无精子症。片剂:20mg。生产商:西安北方药业等

表16-10 常用抗早孕药

药物	作用与适应证	药物评价及商品信息
米非司酮[药典(二);医保(乙)]	新型抗孕激素。临床用于抗早孕、催经止孕及胎死宫内引产等	不良反应为可有恶心、呕吐、头晕及腹痛等不良反应。片剂:25mg。生产商:广州朗圣药业等
卡前列甲酯[药典(二);医保(乙)]	临床用于抗早孕、扩宫颈及中期引产。如与丙酸睾酮或孕三烯酮等合用,可提高抗早孕成功率	不良反应有恶心、呕吐、头晕及腹泻等。栓剂:0.5mg。生产商:东北制药等
米索前列醇[医保(乙)]	可与米司非酮配伍用于抗早孕	不良反应有胃肠道反应、皮疹、肝功能等。对前列腺素过敏患者及孕妇忌服。片剂:0.2mg。生产商:上海新华联制药等

 目标检测

答案解析

单项选择题

1. 卵巢功能低下可选用（ ）

 A. 己烯雌酚　　　　　　B. 黄体酮　　　　　　C. 炔诺酮　　　　　　D. 甲睾酮

2. 老年性骨质疏松最好选用（ ）

 A. 黄体酮　　　　　　B. 己烯雌酚　　　　　　C. 甲睾酮　　　　　　D. 丙酸睾酮

3. 下列对雌激素药理作用的描述,错误的是（ ）

 A. 使子宫内膜由增生期转变为分泌期　　　　B. 促进女性性器官发育成熟

 C. 抑制促性腺激素释放激素的分泌　　　　　D. 抑制乳腺分泌

4. 常用于先兆性流产的是（ ）

 A. 己烯雌酚　　　　　　B. 雌二醇　　　　　　C. 黄体酮　　　　　　D. 丙酸睾酮

5. 下列属于抗早孕药的是（ ）

 A. 复方炔诺酮片　　　　　　　　　　　　B. 黄体酮

 C. 复方甲地孕酮片　　　　　　　　　　　D. 米非司酮

6. 下列属于孕激素的是（ ）

 A. 雌二醇　　　　　　B. 丙酸睾酮　　　　　　C. 黄体酮　　　　　　D. 己烯雌酚

7. 可用于男性性功能减退的是（ ）

 A. 甲睾酮　　　　　　B. 炔雌醇　　　　　　C. 炔诺酮　　　　　　D. 米非司酮

8. 雌激素的适应证是（ ）

 A. 先兆流产　　　　　　B. 消耗性疾病　　　　　　C. 功能性子宫出血　　　　　　D. 痛经

9. 不属于雌激素作用部位的是　（　　　）

　　A. 阴道　　　　　　　　B. 子宫　　　　　　　　C. 乳腺　　　　　　　　D. 肾脏

10. 长期服用雌激素的副作用是　（　　　）

　　A. 脱发　　　　　　　　B. 骨质疏松　　　　　　C. 高血压　　　　　　　D. 阴道出血

11. 可经口服或阴道给药的孕激素类药是　（　　　）

　　A. 炔雌醇　　　　　　　B. 黄体酮　　　　　　　C. 丙酸睾酮　　　　　　D. 尼尔雌醇

12. 下列属于雄激素的是　（　　　）

　　A. 黄体酮　　　　　　　B. 雌二醇　　　　　　　C. 甲睾酮　　　　　　　D. 炔雌醚

13. 下列属于蛋白同化激素类的是　（　　　）

　　A. 苯丙酸诺龙　　　　　B. 甲睾酮　　　　　　　C. 丙酸睾酮　　　　　　D. 米非司酮

14. 口服效价很低，故一般采用注射给药或外用给药的是　（　　　）

　　A. 雌二醇　　　　　　　B. 黄体酮　　　　　　　C. 丙酸睾酮　　　　　　D. 苯丙酸诺龙

15. 属于口服男用避孕药的是　（　　　）

　　A. 棉酚　　　　　　　　B. 左炔诺孕酮　　　　　C. 米非司酮　　　　　　D. 复方炔诺酮

16. 苯丙酸诺龙的适应证不包括　（　　　）

　　A. 蛋白质缺乏症　　　　　　　　　　　　　　　B. 严重骨质疏松

　　C. 儿童生长发育迟缓　　　　　　　　　　　　　D. 雌激素缺乏症

17. 属于人工合成非甾体雌激素的是　（　　　）

　　A. 己烯雌酚　　　　　　　　　　　　　　　　　B. 雌二醇

　　C. 黄体酮　　　　　　　　　　　　　　　　　　D. 睾酮

18. 与降糖药合用可能减弱降糖作用，需调节剂量的是　（　　　）

　　A. 己烯雌酚　　　　　　　　　　　　　　　　　B. 雌二醇

　　C. 黄体酮　　　　　　　　　　　　　　　　　　D. 睾酮

19. 绝经后女性乳腺癌晚期的姑息治疗可选择　（　　　）

　　A. 甲睾酮　　　　　　　　　　　　　　　　　　B. 苯丙酸诺龙

　　C. 雌二醇　　　　　　　　　　　　　　　　　　D. 黄体酮

20. 属于短效避孕药的是　（　　　）

　　A. 米非司酮　　　　　　　　　　　　　　　　　B. 左炔诺孕酮片

　　C. 复方 18 - 甲基炔诺酮　　　　　　　　　　　　D. 复方炔诺酮片

书网融合……

知识回顾

微课 1

微课 2

微课 3

微课 4

微课 5

习题

项目 17 抗变态反应药

学习引导

速发型（Ⅰ型）变态反应，又称过敏反应，是机体受到抗原（如细菌、病毒、寄生虫、花粉、食物、药物等）的刺激后，发生的一种以机体生理功能紊乱或组织损伤为主的特异性免疫反应。由 IgE 介导，肥大细胞和嗜碱粒细胞等效应细胞以释放生物活性介质的方式参与反应。全球有超过 22% 的人患有过敏性疾病，并有上升趋势。抗过敏药有哪些种类？不同抗过敏药的特点是什么？其各自的代表药物有哪些？

抗变态反应药，主要包括抗组胺药（H_1受体阻断剂）氯苯那敏、西替利嗪、氯雷他定等，白三烯受体抑制药孟鲁司特、扎鲁司特等，过敏介质阻释剂色甘酸钠、酮替芬等，钙剂氯化钙、葡萄糖酸钙等，脱敏药粉尘螨等，抗免疫药糖皮质激素等。本单元重点介绍 H_1 受体拮抗剂、过敏介质阻释剂、白三烯受体拮抗药。

📖 学习目标

1. **掌握** 氯苯那敏、苯海拉明、异丙嗪、左西替利嗪、氯雷他定的作用、适应证、制剂、用法及药物评价。
2. **熟悉** 西替利嗪、非索非那定、地洛他定、孟鲁司特的作用、适应证及药物评价。
3. **了解** 扎鲁司特、特非那丁、阿司咪唑等品种的商品信息。

任务 1 抗组胺药认知

组胺是一种自体活性物质，贮存在肥大细胞的分泌颗粒中，当机体遇到致敏原刺激时，肥大细胞脱颗粒而释放组胺，导致过敏性鼻炎、哮喘、结膜炎、湿疹、食物过敏、药物过敏和严重过敏反应等。

组胺 H_1 受体拮抗剂，能与组胺竞争效应细胞上的 H_1 受体，抑制过敏反应。第一代抗组胺药物起源于 1937 年，如盐酸苯海拉明、马来酸氯苯那敏、盐酸异丙嗪等，疗效确切，价格合理，对严重瘙痒患者疗效较好。但有镇静、嗜睡等中枢神经抑制作用，服药期间不宜从事精细工作、驾驶车辆、高空作业等。第二代抗组胺药物如阿司咪唑、氯雷他定、特非那定、西替利嗪等，无镇静作用或镇静作用轻微，应用广泛。但是部分第二代抗组胺药物由于发现有较明显的心脏毒性而逐渐减少了使用，如特非那丁、阿司咪唑。第三代抗组胺药，如非索非那定、左西替利嗪、地洛他定，副作用轻，已经成为市场主流品种，销售增长较快。

抗组胺药对各种过敏性皮肤病效果突出，多数药物尚有抗胆碱作用，可用于防治晕动病所致的恶心、呕吐、眩晕等。尤其是因其能克服鼻塞等感冒症状，经常作为复方抗感冒药品的成分被广泛使用。

 知识链接 ··

了解致敏原　预防过敏

工作和生活中，人们会接触到各种致敏原。①吸入式致敏原：如花粉、柳絮、粉尘、螨虫、空气污染等。②食入式致敏原：如牛奶、鸡蛋、鱼虾、牛羊肉、海鲜、抗生素等。③接触式致敏原：如冷空气、热空气、紫外线、辐射、化学物质、金属饰品、细菌、霉菌、病毒、寄生虫等。④注射式致敏原：如青霉素、链霉素、异种血清等。⑤自身组织抗原：精神紧张、工作压力、受微生物感染、电离辐射、烧伤等生物、理化因素影响而使结构或组成发生改变的自身组织抗原，以及由于外伤或感染而释放的自身隐蔽抗原，也可成为过敏原。

2005 年，世界变态反应组织（WAO）设立每年 7 月 8 日为"世界过敏性疾病日"，目的是提高人们对过敏性疾病（变态反应疾病）的知晓度、降低发病率和致死率。医药工作者要积极开发药物、做好健康教育，教育医生、患者和公众，做好自身的防护，远离致敏原，备有抗过敏药和对症治疗药物，预防过敏性疾病的发生。

··

马来酸氯苯那敏【药典（二）；基；医保（甲，乙）】
Chlorphenamine Maleate

【其他名称】扑尔敏，马来那敏

【药理作用】组胺 H_1 受体拮抗剂，能对抗组胺所致的毛细血管扩张，降低毛细血管的通透性，缓解支气管平滑肌收缩所致的喘息，抗组胺作用较持久。具有明显的中枢抑制作用，能增加麻醉药、镇痛药、催眠药和局麻药的作用。

【适应证】适用于皮肤过敏症：荨麻疹、湿疹、皮炎、药疹、皮肤瘙痒症、神经性皮炎、虫咬症、日光性皮炎。也可用于过敏性鼻炎、血管舒缩性鼻炎、药物及食物过敏。还可与解热镇痛药配伍用于解除感冒症状。

【制剂规格】片剂：4mg。控释胶囊：8mg。注射液：1ml：10mg；2ml：20mg。

【用法用量】口服，成人一次 4mg，一日 3 次。肌内注射，一次 5～20mg。

【药物评价】

（1）药效　用量小，一次用药可维持 4～6 小时，安全范围大，适用于儿童。

（2）不良反应　主要不良反应为嗜睡、口渴、多尿、咽喉痛、困倦、虚弱感、心悸、皮肤瘀斑、出血倾向。

（3）注意事项　①对本品过敏者禁用。②老年人较敏感应适当减量。③新生儿、孕妇、哺乳期妇女、膀胱颈梗阻、幽门十二指肠梗阻、甲状腺功能亢进，高血压和前列腺肥大者慎用；④高空作业者、车辆驾驶人员、机械操作人员工作时间禁用。

【商品信息】

（1）发展史　1947 年合成，1949 年美国先灵（Schering）公司生产上市，我国于 1959 年开始生产。常与解镇痛药组成复方制剂，如"泰诺""快克""百服宁"等。

（2）生产商　广西玉林制药、河北长天药业。

【贮藏】遮光，密封或密闭保存。

 实例分析

实例 某男，22 岁，最近面部和颈部出现了轻度的红斑、水肿，并伴有严重瘙痒，寻求治疗，经诊断该患者为皮肤过敏。

问题 1. 发生过敏的原因可能是什么？

2. 应该如何处理？

答案解析

苯海拉明 [药典(二);基;医保(甲)] 微课

Diphenhyd Rlnline

【其他名称】可那敏，苯那坐尔

【药理作用】组胺的 H_1 受体拮抗剂，能竞争性拮抗组胺 H_1 受体而产生抗组胺作用；中枢抑制作用较强；尚有轻微的抗 M 胆碱样作用。

【适应证】用于皮肤黏膜的过敏，如荨麻疹、过敏性鼻炎、皮肤瘙痒症、药疹，对虫咬症和接触性皮炎也有效。亦可用于预防和治疗晕动病及呕吐。注射剂用于急性重症过敏反应，可减轻输血或血浆所致的过敏反应；手术后药物引起的恶心呕吐；帕金森病和锥体外系症状；牙科局麻，当患者对常用的局麻药高度过敏时，1% 苯海拉明液可作为牙科用局麻药。

【制剂规格】片剂：25mg。注射液：1ml：20mg。

【用法用量】口服：饭后服药一次 25～50mg，一日 2～3 次。用于防治晕动病时，宜在旅行前 1～2 小时，最少 30 分钟前服用。深部肌内注射，一次 20mg，一日 1～2 次。

【药物评价】

（1）药效 本品口服或注射都能较快吸收。中枢抑制作用强。常与解热镇痛药组成复方制剂，用于缓解感冒引起的鼻塞、流涕、咳嗽等症状，但并无预防感冒或缩短病程的作用。

（2）不良反应 ①最常见的有：滞呆、思睡、注意力不集中、疲乏、头晕、共济失调、恶心、呕吐、食欲不振、口干等。②少见的有：气急、胸闷、咳嗽、肌张力障碍等。有报道在给药后可发生牙关紧闭并伴喉痉挛、过敏性休克、心律失常。过量应用可致急性中毒、精神障碍。

（3）注意事项 ①幽门十二指肠梗阻、消化性溃疡所致幽门狭窄、膀胱颈狭窄、甲状腺功能亢进、心血管病、高血压以及下呼吸道感染（包括哮喘）者不宜用本品。②对其他乙醇胺类高度过敏者，对本品也可能过敏。③避免驾驶车辆、高空作业或操作机器。④肾功能衰竭时，给药的间隔时间应延长。⑤本品的镇吐作用可给某些疾病的诊断造成困难。

【商品信息】

（1）发展史 1944 年合成，1946 年首次在美国上市，我国于 1957 年开始生产。同类商品有茶苯海明片（乘晕宁），为苯海拉明和 8 - 氨茶碱的复合物，有较强的抗晕动作用，适用于防治晕动病引起的恶心、呕吐及眩晕等。

（2）生产商 青岛黄海制药、天津金耀药业、北京太洋药业等。

【贮藏】片剂遮光，密封保存；注射液密闭保存；糖浆和溶液剂避光保存。

盐酸异丙嗪[药典(二);基;医保(甲)]

Promethazine Hydrochloride

【其他名称】非那根

【药理作用】组胺 H_1 受体拮抗剂，能对抗组胺所致的毛细血管扩张，降低毛细血管的通透性，缓解支气管平滑肌收缩所致的喘息，抗组胺作用较持久。具有明显的中枢抑制作用，能增加麻醉药、镇痛药、催眠药和局麻药的作用。降温作用，镇吐作用。

【适应证】适用于荨麻疹、哮喘等各种过敏症；晕动病等引起的眩晕止吐等。镇静、催眠，适用于术前、术后和产科，也可用于减轻成人及儿童的恐惧感，呈浅睡眠状态。可与氯丙嗪、哌替啶等配伍用于人工冬眠。用于一些麻醉和手术后的恶心、呕吐，也用于防治放射病性或药源性恶心、呕吐。术后疼痛，可与止痛药合用，作为辅助用药。

【制剂规格】片剂：12.5mg；25mg。注射液：1ml：25mg；2ml：50mg。

【用法用量】口服：成人抗过敏，一次 12.5mg，一日 4 次，饭后及睡前服用，必要时睡前 25mg。止吐，开始时一次 25mg，必要时可每 4~6 小时服 12.5~25mg。抗眩晕，一次 25mg，必要时一日 2 次。注射剂仅限深部肌内注射和静脉注射。

【药物评价】

（1）药效 阻断 H_1 受体、DA 受体，兴奋 α 受体。作用比苯海拉明持久，亦具有明显的中枢安定作用，但比氯丙嗪弱；能增强麻醉药、局部麻醉药和镇痛药的作用，有降低体温、镇吐作用。

（2）不良反应 主要不良反应为困倦、思睡、口干，偶有胃肠道刺激症状，高剂量时易发生锥体外系症状；老年人用药多发生头晕、痴呆、精神错乱和低血压；少数患者用药后出现兴奋、失眠、心悸、头痛、耳鸣、视力模糊和排尿困难。过量时可发生动作笨拙、反应迟钝、震颤。

（3）注意事项 ①肝功能减退，有癫痫史者慎用。②避免与哌替啶、阿托品多次合用；不宜与氨茶碱混合注射。③可与食物或牛奶同服，以减少对胃黏膜的刺激。④2006 年 FDA 警告因可能引起小儿呼吸抑制，所有包含盐酸异丙嗪的药品禁用于 2 岁以下儿童。⑤注射剂仅限深部肌内注射和静脉注射，静脉给药要防止药液漏出血管外，以免其 α 受体兴奋作用收缩血管，出现局部组织坏死等。

【商品信息】

（1）发展史 1945 年首先合成，美国威斯（Wyeth）公司生产，1951 年首次上市，我国于 1958 年开始生产。本品的盐酸盐栓剂，可减少首过效应，提高生物利用度。

（2）生产商 青岛黄海制药、天津力生制药等。

【贮存】遮光，密封或密闭保存。

盐酸西替利嗪[药典(二);医保(乙)]

Cetirizine Hydrochloride

【其他名称】二盐酸西替利嗪

【药理作用】选择性组胺 H_1 受体拮抗剂，不易通过血 - 脑屏障，中枢抑制作用较轻。

【适应证】用于季节性鼻炎、常年性过敏性鼻炎、过敏性结膜炎及过敏引起的瘙痒和荨麻疹的对症治疗。

【制剂规格】片剂：10mg。

【用法用量】口服：成人一日 1 次。由于症状通常在晚间出现而服药，故建议可在晚餐期间用少量液体送服此药。若患者出现不良反应，可每日早晚各服一次，一次 5mg。儿童用药方法详见药品说明书。

【药物评价】

（1）药效　起效比阿司咪唑快。

（2）不良反应　轻微和短暂不良反应。如头痛、头晕、嗜睡、激动不安、口干、腹部不适。

（3）注意事项　①对羟嗪过敏者禁用。②严重肾功能损害者禁用。③酒后避免使用。④司机、操作机器或高空作业人员慎用。

【商品信息】生产商　比利时联合化工集团医药部（瑞士）、丽珠制药、海南三叶制药等。

【贮藏】遮光，密闭，在干燥处保存。

左西替利嗪[医保(乙)]
Levocetirizine

【其他名称】迪皿，优泽

【药理作用】选择性组胺 H_1 受体拮抗剂，无明显抗胆碱和抗 5 - 羟色胺的作用，中枢抑制作用较小。

【适应证】治疗下述疾病的过敏相关症状，如季节性过敏性鼻炎、常年性过敏性鼻炎、慢性特发性荨麻疹。

【制剂规格】片剂：5mg。胶囊剂：5mg。

【用法用量】成人及 6 岁及以上儿童：每日口服 5mg，空腹或餐中或餐后均可服用。

【药物评价】

（1）药效　为盐酸西替利嗪的光学异构体之一，具有副作用比西替利嗪更小、药效更高的特点，口服吸收迅速，其抗过敏作用强于其他第二代抗组胺药，是新一代抗过敏药物，其在临床上的安全性优于其他的抗过敏药物。

（2）不良反应　常见不良反应有嗜睡、口干、头痛、乏力等。个别患者产生疲倦、衰弱、腹痛等不良反应。

（3）注意事项　①有肝功能障碍或障碍史者慎用。高空作业、驾驶或操作机器期间慎用。肾功能损伤、老年患者慎用。②酒后避免使用。③对本品任何成分过敏者或者对哌嗪类衍生物过敏者禁用。

【商品信息】生产商　湖南九典制药。

【贮藏】密封，阴凉（不超过20℃）处保存。

氯雷他定[药典(二);基;医保(甲,乙)]
Loratadine

【其他名称】开瑞坦，氯羟他定

【药理作用】第 2 代组胺 H_1 受体拮抗剂，对外周组胺 H_1 受体有高度选择性，无镇静或抗胆碱作用。

【适应证】用于过敏性鼻炎、急性或慢性荨麻疹及其他过敏性皮肤病。

【制剂规格】片剂：10mg。胶囊剂：5mg；10mg。糖浆剂：60ml：60mg。

【用法用量】成人及 12 岁以上儿童一日 1 次，一次 10mg（糖浆 10ml）。12 岁以下儿童，体重大于 30kg 者与成人同量，体重小于 30kg 者用成人半量。

【药物评价】

（1）药效　抗组胺作用起效快、半衰期长。抗组胺活性比阿司咪唑、特非那定强，作用时间长达 18～24 小时，是目前起效最快的抗组胺药。

（2）不良反应　常见不良反应有乏力、头痛、嗜睡、口干、胃肠道不适（包括恶心、胃炎）以及皮疹等。偶见嗜睡、健忘及晨起面部肢端水肿。罕见视觉模糊、血压降低或升高、肝功能异常等。极少数患者可出现皮疹、恶心、呕吐、腹泻等过敏反应，应及时停药，并对症处理。

（3）注意事项　①严重肝或肾功能损害者、2岁以下儿童、孕妇、哺乳期妇女慎用。②连续使用氯雷他定在1个月以上者，应更换药物品种，以防产生耐药性。③对本品过敏者禁用。

【商品信息】生产商　扬子江药业，天津天威制药。

【贮藏】遮光，密封，阴凉（不超过20℃）干燥处保存。

即学即练 17-1

复方制剂"氨麻苯美片/氨酚伪麻美芬片Ⅱ"片即"白加黑"中，黑片添加了（　　）

A. 氯苯那敏　　B. 苯海拉明　　C. 左西替利嗪　　D. 异丙嗪

答案解析

任务2　过敏介质阻释剂认知

过敏介质阻释剂是一类主要通过阻止过敏反应的靶细胞肥大细胞和嗜酸性粒细胞释放过敏性介质而发挥抗过敏作用的一类新型抗过敏药，主要代表药有色甘酸钠、酮替芬、曲尼司特等。

色甘酸钠【药典（二）；医保（乙）】
Sodium Cromoglicate

【其他名称】色甘酸二钠，咳乐钠

【药理作用】选择性稳定肥大细胞膜，减少细胞外钙离子向细胞内转运，从而阻止肥大细胞释放组胺、白三烯、5-羟色胺、缓激肽等致敏介质，预防过敏反应的发生。

【适应证】用于预防支气管哮喘、过敏性鼻炎、过敏性结膜炎、溃疡性结肠炎以及胃肠食物过敏性疾病。

【制剂规格】胶囊剂：20mg。滴眼剂：2%、4%水溶液。

【用法用量】色甘酸钠滴眼剂：外用滴眼，一次1~2滴，一日4次，重症可适当增加到一日6次。在好发季节提前2~3周使用。其他详见药品说明书。

【药物评价】

（1）药效　口服仅1%左右从胃肠道吸收，故口服或灌肠可在胃肠道维持高浓度。口服20mg血药浓度可达9ng/ml，半衰期约1~1.5小时，药效可维持6小时。粉雾吸入时，只有5%~10%被肺吸收。

（2）不良反应　不良反应极少。偶有排尿困难、刺痛感或过敏反应。喷雾吸入可致刺激性咳嗽。

（3）注意事项　①对本品过敏者禁用，过敏体质者、孕妇、肝功能不全者慎用。②对正在用肾上腺皮质激素或其他平喘药治疗者，用色甘酸钠后继续用原药至少1周或至症状明显改善后，才能逐渐减量或停用原药。③在停用色甘酸钠时，应逐渐减量，不可突然停药，以防病情反复。

【商品信息】生产商　湖北潜江制药。

【贮藏】遮光，密封保存。

酮替芬[药典(二);医保(乙)]

Ketotifen

【其他名称】富马酸酮替芬，噻庚酮，司敏乐

【药理作用】新型过敏介质阻释剂，兼有组胺 H_1 受体拮抗作用和抑制过敏反应介质释放作用。不直接舒张支气管，对支气管哮喘作用在服药后 2~3 周才出现。

【适应证】用于预防支气管哮喘或过敏性鼻炎、过敏性结膜炎等其他过敏性疾病。

【制剂规格】片剂、胶囊剂：1mg。滴眼剂：5ml：2.5mg。

【用法用量】口服：一次 1mg，一日 2 次，早晚服用。滴眼剂：外用滴眼，一次 1~2 滴，一日 4 次（早、中、晚及睡前），或遵医嘱。其他详见药品说明书。

【药物评价】

（1）药效　口服吸收迅速完全，剂型较多使用方便，抗组胺作用持续时间较长，抗过敏较短。

（2）不良反应　偶见嗜睡、口干、恶心头痛、体重增加等。

（3）注意事项　①用药初期，见中枢抑制，驾驶车辆或操作精密仪器者禁用。②对本品过敏者禁用，过敏体质者、孕妇慎用。

【商品信息】

（1）发展史　20 世纪 70 年代末第二个被临床接受的哮喘预防药，由瑞士山道士公司研制成功，我国 1984 年投产。

（2）生产商　青岛黄海制药。

【贮藏】遮光，密封，阴凉处（不超过 20℃）保存。

任务 3　白三烯受体抑制药认知

白三烯是花生四烯酸的代谢产物之一，可引起气道平滑肌收缩，增加血管通透性，促进炎症细胞的聚集，并能促进气道结构细胞的增殖，从而参与气道重塑，在炎症、哮喘和过敏反应中起着重要作用。白三烯受体抑制药可通过拮抗半胱氨酸白三烯或多肽白三烯靶组织上的受体，缓解支气管的应激性和慢性炎症病变。常用的白三烯受体抑制药包括孟鲁斯特和扎鲁司特。

孟鲁司特[医保(乙)]

Montelukast

【其他名称】蒙鲁司特，顺尔宁

【药理作用】强效选择性白三烯 D_4 受体拮抗剂，能选择性抑制气道平滑肌中白三烯多肽的活性，并有效预防和抑制白三烯所导致的血管通透性增加、气道嗜酸粒细胞浸润及支气管痉挛，能抑制变应原激发的气道高反应。对哮喘有预防、治疗作用。

【适应证】用于长期治疗与预防 6 岁以上儿童及成年哮喘发作。治疗对阿司匹林敏感的哮喘患者以及预防运动引起的支气管收缩。

【制剂规格】片剂：10mg。咀嚼片：4mg；5mg。

【用法用量】成人开始 10~15mg，每晚睡前服，可视情况逐渐增加剂量；6 岁以上儿童每次 5~10mg，一日 1 次。其他详见药品说明书。

【药物评价】

（1）药效　口服吸收迅速完全，进食不影响吸收。

（2）不良反应　不良反应轻微，常见的不良反应可有头痛，偶有腹痛、咳嗽、流感样症状。

（3）注意事项　①单用不能用于急性哮喘发作。②妊娠、乳妇慎用。③不宜与特非那定、阿斯咪唑、咪哒唑仑或三唑仑合用。

【商品信息】

（1）发展史　1998 年上市，1999 年在中国上市。

（2）生产商　默沙东制药。

【贮藏】 密封、避光、室温（15～30℃）保存。

即学即练 17－2

用于 2～14 岁儿童哮喘，可以选用（　　　）

A. 孟鲁司特钠咀嚼片　　　B. 苯海拉明片　　　C. 左西替利嗪片　　　D. 异丙嗪片

答案解析

任务 4　其他抗过敏药认知

其他抗过敏药见表 17－1。

表 17－1　其他抗过敏药

药物	作用与适应证	药物评价及商品信息
粉尘螨	强烈的致敏原，用于脱敏治疗。通过少量多次地给予致敏原，使人体产生较多的特异性阻断抗体（IgC），从而产生免疫耐受性而脱敏。用于粉尘螨过敏引起的过敏性鼻炎、过敏性哮喘的脱敏治疗	不良反应有局部红肿、皮疹或轻微哮喘，6 岁以下儿童以不用为妥；严重心血管疾病患者及肾功能不全者禁用
非索非那定	选择性外周 H_1 受体的拮抗药，特非那定的代谢物羧酸特非那定。用于季节性过敏性鼻炎；慢性特发性荨麻疹	无镇静、嗜睡等中枢抑制作用；未发现心律失常作用。常见不良反应为头痛、上呼吸道感染、背痛、痛经、思睡、消化不良、疲劳等。片剂 60mg。生产商：北京万生药业
赛庚啶[药典(二)；基；医保(甲)]	抗组胺的 H_1 受体作用较氯苯那敏和异丙嗪强，并具有轻、中度的抗 5－羟色胺作用及抗胆碱作用，尚有刺激食欲作用。可用于荨麻疹、湿疹、过敏性和接触性皮炎、皮肤瘙痒、鼻炎、偏头痛及支气管哮喘等	皮肤瘙痒通常在服药后 2～3 日内消失。不良反应有嗜睡、口干、头晕、恶心等。用药期间不宜驾驶机动车辆、操作机器及高空作用。青光眼、尿潴留和幽门梗阻患者禁用。片剂：2mg；乳膏：1g：5mg。生产商：辰欣药业
曲吡那敏	抗组胺作用比苯海拉明略强而持久，嗜睡等不良反应较少。用于过敏性皮炎、湿疹、过敏性鼻炎及哮喘等	偶见粒细胞减少；局部应用可引起皮炎。孕妇及哺乳期妇女慎用。片剂：25mg；50mg。生产商：双鹤药业等
去氯羟嗪[医保(乙)]	有较强的抗组胺、5－羟色胺及支气管扩张作用。用于支气管哮喘、荨麻疹、皮肤划痕症、血管神经性水肿等过敏性疾病	对中枢有轻度镇静作用，故无一些平喘药的兴奋性及心悸等不良反应，少数患者有口干、嗜睡、失眠等不良反应。片剂：25mg；50mg。生产商：江苏中兴药业等

续表

药物	作用与适应证	药物评价及商品信息
钙剂	如葡萄糖酸钙或氯化钙，具有降低毛细血管通透性的作用，可减少渗出，起到消炎、抗过敏作用。用于荨麻疹、血管神经性水肿以及瘙痒性皮肤病等	一般采用静脉注射的方式给药，静脉注射速度较快可导致患者出现心律失常或全身发热感等，因此需缓慢注射，不宜与强心苷合用，否则可使强心苷作用与毒性明显增强

📝 实践实训

实训 26　抗过敏药品分类陈列

【实训目的】

能按用途、剂型及分类管理要求陈列药品。

【实训准备】

模拟药房实训室：抗过敏药品、药品卡片等。

【实训内容】

1. 分类　教师将各类不同药品相混合，装入几个不同的容器中，并将容器编码。

2. 陈列　学生抽取药品容器，并在规定时间内完成所有药品的陈列。

3. 要求

（1）不同药品按类别分开。

（2）所有药品对应标识牌准确摆放。

（3）药品整齐摆放无倒置。

（4）同一类别内用途、剂型相对集中摆放。

（5）同一种药品陈列前后集中摆放。

（6）操作熟练、准确、动作轻盈。

【实训评价】

评价内容	评分标准	得分
药品分类（20 分）	不同药品按类别分开	
药品陈列（50）	所有药品对应标识牌准确摆放	
	药品摆放整齐无倒置	
	同一类别内用途、剂型相对集中摆放	
	同一种药品陈列前后集中摆放	
团队合作（30 分）	分工协作、参与积极性高	
合计（100 分）		

实训 27　过敏性疾病防治

【实训目的】

1. 能进行同类药品的比较，正确推介药品；能调配处方并指导合理用药；能提供用药咨询服务、健康教育。

2. 熟练掌握健康教育的手段、产品推广和沟通交流技巧。

【实训准备】

1. 模拟药房实训室　抗过敏药品等。

2. 一体化教室　检索过敏性疾病的病因、临床表现、治疗、常用药物选用、用药注意事项，制作 PPT 或者视频脚本，并完成视频拍摄。

3. 制作角色扮演、情景模拟脚本，选定角色并排练。

【实训内容】

1. 健康教育　根据 PPT 讲解或播放自己制作的视频，重点介绍疾病鉴别及预防、选药原则、药物特点。

2. 角色扮演　患者主诉症状，医师询问并开具处方；患者拿处方到药房，药师审核处方、调剂药品并提供用药指导。

3. 课堂评价　小组互评、教师评价、自评并改进。

【实训评价】

评价内容	评分标准	得分
课前准备（10 分）	准备充分	
PPT 或视频（30 分）	图文并茂、布局合理、内容正确	
角色扮演（40 分）	仪态大方、内容准确、条理分明、重点突出	
团队合作（20 分）	分工协作、参与积极性高	
合计（100 分）		

目标检测

答案解析

单项选择题

1. H$_1$ 受体拮抗药最常见的副作用是（　　　）

　　A. 厌食　　　　　　B. 恶心呕吐　　　　　　C. 嗜睡　　　　　　D. 粒细胞减少症

2. 不属于抗过敏的药物是（　　　）

　　A. 氯苯那敏　　　　B. 苯海拉明　　　　　　C. 西替利嗪　　　　D. 氯丙嗪

3. 下列药物中中枢抑制作用最强的是（　　　）

　　A. 苯海拉明　　　　B. 氯苯那敏　　　　　　C. 西替利嗪　　　　D. 非索非那定

4. 茶苯海明片的成分是氨茶碱和（　　　）

　　A. 氯苯那敏　　　　B. 苯海拉明　　　　　　C. 特非那定　　　　D. 西替利嗪

5. 可用于晕动病的是（　　　）

    A. 氯雷他定　　　　　　　　B. 氯苯那敏　　　　　　　　C. 西替利嗪　　　　　　　　D. 苯海拉明

6. 与氯丙嗪、哌替啶配伍用于人工冬眠的是（　　　）

    A. 异丙嗪　　　　　　　　　B. 西替利嗪　　　　　　　　C. 氯苯那敏　　　　　　　　D. 苯海拉明

7. 因可能引起小儿呼吸抑制，故禁用于 2 岁以下儿童的是（　　　）

    A. 盐酸异丙嗪　　　　　　　B. 西替利嗪　　　　　　　　C. 特非那定　　　　　　　　D. 左西替利嗪

8. 司机小李因皮肤过敏前来药店买药，可以推荐（　　　）

    A. 氯雷他定　　　　　　　　B. 苯海拉明　　　　　　　　C. 氯苯那敏　　　　　　　　D. 异丙嗪

9. 常与解热镇痛药组成复方制剂"快克""泰诺"的是（　　　）

    A. 氯苯那敏　　　　　　　　B. 西替利嗪　　　　　　　　C. 异丙嗪　　　　　　　　　D. 特非那定

10. 不属于组胺 H_1 受体拮抗剂的抗过敏药是（　　　）

    A. 苯海拉明　　　　　　　　B. 西替利嗪　　　　　　　　C. 孟鲁司特　　　　　　　　D. 赛庚啶

11. 止吐作用较强的是（　　　）

    A. 苯海拉明　　　　　　　　B. 氯苯那敏　　　　　　　　C. 特非那定　　　　　　　　D. 西替利嗪

12. 下列药效持续时间最长的是（　　　）

    A. 阿司咪唑　　　　　　　　B. 苯海拉明　　　　　　　　C. 氯苯那敏　　　　　　　　D. 特非那定

13. 属于第一代抗组胺药的是（　　　）

    A. 左西替利嗪　　　　　　　B. 非索非那定　　　　　　　C. 赛庚啶　　　　　　　　　D. 酮替芬

14. 下列属于白三烯受体拮抗剂的是（　　　）

    A. 孟鲁司特　　　　　　　　B. 酮替芬　　　　　　　　　C. 色甘酸钠　　　　　　　　D. 氯苯那敏

15. 通过阻断过敏性介质释放发挥作用的是（　　　）

    A. 酮替芬　　　　　　　　　B. 扎鲁司特　　　　　　　　C. 赛庚啶　　　　　　　　　D. 苯海拉明

16. 其他名称为开瑞坦的抗过敏药是（　　　）

    A. 酮替芬　　　　　　　　　B. 孟鲁司特　　　　　　　　C. 氯雷他定　　　　　　　　D. 氯苯那敏

17. 酮替芬的其他名称为（　　　）

    A. 司敏乐　　　　　　　　　B. 开瑞坦　　　　　　　　　C. 氯苯那敏　　　　　　　　D. 顺尔宁

18. 除了抗组胺作用外，尚具有轻微抗胆碱能作用的是（　　　）

    A. 苯海拉明　　　　　　　　B. 西替利嗪　　　　　　　　C. 酮替芬　　　　　　　　　D. 孟鲁司特

19. 常采用吸入给药用于支气管哮喘的是（　　　）

    A. 丙酸氟替卡松　　　　　　B. 苯海拉明　　　　　　　　C. 氯苯那敏　　　　　　　　D. 氯雷他定

20. 主要用于脱敏治疗的是（　　　）

    A. 苯海拉明　　　　　　　　B. 西替利嗪　　　　　　　　C. 特非那定　　　　　　　　D. 粉尘螨

书网融合……

    知识回顾　　　　　　微课　　　　　　习题

PPT

学习引导

机体免疫系统发挥着识别和处理抗原性异物的作用。免疫系统由参与免疫反应的各种细胞、组织和器官如胸腺、淋巴结、脾脏等及分布在全身体液和组织中的淋巴细胞和浆细胞组成。这些组分及其正常功能是机体免疫功能的基本保证，任何一方面的缺陷都将导致免疫功能障碍，丧失抗感染能力或形成免疫性疾病，如过敏反应、自身免疫性疾病、免疫缺陷病和免疫增强病等。免疫调节药有哪些？怎样调节机体的免疫功能？

本项目主要介绍免疫抑制药及免疫增强药的作用、适应证、制剂用法及药物评价。

学习目标

1. **熟悉**　常用免疫调节药的分类、药物的作用环节、适应证、药物评价。
2. **了解**　常见免疫调节药品的药物评价。

任务 1　免疫抑制药认识

人体的免疫应答反应分三期：①感应期，巨噬细胞和免疫活性细胞处理和识别抗原；②增殖分化期，免疫活性细胞被抗原激活后分化增殖并产生免疫活性物质；③效应期，致敏淋巴细胞或抗体与相应靶细胞或抗原接触，产生细胞免疫或体液免疫。

免疫抑制药是一类能抑制免疫反应的药物，主要用于过敏反应、自身免疫性疾病和抑制器官移植的排斥反应。本类药物有如下特点。①对免疫系统以及免疫细胞缺乏选择性和特异性，因而往往全面抑制机体的免疫功能，在抑制免疫病理反应的同时，也抑制正常的免疫应答反应，对细胞免疫和体液免疫都有抑制作用，长期应用不良反应较多，如降低机体抵抗力而易诱发感染、增加肿瘤发生率、抑制骨髓造血机能及影响生殖系统功能等。②一般只能控制症状，但不能改变机体自身免疫的体质，不能根治疾病。③对正在增殖的免疫细胞的抑制作用较强，对已分化成熟的免疫细胞如浆细胞等作用弱。④不同类型的免疫病理反应对免疫抑制药的敏感性不同。⑤不同的免疫抑制药作用的最佳时间不同。如在抗原刺激前 24 ~ 48 小时，用糖皮质激素抑制作用最强；而在抗原刺激后 24 ~ 48 小时，用硫嘌呤抑制作用最强。⑥一些免疫抑制药有抗炎作用，如甲氨蝶呤、糖皮质激素等，可减轻炎症反应。

免疫抑制药主要有：①肾上腺皮质激素类，如泼尼松等；②细胞毒类，如环磷酰胺、硫嘌呤、甲氨蝶呤等；③钙调磷酸酶抑制药类，如环孢素、他克莫司等；④生物制剂类，如抗胸腺细胞球蛋白、莫罗单抗、白介素 - 2 受体抑制药、肿瘤坏死因子抑制药等；⑤其他，如雷公藤总苷等。

 实例分析

实例　患者男，46 岁，因肾功能衰竭，在等待配型合适的供体后，进行了器官移植。

问题　1. 为什么要配型合适才可移植？

　　　　2. 手术后怎样克服排斥反应？

答案解析

环孢素【药典(二)；基；医保(甲)】 📱微课

Cyclosporine

【其他名称】 环孢素 A

【药理作用】 选择性作用于 T 淋巴细胞活化的早期，而不影响骨髓的造血机能，对 B 细胞、粒细胞和巨噬细胞影响小。能延长皮肤、心脏、肾脏、胰腺、骨髓、小肠或肺移植的存活期，抑制细胞介导的排斥反应。

【适应证】 用于肝、肾、心、肺、角膜、骨髓等组织器官移植后的排斥反应，可与小剂量糖皮质激素合用，降低排斥及感染的发生率；用于类风湿关节炎、异位性皮炎、银屑病、红斑狼疮等自身免疫性疾病，肾病综合征。

【制剂规格】 环孢素软胶囊、胶囊：10mg；25mg。环孢素注射液：5ml：250mg。

【用法用量】 用于器官移植要长期用药，剂量依患者情况而定。肝移植患者，口服初始剂量应为按体重一日 0.1 ~ 0.2mg/kg，分两次口服，术后 6 小时开始用药。对肾移植患者，口服初始剂量应为按体重一日 0.15 ~ 0.3mg/kg，分两次口服，术后 24 小时内开始用药。同时给予激素辅助治疗，骨髓移植多采用静脉给药。

【药物评价】

（1）药效　强力的免疫抑制剂，感染发生率低。其机制是抑制钙调磷酸酶，而抑制 T 细胞的活化和 IL - 2 等细胞因子的表达。

（2）不良反应　发生率高，多为可逆性。①肾毒性、肝损害。②高血压、高血脂。③震颤、头痛、肌痛等中枢神经系统症状。④恶心、厌食、齿龈增生等。

（3）注意事项　①下列情况慎用：肝功能不全、高钾血症、感染、肠道吸收不良、肾功能不全、服该品不耐受等。②肝、肾功能不全或有持续负氮平衡，应立即减量或停用。③若发生感染，应立即用抗菌药物治疗，并立即减量或停药。④用药期间不宜哺乳。⑤对环孢素过敏者禁用。

【药物评价】

（1）发展史　1976 年瑞士山德士药厂首次发现，1978 年成功用于临床肾脏移植和骨髓移植，1985 年用于治疗儿童难治性肾病综合征，其后陆续应用于治疗多种肾小球疾病和自身免疫性疾病。

（2）生产商　华北制药、辰欣药业、丽珠制药、山东新时代药业、福建科瑞制药等。

【贮藏】 遮光，密封，在阴凉干燥处保存。

其他免疫抑制药见表 18 - 1。

表 18-1　其他免疫抑制药

药物	作用与适应证	药物评价及药物评价
他克莫司【医保(乙)】	强效免疫抑制药。用于预防肾脏、肝脏移植后的排斥反应，治疗肾脏、肝脏移植后其他免疫抑制药无效者	疗效似环孢素，不能与环孢素合用，不良反应似环孢素但更严重，肾毒性和神经毒性的发生率更高。妊娠及哺乳期禁用。对他克莫司过敏者禁用。胶囊：0.5mg，1mg；注射液：1ml：5mg。生产商：安斯泰来制药（中国）有限公司分装
吗替麦考酚酯【医保(乙)】	转化为 MPA，抑制鸟嘌呤核苷的合成，导致 DNA 减少。主要用于肾移植和其他器官的移植，难治性肾病综合征或其他药效果不佳的结缔组织病	与环孢素或他克莫司、皮质激素合用效果好。不良反应为腹泻、恶心、呕吐、消化不良；肝、肾功能损害；心脏毒性；咳嗽、呼吸困难、肺炎等；头晕、失眠、抑郁等神经毒性。对本品过敏者禁用。妊娠、哺乳期禁用。使发生皮肤癌的风险增加，避免日晒。胶囊、分散片：250mg；500mg。生产商：上海罗氏制药有限公司
来氟米特【药典(二);医保(乙)】	异噁唑类免疫抑制药，抑制二氢乳清酸脱氢酶的活性，从而影响活化淋巴细胞的嘧啶合成。尚可减少抗体生成。还有明显的抗炎、抗病毒作用，用于成人类风湿关节炎	不良反应少而轻，主要有腹泻、厌食、恶心呕吐等胃肠道反应，可逆性转氨酶升高，皮疹等。肝损害者、肾功能不全、免疫缺陷、骨髓发育不良者慎用。妊娠期、生育期禁用。片剂：10mg。生产商：苏州长征-欣凯制药有限公司
抗人T细胞免疫球蛋白【药典(三)】	特异性破坏淋巴细胞。用于耐激素排斥反应和预防器官移植的排斥反应；对红斑狼疮、肾小球肾炎、类风湿关节炎、重症肌无力等自身免疫性疾病有效；还用于再生障碍性贫血	常见不良反应有寒战、发热等过敏反应，粒细胞减少、淋巴细胞减少继发感染；血栓性静脉炎等。对本品及异种蛋白过敏者、妊娠期禁用；恶性肿瘤及细胞免疫低下者禁用。医院严密监护下，静脉输液。生产商：中国生物技术有限公司
巴利昔单抗	IL-2 受体 α 单链的单克隆抗体，用于预防肾移植后的排斥反应，多与环孢素、皮质激素等合用	静脉注射给药，偶可引起严重的超敏反应。孕期及哺乳期禁用。生产商：瑞士诺华制药

任务 2　免疫增强药认知

免疫增强药是一类能增强机体免疫功能的药物。其作用是通过激活免疫细胞，增强机体的非特异性或特异性免疫，使低下的免疫功能恢复正常；或具有免疫佐剂作用，增强与之合用的抗原的免疫原性，加速诱导免疫应答反应；或替代体内缺乏的免疫活性物质，具有免疫替代作用。多数免疫增强药具有双向调节作用，能使过高或过低的功能恢复正常，又称"免疫调节药"。临床主要用其免疫增强作用，治疗免疫缺陷性疾病以及增强抗感染和抗肿瘤的免疫力。

免疫增强剂主要通过以下途径发挥作用：①激活巨噬细胞或天然杀伤细胞；②促进 T 细胞分裂、增殖和分化，调整辅助性和抑制性 T 细胞的比例；③增强体液免疫；④诱导产生干扰素；⑤通过产生某些细胞因子而激活有关免疫细胞发挥作用。

按照来源不同，免疫增强剂分为以下几类：①微生物来源的药物，如卡介苗、溶血性链球菌制剂等；②人或动物免疫系统的产物，如胸腺素类、转移因子、干扰素、白介素类等；③化学合成药，如左旋咪唑、异丙肌苷等；④中药及其有效成分，如灵芝、人参、香菇多糖、云芝多糖、猪苓多糖等。

干扰素是由生物基因控制，在特定诱导剂作用下产生的一类高活性、多功能的细胞因子，根据来源不同，干扰素分为α、β、γ三种类型。①干扰素α：由人白细胞产生，又称人白细胞干扰素，根据其蛋白分子变异和肽链氨基酸序列的不同，又分α2a、α2b、α2c三种。②干扰素β：由人成纤维细胞产生，又称人成纤维细胞干扰素。③干扰素γ：由特异性抗原刺激T细胞产生。

干扰素也可由高效表达人干扰素基因的大肠埃希菌、酵母菌、腐生型假单胞菌等，经发酵、分离和高度纯化后获得，称为重组人干扰素，常冠以r，如r IFNα2a。基因重组干扰素纯度高，是干扰素的主要品种。

干扰素 [药典（三）；医保（乙）]

Interferon

【其他名称】IFN、重组人干扰素（rIFN）

【药理作用】具有免疫调节、广谱抗病毒、抗肿瘤作用。干扰素与细胞表面受体结合，诱导细胞产生多种抗病毒蛋白，抑制病毒在细胞内繁殖，提高免疫功能。包括增强巨噬细胞的吞噬功能，增强淋巴细胞对靶细胞的细胞毒性和天然杀伤性细胞的功能。

【适应证】用于病毒性疾病，如乳头癌病毒引起的尖锐湿疣、单纯疱疹性结膜炎、带状疱疹等，是乙肝、丙肝治疗的一线药，也可抑制HIV病毒。用于多种肿瘤，可作为手术、化疗、放疗的辅助手段，提高免疫功能。

【制剂规格】注射用重组人干扰素α1b：10μg（100万U）；30μg；50μg。重组人干扰素α2b：500万U；另有注射用重组人干扰素α2a等。

【药物评价】

（1）药效　重组人干扰素α2a主要用于急慢性丙肝，干扰素γ主要用于类风湿关节炎。

（2）不良反应　①发热，治疗第一针常出现高热现象，以后逐渐减轻或消失；寒战、乏力、肝区痛、背痛。②消化系统症状，如恶心、食欲不振、腹泻及呕吐。③骨髓抑制，出现白细胞及血小板减少，一般停药后可自行恢复。④神经系统症状，如失眠、焦虑、抑郁、兴奋、易怒、精神病等。

（3）注意事项　①过敏者禁用。②注意监测血常规。③出现抑郁及精神病症状应停药。④严重肝肾功能不全、白细胞及血小板减少者慎用。

【药物评价】

（1）发展史　1957年，英国和瑞士研究人员发现并命名为干扰素。1966—1971年，Friedman发现了干扰素的抗病毒机制，1976年开始用人白细胞干扰素治疗慢性活动性乙肝，治疗后有2例HBeAg消失。1987年，用基因工程生产的干扰素大量投放市场。

（2）生产商　深圳科兴生物工程有限公司、北京三元基因工程有限公司、上海罗氏制药、丽珠制药、美国先灵葆雅制药等。

【贮藏】2~8℃，避光保存和运输。

即学即练

以下属于免疫增强剂的是（　　　　）

答案解析

A. 胸腺五肽　　B. 转移因子　　C. 干扰素　　D. 白介素-2　　E. 左旋咪唑

白介素 –2 [药典(三);医保(乙)]

Interleukin –2

【其他名称】白细胞介素、T 细胞生长因子（TCGF）、IL –2，重组人白介素

【药理作用】白介素是一种淋巴因子，可使细胞毒性 T 细胞、自然杀伤细胞和淋巴因子活化的杀伤细胞增殖，并使其杀伤活性增强，还可以促进淋巴细胞分泌抗体和干扰素，具有抗病毒、抗肿瘤和增强机体免疫功能等作用。

【适应证】用于抗病毒、抗肿瘤及自身免疫缺陷病。用于肾细胞癌、黑色素瘤、结肠癌等，可控制肿瘤发展，缩小肿瘤并延长存活期，用于控制癌性胸腹水及其他晚期肿瘤。用于免疫缺陷病，如艾滋病；病毒性疾病如乙肝；细菌性疾病如结核病等。

【制剂规格】注射用粉针、注射液：20 万 IU；50 万 IU；100 万 IU。

【用法用量】根据病情可采用皮下、肌内、静脉、腔内、瘤内及瘤周注射。抗肿瘤，静脉滴注一次50 万 ~200 万 IU，溶解于 100 ~250ml 生理盐水，一日 1 ~2 次，一周 5 日，4 周为 1 疗程。

【药物评价】

（1）药效　从小剂量开始，低剂量、长疗程用药可降低毒性，并可维持抗肿瘤活性。白细胞介素是由 133 个氨基酸组成的多肽类，是由机体的淋巴细胞、单核细胞或其他单个细胞产生，在白细胞或免疫细胞间相互作用的淋巴因子，它和血细胞生长因子同属细胞因子。两者相互协调，相互作用，共同完成造血和免疫调节功能。

（2）不良反应　①发热、寒战等流感样症状，会逐渐减轻或消失。②消化系统症状，如恶心、食欲不振、腹泻及呕吐。③神经系统症状，如幻觉、妄想、定向障碍等。④大剂量毛细血管渗漏综合征，出现低血压、末梢水肿；肾功能损害、骨髓抑制等。⑤过敏反应。

（3）注意事项　①对白介素 –2 过敏者禁用；孕妇及哺乳妇女禁用。②高热、严重心、肾功能不全等不能耐受白介素者禁用。③在专科医师指导下使用。④出现浑浊、沉淀不能用。

【药物评价】

（1）发展史　1976 年 Morgan 等用丝裂原刺激 T 淋巴细胞首次发现。临床常用的重组人白介素，由高效表达人白介素 –2 基因的大肠埃希菌，经发酵、分离和高度纯化后获得，基因重组技术生产，纯度高，过敏反应发生率低。

（2）生产商　北京双鹭药业、长春长生基因药业、齐鲁制药等。

【贮藏】2 ~8℃，避光保存和运输。

左旋咪唑 [药典(二)]

Levamisole

【其他名称】盐酸左旋咪唑、LMS

【药理作用】能使受损的巨噬细胞和 T 淋巴细胞恢复正常功能。能增强巨噬细胞的趋化作用和吞噬功能，促进 T 细胞分化并诱导 IL –2 产生。对正常机体的影响不显著。具有双向调节作用，可提高机体对细菌和病毒的抵抗力。广谱驱肠虫药。

【适应证】用于肿瘤术后或放疗、化疗的辅助治疗，使缓解期延长、肿瘤复发率和死亡率降低。也用于自身免疫性疾病如类风湿关节炎、红斑狼疮及上呼吸道感染、小儿呼吸道感染、支气管哮喘。作为驱虫药对蛔虫、钩虫、蛲虫和粪类圆线虫病有较好疗效。

【制剂规格】片剂、肠溶片：25mg；50mg。

【用法用量】肿瘤辅助治疗：一日 150～250mg，连服 3 日，停 11 日，再进行下一疗程。类风湿：一次 50mg，一日 3 次，可连续服用。

【药物评价】

（1）药效　广谱驱肠虫药，后发现其双向免疫调节作用，用于免疫功能低下者，可减少感染的发病率、严重程度和对抗菌药的依赖。

（2）不良反应　发生率低。①消化道反应：恶心、呕吐、腹痛、食欲减退等。②过敏反应：荨麻疹。③嗜睡、头痛、乏力、发热等中枢神经系统症状。④少数患者有白血病及血小板减少、血压低、脉管炎等。

（3）注意事项　①肝炎活动期禁用。②类风湿关节炎患者服用本品后易诱发粒细胞缺乏症。③干燥综合征患者慎用。

【药物评价】

（1）发展史　我国于 1973 年开始生产。

（2）生产商　广州敬修堂制药、山西太原制药、西安利君制药、白云山制药、北京紫竹药业等。

【贮藏】密封保存。

其他免疫增强药见表 18-2。

表 18-2　其他免疫增强药

药物	作用与适应证	药物评价及商品信息
转移因子【医保(乙)】	将细胞免疫信息转移给受体的淋巴细胞，产生细胞免疫功能，但不转移体液免疫信息，不起抗体作用。用于治疗病毒性感染和自身免疫性疾病	从健康人白细胞提取，没有抗原性，不存在输注免疫活性细胞的配型和排斥。不良反应少，主要有注射部位的疼痛、红肿、轻度皮疹，偶见淋巴细胞增殖和肝损害。肝病患者慎用。注射液：2ml：1U；2ml：3U；皮下注射。南京瑞尔医药、北京四环科宝制药
胸腺五肽【药典(二)；医保(乙)】	免疫双向调节药。具有诱导和促进 T 淋巴细胞及其亚群分化、成熟和活化的功能用于 18 岁以上的慢性乙型肝炎患者。各种原发性或继发性 T 细胞缺陷病，如儿童先天性免疫缺陷病。某些自身免疫性疾病，如类风湿关节炎、系统性红斑狼疮。各种细胞免疫功能低下的疾病。肿瘤的辅助治疗	耐受性良好，个别可见恶心、发热、头晕、胸闷、无力等不良反应，少数患者偶有嗜睡感。孕期、哺乳期慎用。注射液：1ml：1mg；1ml：10mg。肌内注射。生产商：深圳翰宇药业
异丙肌苷	诱导 T 细胞分化成熟，增强其功能；提高细胞免疫功能。对 B 细胞无直接作用，但促进 T 细胞依赖性抗原的抗体产生。兼有抗病毒作用。用于急性病毒性脑炎、带状疱疹等病毒性疾病；自身免疫性疾病；肿瘤辅助治疗；改善艾滋病患者的免疫功能	不良反应少，安全范围大。片剂：0.5g。生产商：赛诺菲制药
重组人粒细胞巨噬细胞集落刺激因子【药典(三)】	作用于造血干细胞，促进其增殖和分化，刺激粒细胞、单核巨噬细胞成熟，促进成熟细胞向外周血释放，并能促进巨噬细胞、嗜酸性粒细胞的多种功能。用于预防和治疗肿瘤放、化疗后引起的白细胞减少症；治疗骨髓造血障碍及骨髓增生异常综合征；预防白细胞减少可能潜在的感染并发症；使感染引起的中性粒细胞减少的恢复加快	最常见的不良反应为发热、寒战、恶心、呼吸困难、腹泻；其次有皮疹、胸痛、骨痛和腹泻等。大部分不良反应多属轻到中度，严重的反应罕见。自身免疫性血小板减少性紫癜的患者、孕妇、高血压患者及有癫痫病史者慎用。不与抗肿瘤放、化疗药同时使用，停药至少 48 小时后，方可继续下一疗程的放、化疗。制剂：注射用粉针：50μg。生产商：北京四环生物制药
肿瘤坏死因子	由活化的单核巨噬细胞和 T 淋巴细胞产生，能直接杀伤肿瘤细胞。抑制病毒繁殖。促进干扰素、IL-1 等产生，并发挥协同，增强免疫力。用于其他方法无效或复发的晚期非小细胞肺癌、晚期非霍奇金淋巴瘤	短疗程应用的近期不良反应主要表现为发热、感冒样症状、注射局部疼痛、局部红肿硬结、骨肌肉样疼痛，发生率在 80% 左右。注射用重组改构人肿瘤坏死因子：50 万 IU。生产商：海唯科生物制药

续表

药物	作用与适应证	药物评价及商品信息
香菇多糖	促进淋巴细胞增殖，恢复受抑制的 Tc、Th 的活性，增强 NK 的功能，而增强机体免疫功能，抗肿瘤。用于急、慢性白血病、肺癌、胃癌、乳腺病等的辅助治疗，提高免疫功能，减轻副作用；用于乙型病毒性肝炎	香菇子实体或菌丝体提取的多糖。注意合适剂量，剂量过大疗效会减低。不良反应有皮疹、多汗、胸闷、休克等。片剂：2.5mg，用于乙肝；粉针剂：1mg，静注，抗肿瘤
云芝多糖	增强淋巴细胞的增殖反应，促进 IL-1、IL-2、干扰素等淋巴因子的生成，增强 NK 的功能，而增强细胞免疫功能，抗肿瘤。用于肺癌、胃癌、乳腺癌等的辅助治疗，提高免疫功能，减轻副作用，预防术后复发并减少放疗剂量；用于乙型病毒性肝炎	中药云芝的菌丝体中提取的多糖。胶囊：0.33g。生产商：上海复星朝晖药业

 知识链接

中药多糖—肠道菌群—免疫

越来越多的证据表明，肠道微生物与免疫系统的发育密切相关。免疫系统的主要功能是检测共生物或病原体，并立即清除入侵的病原体，从而避免微生物组成的失调。然而，肠道微生物失调通常破坏正常的免疫平衡，导致炎症和代谢性疾病。

近年来，已证实许多中药多糖可通过调节肠道微生物群和免疫来维持宿主的健康，这为功能食品和制药领域开辟了新的前景。一方面，中药多糖是改善肠道生态系统的有利底物，可促进健康微生物的生长，降低条件致病菌的丰度。另一方面，天然多糖可通过调节肠道微生物群组成和促进微生物免疫调节分子，增强免疫细胞的功能，从而提高免疫力，抑制各种刺激引起的过度免疫反应。

中医学是一个巨大的宝库，中医所讲的"上医治未病"等与现代医学所倡导的提高自身免疫力不谋而合。我们要有文化自信，传承好，发掘好中医药，让中医药继续为中华民族的伟大复兴保驾护航，为人类健康做出更大贡献。

目标检测

答案解析

单项选择题

1. 用于抑制异体器官移植排斥反应的首选药物是（　　　）
   A. 胸腺素　　　　　　B. 地塞米松　　　　　　C. 环孢素　　　　　　D. 干扰素

2. 主要抑制巨噬细胞对抗原吞噬和处理的药物是（　　　）
   A. 胸腺素　　　　　　B. 转移因子　　　　　　C. 硫唑嘌呤　　　　　D. 环孢素

3. 有广谱抗病毒作用又能增强免疫功能的是（　　　）
   A. 环孢素　　　　　　B. 糖皮质激素　　　　　C. 干扰素　　　　　　D. 左旋咪唑

4. 既能治疗免疫功能低下，又可用于抗肠蠕虫的药物是（　　　）
   A. 干扰素　　　　　　B. 糖皮质激素　　　　　C. 环孢素　　　　　　D. 左旋咪唑

5. 能促进 T 细胞分化成熟的药物是（　　　）

A. 胸腺素　　　　　　　B. 转移因子　　　　　　C. 糖皮质激素　　　　　D. 环孢素

6. 对 T 细胞的影响比 B 细胞强的是（　　　）

A. 干扰素　　　　　　　B. 环孢素　　　　　　　C. 糖皮质激素　　　　　D. 白细胞介素

7. 只抑制细胞免疫，不抑制体液免疫的药物是（　　　）

A. 干扰素　　　　　　　B. 环孢素　　　　　　　C. 糖皮质激素　　　　　D. 白细胞介素

8. 环孢霉素 A 主要抑制（　　　）

A. 巨噬细胞　　　　　　B. NK 细胞　　　　　　C. T 淋巴细胞　　　　　D. B 淋巴细胞

多项选择题

9. 下列哪些属于免疫抑制药（　　　）

A. 糖皮质激素　　　　　B. 干扰素　　　　　　　C. 硫唑嘌呤

D. 转移因子　　　　　　E. 环孢素

10. 干扰素具有哪些作用（　　　）

A. 抗肿瘤　　　　　　　B. 抗病毒　　　　　　　C. 抗真菌

D. 调节免疫　　　　　　E. 抗细菌

11. 左旋咪唑的临床应用包括（　　　）

A. 免疫功能低下　　　　B. 驱肠虫　　　　　　　C. 系统性红斑狼疮综合征

D. 肿瘤的辅助治疗　　　E. 类风湿关节炎

12. 免疫增强剂是（　　　）

A. 胸腺五肽　　　　　　B. 转移因子　　　　　　C. 干扰素

D. 白介素 –2　　　　　E. 左旋咪唑

13. 免疫抑制剂是（　　　）

A. 泼尼松　　　　　　　B. 环磷酰胺　　　　　　C. 环孢素

D. 白介素 –2　　　　　E. 转移因子

书网融合……

知识回顾　　　　　　　微课　　　　　　　习题

PPT

项目 19　抗肿瘤药

学习引导

　　肿瘤是机体在各种致癌因素作用下，组织细胞在基因水平上失去对生长的正常调控，导致其克隆性异常增生而形成的新生物。一般将肿瘤分为良性、恶性两大类。肿瘤的病因、发病机制、临床症状以及患者的身体状况均十分复杂，单一治疗效果并不理想，常联合应用手术、药物（化疗）、放射（放疗）、免疫、心理及中医中药等多种治疗手段，进行综合治疗，以期较大幅度的提高治愈率、延长生存期，改善肿瘤患者的生活质量和生命质量。化学治疗在肿瘤治疗中占重要地位，肿瘤种类不同，其化学治疗药物也有差异。那么，抗肿瘤药物分为哪些类别？怎样合理选择和使用抗肿瘤药？不良反应有哪些？

　　本单元介绍常用抗肿瘤药的分类、药物的作用、适应证及药物评价。

学习目标

1. **掌握**　常用抗肿瘤药的分类、药物的作用、适应证及药物评价。
2. **熟悉**　常用抗肿瘤药及肿瘤辅助用药的品种及商品信息。
3. **了解**　细胞增殖动力学特点。

任务 1　抗肿瘤药认知

　　20 世纪 40 年代，使用氮芥治疗淋巴瘤、使用甲氨蝶呤治疗儿童白血病获得确切疗效，肿瘤的化学治疗才真正开始。20 世纪 50 年代，抗代谢药、烷化剂发展快速，出现了环磷酰胺、氟尿嘧啶、巯嘌呤等。20 世纪 60—70 年代，长春新碱、丝裂霉素、阿糖胞苷、顺铂等新型药物涌现。20 世纪 80 年代以来，生物靶向治疗成为抗肿瘤药的研究前沿，出现了干扰素、单克隆抗体类、酪氨酸激酶抑制剂等。目前主要采用多种作用机制联合的药物治疗，以杀灭肿瘤细胞或干扰其生长和代谢。

一、抗肿瘤药物的作用机制和分类

（一）按作用机制分类

1. 影响 DNA 结构和功能的药物　药物直接与 DNA 结合，影响 DNA 的复制、破坏其结构和功能或干扰其转录，包括抗生素类，如博来霉素、丝裂霉素等；烷化剂如环磷酰胺、白消安、噻替哌、司莫司汀等；铂类如卡铂、顺铂、奥沙利铂等；拓扑异构酶抑制药：拓扑异构酶Ⅰ抑制药，如伊立替康、拓扑替康、羟喜树碱；拓扑异构酶Ⅱ抑制药，如依托泊苷、替尼泊苷等。

2. 干扰核酸合成的药物　又称抗代谢药，它们的化学结构与核酸代谢的必需物质如叶酸、嘌呤、嘧啶相似，可通过特异性对抗而干扰核酸，尤其是 DNA 的生物合成，抑制癌细胞的生长繁殖，导致肿瘤细胞死亡。属于细胞周期特异性药物，主要作用于有丝分裂的 S 期。包括二氢叶酸还原酶抑制药如甲氨蝶呤、培美曲塞；胸腺核苷合成酶抑制药，如氟尿嘧啶、卡培他滨、替吉奥；嘌呤核苷合成酶抑制药，如巯嘌呤、硫鸟嘌呤；核苷酸还原酶抑制药，如羟基脲；DNA 聚合酶抑制药，如阿糖胞苷、吉西他滨、安西他滨等。

3. 干扰核酸转录的药物　本类药物直接作用于或嵌入 DNA，干扰 DNA 的模板功能，干扰转录过程，阻止 mRNA 合成。主要是蒽环类，如多柔比星、柔红霉素、表柔比星等。

4. 影响干扰蛋白质合成和干扰有丝分裂的药物　主要作用于有丝分裂的 M 期，影响微管蛋白装配，干扰纺锤体形成，使有丝分裂终止于中期，如紫杉醇、长春碱、长春新碱；干扰核蛋白质功能，阻止蛋白质合成的药物，如高三尖杉酯碱；影响氨基酸供应的药物，如门冬酰胺酶等。

5. 调节体内激素平衡的药物　某些肿瘤的发生与体内相应的激素失调有关，如乳腺癌、前列腺癌等。因此，应用激素来调节平衡失调，治疗相应的肿瘤。激素无骨髓抑制，但作用广泛，使用不当会对机体产生不良影响。包括雌激素类药，如己烯雌酚；雄激素类药，如甲睾酮等；抗雌激素药如他莫昔芬、托瑞米芬等；芳香化酶抑制药，如氨鲁米特等；抗雄激素类药氟他胺等。

6. 生物靶向治疗药物　生物反应调节药，如干扰素、白介素－2、胸腺肽类；单克隆抗体类，如利妥昔单抗等；酪氨酸激酶抑制剂，如吉非替尼等。

7. 其他抗肿瘤药　细胞分化抑制药，如维 A 酸类、亚砷酸等。

8. 肿瘤治疗辅助药　升血药，如粒细胞刺激因子、重组人促红素等；止吐药，如昂丹司琼；镇痛药，如吗啡、芬太尼等；骨吸收抑制剂，如双膦酸盐类等。

（二）按药物结构和来源分类

1. 抗代谢药　如甲氨蝶呤、氟尿嘧啶、巯嘌呤等。

2. 烷化剂　如环磷酰胺、噻替哌等。

3. 抗肿瘤抗生素　多柔比星、表柔比星、丝裂霉素等。

4. 抗肿瘤植物药　紫杉醇、长春碱、长春新碱等。

5. 激素类　雌激素类、雄激素类、抗雌激素类等。

6. 其他类　铂类、生物靶向治疗药物等。

二、抗恶性肿瘤药物的不良反应

目前使用的大多数抗恶性肿瘤药，安全范围小，选择性差，在杀伤肿瘤细胞的同时，对机体生长旺盛的组织细胞，如骨髓、消化道黏膜、淋巴组织等有不同程度的损害。有以下不良反应。

1. 胃肠道反应　有食欲减退、恶心、呕吐、腹痛、腹泻、消化道出血等。

2. 抑制骨髓造血功能　常见白细胞减少、血小板减少，甚至再生障碍性贫血，也是最严重的不良反应。

3. 肝功能损害　表现为肝脏肿大、转氨酶升高、黄疸等。

4. 肾功能损害　可出现血尿、蛋白尿、管型尿、血尿素氮升高等。

5. 免疫抑制　大多数药可抑制机体的免疫功能，使抗病能力下降，容易导致继发感染。

6. 其他　如脱发、神经毒性、致畸、致癌、致突变、心脏毒性、肺纤维化、影响生殖功能等。

多柔比星【药典(二)；基；医保(甲)】　微课

Doxorubicin

【**其他名称**】阿霉素

【**药理作用**】直接作用于 DNA 或嵌入 DNA，干扰 DNA 的模板功能，干扰 DNA 合成、mRNA 合成和蛋白质合成，还可引发拓扑异构酶Ⅱ裂解 DNA，破坏 DNA 结构。还能形成过氧化物等超氧基自由基，破坏细胞膜结构和功能。作用于细胞周期的不同时期，毒性较大。抗肿瘤增生作用强，快速增生组织对其最敏感。

【**适应证**】急性白血病（淋巴细胞性和粒细胞性）、霍奇金病及恶性淋巴瘤；乳腺癌、支气管肺癌、卵巢癌、肾母细胞瘤、神经母细胞瘤、膀胱癌、甲状腺癌、前列腺癌、头颈部鳞癌、胃癌、肝癌；各种软组织肉瘤等。

【**制剂规格**】注射用粉针：10mg；50mg。

【**用法用量**】临用前加生理盐水溶解为 2mg/ml，缓慢静脉注射或动脉注射，成人一次 50～60mg，每 3～4 周 1 次，；或一次 20～30mg，一周 1 次，连用 3 周，间隔 2～3 周后可重复。

【**药物评价**】

（1）药效　周期非特异性抗肿瘤药，抗瘤谱广，具有很强的抗肿瘤活性，对各期细胞均有效。

（2）不良反应　①常见脱发、骨髓抑制、口腔溃疡、食欲缺乏、恶心呕吐。②少数患者有色素沉着、药液外漏导致红肿疼痛、蜂窝组织炎或局部坏死等。③严重的有心脏毒性，出现迟发性心力衰竭，有时停药半年后发生。

（3）注意事项　①妊娠三个月内及哺乳期妇女禁用。②肾功能不全者要警惕高尿酸血症。肝功能不全者药量应酌减。③用药前应测定心脏功能、心电图及心肌功能，用药期间应定期检查肝、肾功能及血象等。④多饮水，减少高尿酸血症的可能，经常查看是否口腔溃疡、腹泻及黄疸等。⑤与柔红霉素有交叉耐药。

【**商品信息**】

（1）发展史　①蒽环类是发展最快的一类抗肿瘤抗生素，20 世纪 50 年代发现，60 年用于临床，我国于 1990 年投产。②90 年代多柔比星脂质体研发上市。③抗肿瘤抗生素在肿瘤药物市场中占有重要地位，其中多柔比星、表柔比星与吡柔比星是肿瘤治疗市场不可或缺的产品。

（2）生产商　法玛西亚有限公司、广东岭南制药、浙江海正药业、深圳万乐药业、辉瑞制药（无锡）公司、默沙东（中国）有限公司等。

【**贮藏**】遮光，密封，在冷处保存。

环磷酰胺【药典(二)；基；医保(甲)】

Cyclophosphamide

【**其他名称**】环磷氮芥、CTX

【**药理作用**】体外无活性，进入体内在肝脏转化成醛磷酰胺，进而分解成磷酰胺氮芥，通过共价键与 DNA 相连，破坏 DNA 的结构和功能，干扰 DNA 的复制或转录，从而抑制肿瘤细胞的增殖生长。能与多种细胞成分起作用，可杀伤各类细胞，尤其是增殖较快的细胞。

【适应证】 主要用于恶性淋巴瘤、多发性骨髓瘤、急性淋巴细胞性白血病、肺癌、乳腺癌、卵巢癌、神经母细胞瘤等。

【制剂规格】 片剂：50mg。注射用粉针：100mg；200mg

【用法用量】 口服：$2 \sim 3mg/(kg \cdot d)$。静脉注射，按体表面积每次 $500mg/m^2$，一周 1 次，$2 \sim 4$ 周为一疗程。

【药物评价】

（1）药效 烷化剂，周期非特异性抗肿瘤药，体外无活性。作用与氮芥相似，对 S 期作用强。

（2）不良反应 ①常见骨髓抑制，白细胞减少，但对血小板影响小；②消化道黏膜损伤、恶心呕吐，脱发。③有致癌致畸、致突变作用。④大剂量给药（50mg/kg）导致水中毒，用呋塞米预防。⑤代谢产物可引起出血性膀胱炎，尿频、尿痛。⑥可产生中等程度的免疫抑制。

（3）注意事项 ①孕妇及哺乳期妇女禁用。②有痛风病史、肾功能不全者要警惕高尿酸血症。肝肾功能不全、感染、泌尿道结石、以前接受过化疗或放疗者慎用。③用药期间应定期检查肝、肾功能、血常规、血清尿酸水平等。④在肝脏活化显效，不能做腔内或瘤内给药。

【商品信息】

（1）发展史 环磷酰胺是国内最常用的烷化剂，1958 年合成，我国于 1960 年上海医工院研制，1964 年上海华联制药厂生产。其他同类产品还有异环磷酰胺，作用似环磷酰胺，对环磷酰胺耐药者有效。

（2）生产商 厂家众多，有江苏恒瑞医药、通化茂祥制药、广州白云山光华制药、辽宁东新药业等。

【贮藏】 遮光，密封，在 30℃ 以下保存。水溶液不稳定，应在溶解后短期内使用。

卡铂 [药典(二)；基；医保(甲)]

Carboplatin

【其他名称】 碳铂、顺二氨环丁铂、CBP。

【药理作用】 金属铂络合物能与肿瘤细胞 DNA 结合，与 DNA 交叉连接而干扰 DNA 的复制，从而抑制肿瘤细胞的分裂。

【适应证】 主要用于卵巢癌、小细胞肺癌、非小细胞肺癌、头颈部鳞癌、食管癌、精原细胞瘤、膀胱癌、间皮瘤、小儿脑瘤等。

【制剂规格】 注射液：10ml：50mg，无色澄明液体。

【用法用量】 静脉滴注：成人用量按体表面积一次 $200 \sim 400mg/m^2$，每 $3 \sim 4$ 周给药 1 次，$2 \sim 4$ 次为一疗程。也可一次 $50mg/m^2$，一日 1 次，连用 5 日，间隔 4 周重复。

【药物评价】

（1）药效 周期非特异性抗肿瘤药，与顺铂都是常用的铂类抗肿瘤药，抗肿瘤活性较强，消化道反应及肾毒性较低，因而得到广泛应用。与顺铂有交叉耐药性。

（2）不良反应 ①骨髓抑制为剂量限制毒性，白细胞与血小板减少；②注射部位疼痛。③较少见的反应：过敏反应（皮疹，偶见咳喘），发生于用药后几分钟之内；周围神经毒性：指或趾麻木或麻刺感；耳毒性：高频率的听觉丧失首先发生，耳鸣偶见；视力模糊、黏膜或口腔炎；恶心呕吐、便秘或腹泻、食欲减退、脱发及头晕，偶见变态反应和肝功能异常。

（3）注意事项　①妊娠、哺乳期妇女及老年患者不用或慎用。②有水痘、感染、带状疱疹、肾功能不全者慎用。③注射液含有甘露醇，不能耐受甘露醇者禁用。④用药期间应定期检查听力、神经功能、血尿素氮水平、血清钙、镁、钾含量等。

【商品信息】

（1）发展史　卡铂是第二代铂类抗肿瘤药，1986 年美国布迈施贵宝研发，我国齐鲁制药在 1990 年开发。第一代产品顺铂，最早于 1945 年合成，1965 年发现其抗肿瘤作用，广泛用于各种实体瘤，我国 1976 年生产。

（2）生产商　齐鲁制药、山东绿叶制药、浙江海正药业、扬子江药业等。

【贮藏】遮光，密闭保存。

甲氨蝶呤【药典（二）；基；医保（甲）】

Methotrexate

【其他名称】氨甲蝶呤、MTX

【药理作用】本品为叶酸代谢拮抗剂，结构与叶酸相似，抑制二氢叶酸还原酶，阻断二氢叶酸还原成四氢叶酸，抑制 DNA 合成，抑制肿瘤细胞的生长。对胸苷酸合成酶也有抑制作用，对 RNA 和蛋白质作用较弱。

【适应证】各型急性白血病，特别是急性淋巴细胞白血病、恶性淋巴瘤、非何杰金氏淋巴瘤和蕈样肉芽肿、多发性骨髓瘤；头颈部癌、肺癌、各种软组织肉瘤、银屑病；乳腺癌、卵巢癌、宫颈癌、恶性葡萄胎、绒毛膜上皮癌、睾丸癌。

【制剂规格】片剂：2.5mg。注射用粉针：5mg；100mg。

【用法用量】口服：成人一次 5～10mg，一日 1 次，每周 1～2 次，一疗程安全量 50～100mg。静脉、肌内、动脉、鞘内注射；成人一次 15～50mg，一周 1～2 次。

【药物评价】

（1）药效　周期特异性抗肿瘤药，主要作用于 S 期。对白血病有效，对实体瘤也有较好效果，是临床常用抗肿瘤药。由于正常细胞与肿瘤细胞之间生长的分数不同，干扰 DNA 合成中所需叶酸的代谢途径，可更多地杀死肿瘤细胞而对正常细胞影响较小。

（2）不良反应　不良反应有骨髓抑制，消化道反应，脱发，肝、肾损害，过敏反应等。

（3）注意事项　①致突变、致畸和致癌性较轻，但长期服用，有潜在的导致继发性肿瘤的危险，妊娠 3 月内禁用。②对生殖功能的影响较小，但可导致闭经和精子减少或缺乏，尤其是长期应用较大剂量后。③大剂量易致严重副反应，须经住院并可能随时监测其血药浓度时才能谨慎使用。④有肾病史、肾功能异常时，禁用大剂量甲氨蝶呤疗法。⑤准备好解救药四氢叶酸钙。

【商品信息】

（1）发展史　1949 年合成，1958 年开始用于临床，是最早用于临床并取得成功的抗叶酸药，我国于 1965 年由上海医工院研制，1969 年投产。同类药有培美曲塞。

（2）生产商　齐鲁制药、江苏恒瑞医药、广东岭南制药、浙江海正药业、辅仁药业等。

【贮藏】遮光，密封，阴凉处保存。

即学即练

抑制叶酸合成代谢的药物是（　　　　）

答案解析
A. 顺铂　　　　　B. 阿糖胞苷　　　　　C. 甲氨蝶呤　　　　　D. 环磷酰胺

氟尿嘧啶【药典(二);基;医保(甲、乙)】

Fluorouracil

【其他名称】 5-氟尿嘧啶、5-FU

【药理作用】 嘧啶的代谢拮抗剂，在体内转变为5-氟-2-脱氧尿嘧啶，抑制胸腺嘧啶核苷酸合成酶，阻断脱氧尿嘧啶核苷酸转变为脱氧胸腺嘧啶核苷酸，而抑制DNA合成。还能阻止尿嘧啶和乳清酸掺入RNA而抑制RNA合成。

【适应证】 用于消化道肿瘤、绒毛膜上皮癌；亦用于乳腺癌、卵巢癌和原发性支气管肺癌、宫颈癌、膀胱癌。局部涂抹用于皮肤癌、外阴白斑。

【制剂规格】 片剂：50mg。注射液：10ml：250mg。软膏：4g。

【用法用量】 口服：成人一日0.15～0.3g，分3～4次服。疗程总量10～15g。单药静脉注射10～20mg/kg，连用5～10日，每疗程5～7g（甚至10g）。静脉滴注，一日300～500mg/m²，连用3～5日，每次静脉滴注时间不得少于6~8小时。

【药物评价】

（1）药效　周期特异性抗肿瘤药，主要抑制S期，是临床常用的抗肿瘤药。

（2）不良反应　①恶心、食欲减退或呕吐、腹部不适或腹泻等胃肠道反应。②剂量过大，白细胞减少。③长期应用可导致神经系统毒性。④偶见用药后心肌缺血，可出现心绞痛和心电图的变化。如经证实心血管不良反应（心律失常、心绞痛、ST段改变）则停用。

（3）注意事项　①致突、致畸和致癌性均明显低于氮芥类或其他细胞毒性药物。②除单用本品较小剂量作放射增敏剂外，一般不宜和放射治疗同用。③患水痘或带状疱疹时禁用。肝功能明显异常、感染、出血（包括皮下和胃肠道）或发热、明显胃肠道梗阻、脱水或（和）酸碱、电解质平衡失调者慎用。④开始治疗前及疗程中应定期检查周围血常规。

【商品信息】

（1）发展史　1957年合成，我国于1965年由北京医工院和上海华联制药联合研制。同类药卡培他滨是氟尿嘧啶的前体物，不良反应轻，临床常用。

（2）生产商　亚宝药业、华北制药、天津金耀氨基酸有限公司、北京紫竹药业等。

【贮藏】 遮光，密封保存；注射剂遮光，密闭保存。

巯嘌呤【药典(二);基;医保(乙)】

Mercaptopurine

【其他名称】 6-巯基嘌呤、6-MP

【药理作用】 本品为抗嘌呤类抗肿瘤药物，化学结构与次黄嘌呤相似，能竞争性地抑制次黄嘌呤的转变过程。在细胞内转化为6-巯基嘌呤核糖核苷酸干扰嘌呤代谢，阻碍核酸合成。

【适应证】 适用于绒毛膜上皮癌，恶性葡萄胎，急性淋巴细胞白血病及急性非淋巴细胞白血病，慢性粒细胞白血病的急变期。

【制剂规格】 片剂：25mg；50mg；100mg。

【用法用量】 绒毛膜上皮癌：成人常用量，一日6～6.5mg/kg，分两次口服，以10日为一疗程，疗程间歇为3~4周。白血病：开始，一日2.5mg/kg或80～100mg/m²，一日1次或分次服用，用药后2～4周可显效，如用药4周后，仍未见临床改进及白细胞数下降，可考虑在仔细观察下，加量至每日5mg/kg；维持，每日1.5～2.5mg/kg或50～100mg/m²，一日1次或分次口服。

【药物评价】

（1）药效　①本品为周期特异性抗肿瘤药，主要抑制 S 期细胞。②作为免疫抑制剂，用于肾病综合征、红斑狼疮等自身免疫性疾病和器官移植。

（2）不良反应　①骨髓抑制：白细胞及血小板减少。②肝脏损害：可致胆汁郁积性黄疸。③消化系统：恶心、呕吐、食欲减退，口炎、腹泻，但较少发生。④高尿酸血症：多见于白血病治疗初期，严重的可发生尿酸性肾病。⑤脱发、致畸。

（3）注意事项　①血液及尿中尿酸浓度明显增高，严重者可产生尿酸盐肾结石。②下列情况应慎用：骨髓已有显著的抑制现象，（白细胞减少或血小板显著降低）、严重感染、明显的出血倾向；肝功能损害、胆道疾患者、有痛风病史、尿酸盐肾结石病史者；4～6 周内已接受过细胞毒药物或放射治疗者。③用药期间应注意定期检查外周血常规及肝、肾功能。④妊娠 3 月内禁用。

【商品信息】

（1）发展史　1951 年由宝威公司（现为葛兰素史克公司）开发，1953 年通过 FDA 批准。同类药有硫鸟嘌呤，为硫鸟嘌呤核苷酸的前体物，与巯嘌呤有交叉耐药性。

（2）生产商　北京双鹤药业、浙江海正药业、广州白云山光华制药、上海信谊药厂等。

【贮藏】遮光，密封保存。

羟基脲 [药典(二)；基；医保(甲)]
Hydroxyurea

【其他名称】硫酸羟脲

【药理作用】本品是核苷二磷酸还原酶抑制剂，可阻止核苷酸还原为脱氧核苷酸，干扰嘌呤及嘧啶的合成，选择性地阻碍 DNA 合成，对 RNA 及蛋白质合成无阻断作用。

【适应证】慢性粒细胞白血病（CML）有效，并可用于对白消安耐药者；对黑色素瘤、肾癌、头颈部癌有一定疗效，与放疗联合对头颈部及宫颈鳞癌有效。

【制剂规格】片剂：0.5g。

【用法用量】口服，慢性粒细胞白血病一日 20～60mg/kg，每周两次，6 周为一疗程；头颈癌、宫颈鳞癌等，一次 80mg/kg，每 3 日 1 次，需与放疗合用。

【药物评价】

（1）药效　本品为周期特异性抗肿瘤药，主要作用于 S 期。

（2）不良反应　①骨髓抑制为剂量限制性毒性，可致白细胞和血小板减少。②胃肠道反应，可致睾丸萎缩、致畸。③偶有中枢神经系统症状和脱发、药物热。

（3）注意事项　①免疫抑制，用药期间避免接种疫苗，一般停药 3 个月至 1 年才可考虑接种疫苗。②服用本品时应适当增加水的摄入量，促进尿及尿酸排泄。③定期监测白细胞、血小板、血中尿素氮、尿酸及肌苷浓度。④孕妇及哺乳期禁用。

【商品信息】

（1）发展史　最早于 1898 年合成。核糖核苷酸还原酶抑制剂类抗肿瘤药物，具有明显的骨髓抑制作用，可诱发生殖毒性和遗传毒性。

（2）生产商　齐鲁制药、山西远景康业制药、江苏恒瑞医药、北京赛科药业等。

【贮藏】阴凉处，密闭保存。

<h1 style="text-align:center">阿糖胞苷^{【药典（二）；基；医保（甲）】}</h1>

<h2 style="text-align:center">Cytarabine</h2>

【其他名称】 阿糖胞嘧啶，赛得萨

【药理作用】 抑制细胞 DNA 的合成，体内转化为阿糖胞苷三磷酸及阿糖胞苷二磷酸，前者能强有力地抑制 DNA 聚合酶的合成，后者能抑制二磷酸胞苷转变为二磷酸脱氧胞苷，从而抑制细胞 DNA 聚合及合成，干扰细胞的增殖。

【适应证】 适用于急性白血病的诱导缓解期及维持巩固期。对急性非淋巴细胞性白血病效果较好。对慢性粒细胞白血病的急变期、恶性淋巴瘤有效。

【制剂规格】 注射用粉针：50mg；100mg。

【用法用量】 成人常用量，①诱导缓解：静脉注射或滴注一次按体重 2mg/kg（或 1~3mg/kg），一日 1 次，连用 10~14 日，如无明显不良反应，剂量可增大至一次按体重 4~6 mg/kg。②维持：完全缓解后改用维持治疗量，一次按体重 1mg/kg，一日 1~2 次，皮下注射，连用 7~10 日。

【药物评价】

（1）药效　为细胞周期特异性药物，对 S 期细胞最敏感，抑制 RNA 及蛋白质合成的作用较弱。

（2）不良反应　①骨髓抑制，白细胞及血小板减少，严重者可发生再生障碍性贫血或巨幼细胞性贫血。②白血病、淋巴瘤患者治疗初期可发生高尿酸血症，严重者可发生尿酸性肾病。③较少见的有口炎、食管炎、肝功能异常、发热反应及血栓性静脉炎。④中大剂量，阿糖胞苷综合征多出现于用药后 6~12 小时，有骨痛或肌痛、咽痛、发热、全身不适、皮疹、眼睛发红等。

（3）注意事项　①可引起血清丙氨酸氨基转移酶 ALT（SGPT）、血及尿中尿酸量的增高。②下列情况应慎用：骨髓抑制、白细胞及血小板显著减低者、肝肾功能不全、有胆道疾患者、有痛风病史、尿酸盐肾结石病史、近期接受过细胞毒药物或放射治疗。③定期检查周围血常规、血细胞和血小板计数、骨髓涂片以及肝肾功能。④孕妇及哺乳期禁用。

【商品信息】

（1）发展史　合成于 1959 年。

（2）生产商　辰欣药业、浙江海正药业、亚宝药业。

【贮藏】 遮光，密闭，在冷处保存。

 实例分析

患者男，形体消瘦（体重 45kg），白血病反复发作。医嘱：阿糖胞苷每次 2000 毫克，静脉滴注，每天两次。

问题　请分析以上用药是否存在不合理的地方？

答案解析

<h1 style="text-align:center">依托泊苷^{【药典（二）；基；医保（甲、乙）】}</h1>

<h2 style="text-align:center">Etoposide</h2>

【其他名称】 鬼臼乙叉甙，表鬼臼毒吡喃葡萄糖

【药理作用】 作用于 DNA 拓扑异构酶Ⅱ，形成药物 - 酶 - DNA 稳定的可逆性复合物，阻碍 DNA 修复。

【适应证】 主要对小细胞肺癌及非小细胞肺癌；急性白血病、恶性淋巴瘤、恶性生殖细胞瘤、神经母细胞瘤、胃癌、横纹肌肉瘤、卵巢癌、胃癌、食管癌。

【制剂规格】　注射液：2ml：40mg。软胶囊：50mg。

【用法用量】　口服，一次50mg，一日3次，连用5日。21～28日为1周期，至少治疗2周期。静脉滴注：一日60～100mg/m²，连用3～5日，3～4周重复。儿童每日100～150mg/m²，连用3～4日。

【药物评价】

（1）药效　鬼臼毒素类为细胞周期特异性抗肿瘤植物药。

（2）不良反应　①骨髓抑制：白细胞和血小板减少、贫血。②胃肠道反应：恶心、呕吐、食欲不振、口腔炎、腹泻；偶有腹痛、便秘。③过敏反应：皮疹、红斑、瘙痒等。④神经毒性：手足麻木、头痛。⑤其他：脱发较明显、发热、心电图异常、低血压、静脉炎等。

（3）注意事项　①本品和阿糖胞苷、环磷酰胺有协同作用。②定期检查血常规以及肝肾功能。③孕妇及哺乳期禁用。

【商品信息】

（1）发展史　我国于1986年投产。市售有商品威克，拉司太特，泛必治，同类药物还有替尼泊苷等。

（2）生产商　齐鲁制药、北京双鹤药业、辰欣药业、上海现代制药等。

【贮藏】　遮光，密闭，在冷处保存。

紫杉醇【药典（二）；基；医保（乙）】

Paclitaxel

【其他名称】　PTX

【药理作用】　通过促进微管蛋白聚合，抑制解聚，保持微管蛋白稳定，抑制蛋白质和RNA的合成，机制纺锤体的形成，抑制细胞有丝分裂。体外实验证明紫杉醇具有显著的放射增敏作用，可能是使细胞中止于对放疗敏感的 G_2 和 M 期。

【适应证】　卵巢癌、乳腺癌、非小细胞肺癌、头颈癌、食管癌，精原细胞瘤，复发非霍奇金淋巴瘤、艾滋病相关性卡氏肉瘤。

【制剂规格】　注射液：5ml：30mg；10ml：60mg；25ml：150mg。注射用紫杉醇脂质体：30mg。

【用法用量】　紫杉醇治疗前先予以抗过敏治疗，用前12小时及6小时口服地塞米松20mg，治疗前30～60分钟肌注苯海拉明50mg并静脉注射西咪替丁300mg或雷尼替丁50mg。单药剂量为135～200mg/m²，在粒细胞集落刺激因子（G－CSF）支持下，剂量可达250mg/m²，静滴时间大于3小时。联合用药剂量为135～175mg/m²，3～4周重复。

【药物评价】

（1）药效　紫杉烷类抗肿瘤植物药，为细胞周期特异性药物，对M期最敏感。

（2）不良反应　①过敏反应：支气管痉挛性呼吸困难、荨麻疹和低血压。②骨髓抑制：中性粒细胞减少，贫血较常见。③神经毒性：轻度麻木和感觉异常。④心血管毒性：低血压、心动过缓、心电图异常。⑤其他有肌肉关节疼痛；胃肠道反应：恶心、呕吐、腹泻和黏膜炎；肝脏毒性；脱发；输注药物的静脉和药物外渗局部的炎症。

（3）注意事项　①为预防有可能发生的过敏反应，紫杉醇治疗前先用地塞米松、苯海拉明和 H_2 受体拮抗剂进行预处理。②定期检查血细胞和血小板计数以及肝肾功能。③严重骨髓抑制者禁用。④孕妇及哺乳期禁用，育龄妇女慎用。

【商品信息】

（1）发展史　1971年从红豆杉属植物提取，并发现其细胞毒作用，1992年被美国FDA批准用于抗癌治疗。同类药物有多西他赛（多西紫杉醇）。

（2）生产商　江苏红豆杉药业、上海新亚药业、北京华素制药等。

【贮藏】遮光，密闭，在25℃以下保存。

任务2　其他抗肿瘤药及肿瘤辅助药认知

其他抗肿瘤药及肿瘤辅助药见表19-1。

表19-1　其他抗肿瘤药及肿瘤辅助药

药物	作用与适应证	药物评价及商品信息
卡莫司汀【药典(二);医保【乙】】	分解产物抑制DNA聚合酶，抑制DNA的修复和RNA合成。周期非特异性药物。用于脑部原发性肿瘤和继发性肿瘤、胃癌、直肠癌等	抗肿瘤烷化剂。不良反应有骨髓抑制、肺间质炎、肺纤维化、继发白血病和致畸。妊娠早期、哺乳期禁用。注射液：10ml：125mg。生产商：河北美图制药
卡培他滨【医保(乙)】	胸腺核苷合成酶抑制药，5-FU的前体物，在肝脏和肿瘤组织中转化为5-FU而显效。主要用于晚期乳腺癌和结、直肠癌	对5-FU耐药者有效。不良反应较轻，半数患者出现手足麻木、感觉迟钝、麻刺感、无痛感，给予维生素B_6每日200mg预防。卡培他滨片：0.5g。生产商：上海罗氏制药
吉西他滨【药典(二);医保(乙)】	脱氧胞嘧啶核苷的类似物，结构似阿糖胞苷，DNA聚合酶抑制药。用于非小细胞肺癌、胰腺癌；也用于膀胱癌、乳腺癌、卵巢癌、小细胞肺癌	不良反应较轻，主要骨髓抑制、消化道反应；肝肾损害；皮肤毒性皮炎等。注射用粉针：200mg。1995年礼来公司开发上市，国内1999年上市。生产商：山东罗欣药业
拓扑替康	拓扑异构酶I抑制药，导致DNA不能复制，DNA双链损伤，抑制细胞增殖。S期特异性药物。用于小细胞肺癌、一线治疗失败的转移性卵巢癌	在专科医师的特别观察下使用。不良反应有骨髓抑制，胃肠道反应，肝肾功能损害，脱发，神经肌肉异常感觉，过敏反应等。严重骨髓抑制者、孕妇及哺乳期禁用。注射用粉针：2mg；4mg。生产商：贵州汉方制药
长春碱【药典(二);医保【乙】】	细胞毒性药物，与有丝分裂中的微管蛋白结合，阻止其形成纺锤体，细胞生长停止于中期，周期特异性药物。用于恶性淋巴瘤、绒毛膜上皮癌、睾丸肿瘤有效	不良反应：骨髓抑制较显著，偶见恶心、呕吐等，静脉反复注射会导致血栓性静脉炎、致癌。孕妇、严重骨髓抑制者、过敏者禁用。注射液：10ml：10mg。生产商：澳大利亚Hospira Australia Pty Ltd
长春新碱【药典(二);医保(甲)】	细胞毒性药物，作用同长春碱，干扰蛋白质合成和有丝分裂。用于急慢性白血病、恶性淋巴瘤	不良反应：轻度骨髓抑制，神经系统毒性持久，静脉反复注射会导致血栓性静脉炎、致癌。孕妇、2岁以下儿童禁用。注射用粉针1mg。生产商：深圳万乐药业
高三尖杉酯碱【药典(二);医保(甲)】	干扰核糖体功能，阻止蛋白质合成，促进细胞凋亡。用于急性非淋巴细胞白血病的诱导缓解和继续治疗，对急性早幼粒细胞白血病、急性单核细胞白血病、急性粒细胞白血病疗效佳	不良反应：骨髓抑制较显著，心脏毒性，胃肠道反应，低血压、皮疹等。孕妇、哺乳期禁用；严重心血管疾病禁用。注射液：1ml：1mg。生产商：杭州民生药业
门冬酰胺酶【药典(二);医保(甲)】	酶制剂类抗肿瘤药，分解门冬酰胺，使蛋白质合成受阻，增殖受抑制，细胞死亡。用于急性淋巴细胞白血病、急性粒细胞白血病、慢性淋巴细胞白血病、黑色素瘤等	不良反应：过敏反应、肝脏损伤、胰腺炎、胃肠道反应等。少见的有血糖升高、精神及神经毒性、高尿酸血症等。3月内孕妇禁用、胰腺炎禁用、过敏者禁用。注射用粉针：1万IU。生产商：济南维尔康生化制药
他莫昔芬【药典(二);医保(甲)】	抗雌激素药，用于绝经期后晚期乳腺癌	不良反应：内分泌紊乱。孕期及哺乳期禁用。枸橼酸他莫昔芬片：10mg。生产商：上海复旦复华药业
戈舍瑞林【医保(乙)】	抑制脑垂体促黄体生成素的合成，降低血清雌二醇。用于前列腺癌、绝经前期和绝经后乳腺癌	不良反应：内分泌紊乱、皮疹、注射部位轻度淤血等。孕期、哺乳期禁用，骨代谢异常者慎用。植入剂：10.8mg。生产商：阿斯利康制药有限公司（英国/中国分装）
氟他胺【药典(二)】	抗雄激素药。用于前列腺癌	不良反应：内分泌紊乱、胃肠道反应、肝功能损害等。用药期间定期查肝功能和血压。片剂：250mg。生产商：江苏天士力帝益药业

续表

药物	作用与适应证	药物评价及商品信息
氨鲁米特【药典(二)】	外周芳香化酶抑制药，能减少雌激素的生成，对抗乳腺癌；尚能抑制肾上腺皮质激素的合成，用于皮质醇增多症	不良反应：皮疹、药物热等过敏反应；嗜睡、眩晕、共济失调、眼球震颤等神经系统毒性；胃肠道反应；骨髓抑制。自身药酶诱导作用。感染、甲亢、糖尿病、过敏者禁用；儿童禁用；孕妇及哺乳期慎用。片剂：0.25g。生产商：精华制药集团南通有限公司（国产）
利妥昔单抗	单克隆抗体类，非细胞毒作用，有靶向性，用于 CD20 抗原阳性的肿瘤，抑制肿瘤细胞的增殖。用于淋巴瘤，与常规化疗药环磷酰胺、多柔比星等合用疗效好	不良反应：发热、皮疹、寒颤等过敏反应；恶心、呕吐等胃肠道反应；低血压、支气管痉挛、感染等。孕妇、哺乳期禁用，过敏者禁用。注射液，10ml：100mg，静脉注射。生产商：瑞士罗氏制药
曲妥珠单抗	单克隆抗体类，非细胞毒作用，有靶向性，抑制人表皮生长因子受体 - 2 过度表达的肿瘤细胞增殖。用于人表皮生长因子受体 - 2 过度表达的乳腺癌，与紫杉醇等合用疗效好	内科医师监护下使用。不良反应：发热、皮疹、寒战等过敏反应；恶心呕吐等胃肠道反应；血管扩张、心脏毒性、支气管痉挛、感染等。过敏者禁用注射液。注射用曲妥珠单抗：440mg，静脉注射。生产商：上海罗氏制药
吉非替尼	选择性表皮生长因子受体酪氨酸激酶抑制剂，可妨碍肿瘤的生长、转移和血管生长，促进肿瘤细胞凋亡。用于小细胞肺癌	专科医师监护下使用。不良反应：发热、皮疹、瘙痒等过敏反应；恶心呕吐等胃肠道反应；脱发、结膜炎、间质性肺病、肝功能损害等。过敏者禁用。片剂：250mg。生产商：阿斯利康制药
昂丹司琼【药典(二)；医保(乙)】	竞争性阻断 5 - HT$_3$ 受体。用于化疗和放疗引起的呕吐	选择性高，不良反应少，仅见头痛及消化道反应等。生产商：济南永宁制药

 知识链接

抗肿瘤药的联合应用

目前使用的抗恶性肿瘤药疗效不满意，毒性大，并且容易产生耐药性。为了提高治疗效果，防止肿瘤复发及扩散，减少药物毒性，增强肿瘤综合治疗的远期疗效，临床上常根据肿瘤类型、药物特点设计联合治疗方案。联合应用有序贯疗法和联合疗法。序贯疗法是根据细胞增殖动力学规律，按一定的顺序先后使用几种不同的抗肿瘤药物进行的治疗。如果同时使用几种药物称为联合疗法。

1. 根据细胞增殖动力学规律增长缓慢的实体瘤，G$_0$ 期细胞较多，先用周期非特异性药物，杀灭增殖期细胞及部分 G$_0$ 期细胞，然后再用周期特异性药物。而对生长较快的肿瘤，则先用周期特异性药物，再用周期非特异性药物。这样可使更多的 G$_0$ 期细胞进入增殖周期，增强治疗效果。

2. 根据抗肿瘤药物作用机制选用不同作用机制的药物合用，可以作用于不同环节杀灭肿瘤细胞，从而提高疗效。

3. 根据抗肿瘤药物的毒性多数抗肿瘤药物可抑制骨髓，而糖皮质激素类药物、长春新碱、博来霉素等对骨髓的抑制作用较小，合用可以降低毒性。

4. 根据药物抗瘤谱依据肿瘤类型选择相应的药物，可以减少单种药物的剂量，提高疗效，减少不良反应。

目标检测

答案解析

单项选择题

1. 氟尿嘧啶的主要不良反应是（　　）

　　A. 尿蛋白质　　　　　　B. 过敏反应　　　　　　C. 神经毒性　　　　　　D. 胃肠道反应

2. 抑制叶酸合成代谢的药物是（　　）

　　A. 顺铂　　　　　　　　B. 阿糖胞苷　　　　　　C. 甲氨蝶呤　　　　　　D. 环磷酰胺

3. 即有抗病毒作用又有抗肿瘤作用的免疫调节剂是（　　）

　　A. 硫唑嘌呤　　　　　　B. 环磷酰胺　　　　　　C. 干扰素　　　　　　　D. 更昔洛韦

4. 较常引起外周神经炎的抗癌药是（　　）

　　A. 甲氨蝶呤　　　　　　B. 氟尿嘧啶　　　　　　C. 巯嘌呤　　　　　　　D. 长春新碱

5. 阻止微管解聚的抗癌药是（　　）

　　A. 氟尿嘧啶　　　　　　B. 环磷酰胺　　　　　　C. 巯嘌呤　　　　　　　D. 紫杉醇

6. 干扰细胞有丝分裂而使其停止于中期的抗肿瘤药物是（　　）

　　A. 长春碱　　　　　　　B. 氟尿嘧啶　　　　　　C. 甲氨蝶呤　　　　　　D. 放线菌素

7. 环磷酰胺的不良反应不含（　　）

　　A. 骨髓抑制　　　　　　B. 血尿、蛋白尿　　　　C. 血压升高　　　　　　D. 恶心、呕吐

8. 以下不属于抗代谢抗肿瘤的药是（　　）

　　A. 阿糖胞苷　　　　　　B. 环磷酰胺　　　　　　C. 巯嘌呤　　　　　　　D. 甲氨蝶呤

9. 抑制核苷酸还原酶的抗恶性肿瘤药物是（　　）

　　A. 羟基脲　　　　　　　B. 阿糖胞苷　　　　　　C. 甲氨蝶呤　　　　　　D. 氟尿嘧啶

10. 主要作用于 M 期，抑制细胞有丝分裂的药物是（　　）

　　A. 放线菌素 D　　　　　　　　　　　　　　　　B. 阿霉素

　　C. 长春碱　　　　　　　　　　　　　　　　　　D. 依托泊苷

11. 甲氨蝶呤主要用于（　　）

　　A. 消化道肿瘤　　　　　　　　　　　　　　　　B. 儿童急性白血病

　　C. 慢性粒细胞性白血病　　　　　　　　　　　　D. 恶性淋巴瘤

12. 能干扰 DNA 拓扑异构酶 I 的活性，从而抑制 DNA 合成的药物是（　　）

　　A. 紫杉醇　　　　　　　　　　　　　　　　　　B. 喜树碱

　　C. 丝裂霉素　　　　　　　　　　　　　　　　　D. 奥沙利铂

13. 主要作用于 S 期的抗肿瘤药物是（　　）

　　A. 抗肿瘤抗菌药物　　　　　　　　　　　　　　B. 烷化剂

　　C. 抗代谢药　　　　　　　　　　　　　　　　　D. 长春碱类

14. 下列哪种抗恶性肿瘤药可促进微管装配，抑制微管解聚，阻止有丝分裂（　　）

　　A. 长春碱　　　　　　　　　　　　　　　　　　B. 顺铂

　　C. 紫杉醇　　　　　　　　　　　　　　　　　　D. 他莫昔芬

15. 环磷酰胺对下列哪种肿瘤疗效显著（　　　）

　　A. 实体瘤 　　　　　　　　　　　B. 恶性淋巴瘤

　　C. 膀胱癌 　　　　　　　　　　　D. 乳腺癌

书网融合……

知识回顾

微课

习题

项目 20 抗寄生虫药

学习引导

寄生虫病是寄生虫感染引起的人类常见病和多发病，寄生人体的蠕虫有 300 余种、原虫有 70 余种，寄生虫侵入人体后，通过掠夺营养、机械性损伤和免疫损伤等方式对人体造成伤害，自身免疫异常是常见的诱发因素。常见的寄生虫病有哪些？怎样预防寄生虫病？怎样才能做好寄生虫病的防控？我国科学家屠呦呦等研发的抗疟药青蒿素，为人类做出了怎样的贡献？

本单元主要介绍抗疟药、抗阿米巴病药及抗滴虫病药、抗利什曼原虫病药、抗血吸虫病药以及驱肠虫药。

学习目标

1. **掌握** 抗寄生虫病药的分类；抗疟药、抗滴虫药、驱肠虫药的作用、适应证及药物评价。
2. **熟悉** 常见的抗寄生虫病药物品种。
3. **了解** 抗寄生虫病药品的商品信息。

任务 1 抗疟药认知

疟疾是由疟原虫引起，以雌性按蚊为主要传播媒介，是对人类危害最大的寄生虫病。临床上表现为周期性定时性发作的寒战、高热、出汗和脾肿大、贫血等。

致病疟原虫分为间日疟原虫、三日疟原虫和恶性疟原虫，分别引起间日疟、三日疟和恶性疟。前两种为良性疟，一般情况下，三日疟症状较轻，而恶性疟症状较重且死亡率高。抗疟药物分为以下三类。

第一类，主要用于控制症状的抗疟药，通过杀灭红细胞内期的裂殖体，中断疟原虫的无性生殖周期，发挥控制症状发作和症状抑制性预防作用。如氯喹、奎宁、青蒿素等。

第二类，主要用于控制复发和传播的抗疟药，通过杀灭间日疟继发性红细胞外期的子孢子及各种疟原虫的配子体，控制疟疾的复发和传播。如伯氨喹等。

第三类，主要用于病因性预防的抗疟药，通过杀灭原发性红细胞外期的疟原虫，发挥病因性预防作用。如乙胺嘧啶、磺胺类等。

抗疟药的使用应遵循安全、有效、合理和规范的原则。根据流行地区的疟原虫虫种及其对抗疟药物的敏感性和患者的临床表现，合理选择药物，严格掌握剂量、疗程和给药途径，以保证治疗效果和延缓抗药性的产生。

（1）间日疟治疗药物　首选磷酸氯喹片、磷酸伯氨喹片。治疗无效时，可选用以青蒿素类药物为基础的复方或联合用药的口服剂型进行治疗。

（2）恶性疟治疗药物　选择以青蒿素类药物为基础的复方或联合用药（ACT），包括：青蒿琥酯片加阿莫地喹片、双氢青蒿素哌喹片、复方磷酸萘酚喹片、复方青蒿素片等。

（3）重症疟疾治疗药物　①青蒿素类药物注射剂，包括蒿甲醚和青蒿琥酯。②磷酸咯萘啶注射剂。

（4）间日疟休止期根治　伯氨喹

（5）预防服药　磷酸哌喹片或氯喹。

 实例分析

> **实例**　张先生，36 岁，近期出现发热、畏寒症状，体温最高 39℃，喉咙疼痛，乏力，全身酸痛，恶心、呕吐。到医院就诊，自述三周前刚从东南亚某国旅行回来，经镜检发现恶性疟原虫。
>
> **问题**　1. 张先生所得疟疾应用何种药物治疗？
>
> 　　　　2. 本病是否需要联合用药，为什么？
>
> 答案解析

氯喹【药典(二)；基；医保(甲)】

Chloroquine

【其他名称】 磷酸氯喹，磷酸氯喹啉，磷酸氯化喹啉

【药理作用】 主要作用于红内期裂殖体，对红外期无效，对配子体也无直接作用。故不能做病因性预防，也不能阻断疟疾的传播。能有效地控制疟疾症状发作，由于产生耐药性，常与其他抗疟药合用。

【适应证】 用于治疗对氯喹敏感的恶性疟、间日疟及三日疟急性发作，控制疟疾症状。也可用于治疗肝阿米巴病、肺吸虫病、华支睾吸虫病、结缔组织病、光敏性疾病（如日晒红斑）等。

【制剂规格】 片剂：0.075g；0.25g。注射液：129mg（盐基 80mg）；250mg（盐基 155mg）。复方磷酸氯喹片（复方止疟片）：每片含磷酸氯喹 110mg 和磷酸伯氨喹 8.8mg。

【药物评价】

（1）药效　有效控制疟疾症状。与伯氨喹合用根治良性疟。

（2）不良反应　①本品用于治疗疟疾时，口服可出现食欲减退、恶心、呕吐、腹痛、腹泻等消化系统反应。②皮肤瘙痒、皮疹、甚至剥脱性皮炎等过敏反应。③头晕、头痛、眼花、耳鸣、烦躁、精神错乱、角膜及视网膜变性。④有时可见白细胞减少，如减少至 4000 以下应停药。⑤少数患者可有心律失常，严重者可导致阿 – 斯综合征，若不及时抢救，会有生命危险。⑥急性氯喹中毒，迅速出现恶心、呕吐、困倦、言语不清、激动、视力障碍，由于肺水肿而呼吸困难，甚至停止。应立即停药，并作对症处理。

（3）注意事项　①长期应用，可产生耐药性（多见于恶性疟）。如用量不足，恶性疟常在 2～4 周再次发作，且易引起耐药性。②本品不宜作肌内注射，特别是儿童。禁止静脉注射。

【商品信息】

（1）发展史　1939 年在德国上市，我国于 1959 年开始生产。

（2）生产商　上海信谊天平药业、深圳中联制药、山西太原药业、石家庄欧意药业、重庆西南制药二厂等。

【贮藏】 遮光，密封保存。

即学即练 20 - 1

控制间日疟发作的首选药物是（　　）。

A. 吡喹酮　　　B. 乙胺嘧啶　　　C. 氯喹　　　D. 伯氨喹

答案解析

青蒿素【药典(二);基;医保(甲)】

Artemisinin

【其他名称】 黄蒿素，黄花蒿素

【药理作用】 对红细胞内期裂殖体有强大而快速的杀灭作用，能迅速控制临床发作及症状，对红细胞外期疟原虫无效。

【适应证】 用于间日疟、恶性疟的症状控制，以及耐氯喹虫株的治疗，也可用于治疗凶险型恶性疟，如脑型、黄疸型等。对血吸虫亦有杀灭作用，也用于红斑狼疮的治疗。

【制剂规格】 油注射液：2ml：50mg；2ml：100mg。水混悬注射液：2ml：300mg。片剂：20mg。栓剂：400mg；600mg。

【用法用量】 口服：成人先服1g，6~8小时后再服0.5g，第2、3日各服0.5g，疗程3日，总量为2.5g。深部肌内注射：成人第1次200mg，6~8小时后再给100mg，第2、3日各肌内注射100mg；或连用3日，每日肌内注射300mg。

【药物评价】

（1）药效　高效、速效、低毒，一线抗疟药，对于脑型疟疾和抗氯喹疟疾效果好。对疟疾的急性期有效，还具有抗肿瘤和免疫调节功能。本药服用后复发率高，口服给药近期复发率高达30%以上。这可能与其在体内消除快、代谢产物无抗疟活性有关。与伯氨喹合用后可降低复发率。

（2）不良反应　①注射部位浅时可局部疼痛和硬块。②个别患者出现一过性氨基转移酶升高和轻度皮疹。③少数患者有轻度恶心、呕吐、腹泻等消化道反应。

（3）注意事项　①有一定的胚胎毒性，故妊娠早期妇女应慎用。②如直肠给药后两小时排便，应补用一次。③治疗红斑狼疮初期病情有所加重，全身出现蚁走感，半个月减轻，一个月以后情况改善。

【商品信息】

（1）发展史　菊科植物黄花蒿中提取的倍半萜内酯。1972年我国科学家提取并结晶出青蒿素。1973年开始用于临床。随后人工合成了三个衍生物：双氢青蒿素、蒿甲醚和青蒿琥酯，抗疟作用比青蒿素强。1986年青蒿素获一类新药证书，1992年双氢青蒿素获国家一类新药证书，2001年青蒿素类被WHO列为首选药物。

（2）生产商　成都华高药业、广州汉方现代中药研究开发有限公司、湘西华方制药、安康正大制药、云南植物药业等。

【贮藏】 密闭、避光。

 知识链接

青蒿济世　科研报国

屠呦呦，1930年出生于浙江宁波，20世纪60年代，在原有抗疟药氯喹已经失效背景下，屠呦呦接受了抗疟研制的艰巨任务，她克服各种不利条件，经过大量实验，带领团队在1972年从中药黄花蒿中发现了青蒿素。2001年，青蒿素类药物被世界卫生组织作为疟疾的首选方案。2000—2015年，全球各年龄组疟疾死亡率下降了60%，屠呦呦因此获得诺贝尔生理或医学奖，荣获国家最高科学技术奖，并被授予共和国勋章。

屠呦呦是第一个证实青蒿素可以在动物体和人体内有效抵抗疟疾的科学家，她的研发对人类的生命健康贡献突出，为科研人员打开了一扇崭新的窗户。屠呦呦既有中医学知识，也了解药理学和化学，她将东西方医学相结合，达到了一加一大于二的效果，屠呦呦的发明是这种结合的完美体现。

新时代要继续发扬以国家民族命运为己任的爱国主义精神，更需要继续发扬以爱国主义为底色的科学家精神。屠呦呦团队仍在继续科研创新，拓展青蒿素的临床应用、开发青蒿素衍生物、延长青蒿素类药物的使用周期，为维护人类健康持续努力。

任务2 驱肠虫药认知

寄生在人体肠道内的寄生虫称为人体肠道寄生虫，主要通过食入被污染的食物或水源而被感染。人类肠道中的寄生虫很多，主要分为线虫和绦虫，线虫主要包括蛔虫、钩虫、蛲虫和鞭虫等。绦虫主要包括猪肉绦虫和牛肉绦虫。

驱肠虫药分类如下。

(1) 驱蛔虫药及广谱驱虫药 甲苯咪唑、阿苯达唑、哌嗪、噻嘧啶、左旋咪唑等。

(2) 驱蛲虫药 恩波吡维铵、噻苯达唑等。

(3) 驱鞭虫药 奥克太尔等。

(4) 驱绦虫药 氯硝柳胺等。

阿苯达唑[药典(二);基;医保(甲)] 🅔微课

Albendazole

【其他名称】丙硫达唑、丙硫咪唑、抗蠕敏、扑尔虫、肠虫清

【药理作用】抑制寄生虫肠壁细胞胞浆微管系统的聚合，阻断虫体对多种营养物质的吸收，致使寄生虫无法生存和繁殖，虫体死亡。

【适应证】为广谱驱虫药，用于治疗钩虫、蛔虫、鞭虫、蛲虫、旋毛虫等线虫病，以及囊虫和包虫病。

【制剂规格】片剂、胶囊剂：100mg；200mg。

【用法用量】口服：蛔虫及蛲虫病，成人常用量一次400mg顿服。

【药物评价】

(1) 药效 苯并咪唑类广谱驱肠虫药，高效、低毒、服用方便。

(2) 不良反应 少数病例有口干、乏力、思睡、头晕、头痛以及恶心，上腹不适症状。但均较轻微，不需处理可自行缓解。治疗囊虫病多于服药后2~7日，出现头痛、发热、皮疹、肌肉酸痛、视力障碍、癫痫发作等，须采取相应措施（应用肾上腺皮质激素，降颅压、抗癫痫等治疗）。

(3) 注意事项 ①蛋白尿、化脓性或弥漫性皮炎、癫痫等患者以及哺乳期妇女不宜应用。有严重肝、肾、心脏功能不全及活动性溃疡患者慎用。②蛲虫病易自身重复感染，故在治疗2周后应重复治疗一次。③脑囊虫患者必须住院治疗，以免发生意外。

【商品信息】

（1）发展史　20世纪70年代合成。我国于1981年开始生产。

（2）生产商　江苏永大药业、中美天津史克制药、辅仁药业、北京曙光药业等。

【贮藏】密封保存。

甲苯咪唑[药典（二）；医保（甲）]

Mebendazole

【其他名称】安乐士、甲苯达唑

【药理作用】与寄生虫肠细胞微管蛋白特异性结合而干扰其细胞微管形成，使蠕虫体被和脑细胞的微管消失；抑制虫体对葡萄糖的摄取，减少ATP生成，使其无法生长、繁殖，导致虫体死亡。

【适应证】为广谱驱虫药，用于蛲虫病、蛔虫病、钩虫病、鞭虫病、粪类圆线虫病、绦虫病。

【制剂规格】片剂、咀嚼片：50mg；100mg。

【用法用量】口服：蛔虫及蛲虫病，一次200mg顿服。此病易再感染，最好在用药2周和4周后分别重复用药1次。用药期间不需忌食，不用加服泻药。

【药物评价】

（1）药效　苯并咪唑类广谱驱肠虫药，对成虫及虫卵均有作用。高效、低毒、服用方便。

（2）不良反应　①极少数患者有恶心、腹部不适、腹痛、腹泻等。②尚可发生乏力、皮疹，罕见剥脱性皮炎、全身脱毛症、血嗜酸性粒细胞增多，均可自行恢复正常。③严重不良反应多发生于剂量过大、用药时间过长、间隔时间过短时。

（3）注意事项　①少数患者特别是蛔虫感染较严重的患者，服药后可引起蛔虫游走，造成腹痛或口吐蛔虫，甚至引起窒息，此时应立即就医。②肝肾功能不全者慎用。③腹泻患者应在腹泻停止后服药。

【商品信息】

（1）发展史　1971年用于临床。国内由西安杨森在2002年开始生产。复方甲苯咪唑片由甲苯咪唑0.1g，盐酸左旋咪唑25mg组成，国内常用。

（2）生产商　片剂：西安杨森制药、广东众生药业等。复方甲苯咪唑片：山西云鹏制药有限公司、重庆科瑞制药等。

【贮藏】密封保存。

即学即练20-2

临床上阿苯达唑可用于下列哪些寄生虫感染？（　　　）

答案解析

A. 蛔虫、钩虫　　B. 鞭虫　　C. 蛲虫　　D. 绦虫

任务3　抗阿米巴药及抗滴虫药认知

一、抗阿米巴药

阿米巴病为溶组织阿米巴原虫引起的一种寄生虫病，包括肠内阿米巴病和肠外阿米巴病。阿米巴原

虫有滋养体和包囊两种生活形态。阿米巴病的传染源为粪便中持续带包囊者，包囊本身无致病性，是传播的根源。人经口感染阿米巴包囊，在肠道内寄生脱囊而形成小滋养体，在结肠内与肠道菌丛共生。主要破坏肠组织，引起急、慢性阿米巴痢疾，即肠内阿米巴病。滋养体也可随肠壁血流进入肝、肺、脑组织形成脓肿，称为肠外阿米巴病。抗阿米巴病药分为以下几类。

1. 对肠内、外阿米巴都有效的药 硝基咪唑类（甲硝唑、替硝唑）、二氯尼特。

2. 对肠内阿米巴有效的药 双碘喹啉、喹碘方、依米丁、卡巴砷、巴龙霉素及四环素。

3. 对肠外阿米巴有效的药 氯喹。

甲硝唑【药典(二);基;医保(甲、乙)】

Metronidazole

【其他名称】 灭滴灵

【药理作用】 甲硝唑是硝基咪唑衍生物。可抑制阿米巴原虫的氧化还原反应，使原虫氮链发生断裂，杀灭阿米巴原虫。还有强大的杀灭滴虫的作用。还有抗厌氧菌作用，能够抑制细菌的脱氧核糖核酸的合成，从而干扰细菌的生长、繁殖，导致细菌死亡，对缺氧情况下生长的细胞和厌氧微生物有杀灭作用。本品的硝基，在无氧环境中还原成氨基而显示抗厌氧菌作用，对需氧菌或兼性需氧菌则无效。

【适应证】 用于治疗肠内和肠外阿米巴病（如阿米巴肝脓肿、胸膜阿米巴病等）。还可用于治疗阴道滴虫病、小袋虫病和皮肤利什曼病、麦地那龙线虫感染等。目前还广泛用于术后、牙科等厌氧菌感染的治疗。

【制剂规格】 片剂：0.2g。注射液：250ml：0.25g；250ml：0.5g。

【用法用量】 口服：厌氧菌感染，成人每日 0.6～1.2g，分 3 次服，7～10 日为一疗程。静脉滴注：厌氧菌感染，静脉给药首次按体重 15mg/kg（体重 70kg 的成人用药剂量为 1g），维持量按体重 7.5mg/kg，每 6～8 小时静脉滴注一次。

【药物评价】

（1）药效 化学合成抗菌药，具有抗厌氧菌、抗滴虫及抗阿米巴作用，临床常用的抗厌氧菌药物。

（2）不良反应 ①消化道反应最为常见，包括恶心、呕吐、食欲不振、腹部绞痛。②神经系统症状有头痛、眩晕，偶有感觉异常、肢体麻木、共济失调、多发性神经炎等，大剂量可致抽搐。③少数病例发生荨麻疹、面色潮红、瘙痒、膀胱炎、排尿困难、口中金属味及白细胞减少等，均属可逆性，停药后自行恢复。

（3）注意事项 ①对诊断的干扰：本品的代谢产物可使尿液呈深红色。②原有肝脏疾患者剂量应减少。出现运动失调或其他中枢神经系统症状时应停药。③重复一个疗程之前，应做白细胞计数。④厌氧菌感染合并肾功能衰竭者，给药间隔时间应由 8 小时延长至 12 小时。⑤本品可抑制乙醇代谢，出现"双硫仑样"反应，用药期间应戒酒。

【商品信息】

（1）发展史 20 世纪 50 年代开发，用于滴虫感染，70 年代开始用于厌氧菌感染，现主要用于厌氧菌感染，同类药有替硝唑、奥硝唑，不良反应较轻。

（2）生产商 亚宝药业、山东齐都药业、天津力生制药、北京曙光药业、金日制药、丽珠集团利民制药厂、石家庄四药制药等。

二、抗滴虫药

滴虫病主要指阴道毛滴虫所致的滴虫性阴道炎，阴道毛滴虫也可寄生于男性尿道内。甲硝唑是治疗滴虫病最有效的药物。遇到甲硝唑耐药的滴虫感染时，可考虑改用乙酰胂胺局部给药。

乙酰胂胺

Acetarsol

乙酰胂胺是五价胂剂，毒性较大，外用有杀灭阴道滴虫作用，治疗时先用低浓度（1∶5000）的高锰酸钾溶液冲洗阴道后，再用乙酰胂胺片剂放入阴道穹窿部，直接杀灭滴虫，次晨坐浴洗净。该药有轻度局部刺激作用，使阴道分泌物增多或产生皮疹。

即学即练20-3

对肠内、外阿米巴病都有效的药物是（　　）。

答案解析　A. 甲硝唑　　B. 氯喹　　C. 四环素　　D. 乙酰胂胺

任务4　抗血吸虫药认知

血吸虫病，是乙类传染病，我国为"日本血吸虫"病流行区，流行于长江流域及其南部。日本血吸虫寄生在人或宿主动物的血管内，所产虫卵由粪便排出，在水中孵化出毛蚴，感染中间宿主钉螺，在钉螺体内发育成熟后大量释放出尾蚴，尾蚴钻入人或动物宿主，又发育成为成虫，交配产卵，引起病害。

血吸虫病有急性、慢性之分。急性血吸虫病是在大量感染尾蚴的情况下发生的，患者发病迅猛，可在短期内发展成为晚期或直接进入衰竭状态，导致死亡。慢性血吸虫病一般发展较慢，早期对体力有不同程度的影响，进入晚期后则出现腹水、巨脾、侏儒等症，患者劳动力丧失，甚至造成死亡。

目前在临床应用的药物主要是吡喹酮，具有高效、低毒、疗程短、可口服的优点。蒿甲醚和青蒿琥酯也可用于治疗血吸虫病。

吡喹酮【药典（二）；基；医保（甲）】

Praziquantel

【其他名称】 环吡异喹酮，EMBAY-8440

【药理作用】 吡喹酮能增加虫体细胞膜的通透性，使细胞内钙离子丧失，虫体肌肉发生强直性收缩而产生痉挛性麻痹。吡喹酮对虫体皮层有迅速而明显的损伤作用，影响虫体吸收与排泄功能；体表抗原暴露，从而易遭受宿主的免疫攻击，大量嗜酸粒细胞附着皮损处并侵入，促使虫体死亡。此外，吡喹酮还能引起继发性变化，使虫体表膜去极化，皮层碱性磷酸酶活性明显降低，致使葡萄糖的摄取受抑制，内源性糖原耗竭，虫体死亡。

【适应证】 为广谱抗吸虫和绦虫药物。适用于各种血吸虫病、华支睾吸虫病、肺吸虫病、姜片虫病以及绦虫病和囊虫病。

【制剂规格】 片剂：0.2g。

【用法用量】 口服：各种慢性血吸虫病采用总剂量60mg/kg的1~2日疗法，每日量分2~3次餐间服。急性血吸虫病总剂量为120mg/kg，每日量分2~3次服，连服4日。

【药物评价】

（1）不良反应　①常见的副作用有头昏、头痛、恶心、腹痛、腹泻、乏力、四肢酸痛等，一般程度较轻，持续时间较短，不影响治疗，不需处理。②少数病例出现心悸、胸闷等症状，心电图显示 T 波改变和期外收缩，偶见室上性心动过速、心房纤颤。③少数病例可出现一过性转氨酶升高。④偶可诱发精神失常或出现消化道出血。

（2）注意事项　①治疗寄生于组织内的寄生虫如血吸虫、肺吸虫、囊虫等，由于虫体被杀死后释放出大量的抗原物质，可引起发热、嗜酸粒细胞增多、皮疹等，偶可引起过敏性休克，必须注意观察。②脑囊虫病患者需住院治疗，并辅以防治脑水肿和降低高颅压（应用地塞米松和脱水剂）或防治癫痫持续状态的治疗措施，以防发生意外。③严重心、肝、肾患者及有精神病史者慎用。④有明显头昏、嗜睡等神经系统反应者，治疗期间与停药后 24 小时内勿进行驾驶、机械操作等工作。

【商品信息】

（1）发展史　1975 年合成，我国于 1981 年在湖北、上海研制投产。

（2）生产商　海南制药厂有限公司制药一厂、四川科伦药业、沈阳红旗制药、北京紫竹药业等。

【贮藏】遮光，密封保存。

即学即练 20 - 4

目前临床治疗血吸虫病的首选药是（　　　）。

答案解析　　A. 依米丁　　B. 替硝唑　　C. 乙胺嗪　　D. 吡喹酮

实践实训

实训 28　抗寄生虫类药品分类陈列、健康教育

【实训目的】

1. 能按用途、剂型及分类管理要求陈列药品；能进行同类药品的比较，正确推介药品；能调配处方并指导合理用药；能提供用药咨询服务、健康教育。

2. 熟练掌握健康教育的手段、产品推广和沟通交流技巧。

【实训准备】

1. **模拟药房实训室**　抗寄生虫病药品、药品卡片等。

2. **一体化教室**　检索常见寄生虫病的类别、病因、临床表现、治疗、常用药物选用、用药注意事项，制作 PPT 或者视频脚本，并完成视频拍摄。

3. **角色扮演**　制作角色扮演、情景模拟脚本，选定角色并排练。

【实训内容】

1. **药品分类陈列**　通过虚拟药房管理软件、药品卡片完成或者在实训室完成药品陈列。

2. **健康教育**　根据 PPT 讲解或播放自己制作的视频，重点介绍疾病鉴别及预防、选药原则、药物特点。

3. **角色扮演**　患者主诉症状，医师询问并开具处方；患者拿处方到药房，药师审核处方、调剂药品并提供用药指导。

4. **课堂评价**　小组互评、教师评价、自评并改进。

【实训评价】

评价内容	评分标准	得分
课前准备（10 分）	准备充分	
药品陈列（30）	准确陈列药品	
PPT 或视频（30 分）	图文并茂、布局合理、内容正确	
角色扮演（20 分）	仪态大方、内容准确、条理分明、重点突出	
团队合作（10 分）	分工协作、参与积极性高	
合计（100 分）		

目标检测

答案解析

单项选择题

1. 控制复发和阻止传播的首选抗疟药物是（　　）

　　A. 氯喹　　　　　　B. 青蒿素　　　　　　C. 奎宁　　　　　　D. 伯氨喹

2. 主要用于病因性预防的抗疟药是（　　）

　　A. 氯喹　　　　　　B. 奎宁　　　　　　C. 青蒿素片　　　　　　D. 乙胺嘧啶

3. 间日疟治疗首选药物是（　　）

　　A. 磷酸氯喹片　　　　　　B. 奎宁　　　　　　C. 青蒿素　　　　　　D. 甲硝唑

4. 目前临床治疗血吸虫病的首选药是（　　）

　　A. 硝硫氰胺　　　　　　B. 吡喹酮　　　　　　C. 乙胺嗪　　　　　　D. 伊维菌素

5. 以下说法错误的是（　　）

　　A. 吡喹酮具有高效、低毒、疗程短、可口服的优点

　　B. 蒿甲醚和青蒿琥酯也可用于治疗血吸虫病

　　C. 治疗期间与停药后 24 小时内勿进行驾驶、机械操作等工作

　　D. 依米丁也可用于治疗血吸虫病

6. 用于控制疟疾发作的最佳抗疟药是（　　）

　　A. 氯喹　　　　　　B. 奎宁　　　　　　C. 伯氨喹　　　　　　D. 青蒿素

7. 对奎宁的叙述错误的是（　　）

　　A. 对细胞内期裂殖体有杀灭作用　　　　　　B. 长期应用，可产生耐药性

　　C. 可有效控制疟疾症状　　　　　　D. 每周服药 1 次用于病因性预防

8. 下列说法不正确的是（　　）

　　A. 甲硝唑是治疗滴虫病最有效的药物

　　B. 甲硝唑具有抗厌氧菌作用

　　C. 乙酰胂胺毒性较低

　　D. 乙酰胂胺有轻度局部刺激作用，使阴道分泌物增多或产生皮疹

9. 甲硝唑最典型的不良反应是（　　）

　　A. 变态反应　　　　B. 感觉异常　　　　C. 恶心和口腔金属味　　　　D. 食欲减退

10. 关于替硝唑，下列叙述错误的是（　　）

　　A. 是甲硝唑的衍生物，可用于治疗阴道滴虫病

　　B. 是硝基咪唑类

　　C. 对肠内、外阿米巴都有效

　　D. 对阿米巴病效果好，但是毒性较大

11. 为广谱驱肠虫药的是（　　）

　　A. 氯硝柳胺　　　　B. 乙胺嗪　　　　C. 阿苯达唑　　　　D. 吡喹酮

12. 对甲硝唑无效或禁忌的肠外阿米巴病患者可选用（　　）

　　A. 氯喹　　　　B. 替硝唑　　　　C. 依米丁　　　　D. 喹碘方

13. 关于阿苯达唑说法错误的是（　　）

　　A. 是苯并咪唑类广谱驱肠虫药　　　　B. 高效、低毒、服用方便

　　C. 少数病例有口干、乏力、思睡、头晕　　　　D. 癫痫患者可以使用

14. 对肠内外阿米巴病均有效的药物是（　　）

　　A. 双碘喹啉　　　　B. 依米丁　　　　C. 喹碘方　　　　D. 甲硝唑

15. 对蛔虫、蛲虫、鞭虫、钩虫、绦虫感染均有效的药物是（　　）

　　A. 哌嗪　　　　B. 吡喹酮　　　　C. 甲苯咪唑　　　　D. 噻嘧啶

16. 以下不是致病疟原虫的是（　　）

　　A. 间日疟原虫　　　　B. 三日疟原虫　　　　C. 恶性疟原虫　　　　D. 原发疟原虫

17. 可能检出溶组织内阿米巴包囊的标本是（　　）

　　A. 成形粪便　　　　B. 脓血黏液便　　　　C. 肝脓肿穿刺液　　　　D. 脓血痰液

18. 遇到甲硝唑耐药的滴虫感染时，可考虑改用（　　）

　　A. 替硝唑　　　　B. 乙酰胂胺　　　　C. 氯喹　　　　D. 吡喹酮

书网融合……

知识回顾　　　微课　　　习题

<table>
<tr><td>项目 21</td><td>维生素类、矿物质及营养药</td></tr>
</table>

学习引导

人体缺乏维生素 C，可能发生坏血病、营养不良、机体免疫力下降，缺锌会影响神经系统的发育，缺钙、缺维生素 D 影响骨骼发育、导致佝偻病或骨质疏松等。健康人能够通过食物摄入所需的糖类、蛋白质、脂肪以及维生素类、矿物质等各种营养物质，满足人体生命活动的需要，如果因营养不良、消化吸收障碍、生理需要增加、细菌合成障碍及饮食结构不合理等导致摄入不足，可能影响人体正常的生理生化功能，导致多种疾病的产生。如果饮食摄入不足，需要补充哪些营养素呢？维生素和矿物质要不要补？该怎样补？补多少呢？补充过多是否有危害？

本单元主要介绍维生素、矿物质以及营养药的种类、在人体中的作用以及补充方式和剂量。

学习目标

1. **熟悉** 常用维生素类药的品种。
2. **了解** 维生素类、矿物质及营养药的商品信息；维生素之间的相互作用。

任务 1 维生素类药认知

维生素（vitamin）在人体生长、代谢、发育过程中发挥着重要的作用。通常按其溶解性分为水溶性和脂溶性维生素两大类。水溶性维生素有 B 族维生素和维生素 C 等，B 族维生素有 B_1、B_2、B_6、B_{12}、烟酸、烟酰胺、叶酸等，这类维生素在食物烹调过程中容易损失，体内吸收后不易储存，一旦体内饱和后，多余部分即随尿排出。脂溶性维生素有维生素 A、D、E、K 等，维生素 A 的同类物有 β–胡萝卜素，维生素 D 的同类药物有骨化二醇、骨化三醇、阿法骨化醇、双氢速甾醇等。脂溶性维生素在食物中常与脂类共存，其吸收也与脂类有关，过量易致中毒。

维生素有以下共同点：①许多维生素是酶的辅基或辅酶的组成部分，是维持和调节机体正常代谢的重要物质。②人体对维生素的需要量很小，日需要量常以 mg 或 μg 计算，不可长期缺乏。③大多数维生素机体不能合成或合成量不足，必须经常通过食物获取。维生素或维生素原在食物中广泛存在，一般可由饮食满足需求。④维生素缺乏的原因有消化吸收障碍、生理需要增加、细菌合成障碍及饮食结构不合理等。

维生素作用各异，使用时，不论是单方还是复方，要注意维生素之间的相互作用。

1. 维生素 A 与其他维生素　①维生素 E 促进胡萝卜素转化为维生素 A，并促进维生素 A、维生素 D 的吸收。②维生素 C 对维生素 A 的毒性有拮抗作用，维生素 A 可防止维生素 C 的氧化。③口服维生素 A 类制剂会减少维生素 K 在肠道的吸收。

2. B 族维生素之间　①维生素 B_{12} 促进泛酸、叶酸的利用，促进胆碱的合成；维生素 B_6 不足可影响维生素 B_{12} 的吸收。②维生素 B_1、B_2 有协同作用。③维生素 B_2 促进色氨酸转化为烟酸，与烟酸有协同作用。④治疗维生素 B 缺乏症多采用复合维生素 B。

3. 维生素 C 与其他维生素　①维生素 C 与维生素 B_5、B_6 合用，能纠正过敏反应；与维生素 B_6 合用可防结石的形成。②维生素 C 可引起维生素 B_{12} 缺乏症；与维生素 B_2 或叶酸混合可产生氧化还原反应，作用减低。③烟酰胺促进维生素 C 在体内的蓄积且可增强维生素 C 的作用。

4. 维生素 K 与其他维生素　①维生素 K 与维生素 C 在体液中发生氧化还原反应而降低疗效，不宜一起服用。②大剂量维生素 E 可减少肠道对维生素 K 的吸收。

 实例分析

实例　小儿，8 个月，近期出现烦躁磨人，爱哭闹，睡眠不安宁，后脑勺处的头发被磨光。医院查血清钙、锌，血钙低于正常值。给予维生素 D_3 和液体钙。

问题　1. 出现该症状的原因是什么？

　　　　2. 还有哪些补钙的药品？

答案解析

各种维生素的作用、适应证、药物评价见表 21-1。

表 21-1　维生素的作用、适应证、药物评价

药物	作用与适应证	药物评价及商品信息
维生素 C【药典(二);基;医保(甲、乙)】　📱微课 1	参与抗体及胶原形成，降低毛细血管通透性，促进凝血功能；促进铁在肠道的吸收；降血脂；增加对感染的抵抗力；增强机体解毒功能。用于防治维生素 C 缺乏病（坏血病）；急慢性传染性疾病及紫癜等的辅助治疗；慢性铁中毒、特发性高铁血红蛋白血症；也用于肠道疾病、透析、结核、癌症、慢性感染性疾病及营养不良的补充	水溶性维生素，又称抗坏血酸，遇到光、热、氧等易被氧化而失去活性。胃酸缺乏者服后易被破坏。不良反应：过量可引起恶心、呕吐、腹痛、腹泻等，可增加尿中草酸盐排泄，致泌尿系结石。大剂量应用时宜静脉滴注。长期服用应同时服用维生素 B_6 和维生素 B_{12}。葡萄糖 -6- 磷酸脱氢酶缺乏患者服用大剂量维生素 C 可引起溶血。片剂：0.1g。泡腾片：0.5g。注射液：2ml：0.1g；5ml：0.5g。生产商：山东新华制药
维生素 A【药典(二);医保(乙)】	参与糖蛋白的合成，维持上皮组织的正常功能，调节人体表皮角化过程。促进生长发育，维持生殖功能。参与视紫红质合成，增强视网膜感光功能。增强机体免疫反应和抵抗力。主要用于防治夜盲症、眼干燥症等维生素 A 缺乏症；对感染、烫伤局部应用有一定疗效	脂溶性维生素，又称视黄醇醋酸酯。不良反应：过量服用会中毒，出现胎儿畸形、齿龈出血、唇干燥等，甚至死亡。抗氧化剂如维生素 E 和卵磷脂有利于维生素 A 的吸收。胶丸：5000U。生产商：青岛双鲸药业
β-胡萝卜素	维生素 A 的前体物，在人体内经转化生成两分子维生素 A。用于维生素 A 缺乏，光敏性皮炎及肿瘤、免疫性疾病的辅助治疗	以脂肪为载体吸收，大部分以原型贮存在脂肪中，少部分在肝脏转化为维生素 A。用药期间会有皮肤黄染，严重肝肾功能不全者、孕妇及哺乳期慎用。软胶囊、咀嚼片：15mg。生产商：上海信谊药厂

续表

药物	作用与适应证	药物评价及商品信息
复合维生素 B【基;医保(甲、乙)】	用于营养不良、厌食、维生素 B_1 缺乏症、糙皮病及其他 B 族维生素缺乏	片剂由维生素 B_1、B_2、B_6、烟酰胺、泛酸钙组成；溶液剂由维生素 B_1、B_2、B_6、烟酰胺、泛酸钙、维生素 D、牛磺酸组成。生产商：瑞阳制药
维生素 B_1【药典(二);基;医保(甲、乙)】	参与糖代谢；抑制胆碱酯酶活性，减轻皮肤炎症反应，并能提高机体抗菌能力。用于防治脚气病，多种疾病的辅助治疗。妊娠期及哺乳期、甲亢、透析、慢性感染、肠外营养或营养不良等要适量补充。在化妆品中加入本品，有防治脂溢性皮炎、湿疹、增进皮肤健康之功效	水溶性维生素，又称盐酸硫胺。静注时偶见过敏反应。注意事项：消化道吸收有限，服用量增大并不提高其血药浓度。膳食中每日推荐量 1 ~ 1.1mg。片剂：维生素 B_1 片，5mg；10mg。注射液：2ml；50mg。生产商：杭州民生药业
维生素 B_2【药典(二);基;医保(甲、乙)】	转化为黄素单核苷酸和黄素腺嘌呤核苷酸，为黄素酶类的辅酶成分，维持组织呼吸必需；维持正常的视觉功能；参与血红蛋白的合成；激活维生素 B_6，将色氨酸转化为烟酸。用于防治口角炎、舌炎、唇干裂、口腔溃疡、结膜炎、脂溢性皮炎等维生素 B_2 缺乏；妊娠及哺乳期、甲亢、烧伤、肠外营养或营养不良等要适量补充	水溶性维生素，又称核黄素。几乎无毒性反应。经肾排泄，大量服用时，尿呈黄色。空腹服用吸收差，宜进食后立即服用。膳食中每日推荐量 1.2 ~ 1.3mg。片剂：5mg；10mg。生产商：华中药业股份有限公司
维生素 B_6【药典(二);基;医保(甲、乙)】	在体内转化为具生理活性的磷酸吡哆醛和磷酸吡哆胺，是氨基酸转移酶、消化酶及脱羧酶的辅酶，参与体内氨基酸代谢。促进上皮细胞生长。抑制皮脂腺分泌。用于维生素 B_6 缺乏症。治疗痤疮、酒渣鼻、脂溢性皮炎等；神经性皮炎、湿疹、荨麻疹、皮肤瘙痒症及妊娠皮肤病、唇炎等。减轻小儿惊厥、妊娠及抗癌药和麻醉药所引起的恶心、呕吐。防治异烟肼中毒引起的周围神经炎	水溶性维生素，又称盐酸吡哆醇。大剂量可致谷丙转氨酶升高；注射给药可引起过敏反应；孕妇长期大剂量使用维生素 B_6，可导致新生儿出现维生素 B_6 依赖综合征和致畸作用。不与左旋多巴合用，以免影响左旋多巴的疗效。膳食中每日推荐量 1.7 ~ 2.0mg。片剂：100mg。缓释片：50mg。注射液：1ml；50mg。生产商：天津华津制药
烟酰胺【药典(二);医保(乙)】	在体内与腺嘌呤等结合，形成辅酶 I、辅酶 II，参与脂质代谢、组织呼吸的氧化作用、糖原分解。防治心脏传导阻滞并提高窦房结功能。用于防治糙皮病、口炎、舌炎、顽固性腹泻、感觉异常等。防治心脏传导阻滞。一些皮肤病的辅助治疗。化妆品中应用	B 族水溶性维生素。不良反应少，个别有头晕、食欲不振、恶心等，可自行消失；肌内注射有局部疼痛。与异烟肼有拮抗作用，长期用异烟肼的患者，要适量补充本品。膳食中每日推荐量 15 ~ 20mg。制剂：烟酰胺片，50mg；100mg。注射液：1ml；50mg
烟酸【药典(二);医保(乙)】	体内转化为烟酰胺，参与脂质代谢、组织呼吸的氧化作用、糖原分解。抑制极低密度脂蛋白的合成而影响胆固醇的转运，大剂量降低胆固醇和三酰甘油。有扩张周围血管的作用。用于防治烟酸缺乏症和糙皮病。用于偏头痛、脑动脉血栓、内耳性眩晕等。大剂量（3~6g）可与其他降血脂药合用于降血脂	B 族水溶性维生素，又称尼克酸。食物中的色氨酸通过肠道菌可转化为烟酸。因不良反应大，多用烟酰胺。肾功能正常者几无毒性；个别有感觉温热、皮肤发红。大量用有头晕、食欲不振、恶心、呕吐、皮肤干燥、瘙痒及影响糖代谢等。静脉注射可有过敏反应。动脉出血、糖尿病、青光眼、痛风、溃疡、低血压者慎用。膳食中每日推荐量 15 ~ 20mg。制剂：烟酸片：50mg；100mg

药物	作用与适应证	药物评价及商品信息
泛酸钙【药典(二);医保(乙)】	辅酶 A 的前体，是糖类、脂类、蛋白质类等多种代谢环节必需，并参与类固醇、卟啉、乙酰胆碱的合成及维持上皮细胞的正常功能。用于泛酸缺乏症的预防和治疗。角膜炎、热带口炎性腹泻、乳糜泻、皮肤病、肾上腺皮质坏死等。维生素 B 缺乏症的辅助治疗	B 族水溶性维生素，又称维生素 B5。肾功能正常者几无毒性。制剂：泛钙酸片，10mg；30mg
叶酸（维生素 B9）【药典(二);基】	体内转化为四氢叶酸，参与多种生化代谢，并与维生素 B12 共同促进红细胞的生成	B 族水溶性维生素。详见抗贫血药
维生素 B12【药典(二)】	维生素 B12 缺乏时，可致叶酸缺乏，影响红细胞的发育与成熟	B 族水溶性维生素，与叶酸协同用于恶性贫血。详见抗贫血药
维生素 D【药典(二);基;医保(甲)】	维生素 D 首先在肝内转化为骨化二醇，后者在肾脏进一步转化为有活性的骨化三醇。促进钙的吸收和磷的重吸收；协同甲状旁腺素和降钙素维持及调节血浆钙、磷水平。用于防治维生素 D 缺乏症。与维生素 A 合用于角化性皮肤病、红斑及皮肤干燥等	脂溶性维生素，又称抗佝偻病维生素，同类药有骨化二醇、骨化三醇、双氢速甾醇，阿法骨化醇等。大量应用可致高钙血症。与糖皮质激素有拮抗作用。维生素 D2 胶丸：0.125mg（5000U）。维生素 D2 注射液：1ml：10mg（40 万 U）。维生素 D3 注射液：1ml：3.75mg（15 万 U）。生产商：青岛双鲸药业
维生素 AD【药典(二)】 微课 2	用于治疗佝偻病、夜盲症；小儿手足抽搐症。预防维生素 AD 缺乏	维生素 AD 胶丸：每丸含 VA 3000U + VD 300U。维生素 AD 滴剂：每 1g 含 VA 5000U + VD 500U。维生素 AD 注射液：每 0.5ml 含 VA 2575U 和 VD 2500U。肌内注射
维生素 E【药典(二)】	是体内最重要的抗氧化剂。可维持细胞、神经、肌肉的正常发育与功能。可滋润皮肤、防护紫外线损伤和减少色素沉积，延缓衰老；促进性激素分泌；提高免疫力；改善组织供氧、降低组织氧耗。大剂量可改善微循环。用于维生素 E 缺乏症；流产、不育症及抗衰老的治疗或辅助治疗；皮肤科疾病及化妆品中抗氧化、润肤止痒	脂溶性维生素，又称生育酚，以 α－生育酚分布最广，活性最高。长期大剂量引起视力模糊、乳腺肿大、腹泻、头晕、流感样症状、头痛、恶心、胃痉挛等。与香豆素类口服抗凝剂合用，可增强其抗凝作用。与洋地黄制剂同时服用时洋地黄宜适当减少用量。制剂：胶丸：5mg；10mg；50mg。生产商：华润双鹤药业
维生素 K1【药典(二);基;医保(甲,乙)】	参与肝脏合成凝血因子 II、VII、IX、X。用于维生素 K 缺乏	又称凝血维生素。详见促凝血药
多维元素	由维生素 A、D、E、B1、B2、B6、B12、C、铁、铜、锌、镁、烟酸钙、泛酸钙、磷酸氢钙、L－赖氨酸盐、重酒石酸胆碱、肌醇、碘、锰、钾等组成。预防和治疗维生素和矿物质缺乏所致疾病	不宜与含有大量钙、镁离子的药物合用，以防高血钙、高血镁。不与抗酸药同服，以免影响吸收。慢性肾衰、高钙血症、高磷血症伴肾性佝偻病禁用。生产商：惠氏制药、中美上海施贵宝制药

即学即练 21－1

以下不是水溶性维生素的是（　　）。

A. 维生素 A　　　B. 叶酸　　　C. 维生素 B6　　　D. 维生素 C

任务2 矿物质与微量元素认知

矿物质又称无机盐，是构成人体组织和维持正常生理活动的重要物质。根据矿物质在人体内含量，将他们分为常量元素（又称宏量元素）和微量元素。体内含量大于体重万分之一的称为常量元素，包括钙、磷、钾、钠、镁、氯、硫等七种。含量小于体重万分之一的称为微量元素，包括锌、铜、铁、铬、钴、锰、钼、锡、钒、碘、硒、氟、镍、硅等。

微量元素在体内含量虽小，却有很重要的生理功能。如参与酶的构成与激活，构成体内重要的载体及电子传递系统，参与激素和维生素的合成，调控自由基的水平等，并且在抗病、防癌、抗衰老等方面起着重要作用。目前，约30%的疾病是微量元素缺乏或不平衡所致，环境中化学元素分布的不均衡是人类患地方病的根本原因，例如碘缺乏。机体内铁、铜、锌总量减少，可减弱免疫机制，降低抗病能力，助长细菌感染，而且感染后的死亡率亦较高。少年儿童、孕妇及哺乳期妇女、免疫力低下者及老年人最容易缺乏微量元素，要特别关注。矿物质和微量元素的作用、适应证、药物评价见表21-2。

表21-2 矿物质和微量元素的作用、适应证、药物评价

药物	作用与适应证	药物评价及商品信息
碳酸钙【药典(二);医保(乙)】	补钙剂。用于预防和治疗钙缺乏症，如骨质疏松、佝偻病、骨软化病及妊娠、哺乳期、绝经期妇女补钙。也用于甲状腺机能减退或维生素D缺乏所致的低钙血症。肾衰时纠正低钙高磷血症。也用于胃及十二指肠溃疡时的胃酸过多	不良反应：嗳气、胃肠不适、便秘等。长期服用要监测血钙浓度。与雌激素合用，会增加钙的吸收。与苯妥英钠合用，会影响二者的生物利用度。会影响四环素的吸收。成人每日推荐量800～1200mg。片剂：0.5mg。咀嚼片：0.5g。碳酸钙D_3片：碳酸钙1.5g＋维生素$D_3$125IU。生产商：宁波立华制药
葡萄糖酸钙【药典(二);基;医保(甲乙)】	补钙剂。同碳酸钙。注射剂用于过敏性疾患，镁中毒、氟中毒的解救及心脏复苏时的高血钾、低血钙等辅助治疗	静注过快可致心律失常甚至心跳停止、恶心呕吐等。其余同碳酸钙。刺激性大，不适合皮下或肌内注射，宜缓慢静脉滴注，药液漏出血管外有刺激疼痛、皮疹。制剂：片剂：0.1g；0.5g。口服液：10ml：1g。注射液：10ml：1g。生产商：海南制药厂、长春新安药业
硫酸锌【药典(二);医保(乙)】	补锌药。用于锌缺乏引起的食欲缺乏，贫血、生长发育迟缓、营养性侏儒等。也用于异食癖、类风湿关节炎、间歇性跛行、肝豆状核变性、痤疮、慢性溃疡、结膜炎、口疮等的辅助治疗	不良反应：口服可有轻度恶心，呕吐、便秘；超量服用中毒反应表现如急性胃肠炎、恶心、呕吐、腹痛、腹泻。偶见皮疹、胃肠道出血，罕见肠穿孔。消化道溃疡患者禁用。餐后服用，以减少胃肠道刺激。片剂：25mg（含锌量5.7mg）。颗粒：2g：8mg。口服溶液：100ml：0.2g。生产商：华北制药、河北金牛原大药业
葡萄糖酸锌【药典(二)】	预防和治疗锌缺乏。同硫酸锌	胃肠道刺激小，其他同硫酸锌。片剂：70mg（含锌量10mg）；口服液：10ml：35mg（含锌量5mg）。生产商：哈药集团三精制药、杭州老桐君制药
氟化钠	补氟剂，主要在骨骼及生长中的牙齿蓄积。用于预防饮水中缺氟地区儿童的龋齿，也用于骨质疏松	不良反应少：胃肠道不适，过量可致死。长期摄入过量氟，如饮水中含氟量2mg/L，会出现牙面白色、黄棕及黑色斑，饮水中含氟4～14mg/L，骨骼氟过多会出现肢体僵硬。片剂：0.5mg，1mg
复合微量元素	为微量元素的浓缩液，可供应锌、锰、铜、磷、铁的正常每日需要量。用于肠道外营养补给时，添加微量元素，也适用于补充微量元素	具有高渗透压和低pH，故未稀释不能输注。长期使用注意监测各微量元素缺乏或过量的有关症候，进行相应的药物调整。生产商：青岛黄海制药

即学即练 21 - 2

可用于甲状腺功能减退或维生素 D 缺乏所致的低钙血症的是（　　　）

A. 葡萄糖酸钙　　　B. 葡萄糖酸锌　　　C. 碳酸钙　　　D. 维生素 E

任务 3　肠外营养药认知

　　肠外营养是指由胃肠外途径供给机体足够蛋白质（氨基酸）、脂肪、糖类、维生素、微量元素、电解质和水分等。肠外营养既可作为肠内营养不足的补充，也可以作为患者唯一的营养来源，目的是使患者维持营养状况、体重增加和创伤愈合，幼儿可以继续生长、发育。静脉输注是肠外营养的主要给药方式。临床上常用的主要有氨基酸制剂、静脉脂肪乳剂和糖类注射液等。肠外营养药物的作用、适应证、药物评价见表 21 - 3。

表 21 - 3　肠外营养药物的作用、适应证、药物评价

药物	作用与适应证	药物评价及商品信息
复方氨基酸 18AA 【药典（二）；基；医保（甲）】	参与蛋白质合成代谢，有利于正氮平衡，并生成酶、激素、抗体、结构蛋白等，促进组织愈合、器官功能恢复和机体康复。用于改善消化吸收障碍导致的蛋白营养不良；围手术禁食的营养支持；代谢旺盛疾病的营养支持	临床分为平衡型和疾病运用型。平衡型主要用于营养不良、代谢旺盛、合成不足、摄入不足等的营养支持。疾病运用型是针对特定疾病的营养支持。不良反应：注射过快有恶心呕吐、胸闷、心悸、多汗等。大量快速给药会导致酸中毒。过敏者禁用。注射液：3AA（三种氨基酸）、6AA、9AA、18AA 等品种。生产商：湖北一半天制药、天津金耀集团湖北天药药业
脂肪乳（$C_{14 \sim 24}$）【药典（二）；医保（乙）】	能量补充剂。是肠外营养的组成部分之一，为机体提供能量和必需脂肪酸，用于胃肠外营养补充能量及必需脂肪酸，预防和治疗人体必需脂肪酸缺乏症，也为经口服途径不能维持和恢复正常必需脂肪酸水平的患者提供必需脂肪酸	是以三酰基甘油为主的长链或（和）中长链不饱和脂肪酸的混合物，可加入橄榄油或深海鱼油、$\omega - 3$ 脂肪酸（EPA 和 DHA）等。不良反应有体温升高、面部潮红，偶见发冷畏寒、恶心呕吐。罕见高过敏反应、呼吸及循环影响。严重过量会出现代谢性酸中毒、血糖升高等。禁用于休克、血栓、脂肪代谢功能减退的患者，对大豆蛋白过敏者须先做过敏试验。注射液：100ml：10g 大豆油 + 1.2g 卵磷脂。$\omega - 3$ 鱼油脂肪乳注射液：100ml：2.5g 甘油 + 1.2g 卵磷脂 + 10g 精制鱼油。生产商：四川科伦药业、安徽丰原药业

 知识链接

保健食品与药品

　　批准文号可以判定药品与保健食品，药品是国药准字，保健食品是国食健字 G（J）或卫食健字（卫食健进字），另外，保健食品批准文号上方标出天蓝色形如"蓝帽子"的专用标志。保健食品注册与备案由国家市场监督管理部门承担。

　　1. 注册　生产使用保健食品原料目录以外原料的保健食品，以及首次进口的保健食品（属于补充维生素、矿物质等营养物质的保健食品除外）必须经国家市场监督管理总局注册，并取得注册号。国产保健食品注册号格式为：国食健注 G + 4 位年代号 + 4 位顺序号；进口保健食品注册号格式为：国食健

注 J+4 位年代号 +4 位顺序号。

2. 备案　使用的原料已经列入保健食品原料目录的保健食品，在省、自治区、直辖市市场监督管理部门备案。首次进口的保健食品中属于补充维生素、矿物质等营养物质的保健食品，其营养物质是列入保健食品原料目录的物质，在国家市场监督管理总局备案。国产保健食品备案号格式为：食健备 G+4 位年代号 +2 位省级行政区域代码 +6 位顺序编号；进口保健食品备案号格式为：食健备 J+4 位年代号 +00 +6 位顺序编号。

使用保健品要注意：①理性选择保健品，每种保健品都有适宜的人群，选购时不要受广告、送礼习俗的诱导。②保健品不可以代替药品。③要认清保健食品的注册号或备案号，选用合法、合格的产品。④按照批准的适宜人群、食用量及食用方法使用，不要超过有效期。

即学即练 21 -3

答案解析

临床上常用的肠外营养药物有（　　　）
A. 氨基酸制剂　　B. 静脉脂肪乳剂　　C. 糖类　　D. 微量元素

📝 实践实训

实训 29　药品分类陈列、维生素类及矿物质药的药品推介

【实训目的】

1. 能按用途、剂型及分类管理要求陈列药品；能进行同类药品的比较，正确推介药品；能调配处方并指导合理用药；能提供用药咨询服务、健康教育。

2. 熟练掌握健康教育的手段、产品推广和沟通交流技巧。

【实训准备】

1. **模拟药房实训室**　维生素类、矿物质及营养药药品、药品卡片等。

2. **一体化教室**　检索维生素及矿物质缺乏引起的病症、临床表现、常用药物选用、用药注意事项，常见的肠外营养药类别及用药注意事项，制作 PPT 或者视频脚本，并完成视频拍摄。

3. **角色扮演**　制作角色扮演、情景模拟脚本，选定角色并排练。

【实训内容】

1. **药品分类陈列**　通过虚拟药房管理软件、药品卡片完成或者在实训室完成药品陈列。

2. **健康教育**　根据 PPT 讲解或播放自己制作的视频，重点介绍疾病鉴别及预防、选药原则、药物特点。

3. **角色扮演**　患者主诉症状，医师询问并开具处方；患者拿处方到药房，药师审核处方、调剂药品并提供用药指导。

4. **课堂评价**　小组互评、教师评价、自评并改进。

【实训评价】

评价内容	评分标准	得分
课前准备（10分）	准备充分	
药品陈列（30分）	准确陈列药品	
PPT或视频（30分）	图文并茂、布局合理、内容正确	
角色扮演（20分）	仪态大方、内容准确、条理分明、重点突出	
团队合作（10分）	分工协作、参与积极性高	
合计（100分）		

目标检测

答案解析

单项选择题

1. 大剂量应用异烟肼时，常并用维生素 B_6 的目的是（　　）

　A. 增强疗效　　　　　　　　　　　　B. 防治周围神经炎

　C. 延缓耐药性　　　　　　　　　　　D. 减轻肝损害

2. 治疗维生素 B 缺乏症，一般选用（　　）

　A. 维生素 B_1　　　　　　　　　　　B. 维生素 B_2

　C. 维生素 B_6　　　　　　　　　　　D. 复合维生素 B

3. 治疗佝偻病，选用（　　）

　A. 维生素 AD　　　　　　　　　　　B. 维生素 D

　C. 维生素 A　　　　　　　　　　　　D. 复合维生素 B

4. 抗坏血酸是指（　　）

　A. 维生素 AD　　　B. 维生素 D　　　C. 维生素 A　　　D. 维生素 C

5. 生育酚是指（　　）

　A. 维生素 A　　　　B. 维生素 D　　　C. 维生素 C　　　D. 维生素 E

6. 化妆品中抗氧化、润肤止痒选用（　　）

　A. 维生素 E　　　　B. 维生素 D　　　C. 维生素 C　　　D. 维生素 A

7. 影响钙、磷吸收，治疗龋齿和骨质疏松的是（　　）

　A. 维生素 A　　　　B. 维生素 D　　　C. 氟化钠　　　　D. 葡萄糖酸钙

8. 华法林过量导致出血的对抗药物是（　　）

　A. 维生素 K　　　　B. 维生素 B　　　C. 维生素 C　　　D. 维生素 A

9. 夜盲症选用（　　）

　A. 维生素 A　　　　B. 维生素 B　　　C. 维生素 C　　　D. 维生素 D

10. 脂溶性维生素是（　　）

　A. 维生素 B_2　　　B. 维生素 B_{12}　　C. 维生素 C　　　D. 维生素 D

11. 可以改善消化吸收障碍导致的蛋白营养不良的是（　　）

　A. 复合维生素 B　　　　　　　　　　B. 复合维生素

C. 复方氨基酸   D. 脂肪乳

12. 围手术禁食时的营养支持选用（   ）

    A. 复合维生素 B   B. 复合维生素

    C. 复方氨基酸   D. 脂肪乳

13. 下列药物合用，会增进吸收的是（   ）

    A. 维生素 B_6 与左旋多巴   B. 阿司匹林与叶酸

    C. 维生素 C 与铁剂   D. 维生素 B_{12} 与维生素 C

14. 不宜与左旋多巴合用的是（   ）

    A. 维生素 B_1 B. 维生素 B_2

    C. 维生素 B_6 D. 复合维生素 B

15. 婴幼儿钙缺乏，应补充（   ）

    A. 维生素 A 和葡萄糖酸钙   B. 维生素 B_6 和液体钙

    C. 氟化钠和葡萄糖酸钙   D. 维生素 D_3 和葡萄糖酸钙

书网融合……

知识回顾   微课 1   微课 2   习题

项目 22　调节水、电解质及酸碱平衡药

学习引导

水、电解质和酸碱平衡是人体细胞进行正常代谢所必需的，机体通过神经、内分泌等的调节作用，维持体液容量、渗透压、电解质浓度及酸碱度处于正常范围。当疾病、感染、创伤、物理化学因素或不恰当的治疗，导致平衡失调时，将会出现水、电解质和酸碱平衡紊乱，甚至危及生命。在疾病发展中常有多种平衡失常，或者由一种失衡发展为多种失衡，要针对紊乱类型调整失衡，并对原发病进行治疗。

本类药物主要在医疗机构使用。常用药有：①糖类，如葡萄糖、果糖等；②钠盐，如氯化钠；③钾盐，如氯化钾、谷氨酸钾、枸橼酸钾等；④钙盐，如葡萄糖酸钙、氯化钙、乳酸钙等；⑤磷酸盐，如磷酸钠、磷酸钾等；⑥镁盐，如硫酸镁、氯化镁等；⑦酸碱平衡调节药，如碳酸氢钠、乳酸钠、氯化铵、枸橼酸盐等。

📖 学习目标

1. **熟悉**　常用糖类、盐类及酸碱平衡调节药的作用、适应证。
2. **了解**　常见药品的商品信息。

任务 1　糖类药认知

葡萄糖【药典(二);基;医保(甲、乙)】 微课

Glucose

【**药理作用**】人体主要的能量来源。与胰岛素合用，会促进 K^+ 进入细胞。高渗葡萄糖快速静注有组织脱水作用，是维持和调节腹膜透析液渗透压的主要物质。

【**适应证**】补充能量和体液，用于药物中毒、细菌毒素中毒、肝昏迷等各种原因的进食不足或体液大量丢失；用于低血糖症；与胰岛素合用纠正细胞内缺钾或治疗高血钾症；高渗葡萄糖用作组织脱水，治疗肺水肿、脑水肿；配制腹膜透析液。

【**制剂规格**】葡萄糖注射液：5%、10%、20%、50%。葡萄糖氯化钠注射液：10% 葡萄糖 + 0.9% 氯化钠。

【**用法用量**】低血糖症：重者可先予 50% 葡萄糖注射液 20 ~ 40ml 静脉推注。高钾血症：应用

10% ～25% 注射液，每 2 ～4g 葡萄糖加 1 单位胰岛素输注，可降低血清钾浓度。作为静脉滴注时的溶媒一般用 5% 的葡萄糖。

【药物评价】

（1）药效　常用的热能和体液补充剂，也是静脉输液的常用载体。应用广泛、价格低廉，销售量大。

（2）不良反应　①胃肠道反应，如恶心、呕吐，见于口服浓度过高、过快时。②反应性低血糖：合并胰岛素使用过量或原有低血糖倾向者。③高渗液静脉滴注易致静脉炎，高浓度葡萄糖注射液外渗可致局部肿痛。④高血糖非酮症昏迷：糖尿病、应急状态、大剂量糖皮质激素、尿毒症腹膜透析患者给予高渗葡萄糖溶液及全静脉营养疗法时。⑤电解质紊乱：长期单纯补葡萄糖时，出现低钠、低钾等。

（3）注意事项　高血糖者禁用。

【商品信息】

（1）发展史　1948 年，上海德裕祥化学制药厂试制，1953 年注射液投产。

（2）生产商　辰欣药业、科伦制药、北京双鹤药业等，共 3000 多个批准文号。

【贮藏】 密闭保存。

 实例分析

案例　患者男，40 岁，因高温下工作中暑，大量出汗，口渴，尿少。后饮入大量的水，进而出现肌肉痉挛及疼痛。查体温正常、血钠及氯降低，血钾也降低。

问题　1. 患者的疾病如何诊断？

　　　　2. 怎样治疗？

答案解析

果糖二磷酸钠
Diphosphate Sodium

【其他名称】 1，6 二磷酸果糖；果糖磷酸钠

【药理作用】 葡萄糖酵解的中间产物，能激活磷酸果糖激酶、丙酮酸激酶及乳酸脱氢酶来调节酶促反应。药理剂量的果糖二磷酸钠，能通过激活磷酸果糖激酶和丙酮酸激酶的活性，使细胞内三磷酸腺苷和磷酸肌酸的浓度增加，促进钾离子内流，有益于缺血、缺氧状态下细胞的能量代谢和葡萄糖的利用，有利于心肌修复，改善心肌缺血。

【适应证】 用于心肌缺血引起的心绞痛、心肌梗死、心力衰竭、休克等的治疗。也用于酒精中毒、慢性营养不良、慢性呼吸衰竭等的低磷血症。

【制剂规格】 注射用粉针：5g。注射液：50ml：5g；100ml：10g。

【用法用量】 静脉滴注：每日 5 ～10g，每 1g 粉末用灭菌注射用水 10ml 溶解，将混匀后的溶液静脉输注（大约 10ml/min）。混匀后的溶液必须单次给药，如没有输完，余量不再使用。治疗低磷酸血症的剂量，应根据磷酸缺乏的程度，以免磷酸超负荷。

【药物评价】

（1）药效　常用于心肌缺血的急救。

（2）不良反应　可有滴注部位疼痛、皮疹、口唇麻木，偶见头晕、胸闷及过敏反应。偶见尿潜血、血色素尿、高钠血症、低钾血症。

（3）注意事项　过敏者、肾衰竭、高磷血症患者禁用。忌与碱性药物、钙剂配伍。高血糖者禁用。

【商品信息】生产商　海口奇力制药、上海信谊天平药业、上药新亚药业、北京双鹭制药等。

【贮藏】密闭，在阴凉处保存。

任务 2　调节水、电解质平衡药认知

水、电解质平衡是指机体每日摄取和排出的水量及钠量（细胞外液主要的电解质）是否保持平衡和如何保持平衡。血浆中的阳离子主要是 Na^+、K^+、Ca^{2+}、Mg^{2+}，其中以 Na^+ 含量最高，约占阳离子总量的 90% 以上，对维持细胞外液的渗透压、体液的分布和转移起着决定性的作用。其他阳离子含量虽少，但却有特殊的生理功能。临床常用的电解质平衡药有氯化钠、氯化钾等。

氯化钠[药典(二)；基；医保(甲)]

Sodium Chloride

【药理作用】电解质补充药。钠、氯离子主要通过下丘脑、垂体后叶和肾脏进行调节，维持体液容量和渗透压的稳定。

【适应证】①各种原因所致的失水，包括低渗性、等渗性和高渗性失水；②高渗性非酮症糖尿病昏迷，应用等渗或低渗氯化钠可纠正失水和高渗状态；③低氯性代谢性碱中毒；④外用生理盐水冲洗眼部、洗涤伤口等；⑤还用于产科的水囊引产。

【制剂规格】氯化钠注射液：0.9%。高渗氯化钠注射液：100ml：0.3g；10ml：1g。

【药物评价】

（1）药效　体液补充剂，是静脉输液的常用载体，也用于高温作业时中暑的防治。临床应用广泛、价格低廉，销售量大。

（2）不良反应　①输液过多、过快，可致水钠潴留，引起水肿、血压升高、心率加快、胸闷、呼吸困难，甚至急性左心衰竭。②不适当给予高渗氯化钠，会导致高钠血症。③过多、过快给予低渗氯化钠可致溶血、脑水肿等。

（3）注意事项　①水肿性疾病，如肾病综合征、肝硬化、腹水、充血性心力衰竭、急性左心衰竭、脑水肿及特发性水肿等慎用；急性肾功能衰竭少尿期，慢性肾功能衰竭尿量减少而对利尿药反应不佳者慎用；高血压、低钾血症慎用。②根据临床需要，检查血清中钠、钾、氯离子浓度；血液中酸碱浓度平衡指标、肾功能及血压和心肺功能。

【商品信息】生产商　万邦制药、科伦制药、齐都制药、鲁安制药等，共 3000 多个批准文号。

【贮藏】密闭保存。

氯化钾[药典(二)；基；医保(甲)]

Potassium Chloride

【药理作用】电解质补充药。钾是细胞内的主要阳离子，在细胞代谢、维持细胞内液渗透压、保持细胞内外酸碱平衡、神经冲动的传递、肌肉收缩、心肌的兴奋性和传导性及正常脏器功能的维持等方面发挥作用。

【适应证】预防和治疗低钾血症；洋地黄中毒引起频发性、多源性期前收缩或快速心律失常。

【制剂规格】片剂：0.25g；0.5g。口服液：100ml：10g。注射液：10ml：1g。

【药物评价】

（1）药效　口服钾盐用于轻度低血钾预防用药。严重低血钾或不能口服者用注射液。

（2）不良反应　①口服钾盐可有胃肠道刺激症状，如恶心呕吐、咽部不适、胸痛（食管刺激）、腹痛、腹泻，甚至消化性溃疡、出血。在剂量大、空腹或原有溃疡者易发生。②静脉滴注浓度较高，速度较快或静脉较细时，易刺激静脉内膜引起疼痛。③滴注速度较快或原有肾功能损害时，可能出现高钾血症。

（3）注意事项　①老年人肾脏清除钾的功能下降，应用钾盐时较易发生高钾血症。②下列情况慎用：代谢性酸中毒伴有少尿时；肾上腺皮质功能减弱者；急慢性肾功能衰竭；大面积烧伤、肌肉创伤、严重感染、大手术后24小时和严重溶血；肾上腺性异常综合征伴盐皮质激素分泌不足。③高钾血症时禁用。④用药期间需检查：血钾、心电图、血镁、钠、钙、酸碱平衡指标、肾功能和尿量。

【商品信息】

（1）发展史　从光卤石中提取精制。国内多家制药企业生产。

（2）生产商　天津力生制药、天津金耀氨基酸、济南利民制药、山东华信制药等。

【贮藏】密闭保存。

 知识链接

运动喝水　大有讲究

运动的时候，大量水分和电解质随汗液排出，需要适时适量补充水分。运动完以后，饮水要少量多次，也不能只喝白开水或纯净水，要加一些电解质，因为短时间大量饮用白开水或者纯净水，不仅会稀释血液中的电解质，而且会使尿量增加，加速电解质流失，导致低血钠症。

运动时的适宜饮品是含糖量在5%以下并含钾、钠、钙、镁等无机盐的碱性饮料。但不宜饮用过多；不运动时，则最好少喝，因为它含有较多此时身体本不需要的糖、电解质及热量。除了运动饮料含有电解质之外，一般的水果、果汁也是含糖量相当高的食物，对于运动后的体力恢复及维持电解质的水平也很有帮助，在流失汗水后不必拘泥于运动饮料。

那么运动完以后应该补充多少水分？黄金法则是补充比流失多25%～50%的饮水，即：每丢失1公斤体重，补充至少1250～1500ml（1.25～1.5L）液体，才能纠正脱水。

生命在于运动，合理运动是健康生活的基石，科学饮水可以提高运动效果，维护身体健康。

即学即练22-1

下列关于氯化钠说法错误的是（　　　）

答案解析

A. 氯化钠是电解质补充药　　　　　　B. 用于高温作业时中暑的防治

C. 不能用于高渗性非酮症糖尿病昏迷　D. 水肿性疾病慎用

任务3　调节酸碱平衡药认知

人体在正常代谢过程中，会不断产生酸性物质或碱性物质，也会从食物中摄取酸性物质或碱性物质，酸性物质和碱性物质在人体中不断变化，这些不断变化的酸性物质和碱性物质必须依靠机体的调节功能保持相对平衡，这个平衡就是酸碱平衡。正常人体体液的平衡范围为 pH 值 7.35～7.45。但是，机体自身的调节功能是有限的，若代谢紊乱，超过代偿功能，就打破了正常的酸碱平衡，则称为酸碱失衡。常用的调节酸碱平衡药物有碳酸氢钠、乳酸钠等。

碳酸氢钠[药典(二);基;医保(甲)]

Sodium Bicarbonate

【其他名称】小苏打

【药理作用】中和 H^+，纠正酸中毒；碱化尿液，加速药物或毒物排出；中和胃酸。

【适应证】①治疗轻、中度代谢性酸中毒，以口服为宜。重度应静脉滴注。②碱化尿液。预防尿酸性肾结石，减少磺胺药的肾毒性，以及急性溶血时防止血红蛋白沉积在肾小管。③治疗胃酸过多的症状。④静脉滴注解救巴比妥类、水杨酸类药物及甲醇等中毒。但禁用于吞食强酸中毒时的洗胃，因产生大量二氧化碳，导致急性胃扩张甚至胃破裂。

【制剂规格】片剂：0.25g；0.5g。注射液：10ml：1.5g；100ml：5g。

【药物评价】

（1）药效　溶液中显碱性，用于中和体内过多的酸，是常用的弱碱性药物。

（2）不良反应　①大量注射时可出现心律失常、肌肉痉挛、疼痛、异常疲倦虚弱等，主要由于代谢性碱中毒引起低钾血症所致。②剂量偏大或存在肾功能不全时，导致代谢性碱中毒，可出现水肿、精神症状、肌肉疼痛或抽搐、呼吸减慢、口内异味、异常疲倦虚弱等。③长期应用时可引起尿频、尿急、持续性头痛、食欲减退、恶心呕吐、异常疲倦虚弱等。

（3）注意事项　①对诊断的干扰：对胃酸分泌试验或血、尿 pH 测定结果有明显影响。②下列情况慎用：尿少或无尿；钠潴留并有水肿时，如肝硬化、充血性心力衰竭、肾功能不全、妊娠高血压综合征；原发性高血压等。③长期或大量应用可致代谢性碱中毒、钠负荷过高引起水肿等，孕妇应慎用。

【商品信息】

（1）发展史　1801 年制成，国内 20 世纪 30 年代有生产。

（2）生产商　丽珠制药、河南安阳制药、山西太原制药、新华制药、瑞阳制药等。

【贮藏】密闭保存。

乳酸钠[药典(二);医保(甲)]

Sodium Lactate

【药理作用】纠正酸中毒，碱化尿液和体液。

【适应证】用于代谢性酸中毒，碱化尿液和体液，用于高钾血症或普鲁卡因胺引起的室性心律失常伴有酸血症。

【制剂规格】注射液：11.2%，20ml：2.24g；50ml：5.6g。

【用法用量】高钾血症伴酸中毒时，用乳酸钠为宜。临床应用时可根据需要配制成不同渗透压浓度；等渗液浓度为 1.86%。

【药物评价】

（1）药效　在高钾血症伴酸中毒时，以使用乳酸钠或乳酸钠林格注射液为宜。

（2）不良反应　①有低钙血症者（如尿毒症），在纠正酸中毒后易出现手足发麻、疼痛、抽搐、呼吸困难等症状，是由于血清钙离子浓度降低所致。②心率加速、胸闷、气急等肺水肿、心力衰竭表现等。③血压升高。④体重增加、水肿。⑤过量时出现碱中毒。血钾浓度下降，有时出现低钾血症表现。

（3）注意事项　①浮肿及高血压患者，应用时宜谨慎。②给药速度不宜过快，以免发生碱中毒、低钾及低钙血症。

　　【商品信息】生产商　天津金耀药业、华裕（无锡）制药有限公司等。

　　【贮藏】密闭保存。

即学即练22-2

乳酸钠的不良反应有（　　　）

A. 引起心率加速、胸闷、气急等肺水肿、心力衰竭

B. 血压升高

C. 体重增加、水肿

D. 有低钙血症者（如尿毒症），在纠正酸中毒后易出现手足发麻、疼痛、搐搦、呼吸困难等症状

答案解析

目标检测

答案解析

单项选择题

1. 碳酸氢钠用量过大可导致水肿、精神症状、肌肉疼痛，主要原因是（　　　）

　　A. 代谢性酸中毒　　　　　　　　　　　　B. 代谢性碱中毒

　　C. 呼吸性酸中毒　　　　　　　　　　　　D. 呼吸性碱中毒

2. 碳酸氢钠临床可用于（　　　）

　　A. 代谢性酸中毒　　　　　　　　　　　　B. 代谢性碱中毒

　　C. 呼吸性酸中毒　　　　　　　　　　　　D. 呼吸性碱中毒

3. 关于钠的作用，错误的是（　　　）

　　A. 调节体液渗透压、电解质与酸碱平衡　　B. 维持血压

　　C. 参与神经信息的传递　　　　　　　　　D. 不调节体内水量平衡

4. 细胞内液的主要阳离子是（　　　）

　　A. 钠离子　　　　　B. 钾离子　　　　　C. 钙离子　　　　　D. 镁离子

5. 静脉滴注可解救水杨酸类药物及甲醇等中毒的是（　　　）

　　A. 碳酸氢钠　　　　　B. 氯化钾　　　　　C. 氯化钠　　　　　D. 乳酸钙

6. 高钾血症伴酸中毒时，宜选用（　　　）

　　A. 葡萄糖　　　　　B. 碳酸氢钠　　　　　C. 氨基酸　　　　　D. 乳酸钠

7. 有关氯化钾，下列说法错误的是（　　　）

　　A. 口服钾盐用于轻度低血钾预防用药　　　B. 可用于高钾血症患者

　　C. 口服钾盐可有胃肠道刺激症状　　　　　D. 肾上腺皮质功能减弱者慎用

8. 有关乳酸钠，下列说法错误的是（　　　）

　　A. 纠正酸中毒，碱化尿液和体液　　　　　B. 引起体重减轻

　　C. 给药速度不宜过快　　　　　　　　　　D. 容易引起心率加速、胸闷、气急等

9. 巴比妥类药物过量中毒，宜选用（　　　）

    A. 氯化钾　　　　　　　B. 氯化铵　　　　　　　C. 碳酸氢钠　　　　　　　D. 果糖

10. 有关氯化钾，下列说法错误的是（　　　）

    A. 口服钾盐用于轻度低血钾预防用药　　　　　B. 可用于高钾血症患者

    C. 口服钾盐可有胃肠道刺激症状　　　　　　　D. 肾上腺皮质功能减弱者慎用

书网融合……

知识回顾　　　　　　微课　　　　　　习题

PPT

项目 23　专科用药

学习引导

随着社会信息化、网络化程度的普及，手机、电脑成为工作、学习、生活不可缺少的工具，由此带来了视疲劳、眼睛干涩、近视眼等，眼科用药需求旺盛。医药流通市场中皮肤科用药、眼科用药、耳鼻喉及口腔科用药、妇科用药、消毒防腐药、解毒药等，也称作专科用药，以外用药和处方药居多。各类专科用药有哪些代表药物？怎样合理使用？临床使用的注意事项有哪些？

本项目主要介绍皮肤科、眼科、耳鼻喉及口腔科、妇科、消毒防腐药、解毒药等临床常用的药品。

学习目标

1. **熟悉**　常用药物的作用、适应证。
2. **了解**　常用药品的商品信息。

任务 1　皮肤科用药认知

皮肤是人体最大的器官之一，具有维持机体内环境稳定和阻止有害物质的浸入等重要功能。皮肤科疾病是常见的一类疾病，可因皮肤表面或局部的细菌、真菌、病毒、寄生虫等感染导致，如细菌感染引起甲沟炎、痤疮、疖肿等，真菌感染引起头癣、手癣、足癣、体癣等；寄生虫感染引起疥疮等；病毒感染引起疱疹等。治疗时除了可对因进行抗菌、抗真菌、抗病毒治疗，还可同时对症治疗，如瘙痒可外用止痒药。有的皮肤病的发生和发展与人体的内分泌有关，如脂溢性皮炎等，需系统用药。

外用药可以直接接触到皮肤，局部药物浓度高，可以避免口服、注射等方式对机体带来的全身性不良反应。外用药的选择，除了要考虑药物的性质及作用外，药物的剂型选择也要考虑。一般来说，脂溶性药物易透过皮肤的角质层，到达血管和淋巴发挥作用，药物剂型有软膏剂、乳膏剂、搽剂、洗剂、涂膜剂、贴剂、喷雾剂等。

皮肤科外用药主要分为以下几类：①抗感染药，如硝酸咪康唑、特比萘芬、莫匹罗星、联苯苄唑等；②糖皮质激素类，如氢化可的松、泼尼松、地塞米松、曲安奈德等；③止痛、止痒药，如苯佐卡因、达克罗宁等；④消毒防腐药，如聚维酮碘、乳酸依沙吖啶等；⑤抗皮脂溢药，如升华硫等；⑥角质溶解药，如地蒽酚，水杨酸、维 A 酸、异维 A 酸、阿维 A 等；⑦其他，如樟脑、薄荷脑、氧化锌、尿素等。

知识链接

普通化妆品与特殊化妆品

化妆品分为非特殊用途化妆品（普通化妆品）和特殊用途化妆品（特殊化妆品）。非特殊用途化妆品包括：发用品、护肤品、彩妆品、指（趾）甲用品、芳香品。特殊用途化妆品是指用于育发、染发、烫发、脱毛、美乳、健美、除臭、祛斑、防晒的化妆品。

目前，在护肤方面的特殊用途化妆品主要添加以下药物。①纠正色素药物：氢醌、壬二酸、维生素 C、过氧化氢、熊果苷等。②防晒剂：化学性紫外线吸收剂有氨基苯甲酸及其酯类、水杨酸酯类、肉桂酸酯类；物理性防晒剂有二氧化钛、氧化锌、滑石粉等；生物性防晒剂有维生素 C、维生素 E、SOD、辅酶 Q、β - 胡萝卜素及深海鱼油、芦荟、黄芩提取物等。③延缓皮肤衰老：超氧化歧化酶（SOD）、透明质酸、硫酸软骨素、壳聚糖等。④除瘢痕的药物：肾上腺皮质激素和胶原酶等。

国家对特殊用途化妆品实行注册管理，对非特殊用途化妆品实行备案管理。2019 年 1 月，国家药监局发布了《化妆品监督管理常见问题解答（一）》，对"药妆""药妆品""医学护肤品"等概念重申了监管态度。明确指出中国不存在"药妆品"的概念，且宣传"药妆""医学护肤品"等"药妆品"概念均属于违法行为。不但是我国，世界上大多数国家在法规层面均不存在"药妆品"概念，避免化妆品和药品概念的混淆，是世界各国（地区）化妆品监管部门的普遍共识。

莫匹罗星[基;医保(乙)]
Mupirocin

【其他名称】 假单胞菌酸 A

【药理作用】 由荧光假单胞菌产生。其抗菌作用是通过可逆性结合于异亮氨酸转移 RNA 合成酶，阻止异亮氨酸渗入，产生杀菌和抑菌作用。对与皮肤感染有关的各种革兰阳性球菌，尤其对葡萄球菌和链球菌高度敏感，对耐药金黄色葡萄球菌有效。对某些革兰阴性菌有一定的抗菌作用。

【适应证】 局部外用抗菌药物。适用于各种细菌性皮肤感染，主要用于革兰阳性球菌引起的皮肤感染，如脓疱疮、疖肿、毛囊炎，湿疹，各种溃疡和创伤等基础上的继发性细菌感染。

【制剂规格】 软膏：2%，5g：0.1g。

【用法用量】 外用，局部涂于患处。必要时，患处可用敷料包扎或敷盖，每日 3 次，5 天一疗程，必要时可重复一疗程。

【药物评价】

（1）药效　莫匹罗星对哺乳类动物异亮氨酸 - tRNA 合成酶的亲和力很低，对人的毒性很小。外用于皮肤后，吸收很少。吸收后可迅速代谢灭活并经肾脏排出。

（2）不良反应　局部应用一般无不良反应，偶见烧灼感、刺痛或瘙痒等。

（3）注意事项　对莫匹罗星或聚乙二醇基质过敏者禁用。不适于眼内和鼻内使用。

【商品信息】

（1）发展史　葛兰素史克公司生产，1993 年在中国上市，商品名"百多邦"，2008 年 1 月由处方药转为非处方药。

（2）生产商　中美史克、湖北人福成田药业，进口产品"澳琪"由香港澳美制药生产。

夫西地酸[医保(乙)]
Fusudic Acid

【其他名称】 褐霉素、甾酸霉素

【**药理作用**】是具有甾体骨架的林可霉素类抗菌药物，能抑制细菌的蛋白质合成，产生抑菌或杀菌作用。对金黄色葡萄球菌（包括甲氧西林耐药菌或其他耐药菌株）有较强的抗菌作用，对链球菌、肠球菌、白喉杆菌、梭状芽孢杆菌、奈瑟菌属以及结核杆菌也有一定的抗菌作用，对脆弱拟杆菌则作用较弱。

【**适应证**】用于敏感菌引起的皮肤感染，主要有脓疱疮、疖、痈、甲沟炎、创伤感染、毛囊炎、寻常性痤疮等。

【**制剂规格**】乳膏：2%。

【**用法用量**】每日 2 ~ 3 次，涂于患处，一般疗程为 7 天。治疗痤疮时可根据病情的需要延长疗程。

【**药物评价**】

（1）药效　主要外用于皮肤、创面感染，葡萄球菌感染有较好的作用。

（2）不良反应　用药局部可出现刺激反应及过敏反应，如红斑、丘疹、瘙痒等。罕见黄疸、紫癜、表皮坏死、血管水肿。

（3）注意事项　①不宜长时间、大面积使用。②哺乳期妇女，应注意勿用于乳房局部的皮肤感染。③对夫西地酸或其赋形剂过敏者禁用。

【**商品信息**】生产商　上海复星朝晖药业，进口药品"澳络"由香港澳美制药生产。

 实例分析

> **案例**　某男，26 岁，因头皮屑较多，从超市购买了多种去屑洗发水，没有明显效果。药师推荐使用酮康唑发用洗剂，使用一个月后，效果明显。
>
> **讨论**　1. 酮康唑去头皮屑的原理是什么？
>
> 　　　　2. 使用酮康唑能不能根治头皮屑？可以长期使用吗？
>
> 答案解析

其他皮肤科用药见表 23 – 1。

表 23 – 1　其他皮肤科用药

药物	作用与适应证	药物评价及商品信息
维 A 酸【药典(二);医保(甲)】	体内维生素 A 的代谢中间产物，主要影响骨的生长和促进上皮细胞增生、分化、角质溶解等代谢作用。外用治疗寻常痤疮、鱼鳞病及银屑病，亦用于其他角化异常性皮肤病	外用。不良反应与维生素 A 过量的症状相似，恶心呕吐及食欲不振。头痛、头晕及肌肉关节疼痛。有致畸作用，孕妇禁用。肝肾功能不良者慎用。乳膏：0.1%。生产商：重庆华邦制药
异维 A 酸【药典(二);医保(乙)】	本品适用于局部寻常痤疮、粉刺的治疗	不良反应较多，与维生素 A 过量的症状相似。应在医生指导下使用。凝胶：10g：5mg。生产商：哈尔滨大中制药
阿达帕林【医保(乙)】	维 A 酸类化合物，抑制花生四烯酸转化为白三烯，抑制角质过度增生，用于以粉刺、丘疹、脓包为主的寻常型痤疮；面部、背部及胸部痤疮	过敏或有严重刺激时停药。凝胶剂：0.1%。生产商：四川明欣药业、天津金耀药业
乳酸依沙吖啶【药典(二);医保(乙)】	消毒防腐药。主要抑制革兰阳性球菌，用于小面积、轻度外伤创面及感染创面的消毒	外用。偶见皮肤刺激如烧灼感，或过敏反应如皮疹、瘙痒等。溶液剂：100ml：0.1g。生产商：成都明日制药

药物	作用与适应证	药物评价及商品信息
酞丁胺	消毒防腐药。外用治疗带状疱疹、单纯疱疹，对尖锐湿疣也有一定的治疗作用。可用于治疗浅部真菌感染，如体癣、股癣、手足癣等	外用。乳膏：10g：0.3g
聚维酮碘【药典(二)】	消毒防腐药。解聚释放出所含碘，对多种细菌、芽孢、病毒、真菌等有杀灭作用。用于化脓性皮炎、皮肤真菌感染、小面积轻度烧烫伤，也用于小面积皮肤、黏膜创口的消毒	消毒防腐剂，又称碘伏，杀菌力强，毒性低，且为广谱杀菌剂，对组织刺激性小，适用于皮肤、黏膜感染。聚维酮碘溶液：1%；5%；10%
苯扎溴铵【药典(二)】	消毒防腐药。阳离子表面活性剂类广谱杀菌剂，能改变细菌胞浆膜通透性，对革兰阳性细菌作用较强。用于手术前皮肤消毒，黏膜和伤口消毒，手术器械消毒	又称新洁尔灭。不良反应有变态反应性结膜炎、视力减退、接触性皮炎。溶液：5%。生产商：上海运佳黄浦制药
酮康唑【药典(二)；医保(乙)】	吡咯类抗真菌药。酮康唑栓：用于治疗阴道念珠菌病。 酮康唑乳膏：用于手癣、足癣、体癣、股癣、花斑癣及皮肤念珠菌病。 酮康唑洗剂：用于治疗和控制头皮屑及其相关的脱屑、鳞屑和瘙痒	酮康唑栓：0.4g 酮康唑乳膏：2% 酮康唑洗剂：1%；2% 生产商：上海新亚药业闵行有限公司
二硫化硒【药典(二)；医保(乙)】	角质促成药物。外用于头屑、头皮脂溢性皮炎、花斑癣	洗剂：100g×2.5%。生产商：上海新亚药业高邮有限公司、江苏迪赛诺制药
升华硫【药典(二)】	抗皮脂溢药。外用于痤疮、脂溢性皮炎、酒渣鼻、单纯糠疹、疥疮、头癣的治疗	乳膏：5%~10%。生产商：广东顺德市顺峰药业、昆明中州药业
特比萘芬【药典(二)；医保(乙)】	广谱抗真菌药。用于治疗手癣、足癣、体癣、股癣、花斑癣及皮肤念珠菌病等	乳膏：1%。生产商：河北九正药业。 喷雾剂：1%。生产商：山东京卫制药
曲安奈德【药典(二)；医保(乙)】	糖皮质激素类药物。外用于过敏性皮炎、湿疹、神经性皮炎、脂溢性皮炎及瘙痒症	乳膏：10g：2.5mg（0.025%）。生产商：北京曙光药业
水杨酸【药典(二)；基】	角质溶解药。用于寻常痤疮、脂溢性皮炎、银屑病、皮肤浅部真菌病、疣、鸡眼、胼胝及局部角质增生	外用。软膏：5%。生产商：马应龙药业
壬二酸	抑制微生物的蛋白合成。可直接杀灭皮肤和毛囊内细菌，对痤疮丙酸杆菌和表皮葡萄球菌有抗菌活性。用于以粉刺、丘疹、脓包为主的轻中度寻常型痤疮	不良反应一般皆较轻微而且短暂。有瘙痒、灼热、刺激和刺痛感。有红斑、皮肤干燥、皮疹、脱屑、刺激、皮炎及接触性皮炎等。乳膏：30g：6g。生产商：浙江康恩贝制药
过氧苯甲酰【药典(二)；医保(乙)】	消毒防腐药。强氧化剂，遇有机物分解出新生态氧而发挥杀菌除臭作用。可杀灭痤疮丙酸杆菌，并使皮肤干燥、脱屑。2.5%~5.0%的溶液用于皮脂腺分泌过多所致的寻常型痤疮	外用。乳膏或凝胶剂：5%；10%。生产商：上海通用药业、四川明欣药业
炉甘石【药典(一)；基；医保(甲)】	外用于急性皮炎、急性湿疹、荨麻疹等急性瘙痒性皮肤病	用前需震荡混匀，外搽于皮损处。洗剂：复方。生产商：上海运佳黄浦制药

续表

药物	作用与适应证	药物评价及商品信息
尿素【药典(二);基;医保(甲)】	角质溶解药。使角质蛋白溶解变性，增进角质层水合作用，从而使皮肤柔软，防止干裂。外用于鱼鳞病、手足皲裂、皲裂性湿疹、老年性皮肤瘙痒症及毛发红糠疹等角化性皮肤病	外用。软膏：10%。生产商：上海运佳黄浦制药、马应龙药业
硫酸锌【药典(二);医保(乙)】	收敛药和补锌药。外用伤口冲洗或湿敷。口服用于缺锌症	外用硫酸锌溶液：0.5%～1%

即学即练 23 -1

以下可外用治疗过敏性皮炎、湿疹、神经性皮炎、脂溢性皮炎及瘙痒症的是（　　）

答案解析

A. 莫匹罗星　　　B. 曲安奈德　　　C. 苯扎溴铵　　　D. 硫酸锌

任务 2　眼科用药认知

眼科常见疾病有青光眼、白内障、近视、视疲劳、干眼及沙眼、结膜炎、角膜炎等感染性疾病，眼科用药以抗菌抑菌、止涩止痒、清洁护理、营养滋润、明目、缓解视疲劳为主，制剂以滴眼液和眼膏为主。

主要有以下几类。①抗感染药：妥布霉素、氯霉素、红霉素、金霉素、林可霉素、杆菌肽等，氧氟沙星、诺氟沙星，磺胺醋酰钠、磺胺嘧啶、碘苷、利巴韦林、阿昔洛韦、羟苄唑、酞丁胺、氟康唑等。②降低眼内压药：毛果芸香碱、卡巴胆碱等 M 受体激动药；噻吗洛尔、卡替洛尔等 β 受体拮抗药；乙酰唑胺、双氯非那胺等碳酸酐酶抑制剂；拉坦前列素等前列腺素类似物。③散瞳药：阿托品、后马托品、托吡卡胺等 M 受体阻断药等。④抗过敏药：色甘酸钠、酮替芬、盐酸萘甲唑啉、复方牛磺酸等。⑤组织粘连和干眼治疗药：玻璃酸钠、甲基纤维素、硫酸软骨素等。⑥防治白内障药：法可林、牛磺酸、吡诺克辛钠、苄达赖氨酸等。⑦激素类及其他：荧光素钠、羟苄磺酸钙等。

常用眼科用药见表 23 -2。

表 23 -2　眼科用药

药物	作用与适应证	药物评价及商品信息
萘甲唑啉【药典(二)】	用于缓解眼疲劳、结膜充血或过敏等不适症状	滴入结膜囊
玻璃酸钠【医保(乙)】	注射液为眼科手术辅助用药。滴眼液用于伴随下述疾患的角结膜上皮损伤、干燥综合征，干眼综合征等内因性疾患；手术后、药物性、外伤、佩戴隐形眼镜等外因性疾患	滴眼液：0.1%。滴入结膜囊。生产商：齐鲁制药。注射液，前房内注射，根据手术方式选择剂量。生产商：山东博士伦福瑞达制药
硫酸软骨素【药典(二)】	用于角膜炎，角膜溃疡、角膜损伤或其他化学因素所致的角膜灼伤等	滴入结膜囊。滴眼液：5ml：0.15g。生产商：山东博士伦福瑞达制药
法可林	用于早期老年性白内障、外伤性白内障、先天性白内障、继发性白内障	滴入结膜囊。滴眼液：0.02%。生产商：江西珍视明药业

任务3　耳鼻喉及口腔科用药认知

常用耳鼻喉及口腔科用药见表23 - 3。

表 23 - 3　耳鼻喉及口腔科用药

药物	作用与适应证	药物评价及商品信息
过氧化氢【药典(二);医保(乙)】	为消毒防腐药。适用于化脓性外耳道炎和中耳炎、文森口腔炎、齿龈脓肿、扁桃体炎及清洁伤口	3%过氧化氢溶液清洗，1%过氧化氢溶液含漱。生产商：保定市金钟制药
氧氟沙星滴耳液【药典(二);基,医保(甲)】	用于治疗敏感菌引起的中耳炎、外耳道炎、鼓膜炎	5ml：15mg 生产商：上海运佳黄浦制药有限公司
赛洛唑啉【药典(二);医保(乙)】	血管收缩药。用于减轻急慢性鼻炎、鼻窦炎、过敏性及肥厚性鼻炎等所致的鼻塞症状	滴鼻。滴鼻液：5ml：2.5mg。生产商：天津华津制药、湖北远大天天明制药
复方薄荷油	适用于干燥性鼻炎，萎缩性鼻炎	滴鼻
地喹氯铵【医保(乙)】	阳离子表面活性剂，具有广谱抗菌作用，对口腔和咽喉部的常见致病细菌和真菌感染有效。用于急、慢性咽喉炎、口腔黏膜溃疡和牙龈炎	含化。含片：0.25mg。生产商：华润双鹤药业、珠海同源药业
西地碘【药典(二)】 微课	强有力的消毒防腐作用。因其能氧化细菌细胞浆的流行性基因，并与蛋白质的氨基结合，使其变性，能杀死细菌、真菌、病毒和阿米巴原虫。用于慢性咽喉炎、口腔溃疡、慢性牙龈炎、牙周炎	含化。含片：1.5mg。生产商：北京华素制药
度米芬【药典(二);医保(乙)】	为阳离子表面活性剂，具有广谱杀菌作用。预防和治疗口腔、咽喉感染如咽喉炎、扁桃体炎、鹅口疮和口腔溃疡等；也用于黏膜与皮肤消毒	含化。含片：0.5mg 生产商：贵州飞云岭药业、山西澳迩药业
薄荷喉片	有清凉、止痛、防腐作用，用于咽喉炎、扁桃体炎及口臭等	含化。生产商：华润紫竹药业、上海玉瑞生物科技（安阳）药业
硼砂【药典(二);医保(甲)】	用于口腔炎、咽喉炎及扁桃体炎等口腔消毒	含漱
氯己定【药典(二);医保(乙)】	广谱杀菌剂。用于牙龈炎、冠周炎、口腔黏膜炎等引致的牙龈出血、牙周脓肿、口腔黏膜溃疡等的辅助治疗	含漱。生产商：江苏晨牌邦德药业

段段

段

段

即学即练 23-3
答案解析
以下可用于治疗口腔溃疡的是（　　）。
A. 赛洛唑啉　　　B. 度米芬　　　C. 氯己定　　　D. 西地碘

任务4　消毒防腐药认知

常用消毒防腐用药见表23-4。

表23-4　消毒防腐用药

药物	作用与适应证	药物评价及商品信息
乙醇	最常用的消毒药，毒性小、使用广泛，能杀灭各种细菌繁殖体和结核杆菌。主要用于皮肤及器械消毒	运输和贮存应按危险品（一级易燃液体）处理。70%乙醇溶液消毒效果好
硼酸【药典(二);医保(乙)】	消毒防腐药。有较弱的抑菌作用，无刺激性。用于冲洗小面积创面与黏膜面	大量吸收后可出现恶心、呕吐、腹泻，严重者可因循环衰竭而死亡。故洗液不宜用于大面积创伤。洗液：1ml：30mg×250ml。生产商：上海运佳黄浦制药
漂白粉（含氯石灰）	其有效成分是次氯酸钙，是目前应用最广泛的含氯消毒剂	稀释为250~500mg/L，用于物体表面消毒
甲醛【药典(二)】	本品能与菌体蛋白中的氨基结合，使蛋白变性，并溶解类脂质，有强大的杀菌作用。5%~10%的溶液用于器械等的消毒，在密闭器中放置本品自然蒸发消毒手套。用10%溶液（含甲醛4%）保存生物标本	又称福尔马林。使用简便、价格便宜。使用时应注意蒸气对眼及呼吸道有刺激作用。按需要稀释后使用。生产商：湖南尔康制药
碘酊【药典(二)】	对大部分细菌、病毒、真菌及细菌芽孢均有杀灭作用。用于皮肤感染和消毒	不宜用于眼、口腔及黏膜的消毒；碘过敏者禁用；新生儿慎用。酊剂：2%。生产商：北京海德润制药、广东恒健制药
高锰酸钾【药典(二);医保(乙)】	高浓度时对组织有刺激和腐蚀作用；低浓度时呈收敛作用。用于急性皮炎或急性湿疹，特别是伴继发感染的湿敷，清洗小面积溃疡	片剂：0.1g。临用前配制成1：5000（取1片加水500ml）。生产商：山东明仁福瑞达制药、济南福康生制药

 知识链接

消毒防腐药与疫情防控环境消杀

消毒药是指能迅速杀灭病原微生物的药物。理想的消毒药应能杀灭所有的细菌、芽孢、霉菌、滴虫及其他感染的微生物而不伤害人体组织。防腐药是指能抑制病原微生物生长繁殖的药物。它对细菌的作用较缓慢，但对人体组织细胞的伤害也较小，因此适用于皮肤、黏膜及伤口的防腐，有些可用于食品和药剂。

在新冠肺炎疫情防控方面，使用消毒剂进行环境消杀，可以有效杀灭室内公共环境中存在的病毒，切断传播途径，从而达到疫情防控的目的。主要针对人员密度大、流动性强的宾馆、招待所、饭店、酒店、客车站、火车站、机场、公安检查站、学校、托幼机构、养老机构、办公场所、社区、商场（超市）、专业化市场、货场、农贸市场、建筑工地（企业）和物流集散地、快递分拣点等场所以及公共交通工具、运输车辆开展环境消杀工作。操作方法是用 250～500mg/L 的含氯消毒液喷洒或擦拭公共场所室内及物品表面，每天不少于两次，作用 30 分钟后再用清水擦拭，去除残留消毒剂；电脑、电器可用 75% 乙醇擦拭或喷洒。但需注意，不宜对室外环境进行空气消毒。

即学即练 23 - 4

消毒效果最好的乙醇溶液浓度是（　　　）

答案解析　　A. 70%　　　B. 85%　　　C. 99%　　　D. 100%

任务 5　妇科用药认知

常见妇科用药见表 23 - 5。

表 23 - 5　常见妇科用药

药物	作用与适应证	药物评价及商品信息
硝酸咪康唑栓【药典(二);基;医保(甲)】	局部治疗念珠菌性外阴阴道病和革兰阳性细菌引起的双重感染	栓剂：0.2g。生产商：西安杨森制药
复方氯己定栓	用于需氧菌或厌氧菌性阴道炎，滴虫性阴道炎或混合感染	栓剂：醋酸氯己定 20mg；甲硝唑 120mg；冰片 8mg。生产商：江苏远恒药业
苦参凝胶	抗菌消炎。用于宫颈糜烂，赤白带下，滴虫性阴道炎及阴道霉菌感染等妇科慢性炎症	凝胶剂：0.4g。生产商：贵阳新天药业
复方莪术油栓【药典(二)】	用于念珠菌性外阴阴道病、滴虫性阴道炎	栓剂：莪术油 0.21ml；硝酸益康唑 50mg。生产商：吉林天力泰药业、太阳石药业

即学即练 23 - 5

以下可用于念珠菌性外阴阴道病和革兰阳性细菌引起的双重感染的是（　　　）

答案解析　　A. 硝酸咪康唑栓　　B. 复方氯己定栓　　C. 硼砂　　D. 甲硝唑

任务 6　解毒药认知

　　解毒药是指在理化性质上或药理作用上能对抗或阻断药物的毒性、临床用于解救中毒的药品。目前临床常用解毒药包括如下七类。①重金属、类金属解毒药：如二巯丙醇、依地酸钙钠钙、二巯丁二酸、二巯丁二钠、青霉胺等。②氰化物中毒解毒药：硫代硫酸钠、亚硝酸钠、亚硝酸异戊酯等。③有机磷酸酯类解毒药：如阿托品、碘解磷定、氯解磷定、双复磷碘解磷定等。④亚硝酸盐中毒解毒药：亚甲蓝。⑤吗啡中毒解毒药：纳洛酮。⑥鼠药解毒药：乙酰胺。⑦其他解毒药：活性炭等。本类药品在批发企业和医疗机构应保持合理储备。常用解毒药物见表 23 - 6。

表 23 – 6 常用解毒药物

药物	作用与适应证	药物评价及商品信息
二巯丙醇【药典(二);医保(甲)】	主要用于急性砷、汞中毒;也可用于铬、铋、铜、锌的中毒	二巯丙醇注射剂:1ml:0.1g。生产商:远大医药(中国)有限公司等
二巯丁二钠【药典(二);医保(甲)】	对锑的解毒效力较二巯丙醇强10倍以上,对铅中毒的解毒效力与依地酸钠钙相似,对铜中毒的肝豆状核变性有驱铜作用	可有口臭、头痛、恶心、乏力、四肢酸痛等不良反应,注射速度越快反应越重,停药数小时内消失。肝功能不全者禁用。注射用粉针:0.5g;1.0g。生产商:上海新亚药业
依地酸钙钠【药典(二);医保(甲)】	为金属络合剂。重金属解毒剂。主要用于急、慢性铅中毒,排铅效果可达治疗前的30~60倍。也可用于如钴、铜、铬等中毒	注射液:5ml:1g。生产商:天津金耀药业有限公司等
碘解磷定【药典(二);基;医保(甲)】	属胆碱酯酶复活药,用于解救有机磷中毒,常与M受体拮抗药阿托品联合作用。本品对急性有机磷杀虫剂抑制的胆碱酯酶活力有不同程度的复活作用,用于解救多种有机磷酸酯类杀虫剂的中毒	又称解磷定、PAM–1。有时可引起咽痛及腮腺肿大,注射过速可引起眩晕、视力模糊、恶心、呕吐、心动过缓等,严重者可引起呼吸抑制。注射液:20ml:0.5g。生产商:天津药业集团等
亚甲蓝【药典(二);基;医保(甲)】	具有氧化还原作用的解毒药及诊断用药。解救亚硝酸盐中毒、氰化物中毒	注射剂2ml:20mg;5ml:50mg;10ml:100mg。生产商:江苏济川制药等
亚硝酸钠【药典(二);医保(甲)】	氰化物中毒的解救药。其解毒过程与亚甲蓝同,但作用较亚甲蓝强	脑出血、急性心肌梗死患者禁用。亚硝酸钠注射剂:10ml:300mg,静脉注射速度宜慢。生产商:广州白云山明兴制药等
硫代硫酸钠【药典(二);基;医保(甲)】	为氰化物中毒的解救药。还有抗过敏作用,可用于皮肤瘙痒、慢性荨麻疹等	由于本品解毒作用较慢,必须先用作用迅速的亚硝酸钠或亚甲蓝等,然后再缓慢静注本品,注射过快可引起血压下降。注射剂:10ml:0.5g;20ml:1.0g。生产商:天津金耀氨基酸有限公司等

即学即练23–6

以下不是氰化物中毒解救药的是（　　　）

答案解析　A. 硫代硫酸钠　　B. 亚硝酸钠　　C. 亚甲蓝　　D. 二巯丙醇

实践实训

实训30　药品分类陈列、滴眼药用药指导

【实训目的】

　　1. 能按用途、剂型及分类管理要求陈列药品;能进行同类药品的比较,正确推介药品;能调配处方并指导合理用药;能提供用药咨询服务、健康教育。

　　2. 熟练掌握健康教育的手段、产品推广和沟通交流技巧。

【实训准备】

　　1. 模拟药房实训室　滴眼药药品、药品卡片等。

2. **一体化教室**　检索眼科常见疾病病因、临床表现、治疗、常用药物选用、用药注意事项，制作PPT或者视频脚本，并完成视频拍摄。

3. **角色扮演**　制作角色扮演、情景模拟脚本，选定角色并排练。

【实训内容】

1. **药品分类陈列**　通过虚拟药房管理软件、药品卡片完成或者在实训室完成药品陈列。

2. **健康教育**　根据PPT讲解或播放自己制作的视频，重点介绍疾病鉴别及预防、选药原则、药物特点。

3. **角色扮演**　患者主诉症状，医师询问并开具处方；患者拿处方到药房，药师审核处方、调剂药品并提供用药指导。

4. **课堂评价**　小组互评、教师评价、自评并改进。

【实训评价】

评价内容	评分标准	得分
课前准备（10分）	准备充分	
药品陈列（30）	准确陈列药品	
PPT或视频（30分）	图文并茂、布局合理、内容正确	
角色扮演（20分）	仪态大方、内容准确、条理分明、重点突出	
团队合作（10分）	分工协作、参与积极性高	
合计（100分）		

答案解析

单项选择题

1. 外用治疗带状疱疹、单纯疱疹是（　　　）

　　A. 乳酸依沙吖啶　　　B. 酞丁安　　　　　C. 聚维酮碘　　　　D. 苯扎溴铵

2. 不属于消毒防腐药的是（　　　）

　　A. 玻璃酸钠　　　　　B. 高锰酸钾溶液　　C. 硼酸溶液　　　　D. 过氧化氢溶液

3. 麻黄碱滴鼻剂的主要适应证是（　　　）

　　A. 鼻腔干燥　　　　　B. 药物性鼻炎　　　C. 鼻黏膜肿胀　　　D. 过敏性鼻炎

4. 能够用于氰化物中毒还有抗过敏作用的是（　　　）

　　A. 硫代硫酸钠　　　　B. 二巯丁二钠　　　C. 依地酸钙钠　　　D. 洛贝林

5. 下列关于痤疮治疗的描述，错误的是（　　　）

　　A. 痤疮应尽早治疗，以防形成瘢痕　　　　B. 治疗方法取决于痤疮的严重程度

　　C. 可口服糖皮质激素治疗　　　　　　　　D. 只有在重度痤疮时需要配合系统治疗

6. 皮脂腺分泌过多所致的寻常型痤疮，首选（　　　）

　　A. 2.5%～5.0%的过氧苯甲酰　　　　　　　B. 维A酸乳膏

　　C. 克林霉素磷酸酯凝胶　　　　　　　　　D. 维A酸凝胶

7. 可分解出新生态氧，杀菌除臭的是（　　）

  A. 维 A 酸　　　　　　B. 异维 A 酸　　　　　　C. 过氧苯甲酰　　　　　　D. 壬二酸

8. 不属于阳离子表面活性剂的是（　　）

  A. 度米芬　　　　　　B. 苯扎溴铵　　　　　　C. 地喹氯铵　　　　　　D. 夫西地酸

9. 头癣洗发用洗剂可选用（　　）

  A. 维 A 酸　　　　　　B. 酮康唑　　　　　　C. 过氧苯甲酰　　　　　　D. 醋酸曲安奈德

10. 属于林可霉素类抗菌药是（　　）

  A. 玻璃酸钠　　　　　　B. 葡萄糖　　　　　　C. 氯化钠　　　　　　D. 夫西地酸

11. 局部外用抗菌药物是（　　）

  A. 莫匹罗星　　　　　　B. 哈西奈德　　　　　　C. 酮康唑　　　　　　D. 夫西地酸

12. 亚硝酸盐中毒时的特效解毒药是（　　）

  A. 亚甲蓝　　　　　　B. 纳洛酮　　　　　　C. 尼可刹米　　　　　　D. 洛贝林

13. 不能解救重金属中毒的是（　　）

  A. 二巯丙醇　　　　　　B. 二巯丁二钠　　　　　　C. 依地酸钙钠　　　　　　D. 亚硝酸钠

14. 氰化物中毒，选用（　　）

  A. 亚甲蓝　　　　　　B. 二巯丁二钠　　　　　　C. 依地酸钙钠　　　　　　D. 洛贝林

15. 有机磷中毒选用（　　）

  A. 亚甲蓝和碘解磷定　　　　　　B. 碘解磷定和阿托品

  C. 碘解磷定和依地酸钙钠　　　　　　D. 阿托品和洛贝林

书网融合……

  知识回顾　　　　　微课　　　　　习题

PPT

项目 24　家用医疗器械

学习引导

医疗器械作为近代科学技术的产品广泛应用于疾病的治疗、保健和康复过程，成为现代医学领域的重要手段。因此，医疗器械同药品一样，是筛查疾病、诊断疾病、防病治病的武器，是关系到人民群众身体健康和生命安全的特殊商品，其安全性和有效性必须严格加以控制。那么什么是医疗器械？如何进行分类？如何进行管理？家用医疗器械如何使用呢？

本项目主要介绍医疗器械的概念、分类及管理，部分家用医疗器械的使用等知识。

📖 学习目标

1. **掌握**　医疗器械的概念、特点和分类，医疗器械注册与备案制度、生产、经营、不良事件处理、召回、监督检查等方面的管理制度。
2. **熟悉**　常用医疗器械的基本知识和几种常见医疗器械的使用方法。
3. **了解**　医疗器械的管理体系、常见医疗器械的商品信息。

任务 1　医疗器械管理认知

一、医疗器械的概念和特点

医疗器械，是指直接或者间接用于人体的仪器、设备、器具、体外诊断试剂及校准物、材料以及其他类似或者相关的物品，包括所需要的计算机软件；其效用主要通过物理等方式获得，不是通过药理学、免疫学或者代谢的方式获得，或者虽然有这些方式参与但是只起辅助作用；其目的如下。

（1）疾病的诊断、预防、监护、治疗或者缓解。

（2）损伤的诊断、监护、治疗、缓解或者功能补偿。

（3）生理结构或者生理过程的检验、替代、调节或者支持。

（4）生命的支持或者维持。

（5）妊娠控制。

（6）通过对来自人体的样本进行检查，为医疗或者诊断目的提供信息。

医疗器械使用单位，是指使用医疗器械为他人提供医疗等技术服务的机构，包括取得医疗机构执业许可证的医疗机构，取得计划生育技术服务机构执业许可证的计划生育技术服务机构，以及依法不需要

427

取得医疗机构执业许可证的血站、单采血浆站、康复辅助器具适配机构等。

大型医用设备，是指使用技术复杂、资金投入量大、运行成本高、对医疗费用影响大且纳入目录管理的大型医疗器械。

与普通的精密仪器相比，医疗器械有如下特点。

（1）对被测体必须是无害的，最理想的是无损伤的。

（2）要考虑电极或传感器对测量结果产生影响。

（3）生物信号弱小，而干扰强大。信号可能只有干扰的千分之一。

（4）能量的限制，我们不可能为了提高信噪比或提高治疗效果而无限制地提高外加能量，这会造成机体的损伤。

（5）安全考虑，由于患者本身已比较衰弱，安全问题就比较突出。

医疗器械行业是以开发和生产用于疾病防治和诊断，挽救危重伤病患生命及提高生存质量的材料、器械及设备生产为目的的行业。我国的医疗器械行业发展迅速，医疗器械产品具有数量大，品种多，涉及门类广、学科多、跨领域的特征。它将现代计算机技术、精密机械技术、激光技术、放射技术、核技术、磁技术、检测传感技术、化学检测技术、生物医学技术和信息技术结合在一起，具有数字化和计算机化的基本特征，是现代高新技术的结晶；更有各学科的交叉和综合应用，技术领域之广、技术水平之高是其他行业所不能比拟的。

医疗器械产品应当符合医疗器械强制性国家标准；尚无强制性国家标准的，应当符合医疗器械强制性行业标准。

二、医疗器械的分类

国务院药品监督管理部门负责制定医疗器械的分类规则和分类目录。依据《医疗器械监督管理条例》和《医疗器械分类规则》，国务院药品监督管理部门制定《医疗器械分类目录》，确定医疗器械分类，并根据医疗器械风险变化情况，参考国际经验，遵循符合最新科学认知、立足监管实际和推动产业高质量发展的原则，对分类目录进行动态调整。

国家对医疗器械按照风险程度实行分类管理。评价医疗器械风险程度，应当考虑医疗器械的预期目的，通过结构特征、使用形式、使用状态、是否接触人体等因素综合判定。按照风险程度由低到高，管理类别依次分为第一类、第二类和第三类。

第一类是风险程度低，实行常规管理可以保证其安全、有效的医疗器械。如：外科用手术器械（刀、剪、钳、镊、钩）、刮痧板、医用 X 光胶片、手术衣、手术帽、检查手套、外科口罩、纱布、绷带、引流袋等。

第二类是具有中度风险，需要严格控制管理以保证其安全、有效的医疗器械。如医用缝合针、血压计、体温计、心电图机、脑电图机、显微镜、针灸针、生化分析系统、助听器、超声消毒设备、不可吸收缝合线等。

第三类是具有较高风险，需要采取特别措施严格控制管理以保证其安全、有效的医疗器械。用于心脏的治疗、急救装置：植入式心脏起搏器、体外心脏起搏器、心脏除颤器。X 射线计算机断层摄影设备（CT）：全身 CT 机、螺旋 CT 机。植入器材：如骨板、骨钉、骨针、血管吻合夹（器）、整形材料。植入性人工器官：人工食道、人工心脏等。注射穿刺器械：一次性使用无菌注射器及其胶塞、一次性使用无菌注射针等。高压氧治疗设备：空气加压氧舱、氧气加压氧舱等。

三、我国的医疗器械管理体系

国务院药品监督管理部门负责全国医疗器械监督管理工作，国家药品监督管理局下属医疗器械注册司和医疗器械监督管理司共同管理。

国家有关部门在各自的职责范围内负责与医疗器械有关的监督管理工作。县级以上地方人民政府药品监督管理部门负责本行政区域的医疗器械监督管理工作。县级以上地方人民政府有关部门在各自的职责范围内负责与医疗器械有关的监督管理工作。

国家药品监督管理局应当配合国家有关部门，贯彻实施国家医疗器械产业规划和政策。

国家药品监督局主要职能有：一是医疗器械的研发与注册管理；二是医疗器械的生产管理；三是医疗器械的经营管理；四是医疗器械的使用管理。

《医疗器械监督管理条例》是医疗器械监管的主要行政法规，2000 年 1 月 4 日中华人民共和国国务院令第 276 号公布，2014 年 2 月 12 日国务院第 39 次常务会议修订通过，2020 年 12 月 21 日国务院第 119 次常务会议再次修订通过的，2021 年 6 月 1 日起施行。

四、医疗器械产品注册与备案 🄴微课

国家对第一类医疗器械实行产品备案管理。第二类、第三类医疗器械实行产品注册管理。

医疗器械注册是药品监督管理部门根据医疗器械注册申请人的申请，依照法定程序，对其拟上市医疗器械的安全性、有效性研究及其结果进行系统评价，以决定是否同意其申请的过程。

医疗器械备案是医疗器械备案人向药品监督管理部门提交备案资料，药品监督管理部门对提交的备案资料存档备查。

（一）注册备案所需材料

第一类医疗器械产品备案和申请第二类、第三类医疗器械产品注册，应当提交下列资料：①产品风险分析资料；②产品技术要求；③产品检验报告；④临床评价资料；⑤产品说明书及标签样稿；⑥与产品研制、生产有关的质量管理体系文件；⑦证明产品安全、有效所需的其他资料。

医疗器械注册申请人、备案人应当对所提交资料的真实性负责。

（二）注册备案程序

1. 医疗器械产品备案

第一类医疗器械产品备案，由备案人向所在地设区的市级人民政府药品监督管理部门提交备案资料。其中，产品检验报告可以是备案人的自检报告；临床评价资料不包括临床试验报告，可以是通过文献、同类产品临床使用获得的数据证明该医疗器械安全、有效的资料。

向我国境内出口第一类医疗器械的境外备案人，由其指定的我国境内企业法人向国务院药品监督管理部门提交备案资料和备案人所在国（地区）主管部门准许该医疗器械上市销售的证明文件。未在境外上市的创新医疗器械，可以不提交。

备案人提交符合规定的备案资料后即完成备案。负责药品监督管理的部门应当自收到备案资料之日起 5 个工作日内，通过在线政务服务平台向社会公布备案有关信息。备案资料载明的事项发生变化的，应当向原备案部门变更备案。

2. 医疗器械产品注册

第二类、第三类医疗器械产品实行注册制度。

（1）提交申请　申请第二类医疗器械产品注册，注册申请人应当向所在地省级药品监督管理部门提交注册申请资料。申请第三类医疗器械产品注册，注册申请人应当向国务院药品监督管理部门提交注册申请资料。

向我国境内出口第二类、第三类医疗器械的境外注册申请人，由其指定的我国境内企业法人向国务院药品监督管理部门提交注册申请资料和注册申请人所在国（地区）主管部门准许该医疗器械上市销售的证明文件。未在境外上市的创新医疗器械，可以不提交。

（2）审查　受理注册申请的药品监督管理部门应当对医疗器械的安全性、有效性以及注册申请人保证医疗器械安全、有效的质量管理能力等进行审查，必要时组织开展质量管理体系核查。3 个工作日内将注册申请资料转交技术审评机构。

（3）技术审评　技术审评机构应当在完成技术审评后，将审评意见提交受理注册申请的药品监督管理部门作为审批的依据。

（4）受理注册　受理注册申请的药品监督管理部门应当自收到审评意见之日起 20 个工作日内做出决定。对符合条件的，准予注册并发给医疗器械注册证；对不符合条件的，不予注册并书面说明理由。

（5）公布注册信息　自医疗器械准予注册之日起 5 个工作日内，通过国务院药品监督管理部门在线政务服务平台向社会公布注册有关信息。

（6）附条件批准和紧急使用　对用于治疗罕见疾病、严重危及生命且尚无有效治疗手段的疾病和应对公共卫生事件等急需的医疗器械，受理注册申请的药品监督管理部门可以做出附条件批准决定，并在医疗器械注册证中载明相关事项。

出现特别重大突发公共卫生事件或者其他严重威胁公众健康的紧急事件，国务院卫生主管部门根据预防、控制事件的需要提出紧急使用医疗器械的建议，经国务院药品监督管理部门组织论证同意后可以在一定范围和期限内紧急使用。

3. 变更注册

已注册的第二类、第三类医疗器械产品，其设计、原材料、生产工艺、适用范围、使用方法等发生实质性变化，有可能影响该医疗器械安全、有效的，注册人应当向原注册部门申请办理变更注册手续；发生其他变化的，应当按照国务院药品监督管理部门的规定备案或者报告。

4. 延续注册

医疗器械注册证有效期为 5 年。有效期届满需要延续注册的，应当在有效期届满 6 个月前向原注册部门提出延续注册的申请。

除有下列不予延续注册第三款的情形外，接到延续注册申请的药品监督管理部门应当在医疗器械注册证有效期届满前做出准予延续的决定。逾期未作决定的，视为准予延续。

有下列情形之一的，不予延续注册。

（1）注册人未在规定期限内提出延续注册申请的。

（2）医疗器械强制性标准已经修订，申请延续注册的医疗器械不能达到新要求的。

（3）对用于治疗罕见疾病以及应对突发公共卫生事件急需的医疗器械，未在规定期限内完成医疗器械注册证载明事项的。

五、医疗器械生产

根据《医疗器械监督管理条例》和《医疗器械生产监督管理办法》，从事医疗器械生产活动，应当具备下列条件。

（1）有与生产的医疗器械相适应的生产场地、环境条件、生产设备以及专业技术人员。

（2）有对生产的医疗器械进行质量检验的机构或者专职检验人员以及检验设备。

（3）有保证医疗器械质量的管理制度。

（4）有与生产的医疗器械相适应的售后服务能力。

（4）产品研制、生产工艺文件规定的要求。

从事第一类医疗器械生产的，由生产企业向所在地设区的市级人民政府药品监督管理部门备案并提交其符合规定条件的证明资料。

从事第二类、第三类医疗器械生产的，生产企业应当向所在地省、自治区、直辖市人民政府药品监督管理部门申请生产许可并提交其符合规定条件的证明资料以及所生产医疗器械的注册证。药品监督管理部门对符合规定条件的，准予许可并发给《医疗器械生产许可证》；对不符合规定条件的，不予许可并书面说明理由。相关企业获得《医疗器械生产许可证》后才能组织生产。

《医疗器械生产许可证》有效期为 5 年，载明许可证编号、企业名称、法定代表人、企业负责人、住所、生产地址、生产范围、发证部门、发证日期和有效期限等事项。并附有医疗器械生产产品登记表，载明生产产品名称、注册号等信息。有效期届满需要延续的，依照有关行政许可的法律规定办理延续手续。

📱 知识链接

医疗器械应当有说明书、标签。说明书、标签的内容应当与经注册或者备案的相关内容一致，确保真实、准确。医疗器械的说明书、标签应当标明下列事项。

（一）通用名称、型号、规格。

（二）医疗器械注册人、备案人、受托生产企业的名称、地址以及联系方式。

（三）生产日期、使用期限或者失效日期。

（四）产品性能、主要结构、适用范围。

（五）禁忌、注意事项以及其他需要警示或者提示的内容。

（六）安装和使用说明或者图示。

（七）维护和保养方法，特殊运输、贮存的条件、方法。

（八）产品技术要求规定应当标明的其他内容。

第二类、第三类医疗器械还应当标明医疗器械注册证编号。

由消费者个人自行使用的医疗器械还应当具有安全使用的特别说明。

六、医疗器械经营和使用

按照医疗器械风险程度，医疗器械经营实施分类管理。经营第一类医疗器械不需许可和备案，经营第二类医疗器械实行备案管理，经营第三类医疗器械实行许可管理。对产品安全性、有效性不受流通过程影响的第二类医疗器械，可以免于经营备案。

从事医疗器械经营，应当具备以下条件。

（1）具有与经营范围和经营规模相适应的质量管理机构或者质量管理人员，质量管理人员应当具有国家认可的相关专业学历或者职称。

（2）具有与经营范围和经营规模相适应的经营、贮存场所。

（3）具有与经营范围和经营规模相适应的贮存条件，全部委托其他医疗器械经营企业贮存的可以不设立库房。

（4）具有与经营的医疗器械相适应的质量管理制度。

（5）具备与经营的医疗器械相适应的专业指导、技术培训和售后服务的能力，或者约定由相关机构提供技术支持。

从事第三类医疗器械经营的企业还应当具有符合医疗器械经营质量管理要求的计算机信息管理系统，保证经营的产品可追溯。鼓励从事第一类、第二类医疗器械经营的企业建立符合医疗器械经营质量管理要求的计算机信息管理系统。

从事第三类医疗器械经营的，经营企业应当按照要求将需要提交的证明材料向所在地设区的市级药品监督管理部门提出申请《医疗器械经营许可证》。

从事第二类医疗器械经营的，经营企业应当向所在地设区的市级药品监督管理部门备案，填写第二类医疗器械经营备案表，并提交符合规定的资料，药品监督管理部门应当当场对企业提交资料的完整性进行核对，符合规定的予以备案，发给第二类医疗器械经营备案凭证。

医疗器械注册人、备案人经营其注册、备案的医疗器械，无需办理医疗器械经营许可或者备案，但应当符合本条例规定的经营条件。从事医疗器械网络销售的，应当是医疗器械注册人、备案人或者医疗器械经营企业。

《医疗器械经营许可证》有效期为5年，有效期届满需要延续的，依照有关行政许可的法律规定办理延续手续。

医疗器械经营企业、使用单位不得经营、使用未依法注册或者备案、无合格证明文件以及过期、失效、淘汰的医疗器械。

 实例分析

实例　某市药品监管局执法人员对一医疗器械经营企业进行监督检查时，发现其有经营一次性使用无菌注射器的行为。一次性使用无菌注射器属于注射、穿刺器械类医疗器械，按照《医疗器械分类目录》，该器械按照第三类医疗器械进行管理。经核实，该医疗器械经营企业的经营范围只包括二类物理治疗及康复设备和外科手术器械，该企业没有变更经营范围的记录。

问题　1. 该企业的做法属于什么行为？

　　　　2. 国家对于经营医疗器械企业有什么样的要求？

答案解析

七、不良事件的处理与医疗器械的召回

（一）医疗器械不良事件处理

医疗器械不良事件，是指获准上市的质量合格的医疗器械在正常使用情况下发生的，导致或者可能导致人体伤害的各种有害事件。国家建立医疗器械不良事件监测制度，对医疗器械不良事件及时进行收集、分析、评价、控制。

医疗器械注册人、备案人，生产企业、经营企业和使用单位应当建立医疗器械不良事件监测管理制度，指定机构并配备专（兼）职人员承担本单位医疗器械不良事件监测及报告工作。报告涉及其生产、经营及使用的产品所发生的导致或者可能导致严重伤害或死亡的医疗器械不良事件。报告医疗器械不良事件应当遵循可疑即报的原则。

医疗器械注册人、备案人应当主动开展再评价，根据再评价结果，采取相应控制措施，对已上市医疗器械进行改进，并按照规定进行注册变更或者备案变更。

省级以上人民政府药品监督管理部门根据医疗器械不良事件监测、评估等情况，对已上市医疗器械开展再评价。再评价结果表明已上市医疗器械不能保证安全、有效的，应当注销医疗器械注册证或者取消备案。被注销医疗器械注册证或者取消备案的医疗器械不得继续生产、进口、经营、使用。

（二）医疗器械的召回

医疗器械召回是指医疗器械生产企业按照规定的程序对其已上市销售的存在缺陷的某一类别、型号或者批次的产品，采取警示、检查、修理、重新标签、修改并完善说明书、软件升级、替换、收回、销毁等方式消除缺陷的行为。缺陷，是指医疗器械在正常使用情况下存在可能危及人体健康和生命安全的不合理的风险。

医疗器械注册人、备案人发现生产的医疗器械不符合强制性标准、经注册或者备案的产品技术要求，或者存在其他缺陷的，应当立即停止生产，通知相关经营企业、使用单位和消费者停止经营和使用，召回已经上市销售的医疗器械，采取补救、销毁等措施，记录相关情况，发布相关信息，并将医疗器械召回和处理情况向负责药品监督管理的部门和卫生主管部门报告。

医疗器械受托生产企业、经营企业发现生产、经营的医疗器械存在前款规定情形的，应当立即停止生产、经营，通知医疗器械注册人、备案人，并记录停止生产、经营和通知情况。医疗器械注册人、备案人认为属于依照前款规定需要召回的医疗器械，应当立即召回。

医疗器械注册人、备案人、受托生产企业、经营企业未依照本条规定实施召回或者停止生产、经营的，负责药品监督管理的部门可以责令其召回或者停止生产、经营。

八、监督检查

负责药品监督管理的部门应当对医疗器械的研制、生产、经营活动以及使用环节的医疗器械质量加强监督检查，并对下列事项进行重点监督检查：①是否按照经注册或者备案的产品技术要求组织生产；②质量管理体系是否保持有效运行；③生产经营条件是否持续符合法定要求。

必要时，负责药品监督管理的部门可以对为医疗器械研制、生产、经营、使用等活动提供产品或者服务的其他相关单位和个人进行延伸检查。

负责药品监督管理的部门在监督检查中有下列职权：①进入现场实施检查、抽取样品；②查阅、复制、查封、扣押有关合同、票据、账簿以及其他有关资料；③查封、扣押不符合法定要求的医疗器械，违法使用的零配件、原材料以及用于违法生产经营医疗器械的工具、设备；④查封违反本条例规定从事医疗器械生产经营活动的场所。

进行监督检查，应当出示执法证件，保守被检查单位的商业秘密。有关单位和个人应当对监督检查予以配合，提供相关文件和资料，不得隐瞒、拒绝、阻挠。

即学即练

医疗器械管理的核心是（　　）

A. 医院领导班子　　　　B. 医疗器械管理委员会

C. 医疗器械管理部门　　D. 医疗器械使用部门

任务2　家用理疗设备的使用

家用制氧机

家用制氧机，市面上有多种家用制氧机，由于制氧的原理不同，各家用制氧机的使用特点也就不同。家用制氧机制氧原理有：①分子筛原理；②高分子富氧膜原理；③电解水原理；④化学反应制氧原理。而分子筛制氧机是唯一成熟的，具有国际标准和国家标准的制氧机。

【组成结构】压缩机、分子筛、氮气缓冲罐、氧气缓冲罐、吸附器、制氧机的外壳材料等。见图24-1。

【使用方法】

1. 把主机装轮作落地式或装挂架贴墙悬挂在室外，装上采气过滤器。

2. 按需要在墙上或支撑物上钉上供氧器插扣板，然后挂上供氧器。

3. 用输氧管连接供氧器出氧接口，把供氧器的12V电源线与主机的12V电源线连接，如多个供氧器串联，只需增用三通接头即可，把管线用线扣固定。

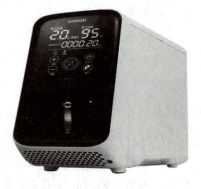

图24-1　家用制氧机

4. 把主机的220V电源线插入墙上插座，供氧器红灯亮。

5. 请在湿化杯内加纯净水至指定位置。再把它装到供氧器出氧口上。

6. 请将输氧管套到湿化杯出氧口上。

7. 按下供氧器启动按钮，绿色指示灯亮，制氧机开始进入工作状态。

8. 按医生之医嘱，调节流量至所需位置。

9. 按吸氧面罩或鼻吸管包装说明图解挂好鼻插管或戴好面罩吸氧。

【商品信息】生产商：欧姆龙集团、沈阳海龟医疗科技有限公司等

颈腰椎牵引器

【组成结构】床架、固定床面、活动床面（带床头）或活动牵引杆、手轮、肩部固定器、传动机构、牵引带等。见图24-2。

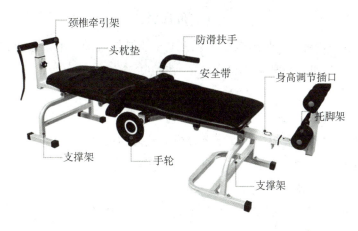

图 24 - 2　颈腰椎牵引器

【使用方法】

（一）颈椎牵引的方法

1. 牵引的力量　牵引力量以达到颈椎椎间腺增大而不引起肌肉、关节损伤为目的。一般坐位 2 ~ 3kg，卧位 10kg 左右。

2. 牵引时间　一般在 15 ~ 20 分钟。时间过长易造成肌肉和韧带静力性损伤。

3. 体位　常用体位为坐位、仰卧位。仰卧位可使 C_4 ~ C_7 椎间隙后部增宽更为明显，且角度亦易调节。坐位牵引位置不易稳定、角度变化亦小，但操作相对方便。

4. 牵引方式　可分为持续性牵引和间歇性牵引。持续性牵引在整个过程中始终保持牵引力，间歇性牵引则在牵引过程中有几次牵引力的减小。年岁大、病情重者多选后者。

（二）腰椎牵引的方法

腰椎牵引需要比较大的力量，所以不太可能用徒手牵引的方式，大多使用机械牵引。腰椎牵引可分为间歇式及半持续性两种方式，患者可以趴或躺在治疗床上。

间歇式牵引约拉 7 秒、停 15 秒，持续 20 ~ 30 分钟：重量由体重的四分之一开始（此重量可以克服身体与床之间的摩擦力），一段时间之后，视患者的忍受程度，逐渐增加到体重的二分之一为止。

半持续性牵引约持续拉 30 分钟至 2 小时，休息几分钟后可反复牵引，一天共牵引约 6 ~ 8 小时：牵引的重量由 6kg 开始，视患者的忍受度逐渐增加到体重的三分之一为止。

通常住院的患者比较常用半持续性牵引，不过有些非住院的患着，因使用间歇式牵引的效果不佳，也会采用半持续性牵引，每次持续拉 10 分钟后，休息几分钟，再反复牵引。

有些患者在做完腰椎牵引后会觉得不舒服，则可减轻牵引的重量或改用其他复健方式。因为每个人的反应不同，有些患者在急性期软骨或神经发炎时会比较敏感，一旦受到刺激（牵引也算是一种刺激）就会觉得不舒服，可改成趴着做、减少重量或改用其他方法，不必勉强。做完牵引后，医师或物理治疗师会教患者如何保养患处，例如平时保持正常姿势、适当活动（例如久坐会降低新陈代谢、体内会释放出废物，所以每坐半个小时就应动一动，让软骨补充营养、排出废物，也比较不会对脊椎产生不正常的压力）等。

【商品信息】

生产商：衡水滨湖新区永辉医疗器械厂、杭州正大医疗器械有限公司。

电子血压计

【组成结构】气体压力传感器、加压微型气泵、电子控制排气阀、电子血压计的软件、机械慢速排气阀、螺线管快速排气阀、加压手捏球等。

【使用方法】

1. 臂式自动血压计的使用方法

（1）在安静、放松、自然的环境中，裸露上臂或穿较薄的衣服。

（2）尽量保持坐姿进行测量，将手臂放在桌面上，使掌心朝上。

（3）臂带缠绕、固定在上臂处。

（4）按开始/停止按钮，待自动充气、完全放气后，就可以直接从显示屏读取血压数据，记录数据。见图24－3。

2. 腕式自动血压计的使用方法

（1）安静、放松、自然的环境中，受试者坐正，双脚平放于地面。

（2）移开手腕处所有衣物，以便腕带能直接缠绕在裸露的皮肤上。

（3）患者将手伸直，掌心向上。在离手掌心1cm处，将血压计戴上患者手腕，显示屏向上，扣上腕带，松紧度以患者感觉舒适为主。

（4）将左前臂向上弯曲，并贴近于胸前放置，使腕带与心脏平齐。

（5）按开始键，待自动充气、完全放气后，就可以直接从显示屏读取血压数据，记录数据。见图24－3。

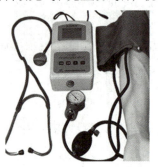

图24－3 臂式自动血压计和腕式自动血压计的使用方法

【商品信息】

生产商：江苏鱼跃医疗设备股份有限公司、松下电器（中国）有限公司、天津九安医疗电子股份有限公司、海尔集团公司、欧姆龙健康医疗（中国）有限公司等。

水银柱血压计

【组成结构】袖带、橡皮球、橡皮管、阀门、水银柱刻度计五部分。

（1）袖带　内部放有可充气的橡皮囊袋，测量时绑在上臂处。

（2）橡皮球　呈椭圆状，用手挤压橡皮球可以给袖带充气。

（3）橡皮管　有两根，一根连接橡皮球和袖带，另一根连接袖带和水银柱刻度计，是气体的通道。

（4）阀门　在橡皮球上，内部有空气过滤器，关闭阀门，给袖带充气，水银柱会毫不费力的上升；拧开阀门时，水银柱会迅速下降。

（5）水银柱刻度计　外形像温度计，中间为玻璃管，玻璃管两侧为刻度值，刻度值的范围在0～300mmHg之间。刻度计的低端有水银柱的开关，顶端有一个通气小孔。

【使用方法】听诊法测量血压时，必须配合听诊器，由医生或护士判断，得出收缩压、舒张压的读数。测量时尽量保持安静，心情放松，紧张、焦虑、疲劳、失眠、剧烈活动等均影响准确测量血压。

1. 安静休息5分钟，取坐位，一般暴露上臂，手掌向上放平，肘部和心脏大致在同一水平。见图24-4。

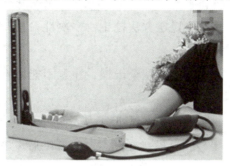

图 24 - 4　水银柱血压计摆放高度图

2. 将血压计袖带紧贴在上臂，袖带气袋中部连接橡皮管的部位对准肘窝，下缘在肘窝上大约2cm，橡皮管的延长线与中指在同一直线上，将听诊器的听诊部件放在肘窝动脉搏动的地方。见图24-5。

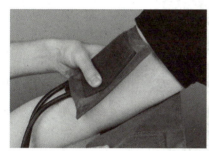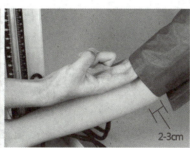

图 24 - 5　水银柱血压计袖带和听诊器摆放图

3. 关闭阀门，血压计快速充气，当桡动脉搏动消失后，再加压30mmHg左右，随后缓慢放气（每秒2~6mmHg）。见图24-6。

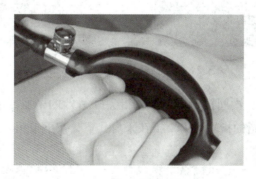

图 24 - 6　水银柱血压计气球加压

4. 在放气过程中仔细听取声音的变化并观察水银柱的读数，当听到第一声有规律的搏动声音时血压计的读数，为收缩压；继续缓慢放气，当搏动声音消失时的读数，为舒张压。

如需重复测量时，血压计读数应保持在0位，相隔2分钟后，再重新充气测量，取两次读数的平均值作为血压值。

【商品信息】

生产商：江苏鱼跃医疗设备股份有限公司、江苏康瑞德医疗器械有限公司等。

血糖仪

【**组成结构**】血糖仪（已装入电池）、血糖试纸、采血笔、一次性采血针

【**使用方法**】

1. 仪器准备　测定前血糖仪要按照规定方法校正；一次性采血针要装入采血笔，选定采血笔深度。

2. 清洁手指　用酒精消毒，并等待手指完全干燥，注意不能用碘酒消毒。见图 24-7。

图 24-7　手指消毒

3. 取试纸　从试纸桶里取出试纸（注意：试纸分为入血区、手持区和电极接受区），拿的时候尽量不要碰到电极接受区。取出试纸后，应立即盖上试纸桶，防止试纸受潮）。

4. 插入试纸　试纸电极一端插入已经校准过的血糖仪的试纸插口里。注意：电极端平面与仪器屏幕为一个方向，插入时不要用力过大，以免折弯试条，检查插入是否到位，以屏幕是否显示"进血"字符或显示一个闪烁的采血点（不同行企业生产仪器会有所不同）为准。见图 24-8。

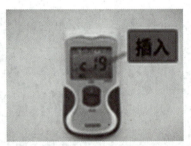

图 24-8　血糖分析仪插入测试纸

5. 采血　拉开采血笔弹簧，中间按钮突出。将指尖（一般的采血区域是在手指或耳垂，最常用的采血位置是无名指、中指和示指的指端两侧）抵在采血孔下，按下按钮。见图 24-9。

图 24-9　血糖分析仪取血

6. 加样　挤出一小滴血约 3μl 将手指靠近入血区，此时由于试纸的虹吸原理，血样被自动吸入试纸反应区内并启动测试。测试结束由显示屏自动显示。注意血样要一次性充满反应区，不能反复加血，亦不能刮血。见图 24－10。

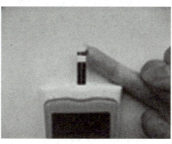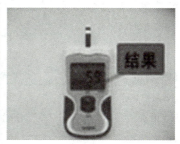

图 24－10　血糖分析仪加样和读取测试结果

7. 测试结束　取下用过的试纸弃于污物桶，关闭血糖仪。

【商品信息】

生产商：罗氏诊断试剂（上海）有限公司、雅培贸易（上海）有限公司、三诺生物传感股份有限公司、北京怡成生物电子技术有限公司、江苏鱼跃医疗设备股份有限公司、强生（上海）医疗器械有限公司等。

✍ 实践实训

实训 31　糖尿病健康照护与血糖仪使用

【实训目的】

1. 通过查阅资料，了解糖尿病患者如何进行日常照护，了解家用血糖仪的发展、使用、商品信息。

2. 通过制作幻灯片，掌握网络资源的收集、加工整理和制作幻灯片的基本技能。

3. 通过现场照护演练，锻炼糖尿病患者照护能力；通过教消费者血糖仪的使用，锻炼产品推广、与人交流的技能技巧。

【实训准备】

电脑网络系统、会议厅（或课室）、多媒体投影设备、家用血糖分析仪

【实训内容】

1. 任务布置　教师提前安排学生通过网络或其他方式搜索糖尿病患者如何进行日常照护的知识，以及家用血糖仪的发展、使用、商品信息。

2. 信息搜索　学生利用课余时间收集相关信息。

3. 确定发言稿　各组需根据分配的任务，对糖尿病健康照护和家用血糖仪使用写出讲稿。

4. 角色扮演　根据所查资料信息制作幻灯片。穿插采用角色扮演、情景模拟等方式进行糖尿病患者照护和家用血糖仪使用的现场练习。

【实训评价】

评价内容	评分标准	得分
仪表仪态、语言表达现场互动（10分）	仪表大方、条理分明、突出重点、声音清晰、有感染力，现场互动良好	
专业知识介绍（20）	糖尿病患者照护知识梳理完整，血糖仪的功能介绍准确、清楚，使用和维护正确	
PPT设计（10分）	图文并茂、布局合理	
医疗器械的演示（25分）	正确演示家用血糖仪的使用过程，会处理常见故障，动作熟练规范	
糖尿病患者照护演示（25分）	正确演示糖尿病患者日常照护过程，能够及时发现和处理常见问题	
团队合作（10分）	分工协作、参与积极性高	
合计（100分）		

实训32 高血压健康照护与血压计使用

【实训目的】

1. 通过查阅资料，了解高血压患者如何进行日常照护，了解家用血压计的发展、使用、商品信息。

2. 通过制作幻灯片，掌握网络资源的收集、加工整理和制作幻灯片的基本技能。

3. 通过现场照护演练，锻炼高血压患者照护能力；通过教消费者血压计的使用，锻炼产品推广、与人交流的技能技巧。

【实训准备】

电脑网络系统、会议厅（或课室）、多媒体投影设备、家用血糖分析仪

【实训内容】

1. 任务布置　教师提前安排学生通过网络或其他方式搜索高血压患者如何进行日常照护的知识，以及家用血压计的发展、使用、商品信息。

2. 信息搜索　学生利用课余时间收集相关信息。

3. 确定发言稿　各组需根据分配的任务，对高血压健康照护和家用血压计使用写出讲稿。

4. 角色扮演　根据所查资料信息制作幻灯片。穿插采用角色扮演、情景模拟等方式进行糖尿病患者照护和家用血压计使用的现场练习。

【实训评价】

评价内容	评分标准	得分
仪表仪态、语言表达现场互动（10分）	仪表大方、条理分明、突出重点、声音清晰、有感染力，现场互动良好	
专业知识介绍（20）	高血压患者照护知识梳理完整，家用血压计的功能介绍准确、清楚，使用和维护正确	
PPT设计（10分）	图文并茂、布局合理	
医疗器械的演示（25分）	正确演示家用血压计的使用过程，会处理常见故障，动作熟练规范	
高血压患者照护演示（25分）	正确演示高血压患者日常照护过程，能够及时发现和处理常见问题	
团队合作（10分）	分工协作、参与积极性高	
合计（100分）		

答案解析

目标检测

单项选择题

1. 医疗器械的效用主要通过（　　）等方式获得
   A. 物理　　　　　　　　B. 药理学　　　　　　　C. 免疫学　　　　　　　D. 代谢的

2. 国家实行备案管理的医疗器械是（　　）
   A. 第一类医疗器械　　　B. 第二类医疗器械　　　C. 第三类医疗器械　　　D. 以上都是

3. 医疗器械按照风险程度可以分为（　　）
   A. 有源医疗器械和无源医疗器械　　　　　　　B. 接触或进入人体器械和非接触人体器械
   C. 第一类、第二类和第三类　　　　　　　　　D. 大型、中小型和低值产品

4. （　　）应该主动开展医疗器械的再评价。
   A. 医疗器械注册人、备案人　　　　　　　　　B. 医疗器械生产企业、经营企业
   C. 医疗器械注册人、生产企业　　　　　　　　D. 医疗器械备案人、经营企业

5. 医疗器械注册机构是国家药品监督管理局的是（　　）
   A. 第一类医疗器械　　　　　　　　　　　　　B. 第一类和第二类医疗器械
   C. 第二类和第三类医疗器械　　　　　　　　　D. 三类都是

6. 编号"国械备 20180762 号"，是（　　）
   A. 进口第二类医疗器械的注册号　　　　　　　B. 进口第三类医疗器械的注册号
   C. 进口第一类医疗器械的备案号　　　　　　　D. 港、澳、台的第三类医疗器械注册号

7. 可被人体吸收的医疗器械，按照（　　）管理。
   A. 第一类医疗器械　　　　　　　　　　　　　B. 第二类医疗器械
   C. 第三类医疗器械　　　　　　　　　　　　　D. 第四类医疗器械

8. 目前医疗器械的监督管理机构是（　　）
   A. 轻工业部　　　　　　　　　　　　　　　　B. 国家卫计委
   C. 医疗器械局　　　　　　　　　　　　　　　D. 国家药品监督管理局

9. 医疗器械注册证有效期为（　　）
   A. 2 年　　　　　　　　B. 3 年　　　　　　　　C. 4 年　　　　　　　　D. 5 年

10. 医疗器械注册号的"准"字适用于（　　）
    A. 境外医疗器械　　　　　　　　　　　　　　B. 台湾、香港、澳门地区的医疗器械
    C. 境内医疗器械　　　　　　　　　　　　　　D. 省内医疗器械

书网融合……

知识回顾　　　　　微课　　　　　习题

附录

药品不良反应/事件报告表

首次报告□　　　　跟踪报告□　　　　编码：_____

报告类型：新的□　严重□　一般□　报告单位类别：医疗机构□　经营企业□　生产企业□　个人□其他□

患者姓名：	性别：男□ 女□	出生日期：年 月 日 或年龄：	民族：	体重（kg）：	联系方式：

原患疾病：	医院名称： 病历号/门诊号：	既往药品不良反应/事件：有□_____　无□　不详□ 家族药品不良反应/事件：有□_____　无□　不详□

相关重要信息：吸烟史□　饮酒史□　妊娠期□　肝病史□　肾病史□　过敏史□____　其他□_____

药品	批准文号	商品名称	通用名称（含剂型）	生产厂家	生产批号	用法用量（次剂量、途径、日次数）	用药起止时间	用药原因
怀疑药品								
并用药品								

不良反应/事件名称：	不良反应/事件发生时间：　　年　　月　　日

不良反应/事件过程描述（包括症状、体征、临床检验等）及处理情况（可附页）：

不良反应/事件的结果：痊愈□　好转□　未好转□　不详□　有后遗症□　表现：_____

死亡□　直接死因：____　死亡时间：　年　月　日

停药或减量后，反应/事件是否消失或减轻？　是□　否□　不明□　未停药或未减量□

再次使用可疑药品后是否再次出现同样反应/事件？　是□　否□　不明□　未再使用□

对原患疾病的影响：不明显□　病程延长□　病情加重□　导致后遗症□　导致死亡□

关联性评价	报告人评价：　肯定□　很可能□　可能□　可能无关□　待评价□　无法评价□　签名： 报告单位评价：　肯定□　很可能□　可能□　可能无关□　待评价□　无法评价□　签名：

报告人信息	联系电话：	职业：医生□　药师□　护士□　其他□_____
	电子邮箱：	签名：

报告单位信息	单位名称：	联系人：	电话：	报告日期：　年　月　日

生产企业请填写信息来源	医疗机构□　经营企业□　个人□　文献报道□　上市后研究□　其他□____

备　注	

参考文献

[1] 国家药品监督管理局执业药师资格认证中心. 国家执业药师职业资格考试指南——药学专业知识（二）[M]. 8版. 北京：中国医药科技出版社，2020.

[2] 国家食品药品监督管理总局执业药师资格认证中心. 国家执业药师资格考试指南——药学综合知识与技能 [M]. 8版. 北京：中国医药科技出版社，2020.

[3] 王雁群. 医药商品学 [M]. 2版. 北京：中国医药科技出版社，2017.

[4] 甘友清. 医药商品学 [M]. 北京：中国中医药出版社，2015.

[5] 罗跃娥. 药理学 [M]. 2版. 北京：人民卫生出版社，2013.

[6] 杨群华，刘立. 实用药物商品知识 [M]. 北京：化学工业出版社，2015.

[7] 杨世民. 药事管理学 [M]. 北京：人民卫生出版社，2016.

[8] 胡天佑. 医药商品学 [M]. 2版. 北京：中国医药科技出版社，2009.

[9] 孙智慧. 药品包装学 [M]. 北京：中国轻工业出版社，2011.

[10] 中国物品编码中心. 物流领域条码技术应用指南 [M]. 北京中国质检出版社，2008.

[11] 李云龙. 中国药品检验标准操作规范（2010版）[M]. 北京：中国医药科技出版社，2010.

[12] 张丽媛，段立华，赵璇. 《医药商品购销员实务》课程教学改革与实践——以"问病荐药"教学设计为例 [J]. 产业与科技论坛，2019，18 (23)：160 – 161.

[13] 朱亚峰，顾仁骏. 常用抗癫痫药物的临床应用及药理特点 [J]. 世界最新医学信息文摘. 2019，19 (52)：98 – 99.

[14] 李立敏. 癫痫儿童入学被拒现象的伦理探讨及对策 [J]. 中国医学伦理学. 2019，32 (12)：1612 – 1616.

[15] 孙诚，曾文新，陈纯波，等. 不同浓度高渗盐水治疗颅内高压的疗效及安全性 [J]. 广东医学. 2012，33 (2)：212 – 214.